Ds Nöie Teschtamänt bärndütsch

Übersetzig: Hans und Ruth Bietenhard

Berchtold Haller Verlag Bern

Umschlag und Illutrationen: François Bosshard
© Copyright 1984 by Berchtold Haller Verlag Bern

ISBN 3 85570 086 9 gebunden
3 85570 087 7 kartoniert

Satz und Druck: Schüler AG, Biel
Einband: H. + J. Schumacher AG

Inhalt

Ds Matthäus-Evangelium	7
Ds Markus-Evangelium	73
Ds Lukas-Evangelium	114
Ds Johannes-Evangelium	187
D Aposchtelgschicht	239
Der Brief a d Römer	305
Der erscht Brief a d Korinther	335
Der zwöit Brief a d Korinther	360
Der Brief a d Galater	376
Der Brief a d Epheser	387
Der Brief a d Philipper	397
Der Brief a d Kolosser	404
Der erscht Brief a d Thessalonicher	410
Der zwöit Brief a d Thessalonicher	418
Der erscht Brief a Timotheus	423
Der zwöit Brief a Timotheus	431
Der Brief a Titus	436
Der Brief a Philemon	440
Der Brief a d Hebräer	445
Der Brief vom Jakobus	464
Der erscht Brief vom Petrus	471
Der zwöit Brief vom Petrus	479
Der erscht Brief vom Johannes	484
Der zwöit Brief vom Johannes	491
Der dritt Brief vom Johannes	492
Der Brief vom Judas	493
D Offebarig vom Johannes	497
Ds Warum und Wie vo dere Übersetzig	531
Zu de Bilder	536

Ds Matthäus-Evangelium

D Stammtafele vo Jesus Chrischtus

1 D Stammtafele vo Jesus Chrischtus: Er isch der Nachfahr vom David, und dä isch e Nachfahr vom Abraham. ²Der Abraham isch der Vatter vom Isaak, der Isaak isch der Vatter vom Jakob, der Jakob isch der Vatter vom Juda und syne Brüeder. ³Der Juda und d Tamar sy d Eltere vom Perez und vom Serach. Der Perez isch der Vatter vom Hezron, der Hezron vom Ram, ⁴der Ram vom Amminadab, der Amminadab vom Nachschon, der Nachschon vom Salmon. ⁵Der Salmon und d Rahab sy d Eltere vom Boas und der Boas und d Rut d Eltere vom Obed. Der Obed isch der Vatter vom Isai, ⁶und der Isai der Vatter vom Chünig David.
Der David und d Frou vom Urija sy d Eltere vom Salomo. ⁷Der Salomo isch der Vatter vom Rehabeam, der Rehabeam der Vatter vom Abija, dä der Vatter vom Asa, ⁸dä vom Joschafat, dä vom Joram, dä vom Usija, ⁹dä vom Jotam, dä vom Ahas; der Ahas isch der Vatter vom Hiskija, ¹⁰der Hiskija der Vatter vom Manasse, dä vom Amon, dä vom Joschija, ¹¹und der Joschija isch der Vatter vom Jojachin und syne Brüeder i der Verbannigszyt z Babylon.
¹²Na der Verbannig z Babylon isch der Jojachin der Vatter vom Schealtiel, der Schealtiel der Vatter vom Serubbabel, ¹³der Serubbabel der Vatter vom Abihud, dä der Vatter vom Eljakim, dä vom Azor, ¹⁴dä vom Zadok, dä vom Achim, dä vom Eliud, ¹⁵dä vom Eleasar, dä vom Mattan; der Mattan isch der Vatter vom Jakob, ¹⁶der Jakob der Vatter vom Josef und dä der Maa vo der Maria. Und ire Suhn isch Jesus, wo der Chrischtus heisst.
¹⁷Es sy also vierzäh Generatione vom Abraham bis zum David, und vom David bis zur Verbannig z Babylon syn es wider vierzäh Generatione, und vo der Verbannig z Babylon bis zu Chrischtus no einisch vierzäne.

D Geburt vo Jesus

¹⁸Mit der Geburt vo Jesus Chrischtus isch 's eso ggange: Sy Mueter Maria isch mit em Josef versproche gsi. No bevor si zäme

gwohnt hei, isch es gscheh, dass si vom heilige Geischt isch i d Hoffnig cho. ¹⁹ Der Josef isch en ufrächte Maa gsi und het se nid welle ychlage. I aller Stilli het er welle d Verlobig mit nere uflöse. ²⁰ Grad won er sech's vorgno het, erschynt ihm en Ängel vo Gott und seit ihm: «Josef, du Nachfahr vom David, schüüch di nume nid, d Maria als dy Frou zue der z nä. Das Chind, wo si erwartet, chunt vom heilige Geischt. ²¹ Si wird e Bueb übercho und du gisch ihm de der Name Jesus. Är wird nämlech sys Volk vo syne Sünde befreie. ²² Dadermit erfüllt sech das, wo der Herr dür e Prophet het la säge: ²³ ‹Lue, e Jungfrou erwartet es Chind und überchunt e Suhn, und me seit ihm Immanuel›, das heisst übersetzt: ‹Mit üüs isch Gott›.» ²⁴ Wo der Josef erwachet isch, het er's eso gmacht, win es ihm vom Ängel vo Gott isch uftreit worde, und het sy Frou zue sech gno. ²⁵ Aber er het se nid aagrüert, bis si ire Bueb übercho het. Du het er ihm der Name Jesus ggä.

D Stärndüter us em Oschte bim chlyne Jesus

2 Jesus isch z Betlehem in Judäa gebore worde zur Zyt vom Chünig Herodes. Da sy Stärndüter us em Oschte uf Jerusalem cho. ² Die hei gseit: «Wozgäge isch ächt der Chünig vo de Jude uf d Wält cho? Mir hei drum sy Stärn gseh ufga und chöme jitz vor ihm cho abechnöile.» ³ Wo der Chünig Herodes das het ghört, isch er erchlüpft und ganz Jerusalem mit ihm. ⁴ Er het alli Oberpriechter und Schriftgelehrte im Volk zämegrüeft und se gfragt, wo dass ächt der Chrischtus uf d Wält chömi. ⁵ Die hein ihm gseit: «Z Betlehem in Judäa. So het nämlech der Prophet gschribe: ⁶ ‹Und du, Betlehem im Land vo Juda, du bisch nid öppe di mindschti vo de wichtige Stedt z Juda. Us dir stammet einisch en Aafüerer, wo mys Volk Israel tuet weide›.»
⁷ Drufabe het der Herodes im verschleikte di Stärndüter zue sech bschickt und het se ganz gnau nam Momänt gfragt, wo dä Stärn zerschtmal gschine heig. ⁸ Du het er se uf Betlehem gwise und gseit: «Ganget und tüet nech ganz exakt na däm Chind ga erkundige, und we der's gfunde heit, de chömet mer's cho säge, für dass ig o vor ihm cha ga abechnöile.» ⁹ Na däm Bscheid vom Chünig sy si wytergwanderet. Der Stärn, wo si im Oschte hei gseh gha, isch ne voruus ggange, bis er dert obe drüber isch blybe sta, wo ds Chind isch gsi. ¹⁰ Wo si der Stärn dert hei gseh, isch e grossi Fröid über se cho. ¹¹ Si sy i ds Huus yne und hei ds Chind

gseh mit syr Mueter. Si sy abegchnöilet, hei iri Schatztrucken ufta und hein ihm Gschänk ggä: Guld und Weihrouch und Myrrhe. ¹²I mene Troum isch ne du befole worde, si sölle nid wider zum Herodes zrügg. Drum sy si du neimen anders düre i ires Land hei greiset.

D Flucht nach Ägypte

¹³Wo si sy wäggange gsi, da isch em Josef im Troum en Ängel vo Gott erschine und het gseit: «Stand uuf und nimm ds Chindli und sy Mueter und flücht nach Ägypte. Blyb dert, bis i der's säge. Der Herodes geit nämlech druuf uus, das Chind la z sueche für's umzbringe.» ¹⁴Er isch ufgstande und isch mit em Chindli und syr Mueter zmitts i der Nacht ufbbroche Ägypte zue. ¹⁵Und dert isch er bblibe bis zum Tod vom Herodes. So het sech das erfüllt, wo der Herr dür e Prophet het la säge: «Us Ägypte han i my Suhn grüeft».

Der Chindermord z Betlehem

¹⁶Wo du der Herodes gmerkt het, dass ne d Stärndüter hindergange hei, isch er wüetig worde. Er het Lüt gschickt für z Betlehem und i der ganze Gäget drumume alli Chinder z töde, di zwöijärige und di jüngere, na der Geburtszyt, won er vo de Stärndüter het erfahre gha. ¹⁷Da het sech erfüllt, was der Prophet Jeremia gseit het: ¹⁸«E Stimm het me z Rama ghört, Chlagen und e grosse Jammer. D Rahel briegget wägen irne Chinder und wott sech nid la tröschte, dass si nümme da sy.»
¹⁹Wo der Herodes gstorben isch, da isch en Ängel vo Gott em Josef z Ägypte im Troum erschine ²⁰und seit ihm: «Stand uuf, nimm ds Chind und sy Mueter und wandere wider zrügg i ds Land Israel. Die sy gstorbe, won ihm a ds Läbe hei welle.» ²¹Er isch ufgstande, und isch mit em Chind und syr Mueter i ds Land Israel zrügg gwanderet. ²²Won er aber verno het, der Archelaus sygi ar Stell vo sym Vatter Herodes Chünig z Judäa, da het er Angscht übercho, dert häre z ga. Im Troum het er e Wysig übercho und isch du i ds Gebiet vo Galiläa gwanderet. ²³Dert isch er i ne Stadt, wo Nazaret heisst, ga wohne. So het sech erfüllt, was d Prophete gseit hei: «Nazoräer wird er heisse».

Der Töufer Johannes prediget

3 Dennzmal het der Töufer Johannes aafa predige i den einsame Gägete vo Judäa. ²Er het gseit: «Änderet nech, wil Gottes Rych vorstänis isch». ³Das isch äbe dä, wo der Prophet Jesaja von ihm gseit het: «I der Einsamkeit tönt e Stimm vo eim, wo rüeft: ‹Strassnet für e Herr, machet ihm der Wäg parat!›.» ⁴Der Johannes sälber het es Chleid aagha us Kamelhaar und um d Taille umen e Lädergurt. Ggässe het er Höigümper und wilde Hung. ⁵Da sy d Lüt vo Jerusalem und vo der Gäget um e Jordan zuen ihm use gwanderet. ⁶Si hei sech vo ihm im Jordan la toufe und hei derby iri Sünde zueggä.

⁷Won er du gseh het, dass o ne Zylete Pharisäer und Sadduzäer für ne Toufi cho sy, het er zue ne gseit: «Dihr Schlangebruet, wär het de öich aaggä, dihr chönnet em Strafgricht etwütsche, wo chunt? ⁸Tüet im praktische Läbe öppis, wo me drann cha gseh, dass dihr nech gänderet heit! ⁹Und meinet nid öppe, dihr chönnet nech yrede: ‹Mir stamme drum vom Abraham ab (drum chan is nüüt passiere)›. I säge nech's grad use: Us dene Steine da cha Gott em Abraham Chind erschaffe! ¹⁰Ds Bieli steit scho näb de Wurzle vo de Böum. Jede Boum, wo nid wott trage, wird umghoue und zu Brönnholz gmacht. ¹¹I toufe nech mit Wasser zum Zeiche, dass der anders wärdet. Aber dä, wo nach mir chunt, isch stercher als ig; i bi's nid emal wärt, ihm d Sandale nacheztrage. Dä touft nech de mit heiligem Geischt und mit Füür. ¹²Är worflet ds Chorn und ruumt ds Tenn uuf. D Frucht tuet er a ne Huuffe für i Spycher, aber der Spröier verbrönnt er i mene Füür, wo nie usgeit.»

Jesus wird touft

¹³Du isch o Jesus us Galiläa zum Johannes a Jordan abe cho, für sech vo ihm la z toufe. ¹⁴Dä het ihm aber abgwehrt und gseit: «I sött mi vo dir la toufe, und du chunsch zu mir?» ¹⁵Aber Jesus het ihm gantwortet: «Erloub's jitze; es ghört sech so, für dass mer Gottes grächte Willen erfülle.» Da het er ihm naaggä. ¹⁶Won er touft isch gsi, isch er grad wider us em Wasser usecho. Da isch der Himel ufggange, und er het der Geischt vo Gott wi ne Tube gseh uf nen abecho. ¹⁷Und e Stimm us em Himel seit: «Das isch my liebe Suhn, ihn han ig userwählt.»

Der Tüüfel stellt Jesus uf d Prob

4 Du het der Geischt Jesus i nen einsami Gäget gfüert. Der Tüüfel het ne welle uf d Prob stelle. ²Won er vierzg Tag und Nächt het gfaschtet gha, het er afe Hunger übercho. ³Da macht sech der Versuecher zueche und seit zuen ihm: «We du der Suhn vo Gott bisch, so säg doch, di Steine da sölle Brot wärde!» ⁴Aber är git ihm ume: «Es heisst doch: ‹Nid nume vom Brot läbt der Mönsch, nei, o vo jedem Wort, wo Gott seit›.» ⁵Du het ne der Tüüfel mit sech i di heiligi Stadt gno und uf e Dachvorsprung vom Tämpel gstellt ⁶und zuen ihm gseit: «We du der Suhn vo Gott bisch, so gump da überuus! Es steit ja gschribe: ‹Är vertrout di synen Änglen aa, si sölle di uf Hände trage, für dass du mit em Fuess nid a ne Stei pütschisch›.» ⁷Jesus git ihm ume: «Es steit aber o gschribe: ‹Du söllsch der Herr, dy Gott, nid z unützem uf d Prob stelle›.» ⁸Widerume het ne der Tüüfel mit sech uf ne ganz höche Bärg ufegno und ihm alli Länder vo der Wält mit irer Herrlechkeit zeigt ⁹und zuen ihm gseit: «Das alls giben i dir, we du vor mir abechnöilisch und mi aabättisch.» ¹⁰Da seit Jesus: «Mach, dass de furtchunsch, Satan! Es steit gschribe: ‹Der Herr, dy Gott, söllsch aabätte und numen ihm söllsch diene!›.» ¹¹Da het sech der Tüüfel pfääit. Und d Ängel sy cho und hein ihm ddienet.

D Arbeit vo Jesus z Galiläa

¹²Wo Jesus du ghört het, der Johannes syg i d Chefi cho, het er sech nach Galiläa zrüggzoge. ¹³Nachär isch er us Nazaret furt und het z Kafarnaum gwohnt. Das lyt am See im Stammgebiet vo Sebulon und Naftali. ¹⁴So het sech söllen erfülle, was der Jesaja prophezeit het: ¹⁵«Ds Land vo Sebulon und Naftali am See und änet em Jordan, ds Galiläa vo de Heide, ¹⁶ds Volk, wo im Fyschtere wohnt, gseht es grosses Liecht; und dene, wo im Schatteland vom Tod wohne, het es Liecht aafa schyne.» ¹⁷Vo denn aa het Jesus aafa predige: «Änderet nech, wil Gottes Rych vorständs isch!»

D Fischer wärde zu Jünger

¹⁸Won er einisch em Galiläa-See naa gloffen isch, het er zwee Brüeder gseh: der Simon – me het ihm o Petrus gseit – und sy Brueder Andreas. Die hei es Netz im See usgleit. Si sy drum

Fischer gsi. ¹⁹ Er seit zue ne: «Chömet mit mer, und i mache nech zu Mönschefischer!» ²⁰ Die hei uf der Stell iri Netz la lige und sy mit ihm ggange. ²¹ Und won er wyterlouft, gseht er no einisch zwee Brüeder, der Jakobus und sy Brueder Johannes. Si sy zäme mit ihrem Vatter Zebedäus imene Schiff gsi und hei iri Netz i d Ornig gmacht. Er rüeft se zue sech. ²² Sofort hei si ds Schiff und der Vatter la sy und sy mit ihm ggange.

Jesus prediget und heilet

²³ I ganz Galiläa isch er umezoge, het i de Synagoge glehrt und di gueti Botschaft vo Gottes Rych prediget, und het de Lüte jedi Chrankheit und jede Bräschte gheilet. ²⁴ I ganz Syrie het me von ihm gredt. Me het Lüt zuen ihm bbracht, wo a allergattig Chrankheite und Bräschte glitte hei, o Geischtes-Chranki, Mondsüchtigi und Glähmti, und er het se gsund gmacht. ²⁵ Und Hüüffe Lüt vo Galiläa, o us em Gebiet vo de zäche Stedt, us Jerusalem und Judäa und vo änet em Jordan syn ihm nachegloffe.

Wär isch glücklich?

5 Won är di vile Lüt het gseh, isch er der Bärg uuf ggange. Du isch er abgsässe und syni Jünger sy naach zuen ihm cho. ²Da het er sen aafa underwyse:
 ³«Glücklech für geng sy die, wo gspüre, dass si arm dranne sy:
  Gottes Rych ghört ine.
 ⁴Glücklech für geng sy die, wo jitz truurig sy:
  Si wärde tröschtet.
 ⁵Glücklech für geng sy die, wo chöi naagä:
  Ine ghört einisch d Ärde.
 ⁶Glücklech für geng sy die, wo Hunger und Durscht hei na der Grächtigkeit:
  Si wärde satt.
 ⁷Glücklech für geng sy die, wo nes offes Härz hei:
  Si finde o bi Gott es offes Härz.
 ⁸Glücklech für geng sy die, wo ne luteri Gsinnig hei:
  Si gseh einisch Gott.
 ⁹Glücklech für geng sy die, wo für e Fride schaffe:
  Si heisse einisch d Chinder vo Gott.

¹⁰ Glücklech für geng sy die, wo me verfolget wäge Gottes Grächtigkeit:
Gottes Rych ghört ine.
¹¹ Glücklech für geng syt dihr, we me nech verbrüelet und verfolget und alls Schlächten über nech erzellt wäge mir.
¹² Fröiet nech und jutzet:
Öie Lohn isch gross. Grad eso het me vor öier Zyt d Prophete o verfolget.»

Ds Salz und ds Liecht

¹³ «Dihr syt ds Salz für d Ärde. We ds Salz sy Chuscht verlüürt, wi cha me de salze? De isch es für nüüt anders meh guet, weder dass me's voruse schiesst, und dert wird's vo de Lüt vertrappet. ¹⁴ Dihr syt ds Liecht für d Wält. E Stadt, wo oben uf emne Bärg lyt, cha sech nid verstecke. ¹⁵ Me züntet o nid e Lampen aa und stellt se de under ne Chübel – im Gägeteil, me tuet sen uf ne Ständer, de lüüchtet si allne im Huus. ¹⁶ So söll öies Liecht lüüchte vor de Mönsche, für dass si öiji guete Wärk gseh und öie Vatter im Himel derfür lobe.»

Jesus und ds Gsetz

¹⁷ «Meinet nid öppe, i sygi cho, für ds Gsetz oder d Prophete dürztue: nei, umgchehrt, für se bis hindenuse z erfülle! ¹⁸ Lueget, i cha nech säge: Bevor Himel und Ärde vergange, vergeit kes i-Tüpfli und kes Hääggli vom Gsetz, bis alles, won es seit, gscheh isch. ¹⁹ Wen öpper o numen es winzig chlys Gebot dürtuet, de wird är i Gottes Rych der myggerigscht Platz übercho. Wär's aber macht und lehrt, dä wird gross i Gottes Rych. ²⁰ I säge nech's grad use: We öiji Grächtigkeit nid meh wärt isch als die vo de Schriftgelehrte und Pharisäer, de chömet der ganz sicher nie i Gottes Rych yne.
²¹ Dihr heit ghört, dass me üsne Vorfahre gseit het: Du söllsch nid morde. Wär trotzdäm mordet, ghört vor Gricht. ²² Aber i säge nech: Jede, wo über sy Brueder toub isch, ghört vor Gricht! Wär sym Brueder seit: ‹Du Lööl!›, ghört vor Obergricht. Und wär seit: ‹Mach dass de zum Tüüfel chunsch!› dä ghört sälber i ds Höllefüür.

²³ We du ds Opfer zum Altar bringsch, und dert chunt's der z Sinn, dy Brueder heig öppis gäge di, ²⁴ de leg dys Opfer dert vor em Altar ab und gang zersch mit ihm ga Fride mache. Nachär chasch de dys Opfer ga darbringe.
²⁵ Tue di mit dym Prozässgägner verglyche, solang de no mit ihm underwägs zum Gricht bisch, süsch chönnt di der Gägner em Richter übergä und der Richter em Grichtsweibel, und du chunsch i d Chefi. ²⁶ Lue, i cha der säge: Vo dert chunsch de nümme use, bis de der letscht Rappe zalt hesch!
²⁷ Dihr heit ghört, dass me gseit het: ‹Du söllsch d Eh nid bräche.› ²⁸ Aber i säge nech: Jede, wo ne ghürateni Frou aaluegt und wett se gärn, dä het mit nere i sym Härz scho d Eh bbroche!
²⁹ We dys rächten Oug di zur Sünd verfüert, so ryss es uus und schiess es furt. Es isch gschyder für di, es gang eis vo dyne Glider kabutt, weder dass dy ganz Körper i ds Höllefüür gworfe wird. ³⁰ Und we di dy rächti Hand zur Sünd verfüert, hou sen ab und schiess se furt. Es isch gschyder für di, es gang eis vo dyne Glider kabutt, weder dass dy ganz Körper i d Höll fahrt.
³¹ Es heisst o no: ‹Wär sech vo syr Frou lat la scheide, dä söll neren e Scheidigsurkund gä.› ³² Aber i säge nech: Jede, wo sech vo syr Frou lat la scheide – ussert si syg ihm untröi gsi –, trybt sen i Ehebruch. Und wär e Gschidnigi hüratet, dä trybt o Ehebruch.
³³ De heit dihr o ghört, dass me zu de Vorfahre gseit het: ‹Du söllsch nid falsch schwöre›, und: ‹Du söllsch halte, was du vor em Herr gschwore hesch.› ³⁴ Aber i säge nech: Schwöret überhoupt nid! Nid bim Himel, dä isch ja der Thron vo Gott; ³⁵ nid bi der Ärde, die isch ja sys Schämeli; nid bi Jerusalem, das isch d Stadt vom grosse Chünig. ³⁶ Schwör o nid bi dym eigete Chopf; du chasch ja nid es einzigs Haar wyss oder schwarz mache. ³⁷ Bim Rede söll dys Ja es Ja und dys Nei es Nei sy. Was drüberuus geit, chunt vom Böse.
³⁸ Dihr heit ghört, dass me gseit het: ‹Oug gägen Oug, Zahn gäge Zahn.› ³⁹ Aber i säge nech: Löt nech mit em Böse nid uf ne Prozäss y! Im Gägeteil: We dir öpper e Chlapf uf di rächti Backe git, so häb ihm o di anderi häre. ⁴⁰ Und we di eine wott vor Gricht zie für der dys Chleid la z pfände, so lan ihm o no der Mantel. ⁴¹ Und we eine wott, dass du unbedingt e Bitz Wäg mit ihm geisch, de begleit ne grad dopplet so wyt. ⁴² Wär öppis vo der höischt, däm gib's, und chehr eim nid der Rügge zue, wen er der öppis wett etlehne.

⁴³ Dihr heit ghört, dass me gseit het: ‹Du söllsch dy Mitmönsch lieb ha, aber dy Find chasch hasse.› ⁴⁴ Aber i säge nech: Heit öiji Finde lieb und bättet für die, wo nech z leid wärche. ⁴⁵ So wärdet dihr öiem Vatter im Himel syni Chinder. Är lat sy Sunne la ufga über Bösi und Gueti und lat's la rägne über Grächti und Ungrächti. ⁴⁶ We dihr nume die lieb heit, wo öich o lieb hei – was hättet dihr de da für ne Belohnig z guet? Mache de das nid o d Zöllner? ⁴⁷ Und we dihr nume öiji Gschwüschterti grüesset, was machet dihr de da Bsunderigs? Mache de das nid o d Heide? ⁴⁸ Also syt vollkomme, wi öie himmlische Vatter vollkommen isch!»

Guets tue

6 «Tüet doch öiji Brevi nid vor de Lüt usbreite, für dass me nech emel ja gseej. Süsch heit dihr ke Belohnig z guet vo öiem Vatter im Himel. ² We du Guets tuesch, so tue das nid vor dir här ustrumpete, so wi's di Schynheilige mache i de Synagoge und uf de Strasse, für dass d Lüt se rüeme. Würklech, i cha nech säge: Die hei iri Belohnig verspilt! ³ We du öpperem öppis Guets tuesch, de söll dy linggi Hand nid wüsse, was di rächti macht, ⁴ so dass dy Guettat im Gheime gscheht. Aber dy Vatter, wo i ds Gheimen ynegseht, wird der's vergälte.»

Wie bätte

⁵ «Und we dihr bättet, so machet's nid wi di Schynheilige: Die stande gärn i de Synagoge und a de Strassenegge für z bätte, für dass se d Lüt emel o chöi gseh. Würklech, i cha nech säge: Die hei iri Belohnig verspilt. ⁶ Aber du, we de bättisch, gang i dys Chämmerli, bschliess d Tür und bätt zu dym Vatter, wo o im Gheime blybt. Und dy Vatter, wo i ds Gheimschten ynegseht, wird der's vergälte.
⁷ We dihr bättet, de laferet nid wi d Heide. Die meine ja, je meh Wort si mache, descht ender wärde si erhört. ⁸ Machet ne das nid nache. Öie Vatter weis ja, was dihr nötig heit, no bevor dihr zuen ihm bättet. ⁹ Tüet drum eso bätte:
    Üse Vatter im Himel!
    Mach, dass dy Name heilig ghalte wird,
¹⁰ Mach, dass dys Rych zuen is chunt.
    La hie uf Ärde dy Wille gscheh, win er im Himel gscheht.
¹¹ Gib is hütt und all Tag üses Brot.

¹² Und erlan is üsi Schuld; mir wei sen o üsne Schuldner erla.
¹³ Stell is nid uf d Prob; aber bhüet is vor em Böse.
¹⁴ We dihr nämlech de Mönsche vergät, was si a öich gfählt hei, vergit nech o öie Vatter im Himel. ¹⁵ We dihr aber nid vergät, vergit nech öie Vatter im Himel o nid, was dihr faltsch gmacht heit.»

Ds Faschte

¹⁶ «We dihr faschtet, de tüet nid wehlydig wi di Schynheilige: Die machen e grässlechi Gränne, für dass d Lüt emel ja gseh, dass si faschte. Würklech, i cha nech säge: Die hei iri Belohnig verspilt.
¹⁷ Aber we du faschtisch, de tue der Chopf salbe und ds Gsicht wäsche. ¹⁸ Du bruuchsch de Lüt ja nid z zeige, dass du faschtisch, aber derfür dym Vatter, wo im Gheime blybt. Und dy Vatter, wo i ds Gheime gseht, tuet der's vergälte.»

Gäge Gyt

¹⁹ «Schoret nid Schetz zäme hie uf der Ärde, wo se ja nume d Schabe und der Roscht kabutt mache, und wo Schelme dernaa grabe und se stäle. ²⁰ Leget nech lieber e Schatz aa im Himel, dert macht ke Schabe und ke Roscht ne kabutt, und d Schelme grabe nid dernaa und stäle ne nid. ²¹ Da, wo dy Schatz isch, da isch ja o dys Härz.»

Zum Byschpil: Ds Oug

²² «Ds Oug·lat ds Liecht i Lyb yne. We dys Oug gsund isch, so isch dy ganz Lyb heiter. ²³ Aber we dys Oug trüeb isch, de isch dy ganz Lyb fyschter. Und we ds Liecht i dir inne ganz usgeit, wi gross isch de di Fyschteri!
²⁴ Niemer cha zweene Herre diene. Entweder tuet er der eint hasse und het der ander gärn, oder er hanget am einte und verachtet der ander. Dihr chöit nid Gott diene und em Gäldgötz.»

Nid chummere!

²⁵ «Drum sägen i nech: Chummeret nid um öies Läbe, was der söllet ässe oder trinke; o nid um öie Körper, was der söllet aalege.

Isch ds Läbe nid meh weder ds Ässe und der Körper nid meh weder d Aalegi? ²⁶Lueget doch d Vögel i der Luft aa: Si sääje nid und ärne nid, si sammlen o nid d Schüüre voll, und öie Vatter im Himel git ne doch z ässe! Syt dihr nid vil meh wärt weder si? ²⁷Oder wär vo öich chönnt mit sym Chummere der Lengi vo sym Läbe o numen e halbe Meter aasetze? ²⁸Oder chummeret der wäg de Chleider? Lueget doch d Lilie uf der Matte, wi si wachse: Si wärche nid und spinne nid; ²⁹aber i säge nech: Der Salomo i syr ganze Pracht hätti kenere vo ne d Füeteri ggä! ³⁰We jitz Gott d Blueme uf der Matte so schön aaleit, wo hütt stande und morn scho verheizt wärde, wi vil ender luegt er de zu öich. Dihr mit öiem chlyne Gloube! ³¹Tüet doch nid chummere und säget nid: Was ässe mer de? Was trinke mer de? Was lege mer de aa? ³²Allem däm springe d Heide nache! Öie Vatter im Himel weis doch, dass dihr das alls bruuchet. ³³Ganget gschyder uf sys Rych uus und uf sy Grächtigkeit. De überchömet der alls andere drübery. ³⁴Machet nech also ke Chummer für morn. Der morndrig Tag het syner eigete Sorge. Es tuet's, we jede Tag sy eigeti Burdi het.»

Der Sprysse und der Trämel

7 «Verurteilet niemer, süsch verurteilt Gott öich o! ²Dihr wärdet nämlech glych beurteilt, wi dihr urteilet, und überchömet mit em glyche Määs zuegmässe, wo dihr dermit mässet. ³Wiso luegsch du uf e Sprysse im Oug vo dym Brueder und gisch nid acht uf e Trämel i dym eigeten Oug? ⁴Oder wi chasch du zu dym Brueder säge: Zeig, i zie der der Sprysse us em Oug, und derby hesch e Trämel i dym eigeten Oug? ⁵Bis nid schynheilig und zie zersch dir sälber der Trämel us em Oug; de chasch geng no probiere, dym Brueder der Spryssen us sym Oug z zie! ⁶Gät ds Heilige nid de Hünd und gheiet öiji Perle nid de Söu häre. Süsch trappe si mit irne Füess druff ume, und de drääje si sech ungsinnet um und bysse nech.»

Gott ghört nech, we dihr bättet

⁷«Bittet, de überchömet der. Suechet, de chöit der finde. Chlopfet aa, de tuet me nech uuf. ⁸Jede, wo bittet, überchunt, und wär

suecht, dä findet, und wär aachlopfet, däm wird ufta. ⁹ Oder git's bi öich öpper, wo sym Chind e Stei gub, wen es ihm Brot höischt? ¹⁰ Oder, wen es ihm e Fisch höischti, gub er ihm e Schlange? ¹¹ We sogar dihr, wo doch bös syt, öine Chinder chöit gueti Sache gä, wi vil ender cha öie Vatter im Himel dene öppis Guets gä, wo ne drum bitte! ¹² Drum tüet de Mönsche alls das, wo dihr weit, dass si öich tüe. Das isch nämlech ds Gsetz und d Prophete i eim!
¹³ Ganget dür di ängi Tür yne. Breit isch d Tür und gäbig der Wäg, wo i ds Verderbe füert. Und es geit mänge dert yne. ¹⁴ Aber äng isch d Tür und der Wäg müesam, wo i ds Läbe füert, und nid mänge findet ne.»

Prophete mues me guet aaluege

¹⁵ «Passet uf! Es git faltschi Prophete. Die chöme als Schaf verchleidet zue nech, aber innefür sy nes hungrigi Wölf. ¹⁶ Irne Frücht aa chöit der merke, wi si sy. ¹⁷ List men öppe Trübel vo Dornestuden ab oder Fyge vo Dischtle? ¹⁸ So treit jede gsunde Boum gueti Frücht, aber e Boum, wo inne fulet, treit schlächti Frücht. E gsunde Boum cha nid schlächti Frücht trage, und e gfulete Boum treit keni guete Frücht. ¹⁹ E Boum, wo nid gueti Frücht treit, hout men um und macht ne zu Brönnholz. ²⁰ Drum: A irne Frücht chöit dihr merke, was mit ne los isch. ²¹ Nid jede chunt i Gottes Rych, wo zue mer seit: ‹Herr, Herr!›, nei, nume dä, wo macht, was my Vatter im Himel wott. ²² Vili säge mer de einisch am Grichtstag: ‹Herr, Herr, hei mer nid i dym Name als Prophete prediget, hei mer nid i dym Name bösi Geischter ustribe, hei mer nid i dym Name mängs Wunder ta?› ²³ Und i antworte ne de frei use: ‹Öich gchennen i nüüt, machet, dass der furt chömet! Dihr heit nid nam Gsetz gläbt›.»

Ds Huus uf em Felse

²⁴ «Jede, wo myni Wort ghört und ne folget, dä glychet emne gschyde Maa, wo sys Huus uf ne Felse bbouet het. ²⁵ Wo du ne Rägeschütti isch cho, und d Flüss sy übergloffe, und der Sturm het gchutet und ds Huus erhudlet, da isch es nid zämegchrutet. Es het ja sys Fundamänt uf em Felse gha. ²⁶ Aber jede, wo myni

Wort ghört und ne nid folget, dä glycht emne dumme Maa, wo sys Huus uf e Sand bbouet het. ²⁷ Wo du ne Rägeschütti isch cho, und d Flüss sy übergloffe, und der Sturm het gchutet und ds Huus erhudlet, da isch es mit grossem Krach zämegchrutet.»
²⁸ Wo Jesus mit Reden ufghört het, sy d Lüt ganz under sym Ydruck gstande. ²⁹ Er het sen äbe underwise wi eine, wo d Vollmacht het derzue, und nid eso wi iri Schriftgelehrte.

Jesus heilet en Ussätzige

8 Er isch vom Bärg abe cho, und Hüüffe Lüt syn ihm nachegloffe. ² Da chunt en Ussätzige zuen ihm, fallt uf d Chnöi und seit ihm: «Herr, we du wosch, chasch du mi gsund mache!» ³ Är streckt d Hand uus, rüert nen aa und seit: «I wott, bis gsund!» Und sofort isch dä vo sym Ussatz gheilet gsi. ⁴ Jesus seit zuen ihm: «Los, säg's niemerem, aber gang di em Prieschter ga zeige und bring als Bewys für d Lüt dys Opfergschänk dar, wo der Mose befole het.»

Der Houpme vo Kafarnaum

⁵ Won er du uf Kafarnaum ggangen isch, isch e Houpme zuen ihm cho ⁶ und het ihm aaghalte: «Herr, my Chnächt lyt glähmt daheim und het grossi Schmärze.» ⁷ Är seit zuen ihm: «I söll ne doch nid öppe cho gsund mache!» ⁸ Aber der Houpmen antwortet: «Herr, i bi's nid wärt, dass du zue mer hei chunsch. Aber säg numen eis Wort, de wird my Chnächt gsund. ⁹ I stande sälber under Kommandogwalt, aber i ha o under mir Soldate. Wen ig eim säge: ‹Marsch!›, so geit er, und emenen andere: ‹Aaträtte!›, so chunt er, und zu mym Chnächt: ‹Mach das!›, so macht er's.» ¹⁰ Wo Jesus das ghört, seit er ganz verwunderet zu dene, wo näben ihm stande: «I mues würklech säge: Bi niemerem in Israel han ig e settige Gloube gfunde. ¹¹ Ja, ja, vili chöme einisch vo Oschten und Weschte und sitze zueche i Gottes Rych, zäme mit em Abraham, em Isaak und em Jakob. ¹² Aber d Sühn vo däm Chünigrych wärden usgmüpft i di fyschterschti Fyschteri. Dert chöi si de hüüle und schnadele mit de Zähn.» ¹³ Und Jesus het zum Houpme gseit: «Gang nume! So, wi du ggloubt hesch, söll es der ga.» I däm Momänt isch der Chnächt gsund worde.

Jesus heilet Chrankni

¹⁴ Du geit Jesus zum Petrus hei und findet dert däm sy Schwigermueter mit Fieber im Bett. ¹⁵ Er git nere d Hand und ds Fieber isch wäg. Da isch si ufgstande und het für ne gsorget. ¹⁶ Gägen Aabe het me vil Geischtes-Chranki zuen ihm bbracht. Er het di böse Geischter mit sym Wort ustribe, und alli, wo ne Bräschte hei gha, het er gsund gmacht. ¹⁷ So het sech das erfüllt, was der Prophet Jesaja het gseit: «Er het üsi Schwechine uf sech gno und het üsi Chrankheite furttreit.»

Mit ihm z ga isch nid so eifach

¹⁸ Wo Jesus Schare vo Lüt um sech gseh het, het er sech wellen a ds anderen Ufer la übereruedere. ¹⁹ Da chunt e Schriftgelehrte zuen ihm und seit: «Meischter, i wott mit dir cho, überall hi wo du geisch.» ²⁰ Jesus git ihm ume: «D Füchs hei Höline, und d Vögel i der Luft hei iri Näschter, aber der Mönschesuhn het kes Plätzli, won er sy Chopf chönnt härebette.» ²¹ En andere vo syne Jünger het ihm gseit: «Herr, erloub mer, dass i zersch my Vatter ga ga beärdige.» ²² Aber Jesus git ihm ume: «Chumm mit mir, und la di Toten iri Tote la beärdige!»

Der Seesturm

²³ Er het es Schiff gno und syni Jünger sy mit ihm ygstige. ²⁴ Da het's uf em See e grosse Sturm ggä. D Wälle sy über ds Schiff ybbrätschet. Aber är het gschlafe. ²⁵ Si sy ne ga wecke und hei grüeft: «Herr, hilf is doch, mir gangen under!» ²⁶ Da seit er zue ne: «Was syt dihr für Angschthase, dihr mit öiem chlyne Gloube!» Er steit uuf, drööit em Sturm und em See, und da wird's ganz still. ²⁷ Aber d Lüt hei ganz verwunderet gseit: «Was isch das für eine, won ihm sogar der Sturm und der See folge?»

D Söu vo Gadara

²⁸ Er isch a ds äneren Ufer cho i ds Land vo de Gadarener. Da syn ihm us Grabhölinen use zwee Geischtes-Chranki eggäge cho. Die sy bösartig gsi, so dass sech niemer meh dertdüre trout het. ²⁹ Si hei bbrüelet: «Warum chunsch du üüs i ds Gheg, Gottessuhn? Chunsch öppe dahäre für üüs scho jitze, vor der Zyt, z

plage?» ³⁰Zimlech wyt ewägg het e grossi Trybete Söu gweidet.
³¹Di böse Geischter hein ihm aagha: «We den is scho verjagsch, de schick is i di Söu!» ³²Er seit ne: «So ganget!» Si sy usgfahre und i di Söu ynegschosse. Und du isch di ganzi Söulitrybete d Bärghalde abgrochlet i See yne und im Wasser ertrunke. ³³D Hirte sy dervogsprunge i d Stadt und hei dert alls erzellt, o das vo de Geischtes-Chranke. ³⁴Da isch di ganzi Stadt usecho, Jesus eggäge. Und wo si ne gseh hei, hei sin ihm aagha, er söll ewägg ga us irer Gäget.

Was isch schwärer: Sünde vergä oder gsund mache?

9 Er isch i nes Schiff ygstige und überegfahre i sy Stadt. ²Da hei sin ihm e Glähmte bbracht, wo uf nere Bare glägen isch. Und wo Jesus ire Gloube gseh het, seit er zum Glähmte: «Häb guete Muet, Chind, dyni Sünde sy der vergä!» ³Da hei nes paar Schriftgelehrti für sich gseit: «Dä läschteret!» ⁴Jesus het iri Gedanke errate und seit ne: «Wiso dänket dihr geng grad a öppis Böses? ⁵Was isch ächt eifacher, z säge: ‹Dyni Sünde sy der vergä?› oder: ‹Stand uuf und louf umenand?› ⁶Aber für dass dihr gseht, dass der Mönscheshun d Vollmacht het, uf der Ärde Sünde z vergä» – seit er zum Glähmte: «Stand uuf, nimm dys Gliger und gang hei!» ⁷Dä isch ufgstande und heiggange. ⁸Wo d Lüt das gseh hei, sy si erchlüpft und hei Gott globet, dass er de Mönschen e settigi Vollmacht heig ggä.

Der Matthäus chunt mit ihm

⁹Wo Jesus wyterggangen isch, het er e Mönsch a der Zollstation gseh sitze; dä het Matthäus gheisse. Er seit zuen ihm: «Chumm mit mer!» Und dä steit uuf und geit mit.
¹⁰Du isch er zu däm hei ga ässe. Da sy vil Zöllner und Sünder mit Jesus und syne Jünger zäme cho zuechesitze. ¹¹Wo d Pharisäer das hei gseh, säge si zu syne Jünger: «Wi chunt öie Meischter derzue, mit Zöllner und Pack zäme z ässe?» ¹²Er het das ghört und gantwortet: «Die, wo's ne guet geit, hei der Dokter nid nötig, nume die, wo's ne schlächt geit! ¹³Ganget lehret, was das bedütet: ‹Erbarme wott i und nid Opfer.› I chume nid Grächti cho rüefe, aber d Sünder.»

Jesus bringt öppis Nöis

¹⁴ Denn sy d Jünger vom Johannes zuen ihm cho säge: «Wiso tüe mir und d Pharisäer faschte und dyni Jünger faschte nid?» ¹⁵ Jesus het ne gantwortet: «Söllen öppe d Hochzytsgescht truurig sy, we der Brütigam by nen isch? Es chöme de scho Tage, wo der Brütigam het müesse furtga, denn chöi si de faschte.
¹⁶ Niemer blätzet es alts Chleid mit nöiem Stoff. Süsch verrysst ds Chleid um e Blätz ume, und der Schranz wird numen erger.
¹⁷ Me schüttet o nid junge Wy i alti Schlüüch, süsch versprängt's d Schlüüch und der Wy louft uus, und d Schlüüch gange kabutt. Nei, junge Wy schüttet men i nöiji Schlüüch, de blybt beids guet.»

D Frou mit de Bluetige und ds Töchterli vom Jairus

¹⁸ Won er so mit ne gredt het, da chunt e Synagogevorsteher, chnöilet vor ihm abe und seit: «My Tochter isch jitz grad gstorbe. Aber chumm nere doch cho d Hand uflege, de läbt si wider!» ¹⁹ Jesus steit uuf und geit mit ihm, zäme mit de Jünger. ²⁰ Da chunt e Frou, wo sit zwölf Jahr a starche Bluetige glitte het, vo hinde a ne häre und rüert der Zipfel vo sym Chleid aa. ²¹ Si het zue sech sälber gseit: «I bruuche nume der Zipfel vo sym Chleid aazrüere, de hilft es mer.» ²² Da drääit Jesus sech um, gseht se und seit: «Häb guete Muet, Frou, dy Gloube het der ghulfe!» Und vo däm Momänt aa isch di Frou gsund gsi. ²³ Jesus isch zum Huus vom Vorsteher cho und gseht d Truurmusikante und d Lüt, wo lut bbrüelet und gjammeret hei, und seit: ²⁴ «Ganget use, das Meitschi isch ja nid gstorbe, es schlaft nume!» Si hei nen usglachet. ²⁵ Aber wo si dusse sy gsi, isch er yneggange und het ds Meitschi a der Hand gno. Da isch es ufgstande. ²⁶ Und i der ganze Gäget dert het me dervo bbrichtet.

Er macht Blindi und e Stumme gsund

²⁷ Vo dert isch Jesus wytergange. Da syn ihm zwee Blindi nachegloffe und hei grüeft: «Suhn vom David, häb Erbarme mit is!» ²⁸ Won er du i nes Huus ynen isch, sy di Blinde zuen ihm cho, und Jesus het ne gseit: «Gloubet dihr, dass i das cha mache?» Si

säge: «Ja, Herr!» ²⁹Da rüert er iri Ougen aa und seit: «So wi dihr's gloubet, so söll es nech gscheh.» ³⁰Da sy ne d Ougen ufggange. Aber Jesus het ne ygscherft: «Machet, dass es niemer erfahrt.» ³¹Aber die sy i der ganze Gäget dert vo ihm ga erzelle. ³²Chuum sy si wäggange gsi, het men e Mönsch zuen ihm bbracht, wo stumm isch gsi, und derzue vo mene böse Geischt bsässe. ³³Sobald er der bös Geischt het ustribe gha, het der Stumm chönne rede. Di vile Lüt sy ganz überno gsi und hei gseit: «No nie isch so öppis z Israel passiert!» ³⁴Aber d Pharisäer hei gseit: «Der Aafüerer vo de böse Geischter hilft ihm, di böse Geischter usztrybe!»

³⁵Uf der Wanderschaft isch Jesus i alli Stedt und Dörfer cho, het i irne Synagoge glehrt und di gueti Botschaft vo Gottes Rych verchüntet und jedi Chrankheit und jede Bräschte gheilet. ³⁶Er het di Volkshüüffe gseh und het Erbarme mit ne gha, wil si todmüed und erlächnet am Bode gläge sy «wi Schaf, wo ke Hirt hei».

³⁷Denn het er zu syne Jünger gseit: «D Ärn wär gross, aber es het zweni Arbeiter. ³⁸Bättet drum zum Herr vom Fäld, er söll is Arbeiter für ds Ärne schicke!»

Di zwölf Jünger

10 Er het syni zwölf Jünger zue sech grüeft und het ne Macht ggä über di usubere Geischter, für se chönne usztrybe und alli Chrankheite und Bräschte z heile. ²Das sy d Näme vo de zwölf Aposchtle: Der erscht isch der Simon, wo men ihm der Petrus seit, und sy Brueder Andreas; der Jakobus, Suhn vom Zebedäus, und sy Brueder Johannes; ³der Philippus und der Bartholomäus, der Thomas und der Zöllner Matthäus, der Jakobus, Suhn vom Alphäus, und der Thaddäus, ⁴der Simon us der Zelote-Partei, und der Judas Iskariot, wo ne du verrate het.

⁵Die zwölf het Jesus usgschickt und het nen uftreit: «Ganget nid uf die Syte, wo Heide wohne, wanderet o nid i nes Dorf vo de Samaritaner. ⁶Ganget lieber zu de verlorene Schaf im Volk Israel. ⁷Underwägs tüet predige, dass Gottes Rych vorständs isch. ⁸Heilet Chrankni, wecket Toti uuf, machet Ussätzigi gsund, trybet bösi Geischter uus! ⁹Nät kes Gäld mit, o kes Silber oder Chupfer-

gäld i öie Gurt, ¹⁰ke Rucksack uf e Wäg, o kes zwöits Chleid, keni Sandale und ke Stäcke. Wär schaffet, verdienet sys Ässe. ¹¹We dihr i ne Stadt oder i nes Dorf chömet, so fraget, zu wäm der dert chöit ga wohne. Und de blybet dert, bis der wider furtganget. ¹²We der i nes Huus yne chömet, so wünschet ihm Gottes Fride, ¹³und we das Huus für öich gaschtlech isch, so chunt öie Fride uf ihns; we's aber ungaschtlech isch, de söll öie Fride wider zue nech zrügg cho. ¹⁴Und wen ech öpper nid ufnimmt und nid uf öiji Wort lost, de chehret däm Huus oder där Stadt der Rügge und schüttlet der Stoub vo öine Füess. ¹⁵Lueget, i cha nech säge: Am Tag vom Gricht geit's einisch Sodom und Gomorra erträglecher als däm Ort.
¹⁶Lueget, i schicke nech wi Schaf mitts under d Wölf. Syt also glimpfig wi d Schlange und luter wi d Tube. ¹⁷Nät nech in Acht vor de Mönsche. Si wärde nech de Gricht uslifere und nech pöitsche i irne Synagoge. ¹⁸Vor Landvögt und Chünige wird me nech schleipfe, dass der vor ine und vor de Heide müesst für mi ysta. ¹⁹We me nech aber vor Gricht stellt, de chummeret nid, wie oder was dihr söllet säge. Das wird nech de i däm Momänt yggä. ²⁰Dihr syt's nämlech de nid, wo redet; der Geischt vo öiem Vatter redt de us öich.
²¹Ei Brueder wird der ander em Tod uslifere und der Vatter sys Chind, ‹und Chinder standen uuf gägen iri Eltere› und lö se la töde. ²²Und alli wärde nech hasse wäge mym Name. Aber wär bis zletscht dürehaltet, wird grettet. ²³We si nech i der einte Stadt furtjage, so flüchtet i nen anderi. Lueget, i cha nech säge: Dihr wärdet nid fertig mit de Stedt vo Israel, bis der Mönschesuhn chunt.
²⁴E Jünger steit nid über sym Meischter, und e Chnächt nid über sym Herr. ²⁵Es tuet's em Jünger, wener cha glych wärde wi sy Meischter, und der Chnächt glych wi sy Herr. We si scho em Husherr Beëlzebul säge, wi säge si de ersch syne Huslüt?»

Nid Angscht ha

²⁶«Heit aber jitz nid Angscht. Es isch nüüt eso gheim, dass es nid uschunt, und nüüt so versteckt, dass me's nid einisch cha gseh. ²⁷Was i nech im Fyschtere säge, das säget a der Heiteri, und was me nech i ds Ohr chüschelet, das prediget vo de Decher! ²⁸Und häbet nid Angscht vor dene, wo der Lyb chöi töde; d Seel chöi

si nid töde! Förchtet nech ender vor däm, wo d Seel und der Lyb i der Füürhöll cha vernichte. ²⁹Verchouft me nid zwee Spatze für nes Füfi? Und doch troolet nid eine vo ne uf d Ärden abe, ohni öie Vatter well's ha. ³⁰D Haar uf öiem Chopf sy ja o alli zellt. ³¹Heit also nid Angscht, dihr syt meh wärt als vili Spatze zäme. ³²Wär vor de Mönsche zu mir steit, zu däm stan ig o einisch vor mym Vatter im Himel. ³³Aber wär vor de Mönsche nüüt vo mir wott wüsse, vo däm weis i de o nüüt vor mym Vatter im Himel. ³⁴Meinet nid öppe, i sygi cho für e Friden uf d Ärde z bringe. I bi nid cho, für Fride z bringe, nei, ds Schwärt! ³⁵I bi cho, für ne Suhn mit sym Vatter uneis z mache, und d Tochter mit irer Mueter und d Schwigertochter mit irer Schwigermueter. ³⁶‹Di eigeti Familie wird der Mönsch gäge sech ha.› ³⁷Wär Vatter oder Mueter lieber het als mi, dä chan i nid bruuche; und wär Suhn oder Tochter lieber het als mi, dä chan i nid bruuche. ³⁸Und wär sys Chrüz nid uf sech nimmt und mit mir chunt, dä chan i nid bruuche. ³⁹Wär sys Läbe gfunde het, verlüürt's, und wär sys Läbe mynetwäge verlore het, findet's. ⁴⁰Wär öich ufnimmt, nimmt mi uuf, und wär mi ufnimmt, nimmt dä uuf, wo mi gschickt het. ⁴¹Wär e Prophet ufnimmt, wil er e Prophet isch, dä überchunt e Lohn wie ne Prophet. Und wär e Grächten ufnimmt, wil er e Grächten isch, dä überchunt e Lohn wie ne Grächte. ⁴²Und wär em Schitterschte hie e Bächer früschs Wasser git, eifach wil dä my Jünger isch – lueget, i cha nech säge: Dä überchunt sy Lohn!»

D Frag vom gfangene Johannes

11 Wo Jesus di Wysige a syni Jünger het fertig gha, isch er vo dert furtggange für wyters ga z lehre und i den Ortschafte ga z predige. ²Da het der Johannes i der Chefi vo syr Arbeit ghört rede. Er het Jünger zuen ihm gschickt und ne la frage. ³«Bisch eigetlech du dä, wo söll cho, oder müesse mer uf nen andere warte?» ⁴Jesus antwortet ne: «Ganget brichtet em Johannes, was dihr ghöret und gseht: ⁵Blindi gseh und Lahmi loufe, Ussätzigi wärde suber und Ghörlosi ghöre, Toti standen uuf, und den Arme wird di gueti Botschaft prediget. ⁶Glücklech für geng isch dä, wo nid a mir zwyflet.»

Jesus redt über e Töufer Johannes

⁷ Wo si sy wäggange gsi, het Jesus mit de Lüt aafa über e Johannes rede: «Was heit dihr eigetlech i der einsame Gäget welle ga luege: es Schilfrohr, wo vom Luft hin und här gwääit wird? ⁸ Oder was heit der welle ga luege: e Mönsch, wo weichi Chleider annehet? Die, wo weichi Chleider annehei, sy i de Chünigspaläscht. ⁹ Oder was heit dihr welle ga luege: e Prophet? Ja, i säge nech: Dihr heit öppis bessers gseh als e Prophet! ¹⁰ Är isch dä, wo von ihm gschriben isch: ‹Lue, i schicke my Bott dir voruus, dä macht der Wäg für di parat.› ¹¹ I cha nech säge: Vo de Mönsche uf dere Wält isch kene grösser als der Töufer Johannes. Und doch isch i Gottes Rych dä, wo jünger isch (nämlech Jesus), grösser als är. ¹² Sit der Zyt vom Töufer Johannes bis hütt wird Gottes Rych Gwalt aata und Gwalttätigi probiere's für sich z erobere. ¹³ Alli Prophete nämlech und ds Gsetz bis zum Johannes hei's voruus gseit, ¹⁴ gloubet's oder gloubet's nid: Är isch der Elija, wo söll cho. ¹⁵ Wär Ohre het, söll lose!
¹⁶ Mit was söll i üsi Generation verglyche? Si glychet Chinder, wo vorusse sitze und de Gspänli ¹⁷ rüefe:
‹Mir hei nech es luschtigs Chehrli pfiffe,
aber dihr heit nid welle tanze;
mir hei nech es truurigs Liedli gsunge,
aber dihr heit nid welle briegge.›
¹⁸ Der Johannes isch nämlech cho und het nid ggässe und nid trunke, da het me gseit: ‹Er het e böse Geischt›. ¹⁹ Der Mönschesuhn chunt, isst und trinkt, da säge si: ‹Lueget dä Mönsch, dä frisst und suuft und leichet mit Zöllner und Pack!› Aber Gottes Wysheit het rächt, me gseht's a däm, wo si zstandbringt.»

Warnruefe

²⁰ Denn het er über di Ortschafte aafa schmäle, won er am meischte vo syne machtvolle Tate drinn ta het, und si hei sech doch nid gänderet: ²¹ «I warne di, Chorazin, i warne di, Betsaida! We z Tyrus oder z Sidon di machtvolle Tate gscheh wäre, wo bi öich gscheh sy, hätte si scho lengschtes Buess ta i Sack und Äsche! ²² I cha nech nume säge: Tyrus und Sidon geit's am Grichtstag erträglecher als öich.
²³ Und du, Kafarnaum, meinsch, du wärdisch diräkt i Himel ufeglüpft? Bis i ds Toterych muesch abestyge! We nämlech z

Sodom di machtvolle Tate gscheh wäre, wo bi dir gscheh sy, stüend's no bis zum hüttige Tag. ²⁴I cha nech nume säge: Der Gäget vo Sodom geit's am Grichtstag erträglecher als dir.»

Der Heiland vo de Chlyne und Plagete

²⁵ Denn het Jesus o gseit: «I danke dir, Vatter, Herr über e Himel und über d Ärde; du hesch das vor de Gschyde und de Vernünftige gheimghalte, aber de Unmündige hesch es offe zeigt. ²⁶ Ja, Vatter, so hesch du's feschtgleit. ²⁷ Alls isch mir vo mym Vatter übergä worde. Niemer gchennt der Suhn weder der Vatter, und niemer gchennt der Vatter, weder nume der Suhn und dä, won ihm's der Suhn wott z wüsse tue.
²⁸ Dihr alli, wo Müe heit und Burdine schleipfet, chömet zu mir! Bi mir chöit der löie.
²⁹ Schlüüffet under mys Joch und lehret vo mir.
Geduldig bin i und härzlech bescheide.
‹So findet dihr Rue für öiji Seel.› ³⁰ Mys Joch isch nid hert und my Burdi isch liecht.»

Ährirupfe am Sabbat

12 Einisch isch Jesus am Sabbat de Chornfälder naa gloffe. Syni Jünger hei Hunger gha und hei aafa Ähri abrupfen und ässe. ² Wo d Pharisäer das gseh hei, hei si zuen ihm gseit: «Lue doch, dyni Jünger machen öppis, wo men am Sabbat nid darf.» ³ Aber är git nen ume: «Heit dihr nid gläse, was der David gmacht het, won är und syni Gspane hei Hunger gha? ⁴ Win är i Tämpel yne isch ga d Schoubrot ässe – und die hei weder är no syni Gspane dörfen ässe, nume d Priaschter. ⁵ Oder heit dihr im Gsetz nid gläse, dass d Priaschter am Sabbat im Tämpel ds Gsetz überträtte und doch ohni Schuld sy? ⁶ I säge nech: Hie isch öppis Grössers weder der Tämpel! ⁷ We dihr aber begriffe hättet, was das bedütet: ‹Erbarme wott ig und nid Opfer›, de hättet dihr di Unschuldige nid verurteilt. ⁸ Der Mönschesuhn isch nämlech Herr über e Sabbat.»

Gsund mache am Sabbat

⁹ Vo dert isch er wytergwanderet und i iri Synagoge cho. ¹⁰ Da isch e Mönsch gsi mit nere verchrüpplete Hand. Si hei ne gfragt:

«Darf men am Sabbat heile?» Si hätte ne drum gärn ygchlagt. ¹¹Aber er het ne gseit: «Git's ächt bi öich e Mönsch, wo nes Schaf, wo ihm ghört, nid wurd usezie, we's amene Sabbat i nes Loch abe gheiti? ¹²Wi vil höcher steit doch e Mönsch als es Schaf! Drum darf men am Sabbat Guets tue.» ¹³Drufabe het er zu däm Mönsch gseit: «Streck dy Hand uus!» Dä het sen usgstreckt und si isch wider eso worde wi di anderi. ¹⁴Du sy d Pharisäer useggange und hei zäme gratiburgeret, wie si ne chönnten umbringe. ¹⁵Aber Jesus het das gmerkt und isch vo dert furt. Hüüffe Lüt syn ihm nachegloffe und er het sen alli gsund gmacht. ¹⁶Und de het er ne sträng befole, si sölle nid vo ihm rede. ¹⁷So het sech sölle erfülle, was der Prophet Jesaja gseit het:
  ¹⁸«Lue, das isch my Chnächt, won ig userwählt ha,
  my Liebschte, wo my Seel usgläse het.
  I wott my Geischt uf ne lege,
  und er söll de Heide ds Rächt verchünte.
  ¹⁹Er wird weder zangge no brüele,
  niemer wird uf der Strass sy Stimm ghöre.
  ²⁰Es knickts Rohr tuet er nid z vollem verbräche,
  und e Dache, wo no glüeit, löscht er nid uus,
  bis dass er mys Rächt düregsetzt het.
  ²¹Und uf sy Name hoffe d Heide.»

Hilft e böse Geischt Jesus?

²²Du het men eine zuen ihm bbracht, wo vo mene böse Geischt bsässe und derzue blind und stumm isch gsi. Er het ne gheilet, so dass dä Stumm het chönne rede und o wider gseh het. ²³Alli Lüt sy i ne grossi Ufregig cho und hei gseit: «Isch ächt das der Suhn vom David?» ²⁴Wo das d Pharisäer ghört hei, säge die: «Dä trybt di böse Geischter nume uus mit Hülf vom Aafüerer vo de böse Geischter, em Beëlzebul.» ²⁵Jesus het gspürt, was si dänke, und seit ne: «Jedes Chünigrych, wo i sich sälber uneis isch, geit z Grund, und ke Stadt und kes Huswäse, wo i sich sälber uneis isch, cha sech halte. ²⁶Und we der Satan der Satan ustrybt, de isch er i sich sälber uneis. Wi chönnt sech sys Rych de halte? ²⁷Und wen i mit Hülf vom Beëlzebul di böse Geischter ustrybe, mit wäm trybe se de ächt öiji Sühn uus? Die wärden öiji Richter sy! ²⁸Wen ig aber mit Hülf vo Gottes Geischt di böse Geischter ustrybe, de chunt doch Gottes Rych zu öich! ²⁹Oder wi chönnt eine i ds Huus vo mene starche Maa ybräche und syni Sache wägnä, ohni

zersch der Starch z fessle? Ersch nachär chan er sys Huus usplündere.
³⁰ Wär nid mit mir isch, dä isch gäge mi, und wär mir nid hilft sammle, dä verzütteret. ³¹ Drum sägen i nech: Gott vergit de Mönsche alls, was si Böses mache und was si Böses rede, aber we si gäge heilige Geischt läschtere, vergit er ne nid. ³² Wär es Wort gäge Mönschesuhn seit, däm wird vergä. Aber wär es Wort gäge heilige Geischt seit, däm wird nid vergä, weder i üser Wältzyt no i dere, wo chunt.
³³ Entweder dihr heit's z tüe mit emne guete Boum, de sy o syni Frücht guet, oder dihr heit's z tüe mit emne gfulete Boum, de sy o syni Frücht fuul. E Boum gchennt men a syne Frücht. ³⁴ Schlangebruet, was der syt, wi chöit dihr Guets rede, we dihr schlächt syt? Me redt vo däm, wo ds Härz dervo überlouft! ³⁵ E guete Mönsch bringt us sym guete Vorrat Guets füre, aber der schlächt Mönsch bringt us sym schlächte Vorrat Schlächts füre. ³⁶ Aber i säge nech: Am Grichtstag müesse sech d Mönsche verantworte für jedes böse Wort, wo si gredt hei. ³⁷ Uf Grund vo dyne Wort wirsch de freigsproche, und uf Grund vo dyne Wort wirsch verurteilt.»

Em Jona sys Zeiche

³⁸ Denn hei nes paar Schriftgelehrti und Pharisäer zuen ihm gseit: «Meischter, mir wette es Wunderzeiche vo dir gseh.» ³⁹ Aber är het ne gantwortet: «E bösi und gottvergässni Gsellschaft begärt es Wunderzeiche, aber si überchunt nume das vom Jona, süsch keis! ⁴⁰ Nämlech, so wi der Jona im Buuch vom Walfisch isch gsi, drei Tage und drei Nächt lang, so isch de o der Mönschesuhn drei Tage und drei Nächt im Innere vo der Ärde. ⁴¹ D Lüt vo Ninive wärde im Gricht gägen öiji Generation ufsta und se verurteile. Si hei sech uf d Predig vom Jona hi gänderet! Aber lueget, hie steit e Grössere weder der Jona. ⁴² D Chünigin vom Süde wird im Gricht gägen öiji Generation ufsta und se verurteile, will si vom Ändi vo der Wält cho isch, für d Wysheit vom Salomo z lose. Aber lueget, hie steit e Grössere weder der Salomo!»

Uheimeligi Geischter

⁴³ «We der usuber Geischt us emne Mönsch usfahrt, de strycht er dür strubi Gägete und suecht es Plätzli für sech z sädle und

findet ekes. ⁴⁴ De seit er: ‹I gangen ume zrügg i mys Huus, won i drus wäggange bi.› Er chunt häre, findet's läär, suber putzt und schön zwäggmacht. ⁴⁵ De geit er und bringt siben anderi Geischter mit sech, wo no böser sy als är, geit mit nen yne und sädlet sech dert. Und zletscht isch dä Mönsch erger drann als am Aafang. So geit's mit där böse Generation vo hütt.»

Wär isch mit Jesus verwandt?

⁴⁶ Wäretdäm er no zu dene vilne Lüt redt, chöme sy Mueter und syni Brüeder und wei mit ihm rede.* ⁴⁸ Aber är git däm, won ihm das gseit het, zur Antwort: «Wär isch my Mueter und wär myni Brüeder?» ⁴⁹ Er streckt sy Hand gäge syni Jünger uus und seit: «Da sy my Mueter und myni Brüeder! ⁵⁰ Jede, wo macht, was my Vatter im Himel wott, dä isch Brueder, Schwöschter und Mueter für mi.»

Sibe Glychnis: Ds Glychnis vom Saatguet ...

13 A däm Tag isch Jesus voruse a ds Ufer vom See ga sitze. ²Hüüffe Lüt hei sech um ne gscharet. Drum isch er i nes Schiffli gsässe und alli Lüt sy am Ufer gstande. ³ Da het er ne Glychnis erzellt und mängs dermit gseit:
«Lueget, einisch isch e Buur uf ds Fäld use ga sääje. ⁴ Won er so gsääit het, isch echly Saatguet näbenuse uf e Wäg gfalle, und d Vögel hei's ufpickt. ⁵ Anders isch uf felsige Bode gfalle, wo's ke rächte Härd het gha, und isch sofort ufgschosse, wil der Härd z weni tief isch gsi. ⁶ Wo du d Sunne het aafa schyne, het si's verbrönnt, und wil's nid rächt het chönnen aawachse, isch es verdoret. ⁷ No anders Saatguet isch zwüsche d Dornen abetroolet, und ds Dorngstrüpp isch gwachse und het's erstickt. ⁸ Aber e Teil dervo isch uf guete Bode gfalle und het Frucht treit, Ähri mit hundert Chörner, anderi mit sächzg und anderi mit dryssg. ⁹ Wär Ohre het, söll lose!»
¹⁰ Da sy d Jünger zuen ihm cho und hein ihm gseit: «Wiso redsch du eigetlech i Glychnis zu de Lüt?» ¹¹ Er antwortet ne: «Öich het Gott ds Gheimnis vo sym Rych zum Begryffen ufta, aber di

---

* Värs 47 steit nume i teilne Handschrifte: ⁴⁷ Du seit eine zuen ihm: «Los, dy Mueter und dyni Brüeder stande dusse und wei mit der rede.»

andere chöme nid nache. ¹²Dä, wo het, überchunt nämlech no derzue und het de meh weder gnue; aber dä, wo nüüt het, dä verlüürt o no, was er het. ¹³Drum reden ig i Glychnis zue ne, wil si ‹gseh und doch nid gseh und ghöre und doch nid ghöre oder begryffe›. ¹⁴Und es erfüllt sech a ne d Prophezeijig vom Jesaja, wo seit: ‹Dihr wärdet's ghöre, aber doch nid versta, dihr wärdet's gseh und gseht's de doch nid. ¹⁵Ds Härz vo däm Volk isch äbe hert worde, und si ghöre mit irne Ohre nume schwär, und iri Ouge tüe si zue, für dass si mit den Ouge nüüt gseh und mit den Ohre nüüt ghöre, und mit em Härz nüüt begryffe, und sech nid ändere, dass i se chönnt gsund mache›. ¹⁶Aber öiji Ouge sy glücklech, wil si gseh, und öiji Ohre, wil si ghöre. ¹⁷Lueget, i cha nech säge: Mänge Prophet und mänge grächte Mönsch hätti gärn gseh, was dihr gseht, aber er het's nid gseh, und er hätti gärn ghört, was dihr ghöret, aber er het's nid ghört.»

... und sy Erklärig

¹⁸«So loset jitz, was ds Glychnis vom Buur, wo sääit, bedütet: ¹⁹Bi eim, wo d Botschaft vo Gottes Rych ghört, aber er versteit se nid, da chunt der Bös und rysst der Samen uus, wo i sys Härz isch gsääit worde. De geit's wi bim Same, wo uf e Wäg gsääit isch. ²⁰Bi eim, wo ds Saatguet uf e Felsebode troolet, da ghört eine d Botschaft und isch sofort Füür und Flamme derfür. ²¹Er het aber keni Würze und isch en Ougeblicksmönsch. We's wägem Gloube hert uf hert geit, oder we's e Verfolgig absetzt, de git er sofort uuf. ²²Bi eim, wo der Same under d Dorne troolet isch, da ghört eine zwar d Botschaft, aber d Sorge vom tägleche Läbe und der Gluscht nam Gäld erstické se, und es errünnt nüüt. ²³Aber dä Same, wo i murbe Bode gsääit isch, das bedütet, dass öpper d Botschaft ghört und versteit. Dert errünnt si de o und ergit hundertfach oder sächzgfach oder dryssgfach.»

Ds Glychnis vom Gjätt im Weizefäld

²⁴Er het ne no nes anders Glychnis erzellt: «So isch es mit Gottes Rych: E Mönsch het guete Same uf sy Acher gsääit. ²⁵Wo alls

gschlafe het, isch sy Find cho, het Gjätt zwüsche Weize gsääit und het sech pfääit. ²⁶ Wo du ds Gwächs errunnen isch und Frucht aagsetzt het, da isch o ds Gjätt fürecho. ²⁷ D Chnächte vom Guetsbsitzer syn ihm cho säge: ‹Herr, hesch du nid guete Same uf dy Acher gsääit? Wo chunt de nume das Uchrut här?› ²⁸ Du antwortet er ne: ‹Das het e Mönsch gmacht, wo mer bös wott.› Und d Chnächte sägen ihm: ‹Sölle mer's ga usschrysse?› ²⁹ Aber är seit: ‹Nenei, süsch, we dihr ds Gjätt usrupfet, rysset dihr der Weize dermit uus. ³⁰ Löt beids zäme la wachse bis zur Ärn. Und bi der Ärn sägen i de de Schnitter: ‹Jättet zersch ds Uchrutt, bindet's zäme und tüet's a ne Huuffe, de cha me's verbrönne. Aber der Weize bringet mer i d Schüür›.»

D Glychnis vom Sänfchorn und vom Suurteig

³¹ Es anders Glychnis het er nen erzellt: «So geit es mit Gottes Rych: E Mönsch het es Sänfchörnli gno und 's i sy Acher gsääit. ³² Das isch ja ds chlynschte vo allne Sämli. Aber wen es errünnt, wird es grösser als alli andere Pflanze und wird e rächte Boum. De chöme d Vögel us der Luft und boue sech Näschter i synen Escht.»
³³ No nes anders Glychnis het er ne gseit: «So geit es mit Gottes Rych: E Frou nimmt es Bitzeli Suurteig und verchnättet's mit drü Määs Mähl (fasch e halbe Zäntner), de süüret's der ganz Teig düre.»
³⁴ Das alls het Jesus i Glychnis zu de Volksmasse gseit, und ohni Glychnis het er nüüt gseit. ³⁵ So het sech das erfüllt, wo der Prophet gseit het: «I wott aafa rede i Glychnis, i wott fürezie, was versteckt isch sit der Schöpfig.»

Jesus erklärt ds Glychnis vom Gjätt

³⁶ Du het er d Lüt la ga und isch hei ggange. Syni Jünger sy zuen ihm cho und hei gseit: «Tuen is doch ds Glychnis vom Gjätt im Acher erkläre!» ³⁷ Er het ne gantwortet:
«Dä, wo der guet Same sääit, isch der Mönschesuhn. ³⁸ Und der Acher isch d Wält. Der guet Same, das sy die, wo Gottes Rych überchöme. Ds Gjätt, das sy die, wo zum Böse ghöre. ³⁹ Der Find, wo's ussääit, isch der Tüüfel. Und d Ärn, das isch ds Änd

vo der Wält. D Schnitter sy d Ängel. ⁴⁰ So wi ds Uchrut gjättet und im Füür verbrönnt wird, so isch es de am Änd vo der Wält: ⁴¹ Der Mönschesuhn schickt de syni Ängel uus und die sueche de i sym Rych alli, wo den andere vor em Gloube stande und wo unrächt handle, ⁴² und schiesse sen i füürigen Ofe. Dert chöi si de hüüle und schnadele mit de Zähn. ⁴³ Denn tüe de ‹di Grächte lüüchte wi d Sunne› im Rych vo irem Vatter. Wär Ohre het, söll lose!»

D Glychnis vom Schatz und vo der Perle

⁴⁴ «Mit Gottes Rych isch es eso: I menen Acher isch e Schatz vergrabe gsi. E Mönsch het dä gfunde und ne gschwind ume versteckt. Voller Fröid isch er alls ga verchoufe, won er het gha und het dä Acher gchouft.
⁴⁵ Und mit Gottes Rych isch es o no eso: E Händler het schöni Perle aagchouft. ⁴⁶ Won ihm du ganz e wärtvolli Perlen isch aatreit worde, isch er alls ga verchoufe, won er bsässe het, und het di Perle gchouft.»

Ds Glychnis vom Fischernetz

⁴⁷ «Wyters isch es eso mit Gottes Rych: Me het es Netz i ds Meer abegla und Fische vo jeder Gattig gfange. ⁴⁸ Won es ganz voll isch gsi, het me's a ds Ufer zoge, d Fischer sy abgsässe, hei di guete Fische i d Fischchüble ta, aber di fule hei si furtgschosse. ⁴⁹ So isch es de am Änd vo der Wält: D Ängel chöme de und scheide di Böse vo de Grächte ⁵⁰ und schiesse äini i füürigen Ofe. Dert chöi si de hüüle und schnadele mit de Zähn.
⁵¹ Heit dihr das alls begriffe?» Si sägen ihm: «Ja.» ⁵² Da seit er zue ne: «Drum glychet jede Schriftgelehrte, wo Bscheid weis über Gottes Rych, emene Husherr, wo us syne Vorrät Alts und Nöis fürereicht.»

Jesus z Nazaret

⁵³ Wo Jesus di Glychnis fertig erzellt het, isch er vo dert furtggangen ⁵⁴ und isch i sy Vatterstadt cho und het dert i irer Synagoge unterwise. D Lüt hei der Chopf gschüttlet und gseit: «Wo het

ächt dä sy Gschydi und syni Wunderchreft här? ⁵⁵Er isch doch der Suhn vom Zimmermaa. Sy Mueter isch doch d Maria und syni Brüeder der Jakobus und der Josef und der Simon und der Judas, ⁵⁶und alli syni Schwöschtere wohne doch hie bi üüs. Wo het dä ächt das alls här?» ⁵⁷Und si hei sech über ne gergeret. Jesus het ne du gseit: «E Prophet wird überall gachtet ussert i syr Vatterstadt und bi ihm daheime.» ⁵⁸Er het dert nid vil Wunder ta, wägen irem Ungloube.

Der Töufer Johannes wird gchöpft

14 Jitz het sogar der Vierfürscht Herodes vo Jesus ghöre rede. ²Er het zu syne Aagstellte gseit: «Das isch der Töufer Johannes, wo vo de Tote uferstanden isch, drum würke settigi Wunderchreft i ihm!» ³Der Herodes het nämlech vorhär der Johannes la verhafte, la fessle und i d Chefi la tue, der Herodias twäge, wo d Frou vo sym Brueder Philippus wär gsi. ⁴Der Johannes het ihm drum gseit gha, er dörf se nid hürate. ⁵Er hätti ne gärn la töde, aber er het d Lüt gschoche, wil si ne für ne Prophet aagluegt hei. ⁶Wo du der Herodes sy Geburtstag gfyret het, het ds Töchterli vo der Herodias vor der Gsellschaft tanzet. Das het em Herodes so guet gfalle, ⁷dass er ihm mit emne Eid versproche het, er schänk ihm, was es sech nume wünschi. ⁸Äs lat sech vo syr Mueter zum Wunsch la ufreise: «Gi mer jitz grad uf nere Platte der Chopf vom Töufer Johannes!» ⁹Das isch em Chünig gruusig zwider gsi, aber er het's vor der Gsellschaft gschwore gha, und drum het er befole, me söll ihm ne bringe. ¹⁰So het er der Johannes i der Chefi la chöpfe. ¹¹Uf nere Platte het me sy Chopf ynebbracht und em Meitschi ggä, und äs het ne syr Mueter bbracht. ¹²Em Johannes syni Jünger sy cho der Lychnam reiche und hei ne begrabe.
Nachär hei si Jesus Bscheid gmacht dervo.

Füftuusig Mönsche wärde satt

¹³Wo Jesus das verno het, isch er i mene Schiff für sich alleini a nes einsams Ort gfahre. Aber d Lüt hei's gmerkt und sy z Fuess us den Ortschafte ihm nachegloffe. ¹⁴Won er us em Schiff usgstigen isch, het er dä Huuffe Lüt gseh und het Erbarme mit ne

gha und het iri Chrankne gheilet. ¹⁵ Gägen Aabe sy d Jünger zuen ihm cho und hei gseit: «Mir sy i neren einsame Gäget hie, und es wird süferli Aabe, schick jitz d Lüt furt, für dass si sech i de Dörfer öppis chöi ga z ässe choufe.» ¹⁶ Du seit Jesus: «Si bruuche ja nid wäg z ga, gät doch dihr ne z ässe!» ¹⁷ «Jää», säge si, «mir hei hie nume füf Brot und zwee Fische.» ¹⁸ Är seit: «Bringet mer se dahäre!» ¹⁹ Du het er d Lüt sech im Gras la sädle, het di füf Brot und di zwee Fische gno, het zum Himel ufegluegt und ds Dankgebätt gseit. Er het ds Brot i Bitze bbroche und se de Jünger ggä, und d Jünger hei se de Lüt verteilt. ²⁰ Und alli hei ggässe bis gnue. Me het du no zämegläse, was a Broträschte fürbbliben isch, zwölf Chörb voll. ²¹ Zämethaft hei öppe füftuusig Manne da ggässe, d Frouen und d Chind nid zellt.

Jesus louft uf em Wasser

²² Er het du grad de Jünger befole, mit em Schiff voruus z fahre a ds anderen Ufer. Är sälber well underdesse d Lüt bhüete. ²³ Wo si sy ggange gsi, isch er für sich alleini a Bärg ufe ga bätte. Es het ygnachtet und er isch aleini dert obe gsi. ²⁴ Ds Schiff isch scho mängs hundert Meter vom Land ewägg gsi und d Wälle hei's triblet, wil's der Luft gäge sech gha het.
²⁵ Um di vieren am Morge chunt er; er louft über e See. ²⁶ Syni Jünger gseh ne uf em See loufe. Si erchlüpfe und meine, es syg es Gspänscht und brüele vor Angscht lut uuf. ²⁷ Aber er seit ne sofort: «Heit nid Angscht, 's isch mi! Förchtet nech doch nid!» ²⁸ Der Petrus seit zuen ihm: «Herr, wen es di isch, so heiss mi zu dir uf ds Wasser cho!» ²⁹ Är seit: «So chumm!» Der Petrus gogeret us em Schiff und louft uf em Wasser Jesus eggäge. ³⁰ Won er aber gspürt, wi's luftet, überchunt er Angscht und wott underga. Da brüelet er: «Herr, rett mi!» ³¹ Jesus streckt sofort sy Hand uus, packt ne und seit ihm: «Hesch du mir e chlyne Gloube! Warum zwyflisch eigetlech?» ³² Du sy si i ds Schiff ygstige und der Luft het gstillet. ³³ Die im Schiff sy vor ihm uf d Chnöi gfalle und hei gseit: «Du bisch würklech der Suhn vo Gott!» ³⁴ Si sy überegfahre bis i d Gäget vo Gennesaret. ³⁵ D Manne vo däm Ort hei nen erlickt und hei's i der ganze Umgäget la mälde, da het men alli Lüt mit Bräschte bbracht, ³⁶ und die hei gfragt, öb si ds Zipfeli vo sym Chleid dörften aarüere. Alli, wo nen aagrüert hei, sy gsund worde.

Gottes Gsetz und Mönschegsetz

15 Denn sy vo Jerusalem här Pharisäer und Schriftgelehrti cho und hein ihm gseit: ²«Wiso mache dyni Jünger ds Gägeteil vo däm, wo üsi Vorfahre üüs hei überliferet? Si wäsche zum Byschpil d Händ nid vor em Ässe.» ³Aber er het ne gantwortet: «Wiso machet de dihr ds Gägeteil vo Gottes Gsetz nume wägen öier Überliferig? ⁴Gott het nämlech gseit: ‹Du söllsch dy Vatter und dy Mueter ehre› und ‹Wär Vatter und Mueter verfluechet, söll higrichtet wärde›. ⁵Aber dihr, dihr säget: Wen öpper zu sym Vatter oder zu syr Mueter seit: ‹Was du eigetlech vo mir z guet hättisch, das giben i jitz als Opfergab›, ⁶de bruucht er sy Vatter nümme z understütze. Da dermit heit dihr ds Wort vo Gott usser Chraft gsetzt, öier Überliferig z lieb. ⁷Dihr Schynheilige! Der Jesaja het nech ganz exakt troffe, won er gseit het: ⁸‹Das Volk da tuet mer Ehr aa mit syne Lippe, aber mit em Härz sy si wyt ewägg vo mir. ⁹Es nützt ne nüüt, mir schön z tue, folge tüe si ja nume de mönschleche Vorschrifte›.»

Was macht der Mönsch dräckig?

¹⁰Und er het d Lüt zue sech grüeft und zue ne gseit: «Loset zue und begryffet ändlech: ¹¹Nid das, wo zum Muul ynegeit, verdräcket der Mönsch, nei, das, wo zum Muul usegeit, das verdrükket ne.» ¹²Da sy d Jünger zuen ihm cho und hei gseit: «Weisch du, dass d Pharisäer höhn worde sy, wo si di eso hei ghöre rede?» ¹³Är antwortet ne: «Jedi Pflanze, wo nid my Vatter im Himel pflanzet het, wird einisch usgrisse. ¹⁴Löt se! Si sy blindi Blindefüerer. Wen e Blinde e Blinde füert, de troole si beidi i nes Loch abe.» ¹⁵Der Petrus seit zuen ihm: «Tuen is das Glychnis erkläre!» ¹⁶Und är seit: «Syt dihr o schwär vo Begriff! ¹⁷Begryffet dihr de nid, dass alls, wo i ds Muul ynegeit, i Mage wanderet und uf em Abtritt wider usechunt? ¹⁸Aber das, wo us em Muul usegeit, chunt us em Härz füre, und das verdräcket der Mönsch. ¹⁹Nämlech us em Härz chöme di böse Gedanke, Mord, Ehebruch, Unzucht, Stäle, Lüge und Gmeinheite. ²⁰Settigs verdräcket der Mönsch. Aber mit ungwäschene Händ ässe, das macht der Mönsch nid dräckig.»

Jesus heilet d Tochter vo nere Kanaanitere

²¹ Jesus het sech vo dert i ds Gränzgebiet vo Tyrus und Sidon zrüggzoge. ²² Da chunt e Frou, e Kanaanitere, wo dert gwohnt het, und rüeft ganz lut: «Herr, du Suhn vom David, häb Erbarme mit mer! My Tochter wird vo mene böse Geischt schwär plaget.» ²³ Aber är het nere mit kem Wörtli gantwortet. Syni Jünger syn ihm cho aaha: «Schick se doch furt, si brüelet is d Ohre voll!» ²⁴ Er het gseit: «Gott het mi nume zu de verlorene Schaf vom Volk Israel gschickt.» ²⁵ Aber da chunt di Frou, fallt vor ihm uf d Chnöi und seit: «Herr, hilf mer!» ²⁶ Är antwortet: «Es isch nid rächt, we me de Chinder ds Brot wägnimmt und 's de Hündli härepängglet.» ²⁷ Si git ume: «Sicher, Herr, aber d Hündli frässe ja nume d Bröcheli, wo irne Herre vom Tisch abetroole.» ²⁸ Da antwortet nere Jesus: «Frou, dy Glouben isch gross, du söllsch übercho, was du dir wünschisch.» Und vo däm Momänt aa isch iri Tochter gheilet gsi.

²⁹ Vo dert isch Jesus wider furt und a Galiläa-See cho. Er isch uf ne Bärg ggange und dert abgsässe. ³⁰ Da sy Hüüffe Lüt zuen ihm cho, die hei Lahmi, Chrüpple, Blindi, Stummi und vili anderi mit sech bbracht und sen ihm vor d Füess gleit. Er het se gheilet, ³¹ so dass ds Volk verwunderet isch gsi. Di Stumme hei gredt, di Verchrüpplete sy gsund worde, di Lahme sy gloffe und di Blinde hei gseh. Und si hei der Gott vo Israel globet.

Meh als Viertuusig wärde satt

³² Jesus het syni Jünger zue sech grüeft und gseit: «Di Lüt duure mi, es isch scho drei Tag, dass si by mer sy und si hei nüüt z ässe. I wott se nid hungerig furtschicke, si chönnte süsch underwägs zämebräche.» ³³ D Jünger hei zuen ihm gseit: «Wo sötte mir i deren abglägene Gäget sövel Brot här nä, dass e settige grosse Huuffe gnue z ässe hätt?» ³⁴ Jesus fragt se: «Wi mängs Brot heit der?» Si antworte: «Sibni und es par Fischli.» ³⁵ Du het er ds Volk sech am Bode la sädle, ³⁶ het di sibe Brot und d Fische gno, het ddanket, ds Brot i Bitze bbroche und 's de Jünger ggä, und d Jünger hei's verteilt. ³⁷ Alli hei ggässe und sy satt worde. Di fürige Bröche hei si zämegsuecht, sibe Chörb voll. ³⁸ Es sy viertuusig Manne gsi, wo da ggässe hei, d Frouen und d Chind nid mitzellt. ³⁹ Du het er d Lüt heigschickt. Er isch i ds Schiff gstige und i d Gäget vo Magadan gfahre.

Wätterzeiche

16 D Pharisäer und d Sadduzäer sy zuen ihm cho für nen uf d Prob z stelle, und hei ghöische, er söll nen es Zeiche tue, wo vom Himel chöm. ²Aber är het ne gantwortet: «We's Aabe wird, säget dihr: ‹Es wird schön, 's isch Aaberot!› ³und am Morge: ‹Hütt git's Räge, 's isch Morgerot und 's überziet›. Ds Gsicht vom Himel chöit dihr düte, aber bi de Zeiche, wo nöiji Zyte aazeige, da chöit der 's nid! ⁴E bösi und untröiji Gsellschaft höischt Zeiche, aber si überchunt ekes, nume ds Zeiche vom Jona!» Und er het se la sta und isch wäg ggange.

Jesus warnet vor schlächten Yflüss

⁵Wo d Jünger a ds äneren Ufer cho sy, hei si vergässe gha, Brot mitznä. ⁶Da seit Jesus zue ne: «Passet uuf und nät nech in Acht vor em Suurteig vo de Pharisäer und Sadduzäer.» ⁷Si hei sech gseit: «Aha, wil mir kes Brot hei mitgno!» ⁸Aber Jesus het das gmerkt und gseit: «Warum säget dihr nech, dihr heiget kes Brot, dihr mit öiem chlyne Gloube! ⁹Begryffet dihr eigetlech nüüt? Dänket dihr nid a di füf Brot bi de füftuusig Mönsche, und wi mänge Chorb voll dihr zletscht zämegläse heit? ¹⁰O nid a di sibe Brot bi de viertuusig, und wi mängs Chörbli dihr dert uf d Syte ta heit? ¹¹Warum chöit dihr eifach nid begryffe, dass i nid über ds Brot mit nech gredt ha? Nät nech in acht vor em Suurteig vo de Pharisäer und Sadduzäer!» ¹²Da hei si begriffe, dass er nid gmeint het, si sölle sech in acht nä vor em Suurteig im Brot, aber vor der Lehr vo de Pharisäer und Sadduzäer.

Ds Bekenntnis vom Petrus

¹³Wo Jesus isch i d Gäget vo Cäsarea Philippi cho, het er syni Jünger gfragt: «Was säge d Mönsche, wär der Mönschesuhn syg?» Die hei zur Antwort ggä: ¹⁴«Di einte säge, der Töufer Johannes, anderi, der Elija, anderi widerume, der Jeremia oder süsch eine vo de Prophete.» ¹⁵Er seit zue ne: «Und de dihr, wär bin i de für öich?» ¹⁶Der Simon Petrus git ihm zur Antwort: «Du bisch der Chrischtus, der Suhn vom läbändige Gott!» ¹⁷Da het

ihm Jesus gantwortet: «Für geng bisch du glücklech, Simon Barjona. Ke Mönsch uf Ärde het dir das chönnen ygä, nume my Vatter im Himel. ¹⁸ I säge dir jitz: Du bisch der Petrus, und uf dä Felse bouen i my Gmeind, wo nid emal ds Tor vom Toterych cha vo mir trenne. ¹⁹ I gibe dir d Schlüssel zu Gottes Rych, und was du uf der Ärde zuetuesch, das isch o im Himel zue, und was du uf der Ärde uftuesch, isch o im Himel offe.» ²⁰ Du het er de Jünger ygscherft, si sölle niemerem säge, dass är der Chrischtus syg.

Mit Jesus ga – mit Jesus lyde

²¹ Vo denn ewägg het Jesus syne Jünger aafa erkläre, er mües uf Jerusalem mängs ga lyde vo de Ratsherre und den Oberpriechter und de Schriftgelehrte, und me wärdi ne töde, und am dritte Tag wärd er nachär uferweckt. ²² Da het ne der Petrus näbenuse gno und het ihm abgwehrt: «Bhüet di Gott da dervor, Herr! Das darf doch nid passiere!» ²³ Da chehrt er sech um und seit zum Petrus: «Mach, dass de furtchunsch, Satan! Du wosch mir e Falle stelle: Du dänksch nid a das, wo Gott wott, numen a d Wünsch vo de Mönsche.»
²⁴ Denn het Jesus zu syne Jünger gseit: «Wen öpper mit mir wott cho, mues er uf sich sälber verzichte und sys Chrüz uf sech nä und mit mir cho. ²⁵ We nämlech eine sys Läbe wott rette, de verlüürt er's. Aber wen eine sys Läbe wäge mir verlüürt, tuet er's finde. ²⁶ Was nützti's emene Mönsch, wen er di ganzi Wält überchäm, aber sys Läbe derby ybüessti? Oder mit was chönnt e Mönsch sys Läbe zrüggchoufe?
²⁷ Der Mönschesuhn chunt ja einisch i der ganze Herrlechkeit vo sym Vatter, und mit synen Ängle, und de überchunt jede nach em Määs vo däm, won är gschaffet het. ²⁸ Lueget, i cha nech säge: Es paar vo dene, wo hie stande, gspüre der Tod nid, bevor si nid der Mönschesuhn als Chünig hei gseh cho.»

Jesus i syr Herrlechkeit

17 Sächs Tag speter het Jesus der Petrus und der Jakobus und däm sy Brueder Johannes mit sech gno und isch mit nen alei uf ene höche Bärg ggange. ² Da isch er vor irnen Ouge ganz anders worde: Sys Gsicht het glüüchtet wi d Sunne, und syni

Chleider sy glänzig wyss worde wi ds Liecht. ³Und du sy ne der Mose und der Elija erschine, wo mit ihm gredt hei. ⁴Der Petrus seit zu Jesus: «Herr, hie isch es eim wohl. We d wosch, stellen i hie drü Zält uuf, für di eis und für e Mose eis und eis für en Elija.» ⁵No won er am Rede isch, isch e liechthälli Wulchen über se cho. Drus use tönt e Stimm, wo seit: «Das isch my liebe Suhn, ihn han ig userwählt, loset uf ne.» ⁶Wo d Jünger das ghört hei, hei si sech la z Bode falle, so hei si Angscht gha. ⁷Da chunt Jesus zue ne, rüert sen aa und seit: «Heit uuf und förchtet nech nid!» ⁸Wo si ufgluegt hei, hei si niemeren meh gseh weder nume Jesus. ⁹Ab allem Abega het ne Jesus a ds Härz gleit: «Säget niemerem öppis vo däm, wo der erläbt heit, bis der Mönschesuhn vo de Toten uferweckt isch.»
¹⁰D Jünger hei ne gfragt: «Warum säge de di Schriftgelehrte, dass der Elija zersch no müessi cho?» ¹¹Är antwortet ne: «Der Elija chunt würklech und bringt alls wider i ds Blei. ¹²Aber i säge nech: Der Elija isch ja cho, aber me het ne nid welle gchenne, nei, si hei mit ihm gmacht, was si hei welle. So mues de o der Mönschesuhn under ne lyde.» ¹³Da hei d Jünger begriffe, dass er mit ne über e Töufer Johannes gredt het.

Jesus heilet en epileptische Bueb

¹⁴Wo si wider zu de Lüt sy cho, isch e Ma vor ihm cho abechnöile ¹⁵und het gseit: «Herr, häb Erbarme mit mym Suhn; dä isch mondsüchtig und es geit ihm schlächt. Mängisch troolet er i ds Füür und mängisch o i ds Wasser. ¹⁶Und i ha ne zu dyne Jünger bbracht, aber si hei ne nid chönne gsund mache.» ¹⁷Da seit Jesus: «O du unglöubigi und verdrääiti Gsellschaft, wi lang mues ig ächt no by nech blybe? Wi lang söll i's no ushalte by nech? Bringet ne dahäre.» ¹⁸Du het Jesus em böse Geischt im Bueb inne ddrööit, und dä isch us ihm usegfahre. Und vo däm Momänt aa isch dä Bueb gheilet gsi. ¹⁹Da sy d Jünger zu Jesus cho und hei ne gfragt: «Wiso hei mir ne nid chönne ustrybe?» ²⁰Er het ne gseit: «Wil dihr so weni Gloube heit! I cha nech säge: We dihr nume sövel Gloube hättet wi nes Sänfchörnli, de sieget dihr zu däm Bärg: ‹Gang vo hie dert überel› und er gieng. Nüüt wär unmüglech für öich.»

²² Si sy z Galiläa umenand gwanderet. Jesus het ne gseit: «Der Mönschesuhn wird de Mönsche i d Händ gliferet. ²³ Si töde ne de, aber am dritte Tag wird er uferweckt.» Da sy si ganz truurig worde.

Jesus und d Tämpelstüür

²⁴ Wo si uf Kafarnaum cho sy, sy die zum Petrus cho, wo d Tämpelstüüren yzie und hei gseit: «Zalt öie Meischter d Tämpelstüüre nid?» ²⁵ «Wowohl!» seit dä. Chuum isch er hei cho, het ne Jesus scho gfragt: «Was meinsch, Simon, vo wäm nämen ächt d Chünige uf der Wält Zoll oder Stüüre? Vo irnen eigete Sühn oder vo de Frömde?» ²⁶ Wo dä umegit: «Vo de Frömde!», seit Jesus zuen ihm: «De wäre also d Sühn stüürfrei! ²⁷ Mir wei sen aber nid toub mache. Gang a See abe, wirf der Angel uus und nimm der erscht Fisch, wo aabysst. We den ihm ds Muul uftuesch, findsch e Füflyber drinne. Nimm ne und gib ne für di und für mi.»

Wär isch der Gröscht?

18 Zur glyche Zyt sy d Jünger zu Jesus cho und hei gseit: «Wär isch ächt der Gröscht i Gottes Rych?» ² Da het er emene Chind grüeft und het's zue ne zueche gstellt ³ und gseit: «Lueget, i cha nech säge: We dihr nech nid änderet und wärdet wi d Chinder, chöit dihr ganz sicher nid i Gottes Rych ynecho. ⁴ Dä, wo sech sälber chly macht wi das Chind, dä wird der Gröscht i Gottes Rych. ⁵ Und wär o numen eis settigs Chind i mym Namen ufnimmt, dä nimmt mi uuf. ⁶ Aber wär eim vo dene Chlyne, wo a mi gloube, ds Vertroue i mi nimmt, däm hänkti me gschyder e Mülistei um e Hals und ertränkti nen im Meer. ⁷ Gnad Gott dere Wält: si steit de Mönsche vor em Gloube! Es mues ja Schwirigkeite gä, aber i warne dä Mönsch, wo dschuld isch dranne! ⁸ We dir dy Hand oder dy Fuess vor em Gloube steit, de hou sen ab und schiess se furt. Es isch besser für di, du gangsch strupiert oder lahm i ds (ewige) Läbe yne, als dass de mit zwone Händ oder zweene Füess i ds ewige Füür gworfe wirsch. ⁹ Und we dir dys Oug vor em Gloube steit, schryss es uus und schiess es furt. Es isch besser für di, du gangsch eiöugig i ds (ewige) Läbe yne, weder du wärdisch mit beidnen Ouge i d Füürhöll gworfe.

¹⁰ Gät acht, dass dihr nid eis vo dene Chlyne verachtet. I säge nech nämlech: Iri Ängel chöi ständig ds Gsicht vo mym Vatter im Himel gseh.»

Ds verlorene Schaf

¹² «Säget mer öiji Meinig: Wen e Mönsch hundert Schaf het und eis vo ne verlouft sech — lat er de nid di nüünenüünzg andere uf em Bärg und geit das ga sueche, wo sech verloffe het? ¹³ Und wen er's gfunde het, de cha nech würklech säge: Er fröit sech meh über das einte weder über di nüünenüünzgi, wo sech nid verloffe hei. ¹⁴ So wott öie Vatter im Himel nid, dass es einzigs vo dene Chlyne verlore geit.»

We my Brueder im Unrächt isch

¹⁵ «We dy Brueder dir öppis zleid ta het, de red mit ihm über di Sach under vier Ouge. Wen er uf di lost, de hesch dy Brueder gwunne. ¹⁶ Lost er aber nid uf di, so nimm no eine oder zwee derzue, für dass jede Handel uf der Ussag vo zweene oder dreine Züge steit. Lost er o nid uf die, bring's vor d Gmeind. ¹⁷ Wen er de o uf d Gmeind nid lost, de lueg nen aa wi ne Heid oder e Zöllner.
¹⁸ Lueget, i cha nech säge: Was dihr uf der Ärde tüet binde, isch o im Himel bbunde, und alls, wo dihr uf der Ärde uftüet, isch de o im Himel offe. ¹⁹ Derzue chan i nech würklech säge: We zwee vo öich uf der Ärde eis wärde über irget öppis und drum bätte, de überchöme si's vo mym Vatter im Himel. ²⁰ Wo nämlech zwee oder drei i mym Name zämechöme, dert bin i sälber by ne.»

E Schuldner, wo nüüt begryfft

²¹ Da isch der Petrus zuen ihm cho und het ihm gseit: «Herr, wi mängisch darf my Brueder mer öppis zleid tue und i mues ihm vergä? Bis sibemal?» ²² Jesus seit ihm: «I säge dir, nid bis sibemal, nei, bis sibezg mal sibemal!
²³ Mit Gottes Rych isch es drum eso: E Chünig uf der Wält het mit synen Aagstellte wellen abrächne. ²⁴ Won er het aafa abrächne, het men eine zuen ihm bbracht, won ihm meh als e Million

isch schuldig gsi. ²⁵ Wil er's nid het chönne zrüggzale, het der Herr befole, me söll ne verchoufe mitsamt syr Frou und syne Chind und allem, was er heig, und d Schulden eso zrüggzale. ²⁶ Da isch dä Aagstellt vor ihm uf d Chnöi gfalle und het gseit: ‹Bitte, häb Geduld mit mer, i zale der alls zrügg!› ²⁷ Sy Herr het Erbarme mit ihm gha und het ne freigla und d Schulde het er ihm o erla. ²⁸ Jitz isch dä Aagstellt useggange und trifft eine vo syne Kollege, won ihm hundert Silbermünze schuldig isch gsi. Er het ne päcklet und gwörgget und gseit: ‹Zal mer zrügg, was de mer schuldig bisch!› ²⁹ Sy Kolleg isch vor ihm uf d Chnöi gfalle und het ihm aagha: ‹Häb Geduld mit mer, i zale der's gwüss zrügg!› ³⁰ Aber dä het nüüt welle ghöre. Er het ne grad la i d Chefi tue, bis er d Schuld zrüggzalt heig. ³¹ Wo syni Kollege gseh hei, was da passiert, sy si ganz truurig worde. Si sy irem Herr alls ga bbrichte, was gscheh isch. ³² Da het ne sy Herr wider häregrüeft und ihm gseit: ‹Du schlächte Kärli du! Di ganzi Schuld han i dir erla, wil du mer so aagha hesch. ³³ Hättsch du de nid o sölle Mitlyde ha mit dym Kolleg, so win i mit dir ha Mitlyde gha?› ³⁴ Und voll Töubi het ne sy Herr de Folterchnächte übergä, bis dass di ganzi Schuld zrüggzalt syg. ³⁵ So macht's o my Vatter im Himel mit öich, we nid jede vo öich sym Brueder vo Härze vergit.»

Hürate, Scheide und Ledig blybe

19 Wo Jesus het fertig gredt gha, isch er vo Galiläa wäggange und i ds Gebiet vo Judäa änet em Jordan cho. ² E grosse Huuffe Lüt syn ihm nachegloffe und er het se dert gheilet. ³ Da sy Pharisäer zuen ihm cho für nen uf d Prob z stelle und hei ne gfragt: «Darf sech e Maa vo syr Frou us ix-emne Grund la scheide?» ⁴ Er het ne gantwortet: «Heit dihr nid gläse, dass der Schöpfer am Aafang sen als Maa und Frou erschaffe het?» ⁵ Und er het gseit: «Drum lat e Maa Vatter und Mueter aleini und tuet sech mit syr Frou zäme, und di beide sy eis Wäse. ⁶ Si sy also nümme zwöi, nei, si sy eis Wäse. Und was Gott zämegschiret het, söll der Mönsch nid usenandrysse.» ⁷ Si säge zuen ihm: «Wiso het de der Mose befole, der Frou e Scheidigsbrief z gä und sech so la z scheide?» ⁸ Er seit zue ne: «Der Mose het nech erloubt, nech vo öine Froue la z scheide, wil dihr es herts Härz heit, aber das isch nid vo Aafang aa eso gsi. ⁹ I säge nech aber: Wär sech vo syr

Frou lat la scheide – ussert wäge Unzucht – und en anderi hüratet,
dä bricht sy Eh.»
¹⁰ Syni Jünger säge zuen ihm: «We di Sach eso isch mit Maa und
Frou, de isch es gschyder, me hürati nid!» ¹¹ Aber är het ne gseit:
«Nid alli begryffe das Wort, nume die, wo's ne ggä isch: ¹² Es
git Mönsche, wo vo Geburt aa nid gschaffe sy für ds Hürate. De
git's settigi, wo vo Mönsche sy unfähig gmacht worde zur Eh.
Und schliesslech git's nere, wo vo sich uus uf ds Hürate verzichte,
wil si wei parat sy für Gottes Rych. Wär's cha begryffe, söll's
begryffe.»

D Chinder bi Jesus

¹³ Du hei si Chinder zuen ihm bbracht, für dass är ne d Händ
uflegi und für se bätti. Aber d Jünger hei se welle furtjage. ¹⁴ Da
seit Jesus: «Löt doch d Chinder zue mer cho und verhäbet ne's
nid. Grad dene ghört ja Gottes Rych.» ¹⁵ Und er het ne d Händ
ufgleit. Nachär isch er vo dert wäggange.

Der Rychtum steit im Wäg

¹⁶ Da isch einisch eine zuen ihm cho und het gseit: «Meischter,
was mues i Guets tue, für dass i ds ewige Läbe überchume?» ¹⁷ Er
het zuen ihm gseit: «Warum fragsch du mi nach em Guete? Eine
isch der Guet! We du aber i ds (ewige) Läbe wosch ga, de tue d
Gebot halte.» ¹⁸ Er fragt ne: «Weli?» Jesus antwortet: «Du söllsch
nid morde, du söllsch d Eh nid bräche, du söllsch nid stäle, du
söllsch vor Gricht nid lüge, ¹⁹ du söllsch dy Vatter und dy Mueter
in Ehre halte, und: Du söllsch dy Mitmönsch glych lieb ha wi di
sälber!» ²⁰ Der jung Maa het zuen ihm gseit: «Das alls han i
ghalte, was fählt mer no?» ²¹ Jesus seit zuen ihm: «We d wosch
vollkomme sy, so gang, verchouf alls, wo d hesch, und gib ds
Gäld den Arme. De hesch e Schatz im Himel. Und de chumm,
chumm mit mir!» ²² Wo der jung Maa das ghört het, isch er
truurig ewägg ggange. Er isch drum ordeli vermöglech gsi.
²³ Da het Jesus zu syne Jünger gseit: «Lueget, i cha nech säge: E
Ryche het bös i Gottes Rych ynezcho. ²⁴ I mues es no dütlecher
säge: Ender geit es Kamel dür nes Nadelöhri, als dass e Ryche i
Gottes Rych ynechunt.» ²⁵ Wo d Jünger das ghört hei, sy si rächt
erchlüpft und hei gseit: «Jä, wär cha de überhoupt grettet wär-

de?» ²⁶Da luegt Jesus sen aa und seit: «Bi de Mönsche isch das unmüglech, aber bi Gott isch alls müglech!»
²⁷Da fat der Petrus aa rede: «Lue, mir hei alls dahinde gla und sy mit dir cho. Was überchöme mir derfür?» ²⁸Jesus seit zue ne: «Lueget, i cha nech säge: Dihr syt mit mer cho. Drum, we bim Nöi-Wärde vo der Wält der Mönschesuhn uf sym herrleche Thron tuet sitze, de sitzet dihr de o uf zwölf Thronsässle und regieret über di zwölf Stämm vo Israel. ²⁹Und jede, wo mynethalb Hüser dahinde gla het oder Brüeder oder Schwöschtere oder Vatter oder Mueter oder Chinder oder Ächer, dä überchunt's hundertfach wider ume und erbt derzue ds ewige Läbe. ³⁰Aber vili, wo jitz di Erschte sy, chöme de zletscht draa und Letschti zerscht.»

Der Räbbärg-Bsitzer und di Arbeitslose

20 «So isch es mit em Gottes Rych: E Guetsbsitzer isch am Morge früe us em Huus, für ga Arbeiter i sy Räbbärg z dinge. ²Er het mit den Arbeiter abgmacht, si überchöme e Silbermünze als Taglohn und het se i sy Räbbärg gschickt. ³Um di Nüüne isch er wider useggange und het anderi Arbeitslosi uf em Märitplatz gseh umesta ⁴und het ne gseit: ‹Ganget dihr o i Räbbärg, und i will nech gä, was rächt isch.› ⁵Die sy o ggange. Öppen am Zwölfi und am Drüü isch er widerume uf e Märitplatz und het's glych gmacht. ⁶Won er um die Füfe no einisch usegeit, gseht er nere geng no da sta und seit zue ne: ‹Wi chöit dihr der ganz Tag da umesta, ohni öppis z wärche!› ⁷Si sägen ihm: ‹Es het is halt niemer ddinget!› Er seit ne: ‹Ganget dihr o no i Räbbärg!› ⁸Am Aabe het der Bsitzer vom Räbbärg zu sym Verwalter gseit: ‹Rüef d Arbeiter häre und zal ne der Lohn uus. Fang bi de Letschten aa und gang bis zu den Erschte›. ⁹Da sy die cho, wo am Füfi aagfange hei. Jede het e Silbermünze übercho. ¹⁰Wo di Erschte sy dracho, hei si gmeint, si überchöme jitz meh; aber si hei o ei Silbermünze übercho. ¹¹Si hei se gno, aber si hei gäge Guetsherr aafa ufbegäre ¹²und gseit: ‹Di Letschte da hei eis einzigs Stündli müesse wärche, und du behandlisch se glych wi üüs, derby hei mir doch d Püetz und d Hitz vom ganze Tag müesse düresta!› ¹³Aber är het eim vo ne gantwortet: ‹My Liebe, i tue dir kes Unrächt. Hesch du nid mit mir als Lohn ei Silbermünze abgmacht? ¹⁴Nimm se und bis zfride! I wott äben em Letschte

glych vil gä wi dir. ¹⁵ Darf i nid mit mym Gäld mache was i wott? Ober luegsch öppe so schreg dry, wil i so grosszügig bi?› ¹⁶ So sy de di Letschte Erschti und di Erschte Letschti.»

Jesus gseht sy Tod voruus

¹⁷ Wo Jesus uf Jerusalem ufegwanderet isch, het er underwägs di zwölf Jünger näbenuse gno und zue ne gseit: ¹⁸ «Lueget, mir gange ufen uf Jerusalem; dert wird der Mönschesuhn vo den Oberprieschter und de Schriftgelehrte verhaftet und si verurteile ne zum Tod; ¹⁹ si tüe ne de Heide uslifere, für dass si ds Gspött mit ihm hei und ne mit Ruete schmeize und ne tüe chrüzige. Und am dritte Tag wird er de uferweckt.»

Der Platz vo de Jünger i Gottes Rych

²⁰ Da chunt d Mueter vo de Sühn vom Zebedäus zuen ihm, zäme mit irne Sühn, fallt vor ihm uf d Chnöi und wott nen um öppis bitte. ²¹ Er fragt se: «Was wosch?» Si seit zuen ihm: «Mach, dass myni beide Sühn da i dym Chünigrych einisch näbe dir dörfe sitze, der eint rächts und der ander linggs vo dir!» ²² Jesus antwortet: «Dihr wüsset nid, was dihr da höischet! Syt dihr imstand, dä Bächer z trinke, won i mues trinke?» Si säge zuen ihm: «Mir chöi's!» ²³ Er seit zue ne: «My Bächer tüet dihr de trinke; aber d Sitze rächts oder linggs vo mir, die vergibe nid ig, über die bestimmt my Vatter.»
²⁴ Wo di zäche andere das ghört hei, sy si toub worde über die beide Brüeder. ²⁵ Aber Jesus het se zue sech grüeft und ne gseit: «Dihr wüsset, dass d Herrscher iri Völker tyrannisiere, und di grosse Herre hei sen under der Knute. ²⁶ So söll's bi öich nid sy, nei, wär vo öich gross wott wärde, söll öie Diener sy, ²⁷ und wär vo öich der Erscht wott sy, söll öie Chnächt sy. ²⁸ O der Mönschesuhn isch nid cho für sech la z bediene, aber für z diene und sys Läbe z gä, für vili loszchoufe.»

Zwe Blindi chöi wider gseh

²⁹ Si sy vo Jericho wytergwanderet und es sy vil Lüt mit ne gloffe.
³⁰ Da sy zwe Blindi am Wägrand gsässe. Die hei ghört, dass Jesus verbychunt und hei bbrüelet: «Häb Erbarme mit is, Herr, du

Suhn vom David!» ³¹D Lüt hei sen aagfahre, si sölle schwyge. Die hei aber nume descht meh bbrüelet: «Häb Erbarme mit is, Herr, du Suhn vom David!» ³²Da isch Jesus blybe sta, het se häregrüeft und gseit: «Was weit dihr, dass i nech söll mache?» ³³Si säge zuen ihm: «Herr, dass üsi Ouge wider ufgange!» ³⁴Jesus het Erbarme mit ne gha. Er het iri Ouge aagrüert, und sofort hei si wider chönne gseh und sy o mit ihm ggange.

Der Yzug z Jerusalem

21 I der Neechi vo Jerusalem sy si uf Betfage am Ölbärg cho. Da het Jesus zwee Jünger vorusgschickt ²und ne gseit: «Ganget i das Dorf da vor öich. Dert gseht dihr en Eselmäre aabbunde und es Füli bynere. Bindet se los und bringet se. ³Und we nech öpper öppis derwider seit, de säget, der Herr bruuch se. De git er nech se sofort.» ⁴Das isch gscheh, für dass sech das erfülli, wo der Prophet gseit het:

⁵«Säget der Tochter Zion:
‹Lue, dy Chünig chunt zu dir,
ganz bescheide, er rytet uf neren Eselmäre
und uf mene Füli, em Junge vom Laschttier›.»

⁶D Jünger sy alls eso ga mache, wi ne's Jesus het befole gha. ⁷Si hei di Eselmäre häregfüert mit irem Füli, hei iri Mäntel uf se gleit und är isch ufgsässe. ⁸Hüüffe Lüt hei iri Mäntel uf em Wäg usbbreitet, anderi hei Zweige vo de Böum abgrisse und sen uf d Strass gströit. ⁹Und di vile Lüt, wo ihm voraa und hinder ihm här gloffe sy, hei lut grüeft.

«Hosianna em Suhn vom David,
mir rüeme dä, wo chunt im Uftrag vom Herr!
Hosianna i der Höchi!»

¹⁰Won er z Jerusalem ynecho isch, isch di ganzi Stadt i Gusel cho und het gseit: «Wär isch das?» ¹¹D Lüt hei ne gantwortet: «Das isch der Prophet Jesus vo Nazaret z Galiläa.»

Jesus macht Ornig im Tämpel

¹²Du isch Jesus i Tämpel ggange und het alli usegjagt, wo dert gschäftet hei. D Tische vo de Gäldwächsler het er umgmüpft und o d Ständ vo de Tubehändler. ¹³Er het zue ne gseit: «Es steit

gschribe: ‹Mys Huus söll für ds Bätte da sy› aber dihr heit e Röuberhöli druus gmacht».
¹⁴ Im Tämpel sy Blindi und Lahmi zuen ihm cho und er het se gsund gmacht. ¹⁵ Wo d Oberprieschter und di Schriftgelehrte di Wundertate gseh hei, won er gmacht het, und dass d Chinder im Tämpel grüeft hei: «Hosianna em Suhn vom David!», da sy si toub worde ¹⁶ und hei zuen ihm gseit: «Ghörsch, was die da rüefe?» Aber Jesus antwortet ne: «Ja! Heit dihr no nie gläse: Mit der Stimm vo de Chinder und vo de Söuglinge lasch du dir dys Lob la singe». ¹⁷ Und er het se la sta und isch zur Stadt useggange uf Betanie, won er übernachtet het.

E Fygeboum verdoret

¹⁸ Won er am früeche Morge wider gäge d Stadt zue cho isch, het er Hunger gha. ¹⁹ Da gseht er e Fygeboum am Wägrand und isch häreggange, aber er het nüüt an ihm gfunde weder Bletter. Er het zuen ihm gseit: «Nie meh söllsch du Frücht ha!» Da isch der Fygeboum uf der Stell verdoret. ²⁰ Wo d Jünger das hei gseh, hei si sech verwunderet und hei gseit: «Wi het jitz dä Fygeboum so plötzlech chönne verdore?» ²¹ Jesus het ne gantwortet: «Lueget, i cha nech säge: We dihr Gloube hättet und nid würdet zwyfle, miechet dihr nid nume das mit em Fygeboum! We dihr zu däm Bärg sieget: ‹Lüpf di uuf und la di i ds Meer troole›, de gschäächi's! ²² Und dihr überchämet alls, wo dihr imene glöubige Gebätt drum würdet bätte.»

Wär het dir di Vollmacht ggä?

²³ Won er i Tämpel cho isch und dert glehrt het, sy d Oberprieschter und d Ratsherre vom Volk zuen ihm cho und hei gfragt: «Mit was für nere Vollmacht machsch du settigs, und wär het dir di Vollmacht ggä?» ²⁴ Jesus het ne gantwortet: «I fragen öich jitz o öppis, und we dihr mir en Antwort gät, de sägen ig öich o, mit weler Vollmacht i settigs mache. ²⁵ Vo wo isch em Johannes sy Toufi cho, vom Himel oder vo de Mönsche?» Da hei si für sech gratiburgeret und gseit: «We mer säge: ‹vom Himel›, de seit er is: ‹Wiso heit dihr ihm de nid gloubt?!› ²⁶ We mer aber säge: ‹vo de Mönsche,› de müesse mer ufpasse wägem

MATTHÄUS 21

Volk; si luege ja alli der Johannes für ne Prophet aa.» ²⁷So hei si Jesus zur Antwort ggä: «Mir wüsse's nid.» Da het er ne gseit: «De sägen ig öich o nid, mit was für nere Vollmacht i settigs mache.»

Zwee unglychi Sühn

²⁸«Was meinet dihr da derzue: E Maa het zwee Sühn gha. Er isch zum einte ggange und het ihm gseit: ‹Los, Bueb, gang doch hütt i Räbbärg ga schaffe!› ²⁹Aber dä het ihm umeggä: ‹I ma nid!› Aber nachär isch er sech gröijig worde und isch doch ggange. ³⁰Der Vatter geit du no zum andere und het ihm ds Glyche gseit. Dä het ihm gantwortet: ‹Ja, Vatter!› Aber ggangen isch er nid. ³¹Wele vo dene zweene het gmacht, was der Vatter het welle?» Si säge: «Der erscht!»
Jesus seit du zue ne: «Lueget, i cha nech säge: D Zöllner und d Huere chöme vor öich i Gottes Rych! ³²Der Johannes isch zue nech cho und het nech der Wäg zur Grächtigkeit zeigt und dihr heit ihm nid gloubt. Aber d Zöllner und d Huere hein ihm ggloubt. Und dihr heit das gseh, aber dihr syt nech nid gröijig worde. Dihr heit ihm glych nid gloubt.»

Ds Glychnis vo de böse Wybure

³³«Loset es anders Glychnis. E Guetsbsitzer het e Räbbärg aapflanzet und e Zuun drumume gmacht. Er het dinnen e Stampftrog us em Felsen ghoue und e Turm ufgstellt. Nachär het er ne i Läche ggä und isch i ds Ussland verreiset. ³⁴Wo der Läset isch nachegsi, het er syni Aagstellte zu de Wybure gschickt, für sys Teil am Läset cho z reiche. ³⁵Aber d Wybure hei syni Aagstellte packt, der eint hei si abgschlage, der ander hei si tödt und der dritt hei si gsteiniget. ³⁶Du het er no einisch anderi Aagstellti gschickt, no meh als ds erschte Mal; aber si hei ne's grad glych gmacht. ³⁷Schliesslech het er sy Suhn zue ne gschickt. Er het sech gseit: ‹Vor mym Suhn wärde si doch Reschpäkt ha›. ³⁸Wo d Wybure der Suhn gseh hei, hei si gseit: ‹Das isch der Erb! Chömet, dä töde mer, de ghört sys Erb üüs!› ³⁹Und si hei ne päcklet, ne zum Räbbärg uus gmüpft und ne z todgschlage. ⁴⁰We der Bsitzer vom Räbbärg chunt, was macht er ächt de mit dene Wybure?»

⁴¹ Si säge zuen ihm: «Er wird mit dene Verbrächer übel i ds Gricht ga, und der Räbbärg git er andernen i Läche, settigne, won ihm d Frücht zur Zyt ablifere!»
⁴² Jesus seit zue ne: «Heit dihr no nie i de Schrifte gläse: ‹Der Stei, wo d Boulüt usgschoubet hei, dä isch zum Eckstei worde. Das het der Herr gmacht, und er isch wunderbar i üsnen Ouge›.
⁴⁴ Wär uf dä Stei troolet, wird vertütscht, und we der Stei uf öpperen troolet, de verchrooset er ne. ⁴³ Drum sägen i nech: Gottes Rych wird öich ewägg gno. Es wird emene Volk ggä, wo syni Frücht Gott bringt.»
⁴⁵ Wo d Oberprieschter und d Pharisäer syni Glychnis ghört hei, hei si gmerkt, dass er vo ine redt. ⁴⁶ Si hätte ne am liebschte grad verhaftet. Aber si hei di vile Lüt gschoche, wil die ne für ne Prophet aagluegt hei.

Ds Glychnis vom Hochzyts-Ässe

22 Du het Jesus ne wider aafa Glychnis erzelle: ²«So isch es mit Gottes Rych: E Chünig het für sy Suhn ds Hochzytsfescht grüschtet. ³ Er het syni Diener usgschickt, für die ga z reiche, won er yglade het. Aber dene isch's gar nid drum gsi. ⁴ Du het er wider anderi Diener usgschickt, für den Ygladnige z säge: ‹Loset, i ha mys Feschtässe parat gmacht, myni Ochse und di gmeschtete Tier sy gmetzget, und alls isch zwäg. Chömet jitz zum Hochzytsässe!› ⁵ Aber die hei nid emal umegluegt; jede isch syr Arbeit naa, der eint uf sys Fäld und der ander i sys Gschäft. ⁶ Es paar hei sogar syni Diener packt, hei se tryschagget und tödt. ⁷ Da isch der Chünig toub worde. Er het syni Truppe usgschickt und het di Mörder la umbringe und iri Stadt la aazünte. ⁸ Nachär het er syne Diener gseit: ‹Ds Hochzytsässe isch parat, aber di Ygladnige hei's nid verdienet. ⁹ Jitz ganget halt a d Strassechrüzige und ladet zum Hochzyt y, wän der grad träffet. ¹⁰ D Diener sy uf d Landstrasse ggange und hei alli härebbracht, wo sie grad gfunde hei, Bösi und Gueti. So isch der Hochzytssaal voll worde vo Gescht.
¹¹ Wo der Chünig ynecho isch für di Gescht z gschoue, gseht er da ne Maa, wo kes Hochzytschleid annehet. ¹² Er seit zuen ihm: ‹My Liebe, wi chasch du da yne cho ohni Hochzytschleid?› Aber dä het nid emal gantwortet. ¹³ Da het der Chünig zu de Diener gseit: ‹Fesslet dä a Füess und Händ und gheiet nen i d Fyschteri

use. Dert chan er de hüüle und schnadele mit de Zähn.› ¹⁴Gott rüeft ja vili zue sech, aber bruuche chan er weni.»

Jesus und d Stüüre

¹⁵Drufabe sy d Pharisäer ga ratiburgere, wi si ne chönnte verwütsche bi öppis, won er nid dörfti säge. ¹⁶Si hei iri Jünger zuen ihm gschickt, zäme mit Lüt vom Herodes. Die hei gseit: «Meischter, mir wüsse, dass du ufrichtig bisch und der Wäg zu Gott klar und dütlech lehrsch. Du nimmsch uf niemeren Rücksicht, du luegsch o nid druuf, was eine isch und het. ¹⁷Jitz säg is doch, was dunkt di: Söll men em Cheiser Stüüre zale oder nid?» ¹⁸Aber Jesus het scho gmerkt, wi faltsch si sy, und het gseit: «Dihr weit mi nume verwütsche, dihr Schynheilige! ¹⁹Zeiget mer einisch e Stüürbatze!» Du hei sin ihm e Silbermünze bbracht. ²⁰Da fragt er se: «Wäm sys Bild und sy Ufschrift isch druffe?» ²¹Si antworten ihm: «Em Cheiser syni.» Da seit er ne: «So gät doch em Cheiser, was em Cheiser ghört und Gott, was Gott ghört!» ²²Si hei das ghört, und es het ne d Sprach verschlage. Si hei ne la sy und sy furt ggange.

Wi isch es we men ufersteit?

²³Am glyche Tag sy Sadduzäer zuen ihm cho – das sy die, wo bhoupte, es gäbi kei Uferstehig – und hei ne gfragt: ²⁴«Meischter, der Mose het gseit: ‹Wen eine chinderlos stirbt, söll sy Brueder däm sy Frou hürate und sym Brueder für Nachkomme sorge.› ²⁵Jitz sy da bi üüs sibe Brüeder gsi. Der erscht het ghürate und isch gstorbe. Und wil er keni Chinder het gha, het er sy Frou sym Brueder hinderla. ²⁶So isch es o bim Zwöite und bim Dritte ggange, bis zum Sibete. ²⁷Zletschtamänd isch o d Frou gstorbe. ²⁸Welem vo dene sibe ghört di Frou de bi der Uferstehig – si hei se ja alli gha!?» ²⁹Jesus het ne gantwortet: «Dihr trumpieret nech, wil dihr weder d Schrifte gchennet no d Macht vo Gott. ³⁰We di Tote uferstande, hürate si nid und wärde nid ghüratet, nei, si sy de wi d Ängel im Himel. ³¹Und wäge der Uferstehig vo de Tote: Heit dihr dä Satz nie gläse, wo Gott gseit het: ³²‹I bi der Gott vom Abraham und der Gott vom Isaak und der Gott vom Jakob.› Und är isch doch kei Gott vo de Tote, sondern vo de Läbige!» ³³Wo d Lüt zringsetum (dä Schrift-Bewys) ghört hei, sy si sprachlos gsi.

Ds wichtigschte Gebot

³⁴ Wo d Pharisäer verno hei, dass er d Sadduzäer eso gschweigget het, sy si zämethaft uf ne zdorf cho, ³⁵ und eine vo ne, er isch Gsetzeslehrer gsi, het ne welle i ne Falle lööke: ³⁶ «Meischter», het er gfragt, «weles Gebot im Gsetz isch ds gröschte?» ³⁷ Är het ihm gseit: «‹Du söllsch der Herr, dy Gott, lieb ha mit dym ganze Härz und mit dyr ganze Seel und mit dym ganze Verstand›. ³⁸ Das isch ds gröschten und erschte Gebot. ³⁹ Und ds zwöite isch glych wichtig: ‹Du söllsch dy Mitmönsch glych lieb ha wi di sälber›. ⁴⁰ Die zwöi Gebot sy d Negel, wo ds ganze Gsetz und alli Prophetewort drann ufghänkt sy.»
⁴¹ Wo d Pharisäer da so binenand sy gsi, het se Jesus gfragt: ⁴² «Was säget dihr über e Chrischtus? Wäm sy Suhn isch er?» Si antworte: «Em David syne!» ⁴³ Er seit zue ne: «Wi chunt de der David derzue, im Geischt ‹Herr› zuen ihm z säge? Er seit ja: ⁴⁴ ‹Der Herr het zu mym Herr gseit: Sitz rächterhand vo mir, bis dass i dyni Finde under dyni Füess lege›. ⁴⁵ We also der David ‹Herr› zuen ihm seit, wi cha de der Chrischtus sy Suhn sy?» ⁴⁶ Kene het ihm o numen es Wort chönnen eggägeha. Vo däm Tag aa het's o niemer meh gwagt, nen öppis z frage.

Machet's nid wi di Schriftgelehrte!

23 Denn het Jesus zu de Lüt und zu syne Jünger ² gseit: «Uf em Lehrstuel vom Mose sitze hütt di Schriftgelehrte und d Pharisäer. ³ Machet und haltet alls, wo si nech säge, aber lueget nid druuf, was si sälber mache! Säge und mache sy zwöierlei by ne. ⁴ Si binde schwäri und sperigi Burdine zäme und lade se de Mönsche uf d Achsle, aber si sälber probiere se nid emal mit em chlyne Finger z verrütsche. ⁵ Alls mache si nume, für bi de Lüt Ydruck z schinte. ⁶ Si lege breiti Gebätsrieme aa und trage grossi Zottle am Chleid. Si lige bi de Feschttässe gärn uf de beschte Polschter, und i de Synagoge sitze si am liebschte uf de vorderschte Stüel. ⁷ Uf em Märitplatz lö si sech la grüesse und vo de Lüt mit Rabbi (‹Meischter›) aarede. ⁸ Aber dihr, löt nech nid la Rabbi säge. Numen eine isch nämlech öie Meischter, und dihr syt alli Brüeder. ⁹ Säget o niemerem uf der Ärde Vatter, numen eine isch nämlech öie Vatter, dä, wo im Himel isch. ¹⁰ Löt nech o nid la Lehrer säge, numen eine isch öie Lehrer, der Chrischtus. ¹¹ Der

Gröscht vo öich söll öie Diener sy. ¹²Wär sich sälber ufelüpft, mues oben abecho, und wär sich sälber abetuet, wird ufeglüpft.
¹³I warne nech, Schriftgelehrti und Pharisäer, Schynheiligi was der syt! Dihr bschliesset Gottes Rych de Mönsche vor der Nase zue. Sälber chömet dihr nid yne, aber dihr löt o die nid la ynega, wo gärn yne wette.
¹⁵I warne nech, Schriftgelehrti und Pharisäer, Schynheiligi, was der syt! Dihr fahret über Meer und Land, für numen en einzige zum Jud z mache. Und wen er's de worden isch, machet dihr us ihm en Aawärter vo der Füürhöll, zwöimal erger weder dass dihr sälber syt.
¹⁶I warne nech, blindi Blindefüerer, was der syt! Dihr säget: ‹We me bim Tämpel tuet schwöre, so verpflichtet das zu nüüt, aber we me bim Guld vom Tämpel schwört, mues me's halte!›
¹⁷Dumm syt dihr und blind! Was isch ächt wichtiger, ds Guld oder der Tämpel? Är macht ja ds Guld ersch heilig! ¹⁸De säget dihr o: ‹We me bim Altar schwört, so verpflichtet das zu nüüt, aber we me bi der Opfergab uf em Altar schwört, mues me's halte›. ¹⁹Blindi, was der syt! was isch ächt wichtiger, d Opfergab oder der Altar? Är macht ja d Opfergab ersch heilig! ²⁰Wär nämlech bim Altar tuet schwöre, dä schwört bi ihm und bi däm, wo uf ihm isch. ²¹Und wär bim Tämpel schwört, dä schwört bi ihm und bi däm, wo in ihm wohnt. ²²Und wär bim Himel schwört, dä schwört bim Thron vo Gott und bi däm, wo druffe sitzt.
²³I warne nech, Schriftgelehrti und Pharisäer, Schynheiligi, was der syt! Dihr zalet zwar der Tämpelbytrag vo der Münze, vom Änis und vom Chümi, aber ds Wichtige im Gsetz, das isch ech glychgültig: nämlech ds Rächt und ds Erbarme und d Tröiji. Äis mues me scho mache, aber d Houptsach darf me nid underwäge la! ²⁴Dihr blindi Füerer, dihr siblet d Müggli, und ds Kamel schlücket der abe!
²⁵I warne nech, Schriftgelehrti und Pharisäer, Schynheiligi, was der syt! Dihr putzet der Bächer und d Schüssle ussefür schön suber, aber drin inne isch luter zämegstolnigi und uverschant tüüri War. ²⁶Du blinde Pharisäer, mach zersch das suber, wo im Bächer innen isch, de chasch de o d Ussesyte poliere.
²⁷I warne nech, Schriftgelehrti und Pharisäer, Schynheiligi, was der syt! Dihr glychet schön zwäggmachte Greber, wo vo usse gfelig aazluege sy, aber innefür sy si voll Totechnoche und

usuberem Züüg. ²⁸ Grad eso chömet dihr, vo usse gluegt, de Lüt als Grächti vor, aber innefür syt dihr nume schynheiligi Gsetzbrächer.
²⁹ I warne nech, Schriftgelehrti und Pharisäer, Schynheiligi, was der syt! Dihr bouet d Greber vo de Prophete und renovieret d Grabdänkmäler vo de Grächte. ³⁰ Derzue säget der: ‹We mir zur Zyt vo üsne Vätter gläbt hätte, de hätte mer emel d Prophete nid umbbracht!› ³¹ Dermit säget dihr sälber vo öich, dass dihr d Sühn syt vo dene, wo d Prophete tödt hei! ³² Und dihr machet ds Määs vo öine Vätter voll. ³³ Dihr Vipere, dihr Schlangebruet! Wi wettet dihr em Gricht vo der Füürhöll ertrünne?
³⁴ Lueget, drum schicken ig Prophete und gschydi, schriftkundigi Lüt zu öich. Aber dihr tödet und chrüziget di einte vo ne, di andere tüet dihr i öine Synagoge dürepöitsche und verfolget se vo eir Stadt i di anderi. ³⁵ So syt dihr verantwortlech für alli Grächte, wo uf der Wält sy tödt worde, vom grächte Abel bis zum Secharja, em Suhn vom Berechja, wo dihr zwüschem Tämpel und em Altar ermordet heit. ³⁶ Lueget, i cha nech säge: Das alls mues öiji Generation etgälte.
³⁷ Jerusalem, Jerusalem, du tödisch d Prophete und steinigisch die, wo zue der gschickt wärde! Wi mängisch han i dyni Chinder welle zue mer nä, wi ne Gluggere iri Hüentschi under iri Fäcke sammlet! Aber dihr heit nid welle. ³⁸ Lueget, öies Huus überchömet dihr ersch kabutt wider ume. ³⁹ I säge nech eis: Vo jitz aa gseht dihr mi nümme, bis der säget: ‹Dä, wo im Uftrag vom Herr chunt, ihn wei mer lobe.›»

Was passiert i der Ändzyt?

24 Jesus isch us em Tämpel use und het welle wyterga. Ab allem Loufe hein ihm d Jünger d Tämpelboute zeigt. ² Är het zue ne gseit: «Ja, lueget's numen aa! Gseht der, i cha nech säge: Hie blybt ke Stei uf em andere, alls wird abegrisse!»
³ Uf em Ölbärg isch er abgsässe, da sy d Jünger eine nam andere zuen ihm cho und hei gseit: «Säg is doch, wenn de das passiert. A was für mene Zeiche merke mer, dass du widerchunsch und dass d Wält z Änd geit?» ⁴ Jesus het ne gantwortet: «Passet uuf, löt nech vo niemerem öppis la vormache. ⁵ Es wärde nämlech vili i mym Name cho und säge, si syge der Chrischtus. Si wärde mänge chönne sturm mache. ⁶ Dihr ghöret de aber o rede vo

MATTHÄUS 24

Chriegen und Chriegsgschrei. Gät acht, aber erchlüpfet nid. Es mues eso cho, aber es isch no nid ds Änd. ⁷Da überchunt de eis Volk mit em andere Krach und eis Rych mit em andere, da und dert git's Hungersnöt und Ärdbäbe. ⁸Das alls isch der Aafang vo de Geburtswehe.

⁹Denn wird men öich de i grossi Not bringe und töde. Wäge mym Name hasse nech de alli Völker. ¹⁰Denn tüe de vili abfalle und sech gägesytig verrate und hasse. ¹¹Und mänge faltsche Prophet steit de uuf und macht d Lüt sturm. ¹²Ds Gsetz gilt de geng weniger, und d Liebi erchaltet geng meh. ¹³Aber wär dürehaltet bis a ds Änd, dä wird grettet. ¹⁴Da wird de di gueti Botschaft vo Gottes Rych prediget uf der ganze Wält, für dass es alli Völker merke. Und denn chunt de ds Änd!

¹⁵Dihr erläbet de (o wär's list, söll sech's merke!), dass der ‹Gröiel vo der Verwüeschtig›, wo bim Prophet Daniel dervo d Red isch, am heiligen Ort steit. ¹⁶Denn sölle de d Lüt vo Judäa i d Bärge flie. ¹⁷Wär uf em Husdach isch, söll nid i ds Huus abe ga für no öppis druus mitznä; ¹⁸und wär uf em Fäld isch, söll nid heiga für sy Mantel ga z reiche. ¹⁹Aber gnad Gott de Froue, wo denn ir Hoffnig sy, und dene, wo i där Zyt tüe stille! ²⁰Bättet, dass dihr nid im Winter müesset flüchte oder am Sabbat. ²¹Denn git's de so ne grossi Not, wien es no nie eini ggä het sit em Aafang vo der Wält bis jitze, und nie meh git's so eini. ²²We di Tage nid abgchürzt würde, so chäm ke Mönsch dervo. Aber Gott wird sen abchürze synen Userwählte z lieb.

²³We denn öpper zue nech seit: ‹Lue, hie isch der Chrischtus›, oder: ‹Lue, dert!›, de gloubet's nid. ²⁴Faltschi Chrischtusse und faltschi Prophete stande de uuf und tüe grossi Zeiche und Wunder, für wenn müglech o di Userwählte sturm z mache. ²⁵Dänket, i heig nech's zum voruus gseit! ²⁶We si nämlech de zue nech säge: ‹Lue, er isch i der Wüeschti›, de ganget nid dert use; und we si säge: ‹Lue, er isch da inn im Chämmerli›, de gloubet's nid. ²⁷So nämlech, wi der Blitz im Oschte uflüüchtet und schynt bis i Weschte, so isch es, we der Mönschesuhn chunt. ²⁸Dert, wo ds Aas isch, dert sammle sech d Roubvögel.»

Der Mönschesuhn chunt!

²⁹«Grad na der Not vo dene Tage wird sech d Sunne verfyschtere, und der Mond git ke Schyn meh, d Stärne troole vom Himel

abe, und d Himelsgwalte wird's erhudle. ³⁰Denn erschynt de ds Zeiche vom Mönschesuhn am Himel, und alli Völker uf Ärde wärde brüele vor Angscht, und de gseh si der Mönschesuhn cho uf de Wulche vom Himel mit grosser Macht und Herrlechkeit. ³¹Er schickt syni Ängel uus mit lute Posuune, die bringe syni Userwählte zäme us allne vier Himelsrichtige, vom Ändi vo der Ärde bis zum Ändi vom Himel. ³²Am Byschpil vom Fygeboum chöit der's lehre: We syni Zweige saftig wärde und Bletter trybe, de merket der, dass der Summer nachen isch. ³³Glychlig bi öich: We dihr das alls gseht, de merket der, dass alls grad vor der Türen isch. ³⁴Lueget, i cha nech säge: Öiji Generation vergeit nid, bis das alls passiert. ³⁵Der Himel und d Ärde vergange, aber myni Wort vergange nid.»

Wach blybe!

³⁶«Aber über e Tag und d Stund weis niemer öppis z voruus, d Ängel im Himel nid und o der Suhn nid, nume der Vatter ganz alleini.
³⁷So wi's i de Tage vom Noach isch gsi, so isch es de, we der Mönschesuhn chunt. ³⁸I de Tage vor der Sintfluet hei si ggässe und trunke, ghüratet und sech la hürate, bis zu däm Momänt, wo der Noach i d Arche ggangen isch, ³⁹und nüüt hei si gmerkt, bis d Sintfluet cho isch und sen alli wäggschwemmt het: Gnau so geit's de o, we der Mönschesuhn chunt. ⁴⁰Denn sy zwee Manne uf em Fäld: Der eint wird aagno, der ander wird zrügggla; ⁴¹zwo Froue verrybe zäme Chorn mit em Mülistei: Di einti wird aagno, die aneri wird zrügggla.
⁴²Drum blybet wach, dihr wüsset ja nid, a welem Tag öie Herr chunt. ⁴³Aber merket nech das: We der Husherr wüssti, um weli Zyt znacht der Schelm chäm, de bliib er wach und liess ne nid i sys Huus la ybräche. ⁴⁴Drum söllet dihr o parat sy: Der Mönschesuhn chunt imene Momänt, wo dihr's nid dänket!»

Ds Glychnis vom tröie Chnächt

⁴⁵«Wär isch jitz also der tröi und gschyd Chnächt, won ihm sy Herr befole het, er söll de Dienschte z rächter Zyt z ässe gä?

⁴⁶ Glücklech isch dä Chnächt, wo sy Herr bim Heicho gseht, dass er macht, was er söll. ⁴⁷ Lueget, i cha nech säge: Er macht ne zum Verwalter vo sym ganze Bsitz. ⁴⁸ Wen aber en unzueverlässige Chnächt sech seit: ‹My Herr chunt no nid grad›, ⁴⁹ und de aafat di andere Chnächten abzschla und mit de Süfflen isst und trinkt – ⁵⁰ de chunt de der Herr vo däm Chnächt amene Tag, won er ne nid erwartet und zu nere Zyt, won er nid ddänkt het. ⁵¹ De lat er ne z Bitze verhoue und tuet ne derthäre, wo d Lugner sy. Dert chan er de hüüle und schnadele mit de Zähn.»

Di gwitzte und di dumme Meitschi

25 «O so cha's mit Gottes Rych ga: Zäche jungi Meitschi hei iri Fackele gno und sy em Brütigam eggägeggange. ² Füf vo ne sy dumm gsi und füf gwitzt. ³ Di Dumme hei nämlech iri Fackele gno, aber kes Öl derzue. ⁴ Di Gwitzte hei imene Häfeli Öl mitgno, zäme mit de Fackele. ⁵ Wo der Brütigam geng nid het welle cho, sy si alli ygnücklet und hei gschlafe. ⁶ Zmitts i der Nacht ghört me dusse rüefe: ‹Der Brütigam chunt, ganget ihm eggäge!› ⁷ Da sy alli di Meitschi tifig ufgstande und hei iri Fackele zwäggmacht. ⁸ Du hei di Dumme zu de Gwitzte gseit: ‹Gät is e chly vo öiem Öl, üsi Fackele sy drum am Verlösche!› ⁹ Aber di Gwitzte hei ne gantwortet: ‹Das längt sicher nid für üüs und öich. Springet dihr zu de neechschte Läde und choufet nech Öl›. ¹⁰ Die sy furtgsprunge für ga z choufe, da isch scho der Brütigam cho, und die, wo parat sy gsi, sy mit ihm a ds Hochzytsfescht ggange. D Türe het me bschlosse. ¹¹ Speter sy du o di andere Meitschi cho und hei gseit: ‹Herr, Herr, tuen is uuf!› ¹² Aber er het ne gantwortet: ‹I mues nech würklech säge: I gchenne nech nid.› ¹³ Drum blybet wach, dihr gchennet der Tag nid z voruus und d Stund o nid.»

Ds aavertroute Gäld

¹⁴ «Oder es geit eso: E Maa het welle i ds Ussland verreise und het syni Aagstellte zue sech grüeft für ne sys Vermöge zur Verwaltig aazvertroue. ¹⁵ Em einte het er füf Talänt (füfesibezgtuusig Franke) ggä, em andere zwöi Talänt (dryssgtuusig), em dritte eis (füfzähtuusig), jedem so win er nen ygschetzt het. Nachär isch er verreiset. ¹⁶ Dä, wo füf Talänt het übercho, isch

sofort mit dene ga schaffe und het glychvil derzue verdienet. ¹⁷O dä, wo zwöi het übercho, het no zwöi derzue verdienet. ¹⁸ Aber dä, wo eis Talänt het übercho, isch ga der Boden ufgrabe und het ds Gäld vo sym Herr drinn verlochet. ¹⁹ Lang nachär isch der Meischter vo dene Aagstellte umecho und het mit nen abgrächnet. ²⁰ Da chunt dä, wo füf Talänt het übercho, bringt ds Dopplete und seit: ‹Herr, du hesch mir füf Talänt aavertrout; lue, da han i füf anderi derzue verdienet.› ²¹ Sy Meischter seit zuen ihm: ‹Bravo, du bisch e tüechtige und tröien Aagstellte, du bisch zueverlässig gsi bi weni Vermöge. I übergibe dir jitz e grossi Verantwortig. Chumm yne, mir wei es Fröidefescht fyre.› ²² Nachär chunt dä, wo zwöi Talänt übercho het und seit: ‹Herr, du hesch mir zwöi Talänt ggä. Lue, i ha no zwöi derzue verdienet›. ²³ Sy Meischter seit zuen ihm: ‹Bravo, du bisch e tüechtige und tröie Aagstellte, du bisch zueverlässig gsi bi weni Vermöge. I übergibe dir jitz e grossi Verantwortig. Chumm yne, mir wei es Fröidefescht fyre.› ²⁴ Du chunt o dä, wo eis Talänt übercho het und seit: ‹Herr, i ha gwüsst, dass du e herte Maa bisch, du ärnisch, wo du nid gsääit hesch und ramisiersch zäme, was du nid usteilt hesch. ²⁵ Drum han i Angscht gha und bi dys Talänt i Bode ga vergrabe. Lue, da hesch dy Sach wider ume.› ²⁶ Sy Meischter het ihm gantwortet: ‹Du bisch mir e schlächte und fulen Aagstellte! Du hesch also welle wüsse, dass i ärne, won i nid gsääit ha und zämeramisiere, was i nid usteilt ha? ²⁷ He nu, de hättisch mys Gäld chönne uf d Bank bringe, und wen i zrüggcho wär, hätt i mys Kapital mit de Zinse zrüggübercho. ²⁸ Jitz nät ihm das Talänt grad wägg und gät's däm, wo zäni het. ²⁹ Wen eine het, de git men ihm no, und er het meh weder gnue. Aber wen eine nüüt het, de nimmt men ihm o no wäg, was er het. ³⁰ Gheiet dä Nüütnutz vo Aagstellte i d Fyschteri use. Dert chan er de hüüle und schnadele mit de Zähn›.»

D Schafscheid

³¹ «We der Mönschesuhn chunt i syr Herrlechkeit und alli Ängel mit ihm, de sitzt er uf sy herrlech Thron. ³² De versammle sech vor ihm alli Heidevölker, und er tuet se vonenand scheide, so wi der Hirt d Schaf vo de Geisse scheidet.* ³³ Er reiset d Schaf uf sy

* Z Palästina weide Schaf und Geisse zäme und wärde i der Nacht trennt.

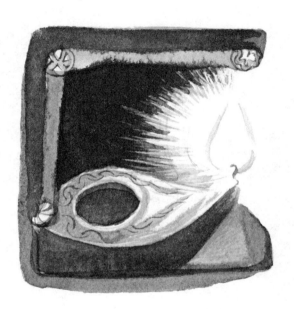

rächti Syte und d Geisse uf di linggi. ³⁴De seit de der Chünig zu dene rächts von ihm: ‹Chömet, öich het my Vatter gsägnet, jitz übernämet ds Erb, ds Rych, wo uf öich wartet sit der Schöpfig vo der Wält. ³⁵I ha nämlech Hunger gha, und dihr heit mer z ässe ggä, i ha Durscht gha, und dihr heit mer z trinke ggä, i bi frömd gsi, und dihr heit mi ufgno, ³⁶i bi blutt gsi, und dihr heit mer Chleider ggä, i bi chrank gsi, und dihr heit zue mer gluegt, i bi i der Chefi gsi, und dihr heit mi bsuecht.› ³⁷De frage ne die, wo ds Rächte gmacht hei: ‹Herr, wenn hei mir di de gseh, dass du wärsch hungerig gsi, und hei dir z ässe ggä, oder durschtig und hei dir z trinke ggä? ³⁸Wenn hei mir di als Frömde aatroffe und byn is ufgno, oder blutt und hei dir Chleider ggä? ³⁹Wenn hei mir gmerkt, dass du chrank bisch oder i der Chefi und sy zue der cho?› ⁴⁰De seit ne der Chünig: ‹Lueget, i cha nech säge: Was dihr eim vo de gringschte Gschwüschterti vo mir zlieb ta heit, das heit dihr mir zlieb ta.›

⁴¹Nachär seit er zu dene linggs von ihm: ‹Ganget wäg vo mir, dihr syt verfluecht, furt i ds ewige Füür, wo parat isch für e Tüüfel und syni Kumpane. ⁴²I ha Hunger gha, aber dihr heit mer nid z ässe ggä, i ha Durscht gha, aber dihr heit mer nid z trinke ggä, ⁴³i bi ne Frömde gsi, aber dihr heit mi nid ufgno, blutt, aber dihr heit mer keni Chleider ggä, chrank und i der Chefi, aber dihr heit mer ke Bsuech gmacht›. ⁴⁴De frage ne o die: ‹Herr, wenn hätte mir di de hungerig oder durschtig aatroffe, oder als Frömde oder blutt oder chrank oder i der Chefi, und hätte dir nüüt zlieb ta?› ⁴⁵Er antwortet ne: ‹Lueget, i cha nech säge: Was dihr eim vo de Gringschte nid zlieb ta heit, heit dihr o mir nid zlieb ta.› ⁴⁶Und die gange i di ewigi Straf; aber die, wo ds Rächte gmacht hei, gange i ds ewige Läbe.»

Ds Komplott gäge Jesus

26 Wo Jesus fertig gredt het, seit er zu syne Jünger: ²«Dihr wüsset, dass übermorn Passa gfyret wird. Denn wird der Mönscheuhn verhaftet und söll de gchrüziget wärde.» ³Da sy d Oberpriechter und d Ratsherre vom Volk im Palascht vom Hohepriechter – Kajaphas het er gheisse – zämecho ⁴und hei beschlosse, Jesus hinderrucks z verhafte und umzbringe. ⁵Aber si hei gseit: «Ja nid öppen am Fescht, süsch git's am Ändi no ne Sturm im Volk!»

E Frou salbet Jesus

⁶ Wo Jesus bim Simon em Ussätzige z Betanie isch gsi, ⁷ isch e Frou zuen ihm cho. Si het es Chrüegli us Alabaschter voll tüürem Myrrhenöl gha und het ihm's über e Chopf gschüttet, won er am Tisch isch gsi. ⁸ D Jünger gseh das; hässig säge si: «Was isch das für ne Güderei! ⁹ Me hätt das Züüg doch tüür chönne verchoufe und ds Gäld den Arme gä.» ¹⁰ Jesus merkt's und seit zue ne: «Für was machet dihr der Frou da Vorwürf? Si het mir öppis zlieb ta. ¹¹ Armi Lüt heit dihr ja geng by nech, aber mi heit der nid geng. ¹² Si het das Öl uf my Körper gschüttet, für ne parat zmache zum Begräbnis. ¹³ Lueget, i cha nech säge: Überall uf der Wält, wo men einisch di gueti Botschaft prediget, redt me de o vo däm, wo si gmacht het, und bsinnt sech a si.»

¹⁴ Drufaben isch eine vo de Zwölf, er het Judas Iskariot gheisse, zu den Oberpriescheter ggange ¹⁵ und het ne vorgschlage: «Was gät dihr mir, wen i nen öich i d Händ spile?» Da hei sin ihm dryssg Silbermünze uszalt. ¹⁶ Vo denn aa het er uf ne gäbige Momänt passet, für nen uszlifere.

Ds Aabetmahl

¹⁷ Am erschte vo dene Tage, wo men ungsüürets Brot isst, sy d Jünger zu Jesus cho und hein ihm gseit: «Wo sölle mir dir ds Passa-Ässe ga zwägmache?» ¹⁸ Er het gantwortet: «Ganget i d Stadt zu däm und däm und säget ihm: ‹Der Meischter lat la säge: Für mi isch d Zyt nache. Bi dir möcht i mit myne Jünger Passa fyre›.» ¹⁹ Und d Jünger hei's eso gmacht, win er nen uftreit het und hei ds Passa-Ässe parat gmacht.

²⁰ Gägen Aabe isch er mit de Zwölf zuechegsässe. ²¹ Wäret em Ässe seit er: «Lueget, i mues nech säge: Eine vo öich tuet mi uslifere!» ²² Da sy si furchtbar truurig worde, und eine wi der ander het aafa frage: «Doch nid öppen ig, Herr?» ²³ Aber är het gantwortet: «Dä, wo mit mir zäme d Hand i d Schüssle tünklet het, dä tuet mi uslifere. ²⁴ Der Mönscheschuhn geit zwar sy Wäg, so win es von ihm gschriben isch, aber gnad Gott däm Mönsch, wo derfür verantwortlech isch! Für dä Mönsch wär's besser, er wär nie uf d Wält cho!» ²⁵ Da fragt ne der Judas, dä, wo ne nachär usgliferet het: «Du meinsch doch nid öppe mi, Rabbi?» Er seit zuen ihm: «Du sälber hesch es gseit.»

²⁶ Wo si am Ässe sy gsi, nimmt Jesus e Bitz Brot, seit der Lobspruch, bricht nen abenand, git ds Brot de Jünger und seit: «Nät, ässet, das isch my Lyb.» ²⁷ Und er nimmt der Bächer, seit der Lobspruch und git ne ne und seit: «Trinket alli druus, ²⁸ das isch mys Bluet für ds Bündnis. I gibe's für vili, dass ne d Sünde vergä wärde. ²⁹ Aber i säge nech: Vo jitz aa trinken i ke Saft vo de Räbe meh bis zu däm Tag, won i mit öich wider cha trinke im Rych vo mym Vatter.» ³⁰ Und wo si ds Danklied hei gsunge gha, sy si a Ölbärg use ggange.

Jesus z Getsemani

³¹ Da het Jesus zue ne gseit: «Hinecht wärdet dihr alli a mir aafa zwyfle. Es steit nämlech gschribe: ‹I tue der Hirt schla, und d Schaf vo der Härd verloufe sech!› ³² Wen i de aber uferweckt bi, gangen i nech voruus nach Galiläa.» ³³ Da het ihm der Petrus gantwortet: «Und we alli a dir aafange zwyfle, i zwyfle nie a dir!» ³⁴ Jesus het zuen ihm gseit: «Lueg, i mues der säge: Hütt znacht, no bevor der Güggel chrääit, tuesch du drümal abstryte, dass du mi gchennsch.» ³⁵ Der Petrus seit ihm: «O wen i mit dir zäme müessti stärbe, tät i di ganz sicher nie verlougne!» Und ds Glyche hei alli andere Jünger o gseit.
³⁶ Da isch Jesus mit nen a nen Ort cho, wo Getsemani heisst, und seit zu de Jünger: «Sitzet da ab, underdesse gangen i dert übere für ga z bätte.» ³⁷ Der Petrus und di beide Sühn vom Zebedäus het er mit sech gno. Angscht und Chummer hei ne gschüttlet. ³⁸ Da seit er zue ne: «I bi gränzelos truurig, wil i mues stärbe. Blybet hie und wachet mit mir.» ³⁹ Er isch no echly wyter gloffe und het sech gsichtvoraa uf e Bode gleit und het bbättet: «My Vatter, we's müglech isch, so la doch dä Bächer a mir la verbyga! Aber nid, win i's wott, nei, wi du's wosch!» ⁴⁰ Du chunt er zu de Jünger zrügg und gseht se schlafe. Er seit em Petrus: «Syt dihr nid emal imstand, en einzigi Stund mit mir zäme wach z blybe? ⁴¹ Syt wach und bättet, dass der nid versäget, we's jitz de drufabchunt! Der Geischt wett scho, aber der Lyb isch schwach!» ⁴² Du isch er zum zwöite Mal wäggange, het bbättet und gseit: «My Vatter, we dä Bächer nid cha verbyga, ohni dass i ne trinke, so söll dy Wille gscheh!» ⁴³ Und wider isch er cho und het se wider gseh schlafe. Iri Ougsdechle sy eifach so schwär gsi. ⁴⁴ Er het se la sy und isch zum dritte Mal ga bätte und het der glych

Satz gseit. ⁴⁵Du geit er zu de Jünger und seit ne: «Jaja, schlafet nume und löiet! Lueget, der Ougeblick isch cho, wo der Mönscheschuhn de Sünder a ds Mässer gliferet wird. ⁴⁶Heit uuf, mir wei ga. Lueget, dä wo mi usliferet, chunt grad.»

Jesus wird verhaftet

⁴⁷No won er am Rede isch, chunt der Judas derhär, eine vo de Zwölf, und mit ihm zäme e grossi Tschuppele Lüt mit Schwärter und Chnüttle im Uftrag vo de Oberprieschter und vo de Ratsherre us em Volk. ⁴⁸Dä, wo ne het welle la verhafte, het mit de Lüt es Zeiche abgmacht gha: «'s isch de dä, won ig ihm es Müntschi gibe. Dä müesst der verhafte!» ⁴⁹Stracks chunt er uf Jesus zue und seit: «Grüessdi, Rabbi!» und git ihm es Müntschi. ⁵⁰Aber Jesus seit zuen ihm: «My Liebe, tue nid derglyche!» Da sy si cho z springe, hei Jesus packt und hei ne verhaftet. ⁵¹Eine vo dene, wo bi Jesus sy gsi, streckt d Hand uus, ziet sys Schwärt, preicht der Chnächt vom Hoheprieschter und hout ihm grad ds Ohr ab. ⁵²Da seit Jesus zuen ihm: «Versorg dys Schwärt, won es highört. Alli, wo ds Schwärt zie, chöme dür ds Schwärt um. ⁵³Oder meinsch öppe, i chönnti my Vatter nid bitte, und de tät er mer zwölf Legionen Ängel und meh zur Verfüegig stelle? ⁵⁴Nume: Wi erfüllte sech de d Schrifte, wen es doch so mues gscheh?» ⁵⁵Und glychzytig het er zu dere Tschuppele Lüt gseit: «Wi gäge ne Röuber syt dihr loszoge, mit Schwärter und Chnüttle, für mi z packe. Tag für Tag bin ig im Tämpel gsässe und ha glehrt, aber dihr heit mi nid verhaftet. ⁵⁶Das alls isch äbe gscheh, für dass sech d Schrifte vo de Prophete erfülle.» Da hei nen alli Jünger im Stich gla und sy gflüchtet.

Vor Gricht im höche Rat

⁵⁷Die, wo Jesus verhaftet hei, hei ne zum Hoheprieschter Kajaphas gfüert. Dert sy di Schriftgelehrte und d Ratsherre zämegsässe. ⁵⁸Aber der Petrus isch ne nachegloffe, wyt hindedry, bis zum Palascht vom Hoheprieschter. Dert isch er ynegggange und bi de Diener ga härehöckle, für z luege, was das für nes Änd nämi.
⁵⁹D Oberprieschter und der ganz höch Rat hei probiert, Jesus mit faltsche Bewyse zum Tod z verurteile. ⁶⁰Aber si hei nüüt gfunde, we scho vili faltschi Züge ufgrückt sy. Zletscht sy zwee cho ussäge: ⁶¹«Dä da het bhouptet, er chönn der Tämpel vo Gott

abrysse und ne i dreine Tage wider boue.» ⁶²Da isch der Hohepriechter ufgstande und het zuen ihm gseit: «Hesch en Antwort uf das, wo der die da fürhei?» ⁶³Aber Jesus het gschwige. Da seit der Hohepriechter zuen ihm: «I beschwöre di bim läbändige Gott, säg üüs: Bisch du der Chrischtus, der Suhn vo Gott?» ⁶⁴Jesus seit zuen ihm: «Du hesch es gseit! Ja, i säge nech no derzue: Vo jitz aa chöit dihr luege, wi ‹der Mönschesuhn rächterhand vo der Allmacht sitzt und uf de Wulche vom Himel widerchunt›.» ⁶⁵Da het der Hohepriechter sys Chleid verrisse und het grüeft: «Er het Gott gläschteret! Für was bruuche mir no Züge? Jitz heit dihr ja d Läschterig ghört! ⁶⁶Was meinet dihr?» Si hei gantwortet: «Er verdienet d Todesstraf.» ⁶⁷Da hei sin ihm i ds Gsicht gspöit und hei ne ghoue, anderi hei ne gchläpft ⁶⁸und gseit: «Chrischtus, tue jitz usefinde, wär di ghoue het, du Prophet!»

Der Petrus wott Jesus nid gchenne

⁶⁹Derwäret isch der Petrus im Hof uss gsässe. Da chunt es Meitli zuen ihm und seit: «Du bisch doch o zäme gsi mit em Jesus vo Galiläa?» ⁷⁰Aber är het's vor allnen abgstritte und het gseit: «I ha ke Ahnig, vo was du redsch!» ⁷¹Du isch er zum Torhüsi use ggange, und da het nen en anderi gseh und zu de Lüt dert gseit: «Dä da isch o zämegsi mit däm Jesus vo Nazaret!» ⁷²Wider het er's abgstritte und gschwore: «I gchenne dä Mönsch überhoupt nüüt!» ⁷³Churz druuf sy die, wo desumegstande sy, zuechecho und säge zum Petrus: «Ganz sicher, du ghörsch o zu dene. Dy Dialäkt zeigt's ganz dütlech!» ⁷⁴Da het er aafa flueche und schwöre: «I gchenne dä Mönsch nüüt!» Da het grad der Güggel gchrääit. ⁷⁵Jitz isch em Petrus i Sinn cho, wi Jesus ihm het gseit gha: «No bevor der Güggel chrääit, tuesch du drümal abstryte, dass du mi gchennsch.» Da isch er useggange und het verzwyflet aafa briegge.

Der Judas isch sech gröijig

27 Won es taget het, hei alli Oberpriechter und d Ratsherre vom Volk der Bschluss gfasset, Jesus la hizrichte. ²Si hei ne la fessle, la abfüere und em Landvogt Pilatus übergä. ³Der Judas, wo ne het usgliferet gha, het verno, dass er isch zum Tod verurteilt worde. Da isch er sech gröijig worde. Er het di dryssg Silbermünze den Oberpriaschter und de Ratsherre zrüggbracht ⁴und gseit: «I ha ne schwäre Fähler gmacht; i ha ja en Unschuldige a ds Mässer gliferet!» Aber die hein ihm umeggä: «Was geit das üüs aa? Das isch dy Sach!» ⁵Da het er di Silbermünze im Tämpel a Bode gschosse und isch sech ga hänke. ⁶D Oberpriaschter hei das Gäld gno und hei gseit: «Das dörfe mer nid i Tämpelschatz lege, es isch Bluetgäld.» ⁷Du hei si drüber gratiburgeret und schliesslech dermit der Töpferacher gchouft, als Fridhof für di Frömde. ⁸Destwäge seit me däm Fäld Bluetacher bis uf e hüttige Tag. ⁹Denn het sech erfüllt, was der Prophet Jeremia gseit het: «Und si hei di dryssg Silbermünze vo de Sühn vo Israel gno als Schätzigssumm für dä, wo si so hei ygschetzt gha, ¹⁰und hei se für e Töpferacher usggä, wi der Herr mi gheisse het».*

Jesus vor em Pilatus

¹¹Jesus isch vor e Landvogt gstellt worde. Der Landvogt het ne gfragt: «Bisch du der Chünig vo de Jude?» Jesus het gantwortet: «Du seisch es!» ¹²Aber wo ne d Oberpriaschter und d Ratsherre aagchlagt hei, het er ke Antwort ggä. ¹³Da seit der Pilatus zuen ihm: «Ghörsch nid, was die da alls gäge di vorbringe?» ¹⁴Aber är het ihm o nid uf nes einzigs Wort en Antwort ggä, so dass sech der Statthalter rächt gwunderet het.

Wär wird frei? Der Barrabas oder Jesus?

¹⁵Der Landvogt het's zum Bruuch gha, alben am Fescht em Volk e Gfangene frei-z-la, eine, wo si hei chönne useläse. ¹⁶Si hei denn grad e stadtbekannte Gfangene gha, wo het Jesus Barabbas gheisse. ¹⁷Wo si jitz binenand sy, seit der Pilatus zue ne: «Wele weit dihr, dass i nech freigibe, der Jesus Barabbas oder dä Jesus, wo men ihm Chrischtus seit?» ¹⁸Er het drum gwüsst, dass si ne numen us Nyd usgliferet hei. ¹⁹Jitz, wäretdäm dass er uf em Richterstuel sitzt, schickt sy Frou öpper zuen ihm und lat ihm la usrichte: «La d Finger vo däm grächte Mönsch, i ha letscht

---

* Das steit bim Sacharja, nid bim Jeremia.

Nacht imene Troum vil wägen ihm müessen usgsta.» ²⁰ Aber d Oberprieschter und d Ratsherre hei d Volkshüüffen überredt, si sölle der Barabbas höische und Jesus la hirichte. ²¹ Du het der Landvogt zue ne gseit: «Wele vo beidne weit der jitz, dass i nech söll freila?» Du hei si gseit: «Der Barabbas!» ²² Der Pilatus seit zue ne: «Was söll i de mit däm Jesus mache, em sogenannte Chrischtus?» Alli rüefe: «A ds Chrüz mit ihm!» ²³ Är seit: «Was het er de Böses gmacht?» Aber die hei nume no meh bbrüelet: «A ds Chrüz mit ihm!» ²⁴ Wo der Pilatus gseh het, dass alls nüüt abtreit, dass der Krach nume geng strüber wird, het er sech Wasser la bringe, het vor em ganze Volkshuuffe d Händ gwäsche und gseit: «I bi de nid dschuld am Bluet vo däm da; dihr heit's welle!» ²⁵ Und ds ganze Volk het grüeft: «D Verantwortig für sys Bluet übernä mir und üsi Chinder!» ²⁶ Da het er ne der Barabbas freiggä, aber Jesus het er la mit Ruete schla und zum Chrüzige la abfüere.

D Soldate fötzle Jesus uus

²⁷ Da hei d Soldate vom Landvogt Jesus i d Burg gfüert, und di ganzi Truppe zuen ihm zämegrüeft. ²⁸ Si hein ihm d Chleider abgrisse und ihm e rote Mantel umghänkt. ²⁹ Us Dörn hei si e Chranz gflochte und ihm nen uf e Chopf ddrückt, und e Stäcke i di rächti Hand ggä. Si hei vor ihm ds Chnöi gmacht, hei nen usgfötzlet und gseit: «Gogrüessdi, Judechünig!» ³⁰ Si hei nen aagspöit, ihm der Stäcke wider ewäggno und ihm dermit über e Chopf ghoue. ³¹ Wo si ne so hei usgfötzlet gha, hei sin ihm der Mantel abzöge, hein ihm syni Chleider wider aagleit und hei nen abgfüert für ne ga z chrüzige. ³² Underwägs hei si ne Maa us Zyrene aatroffe, Simon het er gheisse, dä hei si zwunge, ihm ds Chrüz z trage.

Jesus wird gchrüziget

³³ Si sy uf ne Platz cho, wo Golgota heisst – das bedütet Schädel-Platz. ³⁴ Si hein ihm Wy gä z trinke, wo mit Galle isch gmischt gsi. Er het's probiert, aber er het's nid welle trinke. ³⁵ Du hei si ne gchrüziget, und nachär hei si syni Chleider verteilt und zäme drum gloset. ³⁶ Si sy dert gsässe und hei uf nen ufpasst. ³⁷ Über

sym Chopf hei si es Täfeli aagnaglet gha, wo sy Schuld druff isch aagschribe gsi: «Das isch Jesus, der Judechünig.»
38 Zwe Röuber sy o mit ihm zäme gchrüziget worde, eine rächts und eine linggs vo ihm. 39 Die wo sy verbygloffe, hei iri Chöpf gschüttlet, nen usgfötzlet 40 und ufegrüeft: «Du wosch der Tämpel abrysse und i dreine Tage wider ufboue – hilf der jitz doch sälber, we de der Gottessuhn bisch, und chumm abe vom Chrüz!» 41 So hei o d Oberprieschter ds Gspött gha, mitsamt de Schriftgelehrte und de Ratsherre, und hei gseit: 42 «Anderne het er ghulfe, aber sich sälber chan er nid hälfe! Är isch der Chünig vo Israel, er söll jitz vom Chrüz abecho, de wei mer a ne gloube! 43 Är het sech uf Gott verla, dä söll ne jitze rette, wen er ne würklech userwählt het! Er het ja gseit: ‹I bi der Suhn vo Gott!›.» 44 Ganz glych hei nen o di Röuber usgfötzlet, wo mit ihm zäme sy gchrüziget worde.

Jesus stirbt

45 Vo de zwölfen aa isch es fyschter worde bis gäg de dreie. 46 Öppen am drüü het Jesus ganz lut grüeft: «Eli, Eli, lema sabachtani!» Das bedütet: ‹My Gott, my Gott, warum hesch du mi im Stich gla?› 47 Es paari vo dene, wo dert gstande sy, hei das ghört und hei gseit: «Dä rüeft em Elija.» 48 Und hurti isch eine häregsprunge, het e Schwumm gno, het ne mit Essig tränkt, nen uf ne Rohrstäcke gsteckt und ihm nen ufeggä für z trinke. 49 Und di andere hei gseit: «Jitz wei mir aber luege, öb der Elija ne chunt cho rette.» 50 Jesus het no einisch lut bbrüelet und isch gstorbe. 51 Da isch im Tämpel der Vorhang i zwee Teile verrisse, vo zoberscht bis zunderscht. Und es het gärdbäbnet und Spält ggä i de Felse. 52 D Greber sy ufgsprunge und vil toti Heiligi sy lybhaftig uferweckt worde. 53 Nach der Uferweckig vo Jesus sy si us de Greber usecho und i di heiligi Stadt ggange und dert mängem erschine.
54 Der Houpme und die, wo mit ihm uf Jesus ufpasst hei, hei das Ärdbäbe und alls, was süsch no gscheh isch, gmerkt. Da sy si rächt erchlüpft und hei gseit: «Das isch sicher e Gottessuhn gsi!»
55 Vil Froue sy dert gsi, wo vo wytem zuegluegt hei. Si sy mit Jesus zäme vo Galiläa här cho gsi und hei für ne gsorget. 56 D Maria vo Magdala het zue ne ghört, und d Maria, d Mueter vom Jakobus und vom Josef, und d Mueter vo de Sühn vom Zebedäus.

Jesus wird begrabe

⁵⁷ Gägen Aabe isch e ryche Maa vo Arimathäa cho; er het Josef gheisse und het zu de Jünger vo Jesus ghört. ⁵⁸ Dä isch zum Pilatus um e Lychnam vo Jesus ga bitte. Da het der Pilatus befole, me söll ihm ne gä. ⁵⁹ Der Joseph het der Lychnam gno, het nen i nes subers lynigs Tuech glyret ⁶⁰ und nen i sys nöie Grab gleit, won er i Felse het la ynehoue. Er het e grosse Stei vor ds Loch vom Grab tröölet und isch hei ggange. ⁶¹ D Maria vo Magdala und di anderi Maria sy vis-à-vis vom Grab gsässe.

Ds Grab wird ghüetet

⁶² Am Tag druuf, das heisst, am Tag nam Rüschttag, sy d Oberprieschter und d Pharisäer bim Pilatus zämecho ⁶³ und hei gseit: «Herr, üüs isch i Sinn cho, dass dä Verfüerer gseit het, won er no gläbt het, na dreine Tage wärd er uferweckt. ⁶⁴ Gib doch der Befähl, dass ds Grab bis zum dritte Tag bewacht wird, nid dass öppe no syni Jünger ne chöme cho stäle und de de Lüt säge, er syg vo de Tote uferweckt worde. Dä letscht Betrug wär de no erger als der erscht!» ⁶⁵ Der Pilatus het versproche: «Dihr söllet e Wach ha; ganget ds Grab ga sichere, wi dihr's für guet aalueget.» ⁶⁶ Die sy ga ds Grab sichere und hei der Stei zäme mit der Wachmannschaft versiglet.

D Froue am Grab

28 Spät am Sabbat, wo d Stärne scho zur erschte Nacht vo der Wuche ufglüüchtet hei, sy d Maria vo Magdala und di anderi Maria cho zum Grab luege. ² Da het's es grosses Ärdbäbe ggä. E Gottesängel isch vom Himel cho und isch der Stei ga wägtrööle und isch druf gsässe. ³ Er het usgseh wi ne Blitz und syni Chleider sy schneewyss gsi. ⁴ Vor Chlupf wägen ihm hei d Wächter aafa schlottere und sy nachär gsi wi tod. ⁵ Aber der Ängel het aafa rede und het zu de Froue gseit: «Förchtet nech nume nid! I weis, dihr suechet dä Jesus, wo isch gchrüziget worde. ⁶ Er isch nid da, er isch uferweckt worde, win er's vorusgseit het. Chömet zueche, lueget der Platz, won er glägen isch. ⁷ Und jitz ganget gschwind syne Jünger ga säge, er syg vo de Toten uferweckt worde. Er geit nech jitz voruus nach Galiläa. Dert gseht dihr ne de. Lueget, das han i nech welle säge.»

⁸ Da sy si gleitig vom Grab ewäggange; voll Angscht und grosser Fröid sy si dervogsprunge für's syne Jünger ga z mälde. ⁹ Da, uf ds Mal, begägnet ne Jesus sälber und seit: «Grüessech!» Si gange zuen ihm und umärfele syni Füess und chnöile vor ihm abe. ¹⁰ Da seit Jesus zue ne: «Ganget säget myne Brüeder, si sölle nach Galiläa ga, dert gseh si mi de.»

D Soldate rapportiere

¹¹ Wo si furt sy gsi, sy nes paar vo der Wachmannschaft i d Stadt ggange den Oberprieschter ga rapportiere, was passiert isch. ¹² Die sy mit de Ratsherre zämecho für ne Bschluss z fasse, und hei de Soldate e schöne Batze Gäld ggä ¹³ und gseit: «Säget eifach, syni Jünger syge i der Nacht cho und heige ne gstole, wo dihr gschlafe heiget. ¹⁴ We's em Landvogt sötti z Ohre cho, de wei mer ne scho beschwichtige, dihr bruuchet ke Chummer z ha.» ¹⁵ Die hei ds Gäld gno und wytergseit, wi me se bbrichtet het. Und die Usred wird bi de Jude bis hütt umebbotte.

Jesus schickt d Jünger i d Wält use

¹⁶ Aber di elf Jünger sy nach Galiläa ggange, i ds Bärgland, wo se Jesus hibschickt het. ¹⁷ Wo si ne dert gseh hei, sy si vor ihm abegchnöilet. Aber es paar hei's nid rächt chönne gloube. ¹⁸ Da isch Jesus zueche cho, het mit ne gredt und gseit: «Mir ghört alli Vollmacht im Himel und uf der Ärde. ¹⁹ Ganget jitz alli Völker zu Jünger ga mache, und toufet sen uf e Name vom Vatter und vom Suhn und vom heilige Geischt. ²⁰ Underwyset se, dass si a allem feschthalte, won i nech uftreit ha. Und gloubet mer: All Tag bin i by nech, bis dass di Wältzyt z Änd geit.»

Ds Markus-Evangelium

Der Töufer Johannes

1 Hie fat di gueti Botschaft vo Jesus Chrischtus aa. ²Der Prophet Jesaja het gschribe: «Lue, i schicke my Bot dir z voruus, für dir der Wäg parat z mache. ³I der Einsamkeit rüeft e Stimm: ‹Strassnet für e Herr, machet ihm der Wäg parat!›» ⁴Und genau so het jitz der Johannes i neren einsame Gäget touft und zu där Toufi prediget, me söll sech ändere, für dass eim d Sünde vergä wärde. ⁵Vom ganze Land Judäa sy d Lüt zuen ihm usecho, und o alli, wo z Jerusalem gwohnt hei. Si hei sech vo ihm im Jordan la toufe und hei derby iri Sünde zueggä. ⁶Der Johannes het es Chleid us Kamelhaar annegha und um d Taillen umen e Lädergurt. Ggässe het er Höigümper und wilde Hung. ⁷I syne Predige het er gseit: «Na mir chunt eine, wo stercher isch weder ig. I bi's nid emal wärt, für mi vor ihm z bücke und ihm der Rieme vo syne Sandalen ufztue. ⁸I ha nech mit Wasser touft, aber är touft nech de mit heiligem Geischt.»

Jesus wird touft

⁹Denn isch Jesus vo Nazaret us Galiläa cho und isch vom Johannes im Jordan touft worde. ¹⁰Won er us em Wasser uftoucht isch, het er gseh, dass der Himel ufgeit, und der Geischt wi ne Tube uf nen abechunt. ¹¹Derzue seit e Stimm us em Himel: «Du bisch my liebe Suhn, di han i userwählt!»
¹²Grad drufabe het ne der Geischt i nen einsami Gäget usetribe. ¹³Er isch vierzg Tag i der Einsamkeit gsi und dert vom Satan uf d Prob gstellt worde. Mit de Tier het er zämegläbt, und d Ängel hein ihm zueddienet.

Er list z Galiläa syni erschte Jünger uus

¹⁴Wo du der Johannes isch i d Chefi cho, isch Jesus nach Galiläa ggange. Er het di gueti Botschaft vo Gott prediget ¹⁵und gseit: «D Zyt isch nache und ds Rych vo Gott vorständs. Änderet nech und gloubet a dä guet Bricht!» ¹⁶Won er einisch em Galiläa-See

naa gloffen isch, het er der Simon gseh und däm sy Brueder Andreas, wo si grad d Netz i See abegla hei. Si sy drum Fischer gsi. [17] Jesus het zue ne gseit: «Chömet mit mer, i mache, dass dihr Mönschefischer wärdet.» [18] Enanderenaa hei si d Netz la lige und sy mit ihm ggange. [19] Und won er echly wyter cho isch, gseht er em Zebedäus sy Suhn, der Jakobus, und sy Brueder Johannes, wo imene Schiff iri Netz i d Ornig ta hei. [20] Sofort het er se zue sech grüeft und si hei ire Vatter Zebedäus mit de Taglöhner zäme im Schiff gla und sy mit ihm ggange.
[21] Si sy uf Kafarnaum cho. Geng am Sabbat isch er i d Synagoge ggange und het glehrt. [22] D Lüt sy ganz usser sech grate über sy Lehr. Er het se drum underwise wi eine wo Vollmacht het, und nid so wi di Schriftgelehrte.

Er heilet e Geischtes-Chranke ...

[23] I der Synagoge isch grad e Maa gsi, wo nen usubere Geischt het gha. [24] Dä het bbrüelet: «Was chunsch du üüs i ds Gheg, Jesus vo Nazaret? Bisch du cho für is z grundzrichte? I weis, wär du bisch: der Heilig vo Gott!» [25] Aber Jesus het ihm ddrööit: «Schwyg und la nen i Rue!» [26] Da het ne dä usuber Geischt erhudlet; er het lut gschroue und isch us ihm usegfahre. [27] Alli hei sech verwunderet und hei enand gfragt: «Was isch das? E nöiji Lehr us der Vollmacht use! Derzue befilt er den usubere Geischter und si folgen ihm!» [28] Vo denn aa het me zäntume, i der ganze Gäget vo Galiläa, von ihm bbrichtet.

... und d Schwigermueter vom Petrus

[29] Wo si us der Synagoge usecho sy, sy si zum Simon und Andreas hei ggange, mit em Jakobus und em Johannes. [30] D Schwigermueter vom Simon isch mit höchem Fieber im Bett gläge. Si hein ihm's grad erzellt. [31] Er isch zuenere ggange, het nere d Hand ggä und se gheissen ufsta. Ds Fieber isch wäg gsi und si het ne z ässe gmacht.

Vil Chranki chöme zuen ihm

[32] Am Abe, wo d Sunne underggangen isch, hei si alli Chranke zuen ihm bbracht und die, wo vo böse Geischter sy plaget worde.

³³ Di ganzi Stadt isch vor syr Tür zämegloffe. ³⁴ Er het vili gheilet, wo a allergattig Bräschte glitte hei, und mänge böse Geischt het er ustribe. Aber er het de böse Geischter ds Rede verha, si hei ne drum gchennt.
³⁵ Am andere Morge het's no nid taget, da isch er ufgstande und furtggange a nen einsamen Ort. Dert het er bbättet. ³⁶ Der Simon und syni Gspane hei ne gsuecht. ³⁷ Wo si ne gfunde hei, hei si zuen ihm gseit: «Es sueche di alli!» ³⁸ Aber er seit ne: «Mir wei neimen anders higa, i d Dörfer vo der Nachberschaft, für dass i o dert cha predige. Daderfür bin i ja hie furtggange.»
³⁹ So isch er umenand gwanderet und het i ganz Galiläa i irne Synagoge prediget und di böse Geischter vertribe.
⁴⁰ Da chunt en Ussätzige zuen ihm und fallt vor ihm uf d Chnöi und het ihm aa: «We du nume wotsch, chasch mi gsund mache!» ⁴¹ Er het Erbarme gha. Er streckt sy Hand uus und seit ihm: «I wott, bis gsund!» ⁴² Und sofort isch der Ussatz an ihm verschwunde und er isch suber worde. ⁴³ Jesus het ne aber grad wäggschickt und ihm sträng befole: ⁴⁴ «Gib achtig, säg niemerem nüüt, gang di lieber grad em Priechster ga zeige und bring es Opfer derfür, dass du suber bisch worde; so het's der Mose befole, zum bewyse, dass me gsund isch.» ⁴⁵ Aber dä isch ab und het's zäntume verzellt und 's a di grossi Glogge ghänkt, so dass sech Jesus nümmen offe i nere Stadt het chönne zeige. Er isch ussefür bblibe a einsamen Orte. Aber si sy glych vo überall här zuen ihm cho.

Dür ds Dach y chunt e Glähmte

2 Won er na paarne Tage wider uf Kafarnaum cho isch, hei d Lüt verno, dass er wider daheime syg. ² Da sy so vili zämegloffe, dass es sogar vor der Tür uss es Gstungg het ggä. Er het prediget. ³ Da sy nere cho, die hei e Glähmte welle zuen ihm bringe, irere vier hei ne treit. ⁴ Wil si aber nid bis zuen ihm cho sy wäge de vile Lüt, hei si dert, won är gstanden isch, ds Dach abdeckt, hei's düreglochet und ds Gliger, wo der Glähmt druffe gläge isch, zdürab gla. ⁵ Wo Jesus ire Gloube gseht, seit er zum Glähmte: «Fründ, dir sy dyni Sünde vergä!» ⁶ Jitz sy dert aber es paar Schriftgelehrti gsässe. Die hei sech du überleit: ⁷ «Was seit dä? Dä läschteret ja! Wär cha de Sünde vergä weder numen eine,

Gott!» ⁸ Aber Jesus het sofort gmerkt, dass si das für sich ddänkt hei, und seit zue ne: «Warum dänket dihr settigs im verschleikte? ⁹ Was isch ächt eifacher: zum Glähmte z säge: ‹Dyni Sünde sy dir vergä›, oder z säge: ‹Stand uuf, nimm dy Bare und louf umenand?› ¹⁰ Aber für dass dihr gseht, dass der Mönscheschn ds Rächt het, uf der Ärde Sünde z vergä» – seit er zum Glähmte: ¹¹ «Dir sägen i: Stand uuf, nimm dys Gliger und gang hei!» ¹² Dä isch ufgstande, het gleitig vor allne Lüt sys Gliger gno und isch ewägg gange, so dass alli ganz us em Hüsli grate sy. Si hei Gott globet und gseit: «So öppis hei mer würklech no nie erläbt!»

Der Zöllner Levi ghört zu Jesus

¹³ Du isch er wider a See useggange und alli Lüt sy zuen ihm cho und er het sen underwise. ¹⁴ Im Verbywäg het er der Levi gseh a der Zollstation sitze, der Suhn vom Alphäus, und seit zuen ihm: «Chum mit mir!» Dä steit uuf und geit mit ihm.
¹⁵ Und einisch isch Jesus i däm sym Huus am Tisch gsässe und vil Zöllner und Sünder mit ihm und syne Jünger zäme – es sy gar vil geng mit ihm cho. ¹⁶ Di schriftgelehrte Pharisäer hei gseh, dass er mit Zöllner und Sünder zäme isst, und hei zu syne Jünger gseit: «Isst dä würklech zäme mit Zöllner und Pack?» ¹⁷ Jesus ghört das und seit ne: «Die, wo schlächt zwäg sy, bruuche der Dokter, nid di Gsunde! I bi nid cho, für de Fählerlose z rüefe, aber für d Sünder.»

Jesus isch öpper Bsunders

¹⁸ D Jünger vom Johannes und d Pharisäer hei ire Faschttag gha. Da chöme nere zuen ihm und frage: «Wiso faschte d Jünger vom Johannes und die vo de Pharisäer, aber dyni Jünger faschte nid?» ¹⁹ Jesus het ne gantwortet: «Chöi öppe d Hochzytsgescht faschte, we der Brütigam by nen isch? So lang der Brütigam by nen isch, chöi si doch nid faschte. ²⁰ Aber einisch chunt e Zyt, wo ne der Brütigam wäggno wird – denn chöi si de faschte!
²¹ Niemer nääit e Blätz nöie Stoff uf nes alts Chleid, süsch rysst der ufgnääit Blätz no ne Bitz alte Stoff mit ab, und der Schranz wird umso erger. ²² Und niemer läärt junge Wy i alti Schlüüch yne, süsch verschrysst der Wy d Schlüüch und alls zäme geit kabutt. Nei: Junge Wy i nöiji Schlüüch!»

Ähri ässe am Sabbat?

²³ Einisch amene Sabbat isch er de Gwächsfälder naa gloffe, und underwägs hei syni Jünger aafa Ähri abstrupfe. ²⁴ Da hei d Pharisäer zuen ihm gseit: «Lue jitz, was die mache, das isch doch am Sabbat nid erloubt!» ²⁵ Er antwortet ne: «Heit dihr no nie gläse, was der David gmacht het, won er im Eländ isch gsi und Hunger het gha, är und syni Fründe? ²⁶ I Tämpel isch er ggange, wo der Abjatar Hoheprieschter isch gsi, und het dert d Schoubrot ggässe – wo ja nume d Priechter dörfen ässe – und er het o syne Fründe dervo ggä.» ²⁷ Und Jesus seit ne: «Der Sabbat isch wägem Mönsch gschaffe worde und nid der Mönsch wägem Sabbat! ²⁸ Drum isch der Mönschesuhn o Herr übere Sabbat.»

Jesus macht am Sabbat öpperen gsund

3 Er isch wider i d Synagoge ggange. Dert isch e Maa gsi, wo ne verchrüppleti Hand het gha. ² D Jude hein ihm ufgluusset, öb er nen am Sabbat tüeg heile, für ne de chönne ga yzchlage. ³ Er seit zu däm Mönsch, wo di verchrüppleti Hand het gha: «Stand da i d Mitti!» ⁴ Und du seit er zue ne: «Isch es erloubt, am Sabbat Guets z tue oder Böses z tue, es Läbe z rette oder 's z töde?» Si hei gschwige. ⁵ Er het se voll Töubi aagluegt, ganz truurig isch er gsi, dass si so verböuschtig sy. Er seit zu däm Mönsch: «Streck dy Hand uus!» Dä het sen usgstreckt, und sy Hand isch wider gsund gsi. ⁶ Sofort sy d Pharisäer und d Herodianer zämen useggange und hei berate, wi si ne chönnte umbringe.

Jesus macht d Lüt am See gsund

⁷ Jesus het sech mit syne Jünger a See zrüggzoge. Vil Lüt us Galiläa sy mit ihm cho; und o vili us Judäa ⁸ und vo Jerusalem, us Idumäa und us em Land änet em Jordan und us der Gäget vo Tyrus und Sidon. Si hei ghört gha, was er gmacht het, und sy zuen ihm cho. ⁹ Er het zu syne Jünger gseit, si söllen ihm es Schiffli zwägmache, di vile Lüt verdrücki ne fasch. ¹⁰ Er het ja vili gsund gmacht, so dass's es Ddrück um nen ume ggä het, wil alli Bräschthafte ne hei wellen aarüere. ¹¹ Und die mit usubere Geischter sy vor ihm uf d Chnöi gfalle, sobald si ne gseh hei, und hei bbrüelet: «Du bisch der Suhn vo Gott!» ¹² Aber er het ne sträng befole, si sölle das nid ga usposuune.

Jesus list syni zwölf Jünger uus

¹³ Du isch er i d Bärge ufeggange und het die, won er het welle, zue sech grüeft. Si sy zuen ihm cho. ¹⁴ Da het er zwölf vo nen usgläse, wo geng hei sölle byn ihm sy; er chönn se de usschicke, für dass si predige ¹⁵ und Vollmacht heige für di böse Geischter usztrybe.

¹⁶ So het er di Zwölf usgläse: Em Simon het er der Name Petrus ggä, ¹⁷ de der Jakobus, der Suhn vom Zebedäus und sy Brueder Johannes – dene het er der Name Boanerges ggä, das bedütet Donnersühn –, ¹⁸ derzue der Andreas, der Philippus und der Bartholomäus, der Matthäus, der Thomas und der Jakobus, der Suhn vom Alphäus, und schliesslech der Thaddäus, der Simon us der Zelote-Partei ¹⁹ und der Judas Iskariot, dä, wo ne du usgliferet het.

²⁰ Er isch du zu eim hei, und es het wider es Gstungg vo Lüt ggä, so dass si nid emal hei chönnen ässe. ²¹ Wo sy Familie das ghört het, hei si ne mit Gwalt welle cho hei reiche. Si hei drum gmeint, er sygi verrückt worde.

Cha ne Satan e Satan ustrybe?

²² Di Schriftgelehrte, wo vo Jerusalem här cho sy, hei gseit: «Er het der Beëlzebul», und: «Mit der Macht vom oberschte vo de böse Geischter trybt er di böse Geischter uus!» ²³ Er het se häregrüeft und ne mit Glychnissen erklärt: «Wi cha ne Satan e Satan ustrybe? ²⁴ Wen es Rych mit sich sälber uneis isch, de cha nes settigs Rych sech nid halte. ²⁵ Und wen es Huswäse i sich sälber uneis isch, de cha sech es settigs Huswäse nid halte. ²⁶ Und we der Satan gäge sich sälber ufsässig wird und mit sich sälber Krach überchunt, de chan er sech nid halte, nei, es isch uus mit ihm! ²⁷ Es cha o niemer i ds Huus vomene starche Maa ybräche und syni Sache stäle, ohni er heig vorhär dä starch Maa gfesslet. Ersch denn chan er sys Huus usplündere.

²⁸ Lueget, i cha nech säge: Alli Sünde wärde de Mönschechinder vergä, o d Läschterige, wo si zum Muul us lö. ²⁹ Aber wär gäge heilige Geischt läschteret, däm wird nie vergä, nei, dä ladet en ewigi Schuld uf sech.» ³⁰ Si hei äbe gseit gha: «Er het en usubere Geischt.»

Wär isch mit Jesus verwandt?

³¹ Jitz chöme sy Mueter und syni Gschwüschterti. Si sy dusse blybe sta und hein ihm's la usrichte und ne la rüefe. ³² Rings um nen ume isch e Huuffe Lüt gsässe. Da richtet men ihm uus: «Lue, dy Mueter und dyni Brüeder und dyni Schwöschtere sy dusse und wei di.» ³³ Er antwortet ne: «Wär isch my Mueter und wär myni Gschwüschterti?» ³⁴ Du luegt er die aa, wo zrings um nen umegsässe sy und seit: «Hie sy my Mueter und myni Gschwüschterti! ³⁵ Dä, wo macht, was Gott wott, dä isch my Brueder und my Schwöschter und my Mueter!»

Ds Glychnis vom Sämann

4 Er het wider aafa am See underwyse. Hüüffe Lüt sy byn ihm zämecho. Drum isch er i nes Schiff am See gstige und dert abgsässe. Alli Lüt sy bim See am Ufer gstande. ² Er het se mängs mit Glychnis glehrt; er het ne i syr Predig gseit: ³ «Loset! Da isch einisch e Buur uf ds Fäld für ga z sääje. ⁴ Ab allem Sääje isch es passiert, dass echly Saatguet näbenuse uf e Wäg gfallen isch, und d Vögel sy cho und hei's ufpickt. ⁵ Anders isch uf felsige Bode troolet, wo's nid rächt Härd het gha und isch sofort ufgschosse, wil der Härd z weni tief isch gsi. ⁶ Wo d Sunnen ufggangen isch, isch es vertröchnet, und wil's nid rächti Würze het gha, isch es verdoret. ⁷ Anders Saatguet isch i d Dorne troolet; di Dorne sy gwachse und hein ihm d Luft wäggno, und so het's ke Frucht treit. ⁸ Aber e Teil Same isch uf guete Bode gfalle und het Frucht treit, wo ufggangen isch und gwachse het; es het dryssgfach und sächzgfach und hundertfach ergä. ⁹ Wär Ohre het für z lose, söll lose!», het er gseit.
¹⁰ Won er nachär alleini isch gsi, hei ne syni Lüt und o di zwölf (Jünger) gfragt wäg dene Glychnis. ¹¹ Er het ne gseit: «Öich het Gott ds Gheimnis vo Gottes Rych gschänkt, aber dene, wo ussefür sy, isch das alls es Rätsel. ¹² So gseh si und merke doch nüüt, si ghöre und verstande doch nüüt, ussert si ändere sech und de vergit ne Gott.»
¹³ Du seit er zue ne: «Begryffet dihr das Glychnis nid? Wi weit dihr de alli andere Glychnis versta? ¹⁴ Dä, wo sääit, sääit d Botschaft. ¹⁵ Am Wägrand, wo d Botschaft häregsääit wird, dert sy d Mönsche, wo scho lose; aber de chunt sofort der Satan und

nimmt d Botschaft ewägg, wo i se isch gsääit worde. ¹⁶ Und gnau glych isch es bi de Mönsche, wo ds Saatguet isch uf ds Felsige gsääit worde: We die d Botschaft ghört hei, nä si se sofort mit Fröiden uuf, ¹⁷ aber si cha nid Würze mache; es sy Ougeblicksmönsche; geit es einisch wäge der Botschaft hert uf hert, oder git's e Verfolgig, de gä si sofort uuf. ¹⁸ No anders isch es bi de Mönsche, wo der Same zwüsche d Dorne fallt. Das sy die, wo d Botschaft ghört hei, ¹⁹ aber d Sorge vom tägleche Läbe und der Gluscht nam Gäld und allergattig anderi Wünsch schlüüffen i sen yne und ersticke d Botschaft, und si cha ke Frucht trage. ²⁰ Schliesslech sy no die, wo der Same uf murbe Bode gfallen isch: Das sy d Mönsche, wo d Botschaft ghöre und sen aanä; die trage Frucht, dryssgfach und sächzgfach und hundertfach.»
²¹ Er het nen o gseit: «Het men öppe ne Lampe, für dass me sen under ne Chübel stellt? oder under ds Bett? Me stellt se doch uf e Lampeständer!
²² Nüüt isch so versteckt, dass Gott 's nid a ds Liecht brächti; nüüt isch so gheim, dass är's nid usbringt.
²³ Wär Ohre het für z lose, söll lose!» ²⁴ Und er het ne gseit: «Passet uuf uf das, wo dihr ghöret! Mit däm Määs, wo dihr abwägget, tuet Gott öich abwägge, und er git nech no drübery.
²⁵ Wär nämlech öppis het, däm git Gott, aber wär nüüt het, däm nimmt Gott o no das ewägg, won er het.»

No nes Sameglychnis

²⁶ Er het gseit: «So isch es mit Gottes Rych: E Mönsch ströit Same uf ds Land. ²⁷ Und de geit er ga schlafe und steit wider uuf, Nacht für Nacht und Tag für Tag, und der Same trybt und wachst, er weis nid, wie's geit. ²⁸ Vo sälber bringt der Bode d Frucht füre: zersch der Halm, de ds Ähri, de ds volle Weizechorn im Ähri. ²⁹ We de d Frucht ryff isch, schickt er d Schnitter, wil me cha ärne.»

Ds Glychnis vom Sänfchörnli

³⁰ Er het o gseit: «Mit was chönnte mer Gottes Rych verglyche oder was für Glychnis derfür erzelle? ³¹ Es glychet emne Sänfchörnli. We das i Bode gsääit wird, isch es ds chlynschte vo allne Sämli uf der Wält. ³² We's aber gsääit isch, de wachst es und wird

mächtiger als alli Pflanze und trybt grossi Escht, so dass i sym Schatte d Vögel chönne Näschter boue.» ³³Er het ne sy Botschaft i vilne settige Glychnis gseit; däwäg hei si's chönne begryffe. ³⁴Ohni Glychnis het er ne nüüt gseit. Wen er aber de mit syne Jünger isch aleini gsi, het er nen alls usddütet.

Der Seesturm folget ihm!

³⁵Am Aabe vo däm Tag het er zue ne gseit: «Mir wei a ds äneren Ufer fahre!» ³⁶Si sy vo de Lüt furtggange und sy mit ihm, so win er im Schiff gsässen isch, abgfahre. Es sy no anderi Schiff byn ihm gsi. ³⁷Da isch e grosse Sturm ufcho, und d Wälle sy über ds Schiff ynebbrätschet, dass es mit Wasser vollgloffen isch. ³⁸Är sälber isch uf emne Chüssi uf em Biete hinde gläge und het gschlafe. Si wecke ne und säge zuen ihm: «Meischter, isch dir das glych, we mir undergange?» ³⁹Da isch er erwachet und het däm Sturm ddrööit und het zum See gseit: «Schwyg, häb di still!» Du het sech der Sturm gleit und 's het e grossi Windstilli ggä. ⁴⁰Er seit zue ne: «Wiso heit dihr o so Angscht? Heit dihr geng no ke Gloube?» ⁴¹Da hei si e grosse Chlupf übercho und hei zunenand gseit: «Wär isch das eigetlech, dass ihm sogar der Sturm und der See folge?»

Der Bsässnig vo Gerasa

5 Si sy a ds äneren Ufer vom See cho, i d Gäget vo de Gerasener. ²Chuum isch er us em Schiff usgstige, isch ihm us de Grabhöline e Mönsch eggäge cho, wo nen usubere Geischt het gha. ³Dä het i de Grabhöline ghuset. Niemer het ne je mit nere Chetti chönne fessle. ⁴Me het 's zwar scho mängisch mit Fuessysen und Chettine probiert gha, aber är het d Chettine verrisse und d Fuessyse düregripset. Niemer het ne möge bha. ⁵Tag und Nacht isch er i de Grabhöline gsi und i de Bärge, het bbrüelet und sich sälber mit Steine weh ta. ⁶Wo dä vo wytem Jesus gseh het, isch er cho z springe und isch vor ihm uf d Chnöi gfalle ⁷und het grediuse bbrüelet: «Warum chunsch du mir i ds Gheg, Jesus, du Suhn vom höchschte Gott? Um Gottes Wille, la mi i Rue!» ⁸Är het ihm drum gseit, der usuber Geischt söll us ihm usfahre. ⁹Du het er ne gfragt: «Wi heissisch?» Dä seit ihm: «Legion heissen i, mir sy nämlech e Huuffe.» ¹⁰Und er het ihm

fei aagha, er söll di Geischter nid zum Land usjage. ¹¹Jitz het dert am Bärg e grossi Härde Söu gweidet. ¹²Da hei si ne bbätte: «Schick is zu dene Söu, de chöi mer i die ynefahre!» ¹³Er het ne's erloubt. Da sy di usubere Geischter us ihm usgfahre und i di Söu ynegschosse, und di ganzi Härden isch d Bärghalden abgrochlet und i See ynegrönnt, öppe zwöituusig Stück, und isch dert ertrunke. ¹⁴D Söuhirte sy dervogsprunge und hei's i der Stadt und uf em Land bbrichtet. D Lüt sy cho luege, was da passiert isch. ¹⁵Si chöme zu Jesus und gseh der Bsässnig, dä, wo ne Legion usuberi Geischter het gha, dert sitze, aagleit und ganz vernünftig. Da isch es ne uheimelig worde. ¹⁶Die, wo's hei miterläbt gha, hei den anderen erzellt, was mit däm Bsässnige und mit de Söu gscheh isch. ¹⁷Da hei sin ihm aagha, er söll us irer Gäget furtga. ¹⁸Won er i ds Schiff het welle yne styge, het ne der Bsässnig bbätte, er wett byn ihm blybe. ¹⁹Aber Jesus het ihm's nid erloubt, nume gseit: «Gang hei zu dyne Lüt und säg ne, dass der Herr sech dynere erbarmet het, und was er der ta het.» ²⁰Da isch dä furtggange und het im Gebiet vo de zäche Stedt aafa verchünte, was Jesus ihm ta het. Und alli hei sech verwunderet.

Jesus macht e Frou gsund und es Meitschi wider läbig

²¹Jesus isch im Schiff wider über e See gfahre, und scho sy wider e Huuffe Lüt zämegloffe, chuum isch er am Ufer gsi. ²²Eine vo de Vorsteher vo der Synagoge isch cho, Jairus het er gheisse, und won er ne gseh het, isch er ihm vor d Füess gchnöilet ²³und het ne dringlech bbätte: «Mys Töchterli isch uf em Üsserschte, chumm doch und leg ihm d Händ uuf, dass es am Läbe blybt und gsund wird.» ²⁴Da isch er mit ihm ggange. E Huuffe Lüt hei ne begleitet und es het es Gstungg ggä um nen ume.
²⁵Da isch e Frou gsi, die het scho sit zwölf Jahr schwäri Bluetige gha. ²⁶Si het bi vilne Dökter scho mängs düregmacht und derby ires Hab und Guet usggä, und es het nere alls nüüt gnützt, es isch nume geng descht erger worde. ²⁷Die het vo Jesus ghört und isch zmitts i de Lüt vo hinde cho sys Chleid aarüere. ²⁸Si het sech drum gseit: «Wen i o nume sys Chleid aarüere, so isch mer scho ghulfe!» ²⁹Und sofort het ires Bluet ufghört rünele. Si het a irem Körper gspürt, dass si vo irem Lyde isch gheilet gsi. ³⁰Aber Jesus het sofort gmerkt, dass e Chraft vo ihm usggangen isch; er het sech im Gstungg inne umddrääit und het gseit: «Wär het mys

Chleid aagrüert?» ³¹ Syni Jünger hein ihm gseit: «Du gsehsch doch das Volk, wo di fasch verdrückt, wi chasch du nume säge: ‹Wär het mi aagrüert!›.» ³² Aber är het umenand gluegt für z gseh, wär's gmacht heig. ³³ Da het di Frou Angscht übercho und zitteret, wil si gwüsst het, was nere gscheh isch. Si isch vor ihm uf d Chnöi cho falle und het ihm di ganzi Wahrheit gseit. ³⁴ Aber är het nere gseit: «Frou, dy Gloube het dir ghulfe, gang im Fride! Du bisch gheilet vo dym Lyde!»
³⁵ Won er no so redt, chöme Lüt vom Synagogevorsteher daheim und sägen ihm: «Dy Tochter isch gstorbe, für was wosch du em Lehrer no Müej mache?» ³⁶ Aber Jesus het sech desse nid gachtet und seit zum Synagogevorsteher: «Häb nid Chummer, gloub nume!»
³⁷ Und er het niemerem erloubt, mit ihm z cho, weder nume em Petrus und em Jakobus und däm sym Brueder, em Johannes. ³⁸ Si chöme i ds Huus vom Synagogevorsteher, und er ghört der Lärme und d Lüt, wo lut bbriegget und gjammeret hei. ³⁹ Won er yne cho isch, het er ne gseit: «Was heit dihr da für ne Metti und es Gjammer? Das Chind isch nid gstorbe, es schlaft nume.» ⁴⁰ Si hei ne usglachet. Da het er sen alli usegschickt und isch mit em Vatter und der Mueter und syne Fründe i ds Stübli vom Chind ggange. ⁴¹ Er het das Chind a der Hand gno und het gseit: «Talita kum!» Das heisst uf bärndütsch: «Meitschi, i säge der, stand uuf!» ⁴² Ds Meitschi isch grad ufgstande und umenand gloffe. Es isch öppe zwölfjärig gsi. Allne het das d Sprach verschlage. ⁴³ Aber er het ne dringend a ds Härz gleit, niemer dörf öppis dervo erfahre; si söllen em Meitschi jitz z ässe gä.

E Prophet i syr Heimet

6 Du isch Jesus vo dert ewägg und i sy Heimatort cho; syni Jünger hei ne begleitet. ² Wo der Sabbat cho isch, het er i der Synagoge aafa lehre. Vili, wo zueglost hei, hei der Chopf gschüttlet und gseit: «Vo wo cha dä das? Was isch das für ne Wysheit, wo däm ggä isch? Und settigi machtvolli Tate bringt er mit syne Hände z stand! ³ Das isch doch der Zimmermaa, der Suhn vo der Maria, und der Brueder vom Jakobus und vom Joses und vom Juda und vom Simon? Und wohne nid syni Schwöschtere hie bi üüs?» Und si hei sech über ne gergeret. ⁴ Da het Jesus zue ne gseit. «E Prophet wird niene so weni gschetzt wi i sym Heimatort und

bi syne Verwandte und bi ihm daheime.» ⁵Er het dert ke machtvolli Tat chönne tue, nume nes paarne Chrankne het er d Händ ufgleit und se gsund gmacht. ⁶Es het ne gwunderet, dass si so unglöubig sy. Er isch du i d Dörfer z ringsetum ggange und het dert d Lüt underwise.

Er schickt di zwölf Jünger i ds Land use

⁷Du het er di Zwölf zue sech grüeft und sen usgschickt, geng zwee und zwee, und het ne Vollmacht ggä über di usubere Geischter. ⁸Er het ne befole, si sölle nüüt mitnä weder e Stäcke, kes Brot, ke Täsche, kes Gäld i Gurt, ⁹nume Sandale a de Füess. ¹⁰«Und leget nid zwöi Chleider aa! We dihr i nes Huus chömet», het er ne gseit, «so blybet dert, bis der wyter weit. ¹¹Und we me nech a menen Ort nid ufnimmt oder we me nid uf nech lost, de ganget vo dert ewägg und schüttlet der Stoub ab, wo nech a de Füess bhanget – das redt gäge se!» ¹²Da sy si loszoge und hei prediget, me söll sys Läben ändere. ¹³Si hei mänge böse Geischt ustribe und vili Chranki hei si mit Öl gsalbet und se gsund gmacht.

Der Herodes lat der Töufer la chöpfe

¹⁴O der Chünig Herodes het vo Jesus ghört. Sy Ruef isch nämlech scho wyt umeggange; me het gseit: «Der Töufer Johannes isch vo de Toten uferstande, drum sy di Chreft i ihm am Wärk.» ¹⁵Aber teil hei gseit, er sygi der Elija; und wider anderi, er syg e Prophet wi eine vo den alte Prophete. ¹⁶Der Herodes het's ghört und gseit: «Der Johannes, won ig ihm der Chopf ha la abschla, dä isch uferstande!» ¹⁷Der Herodes het nämlech der Johannes verhaftet gha und ne la i d Chefi tue wäge der Herodias, der Frou vo sym Brueder Philippus; är het die ghürate gha. ¹⁸Der Johannes het denn em Herodes gseit: «D Frou vo dym Brueder darfsch du nid ha!» ¹⁹Destwäge het d Herodias e Töubi gäge ne gha und hätti ne welle la töde. Aber si het nid chönne, ²⁰der Herodes het drum e Heiderespäkt vor em Johannes gha, wil er gwüsst het, dass er e graden und heilige Maa isch, und er het ne guet la bewache. Er het mängisch mit ihm gredt und isch de öppe i Verlägeheit cho, aber er het ihm glych gärn zueglost.

²¹ Jitz isch aber e günschtige Tag cho: Der Herodes het a sym Geburtstag es Feschtässe ggä für syni wichtige Herre, für di höche Militär und di fürnämschte Lüt vo Galiläa. ²² Da isch ds Töchterli vo der Herodias i Saal ynecho und het e Tanz vorgfüert. Das het em Herodes und syne Tischgescht gfalle. ²³ Der Chünig het zum Meitschi gseit: «Chasch mer höische, was de wosch, i gibe der's!» Und er het ihm sogar gschwore: «Was du höischisch, das giben i dir, u we's mys halbe Rych wär!» ²⁴ Äs isch useggange und het sy Mueter gfragt: «Was söll i mer wünsche?» Da seit die: «Der Chopf vom Töufer Johannes!» ²⁵ Tifig isch es wider zum Chünig yne und het sy Wunsch aagmäldet: «I möcht, dass du mer jitz grad der Chopf vom Töufer Johannes uf nere Platte lasch la gä!» ²⁶ Das het's em Chünig gar nüüt chönne, aber er het halt gschwore gha, und o wäg syne Tischgescht het er nid welle nei säge. ²⁷ Da het der Chünig der Hänker gschickt mit em Befähl, sy Chopf z bringe. Dä isch ihm i der Chefi ga der Chopf abhoue. ²⁸ Und er het sy Chopf uf nere Platte häre bbracht und nen em Meitschi ggä. Und ds Meitschi het ne syr Mueter ggä. ²⁹ Wo syni Jünger 's verno hei, sy si sy Lychnam cho reiche und hei nen i nes Grab gleit.

Füftuusig wärde satt

³⁰ D Aposchtel sy du wider bi Jesus zämecho und hein ihm alls bbrichtet, was si gmacht und glehrt heige. ³¹ Er seit zue ne: «So chömet dihr jitz echly wägg a ne stille Platz und löiet echly!» Es sy drum geng vili zueche und dännegloffe und si hei nid emal Zyt gha für öppis z ässe.
³² Du sy si imene Schiffli a ne stillen Ort gfahre, nume si aleini.
³³ Aber me het se gseh wägfahre, und vili hei's gmerkt; und us allnen Ortschafte sy si z Fuess derthäre ggange und no vor ine dert gsi. ³⁴ Won er usgstigen isch, het er di vile Lüt gseh, und si hei ne dduuret, si syn ihm vorcho «wi Schaf, wo kei Hirt hei», und er het se mängs aafa lehre.
³⁵ Wo scho vil Zyt umen isch gsi, sy syni Jünger zuen ihm cho und hein ihm gseit: «Hie isch es einsam und derzue scho spät! ³⁶ Schick se furt, für dass si uf d Burehöf und i d Dörfer zringsetum sech öppis chöi ga z ässe choufe.» ³⁷ Aber er het ne gantwortet: «Gät doch dihr ne z ässe!» Si sägen ihm: «Mir bruuchte

zwöihundert Silbermünze für ga Brot z choufe und ne z ässe z gä!» ³⁸Er seit ne: «Wi mängs Brot heit der? Ganget ga luege!» Wo si's gseh hei gha, säge si: «Füfi und zwee Fische». ³⁹Da het er ne befole, si sölle sech alli tischetewys im grüene Gras sädle. ⁴⁰Si sy i Gruppe vo hundert und vo füfzg abgsässe. ⁴¹Du nimmt er di füf Brot und di zwee Fische, luegt zum Himel ufe, danket, bricht ds Brot i Bitze und git se syne Jünger, für dass si se usteile, und di zwee Fische het er uf alli verteilt. ⁴²Und alli hei sech chönne satt ässe. ⁴³Si hei no zwölf Chörb voll Bröche zämegläse, sogar vo de Fische. ⁴⁴Es sy füftuusig Mönsche gsi, wo di Brot ggässe hei.

Jesus louft über e See

⁴⁵Du het er syni Jünger gheisse enanderenaa i ds Schiff styge und a ds änere Ufer ga Betsaida übere fahre. ⁴⁶Är het underdesse d Lüt welle bhüete und heischicke. Won er ne het adieu gseit gha, isch er a Bärg ufe ga bätte.
⁴⁷Es isch Aabe worde; ds Schiff isch mitts uf em See gsy und är alleini am Land. ⁴⁸Er het gseh, dass si bös hei mit Ruedere, si hei nämlech Gägeluft gha. Da isch er um di viere am Morge zue ne cho. Er isch uf em See gloffe und het ane verby welle. ⁴⁹Wo si gseh hei, dass er uf em See louft, hei si gmeint, es syg es Gspänscht und hei grediuse bbrüelet. ⁵⁰Si hei ne äbe alli gseh und sy erchlüpft. Aber er het se grad aagredt und zue ne gseit: «Heit doch guete Muet, i bi's ja, förchtet nech nid!» ⁵¹Du isch er zue ne i ds Schiff gstige, und der Luft het gstillet. Da sy si ganz sprachlos gsi. ⁵²Si hei drum bi de Brot no nüüt gmerkt gha, si sy z hert vo Begriff gsi.

D Lüt loufen ihm nache

⁵³Si sy a ds Land überegfahre und nach Gennesaret cho; dert hei si gländtet. ⁵⁴Si sy usgstige und d Lüt hei ne uf der Stell erchennt ⁵⁵und hei iri Chrankne uf Gliger überall derthäre treit, wo si ghört hei, dass er grad sygi. ⁵⁶Zäntume, won er i Dörfer oder i Stedt oder i Ghöft ynegganggen isch, hei si di Chrankne uf d Plätz gleit und hei ne bbätte, si wette nume dörfe ds Zötteli a sym Chleid aarüere. Und alli, wo 's aagrüert hei, sy gsund worde.

Was macht eim dräckig?

7 D Pharisäer und es paar Schriftgelehrti sy vo Jerusalem här zuen ihm cho. ²Die hei gseh, dass teil vo syne Jünger mit gwöhnleche, wott säge: ungwäschene Händ sy ga ässe. ³D Pharisäer und alli Jude ässe drum nid, we si nid vorhär d Händ i mene Becki gwäsche hei. Däwäg blybe si der Überliferig vo de Vorfahre tröi. ⁴O vom Märit ewägg ässe si nüüt, ohni si heige sech vorhär gwäsche. Und so git's no mängs anders, wo si überno hei und 's halte: ds Wäsche vo Bächer, vo Chrüeg und vo Chupfergschir. ⁵Jitz fragen also d Pharisäer und di Schriftgelehrte: «Wiso läbe dyni Jünger nid na der Überliferig vo de Vorfahre? Si ässe ja mit ungwäschene Händ!» ⁶Da antwortet er ne: «Der Jesaja het nech guet troffe, Schynheiligi, was der syt, won er prophezeit het: ‹Das Volk da tuet mer Ehr aa mit de Lippe, aber ires Härz isch wyt ewägg vo mir. ⁷I gibe ne nüüt druuf! Si lehre ja nume Sprüch und Gsetz, wo vo Mönsche gmacht sy!› ⁸Dihr löt ds Gsetz vo Gott la fahre und haltet nech a d Überliferig vo de Mönsche.» ⁹Und er seit ne: «Schön heit dihr ds Gsetz vo Gott z nüüte gmacht, für dass dihr öiji eigeti Überliferig chöit ufrichte! ¹⁰Der Mose het doch gseit: ‹Du söllsch dy Vatter und dy Mueter ehre› und: ‹Wär der Vatter oder d Mueter verfluechet, dä söll tödt wärde›. ¹¹Aber dihr säget: ‹Wen e Mönsch zum Vatter oder zur Mueter seit: I gibe das als Korban – d.h. als Opfergab für e Tämpel –, was du vo mir z guet hättsch›, ¹²erloubet dihr de dermit nid grad, dass dä em Vatter oder der Mueter nüüt meh git? ¹³So setzet dihr ds Wort vo Gott usser Chraft mit␣där Überliferig, wo dihr überno heit. Und dihr machet no me vo där Währig!»
¹⁴Und er het di eifache Lüt zue sech grüeft und gseit: «Loset mer alli zue und begryffet doch! ¹⁵Nüüt, wo vo usse i Mönsch yne chunt, cha ne dräckig mache, aber was us em Mönsch usegeit, das macht der Mönsch dräckig.»
¹⁷Und won er vo de Lüt dänne i ds Huus ynen isch, hei ne syni Jünger wäge däm Glychnis gfragt. ¹⁸Da seit er zue ne: «Chömet de o dihr nid nache? Gseht dir nid y, dass nüüt, wo vo usse i Mönsch ynegeit, ne cha dräckig mache? ¹⁹Es geit ja nid i sys Härz, aber i Buuch und vo dert ewägg i Abee.» Da dermit het er alls, was mer ässe, für suber erklärt! ²⁰Du het er gseit: «Das, was us em Mönsch usegeit, das macht der Mönsch dräckig. ²¹Vo

innen use, also us em Härz vo de Mönsche chöme di schlächte Gedanke: Unzucht, Roub, Mord, ²²Ehebruch, Gyt, Gemeinheit, Feltschi, Sücht, Nyd, Läschterig, Hochmuet, Uvernunft. ²³Alls settige Böse chunt vo innen use und macht der Mönsch dräkkig.»

Jesus hilft nere Heidin – gäge sy Vorsatz!

²⁴Vo dert isch er wäggange und i d Gäget vo Tyrus cho. Er isch i nes Huus ggange und het nid welle, dass me's vernimmt. Aber er het nid chönne versteckt blybe. ²⁵Sofort het nämlech e Frou von ihm ghört, wo ires Töchterli en usubere Geischt gha het. Si isch cho und isch vor ihm abegchnöilet. ²⁶Di Frou isch e Heidin gsi, e Syrophöniziere vo der Familie här. Si het ihm aagha, er söll der bös Geischt us irer Tochter ustrybe. ²⁷Er seit zue nere: «La doch zersch d Chinder la gnue übercho, es isch doch nid rächt, de Chinder ds Brot wägznä und's de Hündli härezbänggle.» ²⁸Aber si git ihm ume: «Herr, d Hündli under em Tisch frässe o d Bröche, wo d Chinder nümm wei.» ²⁹Und er seit zue nere: «Das hesch guet gseit! So gang jitz, der bös Geischt isch us dyr Tochter usgfahre.» ³⁰Und wo si heicho isch, het si ds Chind uf em Bett gfunde und der bös Geischt isch usgfahre gsi.

Jesus heilet e Ghörlose

³¹Er isch us der Gäget vo Tyrus wider wäggange und dür ds Gebiet vo Sidon a Galiläa-See gwanderet, zmitts i ds Gebiet vo de zäche Stedt. ³²Da het men ihm eine bbracht, wo ghörlos isch gsi und chuum het chönne rede, und si hein ihm aagha, er söll ihm d Hand uflege. ³³Er het ne vo de Lüt ewägg gfüert und het ihm syni Finger i d Ohre gha und het ihm sy Zunge mit echly Spöifer aagnetzt. ³⁴Du het er zum Himel ufegluegt, het gsüüfzget und zuen ihm gseit: «Effata!» Das heisst: «Tue di uuf!» ³⁵Da sy syni Ohren ufggange und sofort het sech ds Band vo syr Zunge glöst, und er het rächt chönne rede. ³⁶Er het ne befole, si sölle's niemerem säge. Je meh dass er ne's aber befole het, descht meh hei si's wytererzellt. ³⁷Und si sy ganz überno gsi und hei gseit: «Guet het er alls gmacht! Di Ghörlose macht er z ghöre und di Stumme z rede!»

Viertuusig überchöme z ässe

8 I dene Tage sy wider Hüüffe Lüt da gsi, und si hei nüüt z ässe gha. Er het d Jünger häregrüeft und ne gseit: ²«Di Lüt duure mi; sit dreine Tage sy si scho by mer bblibe und hei nüüt z ässe. ³Wen i se jitze hei la, chöme si mer underwägs um. Teil chöme doch vo gar wyt här.» ⁴Syni Jünger hein ihm gantwortet: «Wo chönnt eine i deren Einsamkeit gnue Brot härnä?» ⁵Und er het se gfragt: «Wi mängs Brot heit dihr?» «Sibni», hei si gseit. ⁶Er het d Lüt gheisse a Bode z sitze. Du het er di sibe Brot gno, het ddanket, het se i Bitze bbroche und se de Jünger ggä für se de Lüt z verteile. Die hei's gmacht. ⁷Es paar Fischli hei si o gha. Er het derfür ddanket und het se o la usteile. ⁸Si hei ggässe und sy satt worde. Di fürige Bröche hei si zämegsuecht, sibe Chörb voll. ⁹Es sy öppe viertuusig Lüt gsi. Du het er se la hei ga. ¹⁰Drufabe isch er grad i ds Schiff gstige mit syne Jünger und i d Gäget vo Dalmanuta gfahre.

Für was macht Jesus Zeiche?

¹¹D Pharisäer sy cho und hei aafa disputiere mit ihm. Si hei von ihm es Zeiche vom Himel ghöische; si hei ne äbe welle uf d Prob stelle. ¹²Er het innerlech gsüüfzget und gseit: «Für was höischt di Generation es Zeiche? Lueget, i cha nech säge: Öiji Generation überchunt kes Zeiche!» ¹³Er het se la sta, isch wider i ds Schiff ygstigen und a ds anderen Ufer gfahre.
¹⁴Si hei vergässe gha, Brot mitznä. Im Schiff hei si numen es einzigs Brot gha. ¹⁵Da het er ne befole: «Passet uuf, nät nech in acht vor em Suurteig vo de Pharisäer und vor em Suurteig vom Herodes!» ¹⁶Si hei grad zäme ddänkt, er säg's, wil si kes Brot heige. ¹⁷Er het's gmerkt und ne gseit: «Wiso machet dihr nech Gedanke, dass dihr kes Brot heit? Chömet dihr geng no nid nache und verstandet der nüüt? Syt dihr schwär vo Begriff! ¹⁸Dihr heit Ouge und gseht nüüt, dihr heit Ohre und ghöret nüüt. ¹⁹Dänket dihr nid draa, dass i füf Brot uf füftuusig verteilt ha? Wi mänge Chorb voll Bröche heit dihr zämetreit?» Si säge zuen ihm: «Zwölf!» – ²⁰Und dass i sibe Brot uf viertuusig verteilt ha? Wi mänge Chorb voll Bröche heit dihr dert zämetreit?» Si antworte: «Sibe!» ²¹Und er het zue ne gseit: «Begryffet der geng no nid?»

Jesus heilet e Blinde

²² Si sy uf Betsaida cho. Da het men ihm e Blinde bbracht, und si hein ihm aagha, er söll nen aarüere. ²³ Er het der Blind a der Hand gno und ne zum Dorf usgfüert. Du spöit er ihm i d Ouge, leit ihm d Händ uuf und fragt: Gsehsch öppis?» ²⁴ Dä luegt uuf und seit: «I gseh d Mönsche, i gseh se wi Böum, si loufe dasume.» ²⁵ Da het er ihm d Händ no einisch uf d Ouge gleit, und er het guet häregluegt und isch gheilet gsi und het alls dütlech gseh. ²⁶ Er het ne heigschickt und ihm gseit: «Gang nid i ds Dorf yne!»

Ds Petrus-Bekenntnis

²⁷ Du isch Jesus mit syne Jünger furtggange i d Ortschafte rund um Cäsarea Philippi. Underwägs het er syni Jünger gfragt: «Wär säge d Lüt, dass i syg?» ²⁸ Si hein ihm gantwortet: «Di einte meine, du sygsch der Töufer Johannes, und di andere bhoupte, du sygsch der Elija oder süsch eine vo de Prophete.» ²⁹ Jitz het er se gfragt: «Wär säget de dihr, dass i syg?» Der Petrus git ihm zur Antwort: «Du bisch der Chrischtus!» ³⁰ Da het er ne ygscherft, si sölle niemerem öppis über ne säge.

Der Petrus cha o lätz rede!

³¹ Und er het sen aafa lehre, der Mönschesuhn müess vil lyde und wärdi verurteilt vo de Ratsherre und den Oberpriechter und vo de Schriftgelehrte, und me tüej ne töde, und am dritte Tag wärd er ufersta. ³² Und das het er ganz offe gseit. Da het ne der Petrus uf d Syte gno und het ne welle umstimme. ³³ Aber er het sech umddrääit, het syni Jünger aagluegt und het em Petrus ddrööit: «Mach, dass de furtchunsch, Satan, du dänksch nid a das, wo Gott wott, numen a das, wo de Mönsche passt!»

Was heisst: Zu Jesus sta?

³⁴ Und er het d Lüt zue sech grüeft, mitsamt de Jünger, und het zue ne gseit: «Wen eine wott mit mer cho, söll er uf sich sälber verzichte und sys Chrüz uf sech nä und mit mer cho. ³⁵ Wen öpper nämlech sys Läbe wott rette, de verlüürt er's; aber wen

öpper sys Läbe verlüürt wäge mir und wäge myr Botschaft, de rettet er's.
³⁶ Was hätt e Mönsch dervo, wen er di ganzi Wält überchäm, aber derby sys Läbe verlüürti? ³⁷ Mit was chönnt e Mönsch de sys Läbe zrüggchoufe? ³⁸ We sech nämlech eine wäge mir und myne Wort schämt i där ehebrächerische und sündige hüttige Gsellschaft, über dä schämt sech de o der Mönschesuhn, wen er i der Herrlechkeit vo sym Vatter chunt, zäme mit de heiligen Ängle.»

9 Und er het ne gseit: «Lueget, i cha nech säge: Es paari vo dene, wo hie stande, wärde der Tod nid gspüre, bis si Gottes Rych i syr Macht hei gseh cho.»

D Herrlechkeit vo Jesus

² Sächs Tag speter het Jesus der Petrus und der Jakobus und der Johannes mit sech gno und sen uf ne höche Bärg gfüert, seie ganz aleini. Da isch er vor irnen Ouge ganz anders worde. ³ Syni Chleider hei so wyss glänzt, kei Bleiker uf der Wält chönnti se so wyss mache. ⁴ Und der Elija isch nen erschine, zäme mit em Mose; die hei mit Jesus gredt. ⁵ Da het der Petrus zu Jesus gseit: «Rabbi, hie isch es eim wohl. Mir wei doch drü Zält ufstelle, eis für di und eis für e Mose und eis für en Elija.» ⁶ Er het gar nid gwüsst, was er seit. Si hei drum rächt Angscht gha. ⁷ Da isch e Wulche wi ne Schatte über se cho, und e Stimm us der Wulche het gseit: «Das isch my liebe Suhn, loset uf ne.» ⁸ Und uf ds Mal, wo si umeluege, hei si niemer meh gseh, nume Jesus aleini isch by ne gsi. ⁹ Bim Abeloufe vom Bärg het er ne befole, si sölle no niemerem erzelle, was si gseh heige; ersch we de der Mönschesuhn vo de Toten uferstande sygi. ¹⁰ A däm Satz sy si ebhanget, und si hei zäme verhandlet, was das heissi, vo de Toten ufersta.
¹¹ Si hei ne gfragt: «Di Schriftgelehrte säge doch, der Elija müessi zersch cho?» ¹² Er het ne gantwortet: «Der Elija chunt o zersch und stellt alls i Sänkel. Und was heisst's de über e Mönschesuhn? Er müessi vil lyde und z nüüte gmacht wärde. ¹³ Aber öich sägen i: Der Elija isch doch scho cho, und si hei mit ihm gmacht, was si hei welle. So steit's ja o über ne gschribe.»

Jesus heilet en epileptische Bueb

[14] Wo si zu de Jünger cho sy, hei si ne grosse Huuffe Lüt gseh um sen ume sta und Schriftgelehrti, wo mit ne diskutiert hei. [15] Wo du di vile Lüt ihn gseh hei, sy si ganz ufgregt cho z loufe und hei ne ggrüesst. [16] Er het se gfragt: «Was heit dihr da mit ne z verhandle?» [17] Eine us däm Huuffe git ihm zur Antwort: «Meischter, i ha my Bueb zu dir bbracht. Er het e Geischt, wo ne stumm macht. [18] We ne dä aapackt, schrysst er nen umenand, de schuumet er und chrooset mit de Zähn und wird stockstyff. I ha du dyne Jünger gseit, si sölle nen ustrybe, aber si hei's nid zwägbbracht.» [19] Da antwortet er: «Ach du unglöubigi Generation, wi lang mues ig ächt no byn ech blybe? Wi lang mues ig öich ächt no ertrage? Bringet mer ne dahäre!» [20] Si hei ihm ne bbracht. Chuum het dä Geischt ihn gseh, het er der Bueb ganz zämegchrümmt. Er isch uf e Bode troolet, het sech desume tröölet und het gschuumet. [21] Jesus het sy Vatter gfragt: «Het er das scho lang?» Dä seit: «Vo Chind aa. [22] Mängisch het er ne scho i ds Füür gschosse und i ds Wasser, für nen umzbringe. Aber we de chasch, häb Mitlyde mit is und hilf is!» [23] Jesus seit zuen ihm: «We de chasch, we de chasch ... we me gloubt, cha men alls!» [24] Da het der Vatter vo däm Bueb grediuse bbrüelet: «I gloube ja, hilf mym Ungloube!» [25] Wo du Jesus gmerkt het, dass geng meh Lüt zämeloufe, het er däm usubere Geischt ddrööit und ihm gseit: «Du stumme und toube Geischt, i befile der: Fahr usen us ihm und chumm nie meh i ne zrügg!» [26] Da het er lut ufbbrüelet, het ne unerchannt gschüttlet und isch usgfahre. Der Bueb isch wi tod dagläge und di meischte hei gseit: «Dä isch gstorbe.» [27] Aber Jesus het nen a der Hand gno und nen ufzoge. Da isch er ufgstande. [28] Won er drufabe isch i nes Huus yneggange, hei ne d Jünger gfragt, wo si mit ihm aleini sy gsi: «Warum hei mir ne nid chönnen ustrybe?» [29] Er het ne gantwortet: «Die Sorte Geischter cha me nume mit Bätten ustrybe.»

Jesus redt vo sym Tod

[30] Si sy vo dert furtggange und dür Galiläa gwanderet. Er het nid welle, dass es öpper erfahri. [31] Er het drum syni Jünger underwise und ne gseit: «Der Mönschesuhn wird de Mönsche i d Händ gliferet. Die töde ne de und drei Tag nach em Tod tuet er

ufersta.» ³²Si hei nid begriffe, was er da gseit het, und hei sech gschoche, ne neecher z frage.

Jede wett der Wichtigscht sy

³³Si sy uf Kafarnaum cho. Im Huus inn het er se gfragt: «Über was heit dihr underwägs so yfrig gredt?» ³⁴Si hei gschwige. Si hei drum underwägs zigglet, welen ächt der gröscht vo ne syg. ³⁵Er isch abgsässe und het di Zwölf zue sech grüeft und het ne gseit: «Wen eine der erscht wott sy, söll er der letscht vo allne sy und der Diener vo allne.» ³⁶Er het emne Chind grüeft, het's zwüsche sen yne gstellt, het's a nes Ärfeli gno und zue ne gseit: ³⁷«Wär eis vo dene Chinder mir zlieb zue sech nimmt, nimmt mi zue sech. Und wär mi zue sech nimmt, nimmt nid mi zue sech, aber dä, wo mi gschickt het.»

Tüet niemerem verbiete, Guets z tue

³⁸Der Johannes het ihm gseit: «Meischter, mir hei eine gseh, wo i dym Name bösi Geischter ustribe het. Mir hein ihm's verbotte, er ghört ja nid zu üüs.» ³⁹Aber Jesus het gseit: «Verbietet ihm's nid. Wen eine i mym Name öppis Machtvolls tuet, de geit er mi nid drufabe ga verbrüele. ⁴⁰Wär nid gägen üüs isch, isch für üüs. ⁴¹Wär öich e Bächer Wasser z trinke git, eifach wil dihr zum Chrischtus ghöret, dä überchunt sy Lohn, das cha nech säge!»

Standet niemerem vor em Gloube, o öich sälber nid!

⁴²«Wen öpper eim vo de Chlyne, wo gloube, vor em Gloube steit, für dä wär's gschyder, me hänkti ihm e Mülistei um e Hals und versänkti ne im Meer.
⁴³We dir dy Hand vor em Gloube steit, hou sen ab. Es isch besser für di, du gangsch eihändig i ds Läben yne, weder dass de mit beidne Händen i d Füürhöll fahrsch, i ds Füür, wo nie usgeit. ⁴⁵Und we dir dy Fuess vor em Gloube steit, hou nen ab. Es isch besser für di, du gangsch strupiert i ds Läben yne, weder dass de mit zweene Füess i d Füürhöll gworfe wirsch. ⁴⁷Und we dir dys Oug vor em Gloube steit, ryss der's uus. Es isch besser für di, du gangsch eiöugig i Gottes Rych, weder du wärdisch mit zwöinen Ougen i d Füürhöll gworfe, ⁴⁸dert, ‹wo d Würm nid ufhöre se

z frässe, und wo ds Füür nid usgeit›. ⁴⁹Jede mues einisch dür ds Füür und dür ds Salz düre.»
⁵⁰«Ds Salz isch öppis Guets. We ds Salz aber sy Chuscht verlüürt, mit was weit dihr's de wider chüschtig mache? Heit Salz i nech und häbet Fride zäme.»

10 Er isch du vo dert furtggange und i ds Gebiet vo Judäa und änet em Jordan cho, und widerume sy Schare vo Lüt byn ihm zämegloffe, und, wien er's im Bruuch het gha, het er sen underwise.

Wi isch es mit em Scheide?

²Da sy Pharisäer zuen ihm cho und hei ne gfragt, öb's emne Maa erloubt syg, sy Frou furtzschicke. Si hei ne däwä welle verwütsche. ³Er het ne gantwortet: «Was het nech der Mose befole?» ⁴Si hei gseit: «Der Mose het erloubt, e Scheidigsurkund z schrybe und d Frou furtzschicke.» ⁵Aber Jesus het zue ne gseit: «Wäge der Herti vo öiem Härz het er öich das Gebot ufgschribe! ⁶Aber vom Aafang vo der Schöpfig aa ‹het er sen als Maa und Frou gschaffe; ⁷drum tuet e Maa sy Vatter und sy Mueter verla und mit syr Frou zämeläbe; ⁸di beide sy eis Wäse›. Si sy also nümme zwöi, si sy eis Wäse. ⁹Was Gott eso zämegschiret het, söll der Mönsch nid usenandrysse.» ¹⁰Daheime hei ne du d Jünger no einisch wäge däm gfragt. ¹¹Er het ne gseit: «Wär sech vo syr Frou lat la scheide und en anderi hüratet, dä bricht sy Eh. ¹²Und we si sech vo irem Maa lat la scheide und en andere hüratet, bricht o si d Eh.»

Jesus und d Chinder

¹³Si hei Chinder zuen ihm bbracht, für dass er sen aarüeri. Aber d Jünger hei se welle wägjage. ¹⁴Jesus gseht das, wird höhn und seit ne: «Löt di Chinder nume zue mer cho und verhäbet ne's nid; grad ine ghört ja Gottes Rych! ¹⁵Lueget, i cha nech säge: Wär sech Gottes Rych nid lat la schänke wi nes Chind, dä chunt nid yne!» ¹⁶Er het se a nes Ärfeli gno und ne d Händ uf e Chopf gleit, für se z sägne.

Cha ne Ryche i Gottes Rych ynecho?

¹⁷ Won er wider uf d Strass useggangen isch, isch eine cho z springe, isch vor ihm uf d Chnöi gfalle und het ne gfragt: «Guete Meischter, was mues i mache, für dass i ds ewige Läbe überchume?» ¹⁸ Jesus het zuen ihm gseit: «Wiso seisch du mir ‹guet›? Niemer isch guet ussert eim, Gott! ¹⁹ Du gchennsch d Gebot: ‹Du söllsch nid morde, du söllsch d Eh nid bräche, du söllsch nid stäle, du söllsch vor Gricht nid lüge, du söllsch niemeren um sy Sach bringe, du söllsch dym Vatter und dyr Mueter Ehr aatue›.»
²⁰ Aber dä het ihm gantwortet: «Meischter, das alls han i ghalte vo chly uuf!» ²¹ Da het ne Jesus aagluegt. Dä Maa isch ihm lieb worde. Er seit ihm: «Öppis fählt der no: Gang verchouf, was de hesch und verteil's den Arme. De hesch e Schatz im Himel. Nachär chumm mit mir!» ²² Aber dä isch ganz truurig worde und enttüüscht wäggange. Er isch drum sehr vermöglech gsi.
²³ Jesus het ihm nachegluegt und du zu syne Jünger gseit: «Wi schwär hei's doch di Ryche, für i Gottes Rych yne z cho!» ²⁴ D Jünger sy erchlüpft ob syne Wort. Da het Jesus nacheddopplet: «Chinder, wi schwär isch es doch, i Gottes Rych yne z cho. ²⁵ Ender geit es Kamel dür nes Nadelöhri düre, weder dass e Ryche i Gottes Rych ynechunt!» ²⁶ Si sy nume descht meh erchlüpft und hei zunenand gseit: «Aber wär cha de überhoupt grettet wärde?» ²⁷ Jesus het sen aagluegt und zue ne gseit: «Bi de Mönsche isch es unmüglech, aber nid bi Gott, bi Gott isch ja alls müglech.»

D Belohnig vo de Jünger

²⁸ Da het der Petrus aafa rede und het zuen ihm gseit: «Gäll, mir hei alls dahinde gla und sy mit dir cho!» ²⁹ Jesus het ihm gantwortet: «Lueget, i cha nech säge: Jede, wo ds Hei oder Brüeder oder Schwöschtere oder Mueter oder Vatter oder Chinder oder Ächer wäge mir und myr Botschaft verla het, ³⁰ überchunt's hundertfach zrügg, Hüser und Gschwüschterti und Müetere und Chinder und Ächer; jitz i dere Wältzyt ghöre Verfolgige derzue, aber i der zuekünftige Wält ds ewige Läbe. ³¹ Mänge, wo jitz der Erscht isch, isch de der Letscht, und mänge, wo jitz Letschten isch, chunt de zersch.»

Jesus redt wider vo sym Tod

³² Wo si gäge Jerusalem zue gwanderet sy, isch ne Jesus underwägs vorusgloffe. Si hei nid gwüsst warum, und die, won ihm nachegloffe sy, hei Angscht übercho. Da het er di Zwölf wider uf d Syte gno und het nen aafa säge, was jitz uf ne zuechömi: ³³ «Lueget, mir gange uf Jerusalem, und der Mönscheschn wird den Oberpriechter und de Schriftgelehrte usgliferet. Die verurteile ne de zum Tod und übergä ne de Heide. ³⁴ Die trybe de ire Spott mit ihm, si spöie nen aa und schlö ne mit Rueten ab und bringe nen um. Und nach dreine Tage wird er ufersta.»

D Zebedäus-Sühn wei öppis Bsunders

³⁵ Der Jakobus und der Johannes, d Sühn vom Zebedäus, sy zuen ihm cho und hein ihm gseit: «Meischter, mir wette gärn, du täätsch is e Wunsch erfülle.» ³⁶ Er het se gfragt: «Was weit dihr, dass i für nech söll mache?» ³⁷ Si hein ihm gseit: «Mach, dass i dyr Herrlechkeit eine vo üüs darf rächts vo dir sitze und eine linggs.» ³⁸ Aber Jesus het zue ne gseit: «Dihr wüsset gar nid, was dihr da höischet. Chöit dihr der glych Bächer ustrinke, won i ustrinke, oder nech mit der glyche Toufi la toufe, won i dermit touft wirde?» ³⁹ Si hei zuen ihm gseit: «Ja ja, das chönne mer!» Jesus het ne gantwortet: «Ja, der Bächer, won i ustrinke, trinket dihr de o, und mit der Toufi, won i dermit touft wirde, wärdet dihr einisch o touft. ⁴⁰ Aber d Plätz rächts und linggs vo mir chan i nid vergä, das überchöme die, won es für se parat isch.»
⁴¹ Wo di zäche andere das ghört hei, sy si toub worde über e Jakobus und über e Johannes. ⁴² Da het se Jesus häre grüeft und zue ne gseit: «Dihr wüsset, dass die, wo als Fürschte vo de Völker gälte, sen under der Knute hei. Grossi Herre sy o grossi Vögt. ⁴³ So isch es aber bi öich nid, nei: Wär bi öich wott gross usecho, söll öie Diener sy, ⁴⁴ und wär bi öich wott der erscht sy, söll der Chnächt vo allne sy. ⁴⁵ O der Mönscheschn isch ja nid cho, für sech la z bediene, im Gägeteil: für z diene und sys Läbe z gä, für alli loszchoufe.»

Der blind Bartimäus

⁴⁶ Si chöme uf Jericho. Won är und syni Jünger und vil Lüt vo Jericho wider furtgange sy, da isch der Suhn vom Timäus, der

Bartimäus, e blinde Bättler, am Wägrand gsässe. ⁴⁷Er het ghört, der Jesus vo Nazaret syg da und het lut bbrüelet. «Suhn vom David, Jesus, häb Erbarme mit mir!» ⁴⁸Vili hein ihm ddrööit, er söll schwyge. Aber er het nume descht lüter bbrüelet: «Suhn vom David, häb Erbarme mit mir!» ⁴⁹Jesus isch blybe sta und het gseit: «Rüefet ne häre!» Si hei däm Blinde grüeft und zuen ihm gseit: «Häb guete Muet, stand uuf, är rüeft di!» ⁵⁰Dä het sy Mantel furtgschosse, isch ufgsprunge und zu Jesus cho. ⁵¹Da het ne Jesus aagredt: «Was wosch, dass i dir söll mache?» Der Blind seit zuen ihm: «Rabbuni, dass i wider cha gseh!» ⁵²Und Jesus seit zuen ihm: «Gang, dy Gloube het dir ghulfe!» Sofort het er wider chönne gseh und isch Jesus uf em Wäg nacheggange.

Jesus ziet z Jerusalem y

11 Wo si i d Neechi vo Jerusalem cho sy, uf Betfage und Betanie am Ölbärg, het er zwee vo syne Jünger voruus gschickt ²und ne gseit: «Ganget i das Dorf da vor öich, und grad we der ynechömet, gseht dihr dert es Füli aabbunde, wo no nie öpper uf ihm gsässen isch. Bindet's los und bringet's dahäre. ³Und we nech öpper fragt: ‹Was machet dihr da?›, de säget: ‹Der Herr bruucht's, und er schickt's de grad wider zrügg›.» ⁴Si sy ggange und hein es Füli a nere Tür aabbunde gfunde, uf der Strass uss, und hei's losgmacht. ⁵Es paar vo dene Lüt, wo dert gstande sy, hei ne gseit: «He, was machet dihr? Wiso bindet dihr das Füli los?» ⁶Si hei widerholt, was Jesus gseit het gha, und me het se la mache. ⁷Si hei das Füli zu Jesus gfüert und hei iri Mäntel uf ihns gleit, und är isch ufgsässe. ⁸Und vili hei iri Mäntel uf em Wäg usgspreitet, und anderi hei grüeni Zweige gströit, wo si uf de Fälder abghoue hei. ⁹Und die, wo voruus gloffe sy, und die, wo hindenache cho sy, hei grüeft:

«Hosianna,
   mir rüeme dä, wo chunt im Uftrag vom Herr;
¹⁰mir rüeme ds Rych vo üsem Vatter David; es chunt!
Hosianna i der Höchi!»

¹¹Du isch er nach Jerusalem ynecho i Tämpel und het dert alls aagluegt. Wil's aber du scho spät worden isch, isch er mit de Zwölf uf Betanie zrügg ggange.

Er verfluechet e Fygeboum ...

¹² Wo si am andere Morge z Betanie wäggange sy, het er Hunger gha. ¹³ Da gseht er vo wytem e Fygeboum, wo scho Bletter het. Er geit zuen ihm, für z luege, öb er o öppis äsigs drann findi. Won er zueche chunt, findt er nume Bletter. Es isch äbe gar nid Zyt für Fyge gsi. ¹⁴ Da seit er zuen ihm: «Nie meh söll öpper e Frucht vo dir ässe!» Syni Jünger hei das ghört.

... und verjagt d Händler im Tämpel

¹⁵ Si sy du nach Jerusalem cho. Er isch i Tämpel yne ggange und het die aafa usejage, wo im Tämpel verchouft und gchouft hei. Er het d Tische vo de Gäldwächsler und d Ständ vo de Tubehändler umgschosse ¹⁶ und het nid emal tolet, dass öpper es Gschir dür e Tämpel treit. ¹⁷ Er het sen underwise: «Isch nid gschribe: ‹Vo mym Huus söll me säge, es syg es Bätt-Huus für alli Völker›. Aber dihr heit's zu nere Röuberhöli gmacht!» ¹⁸ D Oberpriechter und di Schriftgelehrte hei's verno und hei sech gfragt, wie si ne chönnten us em Wäg ruume. Si hei ne drum gschoche, wil alli Lüt underem Ydruck vo syr Predig gstande sy. ¹⁹ Gägen Aabe sy Jesus und d Jünger us der Stadt use ggange.

Was der Gloube zstand bringt

²⁰ Am Morge früe sy si am glychen Ort düregloffe und hei gseh, dass der Fygeboum vo de Wurzle här verdoret isch gsi. ²¹ Der Petrus het sech bsunne und zuen ihm gseit: «Rabbi, lue, dä Fygeboum, wo du verfluechet hesch, isch verdoret.» ²² Da het Jesus zur Antwort ggä: «Heit Glouben a Gott! ²³ Lueget, i cha nech säge: Wen öpper zu däm Bärg da sieg: ‹Häb uuf und la die la i ds Meer troole› – und wen er derby i sym Härz nid zwyfleti, aber gloubti, dass passiert, was er seit, de gschäch's ihm! ²⁴ Drum sägen i nech: Alls, wo dihr drum bättet und 's höischet, das überchömet der, we dihr nume gloubet, dass der's überchömet! ²⁵ Und we dihr dastandet und bättet, und dihr heit öppis gägen eine, de vergäbet ihm, für dass öich o öie Vatter im Himel d Fähler vergit.»

Frag und Gägefrag

²⁷ Si sy wider nach Jerusalem cho. Won er im Tämpel umegloffen isch, chöme d Oberpriaschter und di Schriftgelehrte und d Ratsherre zuen ihm ²⁸ und hei zuen ihm gseit: «Mit was für nere Vollmacht machsch du settigs? Oder wär het dir d Vollmacht derzue ggä?» ²⁹ Jesus het nen umeggä: «I will nech jitz o öppis frage: Gät dihr mer en Antwort druuf, de sägen i nech o, mit was für nere Vollmacht i das mache: ³⁰ Isch d Toufi vom Johannes vom Himel gsi oder vo de Mönsche? Gät mer Antwort!» ³¹ Da hei si zäme gratiburgeret: «We mer säge: vom Himel, de seit er: Wiso heit dihr ihm de nid gloubt? ³² Aber säge mer: vo de Mönsche» – da hei si ds Volk gschoche, wil alli der Johannes würklech für ne Prophet aagluegt hei.

³³ Si hei Jesus gantwortet: «Mir wüsse's nid.» Da het Jesus zrügg ggä: «De sägen i nech o nid, vo wäm dass i d Vollmacht ha übercho.»

Di böse Wybure

12 Er het nen aafa Glychnis erzelle.
«E Maa het e Räbbärg aapflanzet und het e Zuun drum zoge und e Stampftrog usghölt und e Wachtturm bbouet. Du het er ne Wyburen i Lächegä und isch verreiset. ² Wo d Zyt nache isch gsi, het er en Aagstellte zu de Wybure gschickt, für sy Teil Frücht vom Räbbärg z bezie. ³ Aber die hei ne packt, hei nen abgschlage und ne z läärem furtgjagt. ⁴ No einisch het er en andere Aagstellte gschickt. Dä hei si tryschaagget und ihm der Chopf bluetig gschlage. ⁵ Non nen andere het er gschickt, dä hei si tödt. Und vili anderi – di einte hei si abgschlage, die andere hei si umbbracht. ⁶ Er het no eine gha, sy liebe Suhn. Dä het er zletscht zue ne gschickt, wil er sech gseit het: ‹Vor mym Suhn wärde si doch Reschpäkt ha!› ⁷ Aber di Wybure hei zunenand gseit: ‹Das isch dä, wo erbt! Chömet, mir wei ne töde, de ghört ds Erb üüs!› ⁸ Si hei ne packt, hei ne tödt und ne zum Räbbärg us gheit. ⁹ Was macht jitz ächt der Bsitzer vom Räbbärg? Er chunt und bringt di Wyburen um und git der Räbbärg anderne! ¹⁰ Heit dihr di Stell i der Schrift nid gläse: ‹Der Stei, wo d Boulüt usgschoubet hei, dä isch zum Eckstei worde. ¹¹ Vom Herr här isch er's worde, und i üsnen Ouge isch's e wunderbare Stei›.»

¹² Da hei si sech gfragt, wie si ne chönnten i d Finger übercho, aber si hei ds Volk gschoche. Si hei nämlech gwüsst, dass er das Glychnis uf seie gmünzt het. Aber si hei ne la sy und sy wytergange.

D Pharisäer wei ne verwütsche

¹³ Du schicke si nes paar vo de Pharisäer und vo de Lüt vom Herodes zu Jesus, für ne bi mene Satz, won er seit, z verwütsche. ¹⁴ Si sy zuen ihm cho säge: «Meischter, mir wüsse, dass du ufrichtig bisch und niemeren schüüchsch; du luegsch nid uf ds Üssere vo de Lüt, nei, du lehrsch i aller Wahrheit der Wäg zu Gott. Isch's eigetlech erloubt, em Cheiser Stüüre z zale oder nid? Sölle mer se gä oder nid?» ¹⁵ Aber er het gmerkt, wi schynheilig si sy, und het ne gseit: «Wiso weit dihr mir e Falle stelle? Bringet mer e Silbermünze, de chan i luege!» ¹⁶ Si hein ihm eini bbracht. Da seit er zue ne: «Wäm sys Bild und wäm sy Ufschrift isch das?» Si hei gantwortet: «Em Cheiser syni!» ¹⁷ Da het ne Jesus gseit: «Gät em Cheiser, was em Cheiser ghört, und Gott, was Gott ghört!» Das het ne d Sprach verschlage.

D Sadduzäer wei ne verwütsche

¹⁸ Du sy Sadduzäer zuen ihm cho. Das sy die, wo säge, es gäbi kei Uferstehig. Si hei ne gfragt: «Meischter, der Mose het üüs vorgschribe: ¹⁹ ‹Wen eim sy Brueder stirbt, und er hinderlat e Frou, er hinderlat aber kes Chind, de söll sy Brueder di Frou hürate und sym Brueder Nachkommen ufstelle.› ²⁰ Jitz het's da sibe Brüeder gha. Der erscht het ghüraten und isch gstorben ohni Nachkomme. ²¹ Der zwöit het d Frou gno und isch o gstorbe ohni Nachkomme. Und der dritt o eso. ²² Alli sibe hei keni Nachkomme gha. Zletscht vo allne isch o d Frou gstorbe. ²³ We si de tüe ufersta – welem vo ne ghört de di Frou? Si hei se ja alli sibe zur Frou gha!» ²⁴ Jesus het zue ne gseit: «Tüüschet dihr nech ächt nid destwäge, wil der d Schrifte nid gchennet und o d Macht vo Gott nid? ²⁵ We si de nämlech vo de Toten uferstande, de hürate si nid und wärde nid ghürate, nei, de sy si wi Ängel im Himel. ²⁶ Dass aber di Tote uferstande – heit dihr de im Buech vom Mose, dert bim Dornestruuch, nid gläse, wi Gott zuen ihm

gseit het: ‹I bi der Gott vom Abraham und der Gott vom Isaak und der Gott vom Jakob›. ²⁷ Er isch doch Gott vo de Läbige, nid vo de Tote! Dihr trumpieret nech da schwär!»

Ds wichtigschte Gebot

²⁸ Da isch eine vo de Schriftgelehrte zueche cho. Er het ghört, wi si diskutiert hei, und het gmerkt, dass er ne fein umeggä het. Er het ne gfragt: «Weles isch eigetlech ds wichtigschte vo allne Gebot?» ²⁹ Jesus git ihm zur Antwort: «‹Los, Israel, der Herr, üse Gott, isch der einzig Herr, ³⁰ und du söllsch der Herr, dy Gott, lieb ha mit dym ganze Härz und mit dyr ganze Seel und mit dym ganze Verstand und mit dyr ganze Chraft.› ³¹ Ds zwöitwichtigschten isch das: ‹Du söllsch dy Mitmönsch so lieb ha wi di sälber.› Wichtigeri Gebot als die git's ekeini.» ³² Der Schriftgelehrt het zuen ihm gseit: «Sehr guet, Meischter, du hesch us der Wahrheit use gredt: Eine isch er, und es git kei andere weder ihn; ³³ und das: ihn lieb ha vo ganzem Härz und mit der ganzen Ysicht und mit aller Chraft und der Mitmönsch lieb ha wi sich sälber, das steit wyt über allne Brandopfer und anderen Opfer.» ³⁴ Wo Jesus gseh het, wi guet und gschyd er gantwortet het, het er ihm gseit: «Du bisch nid wyt ewägg vo Gottes Rych.» Da het's kene meh gwagt, nen öppis z frage.

Wäm sy Suhn isch der Chrischtus?

³⁵ Wo Jesus im Tämpel glehrt het, het er d Frag gstellt: «Wi chöme di Schriftgelehrte derzue, z säge, der Chrischtus syg der Suhn vom David? ³⁶ Der David sälber seit doch, voll heiligem Geischt: ‹Der Herr het zu mym Herr gseit: Sitz rächts vo mir ab, bis dass i dyni Finde under dyni Füess lege›. ³⁷ Der David sälber seit em Chrischtus ‹Herr›, wiso wär de dä sy Suhn?» D Lüt hein ihm alli gärn zueglost.

³⁸ Bim Lehre het er o gseit: «Nät nech in acht vor de Schriftgelehrte, wo gärn i länge Chleider umeloufe und sech uf de Plätz lö la grüesse, ³⁹ wo uf di vorderschte Stüel i de Synagoge wei sitze und uf di beschte Ruebett bi de Feschtässe. ⁴⁰ Si frässe d Hüser vo de Witfrouen uuf und chöi voruss nid höre mit bätte, für dass me sen emel ja gseej. Die chöme einisch descht herter i ds Gricht.»

Der Opferbatze vo der Witfrou

⁴¹Er isch vis-à-vis vom Opferstock abgsässe und het zuegluegt, wi ds ganze Volk Gäld i Opferstock ygworfe het. Mänge Ryche het vil ygworfe. ⁴²Da isch en armi Witfrou derhär cho und het zwöi Füfi abegla, das macht e Batze. ⁴³Da het er syni Jünger zue sech grüeft und zue ne gseit: «Lueget, i cha nech säge: Di armi Witfrou da het meh ygworfe als alli, wo öppis i Opferstock ta hei. ⁴⁴Alli hei doch us irem Überfluss ggä, aber si het us irer Armuet use iri ganzi Barschaft abegla, alls, wo si no het gha zum Läbe.»

D Ändzyt

13 Won er us em Tämpel usegeit, seit eine vo syne Jünger zuen ihm: «Meischter, lue, was sy das doch für mächtigi Steine und gwaltigi Boute!» ²Da seit Jesus zuen ihm: «Ja, lue ne numen aa, dä Prachtsbou! Hie blybt ke Stei uf em andere, alls wird abegrisse.»
³Uf em Ölbärg, vis-à-vis vom Tämpel, isch er abgsässe; da hei ne der Petrus, der Jakobus, der Johannes und der Andreas gfragt, wo si aleini sy gsi: ⁴«Säg is doch, wenn passiert de das, und was isch de ds Zeiche derfür, dass alls z Änd geit?» ⁵Da het Jesus aafa zue ne rede: «Passet uuf, dass ech niemer verwütscht! ⁶Es chöme de vili under mym Name und säge: ‹I bi's!› Und si verwütsche de mänge. ⁷Aber we der de vo Chriegen und Chriegslärme ghöret, erchlüpfet no nid. Das mues cho, aber 's isch no nid ds Ändi. ⁸Gället: Eis Volk steit de uuf gäge ds andere und eis Chünigrych gäge ds andere. Es ärdbäbnet de und 's chöme Hungersnöt. Das isch der Aafang vo de Geburtswehe.
⁹Heit für öich sälber d Ougen offe! Me liferet nech de de Gricht uus, und i de Synagoge wird me nech mit Rieme schla. Me stellt nech vor Landvögt und Chünige, dass der vor ine und vor de Heide müesst für mi ysta. ¹⁰Aber zersch mues di gueti Botschaft allne Völker prediget wärde. ¹¹Und we si nech de verhafte und abfüere, so chummeret nid zum voruus, was der söllet säge. Säget de das, was nech i däm Momänt yfallt. Nid dihr syt's de nämlech, wo redet, nei, der heilig Geischt. ¹²Und ei Brueder liferet der ander zum Töten uus, und e Vatter ds Chind, und Chinder

standen uuf gäge d Eltere, für se la hizrichte. ¹³ Und alli wärde nech wäge mym Name hasse. Aber wär's düresteit bis zum Ändi, dä wird grettet.

¹⁴ Dihr erläbet's de, dass der ‹Gröiel vo der Verwüeschtig› dert steit, won er nid darf sta – o wär's list, söll sech's merke! Denn sölle de die, wo z Judäa sy, i d Bärge flie; ¹⁵ wär uf em Dach isch, söll nid abe und o nid i ds Huus ynega für öppis z reiche; ¹⁶ und wär uf em Fäld isch, söll nid hei ga sy Mantel hole. ¹⁷ Gnad Gott de Froue, wo i dene Tage i der Hoffnig sy oder tüe stille. ¹⁸ Bättet, dass das nid im Winter gscheht! ¹⁹ Di Tage sy drum de e Notzyt, wien es no keini ggä het, sider dass Gott d Wält erschaffe het, bis uf e hüttige Tag, und es chunt o nie meh e settigi. ²⁰ Und we der Herr di Tage nid abchürzti, chönnti gar niemer grettet wärde. Aber den Userwählte zlieb, won är het userwählt, het er di Tagen abgchürzt.

²¹ We de denn eine zue nech seit: ‹Lue, da isch der Chrischtus! Lue dert!›, gloubet's nid. ²² Es stö de nämlech faltschi Chrischtusse und faltschi Propheten uuf, die tüe Zeichen und Wunder, für wenn müglech o di Userwählte z verwütsche. ²³ Dihr aber, gät acht, i ha nech's vorusgseit.»

Der Mönschesuhn chunt i syr Herrlechkeit

²⁴ «Aber i dene Tage, nach dere Notzyt wird sech d Sunne verfyschtere, und der Mond git ke Schyn meh, ²⁵ und d Stärne falle vom Himel, und d Himelschreft erhudlet's. ²⁶ Und de gseht me der Mönschesuhn cho i de Wulche mit grosser Macht und Herrlechkeit. ²⁷ Er schickt de d Ängel voruus und füert syni Userwählte zäme us allne vier Himelsrichtige, vom Ändi vo der Ärde bis zum Ändi vom Himel.

²⁸ Vom Fygeboum chöit dihr ds Glychnis lehre: We syni Zweige süferli saftig wärde und Bletter trybe, de merket der, dass es gly Summer wird. ²⁹ So isch es o für öich: We dihr merket, dass das gscheht, de wüsset der, dass ds Änd grad vor der Türe steit. ³⁰ Lueget, i cha nech säge: Öiji Generation vergeit nid, bis das alls passiert. ³¹ Der Himel und d Ärde vergange, aber was i säge, vergeit nid. ³² Über e gnau Tag und di gnaui Stund weis aber niemer öppis, o d Ängel im Himel nid, nid emal der Suhn, nume der Vatter.»

Blybet wach!

³³«Heit d Ougen offe, syt wach! Dihr wüsset ja nid, wenn der Ougeblick da isch. ³⁴Wen e Maa verreiset und usser Huus geit, übertreit er synen Aagstellte d Vollmacht, jedem sy Arbeit, und em Türhüeter treit er uuf, z wache. ³⁵Grad so blybet wach. Dihr wüsset ja nid, wenn der Husherr zrüggchunt, öb spät, öb zmitts i der Nacht, oder we der Güggel chrääit, oder we's z grächtem taget. ³⁶Nid, dass er de plötzlech chunt und dihr schlafet! ³⁷I säge's öich und allne: Blybet wach!»

Me wott Jesus a ds Läbe

14 Zwee Tag speter isch ds Fescht vom Passa und vo den ungsüürete Brot nache gsi. D Oberpriechter und di Schriftgelehrte hei na mene Wäg gsuecht, wi si ne hinderrucks chönnten i d Finger übercho und töde. ²Nume hei si sech gseit: «Nid öppen am Fescht, es chönnt süsch räble im Volk.»

E Frou salbet Jesus

³Er isch z Betanie bim Simon, emenen ehemaligen Ussätzige, daheime gsi. Wo si bim Ässe sy, chunt e Frou mit emnen Alabaschterfläschli voll ächtem, tüürem Nardenöl. Si bricht ds Alabaschterfläschli uuf und läärt ihm 's über e Chopf uus. ⁴Da hei es paar aafa bugere: «Für was vergüdet men ächt di Salbi derewäg! ⁵Me hätt se doch für meh weder drühundert Silbermünze chönne verchoufe und ds Gäld den Arme gä!» schnaue si sen aa. ⁶Aber Jesus seit: «Löt se doch, machet nere doch keni Vorwürff! Si het es guets Wärk a mir ta. ⁷Armi Lüt heit dihr ja geng by nech, und we dihr weit, chöit dihr ne Guets tue, aber mi heit der nid geng. ⁸Was si chönne het, het si gmacht: Si het my Lyb zum voruus gsalbet für ds Begräbnis. ⁹Lueget, i cha nech säge: Überall i der ganze Wält, wo men einisch di gueti Botschaft wird predige, erzellt me de, was si gmacht het, und dänkt a se.»

Der Judas verchouft Jesus

¹⁰Der Judas Iskariot, eine vo de Zwölf, isch zu den Oberpriechter ggange für ne nen uszlifere. ¹¹Wo die das verno hei, hei si sech

gfröit und ihm versproche, si gäben ihm Gäld. Da het er dranume gsinnet, wien er nen am gäbigschte chönnt uslifere.

Jesus fyret ds Passa mit de Jünger

¹² Am erschte Tag vo den ungsüürete Brot, wo me ds Passalamm metzget, hei syni Jünger zuen ihm gseit: «Wo wosch du ds Passamahl ässe? Mir wette's ga zwägmache.» ¹³ Da het er zwee vo syne Jünger gschickt und ne gseit: «Ganget i d Stadt, de begägnet nech e Maa, wo ne Chrueg mit Wasser treit; loufet däm nache, ¹⁴ und dert, won er ynegeit, säget zum Husbsitzer: Der Meischter lat la frage: ‹Wo isch di Stube für mi, für dass i mit myne Jünger ds Passamahl cha ha?› ¹⁵ Dä zeigt nech den e grosse Saal im obere Stock, schön mit Teppeche parat gmacht. Dert machet's de für üüs zwäg.» ¹⁶ D Jünger sy i d Stadt cho und hei's eso gfunde, win er ne's het gseit gha, und si hei ds Passaässe zwäggmacht.

¹⁷ Am Aabe isch er mit de Zwölf cho. ¹⁸ Wo si am Tisch gläge sy und gässe hei, het Jesus gseit: «Lueget, i mues nech säge: Eine vo öich tuet mi uslifere, eine, wo jitz mit mir isst.» ¹⁹ Da sy si truurig worde, und eine nam andere het zuen ihm gseit: «Doch öppe nid i?» ²⁰ Aber er het zue ne gseit: «'s isch eine vo de Zwölf, wo mit mir us der glyche Schüsslen isst! ²¹ Der Mönschesuhn geit nämlech sy Wäg, win es vo ihm gschriben isch, aber dä Mönsch, wo nen usliferet, dä warnen ig! Es wär besser, dä wär nie uf d Wält cho!»

²² Bim Ässe het er es Brot gno, het ds Dankgebätt gseit, het's i Bitze bbroche und ne's ggä und het gseit: «Nämet, das isch my Lyb.» ²³ Du het er e Bächer gno, het ds Dankgebätt gseit und nen umeggä, und si hei alli druus trunke. ²⁴ Und er het zue ne gseit: «Das isch mys Bluet für e Bund. I verblüete für alli. ²⁵ Lueget, i cha nech säge: I trinke sicher ke Saft vo de Räbe meh bis zu däm Tag, won i de nöi dervo trinke i Gottes Rych.»

Jesus z Getsemani

²⁶ Si hei ds Loblied gsunge und sy wider a Ölbärg useggange. ²⁷ Jesus het zue ne gseit: «Dihr fanget jitz de alli a mir aafa zwyfle. Es steit ja gschribe: ‹I schla der Hirt, und d Schaf loufen usenand.›

²⁸ Aber sobald ig uferweckt worde bi, gangen i nech de voruus nach Galiläa.» ²⁹ Der Petrus het zuen ihm gseit: «O wen alli zwyfle, i tue's sicher nid!» ³⁰ Jesus het ihm gantwortet: «Lue, i cha der säge: No hinecht, i dere Nacht, bevor der Güggel zwöimal chrääit, lougnisch du drümal ab, dass du mi gchennsch!» ³¹ Aber dä het descht meh bhertet: «O wen i mit dir zäme müessti stärbe, tät i di ganz sicher nid verlougne!» Und ds Glyche hei o alli andere gseit.

³² Si sy a nen Ort cho, wo Getsemani heisst. Da het er zu syne Jünger gseit: «Sitzet da ab, bis i bbättet ha!» ³³ Der Petrus und der Jakobus und der Johannes het er mit sech gno. Vor Angscht und Muetlosigkeit het er aafa zittere ³⁴ und het zue ne gseit: «I bi gränzelos truurig, wil i mues stärbe. Blybet hie wach!» ³⁵ Du isch er echly wyterggange, isch uf e Bode gfalle und het bbättet drum, dass di Stund doch, we's z mache syg, an ihm verby gangi. ³⁶ «Abba, liebe Vatter», het er gseit, «dir isch alls müglech, la dä Bächer a mir la verby ga! Aber nid, was i wott – was du wosch (söll gscheh)!» ³⁷ Er isch zue ne zrügg cho und het se gseh schlafe. Er het zum Petrus gseit: «Simon, schlafsch? Hesch nid emal es Momäntli chönne wach blybe? ³⁸ Blybet doch wach und bättet, für dass der nid i Versuechig chömet! Der Geischt wett scho, aber der Lyb isch schwach!» ³⁹ Er isch wider wäggange und het no einisch um ds Glyche bbättet. ⁴⁰ Und wider isch er zrügg cho und het sen im Schlaf aatroffe. Si hei äbe schwäri Ougsdechle gha und hei nid gwüsst, was sin ihm sölle antworte. ⁴¹ Er isch zum dritte Mal cho und het zue ne gseit: «Ja, ja, dihr schlafet geng no und löiet! Es tuet's jitz! Der Ougeblick isch cho, jitz wird der Mönscheschuhn de Sünder i d Händ gliferet. ⁴² Standet uuf, mir wei ga; lueget, dä, wo mi usliferet, isch scho da.»

Jesus wird verhaftet

⁴³ Jesus isch no am Rede gsi, da chunt der Judas derhär und mit ihm e Gchuppele Manne, mit Schwärter und Chnüttle. Die sy vo de Oberpriescheter und Schriftgelehrte und Ratsherre usgschickt gsi. ⁴⁴ Dä, wo ne het sölle uslifere, het mit ne es Zeichen abgmacht gha: «Dä, won ig ihm es Müntschi gibe, dä isch es de! Packet ne de und füeret ne sicher ab!» ⁴⁵ Er chunt gredi uf ne zue und seit: «Rabbi!» und git ihm es Müntschi. ⁴⁶ Da hei si ne packt und

verhaftet. ⁴⁷ Aber eine vo dene, wo derbygstande sy, het ds Schwärt zoge und der Chnächt vom Hohepriechter preicht und ihm es Ohr abghoue. ⁴⁸ Aber Jesus het zue ne gseit: «Wi gägen e Röuber syt dihr uszoge, mit Schwärter und Chnüttle für mi z fa. ⁴⁹ Derby bin i all Tag by nech im Tämpel gsi und ha glehrt, und dihr heit mi nid verhaftet. Aber äbe: D Schrifte müesse sech erfülle!» ⁵⁰ Da hei alli nen im Stich gla und sy gflüchtet. ⁵¹ E junge Bursch isch ihm nacheggange, er het numen es lynigs Tuech uf em blutte Körper anngha. Dä hei si o welle packe, ⁵² aber er het ds lynige Tuech la fahre und isch blutt gflüchtet.

Jesus steit vor em Gricht

⁵³ Jesus hei si abgfüert zum Hohepriechter, und alli Oberpriechter und d Ratsherre und di Schriftgelehrte sy dert zämecho. ⁵⁴ Der Petrus isch ihm vo wytem nachegloffe bis i Hof vom Hohepriechter yne; er isch zwüsche d Diener a Bode gsässe und het sech am Füür gwermt. ⁵⁵ D Oberpriechter und der ganz höch Rat hei e Zügenussag gäge Jesus gsuecht, für ne chönne zum Tod z verurteile, aber si hei nüüt gfunde. ⁵⁶ Vil Lüt hei zwar gäge nen usgseit, aber was die gseit hei, het nid zämegstimmt. ⁵⁷ Es paar sy ufgstande und hei faltsch gäge nen usgseit: ⁵⁸ «Mir hei ghört, win er bhouptet het: ‹I wirde dä Tämpel, wo vo Mönschehand ufbouen isch, abrysse, und boue nach dreine Tagen en andere uuf, wo nid vo Mönschehand gmacht isch›.» ⁵⁹ Aber o eso sy iri Zügenussage nid glych gsi. ⁶⁰ Da isch der Hohepriechter zmitts häregstande und het Jesus gfragt: «Hesch du nüüt eggäge z ha uf das, wo die da gäge di vorbringe?» ⁶¹ Aber er het gschwige und het ihm ke Antwort ggä. No einisch het ne der Hohepriechter gfragt: «Bisch du der Chrischtus, der Suhn vom Höchverehrte?» ⁶² Jesus het gantwortet: «I bi's. Und dihr gseht de der Mönschesuhn rächterhand vo der Allmacht sitze und mit de Wulche vom Himel cho.» ⁶³ Da verrysst der Hohepriechter sys Chleid und seit: «Für was bruuche mir no meh Züge? ⁶⁴ Dihr heit di Läschterig ghört! Was dunkt nech?» Alli hei gfunde, er heig der Tod verdienet. ⁶⁵ Und es paar hei nen aafa aaspöie, si hein ihm ds Gsicht zueddeckt und ne gchläpft und zuen ihm gseit: «Mach jitz der Prophet!» Und o d Diener hei ne mit Chläpf traktiert.

Der Petrus het Jesus nie gchennt!

⁶⁶ Underdesse isch der Petrus überunde im Hof gsi. Da chunt eini vo de Mägd vom Hohepriechter derhär ⁶⁷ und gseht der Petrus, win er sech gwermt het. Si luegt nen aa und seit: «Du bisch emel o mit däm Jesus vo Nazaret zäme gsi!» ⁶⁸ Aber är het's glougnet und gseit: «I weis vo nüüt und chume überhoupt nid nache, vo was du redsch!» Du isch er i Vorhof useggange. Da het grad der Güggel gchräait. ⁶⁹ D Magd het ne gseh und het wider zu de Lüt gseit, wo da umegstande sy: «Dä ghört zu dene!» ⁷⁰ Aber är het's wider glougnet. Churz drufabe hei die, wo da gstande sy, zum Petrus gseit: «Ganz sicher ghörsch du o zu dene, du bisch ja ne Galiläer!» ⁷¹ Da het er aafa flueche und sech verschwöre: «I gchenne dä Mönsch überhoupt nid, wo dihr von ihm redet!» ⁷² I däm Momänt het der Güggel zum zwöite Mal gchräait. Da isch em Petrus z Sinn cho, was ihm Jesus gseit het: «No bevor der Güggel zwöimal chräait, verlougnisch du mi drümal!» Und er het aafa briegge.

Jesus chunt vor e Pilatus

15 Scho ganz früech am Morge hei d Oberpriechter mit de Ratsherre und de Schriftgelehrte und der ganz höch Rat d Beratig abgschlosse. Si hei Jesus la fessle, hei nen abgfüert und em Pilatus übergä. ² Der Pilatus het ne gfragt: «Bisch du der Chünig vo de Jude?» Er het ihm gantwortet: «Du seisch's». ³ D Oberpriechter hei schwäri Aachlage vorbbracht. ⁴ Der Pilatus het ne widerume gfragt: «Gisch du ke Antwort? Lue, was die alls gäge di vorbringe!» ⁵ Jesus het überhoupt nüüt gseit, so dass sech der Pilatus verwunderet het.

Der Barabbas chunt frei

⁶ Am Fescht het er nen alben e Gfangene freiggä, eine, wo si hei chönne usläse. ⁷ Da isch eine gsi, er het Barabbas gheisse, dä isch i der Chefi gsi zäme mit Revoluzger, wo bi menen Ufstand eine hei ermordet gha. ⁸ Underdesse sy Hüüffe Lüt derhärcho und hei aafa bitte, er söll ne wi geng öpperen begnadige. ⁹ Der Pilatus het ne gantwortet: «Weit dihr, dass i nech der Chünig vo de Jude freigibe?» ¹⁰ Er het nämlech gmerkt, dass d Oberpriechter ihm ne numen us Brotnyd usgliferet hei.

¹¹ Aber d Oberpriechter hei ds Volk ufgreiset, er söll ne lieber der Barabbas freila. ¹² Der Pilatus het se wider gfragt: «Was söll i de mit däm sogenannte Chünig vo de Jude mache?» ¹³ Si hei zrüggbrüelet: «Hänk nen a ds Chrüz!» ¹⁴ Aber der Pilatus het gfragt: «Was het er de verbroche?» Si hei nume descht lüter gmöögget: «Hänk nen a ds Chrüz!» ¹⁵ Der Pilatus het em Volk welle der Wille tue. Er het also der Barabbas freiggä. Jesus het er la dürepöitsche und ne zum Chrüzige la abfüere.

D Soldate fötzle Jesus uus

¹⁶ D Soldate hei nen i Palascht ynegfüert, das isch d Burg vom Statthalter, und hei di ganzi Abteilig zämegrüeft. ¹⁷ Si hein ihm e Purpurmantel umghänkt, hei us Dornen e Chranz gflochte, ihm nen uf e Chopf gleit ¹⁸ und nen aafa begrüesse. «Mir grüesse di, Chünig vo de Jude!» ¹⁹ Si hein ihm mit emne Rohrstäcke über e Chopf ghoue und nen aagspöit, si sy vor ihm uf d Chnöi gfalle und hei sech verböigt wi bi mene Chünig. ²⁰ Wo si ne so hei usgfötzlet gha, hei sin ihm der Purpurmantel wider abzoge und ihm syni Chleider aagleit.

Jesus wird gchrüziget

Du hei si nen usegfüert für ne ga z chrüzige. ²¹ Eine, wo grad dert verbycho isch, hei si zwunge, ihm ds Chrüz z trage: es isch der Simon vo Zyrene gsi, der Vatter vom Alexander und vom Rufus. Er isch grad vom Fäld heicho.
²² Si hei ne zum Ort Golgota gfüert, das heisst übersetzt: ‹Schädel-Platz›. ²³ Und si hein ihm Wy mit Myrrhe ggä, aber er het's nid gno. ²⁴ Du hei si ne gchrüziget und syni Chleider verteilt; si hei gloset drum, wär was überchömi. ²⁵ Es isch Morgen am nüüni gsi, wo si ne gchrüziget hei. ²⁶ D Inschrift, wo sy Schuld aaggä het, het gheisse: «Der Chünig vo de Jude.» ²⁷ Mit ihm zäme hei si zwee Röuber gchrüziget, eine rächts und der ander linggs vo ihm.
²⁹ Die, wo verbygloffe sy, hei nen usgfötzlet. Si hei der Chopf gschüttlet und gseit: «Hä, du, wo der Tämpel wosch abrysse und i dreine Tage wider ufboue, ³⁰ tue di doch jitz sälber rette und styg abe vom Chrüz!» ³¹ So hei o d Oberpriechter zämethaft mit de Schriftgelehrte gspottet: «Anderne het er ghulfe, sich sälber

chan er nid hälfe! ³²Der Chrischtus, der Chünig vo Israel, söll jitz vom Chrüz abestyge, für dass mer's gseh und gloube!» O die, wo mit ihm zäme sy gchrüziget worde, hei ne verläschteret.

Jesus stirbt

³³Um di zwölfe het's e Fyschteri ggä über di ganzi Ärde bis am drü. ³⁴Und am drü het Jesus lut grüeft. «Eloi, Eloi, lema sabachtani,» das heisst übersetzt: «My Gott, my Gott, warum hesch du mi im Stich gla?» ³⁵Es paar, wo dert gstande sy und das ghört hei, hei gseit: «Los, er rüeft em Elija.» ³⁶Eine isch häregsprunge, er het e Schwumm voll Essig uf ne Rohrstäcke gsteckt und het ihm welle z trinke gä und het gseit. «La gseh, jitz wei mer luege, öb der Elija chunt, für nen abezreiche.» ³⁷Aber Jesus het e lute Brüel ta und isch gstorbe. ³⁸Da isch der Vorhang im Tämpel i zwee Bitze verrisse, vo zoberscht bis zunderscht. ³⁹Der Houpme, wo i der Neechi gstanden isch, het gseh, dass er eso gstorben isch und het gseit: «Dä Mönsch isch sicher e Gottessuhn gsi.» ⁴⁰O Froue hei vo wytem zuegluegt, under anderne d Maria vo Magdala und d Maria, d Mueter vom jüngere Jakobus und vom Joses, und d Salome. ⁴¹Die sy scho mit ihm zäme gsi, won er no z Galiläa isch gsi, und hei für ne gsorget. Derzue sy no vil anderi Froue da gsi, wo mit ihm zäme uf Jerusalem cho sy.

Jesus wird begrabe

⁴²Es isch scho gägen Aabe ggange. Es isch ja Rüschttag gsi, das heisst, der Tag vor em Sabbat. ⁴³Da chunt der Josef vo Arimathäa, e fürnäme Ratsherr – o är het uf Gottes Rych gwartet –, er wagt's, geit zum Pilatus yne und höischt ihm der Lychnam vo Jesus. ⁴⁴Der Pilatus het sech verwunderet, dass dä scho sölli gstorbe sy. ⁴⁵Er het der Houpmen yne grüeft und ne gfragt, öb er scho lang tod sygi. Won er's vom Houpme het verno gha, het er em Josef der Lychnam überla. ⁴⁶Dä isch es lynigs Tuech ga choufe, het ne vom Chrüz abgno, het ne i das lynige Tuech yglyret und ne i nes Grab gleit, wo usem Felsen isch useghoue gsi. Du het er e Stei vor en Ygang vom Grab tröölet. ⁴⁷Aber d Maria vo Magdala und d Maria, d Mueter vom Joses, hei gluegt, wo me ne häregleit het.

D Froue bim Grab

16 Wo der Sabbat isch ume gsi, hei d Maria vo Magdala und em Jakob sy Mueter Maria und d Salome Balsam gchouft, für ne ga z salbe. ²Ganz früech am erschte Tag vo der Wuche chöme si zum Grab, wo grad d Sunne ufggangen isch. ³Si säge no so zunenand: «Wär tröölet is ächt der Stei vom Grab-Ygang ewägg?» ⁴Es isch äbe sehr e grosse gsi. Wo si ufluege, gseh si, dass der Stei isch uf d Syte tröölet gsi.
⁵Si gangen i ds Grab yne. Da gseh si rächts e junge Bursch sitze. Er het es längs wysses Chleid anne, und si sy starch erchlüpft. ⁶Aber är seit zue ne: «Erchlüpfet nid! Dihr suechet Jesus vo Nazaret, dä, wo isch gchrüziget worde. Er isch uferweckt, er isch nümme da. Lueget, da isch der Platz, wo si ne hei häregleit gha. ⁷Aber jitz göt säget's syne Jünger und em Petrus, er syg öich vorusggange nach Galiläa. Dert gseht dihr ne de. Er het nech's ja versproche.» ⁸Usespringe und vom Grab ewägg flüchte isch für di Froue numen eis gsi. Si hei gschlotteret und sy ganz vergelschteret gsi. Aber si hei niemerem öppis gseit, so hei si sech gförchtet.*

* Hie hört ds Markus-Evangelium uuf. Was nachär no i den Usgabe vom Nöie Teschtamänt steit, hei anderi speter geschribe, sicher nid der Markus. Mir übersetze's nümm.

Ds Lukas-Evangelium

Vorwort

1 ¹Scho mänge het sech a d Arbeit gmacht, für alls der Reie naa ufzschrybe, wo bi üüs passiert isch. ²Me isch derby nam Bricht vo dene ggange, wo's mit eigeten Ougen erläbt hei, und wo scho geng ghulfe hei, d Botschaft vo Gott z verchünte. ³So het's o mir gschune, es sygi guet, vo Aafang aa i der Ornig allem nachezga und's für di, verehrte Theophilus, ufzschrybe. ⁴Da dranne chasch du de gseh, dass alls würklech feschte Bode het, wo me di drinnen underwise het.

D Geburt vom Töufer Johannes wird aagseit

⁵Synerzyt, wo der Herodes Chünig vo Judäa isch gsi, het e Priechter gläbt, der Zacharias. Er het zur Priechterklass Abija ghört. Sy Frou isch vom Aaron abgstammet und het Elisabet gheisse. ⁶Beidi sy i den Ouge vo Gott gueti Mönsche gsi und hei ganz na syne Gebott und Vorschrifte gläbt, und me het ne nüüt chönne vorwärfe. ⁷Si hei kes Chind gha, wil d Elisabet keni het chönnen übercho. Und beidi sy scho ordli i de Jahre gsi.
⁸Wo em Zacharias sy Abteilig wider einisch isch a der Reie gsi für e Dienscht vor Gott, ⁹isch är usgloset worde, für im Tämpel ds Rouchopfer darzbringe. ¹⁰Derwyle isch ds ganze Volk vorusse gstande und het bbättet. ¹¹Da erschynt em Zacharias rächts vom Rouchopferaltar en Ängel vo Gott. ¹²Er isch grüüslech erchlüpft und het sech gförchtet. ¹³Aber der Ängel seit zuen ihm: «Häb nid Angscht, Zacharias, Gott het dys Gebätt erhört. Dy Frou, d Elisabet, wird e Suhn übercho, und du gisch ihm de der Name Johannes. ¹⁴Dy Fröid wird risegross sy, und o vili anderi fröie sech, wen er uf d Wält chunt. ¹⁵Für Gott wird er e grosse Maa sy. Wy und Schnaps trinkt er de kene, und scho vo Geburt aa erfüllt ne der heilig Geischt. ¹⁶Vil Mönsche vom Volk Israel füert er einisch zrügg zum Herr, irem Gott. ¹⁷Er geit vor Gott här im Geischt und i der Chraft vom Elija. D Härze vo de Vätter länkt er wider zu de Chinder und die, wo Gott nümme wei folge, bringt er wider derzue, ds Rächte z mache. So sorget är derfür, dass es Volk da isch, wo für Gott parat steit.»

¹⁸ Jitz seit der Zacharias zum Ängel: «A was söll i de das merke? I bi doch scho nen eltere Maa, und my Frou isch o nümme di Jüngschti.» ¹⁹ Da seit ihm der Ängel: «I bi der Gabriel, i stande vor Gott, und är het mi gschickt, für mit dir z rede und dir dä guet Bricht z bringe. ²⁰ Lue, vo jitz aa muesch du schwyge und chasch nümme rede bis denn, wo das gscheht, wil du myne Wort nid hesch gloubt, wo sech doch sölle erfülle, we's Zyt derfür isch.»
²¹ Dusse hei d Lüt uf e Zacharias gwartet und sech gwunderet, warum er sech so lang im Tämpel versuumet. ²² Won er du isch usecho, het er nüüt zue ne chönne säge. Da hei si gmerkt, dass er im Tämpel en Erschynig het gha. Er het ne nume chönne winke, ohni Wort. ²³ Und wo sy Dienschtzyt isch verby gsi, isch er hei ggange.
²⁴ Du isch sy Frou Elisabet i d Hoffnig cho und het sech für füf Monet ganz zrügg zoge. ²⁵ «Das het Gott a mir ta», het si gseit, «für dass i mi nümm vor de Mönsche mues schäme.»

D Geburt vo Jesus wird aagseit

²⁶ Sächs Monet speter het Gott der Ängel Gabriel zu nere junge Frou i der Stadt Nazaret z Galiläa gschickt. ²⁷ Si het Maria gheisse und isch verlobt gsi mit em Josef, emene Nachfahr vom David. ²⁸ Er chunt yne und seit: «Gott grüess di! Gott het di lieb und isch mit dir!» ²⁹ Si erchlüpft ab däm Wort und dänkt, was jitz das ächt für ne Gruess söll sy. ³⁰ Da seit der Ängel zue nere: «Häb nid Angscht, Maria. Du hesch bi Gott Gnad gfunde. ³¹ Bald chunsch du i d Hoffnig und überchunsch e Suhn. Däm söllsch der Name Jesus gä. ³² Er wird e grosse Maa, und mi wird von ihm säge, er sygi der Suhn vom Höchschte. Gott, der Herr, wird ihm der Thron vo sym Vatter David gä, und ³³ er wird Chünig sy über ds Volk vom Jakob bis i alli Ewigkeit.» ³⁴ D Maria seit zum Ängel: «Wi söll de das ga? I bi ja no nid ghürate!» ³⁵ Aber der Ängel antwortet nere: «Heilige Geischt chunt über di, und d Chraft vom Höchschte tuet di wi ne Schatte zuedecke. Drum heisst de das heilige Chind o der Suhn vo Gott. ³⁶ Und lue, d Elisabet, dy Verwandti, erwartet o no ne Suhn, trotz irem Alter. Si isch scho im sächste Monet. Derby het me vo nere gseit, si chönn keni Chind übercho. ³⁷ Für Gott isch äbe nüüt unmüg-

lech.» ³⁸ Du seit d Maria: «Guet, i bi d Magd vo Gott. Es söll mit mer cho, wi du gseit hesch.» Da isch der Ängel wider furt ggange.

D Maria bsuecht d Elisabet

³⁹ Drufabe isch d Maria gleitig i ne Stadt im Bärgland vo Judäa greiset. ⁴⁰ Si isch i ds Huus vom Zacharias cho und het d Elisabet grüesst. ⁴¹ Jitz, wo d Elisabet der Gruess vo der Maria ghört, macht ds Chind i irem Lyb grad es Gümpli. Da isch d Elisabet erfüllt worde vom heilige Geischt ⁴² und het ganz lut grüeft: «Du bisch gsägnet, meh als alli Froue, und gsägnet isch ds Chind i dym Lyb! ⁴³ Wi chunt's de, dass d Mueter vo mym Herr grad mir e Bsuech macht? ⁴⁴ Lue, won i dy Gruess ghört ha, het ds Chind i mym Lyb vor luter Fröid es Gümpli gmacht. ⁴⁵ O, bisch du glücklech, dass du grad hesch gloubt, dass sech alls erfüllt, wo dir Gott versproche het!»

⁴⁶ Da seit d Maria:
«Mys Härz rüemt der Herr,
⁴⁷ und my Geischt jublet über Gott, my Retter.
⁴⁸ Er het gseh, wi armüetig i bi.
Vo jitz aa wärden alli, wo nach üüs chöme,
mi für glücklech aaluege,
⁴⁹ wil der mächtig Herr Grosses a mir ta het.
Sy Name isch heilig,
⁵⁰ und sys Erbarme duuret vo eir Generation zur andere
bi dene, wo ne höch achte.
⁵¹ Er het mächtig gwürkt mit sym Arm.
Er het die z nüüte gmacht, wo hoffärtig sy.
⁵² Er het Regänte vo irem Thron abegmüpft
und chlyni Lüt ufeglüpft.
⁵³ Hungerigi macht er mit guete Sache satt,
und Rychi schickt er mit lääre Händ furt.
⁵⁴ Er nimmt sy Chnächt Israel wider aa
und bsinnt sech a sys Erbarme,
⁵⁵ ganz eso, wien er's üsne Vätter gseit het,
dem Abraham und syne Nachkomme bis i d Ewigkeit.»
⁵⁶ D Maria isch öppe drei Monet bi der Elisabet bblibe und nachär wider heigreiset.

D Geburt vom Töufer Johannes

⁵⁷ Jitz isch d Elisabet nache gsi für i ds Chindbett, und si het e Suhn übercho. ⁵⁸ D Nachbere und di Verwandte hei erfahre, wi grosses Erbarme Gott mit nere gha het, und hei sech mit nere gfröit. ⁵⁹ Am achte Tag isch me cho, für ds Buebli z beschnyde, und me het ihm der glych Name welle gä wi sym Vatter, Zacharias. ⁶⁰ Da seit d Mueter: «Nei, er söll Johannes heisse.» ⁶¹ Si säge zue nere: «Aber i dyr Verwandtschaft heisst doch niemer eso!» ⁶² Du hei si sym Vatter ddütet, wien er well, dass ds Chindli söll heisse. ⁶³ Dä höischt es Wachstäfeli und schrybt druuf: «Johannes heisst er!» Da hei sech alli gwunderet. ⁶⁴ I däm Momänt het er sys Muul und sy Zunge ume chönne bruuche, und er het gredt und Gott globet. ⁶⁵ Da hei alli syni Nachbere e Schrecken übercho. Und im ganze Bärgland vo Judäa het me di Gschicht bbrichtet. ⁶⁶ Alli, wo's ghört hei, hei sech's z Härze gno und gseit: «Was git's ächt einisch us däm Chindli?» Der Herr het ihns halt a der Hand gha.

⁶⁷ Über sy Vatter Zacharias isch der heilig Geischt cho, so dass er wi ne Prophet gredt und gseit het:

⁶⁸ «Tüet der Herr ehre, der Gott vo Israel!
   Er isch sym Volk z Hilf cho und het ihns freigmacht.
⁶⁹ Mit Macht het er is Heil und Fride la gross wärde
   im Huus vo sym Chnächt David.
⁷⁰ So het er ja sit alte Zyte gredt dür syni heilige Prophete:
⁷¹ Rette tuet er is vor üsne Finde
   und vor allne, won is bös wei.
⁷² Erbarme het er gha mit üsne Vätter,
   het ddänkt a sy heilige Bund,
⁷³ a Schwur, won er üsem Vatter Abraham het gschwore gha,
   er well is vor üsne Finde rette,
⁷⁴ so dass mir ihm ohni Angscht chöi diene,
⁷⁵ heilig und grächt, üses Läbe lang.
⁷⁶ Und du, Chindli, du heissisch einisch em Höchschte sy Prophet.
   Du geisch de em Herr voraa,
   für ihm syni Wääge äbe z mache.
⁷⁷ Du machsch de sym Volk dütlech, dass es grettet wird,
⁷⁸ und dass ds härzleche Erbarme vo Gott ihm syni Sünde vergit.

So bsuecht üüs ds Morgeliecht vom Himel
⁷⁹ und schynt für die, wo im Fyschtere
und im Schatte vom Tod wohne,
und reiset üsi Füess uf e Wäg zum Fride.»
⁸⁰ Der Bueb isch gwachse und starch worde a Gottes Geischt. Er isch i nere einsame Gäget bblibe bis zum Tag, won er zerschtmal vor em Volk Israel het sölle rede.

D Wienachtsgschicht

2 I dere Zyt het der Cheiser Augustus befole, me söll i sym Rych e Stüür-Schatzig düreflüere. ² Das isch denn ds erschte Mal passiert, wo der Quirinius isch Landvogt vo Syrie gsi. ³ Da sy alli uf d Reis, für sech ga la yzschetze, jede a sy Heimetort. ⁴ O der Josef isch vo Galiläa, us der Stadt Nazaret, nach Judäa gwanderet, i d Davidsstadt, wo Betlehem heisst. Er het drum zu de Nachfahre vom David ghört. ⁵ Dert het er sech welle la yschetze zäme mit der Maria, syr Brut. Die het es Chind erwartet. ⁶ Wo si dert sy aacho, isch d Geburt nachegsi, ⁷ und si het iren erschte Suhn übercho. Si het ne gfääschet* und i ne Chrüpfe gleit. Es het drum für se süsch kei Platz gha i der Herbärg.
⁸ I der glyche Gäget sy Hirte uf em Fäld gsi, wo d Nacht düre bi irne Tier Wach ghalte hei. ⁹ Da chunt en Ängel vo Gott, em Herr, zue ne, und e hälle Schyn vo Gott lüüchtet um sen ume. Si sy natürlech starch erchlüpft. ¹⁰ Aber der Ängel seit zue ne: «Heit nid Angscht, lueget, i bringe nech e guete Bricht, e grossi Fröid, wo ds ganze Volk aageit. ¹¹ Hütt isch nämlech i der Davids-Stadt öie Retter uf d Wält cho. Es isch Chrischtus, der Herr. ¹² Und a däm chöit der's merke: Dihr findet das Chindli gfääschet* und i nere Chrüpfe.»
¹³ Uf einisch sy umen Ängel ume grossi Schare vom Himelsheer gsi, die hei Gott globet und gseit:
¹⁴ «Ehr für Gott i der Höchi,
und uf der Ärde Fride
für d Mönsche, won är lieb het.»
¹⁵ D Ängel sy wider im Himel verschwunde, und d Hirte hei zunenand gseit: «Mir wei doch uf Betlehem yne di Sach ga luege,

---
* Wär ds Wort gfääschet nid gchennt, list: gwicklet.

wo da passiert isch, und wo nis der Herr het z wüsse ta.» ¹⁶ Si hei pressiert und hei d Maria und der Josef gfunde und ds Chindli i der Chrüpfe. ¹⁷ Si hei ihns aagluegt und nachär zäntumen erzellt, was ne vo däm Chind isch gseit worde. ¹⁸ Und alli, wo's hei ghört, hei sech verwunderet über das, wo d Hirte bbrichtet hei. ¹⁹ D Maria het alls, wo gscheh isch, im Härz bhalte und geng wider drann ume gsinnet. ²⁰ D Hirte sy wider zrügg zu irne Tier und hei Gott globet und grüemt wägen allem, wo si erläbt hei; es isch gnau so gsi, wie ne's der Ängel gseit het gha.

Der Simeon und d Hanna begägne em chlyne Jesus

²¹ Wo acht Tag sy ume gsi, het me das Buebli beschnitte und ihm der Name Jesus ggä, äbe dä Name, wo der Ängel synerzyt het gseit gha, no bevor ihns d Maria erwartet het.
²² Und wo du di Tage sy verby gsi, wo ds Gsetz vom Mose vorschrybt für d Reinigung, hei si ihns uf Jerusalem treit für ihns em Herr z übergä. ²³ So steit's im Gsetz vo Gott: «Geng der eltisch Bueb söll men em Herr heilige.» ²⁴ So hei si ds Opfer darbbracht, so win es im Gottesgsetz vorgschribe isch: es Päärli Turteltube oder zwöi jungi Tübeli.
²⁵ Denn het z Jerusalem e Maa gläbt, dä het Simeon gheisse, e guete und fromme Maa. Er het geng druuf gwartet, dass Israel tröschtet wärdi. ²⁶ Der heilig Geischt het ihm drum verheisse gha, er wärdi ersch stärbe, wen er der Chrischtus (dä, wo Gott gsalbet het), gseh heig. ²⁷ Der heilig Geischt het ne jitz i Tämpel tribe. Da bringe d.Eltere grad ds Jesus-Chindli derhär, für alls a ihm la z mache, wo im Gsetz für ihns isch vorgschribe gsi. ²⁸ Er nimmt ihns i d Arme und danket Gott und seit:

²⁹ «Herr, jitz lasch du dy Chnächt im Fride la zie,
   wie du's versproche hesch.
³⁰ Mit mynen Ouge han i jitz dys Heil gseh.
³¹ Du hesch allne Völker es Liecht aazüntet,
³² so dass d Heide 's gseh
   und dys Volk Israel z Ehre chunt.»

³³ Vatter und Mueter hei sech würklech verwunderet über das, wo da über ires Chindli isch gredt worde. ³⁴ Der Simeon het se gsägnet, und zu der Mueter het er gseit: «Lue, är isch derzue bestimmt, dass wägen ihm mänge fallt und mängen ufsteit in

Israel. Vili wird er toub mache; ³⁵ sogar dir, Maria, fahrt's de mängisch wi nes Schwärt dür d Seel. Und us vilne Härze chöme de d Gedanke füre a ds Liecht.»
³⁶ O ne Prophetin isch dert gsi, d Hanna, e Tochter vom Penuel us em Stamm Ascher. Sie isch uralt gsi. Als jungi Frou het si nach ihrer Hürat nume sibe Jahr mit irem Maa chönne zämeläbe. ³⁷ Jitz isch si e vierenachtzg-järigi Witfrou gsi. Si isch nümme vom Tämpel furt und het Tag und Nacht Gott ddienet, gfaschtet und bbättet. ³⁸ Grad i däm Ougeblick isch si o da gsi und isch zueche cho und het Gott globet und über ihn zu allne gredt, wo uf d Erlösig vo Israel planget hei.
³⁹ Wo si alls hei gmacht gha, wo im Gsetz vo Gott vorgschriben isch, sy si nach Galiläa zrügg gwanderet i iri Stadt Nazaret. ⁴⁰ Der Bueb isch gross und chreftig worde, voll tiefer Gschydi, und d Gnad vo Gott het ne bhüetet.

Der zwölfjärig Jesus im Tämpel

⁴¹ Syni Eltere sy Jahr für Jahr a ds Passa-Fescht uf Jerusalem greiset. ⁴² Jitz, won är isch zwölfi worde, sy si o wider ggange, wi's äbe der Feschtbruuch isch gsi. ⁴³ Na de Feschttage sy si ume hei gwanderet. Der Bueb Jesus isch z Jerusalem bblibe, ohni dass syni Eltere 's gmerkt hei. ⁴⁴ Si hei eifach gmeint, er sygi i der Reisegruppe. Na nere Tagreis hei si ne bi allne Verwandte und Bekannte gsuecht. ⁴⁵ Wo si ne niene gfunde hei, sy si uf Jerusalem zrügg, für ne dert ga z sueche, ⁴⁶ und ändlech na dreine Tage hei si ne im Tämpel gfunde, win er dert zmitts zwüsche de Lehrer gsässen isch. Dene het er zueglost und se usgfragt. ⁴⁷ Alli, wo ne ghört hei, hei nume so gstuunet über syni Antworte. ⁴⁸ D Eltere sy ganz erchlüpft, wo si ne gseh hei. Sy Mueter seit zuen ihm: «Chind, was hesch du nis jitz da anegmacht! Dänk doch, was mir für nen Angscht um di usgstande hei. Mir hei di würklech mit Schmärze gsuecht!» ⁴⁹ Da antwortet er ne: «Für was heit dihr mi eigetlech gsuecht? Wüsset dihr nid, dass ig im Huus vo mym Vatter mues sy?» ⁵⁰ Aber si hei halt nid begriffe, was er da gseit het. ⁵¹ Du isch er mit ne hei uf Nazaret. Er isch es gfölgigs Chind gsi. Sy Mueter het aber alls, wo isch passiert gsi, z tiefscht inne bhalte. ⁵² Und der Bueb isch gross worde und gschyd, und Gott und d Mönsche hei Fröid an ihm gha.

D Predig vom Töufer Johannes

3 Der Cheiser Tiberius het sit füfzäh Jahr regiert, der Pontius Pilatus isch Landvogt vo Judäa gsi, der Herodes Vierfürscht vo Galiläa, sy Brueder Philippus Vierfürscht vo Ituräa und vom trachonitische Land, und der Lysanias Vierfürscht vo Abilene; ²Hohepriechter sy der Hannas und der Kaiaphas gsi. Da het Gott dür sys Wort der Johannes, der Suhn vom Zacharias, i der einsame Gäget grüeft, ³und dä isch dür ds ganze Land am Jordan gwanderet und het prediget, me söll sech ändere und sech la toufe, für dass eim d Sünde vergä wärde. ⁴So isch es ja o ufgschribe im Buech mit de Wort vom Prophet Jesaja: «I einsame Gägete tönt d Stimm vo eim, wo rüeft: ‹Machet der Wäg für e Herr parat, äbnet ihm sy Strass! ⁵Jede Grabe söll zuegschüttet, jede Bärg und Hoger söll ygäbnet wärde. Gredet di chrumme Wääge und machet di ruuche glatt: ⁶Alli Mönsche sölle erläbe, dass Gott se rettet!›»

⁷Jitz het der Johannes zu dene Hüüffe Lüt gseit, wo zuen ihm use sy cho, für sech vo ihm la z toufe: «Dihr Schlangebruet, wär het öich aaggä, dihr chönnet em Strafgricht, wo drööit, ertrünne? ⁸Tüet im praktische Läbe öppis, wo me dranne cha gseh, dass dihr nech gänderet heit. Und fanget ja nid öppe aa nech yzrede: ‹Mir stamme ja vom Abraham ab – üüs cha nüüt passiere!› I will nech nume grad säge: Gott cha em Abraham us dene Steine da Chind ufstelle! ⁹Scho ligt ds Bieli parat näbe de Wurzle vo de Böum. Jede Boum, wo nid rächt wott trage, wird abghoue und zu Brönnholz gmacht!»

¹⁰E Huuffe Lüt hei ne gfragt: «Was sölle mir jitz mache?» ¹¹Er het ne gantwortet: «Wär zwöi Chleider het, söll däm eis gä, wo keis het, und wär z ässe het, söll's o so mache.»

¹²O Zöllner sy zuen ihm cho für sech la z toufe und hein ihm gseit: «Meischter, was sölle mir mache?» ¹³Er het ne gseit: «Höischet nid meh Gäld, weder was abgmacht isch!» ¹⁴O Soldate hei ne gfragt: «Und mir, was sölle mir mache?» Er het ne gseit: «Stälet nüüt, plaget und erpresset niemeren, syt zfride mit öiem Sold!»

¹⁵Ds Volk isch gspannet gsi, und alli hei drüber nacheddänkt, öb nid amänd der Johannes der Chrischtus syg. ¹⁶Är het allne erklärt: «I toufe nech mit Wasser, aber bald chunt dä, wo stercher isch als ig. I bi's nid wärt, ihm der Rieme vo syne Sandalen

ufztue. Dä touft ech de mit heiligem Geischt und mit Füür. ¹⁷Er het d Worfschufle i der Hand, für uf em Tenn Ornig z mache: Der Weize füert er i sy Spycher, aber der Spröier verbrönnt er mit Füür, wo nie verlöscht.» ¹⁸So het er em Volk der Finger ufgha und ihm di gueti Botschaft prediget. ¹⁹Er het du o mit em Vierfürscht Herodes gschumpfe wäge der Herodias, der Frou vo sym Brueder, und o wägen allem andere Böse, wo der Herodes het aagstellt gha, ²⁰und dä het du uf alls ufe der Johannes la i d Chefi ybschliesse.

D Toufi vo Jesus

²¹Wo ds ganze Volk sech het la toufe, isch o Jesus touft worde. Drufabe het er bbättet. ²²Da isch der Himel ufggange, und der heilig Geischt isch lybhaftig wi ne Tube uf nen abe cho, und e Stimm us em Himel het gseit: «Du bisch my liebe Suhn, di han i userwählt.»

²³Jesus isch öppe dryssgi gsi, won er het aafa predige. Er isch, so het men aagno, der Suhn gsi vom Josef und dä der Suhn vom ²⁴Eli, dä vom Mattat, dä vom Levi, dä vom Melchi, dä vom Jannai, dä der Suhn vom Josef, ²⁵dä vom Mattitja, dä vom Amos, dä der Suhn vom Nahum, dä der Suhn vom Hesli, dä der Suhn vom Naggai, ²⁶dä der Suhn vom Mahat, dä der Suhn vom Mattitja, dä der Suhn vom Schimi, dä der Suhn vom Josech, dä der Suhn vom Joda, ²⁷dä der Suhn vom Johanan, dä der Suhn vom Resa, dä der Suhn vom Serubbabel, dä der Suhn vom Schealtiël, dä der Suhn vom Neri, ²⁸dä der Suhn vom Melchi, dä der Suhn vom Addi, dä der Suhn vom Kosam, dä der Suhn vom Elmadam, dä der Suhn vom Er, ²⁹dä der Suhn vom Joschua, dä der Suhn vom Eliëser, dä der Suhn vom Jorim, dä der Suhn vom Mattat, dä der Suhn vom Levi, ³⁰dä der Suhn vom Simeon, dä der Suhn vom Juda, dä der Suhn vom Josef, dä der Suhn vom Jonam, dä der Suhn vom Eljakim, dä der Suhn vom Melea, dä der Suhn vom Menna, dä der Suhn vom Mattata, dä der Suhn vom Natan, dä der Suhn vom David, ³²dä der Suhn vom Isai, dä der Suhn vom Obed, dä der Suhn vom Boas, dä der Suhn vom Salmon, dä der Suhn vom Nachschon, ³³dä der Suhn vom Amminadab, dä der Suhn vom Admin, dä der Suhn vom Arni, dä der Suhn vom Hezron, dä der Suhn vom Perez, dä der Suhn vom Juda, ³⁴dä der Suhn vom Jakob, dä der Suhn vom Isaak,

dä der Suhn vom Abraham, dä der Suhn vom Terach, dä der Suhn vom Nahor, ³⁵ dä der Suhn vom Serug, dä der Suhn vom Regu, dä der Suhn vom Peleg, dä der Suhn vom Eber, dä der Suhn vom Schelach, ³⁶ dä der Suhn vom Kenan, dä der Suhn vom Arpachschad, dä der Suhn vom Sem, dä der Suhn vom Noach, dä der Suhn vom Lamech, ³⁷ dä der Suhn vom Metuschelach, dä der Suhn vom Henoch, dä der Suhn vom Jered, dä der Suhn vom Mahalalel, dä der Suhn vom Kenan, ³⁸ dä der Suhn vom Enosch, dä der Suhn vom Set, dä der Suhn vom Adam, und dä isch vo Gott erschaffe worde.

Jesus wird uf d Prob gstellt

4 Erfüllt vom heilige Geischt isch Jesus vom Jordan furtgggange. Er isch vom Geischt vierzg Tag lang i einsame Gägete umegfüert worde, ²und derby het ne der Tüüfel uf d Prob gstellt. I dene Tage het er überhoupt nüüt ggässe, und wo si sy verby gsi, het er Hunger gha. ³Da seit ihm der Tüüfel: «We du der Suhn vo Gott bisch, so säg doch däm Stei da, er söll zu Brot wärde!» ⁴Jesus antwortet ihm: «So steit's gschribe: ‹Nid nume vom Brot läbt der Mönsch.›» ⁵Du füert ne der Tüüfel neimen ufe und zeigt ihm alli Länder vo der Wält uf eis Mal. ⁶Und er seit ihm: «Dir will i di ganzi Macht gä mitsamt irer Herrlechkeit. Mir ghört si nämlech, und i gibe se däm, won ig wott. ⁷We du mi jitz aabättisch, isch das alls dys!» ⁸Aber Jesus git ume: «So steit's gschribe: ‹Der Herr, dy Gott söllsch du aabätte, und numen ihm söllsch du diene.›»
⁹Du füert er nen uf Jerusalem und stellt nen uf e Dachvorsprung vom Tämpel und seit ihm: «We du der Suhn vo Gott bisch, so gump da überuus! ¹⁰Es steit ja gschribe: ‹Är tuet di synen Änglen aavertroue, für dass si di bhüete, und ¹¹dass si di uf Hände trage, dass de mit em Fuess nid über ne Stei stolperisch.›» ¹²Aber Jesus git ihm zur Antwort: «Es steit o gschribe: ‹Du söllsch der Herr, dy Gott, nid z unützem uf d Prob stelle.›». ¹³Da het der Tüüfel ufghört nen uf d Prob zstelle und het nen i Rue gla bis zu mene gäbigere Momänt.
¹⁴Voll Chraft vom Geischt isch Jesus nach Galiläa hei ggange. Zäntume het me von ihm gredt. ¹⁵Er het i irne Synagoge glehrt, und alli hei ne grüemt.

D Predig z Nazaret

¹⁶ So isch er o uf Nazaret cho, won er als Chind het gläbt gha. Win er sech's isch gwanet gsi, isch er am Sabbat i d Synagoge ggange und isch ufgstande für vorzläse. ¹⁷ Me het ihm ds Buech vom Prophet Jesaja ggä. Er het das Buech ufgrollet und di Stell gfunde, won es heisst: ¹⁸ «Der Geischt vo Gott isch uf mir, er het mi gsalbet, für den Arme di gueti Botschaft z verchünte. Er het mi gschickt, für de Gfangnige z säge, si wärde frei und de Blinde, si chönne wider gseh, dene, wo zämebbroche sy, si wärde gsund, ¹⁹ und es Jahr aazsäge, wo Gott Fröid het dranne.» ²⁰ Du het er ds Buech zämegrollet und's em Diener ggä und isch abgsässe. D Ouge vo allne i der Synagoge hei gspannet uf ne gluegt. ²¹ Da het er zue ne gseit: «Hütt isch dä Bibelspruch, wo der ghört heit, erfüllt.» ²² Alli hein ihm zuegstimmt. Si hei sech aber verwunderet, dass är nume über d Gnad prediget. Si hei gseit: ‹Jä, isch das nid der Suhn vom Josef?» ²³ Da seit er zue ne: «Sicher säget dihr mer ds Sprichwort: ‹Dokter, mach di sälber gsund! Mir hei verno, was z Kafarnaum passiert isch. Mach jitz das o hie, wo de daheime bisch!› Aber lueget, ²⁴ i säge nech: I syr Vatterstadt zellt e Prophet nüüt! ²⁵ I säge nech's grediuse: I der Zyt vom Elija het's mängi Witfrou ggä in Israel, denn wo der Himel drü und es halbs Jahr isch bschlosse gsi, wo ne grossi Hungersnot uf der ganzen Ärde isch gsi. ²⁶ Aber der Elija isch zu kenere vo ne gschickt worde, derfür zu nere Witfrou z Sarepta i der Gäget vo Sidon. ²⁷ Und mängen Ussätzige het's i de Tage vom Prophet Elischa in Israel gha, aber kene vo ne isch gheilet worde, derfür der Syrer Naaman.»
²⁸ Da hei alli i der Synagoge e Töubi übercho, wo si das ghört hei. ²⁹ Si sy ufgstande und hei Jesus zur Stadt usgschleipft und ne a oberschte Rand vo däm Bärg gfüert, wo iri Stadt druffe isch bbouet gsi, für nen überuus z müpfe. ³⁰ Aber är isch zmitts dür se düre ewägg ggange und isch wyter gwanderet.

Chranki wärde gheilet

³¹ Er isch abecho uf Kafarnaum, e Stadt vo Galiläa. Dert het er d Lüt alben am Sabbat underwise. ³² Si sy ganz under sym Ydruck gstande, wil si d Vollmacht vo syne Wort gspürt hei.
³³ I der Synagoge isch e Maa gsi, dä het e wüeschte dämonische Geischt i sech gha. Dä het lut bbrüelet: ³⁴ «He da, was chunsch

du mir i ds Gheg, Jesus vo Nazaret? Bisch du cho für is zgrund z richte? I weis, wär du bisch, der Heilig vo Gott!» ³⁵Aber Jesus het ihm ddrööit: «Schwyg und la nen i Rue!» Da het ne der Dämon zmitts a Boden use pängglet und het ne la sy, ohni ihm wehztue. ³⁶Alli hei sech verwunderet und zunenand gseit: «Was söll das bedüte? Mit Vollmacht und Chraft befilt er de wüeschte Geischter, und si verschwinde!» ³⁷Und mi het überall i der Gäget von ihm gredt.
³⁸Won er us der Synagoge usecho isch, geit er zum Simon hei. D Schwigermueter vom Simon het amene schwäre Fieber glitte, und si sy nen um Hülf aaggange für se. ³⁹Er isch näbe se gstande, het em Fieber ddrööit, und es isch vergange. Da isch si grad ufgstande und het ne z ässe gmacht.
⁴⁰Wo d Sunnen underggangen isch, het men e Huuffe Lüt mit allergattig Chrankheite zuen ihm bbracht. Er het jedem vo ne d Händ ufgleit und se gheilet. ⁴¹Us mängem sy bösi Geischter usegfahre, wo bbrüelet hei: «Du bisch der Suhn vo Gott!» Aber är het ne ddrööit und se nid la rede; si hei drum gwüsst, dass är der Chrischtus isch.
⁴²Wo's taget het, isch er use und a nen einsamen Ort ggange. Hüüffe Lüt hei ne gsuecht und sy zuen ihm cho und hein ihm aaghalte, er söll nid furt ga. ⁴³Aber er het zue ne gseit: «I mues o no i den andere Ortschafte di gueti Botschaft vo Gottes Rych predige. Derfür het Gott mi härebschickt.» ⁴⁴So het er prediget i de Synagoge vo Judäa.

Der Fischzug vom Petrus

5 Einisch isch Jesus am Ufer vom See Gennesaret gstande und ds Volk chrisdick um nen ume, für z lose, was Gott ne z säge het. ²Da gseht er zwöi Schiff am Seeufer lige. D Fischer sy usgstige gsi und hei d Netz gwäsche. ³Er isch i eis vo de Schiff gstige – es het em Simon ghört – und het ne bbätte, er söll echly vom Ufer abstosse. Du isch er im Schiff abgsässe und het di Schare Lüt underwise. ⁴Won er fertig gredt het gha, seit er zum Simon: «Fahr uf e See use und löt öiji Netz i ds Wasser abe zum Fische!» ⁵Aber der Simon git ihm zrügg: «Meischter, di ganzi Nacht düre hei mer gschaffet und nüüt gfange! Aber wil du's seisch, lan i ds Netz i ds Wasser.» ⁶Wo si das gmacht hei, hei si ne Huuffe Fisch gfange, so dass iri Netz hei aafa rysse. ⁷Si hei irne

Kollege im andere Schiff gwunke, si sölle ne z Hülf cho. Die sy cho, und si hei beidi Schiff gfüllt, dass si fasch gsunke sy. ⁸ Wo der Simon Petrus das het gseh, isch er vor Jesus uf d Chnöi gfalle und het gseit: «Gang wäg vo mir, i bi ja ne sündige Maa, Herr!» ⁹ E grosse Chlupf het nämlech alli packt und o alli andere, wo byn ihm sy gsi, wäge däm Fischfang, wo si zäme gmacht hei. ¹⁰ Und exakt glych o der Jakobus und der Johannes, d Sühn vom Zebedäus, wo mit em Simon zämegschaffet hei. Da seit Jesus zum Simon: «Häb kei Angscht, vo jitz aa wirsch du Mönsche fische!» ¹¹ Da hei si d Schiff a ds Land zoge, hei alls la sta und sy mit ihm ggange.

En Ussätzige wird gheilet

¹² Einisch, won er i einere vo irne Stedt isch gsi, isch dert e Maa gsi, über und über voll Ussatz. Wo dä Jesus het gseh, isch er vor ihm a Bode gchnöilet und het ihm aaghalte: «Herr, we du wosch, chasch mi gsund mache!» ¹³ Da het er d Hand usgstreckt, het nen aagrüert und gseit: «I wott, bis gsund!» Und der Ussatz isch ihm sofort vergange. ¹⁴ Er het ihm befole, niemerem öppis z säge. «Gang und zeig di em Priechter und bring ds Opfer für ds Gsundwärde, wi's der Mose befole het, als Bewys für d Lüt.» ¹⁵ Aber jitz het me ersch rächt vo Jesus gredt, und Hüüffe Lüt sy zämegloffe für ne z ghöre und sech vo irne Chrankheite la z heile. ¹⁶ Aber är het sech zrüggzoge i einsami Gägete, won er bbättet het.

E Glähmte wird gheilet

¹⁷ Einisch amene Tag het er underrichtet, und es sy Pharisäer und Gsetzeslehrer da gsässe, wo us jedem Dorf vo Galiläa und vo Jerusalem cho sy. Und d Chraft vo Gott, em Herr, het ne mache Chranki z heile. ¹⁸ Da hei Manne uf mene Gliger e Mönsch bbracht, wo glähmt isch gsi; si hei ne welle ynetrage und vor ne härelege. ¹⁹ Aber si sy nid dür di vile Lüt dürecho. Da sy si uf ds Dach ufegchlätteret, hei d Ziegle abddeckt und der Glähmt grad mitsamt der Bare i d Mitti abegla, diräkt vor Jesus häre. ²⁰ Won är ire Gloube het gseh, het er gseit: «Maa, dyni Sünde sy dir vergä!» ²¹ Da hei d Pharisäer und di Schriftgelehrte aafa dänke:

«Was isch das für eine, wo settigi Frächheite seit! Wär cha de Sünde vergä weder nume Gott alleini?»
²²Wo Jesus iri Gedanke gmerkt het, het er ne gseit: «Was dänket dihr i öine Härze? ²³Was isch ächt eifacher, z säge: ‹Dir sy dyni Sünde vergä› – oder z säge: ‹Stand uuf und louf umenand!›? ²⁴Aber für dass dihr gseht, dass der Mönschesuhn d Vollmacht het, uf der Ärde Sünde z vergä» – seit er zum Glähmte: «Dir sägen i, stand uuf, nimm dys Gliger und gang hei!» ²⁵Sofort isch dä vor ine ufgstande, het das Züüg zämepackt, won er vorhär druffe gläge isch, isch hei ggange und het Gott globet. ²⁶Und e grosse Schrecke het alli packt, und si hei Gott globet und voll Angscht gseit: «Hütt hei mer öppis Ungloublechs erläbt.»

Der Levi wird beruefe

²⁷Nachär isch er useggange. Er het e Zöllner gseh, wo Levi gheisse het und a der Zollstation gsässe isch, und het zuen ihm gseit: «Chumm mit mer!» ²⁸Dä het alls la sy, isch ufgstande und mit ihm ggange. ²⁹Und der Levi het ihm i sym Huus es grosses Ässe ggä. E Huuffe Zöllner und anderi Lüt sy da gsi, wo mit ne am Tisch gsässe sy. ³⁰D Pharisäer und iri Schriftgelehrte hei mit syne Jünger gschumpfe und gseit: «Wi chömet dihr derzue, zäme mit Zöllner und Sünder z ässe und z trinke?» ³¹Aber Jesus het ne gantwortet: «Di Gsunde bruuche der Dokter nid, nume di Chranke. ³²I bi nid cho, für de Grächte z rüefe, si sölle sech ändere, aber für's de Sünder z säge.»

Vom Faschte

³³Si hein ihm du gseit: «D Jünger vom Johannes faschte vil und bätte, und so mache's o die vo de Pharisäer, aber dyni ässe und trinke!» ³⁴Da het Jesus ne gantwortet: «Chöit dihr öppe vo de Hochzytsgescht verlange, dass si faschte, we der Brütigam by nen isch? ³⁵Es chömen einisch Tage, wo der Brütigam vo nen ewägg gno wird, denn, i dene Tage tüe si de faschte!»
³⁶Er het ne o nes Glychnis erzellt: «Niemer rysst e Bitz Stoff vo mene nöie Chleid ab und nääit's uf nes alts Chleid, süsch verrysst er ja nume ds nöie, und zum alte passt der Blätz vom nöie o nid.
³⁷Und niemer schüttet nöie Wy i alti Schlüüch, süsch versprängt der nöi Wy d Schlüüch, und er louft uus, und d Schlüüch gö o

kabutt. ³⁸ Nei, me mues nöie Wy i nöiji Schlüüch schütte! ³⁹ Und niemer, wo alte Wy trunke het, wott nöie. Er seit nämlech: ‹Der alt isch der guet.›»

Was darf men am Sabbat mache?

6 Einisch amene Sabbat isch er dür d Chornfälder gloffe, und syni Jünger hei Ähri abgstrupft, sen i de Händ verribe und ggässe. ² Da sägen es paar vo de Pharisäer: «Was machet dihr da? Das isch doch am Sabbat nid erloubt!» ³ Jesus antwortet ne: «Heit dihr nid gläse, was der David gmacht het, won är und syni Gspane Hunger hei gha? ⁴ Dass er i Tämpel ggangen isch und d Schoubrot gno het und se syne Fründe ggä het – derby dörfe ja nume d Priechter die ässe! ⁵ Der Mönschesuhn isch Herr o über e Sabbat», het er zue ne gseit.
⁶ Amenen andere Sabbat isch er i d Synagoge ggange und het underrichtet. Dert isch e Maa gsi, däm isch sy rächti Hand abgstorbe gsi. ⁷ Di Schriftgelehrte und d Pharisäer hein ihm ufgluusset, öb Jesus ächt am Sabbat tüeg heile, für dass si nen Anthebi heige, für ne z verchlage. ⁸ Aber er het iri Gedanke wohl gchennt und het däm Maa mit der abgstorbene Hand gseit: «Häb uuf und stand i d Mitti!» Dä isch häregstande. ⁹ Du het Jesus zue ne gseit: «I frage nech: Isch es erloubt, am Sabbat öppis Guets oder öppis Schlächts z tue, es Läbe z rette oder 's zgrund z richte?» ¹⁰ Alli zäme het er aagluegt und zum Maa het er gseit: «Streck dy Hand uus!» Dä het's gmacht, und sy Hand isch gheilet gsi.
¹¹ Es het se vor Töubi fasch verjagt, und si hei zäme gratiburgeret, was si gäge Jesus chönnten undernä.

Di zwölf Jünger wärde beruefe

¹² I dene Tagen isch er einisch furt uf ene Bärg für ga z bätte. Er het di ganzi Nacht zu Gott bbättet. ¹³ Wo's taget het, het er syni Jünger zue sech grüeft und zwölf vo nen usgläse. Dene het er o Aposchtel gseit: ¹⁴ der Simon, wo men ihm o Petrus gseit het, und sy Brueder Andreas und der Jakobus und der Johannes und der Philippus und der Bartholomäus, ¹⁵ der Matthäus und der Thomas und der Jakobus, der Suhn vom Alphäus, und der Simon us der Zelote-Partei, ¹⁶ und der Judas, der Suhn vom Jakobus,

und der Judas Iskariot, wo speter zum Verräter worden isch. ¹⁷Er isch mit ne wider vom Bärg abe; uf emenen äbene Platz isch er blybe sta, und mit ihm e Schar vo syne Jünger und Hüüffe Lüt us ganz Judäa und vo Jerusalem und us der Gäget am Meer, vo Tyrus und Sidon. ¹⁸Die sy cho für syni Wort z ghöre und sech la z heile vo irne Chrankheite. Die, wo vo usubere Geischter sy plaget worde, het er gheilet. ¹⁹Und alli hei ne wellen aarüere, wil e Chraft von ihm usggangen isch und alli gsund gmacht het.

Wär isch glücklech?

²⁰Du het er syni Jünger aagluegt und zue ne gseit:
«Glücklech syt dihr Arme; öich ghört Gottes Rych.
²¹Glücklech syt dihr, we dihr jitz Hunger heit;
gly wärdet dihr satt.
Glücklech syt dihr, we dihr jitz briegget;
gly tüet dihr lache.
²²Glücklech syt dihr, wen öich d Mönsche hasse,
und we si nüüt wei z tüe ha mit nech und nech verbrüele,
und we si öie Name i Dräck zie wägem Mönschesuhn.
²³Fröiet nech a däm Tag und gumpet uuf; lueget, öie Lohn isch derfür gross im Himel. Grad eso hei's iri Vätter o de Prophete gmacht.
²⁴Hingäge: I warne nech, Rychi,
dihr heit öie Troscht scho übercho.
²⁵I warne nech, we dihr jitze satt syt,
dihr wärdet no Hunger lyde!
I warne nech, we dihr jitze lachet,
dihr tüet de no truure und briegge!
²⁶I warne nech, we nech alli tüe rüeme.
Gnau glych hei's iri Vätter de faltsche Prophete o gmacht.»

Wie me söll liebha und vergä?

²⁷«Aber öich, dene, wo zuelose, sägen i: Heit öiji Finde lieb, tüet dene Guets, wo nech hasse, ²⁸sägnet die, wo nech verflueche, bättet für die, wo bös gäge nech sy.
²⁹We dir eine e Chlapf uf d Backe git, so häb ihm di anderi o häre. Und we dir eine ds Chleid wägnimmt, lan ihm o der

Mantel. ³⁰Gib jedem, wo dir öppis höischt; und we dir eine dy Sach wägnimmt, höisch ihm se nid ume.
³¹Und so, wi dihr weit, dass d Lüt mit öich sy, so syt o mit ine!
³²We dihr die gärn heit, wo öich gärn hei, für was bruuchti me nech de da dankbar z sy? O d Sünder hei die gärn, wo se gärn hei. ³³Und we dihr dene öppis zlieb tüet, wo öich öppis zlieb tüe, für was bruuchti me nech de da dankbar z sy? O d Sünder mache's doch eso. ³⁴Und we dihr dene öppis etlehnet, wo dihr hoffet, dihr überchömet's ume, für was erwartet dihr da ne Dank? O d Sünder etlehne de Sünder, für dass si ds Glyche umeüberchöme. ³⁵Im Gägeteil: Heit öiji Finde lieb und tüet ne Guets und etlehnet, ohni dass der öppis zrüggerwartet. De wird öie Lohn gross sy. De syt dihr d Sühn vom Höchschte. Är isch ja o güetig gäge di Undankbaren und Böse. ³⁶Wärdet barmhärzig, wi öie Vatter barmhärzig isch.»

Vom Urteile

³⁷«Richtet nid, de wärdet dihr o nid grichtet. Verurteilet nid, de wärdet dihr nid verurteilt. Löt frei, de wärdet dihr einisch o frei gla.
³⁸Gät, und de git men öich. Me git nech es guets, ghuuffets, platschvolls Määs, wo überlouft i öie Schoos. Mit däm Määs, wo dihr dermit mässet, wird men öich o wider zueteile.»
³⁹Er het ne du o nes Glychnis erzellt: «Sit wenn cha ne Blinde ne Blinde füere? Troole da nid beid zäme i nes Loch abe?
⁴⁰E Jünger steit nid über sym Lehrer. Jede, o wen er no so vollkommen isch, isch nume wi sy Lehrer. ⁴¹Was luegsch du uf ne Sprysse im Oug vo dym Brueder, und gisch nid acht uf e Trämel im eigeten Oug? ⁴²Wi chasch nume zu dym Brueder säge: ‹Brueder, erloub mer, dass i der Sprysse us dym Oug zie› – derby gsehsch der Trämel i dym eigeten Oug nid! Bis nid schynheilig und zie zersch der Trämel us dym eigeten Oug; de chasch de luege, wie de der Spryssen us em Oug vo dym Brueder usenimmsch.»

Bringet gueti Frücht

⁴³«Es git ke guete Boum, wo fuli Frücht treit; umgchehrt treit ke fule Boum gueti Frücht. ⁴⁴Jede Boum gchennt men a syne

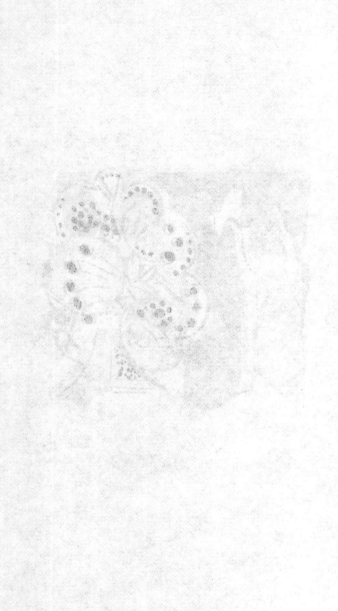

Frücht. Vo Dischtle list me keni Fygen ab, und im Dornhag findet me nid Trübel. ⁴⁵ Der guet Mönsch bringt us em guete Schatz vo sym Härz ds Guete füre. Und der Bös bringt ds Bösen us em böse (Schatz) use. We ds Härz vo öppis überlouft, mues es zum Muul use! ⁴⁶ Warum säget dihr zue mer: ‹Herr, Herr!› und machet doch nid, was i säge? ⁴⁷ Jede, wo zue mer chunt und myni Wort ghört und se de o macht — i will nech zeige, wäm dä glychet: ⁴⁸ Er glychet emene Mönsch, wo nes Huus bouet. Dä het usggrabt und usgschachtet und ds Fundamänt uf e Felsen abgstützt. Es het en Überschwemmig ggä, und der Fluss isch bis a ds Huus überloffe, aber er het's nid chönne mache z waggele, wil es solid isch bbouet gsi. ⁴⁹ Aber dä, wo's ghört und glych nid macht, dä glychet emene Mönsch, wo nes Huus uf e Bode gstellt het ohni Fundamänt. Wo der Fluss dra häre gstossen isch, isch es sofort mit grossem Krach zämegheit.»

Der Houpme vo Kafarnaum

7 Wo Jesus vor em Volk het fertig gredt gha, isch er uf Kafarnaum ggange. ² Dert isch emene Houpme sy Chnächt, wo dä sehr gärn het gha, chrank gsi, am Stärben anne. ³ Er het vo Jesus ghört und het Ratsherre vo de Jude zuen ihm gschickt, si sölle ne frage, öb er nid chiem sy Chnächt cho rette. ⁴ Die hei uf Jesus gwartet und hein ihm fei aaghalte: «Er verdienet's, dass du ihm hilfsch. ⁵ Er het nämlech üses Volk gärn und het is sogar üsi Synagoge la boue.» ⁶ Da isch Jesus mit ne ggange. Won er nümm wyt vom Huus ewägg isch gsi, het ihm der Houpme Fründe eggägegschickt für ihm z säge: «Herr, mach der nid Müe; i bi's nid wärt, dass du zu mir hei chunsch. ⁷ Drum han i mi o nid getrout, sälber zue der z cho. Säg numen es Wort, de wird my Chnächt gsund! ⁸ O i bi ne Mönsch, wo under mene Kommando steit, und ha under mir Soldate. Wen ig eim säge: ‹Marsch!› de geit er; und emenen andere: ‹Aaträtte!› de chunt er; und zu mym Chnächt: ‹Mach das!› de macht er's.» ⁹ Wo Jesus das ghört het, het er sech verwunderet. Er het sech zu de Lüt umddrääit, wo ne begleitet hei, und het gseit: «I säge nech, in Israel han i no kei settige Gloube gfunde.» ¹⁰ Und wo em Houpme syni Bote zrügg i ds Huus cho sy, hei si der Chnächt gsund aatroffe.

Der jung Maa vo Naïn

¹¹ Gly druuf isch er i nes Stedtli cho, wo Naïn heisst. D Jünger hei ne begleitet und o vil anderi Lüt. ¹² Won er gäg em Stadttor zue chunt, wird grad e Toten usetreit, der einzig Suhn vo syr Mueter, und si isch e Witfrou gsi. E Huuffe Lüt vo der Stadt hei se begleitet. ¹³ Wo der Herr se gseh het, het si ne dduuret. Er het nere gseit: «Briegg nid!» ¹⁴ Und er isch zum Sarg zueche und het nen aagrüert. Die, wo ne treit hei, sy blybe sta. Är seit: «Stand uuf, junge Maa!» ¹⁵ Da isch der Tot ufgsässe und het aafa rede. Und är het ne syr Mueter umeggä. ¹⁶ E grossi Ehrfurcht isch sen alli aacho, und si hei Gott globet und gseit: «E grosse Prophet isch bi üüs uftoucht, und Gott isch sym Volk z Hilf cho.» ¹⁷ Und di Gschicht isch i ganz Judäa und wyt im Land umeggange.

Jesus und der Töufer Johannes

¹⁸ Em Johannes syni Jünger hein ihm vo däm allem bbrichtet. Da het der Johannes zwee vo syne Jünger la cho ¹⁹ und se zum Herr gschickt für ne la z frage: «Bisch du dä, wo wird cho, oder sölle mer uf nen andere warte?» ²⁰ Di Manne sy zuen ihm cho säge: «Der Töufer Johannes schickt is zu dir für di la z frage: ‹Bisch du dä, wo wird cho, oder sölle mer uf nen andere warte?›» ²¹ Denn het er grad vil Lüt vo irne Chrankheite und Plage und böse Geischter gheilet, und mänge Blinde het er wider mache z gseh. ²² Er het ne gantwortet: «Ganget, säget em Johannes, was dihr gseh und ghört heit: Blindi gseh und Lahmi loufe, Ussätzigi wärde gsund und Ghörlosi ghöre, Toti wärden uferweckt, und den Arme wird di gueti Botschaft prediget, ²³ und glücklech isch dä, wo nid a mir zwyflet.»
²⁴ Wo em Johannes syni Bote wider furt sy gsi, het er aafa zu de Lüt über e Johannes rede: «Was heit dihr i der Wüeschti welle ga luege? Es Schilfrohr, wo vom Luft erhudlet wird? ²⁵ Oder was heit dihr welle ga luege? E Mönsch, wo weichi Chleider aaleit? Gället, die, wo weichi Chleider aalege und im Überfluss läbe, wohne i de Chünigspäläscht. ²⁶ Oder was heit dihr welle ga luege? E Prophet? ²⁷ Är isch dä, wo von ihm gschribe steit: ‹Lue, i schicken e Bot dir voruus, dä macht der Wäg für di parat.› ²⁸ I säge nech: Keine, wo vo nere Frou geboren isch, isch grösser als der Johannes; und doch isch i Gottes Rych der jünger (nämlech Jesus) grösser als är. ²⁹ Ds ganze Volk het ihm zueglost, und sogar

d Zöllner hei gseh, dass Gott rächt het, und hei sech vom Johannes la toufe. ³⁰ Nume d Pharisäer und d Gsetzeslehrer hei gfunde, was Gott beschliessi, gang seie nüüt aa und hei sech nid vo ihm la toufe.
³¹ Mit wäm söll ig äch d Mönsche vo üser Generation verglyche? ³² Si glyche de Chinder, wo voruss uf em Platz sitze und enand zuerüefe:

‹Mir hei nech öppis pfiffe,
aber dihr heit nid tanzet,
mir hei nech es truurigs Liedli gsunge,
aber dihr heit nid bbrigget.›

³³ Der Töufer Johannes isch nämlech cho und het kes Brot ggässe und ke Wy trunke, und dihr säget: ‹Er het e böse Geischt.› ³⁴ Der Mönschesuhn isch cho und isst und trinkt, und dihr säget: ‹Lueget dä Mönsch, er frisst und suuft und leichet mit Zöllner und Pack!› ³⁵ Aber Gottes Wysheit isch dütlech worde a dene, wo ire folge wi Chinder.»

E Frou salbet Jesus d Füess

³⁶ Eine vo de Pharisäer het ne zum Ässe yglade. Du isch er zuen ihm hei ggange und a Tisch gsässe (oder eigetlech: gläge). ³⁷ E Frou, es stadtbekannts Lueder, het grad erfahre, dass er bim Pharisäer daheim am Ässe isch. Si het en Alabaschterfläsche voll Myrrhen-Öl bbracht ³⁸ und steit vo hinde a sy Fuessete und brigget und fat aa, syni Füess mit irne Träne z netze und mit irne Haar z tröchne und git syne Füess Müntschi und rybt se mit der Salbi y. ³⁹ Der Pharisäer, wo ne het yglade gha, gseht das und seit sech im stille: «We dä e Prophet wär, hätt er wohlöppe gmerkt, wär und welergattig Frou das isch, wo ne da aarüert, und dass si e Sündere isch.» ⁴⁰ Aber Jesus gspürt das und seit ihm: «Simon, i wett dir öppis säge.» Und dä: «Meischter, säg nume!» – ⁴¹ «E Glöubiger het zwee Schuldner gha; der eint isch ihm füfhundert Silbermünze schuldig gsi und der ander füfzg. ⁴² Wo beidzäme nid hei chönne zale, het er ne's beidne gschänkt. Wele vo beidne isch ihm ächt dankbarer?» ⁴³ Der Simon git zur Antwort: «I nimen aa, dä, won er ihm meh gschänkt het!» Er het ihm gseit: «Du hesch rächt.» ⁴⁴ Du het er gäge der Frou zue gluegt und em Simon gseit: «Gsehsch du di Frou da? I bi i dys Huus cho, aber Wasser für myni Füess hesch mer kes ggä. Si het mit irne Träne

myni Füess gnetzt und se mit irne Haar tröchnet! ⁴⁵ Müntschi hesch du mer kes ggä – aber si, sit si ynecho isch, het si nid ufghört, myni Füess z umärfele. ⁴⁶ Du hättisch mer nid öppe der Chopf mit Öl gsalbet, aber si het mit Salbi myni Füess ygribe. ⁴⁷ Drum sägen i dir: Iri Sünde sy nere vergä, so vil win es sy; drum danket si o mit so vil Liebi. Aber eine, won ihm weni vergä wird, het o weni z danke.» ⁴⁸ Du het er zue nere gseit: «Dyni Sünde sy dir vergä!» ⁴⁹ Die, wo da zäme am Tisch gsässe sy, hei für sich sälber gseit: «Was isch das für eine, dass er o cha Sünde vergä?» ⁵⁰ Aber är seit zur Frou: «Dy Gloube het dir ghulfe, gang im Fride!»

Froue, wo Jesus begleite

8 Drufaben isch er vo eir Stadt zur andere und vo eim Dorf zum andere gwanderet und het di gueti Botschaft vo Gottes Rych prediget. Di Zwölf sy byn ihm gsi, ² und es paar Froue, won er vo böse Geischter und Chrankheite het gheilet gha: d Maria, wo vo Magdala cho isch, won er nere sibe bösi Geischter vertribe het, ³ und d Johanna, d Frou vom Chuzas, emene Verwaltigsbeamte vom Herodes, und d Susanna und mängi anderi. Die hei mit irem Vermöge für se gsorget.

Ds Glychnis vom Sämann

⁴ E Huuffe Lüt us allnen Ortschafte zringsetum sy byn ihm zämegloffe. Da het er nen es Glychnis erzellt: ⁵ «E Buur isch uf ds Fäld ggange für z sääje. Ab allem Sääje isch Saatguet uf e Wäg usegfalle und dert vertrappet worde, und d Vögel us der Luft hei's ufpickt. ⁶ Und e Teil isch uf e Felse gfalle. Es isch ufgschosse und verdoret, wil's dert z weni füecht isch gsi. ⁷ Und e Teil isch zwüsche d Dornen abetroolet, und wo di Dorne mit ihm gwachse sy, hei si's erstickt. ⁸ Und e Teil isch uf guete Bode gfalle, und wo's gwachsen isch, het's Ähri mit hundert Chörner gha!» Won er das erzellt het, rüeft er: «Wär Ohre het für z lose, söll lose!» ⁹ Syni Jünger hei ne gfragt, was das Glychnis söll bedüte. ¹⁰ Und er het ne gseit: «Öich het Gott gschänkt, dass dihr d Gheimnis vo Gottes Rych chönnet versta, aber den andere wird es i Rätsel gseit, für dass si gseh und doch nid gseh, und ghöre und doch nid nachechöme.

LUKAS 8

¹¹ Das Glychnis bedütet: Ds Saatguet isch d Botschaft vo Gott. ¹² Das uf em Wäg usse, das sy die, wo se ghöre, aber nachär chunt der Tüüfel und nimmt ne d Botschaft us em Härz furt, für dass si nid öppe zum Gloube chöme und grettet wärde. ¹³ Und das uf em Felse, das sy die, wo Füür und Flamme sy für d Botschaft, we si se ghöre, aber si hei keni Wurzle. Sie glouben es Zytli, aber we's drufab chunt, falle si ab. ¹⁴ Das, wo zwüsche d Dornen abe gheit isch, das sy die, wo zwar glost hei, aber de chunt's eso, dass si i de Sorgen oder im Rychtum oder i de Fröide vom Läben ersticke und nid chönne ryff wärde. ¹⁵ Aber das im guete Bode, das sy die, wo d Botschaft ghört hei und se i mene guete, ufrichtige Härz feschthalte und o i de Schwirigkeite Frucht trage.»

Mahnige a d Jünger

¹⁶ «Niemer nimmt es Liecht und deckt's mit emene Gschir zue oder stellt's under ds Bett. Nei, er stellt's uf ne Lampeständer, für dass die, wo zuechechöme, ds Liecht gseh. ¹⁷ Es git nüüt Versteckts, wo nid mues a ds Liecht cho, und nüüt, wo im Gheime passiert, wo nid söll bekannt wärde und a d Tagheiteri cho. ¹⁸ Gät drum acht, loset guet! Wär nämlech het, däm git Gott, aber wär nid het, vo däm nimmt Gott o no ewägg, was er gmeint het, er heig's.»

Wär isch mit Jesus verwandt?

¹⁹ Sy Mueter und syni Brüeder hei zuen ihm welle, aber si sy nid bis zu ihm dürecho wäge de vile Lüt. ²⁰ Me het ihm's gmäldet: «Dy Mueter und dyni Brüeder stande duss und wette di gärn gseh.» ²¹ Aber er het gantwortet: «My Mueter und myni Brüeder sy die, wo d Botschaft vo Gott ghöre und dernaa tüe.»

Der Sturm uf em See wird gschweigget

²² A eim vo dene Tage isch er mit syne Jünger i nes Schiff gstige. Er het ne gseit: «Mir wei über e See fahre.» Du sy si abgfahre. Und ab allem Fahre isch er ygschlafe. ²³ Da isch e Sturm uf em See ufcho; ds Schiff isch voll Wasser gloffe, und es isch gfährlech worde für se. ²⁴ Si sy zuen ihm cho, hei ne gweckt und gseit: «Meischter, Meischter, mir gangen under!» Er erwachet und

drööit em Sturm und de grosse Wälle. Da het der Sturm naagla, und der See isch rueig worde. ²⁵ Voll Angscht und Stuune hei si zunenand gseit: «Wär isch er ächt, dass er em Sturm cha befäle und em Wasser, und die folgen ihm?»

Der Bsässnig vo Gerasa

²⁶ Du sy si i d Gäget vo de Gerasener überegfahre, das isch vis-à-vis vo Galiläa. ²⁷ Er isch us em Schiff usgstige und a ds Land ggange. Da chunt ihm e Maa us däm Ort eggäge, dä het scho lang e böse Geischt gha. Er het keni Chleider annegha und nid imene Huus gwohnt, nei, i Grabhöline. ²⁸ Wo dä Jesus gseht, brüelet er grediuse und fallt vor ihm uf d Chnöi und rüeft lut: «Was chunsch du mir i ds Gheg, Suhn vom höchschte Gott? Bis so guet, plag mi nid!» ²⁹ Er het nämlech däm böse Geischt befole, dä Mönsch i Rue z la. Scho sit lengerer Zyt het dä ne drum mit sech dasume gschrisse; me het ne mit Chettine a Händ und Füess gfesslet und gsicheret, aber er het geng alli Fessle verschrisse und isch vom böse Geischt i einsame Gägete umenand tribe worde. ³⁰ Jesus het ne du gfragt: «Wi heissisch?» Er antwortet: «Legion!» wil vili bösi Geischter in ihm inne sy gsi. ³¹ Die hei Jesus aaghalte, er söll se nid i Abgrund zrügg schicke. ³² Jitz isch dert am Bärg e grossi Härde vo Söu am Weide gsi. D Geischter hei ne bbätte, er söll se doch i die la ynefahre. Er het ne's erloubt. ³³ Da sy di böse Geischter us däm Mönsch usgfahre und i di Söu ynegschosse. Und di ganzi Tschuppele isch d Bärghalde abegrochlet i See yne und dert ertrunke. ³⁴ Wo d Hirte hei gseh, was passiert isch, sy si dervogsprunge und hei's i der Stadt und uf de Fälder gmäldet. ³⁵ D Lüt sy usecho für cho z luege, was passiert isch. Si chöme zu Jesus und gseh dä Mönsch, wo di böse Geischter us ihm verschwunde sy. Er isch ordeli aagleit und ganz gattlig bi de Füess vo Jesus gsässe. Si sy erchlüpft, ³⁶ und die, wo derby sy gsi, hei nen erzellt, wi dä vo de böse Geischter isch gheilet worde. ³⁷ Und ds ganze Volk i der Gäget vo Gerasa het Jesus aagha, er söll hie ewägg ga. Si hei drum schrecklech Angscht gha. Er isch du i ds Schiff gstige für zrügg z fahre. ³⁸ Dä Maa, wo di böse Geischter us ihm usgfahre sy, het ne gfragt, öb er nid dörf byn ihm blybe. Aber er het Abschid gno von ihm und gseit: ³⁹ «Gang du jitz hei und erzell, was Gott für di ta het.» Da isch er i der ganze Stadt ga verchünte, was Jesus für ihn ta heig.

Ds Töchterli vom Jaïrus wird uferweckt, und e Frou wird gheilet

⁴⁰ Wo Jesus zrügg cho isch, hei e Huuffe Lüt uf ne gwartet. ⁴¹ Grad chunt e Maa, Jaïrus het er gheisse und isch Synagogevorsteher gsi, dä chnöilet vor Jesus abe und haltet ihm aa, er söll mit ihm heicho. ⁴² Sy einzigi zwölfjärigi Tochter syg am Stärbe. Er isch mitggange, aber es isch es grüüslechs Gstungg gsi. ⁴³ Und da isch e Frou gsi, wo sit zwölf Jahr a schwäre Bluetige glitte het und alls Gäld zu de Dökter treit het, und niemer het se chönne heile. ⁴⁴ Si isch vo hinde zuechecho und het der Zipfel vo sym Chleid packt. Und sofort hei iri Bluetige ufghört. ⁴⁵ Da seit Jesus: «Wär het mi aagrüert?» Niemer het's welle gsi sy, und der Petrus het gseit: «Meischter, das isch nume wäg em Gstungg!» ⁴⁶ Aber Jesus seit: «Öpper het mi aagrüert. I ha gmerkt, dass e Chraft vo mir usggangen isch.» ⁴⁷ D Frou merkt, dass si's nid cha verstecke, si zitteret und chunt und fallt vor ihm uf d Chnöi und erzellt ihm vor allne Lüte, weswäge si ne aagrüert heig, und wi si sofort gsund worde syg. ⁴⁸ Aber är seit zue nere: «Tochter, dy Gloube het dir ghulfe, gang im Fride!»

⁴⁹ Won er no redt, chunt vo daheime eine zum Synagogevorsteher und seit: «Dys Meitschi isch gstorbe; me sött der Meischter nümme bemüeje.» ⁵⁰ Aber Jesus ghört das und antwortet ihm: «Häb nid Angscht, gloub nume, es wird grettet!» ⁵¹ Won er zum Huus cho isch, het er niemerem erloubt, mit ihm ynezga, ussert em Petrus, em Johannes, em Jakobus und den Eltere vom Chind. ⁵² Alli hei bbrigget und sy truurig gsi wägen ihm. Aber er seit: «Brigget nid, es isch nid gstorbe, es schlaft nume.» ⁵³ Da hei si nen usglachet, wil si ja gwüsst hei, dass es gstorben isch. ⁵⁴ Aber är nimmt ihns a der Hand und rüeft: «Meitschi, stand uuf!» ⁵⁵ Da isch sy Läbesgeischt wider umecho, und sofort isch es ufgstande. Er het ihm la z ässe bringe. ⁵⁶ Syni Eltere sy fassigslos gsi. Aber er het ne befole, si sölle niemerem erzelle, was gscheh syg.

Di zwölf Jünger wärden usgschickt

9 Er het di zwölf zämegrüeft und ne Vollmacht ggä für di böse Geischter usztrybe und Chrankheite z heile. ² Er het sen usgschickt für Gottes Rych z verchünte und di Chrankne gsund z mache. ³ Und er het zue ne gseit: «Nät nüüt mit uf e Wäg, ke

Stäcke, ke Täsche, kes Brot, kes Gäld und o kes zwöits Chleid.
⁴ Und we dihr i irget es Huus yneganget, de blybet dert, bis der vo däm Ort wider furt ganget. ⁵ Und we me nech nid ufnimmt, de chehret däm Ort der Rügge zue und schüttlet der Stoub vo öine Füess, zum Zügnis gäge d Lüt.» ⁶ Si sy du uszoge i d Dörfer und hei di gueti Botschaft prediget und Lüt gheilet.

Was der Herodes über Jesus dänkt

⁷ Wo der Vierfürscht Herodes alls ghört het, wo gscheh isch, het er nid gwüsst, was dänke. Teil Lüt hei drum gseit: «Der Johannes isch vo de Toten uferweckt worde», ⁸ und anderi: «Der Elija isch erschine», und no anderi: «Eine vo den alte Prophete isch uferstande.» ⁹ Der Herodes het gseit: «Der Johannes han i la chöpfe, aber wär isch das, won i settigs von ihm ghöre?» Er het probiert, Jesus z gseh.

Füftuusig überchöme gnue z ässe

¹⁰ D Aposchtel sy umecho und hei Jesus erzellt, was si gmacht hei.
¹¹ Er isch du mit ne aleini zu nere Stadt ggange, wo Betsaida heisst. Aber d Lüt hei's gmerkt und syn ihm nachegloffe. Da het er se zue sech häre la cho und het mit ne über Gottes Rych gredt, und die, wo sy Hülf nötig hei gha, het er gsund gmacht.
¹² Es isch süferli Aabe worde. Da chöme di Zwölf zuen ihm und säge: «La jitz d Lüt la ga, so chöi si i d Dörfer und uf d Burehöf zringsetum ga, für öppis z ässe z finde. Hie sy mer ja amene einsamen Ort.» ¹³ Aber er seit zue ne: «Gät doch dihr ne z ässe!» Si antworte: «Mir hei nume füf Brot byn is und zwee Fische! Oder sötte mir für alli di Lüt ga z ässe choufe?» ¹⁴ Es sy drum öppe füftuusig Mönsche gsi. Er het du zu syne Jünger gseit: «Löt se la absitze, geng füfzg zäme.» ¹⁵ Si hei's eso gmacht und hei sen alli gheisse sech sädle. ¹⁶ Er het di füf Brot und di zwee Fische gno, het zum Himel ufegluegt und ds Dankgebätt drüber gseit, du het er sen i Bitze bbroche und die de Jünger ggä, für se de Lüt z verteile. ¹⁷ Und si hei ggässe, und alli hei gnue übercho. Vo de Bröche, wo fürblibe sy, het me zwölf Chörb voll zämegläse.

Ds Bekenntnis vom Petrus und ds Lyde vo Jesus

¹⁸ Einisch het er für sich alleini bbättet, nume d Jünger sy byn ihm gsi. Da fragt er se: «Was säge d Lüt, wär i syg?» ¹⁹ Si antworten ihm: «Teil säge, du sygsch der Töufer Johannes, teil, der Elija, und anderi, eine vo den alte Prophete syg uferstande.» ²⁰ Er seit zue ne: «Und de dihr, für wän lueget dihr mi aa?» Der Petrus antwortet ihm: «Für e Chrischtus, wo Gott zuen is schickt!» ²¹ Er het ne sträng befole, das niemerem z säge, ²² und het ne gseit: «Der Mönschesuhn mues vil lyde. D Ratsherre und d Oberpriechter und di Schriftgelehrte wärde ne verurteile. Me wird ne töde; aber am dritte Tag wird er ufersta.»

Der Wäg vo de Jünger

²³ Du het er zu allne gseit: «Wen eine wott mit mir cho, mues er uf sich sälber verzichte und jede Tag sys Chrüz uf sech nä und mit mir cho. ²⁴ Wär sys Läbe wott rette, tuet's nume verlüüre; aber wär sys Läbe wäge mir verlüürt, tuet's rette. ²⁵ Was nützti's emene Mönsch, wen er di ganzi Wält überchäm, aber derby zgrund gieng und sys Läben ybüessti? ²⁶ Wär sech nämlech wäge mir und myne Wort schämt, wäge däm schämt sech de der Mönschesuhn o, wen er einisch chunt mit der ganze Herrlechkeit vo sich und vo sym Vatter und vo de heiligen Ängel. ²⁷ I säge nech aber für sicher: Es paar vo dene, wo hie stande, stärbe nid, bis si Gottes Rych erläbe.»

D Herrlechkeit vo Jesus

²⁸ Öppen e Wuche speter het er der Petrus und der Johannes und der Jakobus mit sech gno und isch uf ne Bärg ufeggange für ga z bätte. ²⁹ Und ab allem Bätte isch sys Gsicht ganz anders und sys Chleid ganz bländig wyss worde. ³⁰ Und plötzlech hei zwee Manne mit ihm gredt. Das sy der Mose und der Elija gsi. ³¹ Die sy i irer Herrlechkeit erschine und hei mit ihm gredt drüber, wie sys Läbe z Jerusalem wärdi ände. ³² Der Petrus und di andere hei fescht gschlafe. Wo si erwache, gseh si Jesus i syr Herrlechkeit und di zwee Manne, wo byn ihm stande. ³³ Wo die wäggange sy, seit der Petrus zu Jesus: «Herr, es isch guet, dass mer da sy. Mir wei doch drü Zält ufstelle, eis für di und eis für e Mose und eis für

en Elija.» Er het gar nid gwüsst, was er gseit het. ³⁴Er isch no am Rede gsi, da chunt e Wulche uf sen abe und het ganz fyschter gmacht. Si hei sech gförchtet, wo si i di Wulchen yne cho sy. ³⁵Und e Stimm het us der Wulche gseit: «Das isch my Suhn. Ihn han i userwählt; loset uf ne.» ³⁶Und wäret di Stimm no gredt het, isch Jesus alleini dagstande. Aber si hei gschwige und hei dennzumal niemerem öppis vo däm gseit, wo si da erläbt hei.

Jesus heilet en epileptische Bueb

³⁷Wo si am andere Tag vom Bärg abegloffe sy, sy nen e Huuffe Lüt eggäge cho. ³⁸Da het e Maa us em Huuffe usegrüeft: «Meischter, bis so guet, nimm di doch mym Suhn aa! Es isch my einzige! ³⁹Lue, e Geischt packt ne und macht ne plötzlech z brüele und schrysst ne dasume, dass er schuumet; und er lat ne chuum einisch i Rue und richtet ne ganz zgrund. ⁴⁰I ha scho dyne Jünger aagha, si sölle nen ustrybe, aber es isch ne nid grate.» ⁴¹Da seit Jesus: «O du unglöubigi und verchehrti Generation, wi lang mues ig ächt no by nech blybe und nech ushalte! Bring dy Suhn dahäre!» ⁴²Ab allem Cho het ne der bös Geischt erhudlet und ne zämegchrümmt. Aber Jesus het däm usubere Geischt ddrööit und der Bueb gheilet und ne sym Vatter gsund umeggä. ⁴³Da sy alli erschrocke über d Grössi vo Gott.

Ds Lyde vo Jesus

Si sy no underem Ydruck gstande vo däm, wo Jesus gmacht het, da het er de Jünger gseit: ⁴⁴«Passet uuf, was i nech jitz säge: Bald wird der Mönschesuhn de Mönsche usgliferet.» ⁴⁵Aber si sy nid nachecho, was er het welle säge, es isch ne versteckt bblibe, für dass si's nid begryffe, und si hei sech nid trouet, ne destwäge z frage.

Wär isch der Gröscht?

⁴⁶Du isch der Gedanke by nen ufcho, wär ächt der Gröscht vo ne sygi. ⁴⁷Jesus het gmerkt, was ires Härz bewegt. Er het es Chind gheisse näbe sech sta und het ne gseit: ⁴⁸«Wär das Chind i mym Namen ufnimmt, dä nimmt mi uuf; und wär mi ufnimmt, dä

nimmt dä uuf, wo mi gschickt het. Grad dä (nämlech), wo der Chlynscht vo nech isch, dä isch gross.» ⁴⁹ Du het der Johannes zuen ihm gseit: «Meischter, mir hei eine gseh, wo i dym Name bösi Geischter ustrybt, und mir hein ihm's verwehrt, wil er nid zu üüs ghört.» ⁵⁰ Aber Jesus seit ihm: «Verhäbet ihm's nid; wär nid gäge nech isch, isch für nech!»

D Samaritaner lehne Jesus ab

⁵¹ D Zyt het gnaachet, won er het sölle zu Gott ga. Da het er sech vorgno, nach Jerusalem z wandere. ⁵² Er het Bote voruus gschickt. Ab allem Loufe sy die i nes samaritanischs Dorf cho für z luege, öb er dert chönnt übernachte. ⁵³ Aber die hei ne nid ufgno, wil er uf Jerusalem het welle ga. ⁵⁴ Wo d Jünger Jakobus und Johannes das gseh, säge si: «Herr, wosch, dass mer befäle, Füür söll vom Himel abecho und se vernichte?» ⁵⁵ Aber är chehrt sech um und schimpft mit ne. ⁵⁶ Du sy si i nes anders Dorf ggange.

Jünger sy het sy Prys, es git kes Wenn und Aber

⁵⁷ Und wo si wytergwanderet sy, het underwägs eine zuen ihm gseit: «I möcht mit dir cho, 's isch glych wohäre.» ⁵⁸ Aber Jesus het ihm gantwortet: «D Füchs hei Höline, und d Vögel i der Luft hei Näschter, aber der Mönschesuhn het kes Plätzli, won er chönnt sy Chopf härelege.» ⁵⁹ Zu menen andere het er gseit: «Chumm mit mer!» Aber dä het gantwortet: «Herr, erloub mer, dass i zersch my Vatter ga ga beärdige.» ⁶⁰ Aber er seit zuen ihm: «La doch di Toten iri Tote la begrabe! Du, chumm cho Gottes Rych verchünte!»
⁶¹ No nen andere het gseit: «I wott mit dir cho, Herr, aber tue mer zersch erloube, myr Familie adieu z säge.» ⁶² Aber Jesus antwortet ihm: «Eine, wo wott z acherfahre und de hindertsi luegt, dä cha Gott nid bruuche für sys Rych!»

Sibezg Manne wärden usgschickt

10 Gly druuf het der Herr no sibezg anderi Mannen usgläse und se gäng z zwöie vorusgschickt i jedi Stadt und a jeden Ort, won är sälber het welle higa. ² Er het ne gseit: «D Ärn isch gross, aber es het nume weni Arbeiter. Tüet der Herr vom Fäld

bitte, er söll Arbeiter i sy Ärn schicke. ³Ganget! Lueget, i schicke nech wi Schaf zmitts under d Wölf. ⁴Nät kes Portemonnaie mit, o ke Rucksack und keni Sandale. Und versuumet nech underwägs nid mit Grüesse. ⁵We der i nes Huus chömet, de säget: ‹I wünsche nech Fride i ds Huus!› ⁶We dert e Mönsch wohnt, wo der Fride lieb het, de blybt öie Fride uf ihm, wen aber nid, de chunt er wider zue nech zrügg. ⁷De blybet aber i däm Huus und ässet und trinket, was me nech git. Der Arbeiter het nämlech es Rächt uf sy Lohn.
Ganget nid vo eim Huus i ds andere. ⁸We dihr neime häre chömet, und me nimmt nech uuf, de ässet, was me nech git. ⁹Machet di Chrankne gsund, wo's dert het. Und säget ne: ‹Gottes Rych isch ganz i öiji Neechi cho.› ¹⁰We dihr aber neime häre chömet, und me nimmt nech nid uuf, de ganget uf d Strass use und säget: ¹¹‹No der Stoub, wo vo öier Stadt a üsne Füesse chläbt, wüsche mir vor öich ab. Nume wüsset: Gottes Rych isch ganz i d Neechi cho.› ¹²I säge nech: A däm Tag geit's de Sodom besser als dere Stadt.
¹³I warne di, Chorazin, i warne di, Bethsaida! We z Tyrus und z Sidon di machtvolle Tate gscheh wäre, wo bi öich passiert sy, wäre si lengschtes i Sack und Äsche häregsässe und hätte sech gänderet. ¹⁴Nume wird es de Tyrus und Sidon im Gricht erträglecher ga als öich. ¹⁵Und du, Kafarnaum: Meinsch öppe, du wärdisch i Himel ufeglüpft? Bis i ds Toterych muesch abestyge! ¹⁶Wär öich ghört, da ghört mi, und wär öich vernüütiget, dä tuet mi vernüütige. Aber wär mi vernüütiget, dä vernüütiget o dä, wo mi gschickt het.»
¹⁷Di sibezg Manne sy umecho und hei voll Fröid gseit: «Herr, sogar di böse Geischter folgen is i dym Name!» ¹⁸Aber är het ne gseit: «I ha der Satan wi ne Blitz gseh us em Himel abefalle. ¹⁹Lueget, i ha nech o Vollmacht ggä, über Schlange und Skorpione z loufe, und über jedi Macht vom Find, und nüüt cha nech no schade. ²⁰Nume fröiet nech nid dadrüber, dass nech di böse Geischter folge; fröiet nech lieber, dass öiji Näme im Himel ufgschribe sy!»

Jesus danket Gott

²¹I där Stund het er voll heiligem Geischt aafa juble und bätte: «I lobe di, Vatter, wo der Herr bisch vo Himel und Ärde, dass

du das de Gschyde und Vernünftige versteckt hesch, aber den Unmündige hesch es zeigt. ²²Ja, Vatter, so het's dir gfalle. Alls het mir my Vatter übergä. Niemer weis, wär der Suhn isch, als nume der Vatter, und niemer, wär der Vatter isch als nume der Suhn und die, wo ne's der Suhn wott zeige.» ²³Du chehrt er sech no äxtra zu de Jünger und seit ne: «Glücklech sy die Ouge, wo gseh, was dihr gseht. ²⁴I säge nech nämlech: Mänge Prophet und mänge Chünig hätti das gärn welle gseh, was dihr gseht, aber si hei's nid gseh. Und si hätte gärn ghört, was dihr ghöret, aber si hei's nid ghört.»

Ds gröschte Gebot

²⁵Einisch isch e Gsetzeslehrer ufgstande und het ne, nume für ihm e Falle z stelle, gfragt: «Meischter, was mues i mache, für dass i ds ewige Läbe überchume?» ²⁶Är seit zuen ihm: «Was steit im Gsetz gschribe? Was lisisch dert?» ²⁷Dä antwortet: «Du söllsch der Herr, dy Gott, lieb ha mit dym ganze Härz und mit dyr ganze Seel und mit dyr ganze Chraft und mit dym ganze Verstand, und dy Mitmönsch wi di sälber.» ²⁸Da het er zuen ihm gseit: «Du hesch rächt gantwortet, mach das, de wirsch läbe.» ²⁹Dä het sech du welle userede und het Jesus gfragt: «Wär isch de my Mitmönsch?»

Der barmhärzig Samaritaner

³⁰Da fat Jesus aa erzelle: «E Maa isch vo Jerusalem uf Jericho abe gwanderet. Da hei ne Röuber überfalle. Si hei ne usplünderet und zämegschlage und halbtot la lige und sy dervo. ³¹Zuefellig isch e Prieschter der glych Wäg zdürabgwanderet. Er het ne gseh und isch verbygloffe. ³²O ne Levit isch dert dürecho, het ne gseh und isch verby. ³³Aber e Samaritaner uf der Reis chunt o byn ihm verby. Er gseht ne, und er het ne dduuret. ³⁴Er isch zuen ihm ggange, het ihm Öl und Wy uf d Wunde gschüttet und se verbunde. Nachär het er ne uf sys Tier ufeglüpft und ne i ne Wirtschaft gfüert und für ne gsorget. ³⁵Am nächschte Morge het er zwo Silbermünze füregno, sen em Wirt ggä und gseit: ‹Lue guet zuen ihm, und we's meh sötti choschte, so will i der's zale, wen i umechume.› ³⁶Was meinsch, wele vo dene dreine isch

däm, wo vo de Räuber isch überfalle worde, würklech e Mitmönsch gsi?» ³⁷ Der Gsetzeslehrer het gantwortet: «Dä, wo Erbarme het gha mit ihm.» Jesus het ihm gseit: «Gang jitz und mach's o so!»

D Marta und d Maria

³⁸ Uf der Wanderschaft isch er i nes Dorf cho. E Frou, si het Marta gheisse, het ne zue sech hei yglade. ³⁹ Si het e Schwöschter gha, wo het Maria gheisse. Die isch em Herr vor d Füess gsässe und het ihm zueglost. ⁴⁰ Aber d Marta isch dasume gsprunge; si het äbe guet welle für ne sorge. Du steit si häre und seit: «Herr, isch es dir eigetlech glych, dass my Schwöschter mi alls alleini lat la mache? Säg nere doch, si söll mer cho hälfe!» ⁴¹ Der Herr git nere zur Antwort: «Marta, Marta, du chummerisch und juflisch wäge mängem; ⁴² es wär aber numen eis nötig! D Maria het sech der guet Teil usgläse; dä söll nere niemer wägnä!»

Vom Bätte

11 Einisch het er amenen Ort bbättet. Won er ufghört het, seit eine vo syne Jünger zuen ihm: «Herr, tuen is lehre bätte, so wi's o der Johannes syne Jünger glehrt het.» ² Da seit er zue ne:

«We dihr bättet, so säget:
Vatter,
mach, dass dy Name heilig ghalte wird.
Mach, dass dys Rych zuen is chunt.
Gib is hütt und all Tag üses Brot.
Und erlan is üsi Schuld;
o mir tüe se jedem erla, wo bi üüs i der Schuld steit;
und stell is nid uf d Prob.»

⁵ Er het zue ne gseit: «We eine vo nech e Fründ het und geit zmitts i der Nacht zuen ihm und seit: ‹My Liebe, hilf mer doch mit drüüne Brot uus; ⁶ e Fründ vo mir isch plötzlech uf der Reis zue mer cho, und i ha nüüt zum Uftische.› ⁷ Und dise gäb vo innefür zur Antwort: ‹Du chunsch mer jitz ungäbig; d Türe isch scho bschlosse, und myni Chind sy by mer i der Schlafstube; i cha jitz gwüss nid ufsta für dir öppis z gä.› ⁸ I säge nech: Wen er scho nid ufsteit und ihm öppis git, wil er sy Fründ isch, so steit er doch uuf und git ihm, was er bruucht, wil er so uverschant isch.

⁹ So sägen i nech: Bittet, und es wird nech ggä, suechet, und dihr tüet finde, chlopfet aa, und me wird nech uftue. ¹⁰ Jede nämlech, wo bittet, überchunt, und wär suecht, findet, und wär aachlopfet, däm wird ufta. ¹¹ Wär vo nech, wo Vatter isch, gub sym Suhn e Schlange, we dä ne um ne Fisch bittet? ¹² Oder wen er ihm es Ei tät höische, gäb er ihm e Skorpion? ¹³ We jitz dihr, wo doch bös syt, öine Chinder chöit gueti Sache gä, wi vil meh git de der Vatter im Himel dene, wo ne drum bitte, sy heilige Geischt!»

Jesus und d Pharisäer

¹⁴ Er het e böse Geischt ustribe; dä isch stumm gsi. Wo du dä bös Geischt isch usgfahre gsi, het der Stumm gredt; und d Lüt hei sech verwunderet. ¹⁵ Aber es paar vo ne hei gseit: «Mit Hülf vom Beëlzebul, em oberschte vo de böse Geischter, trybt är di böse Geischter uus!» ¹⁶ Wider anderi hei ne uf d Prob gstellt und vo ihm es Zeiche vom Himel ghöische. ¹⁷ Aber är het gmerkt, was si dänke, und het zue ne gseit: «Jedes Chünigrych, wo mit sich sälber uneis isch, geit zgrund, und d Hüser troole überenand. ¹⁸ We jitz sogar der Satan mit sich sälber uneis wär, wi chönnt sech de sys Chünigrych halte? Dihr säget, i trybi di böse Geischter dür e Beëlzebul uus. ¹⁹ Aber wen i di böse Geischter dür e Beëlzebul ustrybe – dür was trybe se de öiji Sühn ächt uus? Drum wärde grad si öich ds Gägeteil bewyse. ²⁰ Wen i aber dür Gottes Finger di böse Geischter ustrybe, de isch doch Gottes Rych ganz naach zu öich cho. ²¹ Wen e starche Maa, bis a d Zähn bewaffnet, sy Palascht hüetet, de blybt sy Bsitz i Rue und Fride. ²² Wen aber eine, wo stercher isch weder är, nen überfallt und ne ma, de nimmt er ihm sy Rüschtig furt, won er sech druuf het verla, und, was er byn ihm plünderet, geit er ga verteile. ²³ Wär nid mit mir isch, isch gäge mi, und wär nid mit mir sammlet, dä verzütteret.»

Warnig vor em Rückfall

²⁴ «We der usuber Geischt us emene Mönsch usgfahre isch, strycht er i dürre Gägete umenand und suecht vergäbe es rüejigs Plätzli. Er findet keis und seit: ‹I wott zrügg i mys Huus, won i drus wäggange bi.› ²⁵ Er chunt und findet's putzt und schön

zwäggmacht. ²⁶ De reicht er no sibe anderi Geischter, wo no böser sy als är, und geit wider yne und huset dert, und am Änd isch dä Mönsch no erger dranne als vorhär.»

Blybet fescht bim Wort vo Gott

²⁷ No won er das gseit het, het us de Lüt usen e Frou grüeft: «Glücklech der Lyb, wo di treit het, und d Brüscht, wo du dranne trunke hesch!» ²⁸ Aber är antwortet: «No vil meh sy die glücklech, wo ds Wort vo Gott ghöre und bhalte!»

Höischet keni Zeiche

²⁹ Wo ne Huuffe Lüt zuecheddrückt hei, het er aafa rede und gseit: «Isch das hütt e bösi Generation! Si höischt es Zeiche, aber si überchunt ekes ussert em Zeiche vom Jona. ³⁰ So nämlech, wi der Jona de Lüt vo Ninive isch zum Zeiche worde, so wird's der Mönschesuhn der hüttige Generation. ³² D Chünigin vom Süde wird im Gricht gäge d Mönsche vo hütt ussäge und se verurteile: Si isch nämlech vom Ändi vo der Wält cho, für d Wysheit vom Salomo z lose. Und lueget, hie isch meh weder der Salomo! ³² D Lüt vo Ninive wärde im Gricht zäme mit dere Generation ufersta und wärde se verurteile: Si hei ires Läbe gänderet uf d Predig vom Jona hi, und lueget, hie isch meh weder der Jona!»

Vom Liecht

³³ «Niemer zündet es Liecht aa und stellt's i nes Versteck oder under ne Chübel, nei, mi stellt's uf ne Ständer, für dass die, wo yne chöme, heiter hei.
³⁴ Ds Liecht vom Lyb isch dys Oug. We dys Oug klar isch, isch o dy ganz Lyb heiter. We's aber schlächt isch, isch o dy Lyb fyschter. ³⁵ Gib acht, dass ds Liecht i dir nid Fyschteri isch! ³⁶ We jitz der Lyb ganz heiter isch und kes fyschters Teili meh het, de isch er so voll Liecht, wi wen e Lüüchter dir mit sym Schyn heiter macht.»

Gäge d Pharisäer

³⁷ Won er eso gredt het, het nen e Pharisäer yglade für byn ihm zmittag z ässe. Är isch i ds Huus yne und isch a Tisch gsässe. ³⁸ Wo

der Pharisäer das gseh het, het er sech verwunderet, dass er sech vor em Ässe nid zersch gwäsche het. ³⁹ Aber der Herr het zuen ihm gseit: «Äbe, dihr Pharisäer putzet der Bächer und d Schüssle ussefür, aber innefür syt der voll Roub und Bösi. ⁴⁰ Dihr Dumme! Het nid dä, wo ds Üssere gmacht het, o ds Innere gmacht? ⁴¹ Verschänket, was dinnen isch, de isch alls für nech suber!
⁴² Aber i warne nech, dihr Pharisäer: Dihr verzähntet* d Münze und d Chuchichrütli und ds Gmües, aber dihr vergässet derby ds Gricht und d Liebi zu Gott. Das söttet der mache, und äis nid underwäge la!
⁴³ I warne nech, dihr Pharisäer. Dihr bsetzet di beschte Plätz i de Synagoge und löt nech gärn uf em Märitplatz la grüesse. ⁴⁴ I warne nech: Dihr syt wi Greber, wo me nümme gseht, und d Lüt loufe über sen ewägg, ohni's z merke.»
⁴⁵ Da isch eine vo de Gsetzeslehrer ufgfahre und het gseit: «Meischter, we du so redsch, tuesch du üüs beleidige!» ⁴⁶ Aber är seit: «O öich, Gsetzeslehrer, warnen i! Dihr ladet de Lüt Burdinen uuf, wo si fasch nid möge gschleipfe, aber dihr rüeret di Burdine nid mit emene Finger aa! ⁴⁷ I warne nech: Dihr bouet d Greber vo de Prophete, aber öiji Vätter hei se tödt! ⁴⁸ Dihr syt also Züge und syt yverstande mit däm, wo öiji Vätter gmacht hei! Si hei tödt, und dihr bouet. ⁴⁹ Destwäge het o ds Wysheitsbuech vo Gott gseit: ‹I schicke Prophete und Aposchtel. Vo dene tüe si den es paar töde und verfolge, ⁵⁰ so dass ds Bluet vo allne Prophete, wo sit der Erschaffig vo der Wält vergosse worden isch, vo der hüttige Generation ygforderet wird, ⁵¹ vom Bluet vom Abel bis zum Bluet vom Secharja, wo zwüschem Altar und em Tämpelgeböud umcho isch.› Ja, i säge nech, vo öier Generation wird me's yfordere!
⁵² I warne nech, dihr Gsetzeslehrer: Dihr heit der Schlüssel vo der Erkenntnis wäggno. Dihr sälber ganget nid yne, und dene, wo yne wei, verheit dihr's!»
⁵³ Won er vo dert furtggangen isch, hei di Schriftgelehrte und d Pharisäer ihm aafa zuesetze und ne über mängs usgfragt. ⁵⁴ Derby hei si ufpasst wi d Häftlimacher, für ne chönne ab emene Wort, won er seit, z verwütsche.

---

* der zächet Teil vo sym Ykomme für d Prieschter, d Levite und di Arme abgä.

Mahnige a d Jünger

12 Wo sech d Lüt z tuusigewys zuechegla hei, so dass si enand fasch vertrappet hei, het er aafa rede, zersch zu syne Jünger: «Gät Achtig vor em Suurteig vo de Pharisäer, nämlech vor irer Schynheiligi. ²Es git nüüt Zueddeckts, wo nid ufddeckt wird, und nüüt Versteckts, wo nid a Tag chunt. ³Drum: Alls, wo dihr im Fyschtere säget, ghört men einisch am Liecht, und was dihr im Chämmerli eim i ds Ohr chüschelet, wird einisch uf de Decher usgrüeft.
⁴Öich, myne Fründe, sägen i: Heit nid Angscht vor dene, wo der Lyb töde, aber nachär nüüt meh chöi mache. ⁵I will nech aber zeige, vor wäm der müesset Angscht ha: Förchtet nech vor däm, wo (nam Tod) no d Vollmacht het, eim i d Füürhöll z wärfe. Ja, i säge nech: Förchtet nech vor däm! ⁶Cha me nid füf Spatze für nes paar Rappe choufe? Derby vergisst Gott kei einzige vo ne. ⁷Meh no, sogar d Haar uf öiem Chopf sy alli zellt. Heit nid Angscht: Dihr syt meh wärt als e Huuffe Spatze zäme.
⁸I säge nech: Jede, wo vor de Lüt zu mir steit, zu däm wird o der Mönschesuhn sta vor den Ängel vo Gott. ⁹Wär mi aber vor de Lüt verlougnet, dä verlougnen ig o vor Gottes Ängel. ¹⁰Wen einen es Wort seit gäge Mönschesuhn, de wird es ihm vergä, aber wen eine gäge heilige Geischt läschteret, de wird's ihm nid vergä. ¹¹We si nech i d Synagoge und vor d Bhörde und vor di Mächtige schleipfe, heit nid Chummer, wie oder mit was dihr nech söllet userede, oder was dihr söllet säge. ¹²Der heilig Geischt tuet nech de i dere Stund scho z wüsse, was dihr müesset säge.»
¹³Eine us em Volk het zuen ihm gseit: «Meischter, säg doch mym Brueder, er sölli ds Erb mit mir teile!» ¹⁴Aber är het gantwortet: «Guete Maa, wär het mi zum Richter und Erbteiler über öich ygsetzt?» ¹⁵Du het er zue ne gseit: «Passet uuf und nät nech in Acht vor em Gäld-Zämechratze; o we eine fürgnue het, chan er sys Läbe nid mit sym Bsitz absichere.»

Ds Glychnis vom Chornbuur

¹⁶Er het ne du no nes Glychnis erzellt: «Emene ryche Maa sys Land het sehr e gueti Ärn ybbracht. ¹⁷Da het dä für sech gratiburgeret und ddänkt: ‹Was machen i jitz? I ha ja zweni Platz für my ganzi Ärn a Schärme z tue.› ¹⁸Da het er gseit: ‹Das wott i mache: I rysse myni Schüüren ab und boue grösseri. Dert chan i de alls

Chorn und alli myni Vorrät und was i süsch no Guets ha, versorge. ¹⁹ De chan i de zu mir sälber säge: My Liebe, jitz hesch grossi Vorrät für mängs Jahr. Jitz nimm's rüejig, iss, trink und fröi di!› ²⁰ Da het Gott zuen ihm gseit: ‹Du Lööl, no hütt nacht höischt me dir dys Läbe. Was du a d Hüüffe ta hesch, wäm ghört das de?› ²¹ So geit's eim, wo für sich sälber Schetz zämechrauet, statt dass er rych isch bi Gott.»

Vom Sorge

²² Er het du zu syne Jünger gseit: «Drum sägen i nech: Chummeret nid für öies Läbe, was dihr söllet ässe, o nid für öie Lyb, was dihr söllet aalege. ²³ Ds Läbe isch ja meh als ds Ässe und der Lyb meh als ds Chleid. ²⁴ Lueget doch d Chrääjen aa: Si sääje nid und ärne nid, si hei ke Spycher und ke Schüür, aber Gott fueteret se glych. Und dihr syt doch vil meh wärt als d Vögel! ²⁵ Oder wele vo öich chönnt mit allem Chummere syr Läbeszyt o numen es Bitzli aasetze? ²⁶ We dihr da nid ds mindschte zstandbringet, was chummeret dihr de no wägen allem andere! ²⁷ Lueget d Lilien aa, die spinne nid und wäbe nid, und i säge nech, nid emal der Salomo i syr ganze Pracht isch aagleit gsi wi nen einzigi vo ne! ²⁸ We jitz Gott d Fäldblueme so aaleit, wo hütt dasy und scho morn verheizt wärde, wi vil meh öich – mit öiem chlyne Gloube! ²⁹ Und dihr: Fraget doch nid, was dihr söllet ässe und trinke, und löt ech wäge däm nid la i Gusel bringe. ³⁰ Däm allem rönne d Heide i der Wält nache. Öie Vatter weis ja, dass dihr das alls bruuchet. ³¹ Drum ganget uf sys Rych uus, de überchömet dihr alls andere drübery. ³² Häb ke Angscht, du chlys Gchüppeli. Öie Vatter het fescht im Sinn, öich sys Rych z schänke.
³³ Verchoufet, was der heit und verschänket ds Gäld. Machet nech Schetz, wo nid kabutt gange, nämlech e Schatz im Himel, wo nie minderet, wo ke Schelm drahäre chunt und ke Schabe cha verfrässe. ³⁴ Wo öie Schatz isch, dert isch ja o öies Härz.»

Blybet wach!

³⁵ «Tüet e Gurt um öiji Hüft» (d.h. syt parat zum furtga oder zur Arbeit) «und löt öiji Lämpli brönne. ³⁶ Dihr söllet Mönsche glyche, wo uf ire Herr warte, wo amene Feschtässe isch, für dass sin ihm sofort chönnen uftue, wen er heichunt und a d Tür

chlopfet. ³⁷ Glüchlech sy di Aagstellte, wo der Herr wach aatrifft, wen er heichunt. Würklech, i säge nech: Er bindet sys Chleid ufe und heisst se zuechesitze und chunt se sälber cho bediene. ³⁸ Und wen er nach Mitternacht oder na de zwöie heichunt und sen eso aatrifft, der chönne si glücklech sy. ³⁹ Dihr gseht das doch y: Wen e Husherr wüsst, um weli Zyt der Schelm chunt, de würd er ne nid la i sys Huus ybräche. ⁴⁰ Drum syt parat, dihr wüsset ja nid, i welem Ougeblick der Mönschesuhn chunt.»

⁴¹ Du het der Petrus zuen ihm gseit: «Herr, seisch du das Glychnis numen üüs oder o allnen andere?» ⁴² Der Herr het gantwortet: «Wär isch ächt der tröi und gschyd Verwalter, wo der Guetsbsitzer het über syni Aagstellte ygsetzt, für dass er ne z rächter Zyt ds Ässe für e Tag verteilt? ⁴³ Dä Verwalter isch glücklech, wo der Herr bim Heicho a der Arbeit trifft. ⁴⁴ Würklech, i säge nech: Er tuet ihm sys ganze Bsitztum aavertroue.

⁴⁵ Aber we dä Verwalter zue sech sälber seit: ‹Es geit no lang, bis my Herr zrüggchunt› und aafat, d Chnächte und d Mägd z schygganiere und sälber isst er und trinkt er und lat sech la volloufe – ⁴⁶ de chunt der Herr vo däm Verwalter amene Tag, won er's nid erwartet, und umene Zyt, won er nid druuf gfasst isch – de verschrysst er ne z Bitze und tuet ne zu den Unglöubige. ⁴⁷ Dä Aagstellt, wo gnau weis, was sy Herr wott, und doch nid drahäregeit und nid macht, was er söll, dä überchunt ganz ghörig Schleg. ⁴⁸ Aber dä, wo's nid weis, und de öppis macht, wo me ne derfür sötti abschla, überchunt nume weni Schleg. Vo jedem, wo vil het übercho, wird o vil verlangt, und we men eim vil aavertrout het, de höischt men o descht meh von ihm.»

D Zeiche vo der Zyt

⁴⁹ «I bi cho, für nes Füür uf der Ärde aa-z-zünde, und was wär mer lieber, weder es brönnti scho? ⁵⁰ Aber zersch mues i mi mit nere Toufi la toufe, und wi angscht isch es mer, bis dass si düren isch! ⁵¹ Meinet dihr, i syg cho für e Friden uf d Ärde z bringe? Nei, i säge nech: Chritz und Spannige! ⁵² Vo jitz aa sy füf imene Huus, aber uneis: drü gäge zwöi und zwöi gäge drü! ⁵³ E Vatter wird gäge Suhn sy und e Suhn gäge Vatter, e Mueter gäge d Tochter und e Tochter gäge d Mueter, e Schwigermueter gägen iri Schwigertochter und e Schwigertochter gägen iri Schwigermueter.»

⁵⁴Er het o zu dene vile Lüt gseit: «We dihr e Wulche gseht ufstyge im Weschte, säget dihr sofort: ‹Es git Räge!› Und de chunt's eso. ⁵⁵Und we der Luft vo Süde wääit, säget der: ‹Es wird heiss.› Und de chunt's eso. ⁵⁶Dihr Schynheilige! Dihr verstandet's, d Zeiche vo der Ärden und vom Himel uszdüte, warum chöit der de üsi Zyt nid usdüte? ⁵⁷Warum chöit der nid vo sälber merke, was rächt isch? ⁵⁸We du mit dym Prozässgägner vor e Richter geisch, de gib der no underwägs Müej für ne güetleche Verglych. Nid dass er di am Änd vor e Richter schleipft, und der Richter di em Gfängniswärter übergit, und dä tuet di i d Chefi. ⁵⁹I säge der, dert chunsch nid use, bis du der letscht Rappe zalt hesch.»

Änderet nech!

13 Zu der Zyt sy nes paar Lüt zuen ihm cho, die hein ihm vo dene Galiläer bbrichtet, wo der Pilatus het bim Opfere la töde, so dass ires Bluet mit däm vom Opfer zämegloffen isch. ²Er het zue ne gseit: «Meinet dihr, di Galiläer syge grösseri Sünder gsi weder alli andere Galiläer, dass si so hei müessen umcho? ³Nei, i säge nech: We dihr öies Läbe nid änderet, ganget dihr alli gnau so zgrund. ⁴Oder di andere achtzäche, wo der Turm vo Schiloach über ne zämetroolet isch und sen erschlage het, meinet dihr, die heige's meh verdienet weder alli andere Lüt, wo z Jerusalem wohne? ⁵Nei, i säge nech: We dihr nech nid änderet, ganget dihr alli zäme o so zgrund.»
⁶Er het ne du das Glychnis erzellt: «Eine het i sym Wybärg e Fygeboum gha. Er isch ga luege, öb er tragi, aber er het nüüt gfunde. ⁷Da seit er zum Wybuur: ‹Lue, sit drüüne Jahr scho suechen i Frücht a däm Fygeboum, aber i finde nüüt. Hou nen um, für was bruucht dä ds Land uszsuge!› ⁸Aber dä seit ihm: ‹Herr, la ne no das Jahr la sta, i will zringsetum um nen umestäche und Mischt underetue. ⁹Vilecht treit er de doch no; we nid, chasch ne de umhoue.›»

E Chranki wird am Sabbat gheilet

¹⁰Amene Sabbat het er i eire vo de Synagoge glehrt. ¹¹Da isch e Frou gsi, wo scho achtzäche Jahr anere böse Chrankheit glitte het. Si isch ganz verzwordglet gsi und het sech nümme z gräch-

tem chönne strecke. ¹²Wo Jesus se gseh het, het er se zue sech grüeft und nere gseit: «Frou, jitz bisch frei vo dyr Chrankheit.» ¹³Derby het er nere d Händ ufgleit. Sofort het si sech ufgrichtet und het Gott globet. ¹⁴Der Vorsteher vo der Synagoge isch toub worde, dass Jesus am Sabbat öpper gsund macht, und het zu de Lüt gseit: «Es het sächs Wärchtige, a dene söll me wärche; chömet denn und löt ech la gsund mache, aber nid am Sabbat!» ¹⁵Der Herr git ihm zur Antwort: «Schynheiligi, was der syt! Bindet de nid jede vo nech am Sabbat sys Chueli oder sy Esel vo der Chrüpfe los und füert sen a d Tränki? ¹⁶Aber di Frou da, wo vom Abraham abstammet, und der Satan het se achtzäche Jahr gfesslet gha – die hätt me de nid dörfe vo irne Fessle losbinde, nume wil's grad Sabbat isch?» ¹⁷Won er das gseit het, hei sech alli syni Gägner müesse schäme. Aber ds ganze Volk het sech gfröit über di herrleche Tate, won är gmacht het.

D Glychnis vom Sänfchörnli und vom Suurteigg

¹⁸Er het du gseit: «Wäm glychet Gottes Rych? Mit was chönnt i's verglyche? ¹⁹Es glychet emene Sänfchörnli: Das het e Mönsch gno und's i sy Garte gsteckt. Es isch gwachse und zu mene Boum worde, und d Vögel us der Luft sy cho und hei sech i synen Escht Näschter bbouet.» ²⁰Und wyters het er gseit: «Mit was söll i Gottes Rych verglyche? ²¹So isch es: E Frou nimmt es chlys Möckli Suurteigg und tuet's under drü Mäas Mähl, das macht der ganz Teigg ufzga.»

Entscheidet nech rächt

²²Vo Stadt zu Stadt und vo Dorf zu Dorf isch er gwanderet und het glehrt, und so isch es Jerusalem zue ggange. ²³Da het eine zuen ihm gseit: «Herr, git's ächt nume weni Mönsche, wo grettet wärde?» Er het zue ne gseit: ²⁴«Sträng et nech aa, für dür di schmali Tür ynezga; i säge nech, vili gienge gärn yne, aber si sy nid derzue imstand. ²⁵We de der Husvatter ufsteit und d Tür bschliesst, und dihr de afe dusse standet und a d Tür chlopfet und säget: ‹Herr, tuen is uuf!› de seit er nech de: ‹I weis nid, wo dihr härchömet.› ²⁶De fanget dihr de aa säge: ‹Mir hei doch näbe dir ggässe und trunke, und du hesch doch uf üsne Gasse glehrt.›

²⁷ Und är seit de: ‹I weis nid, wo dihr härchömet, machet, dass der vo mir furtchömet, dihr Nüütnutze!› ²⁸ Dert chöit der de hüüle und mit de Zähn schnadele, we dihr de der Abraham und der Isaak und der Jakob i Gottes Rych gseht, aber dihr syt usebschlosse. ²⁹ Und de chöme re de vo Oschte und Weschte, vo Norde und Süde und sitze a Tisch i Gottes Rych. ³⁰ Und lueget, es git Letschti, die sy de Erschti, und Erschti, die sy de Letschti.»
³¹ Grad denn sy nes paar Pharisäer derhär cho und hein ihm gseit: «Gang wägg und mach, dass de furtchunsch, der Herodes wott di töde!» ³² Da seit er zue ne: «Ganget, säget däm Fuchs: ‹Lue, i trybe bösi Geischter uus und mache Lüt gsund – hütt und morn – und am dritte Tag bin i am Zil. ³³ Aber i mues hütt und morn und übermorn wandere. E Prophet darf ja niene anders als z Jerusalem tödt wärde.›
³⁴ Jerusalem, Jerusalem, du, wo d Prophete ztod schlasch und die tuesch steinige, wo zue der gschickt wärde – wi mängisch han i dyni Chinder welle by mer sammle, wi ne Vogelmueter iri Junge under irne Fäcke – aber dihr heit nid welle! ³⁵ Lueget, dihr wärdet öies Huus verwüeschtet finde! Aber i säge nech: Mi gseht dihr nümme, bis der Tag chunt, wo dihr säget: ‹Mir lobe dä, wo im Name vom Herr zuen is chunt.›»

E Wassersüchtige wird am Sabbat gheilet

14 Won er einisch amene Sabbat zu eim vo den oberschte Pharisäer hei isch ga ässe, hei sin ihm ufpasset. ² Uf ds Mal steit e wassersüchtige Maa vor ihm. ³ Da seit Jesus zu de Gsetzeslehrer und Pharisäer: «Isch es erloubt oder nid, amene Sabbat z heile?» ⁴ Si hei gschwige. Da het er nen aagrüert, het ne gheilet und het ne la ga. ⁵ Zu den andere het er gseit: «Wen eim vo öich e Suhn oder en Ochs i d Zischtärne fallt, zieti er ne de nid enanderenaa use, u we's scho Sabbat isch?» ⁶ Si hein ihm nüüt chönne derwider säge.

We me zum Ässe yglade wird

⁷ Er het du de Gescht es Glychnis erzellt – er het drum gmerkt, wi si di beschte Plätz hei usgläse gha: ⁸ «We du vo öpperem zu mene Feschtässe yglade bisch, de sitz nid grad uf e bescht Platz ab. Er chönnt nämlech eine yglade ha, won er ihm meh Ehr wott

aatue weder dir. ⁹De chäm dä, wo öich beidi yglade het und sieg dir: ‹Mach Platz für dä da!› De chasch di de schäme, we du uf e letschte Platz muesch ga sitze! ¹⁰Nei, we du yglade bisch, de gang uf e letschte Platz ga sitze. De chunt de dä, wo di yglade het und seit der: ‹My Liebe, chumm doch echly wyter ufe!› Das isch den en Ehr für di bi allne, wo mit dir am Tisch sitze. ¹¹Jede, wo sich sälber ufelüpft, mues abecho, und wär sich sälber abetuet, wird ufeglüpft.»

¹²Er het du o zu däm gseit, wo nen yglade het: «We du nes Zmittag oder es Znacht gisch, de lad nid dyni Fründen y, o nid dyni Brüeder oder Verwandte, u scho gar nid di ryche Nachberslüt, für dass si di nid öppe o wider ylade und du de dy Lohn hesch. ¹³Nei, we du nen Yladig gisch, lad Armi y, Chrüpple, Lahmi, Blindi. ¹⁴Und de bisch glücklech, wil si der äbe nid chönne Gägerächt ha! Du überchunsch es de aber ume, we di Grächte uferstande vom Tod.»

Ds Glychnis vom grosse Feschtässe

¹⁵Eine vo de Gescht het das ghört und seit ihm: «Glücklech, wär i Gottes Rych darf zuechesitze!» ¹⁶Aber är antwortet ihm: «E Maa het e Huuffe Gescht zu mene grosse Feschtässe am Aabe yglade. ¹⁷Am Aabe vo däm Fescht het er sy Diener gschickt, für den Ygladnige z säge: ‹Chömet, es isch alls zwäg.› ¹⁸Aber jitz hei sech uf ds Mal alli la etschuldige. Der erscht het ihm gseit: ‹I ha nen Acher gchouft, i mues ne gwüss jitz grad ga aaluege. Bis so guet und nimm mer's nid übel!› ¹⁹Und en andere het gseit: ‹I ha füf Paar Ochse gchouft und bi grad uf em Wäg für se ga z gschoue. Bis so guet und nimm mer's nid übel!› ²⁰Wider en andere het gseit: ‹I ha grad ghüratet, drum chan i nid cho.› ²¹Der Diener isch zrügg cho und het sym Herr das usgrichtet. Da isch der Herr toub worde und het zu sym Diener gseit: ‹Gang gschwind usen uf d Plätz und i d Gasse vor Stadt, und füer di Arme und d Chrüpple und di Blinde und Lahme hie häre!› ²²Und der Diener het gseit: ‹Herr, i ha gmacht, was du befole hesch, aber es het geng no fürigi Plätz.› ²³Da seit der Herr zum Diener: ‹Gang use uf d Landstrass und de Häg naa und häb nen aa, si sölle häre cho, für dass my Stube voll wird. ²⁴I will nech nämlech säge: Niemer vo de Gescht, wo sy yglade gsi, überchunt öppis z chüschte vo mym Feschtässe.›»

Bsinn di, öb du di chasch für Jesus entscheide

²⁵ Es sy Hüüffe Lüt mit ihm gwanderet. Er het sech umgchehrt und zue ne gseit: ²⁶ «We eine zue mer chunt, und er het sy Vatter und sy Mueter und d Frou und d Chind und d Brüeder und d Schwöschtere und derzue no sys eigete Läbe lieber als mi, de chan er nid my Jünger sy. ²⁷ Wär nid sys Chrüz treit und mit mer chunt, cha nid my Jünger sy.
²⁸ We eine vo nech wott e Turm boue, sitzt er de nid zersch häre und rächnet d Chöschten uus, öb's ihm längi für e Bou? ²⁹ Süsch chönnt's de so cho, dass er ds Fundamänt leit und de nid cha fertig boue, so dass alli, wo's gseh, sech luschtig mache über ne und säge: ‹Lueget jitz dä! ³⁰ Fat aafa boue und verma's nid fertig z mache!›
³¹ Oder e Chünig, wo wott i ds Fäld zie für mit emene andere Chünig z chriege – sitzt er de ächt nid zersch häre und überleit, öb er mit zächetuusig Maa mög ufgcho gägen eine, wo mit zwänzgtuusig gäge nen aarückt? ³² We nid, so schickt er ihm, solang dä no wyt ewägg isch, e Gsandtschaft und bittet um Fridesverhandlige. ³³ Grad eso cha kene vo nech my Jünger sy, wen er nid uf sys ganze Hab und Guet verzichtet.
³⁴ Ds Salz isch öppis guets. We aber o ds Salz sy Chuscht verlüürt, mit was chönnt me de no salze? ³⁵ Me cha's weder für i Bode, no für uf e Mischt bruuche. Me schiesst's furt. Wär Ohre het für z lose, söll lose!»

D Glychnis vom verlorene Schaf und vo der Silbermünze

15 Alli Zöllner und Sünder sy zuen ihm cho für ihm zuezlose. ²D Pharisäer und di Schriftgelehrte hei bbrummlet und gseit: «Dä git sech mit em Pack ab und isst sogar mit ne!» ³Da het er nen es Glychnis erzellt: ⁴«Wen eine vo nech hundert Schaf het, und eis dervo geit verlore, lat er de da nid di andere nüünenüünzgi uf der trochene Weid la sy und geit em verlorene nache, bis er's findet? ⁵Und wen er's gfunde het, leit er's uf syni Achsle und het Fröid, ⁶und wen er heichunt, rüeft er syni Fründen und Nachbere zäme und seit ne: ‹Fröiet nech mit mir, wil i mys verlorene Schaf ume gfunde ha!› ⁷I säge nech: So isch einisch im Himel meh Fröid über ei Sünder, wo sech änderet, weder über nüünenüünzg Bravi, wo's nid nötig hei, sech z bessere. ⁸Oder wen e Frou zäche Silbermünze (das heisst zäche Arbeitertaglöhn) het und eini dervo verlüürt, züntet si da nid es Lämpli aa und wüscht ds ganze Huus und suecht i jedem Eggeli, bis si sen ume findet? ⁹Und we si se gfunde het, rüeft si doch irne Fründinne und Nachbersfroue und seit: ‹Fröiet nech mit mir, my Silbermünze isch fürecho, won i ha verlore gha!› ¹⁰So, sägen i nech, hei d Ängel bi Gott Fröid ab eim einzige Sünder, wo sech änderet.»

Ds Glychnis vom barmhärzige Vatter

¹¹Er het wytererzellt: «E Maa het zwee Sühn gha. ¹²Du seit der jünger vo ne zum Vatter: ‹Vatter, zal mer doch mys Teil vom Vermögen uus!› Und dä het sys Vermöge under sen ufteilt. ¹³Und na paarne Tage het der jünger Suhn sys Wärli packt und isch i ds Ussland verreiset. Dert het er i mene liederleche Lumpeläbe sys ganze Vermöge verputzt. ¹⁴Won er alls het dürebbracht gha, isch i däm Land e schwäri Hungersnot usbbroche. Da isch o är ganz äng drycho. ¹⁵Er het emene Bürger vo däm Land der Gottswille aagha, und dä het ne als Söuhirt aagstellt. ¹⁶O wi gärn hätt är d Schinti ggässe, wo d Söu übercho hei, aber niemer het ihm's erloubt! ¹⁷Da het es ihm äntlech taget und er het sech gseit: ‹Wi mänge schaffet bi mym Vatter im Taglohn, und alli hei meh weder gnue z äsmessa, aber i verräble hie vor Hunger. ¹⁸Enanderenaa wott i hei zum Vatter und ihm säge: Vatter, i ha mi verfählt gäge Himel und dir gägenüber; ¹⁹i bi's nümme wärt, dy Suhn z sy. Aber bruuch mi wi eine vo dyne Taglöhner.›
²⁰Und er het sech uf e Wäg gmacht und isch hei gloffe zum Vatter. Er isch no fei wyt ewägg gsi, da gseht ne sy Vatter, und 's het nen erbarmet. Er isch ihm eggäge gsprunge, het nen a nes Ärfeli gno und het ihm es Müntschi ggä.
²¹Da seit der Suhn zuen ihm: ‹Vatter, i ha mi verfählt gäge Himel und dir gägenüber; i bi's nümme wärt, dy Suhn z sy.› ²²Aber der Vatter het de Chnächte gseit: ‹Tifig, bringet ds schönschte Chleid häre und stecket ihm e Ring a Finger und leget ihm Schue a d Füess aa. ²³Reichet o ds gmeschtete Chalb, tüet's metzge, und de wei mer zuechesitze und is fröie. ²⁴My Suhn da isch ja tot gsi

und isch wider läbig worde. Er isch verlore gsi, und mir hei nen umegfunde.› Da hei si aafa feschte. ²⁵Aber sy elter Suhn isch no uf em Fäld gsi. Jitz, won er hei chunt, i d Neechi vom Huus, ghört er Tanzmusig. ²⁶Da het er eim vo de Chnächte grüeft und ne gfragt, was da los syg. ²⁷Dä het ihm gseit: ‹He, dy Brueder isch heicho, und dy Vatter het ds gmeschtete Chalb la metzge, wil er ne gsund wider umehet.› ²⁸Da isch er toub worde und het nid welle ynega. Du isch sy Vatter usecho und het ihm aagha. ²⁹Aber är het sym Vatter gseit: ‹Lue, so mängs Jahr wärchen i jitz für di, und we du mir öppis befole hesch, han i's no geng gmacht. Aber nie hättisch mer o numen es Böckli ggä, für dass i mit myne Fründe chönnt luschtig sy. ³⁰U jitz, wo der ander da heichunt, wo dys Vermöge mit schlächte Wybervölcher verluederet het, da hesch ihm ds gmeschtete Chalb la metzge!› ³¹Da het der Vatter zuen ihm gseit: ‹Aber Chind, du bisch ja geng bi mir, und alls, was mys isch, ghört o dir. ³²Du söttisch di doch o fröie und froh sy: Dy Brueder, wo tot isch gsi, isch wider läbig worde; er isch verlore gsi, und mir hei nen ume gfunde!›»

Ds Glychnis vom gschyde Verwalter

16 Er het o no zu de Jünger gseit: «E ryche Maa het e Guetsverwalter gha. Da het men ihm grätschet, dä vergüdi ihm sys Hab und Guet. ²Er het ne zue sech grüeft und ihm gseit: ‹Was mues i da vo dir ghöre? Mach d Abrächnig über dy Arbeit! Du chasch nümm lenger my Verwalter sy.› ³Der Guetsverwalter het sech überleit: ‹Was söll i jitz mache, we mi der Meischter als Guetsverwalter etlat? I cha nid guet (uf e Bou) ga Grabarbeiter sy, und für ga z bättle, schämen i mi de doch. ⁴Aber jitz weis i, was i mache, für dass d Lüt mi ufnä bi sich daheime, wen i arbeitslos bi.› ⁵Er het eine nach em andere vo de Schuldner vo sym Meischter zue sech grüeft und der erscht gfragt: ‹Wi vil bisch du mym Meischter schuldig?› ⁶Dä antwortet: ‹Hundert Fass Öl.› Da seit er ihm: ‹Sitz ab, nimm dy Rächnig und schryb gleitig füfzg druuf!› ⁷Nachär fragt er en andere: ‹U de du, wi vil bisch du schuldig?› Dä antwortet: ‹Hundert Zäntner Weize.› Er seit zuen ihm: ‹Nimm dy Rächnig und schryb achtzg.› ⁸Und der Meischter het dä Schelm vo Guetsverwalter grüemt, dass er's so schlau aagchehrt heig. D Chinder vo däre Wält sy nämlech gäge

iresglyche gfitzter als d Chinder vom Liecht. ⁹ Und öich sägen i: Machet nech Fründe mit em ungrächte Mammon (Gäldgötz), für dass me nech ufnimmt i di ewige Wonige, we's z Änd geit. ¹⁰ We eine im Chlynschte tröi isch, de isch er o im Grosse tröi; aber wär im Chlynschte usuber isch, isch o im Grosse usuber. ¹¹ Dihr müesset sogar bim Gäldgötz, wo ungrächt isch, tröi sy; wär wetti nech süsch ds würklech Wärtvolle aavertroue? ¹² Und we dihr bi frömdem Guet nid zueverlässig syt gsi, wär wett nech de no öie Lohn gä?

¹³ Ke Chnächt cha zweene Herre diene, entweder man er der eint nid und het der ander gärn, oder er het's mit em andere und achtet dise nüüt. Dihr chöit nid Gott diene und em Gäldgötz.»

Gäge d Pharisäer

¹⁴ Das alls hei d Pharisäer ghört, wo schuderhaft uf em Gäld sy gsi, und hei sech luschtig gmacht über ne. ¹⁵ Du het er zue ne gseit: «Dihr lueget geng gar druuf, dass dihr vor de Lüt suber dastandet, aber Gott gchennt öies Härz. Grad das, was de Mönsche i d Ouge git, isch vor Gott e Dräck wärt.

¹⁶ Ds Gsetz und d Prophete gange bis zum Johannes. Vo denn ewägg wird di gueti Botschaft vo Gottes Rych prediget, und d Lüt wei mit aller Gwalt dry cho. ¹⁷ Aber ender vergange Himel und Ärde, weder dass es einzigs Hääggli vom Gsetz furtchunt. ¹⁸ Jede, wo sech vo syr Frou lat la scheide und en anderi hüratet, bricht d Eh, und wär e Gschidni hüratet, bricht o nen Eh.»

Ds Glychnis vom ryche Maa und vom arme Lazarus

¹⁹ «Es isch einisch e ryche Maa gsi. Dä het Chleider gha us Purpur und us ganz fynem lynigem Stoff. Er het gar luschtig gläbt, ei Tag grossartiger als der ander. ²⁰ Aber vor syr Tür isch en arme Maa gläge, wo het Lazarus gheisse, voll Usschlag und Gschwür. ²¹ Dä hätti nume gärn d Räschte welle ässe vo der Taflete vom Ryche. Statt desse sy d Hünd cho und hein ihm d Gschwür abgläcket. ²² Du isch der Arm gstorbe, und d Ängel hei ne i Abrahams Schoos treit. Und der Rych isch o gstorbe und begrabe worde. ²³ Jitz, won er im Toterych isch, het er einisch ufegluegt – er het schrecklech Schmärze glitte –, da gseht er der Abraham vo wytem, und der Lazarus uf sym Schoos. ²⁴ Er het lut aafa rüefe:

‹Vatter Abraham, häb Erbarme mit mer und schick mer der Lazarus, für dass er sys Fingerbeeri i ds Wasser tünklet und mer d Zunge tuet chüele! I bi grässlech plaget i däm Füür!› ²⁵ Da het der Abraham gseit: ‹Chind, dänk draa, dass du dys Guete zu dyne Läbzyte gha hesch, und der Lazarus ds Böse. Jitz wird är hie tröschtet, aber du muesch lyde. ²⁶ Und überhoupt: Es git zwüschen üüs und öich e tiefe, grosse Grabe. Die vo üüs, wo zu öich wetten übere ga, chöi nid, und die vo änenache chöi o nid zu üüs übere cho!› ²⁷ Du seit der Rych: ‹Vatter, de bis so guet und schick ne doch i mys Vatterhuus – ²⁸ i ha nämlech no füf Brüeder –, für dass är nen i ds Gwüsse redt, dass si nid o a das schrecklechen Ort chöme.› ²⁹ Aber der Abraham het gantwortet: ‹Si hei der Mose und d Prophete, si söllen uf die lose.› ³⁰ Der Rych het eggäge: ‹Nei, Vatter Abraham, nume wen eine vo de Tote zue ne chiem, täte si sech ändere.› ³¹ Aber der Abraham het gantwortet: ‹We si nid uf e Mose und d Prophete lose, so lö si sech o nid la überzüge, wen eine vo de Tote ufersteit.›»

Jesus redt mit de Jünger

17 Er het zu syne Jünger gseit: «Schwirigkeite im Gloube git's geng. Nume: Gnad Gott däm, wo dschuld isch dranne! ² Es wär besser für ne, me wurd ihm e Mülistei um e Hals binde und ne im Meer versänke, weder dass er eim vo de Chlyne vor em Gloube steit. ³ Lueget, was der machet! We dy Brueder sech verfählt het, de putz ihm ds Mösch. We's ihm leid tuet, so vergib ihm. ⁴ Und wen er sech sibemal es Tags gäge di verfählt und sibemal wider zue der chunt und seit: ‹Es tuet mer leid,› so vergib ihm.»
⁵ Jitz hei d Aposchtel zum Herr gseit: «Mach, dass üse Gloube erstarchet!» ⁶ Der Herr het gseit: «We dihr Gloube heit wi nes Sänfchörnli, de säget dihr zu däm Muulbeeriboum: ‹Ryss di uus und pflanz di im See aa!› Und er folget nech.
⁷ We dihr e Chnächt heit, wo z Acher fahrt oder ds Veh hüetet, und de vo der Arbeit heichunt, wele vo öich sieg de zuen ihm: ‹Chumm tifig cho zuechesitze!› ⁸ Nei, er seit doch zuen ihm: ‹Choch mer ds Znacht und mach di zwäg für mi z bediene, bis i ggässen und trunke ha. Nachär chasch du de o ässe und trinke.› ⁹ Mues er öppe em Chnächt no danke derfür, dass dä eifach gmacht het, was men ihm befole het? ¹⁰ So isch es o bi öich. We

dihr alls gmacht heit, wo nech befolen isch, säget: ‹Mir sy ja numen unützi Chnächte; mir hei eifach gmacht, was üsi Pflicht isch gsi.›»

Zäh Ussätzigi wärde gsund

¹¹ Uf em Wäg gäge Jerusalem isch er dür ds Land zwüsche Galiläa und Samarie gwanderet. ¹²Am Rand vo mene Dorf syn ihm zäche ussätzigi Manne ebcho. Die sy wyt ewägg blybe sta ¹³ und hei lut grüeft: «Jesus, Meischter, häb Erbarme mit is!» ¹⁴Er het sen aagluegt und gseit: «Ganget nech de Priechter ga zeige!» Ab allem Gä sy si gsund worde. ¹⁵ Eine vo ne, won er gmerkt het, dass er gheilet isch, het umgchehrt und het ganz lut Gott globet. ¹⁶ Er isch abegchnöilet vor d Füess vo Jesus und het ihm ddanket. Es isch e Samaritaner gsi. ¹⁷ Da het Jesus gseit: «Sy de nid zäche gsund worde? Wo sy de di andere nüün? ¹⁸Isch es keim müglech gsi umzchehre und Gott d Ehr z gä, weder nume däm Frömde?» ¹⁹ Und er het zuen ihm gseit: «Stand uuf und gang hei, dy Gloube het di grettet.»

Der Tag, wo der Mönschesuhn sech offebaret

²⁰D Pharisäer hei ne gfragt, wenn dass eigetlech Gottes Rych chömi. Er het ne gantwortet: «Gottes Rych chunt nid eso, dass me's chönnt vorusgseh. ²¹ Me cha de o nid säge: ‹Lue hie, oder dert!› Lueget, Gottes Rych isch ja da, zmitts bi öich!» ²²Zu de Jünger het er gseit: «Es chöme Zyte, wo dihr wärdet Längizyti ha nach eim vo de Tage vom Mönschesuhn, aber dihr gseht ne de nid. ²³ Und me seit nech de: ‹Lue dert!› oder: ‹Lue hie!› De ganget nid häre und rönnet nid derthi. ²⁴ So wi der Blitz nämlech uflüüchtet und vo eim Himelsändi zum andere züntet, so isch de der Mönschesuhn plötzlech da a sym Tag. ²⁵ Aber zersch mues er vil düremache und vo de Mönsche vo hütt verurteilt wärde.

²⁶ Und so wi's isch gsi i der Zyt vom Noach, so isch es de o i de Tage vom Mönschesuhn: ²⁷ Me het ggässe und trunke und ghüratet und sech la verhürate bis zu däm Tag, wo der Noach i d Arche ggangen isch; da isch d Fluet cho und het sen alli um ds Läbe bbracht. ²⁸ Gnau glych isch es ggange i der Zyt vom Lot: Si hei ggässe und trunke, gchouft und verchouft, aapflanzet und Hüser

bbouet. ²⁹ Aber a däm Tag, wo der Lot vo Sodom wäggangen isch, het's vom Himel abe Füür und Schwäfel grägnet und alli tödt. ³⁰ Grad eso geit's de a däm Tag, wo sech der Mönschesuhn offebaret. ³¹ Wär a däm Tag uf em Husdach isch, aber syni Sache het er im Huus unde, dä söll nid abega, für se ga z reiche. Und wär uf em Fäld isch, gnau glych: Er söll sech nid umdrääje! ³² Dänket a d Frou vom Lot! ³³ Wär sys Läbe wott bhalte, tuet's de verlüüre, und wär's verlüürt, cha's de grad rette.
³⁴ I säge nech: I dere Nacht sy de zwee Manne uf eim Gliger – der eint wird mitgno, der ander lat me zrügg. ³⁵ Zwo Froue tüe zäme Chorn verrybe – di einti wird mitgno, aber di anderi lat me zrügg.» ³⁷ Da hei si gfragt: «Wo, Herr?» Und är het ne gseit: «Wo ds Aas isch, dert flüge d Roubvögel zäme.»

E Witfrou, wo chääret

18 Mit emne Glychnis het er ne zeigt, si sölle geng bätte und sech's nid la verleide: ²«I nere Stadt het e Richter gläbt. Däm isch der Herrgott glych gsi und d Mönschen ersch rächt. ³ E Witfrou isch o i dere Stadt gwohnt; die isch zuen ihm cho und het gseit: ‹Verhilf mer zu mym Rächt gäge my Prozässgägner!› ⁴ Aber lang het er ke Wank für se ta. Schliesslech het er sech du gseit: ‹We mir scho Gott glych isch und d Mönschen ersch rächt – ⁵ di Witfrou git mer uf ds Gäder. Drum wil i nere zu irem Rächt verhälfe, süsch macht si mi mit irem ewige Gchäär no ganz fertig.›» ⁶ Und der Herr het gseit: «Ghöret dihr, was dä ungrächt Richter seit? ⁷ Sött da nid o Gott synen Userwählte, wo Tag und Nacht zuen ihm rüefe, zum Rächt verhälfe und sech grosszügig zeige gäge se? ⁸ I säge nech: Er verschaffet ne gleitig Rächt. Nume: We der Mönscheshuhn chunt, findet er de ächt Gloube uf der Ärde?»

Ds Glychnis vom Pharisäer und vom Zöllner

⁹ Er het du o no nes paarne Lüt, wo sech druuf verla hei, dass si Bravi syge, und di andere nid hei welle la gälte, das Glychnis erzellt: ¹⁰ «Zwee Manne sy i Tämpel ufeggange für ga z bätte. Der eint isch e Pharisäer gsi und der ander e Zöllner. ¹¹ Der Pharisäer isch alleini für sich häregstande und het eso bbättet: ‹Gott, i danke dir, dass i nid eso bi wi di andere Lüt, Röuber,

Ungrächti, Ehebrächer, oder so, wi dä Zöllner dert. ¹²I faschte zwöimal i der Wuche, i zale der zächet Teil vo mym Ykomme (für Prieschter und Armi).› ¹³Aber der Zöllner isch wyt hinde gstande und het nid emal gwagt, ufzluege. Er het sech a sy Bruscht gschlage und gseit: ‹Gott, häb Erbarme mit mer, i bi ne Sünder!› ¹⁴I säge nech: Gott het dä als grächt aagno, nid äine! Jede, wo sech sälber ufelüpft, wird abeddrückt, und wär sich sälber abedrückt, wird ufeglüpft.»

Jesus und d Chinder

¹⁵Me het ihm du Söuglinge bbracht, für dass er se söll aarüere. Wo d Jünger das gseh hei, hei si ne's welle verha. ¹⁶Aber Jesus het se härägrüeft und gseit: «Löt doch di Chindli zue mer cho und schicket se nid furt! Grad settigne ghört Gottes Rych. ¹⁷Würklech, i säge nech: Wär Gottes Rych nid wi nes Chind aanimmt, chunt ganz sicher nid yne!»

Der Rychtum steit im Wäg

¹⁸En aagsehne Maa het ne gfragt: «Guete Meischter, was mues i mache, für dass i ds ewige Läbe überchume?» ¹⁹Jesus het zuen ihm gseit: «Säg mer doch nid ‹guet›! Niemer isch guet ussert Gott. ²⁰Du gchennsch d Gebot: ‹Du söllsch nid ehebräche, du söllsch nid morde, du söllsch nid stäle, du söllsch nid lüge vor Gricht, du söllsch dy Vatter und Mueter ehre.›» ²¹Aber dä het gseit: «Alls das han i ghalte, sider dass i bi chly gsi.» ²²Wo Jesus das ghört het, seit er ihm: «Öppis fählt der no: Verchouf alls, wo de hesch und verteil ds Gäld den Arme! De hesch e Schatz im Himel. Und de chumm, chumm mit mir!» ²³Wo dä das ghört het, isch er ganz truurig worde; er isch nämlech schwär rych gsi. ²⁴Wo du Jesus gseht, dass er ganz truurig isch, seit er: «Wi bös isch's doch für di Ryche, i Gottes Rych yne z cho! ²⁵Ringer gieng es Kamel dür nes Nadelöhri, weder dass e Ryche i Gottes Rych yne chunt.» ²⁶Da säge die, wo's ghöre: «Jä, wär cha de überhoupt grettet wärde?» ²⁷Er antwortet: «Was für d Mönsche nid müglech isch, isch müglech für Gott.» ²⁸Aber der Petrus het gseit: «Lue, mir hei alle Bsitz la sy und sy mit dir ggange!» ²⁹Und är het ne gseit: «I säge nech für gwüss: Niemer, wo wäge Gottes

Rych sys Hei verlat oder d Frou oder d Brüeder oder d Eltere oder d Chinder, ³⁰ überchunt nid es Vilfachs ume i dere Zyt und ds ewige Läbe i der zuekünftige Wält.»

Was Jesus mues düremache

³¹ Er het du no di Zwölf aparti gno und ne gseit: «Lueget, mir gange uf Jerusalem, und dert gscheht de mit em Mönschesuhn alls, was d Prophete gschribe hei: ³² ‹Er wird de Heide usgliferet, verspottet, plaget und aagspöit, ³³ si pöitsche nen uus und töde ne. Und am dritte Tag tuet er ufersta.›» ³⁴ Aber si hei vo allem däm nüüt verstande, si sy nid nachecho bi däm Wort und hei's nid begriffe, was er da gseit het.

D Heilig vo mene Blinde z Jericho

³⁵ Wo si du i d Neechi vo Jericho cho sy, isch e blinde Bättler am Wägrand gsässe. ³⁶ Er het ghört, dass e Huuffe Lüt verbyloufe und het gfragt, was da los syg. ³⁷ Si hein ihm gseit: «Der Nazoräer Jesus geit verby.» ³⁸ Da het er lut bbrüelet: «Jesus, Suhn vom David, häb Erbarme mit mer!» ³⁹ Die, wo voruus ggange sy, hei nen aagschnouzt und ne gheisse schwyge. Aber är het nume descht luter bbrüelet: «Suhn vom David, häb Erbarme mit mer!» ⁴⁰ Jesus isch stillgstande und het befole, me söll ne zuen ihm bringe. Won er byn ihm isch gsi, het er ne gfragt: ⁴¹ «Was wosch vo mer?» Dä het gseit: «Herr, mach, dass i wider cha gseh!» ⁴² Jesus seit zuen ihm: «Du söllsch wider gseh. Dy Gloube het der ghulfe.» ⁴³ Und grad sofort het er ume gseh und het ne begleitet und derzue Gott ddanket. Und ds ganze Volk, wo's gseh het, het Gott globet.

Der Oberzöllner Zachäus

19 ¹ Er isch nach Jericho ynecho und dür d Stadt gloffe. ² Dert het e Maa gwohnt, dä het Zachäus gheisse. Oberzöllner isch er gsi und sehr vermöglech. ³ Er het Jesus welle gseh für z wüsse, wär er syg. Aber es isch ihm nid grate, wäge de vile Lüt; er isch drum e Chlyne gsi. ⁴ Du isch er voruus gloffe und isch uf ne Muulbeerfygeboum ufegchlätteret, für dass er ne de mögi gseh. Er het ja dert müesse verbycho. ⁵ Wo Jesus zu däm Boum cho isch, het er ufegluegt und zuen ihm gseit: «Zachäus, chumm gleitig abe, hütt mues i nämlech zu dir hei cho übernachte.» ⁶Er isch tifig obenabe cho und het ne mit Fröiden ufgno. ⁷Die, wo's gseh hei, hei alli gmulet: «Bi somene Halungg geit dä ga übernachte!» ⁸Aber der Zachäus isch vor e Herr häregstande und het gseit: «Herr, d Hälfti vo mym Vermöge giben i den Arme, und wen ig eine um öppis bschisse ha, so giben ig ihm's vierfach wider ume.» ⁹Jesus seit ihm du: «Hütt isch d Rettig i das Huus cho; o är stammet ja vom Abraham ab. ¹⁰Der Mönschesuhn isch äbe cho, für z suechen und z rette, was verloren isch.»

Ds Glychnis vom aavertroute Gäld

¹¹Dene, wo das ghört hei, het er du no grad es Glychnis erzellt. Er isch ja i der Neechi vo Jerusalem gsi, und si hei gmeint, Gottes Rych erschyni jitz de grad sofort. ¹²Er het also gseit: «E fürnäme Maa isch wyt ewägg i nes anders Land greiset, für sech dert der Chünigstitel z reiche und de wider umezcho. ¹³Vorhär het er zäche vo syne Aagstellte zue sech grüeft und ne zäche Guldbarre ggä und ne gseit: ‹Gschäftet dermit, bis i umechume.› ¹⁴Aber syni Landslüt hei ne ghasset und e Gsandtschaft hinder ihm nachegschickt und la säge: ‹Mir wei nid, dass dä üse Chünig wird.› ¹⁵Er isch aber Chünig worde und isch zrüggcho. Da het er di Aagstellte härebefole, won er ne ds Gäld het ggä gha, für z erfahre, was si dermit erwirtschaftet heige. ¹⁶Der erscht isch zuen ihm cho und het gseit: ‹Herr, dy Guldbarre het zäche derzue ybbracht!› ¹⁷Er het ihm gantwortet: ‹Das gfallt mer, du bisch e gueten Aagstellte. Wil du bi mene chlyne Gschäft zueverlässig bisch gsi, machen i di zum Statthalter über zäche Stedt.› ¹⁸Der zwöit isch cho und het gseit: ‹Herr, dy Guldbarre het füf derzue ybbracht.› ¹⁹Zu däm het er gseit: ‹Und du söllsch Statthalter wärde über füf Stedt.› ²⁰Da isch no en andere cho und het gseit: ‹Herr, da hesch du dy Guldbarre ume. I ha ne i Naselumpen yglyret und ufbewahrt. ²¹I ha di drum gförchtet, wil du ne stränge Maa bisch; du nimmsch Gäld, wo du nid aagleit hesch, und ärnisch, wo du nid gsääit hesch.› ²²Er seit zuen ihm: ‹Mit dynen eigete Wort sägen i dir dys Urteil, du Nüütnutz. Du heigisch gwüsst, dass ig e stränge Maa syg, wo Gäld nimmt, won er nid aagleit het und ärnet, won er nid gsääit het? ²³Warum hesch du mys Gäld nid uf d Bank bbracht? De hätt i chönne cho und's mit Zins abhebe.›

²⁴ Und zu de Lüt drumume het er gseit: Nät ihm dä Guldbarre ewägg und gät ne däm, wo zäche Barre het.› ²⁵ Si hein ihm gseit: ‹Herr, dä het doch scho zäh!› ²⁶ I säge nech: Jedem, wo het, wird ggä, aber wär nid het, däm nimmt me no, was er het! ²⁷ Aber myni Gägner da, wo nid hei welle, dass ig ire Chünig wirde: Füeret se dahäre und schlöt se ztod vor mynen Ouge.»

Der Yzug z Jerusalem

²⁸ Won er das gseit het gha, isch er wyter gwanderet gäge Jerusalem ufe. ²⁹ Und won er i d Neechi vo Betfage und Betanie am sogenannten Ölbärg isch cho, het er zwee vo syne Jünger vorusgschickt ³⁰ und gseit: «Ganget i das Dorf da vorne, und we dihr ynechömet, findet dihr es Füli aabbunde, wo no nie öpper druffe gritten isch. Bindet's los und füeret's dahäre. ³¹ Und wen ech öpper fragt: ‹Warum bindet dihr's los?›, de säget: ‹Der Herr bruucht's.›»
³² Die, won er het vorusgschickt gha, sy ggange und hei's eso gfunde, win er ne's het gseit gha. ³³ Wo si das Füli losbbunde hei, hei syni Bsitzer zue ne gseit: «Wiso bindet dihr das Füli los?» ³⁴ Si hei ne gantwortet: «Der Herr bruucht's!» ³⁵ und hei's zu Jesus gfüert. Si hei iri Chleider uf ihns gleit und hei Jesus la ufstyge. ³⁶ Won er jitz wytergritten isch, hei si iri Chleider uf em Wäg usbbreitet. ³⁷ Dert, wo der Wäg vom Ölbärg abechunt, het der ganz Huuffe vo de Jünger voll Fröid Gott aafa lobe für alli mächtige Tate, wo si erläbt hei, ³⁸ und si hei grüeft:

«Mir rüeme dä,
wo chunt im Uftrag vom Herr, der Chünig!
Im Himel isch Fride und Ehr i der Höchi!»

³⁹ Es paar Pharisäer us em Huuffe hei zuen ihm gseit: «Meischter, tue doch dyni Jünger gschweigge!» ⁴⁰ Er het ne gantwortet: «We die schwyge, tüe d Steine brüele!»

Träne über Jerusalem

⁴¹ Won er du neecher cho isch und d Stadt gseh het, isch ihm ds Ougewasser cho wäg nere, ⁴² und er het gseit: «We du doch nume hütt gmerkt hättisch, was dir Fride bringt! Aber jitz isch er vor dynen Ouge versteckt. ⁴³ Es chöme Tage über di, da boue dyni Finden e Damm uuf rings um di ume und bschliesse di y

und nä di vo allne Syten i d Zange. ⁴⁴Si verstöre di mitsamt de Chinder i dir inn. Und si lö kei Stei uf em andere i dir, wil du der Momänt vo Gottes Hülf nid erfasst hesch.»

Jesus im Tämpel

⁴⁵Du isch er i Tämpel yneggange und het aafa d Händler usejage ⁴⁶und het ne gseit: «Es steit doch gschribe: ‹Mys Huus söll es Huus sy für ds Bätte›, aber dihr heit's zu nere Röuberhöli gmacht!» ⁴⁷Und Tag für Tag het er im Tämpel glehrt. Aber d Oberprieschter und di Schriftgelehrte, zäme mit de Wichtigschte im Volk, hei ne welle umbringe, ⁴⁸nume hei si nid usegfunde, wie. Alli Lüt hein ihm drum zueglost und syn ihm aaghanget.

D Vollmacht vo Jesus

20 A eim vo dene Tage – er het im Tämpel ds Volk underwise und di gueti Botschaft prediget – sy d Oberprieschter und di Schriftgelehrte mit de Ratsherre härecho ²und hei zuen ihm gseit: «Säg is doch, mit was für nere Vollmacht tuesch du das, oder wär isch dä, wo dir di Vollmacht ggä het?» ³Är het ne gantwortet: «Jitz fragen i öich o öppis, gät mer dadruuf en Antwort. ⁴D Toufi vom Johannes, isch die vom Himel gsi oder vo de Mönsche?» ⁵Si hei zäme gratiburgeret und sech gseit: «We mer säge: ‹vom Himel›, de seit er is: ‹Wiso heit dihr ihm de nid ggloubt?› ⁶Säge mer aber: ‹vo Mönsche›, de steiniget is ds ganze Volk; die sy ja dervo überzügt, dass der Johannes e Prophet isch gsi.» ⁷Drum hei sin ihm gantwortet, si wüssi nid, wohär. ⁸Da het Jesus zue ne gseit: «De sägen ig öich o nid, mit was für nere Vollmacht i das mache.»

Ds Glychnis vo de böse Wybure

⁹Nachär het er aafa em Volk es Glychnis erzelle: «E Mönsch het e Wybärg aapflanzet und het nen es paar Wybure i Läche ggä und isch für paar Jahr i ds Ussland verreiset. ¹⁰Am abgmachte Tag het er en Aagstellte zu de Wybure gschickt, für dass sin ihm sy Teil Räbenertrag vom Wybärg gäbe. Aber di Wybure hei ne düreprüglet und mit lääre Hände dervogjagt. ¹¹Nachär het er no nen andere Aagstellte gschickt. O dä hei si prüglet und misshand-

let und ne mit lääre Hände dervo gjagt. ¹²Du het er no ne dritte gschickt. Aber si hei o dä bluetig gschlage und nen usegheit. ¹³Da het der Bsitzer vom Wybärg gseit: ‹Was söll i mache? I schicke ne my liebe Suhn; vilecht hei si vor däm Reschpäkt.› ¹⁴Wo d Wybure dä hei gseh, hei si sech überleit und zunenand gseit: ‹Das isch dä, wo erbt! Mir wei ne grad z todschla, de überchöme mir ds Erb.› ¹⁵Si hei ne zum Wybärg usegheit und tödt. Was wird ächt der Bsitzer vom Wybärg mit ne mache? ¹⁶Er wird cho und di Wyburen umbringe und der Wybärg anderne gä.» Wo si das ghört hei, hei si gseit: «Nume das nid!» ¹⁷Aber är het sen aagluegt und zue ne gseit: «Was bedütet de ächt das Wort us der Schrift: ‹Der Stei, wo d Boulüt usgschoubet hei, isch der Eckstei worde?› ¹⁸Jede, wo über dä Stei stoglet, wird verschmätteret. We der Stei aber uf eine abetroolet, de wird dä verchrooset.» ¹⁹Di Schriftgelehrte und Oberprieschter hätte ne am liebschte grad verhaftet, aber si hei ds Volk gförchtet. Si hei drum gnau gmerkt, dass är das Glychnis uf seie gmünzt het.

D Pharisäerfrag: «Söll me Stüüre zale?»

²⁰Si hein ihm wyter ufgluuret und hei Ufpasser zuen ihm gschickt, wo hei sölle derglyche tue, es gang ne um ds Rächt. Die hätte ne bi irget emene Satz sölle verwütsche, und de hätte si ne chönne der Macht und Gwalt vom Landvogt uslifere. ²¹Die hein ihm e Frag gstellt: «Meischter, mir wüsse, dass du ufrichtig redsch und lehrsch und derby kei Rücksicht uf Pärsone nimmsch, nei, du lehrsch der Wäg vo Gott i syr ganze Wahrheit. ²²Isch es üüs eigetlech erloubt, em Cheiser Stüüre z zale oder nid?» ²³Aber är het iri Hinderlischt gmerkt und het ne gseit: ²⁴«Zeiget mer e Silbermünze! Wäm sys Bild und sy Name sy druffe?» Si hei gseit: «Em Cheiser syni.» ²⁵Du seit er zue ne: «Also, so gät em Cheiser, was em Cheiser ghört, und Gott, was Gott ghört.» ²⁶So hei si ne nid chönne bimene Wort verwütsche, won er vor de Lüt gseit hätt. Si sy baff gsi über sy Antwort und hei gschwige.

D Sadduzäerfrag: Hürate bi der Uferstehig?

²⁷Du sy nes paar Sadduzäer zuen ihm cho, die, wo säge, es gäbi ke Uferstehig. ²⁸«Meischter», hei si gfragt, «der Mose het üüs

doch d Vorschrift ggä: ‹We eim e verhüratete Brueder chinderlos stirbt, de söll däm sy Brueder sy Frou hürate und sym Brueder für Nachkomme sorge.› [29]Jitz sy da sibe Brüeder gsi, und der erscht het ghürate und isch chinderlos gstorbe. [30]Und der zwöit [31]und der dritt hei di Frou ghürate, und so alli sibe; si hei alli keni Chinder hinderla und sy gstorbe. [32]Schliesslech isch o d Frou gstorbe. [33]Wäm sy Frou isch de di Frou bi der Uferstehig? Di sibe hei se doch alli ghürate gha?» [34]Jesus het ne gantwortet: «D Chinder vo üser Wältzyt hürate und lö sech la hürate, [35]aber die, wo dörfe i di anderi Wältzyt und zur Uferstehig vo de Tote cho, die hürate einisch nid und wärde nid ghürate; [36]si chöi ja o nümme stärbe, si sy glych wi Ängel, und si sy Chinder vo Gott, derdürtwille, dass si Chinder vo der Uferstehig sy. [37]Dass aber di Tote uferweckt wärde, daderfür het scho der Mose en Aadütig gmacht bim Dornestruuch, wen er redt vom Herr, em Gott vom Abraham und em Gott vom Isaak und em Gott vom Jakob. [38]Er isch ja nid e Gott vo de Tote, aber vo de Läbige; für ihn läbe si alli!» [39]Da hei es paar vo de Schriftgelehrte gantwortet: «Das hesch guet gseit, Meischter!» [40]Si hei aber nümme gwagt, nen öppis z frage.

Jesus stellt e Gägefrag

[41]Er het se du gfragt: «Wi chunt me derzue, z säge, der Chrischtus sygi der Suhn vom David? [42]Der David sälber seit ja im Buech vo de Psalme: ‹Der Herr het zu mym Herr gseit: Sitz rächterhand vo mir, [43]bis i dyni Finde als Schämeli für dyni Füess härelege.› [44]Der David seit ihm Herr – wi wär de dä sy Suhn?»

Gäge di Schriftgelehrte

[45]Wo ds ganze Volk zueglost het, het er zu syne Jünger gseit: [46]«Nät nech in Acht vor de Schriftgelehrte, wo gärn i länge Chleider umeloufe und's schetze, we me se uf de Plätz höflech grüesst; si wei di vorderschte Plätz i de Synagoge und di beschte Ruebett bi de Feschtässe. [47]Die frässe d Hüser vo de Witfrouen uuf und bätte zum Schyn längi Gebätt. Einisch chöme de die descht herter i ds Gricht!»

Ds Opfer vo neren arme Witfrou

21 ¹Won er ufluegt, gseht er di Ryche, wo iri Gäldspände i Opferstock ynewärfe. ²Er gseht o nen armi Witfrou, wo zwöi Füfi ynegworfe het. ³Da seit er: «Würklech, i säge nech: Di armi Witfrou da het am meischte vo allne ygleit. ⁴Di andere alli hei nämlech us irem Überfluss öppis für d Kollekte ggä, aber si het us irer Armuet use alls ynegworfe, wo si no het gha zum Läbe.»

Ds Ändi vo der Wält

⁵Wo nes paar vom Tämpel gredt hei, wien er doch mit schöne Steine und Weihgabe verziert sygi, het er gseit: ⁶«Was dihr da so gseht – es chöme Tage, da blybt ke Stei uf em andere, alls wird abegrisse.» ⁷Si hei ne du gfragt: «Meischter, wenn gscheht de das? Und a was für mene Zeiche merkt me de, dass es chunt?» ⁸Er het gantwortet: «Passet uuf und trumpieret nech nid: Es chunt de mänge under mym Name cho säge: ‹I bi's!› und: ‹D Zyt isch naach!› Loufet ne di nid nache. ⁹Und we dihr vo Chriegen und Revolutione ghöret, erchlüpfet de nid. Das alls mues zersch passiere, aber es isch no nid ds Ändi.» ¹⁰Derzue het er ne gseit: «Es steit de eis Volk uuf gäge ds andere und eis Chünigrych gäge ds andere. ¹¹Grüüslechi Ärdbäbe und Süüche git es de, Hungersnot da und dert, fürchterlechi Sache, und grossi Zeiche chöme vom Himel här. ¹²Aber no vorhär gryfft me öich de aa und verfolget nech; me liferet nech de Synagogegricht uus und verhaftet nech, me füert nech vor Chünige und Landvögt wäge mym Name. ¹³Das heisst, dass dihr nech de müesset zu mir bekenne. ¹⁴Nät nech drum z Härze, dass dihr nid zum voruus chummeret, wie dihr nech de söllet verteidige. ¹⁵I gibe nech de e Sprach und e Wysheit, wo niemer ne cha widersta, o wen er gäge nech isch. ¹⁶Di eigete Eltere und Brüeder und Verwandte und Fründe wärde nech uslifere, und es paar vo nech wird me töde. ¹⁷Und alli hasse nech wäge mym Name. ¹⁸Aber es geit ekes Haar vo öiem Chopf verlore. ¹⁹We dihr's dürestandet, so gwinnet der öies Läbe.

²⁰We dihr de gseht, dass Jerusalem vo Chriegsheere belageret wird, de wüsset der de, dass es nümme lang geit, bis es verwüeschtet wird. ²¹De sölle die vo Judäa i d Bärge flüchte; und die i der Stadt sölln uszie, und die vom Land sölle nid i d Stadt

yne ga. ²²Das sy d Tage vo der Straf, für dass sech alls erfüllt, wo gschribe steit. ²³Gnad Gott de de Froue, wo i dene Tage i der Hoffnig sy oder stille. Es chunt de e grossi Not über d Wält und es strubs Gricht über üses Volk. ²⁴Und si falle dür ds scharfe Schwärt, und si wärde als Gfangeni zu allne Völker verschleipft, und Jerusalem wird vo de Heide vertrappet, bis d Zyt vo de Heide abgloffe isch.
²⁵De git es de Zeiche a der Sunne, am Mond und a de Stärne, und uf der Ärde wird's de Völker angscht, wil si sech nid wüsse z rate ob em Ruusche und Tose vom Meer. ²⁶Mönsche wärde stärbe vor Angscht, was no alls über d Wält söll cho. Sogar d Chreft vom Himel chöme usem Greis. ²⁷Und de gseh si de, dass der Mönschesuhn uf nere Wulche chunt mit grosser Macht und Herrlechkeit. ²⁸We das alls aafat, de standet de uuf und heit der Chopf uuf, wil der gly erlöst wärdet!»
²⁹Er het ne es Glychnis erzellt: «Lueget der Fygeboum aa und alli andere Böum. ³⁰We si usschlö, de chöit der's gseh und drann abläse, dass der Summer im Cho isch. ³¹So chöit dihr o merke, dass Gottes Rych im Cho isch, we der gseht, dass das alls passiert. ³²Würklech, i säge nech für gwüss: Üsi Generation geit nid verby, bis dass das alls gscheht. ³³Der Himel und d Ärde vergange, aber myni Wort vergange nid.
³⁴Gät acht uf öich sälber, dass öies Härz nid sturm wird dür z vil Trinke und Sücht und täglechi Sorge, und dass dä Tag nid undereinisch über nech zueschnappet ³⁵wi ne Falle. Er überfallt drum alli, wo uf der Wält wohne. ³⁶Bhaltet nech geng wach und bättet um d Chraft, dass dihr däm allem chönnet etrünne und vor e Mönschesuhn häresta.»
³⁷D Tage dür het er im Tämpel glehrt. Bim Ynachte isch er us der Stadt useggange und het am Ölbärg übernachtet. ³⁸Ds ganze Volk isch scho früe am Morge cho, für ihm im Tämpel cho zuezlose.

Der oberscht Rat wott Jesus töde

22 Es isch churz vor em Fescht vom ungsüürete Brot gsi, wo o Passa heisst. ²D Oberpriechter und di Schriftgelehrte hei e Wäg gsuecht, wi si ne chönnte umbringe. Si hei eifach ds Volk gschoche. ³Da isch der Satan i Judas gfahre, dä, wo Iskariot gheisse het und eine vo de Zwölf isch gsi. ⁴Dä isch mit den

Oberprieschter und de Tämpeloffiziere ga abmache, wien är nen ine chönnt i d Händ spile. ⁵Die hei sech gfröit und hein ihm Gäld versproche. ⁶Er isch yverstande gsi und het na nere gäbige Glägeheit gsuecht, für nen i iri Händ z lifere, ohni dass ds Volk öppis dervo cha merke.

Ds Passa-Ässe wird zwäggmacht

⁷Der Tag vom ungsüürete Brot isch cho, wo me het müesse ds Passalamm metzge. ⁸Er het der Petrus und der Johannes gschickt und nen uftreit: «Ganget üüs ds Passa-Ässe ga zwägmache, für dass mer's de chönnen ässe.» ⁹Si hei ne gfragt: «Wo wosch, dass mer's zwägmache?» ¹⁰Er het ne gseit: «We dihr i d Stadt yne chömet, de chunt nech e Maa eggäge, wo ne Wasserchrueg treit. Ganget däm nache i das Huus, wo är ynegeit, ¹¹und säget em Husbsitzer: ‹Der Meischter lat di la frage, wo d Herbärg sygi, won er mit syne Jünger ds Passa chönni ässe.› ¹²Er zeigt nech de e grossi Stube im obere Stock, wo mit Teppeche usstaffiert isch. Dert machet's de zwäg.» ¹³Si sy ggange und hei's eso gfunde, win er's gseit het und hei ds Passa zwäggmacht.

Ds Aabetmahl

¹⁴Wo's Zyt isch gsi, isch er zäme mit den Aposchtle a Tisch gsässe. ¹⁵Er het zue ne gseit: «I ha fescht dernaa planget, das Passa mit öich zäme z ässe, bevor i mues lyde. ¹⁶I säge nech nämlech: I wirde's nümme ässe, bis mer's i Gottes Rych chöi fyre.» ¹⁷Er het der Bächer gno, het Gott ddanket derfür und gseit: «Nät's und verteilet's under öich! ¹⁸I mues ech säge: Vo jitz aa trinken i nümme vo däm Wy, bis Gottes Rych chunt.» ¹⁹Du het er ds Brot gno, het Gott ddanket, het's abenand bbroche, und het ne's ggä und gseit: «Das isch my Lyb, wo für öich ggä wird. Machet das zum Aadänken a mi.» ²⁰Und so het er o nam Ässe der Bächer gno und het gseit: «Dä Bächer isch der nöi Bund i mym Bluet, wo für öich ggä wird.
²¹Nume lueget, d Hand vo däm, wo mi usliferet, isch mit mir zäme uf em Tisch! ²²Der Mönscheschun geit ja sy Wäg, win es ihm bestimmt isch – nume: Däm Mönsch geit's schlächt, wo nen usliferet!» ²³Da hei si sech gägesytig aafa frage, wele vo ine's ächt zstandbrächti, so öppis z mache.

Di letschte Wort a d Jünger

²⁴Nachär hei si aafa zangge, wär vo ine ächt als der Gröscht chönnt gälte. ²⁵Aber är het ne gseit: «D Chünige befäle de Völker, und die, wo a der Macht sy, lö sech no la Wohltäter säge. ²⁶Aber bi öich söll's umgchehrt sy: Dä, wo bi öich wott der Gröscht sy, söll wärde wi der Chlynscht, und wär wott aafüere, mues sy wi dä, wo dienet. ²⁷Wär isch ächt grösser, dä wo am Tisch sitzt oder dä, wo bedienet? Öppe nid dä, wo am Tisch sitzt? Aber i bi mit öich zäme wi dä, wo bedienet. ²⁸Dihr heit mit mir alli myni Prüefige düreghalte. ²⁹So, wi my Vatter mir ds Rych vermacht het, so vermachen i's öich: Dihr söllet a mym Tisch ässe und trinke i mym Rych; ³⁰und dihr sitzet de uf Thronsässle und regieret über di zwölf Stämm vo Israel.

³¹Simon, Simon, lue, der Satan wett nech gärn ha, für nech dür d Röndle z la wi (der Buur) der Weize, ³²aber i ha für di bbättet, dass dy Gloube nid ufhört. We du de wider zue mer zrügg chunsch, mach de dyne Brüeder Muet für z gloube.» ³³Der Petrus het gseit: «Herr, i bi doch parat, für mit dir sogar i d Chefi oder i Tod z ga!» ³⁴Är het gseit: «Petrus, i säge dir, no bevor hütt znacht der Güggel chrääit, wirsch du drümal abstryte, dass du mi gchennsch.»

³⁵Er het zue ne gseit: «Denn, won i nech usgschickt ha ohni Portemonnaie, Täsche und Sandale, heit dihr da öppis etmanglet?» Si hei gantwortet: «Nei, überhoupt nid.» ³⁶Da het er gseit: «Aber wär jitz es Portemonnaie het, söll's mitnä, und o ne Täsche, und wär keis Schwärt het, söll sy Mantel verchoufe und eis zuechetue. ³⁷I will nech nume säge: Das Wort vo der Schrift mues sech a mir erfülle: ‹Me het ne zu de Verbrächer zellt.› Was vo mir gschriben isch, erfüllt sech jitz.» ³⁸Si hei ihm du gseit: «Herr, lue, da sy zwöi Schwärter.» Da seit er zue ne: «Das tuet's.»

Jesus im Garte Getsemani

³⁹Er isch useggange und, wi o süsch geng, zum Ölbärg gwanderet. O d Jünger sy mit ihm ggange. ⁴⁰Won er a sy Platz isch cho, het er zue ne gseit: «Bättet drum, dass dihr chöit dürehalte.» ⁴¹Är sälber isch öppen e Steiwurf wyt vo ne wägg ggange. Er isch uf d Chnöi gfalle und het bbättet: ⁴²«Vatter, we du wosch, la dä Bächer a mir verby ga! Aber dy Wille söll gscheh, nid myne.»

⁴³ En Ängel vom Himel isch ihm erschine für ihm Chraft z gä. ⁴⁴ Er isch i Todesangscht cho und het descht ärschtiger bbättet. Und sy Schweis isch wi Bluetstropfe worde, wo a Bode falle. ⁴⁵ Du isch er ufgstande und zu de Jünger cho und het se gfunde, wi si vor Chummer sy ygschlafe gsi. ⁴⁶ Er het zue ne gseit: «Warum schlafet dihr? Standet doch uuf und bättet drum, dass der nid i Versuechig gratet!»

Jesus wird gfange gno

⁴⁷ No won er am Rede isch, chunt e Tschuppele Lüt, voruus der Judas – eine vo de zwölf, mir hei scho von ihm gredt – er louft ganz naach zu Jesus zueche und git ihm es Müntschi. ⁴⁸ Da seit Jesus zuen ihm: «Judas, mit emene Müntschi tuesch du der Mönscheschuhn verrate?» ⁴⁹ Wo syni Begleiter gmerkt hei, was da söll ga, hei si gseit: «Herr, sölle mir mit em Schwärt dryschla?» ⁵⁰ Und eine het scho der Chnächt vom Hohepriechter troffe und ihm ds rächten Ohr abghoue. ⁵¹ Da het Jesus gseit: «Höret uuf, es tuet's!» Er het das Ohr aagrüert und het's gheilet. ⁵² Jesus het zu den Oberpriechter und Tämpeloffiziere und Ratsherre, wo gäge ihn usgrückt sy, gseit: «Wi gäge ne Röuber syt dihr usgrückt, mit Schwärter und Chnüttle! ⁵³ Derby bin i all Tag bi öich im Tämpel gsi, und dihr heit ke Finger gäge mi grüert. Aber das jitz isch halt öie guete Momänt, und d Fyschteri git Macht!» ⁵⁴ Si hei ne packt und abgfüert und i ds Huus vom Hohepriechter bbracht.

Der Petrus lougnet, dass er zu Jesus ghört

Der Petrus isch i mene ghörigen Abstand hindedry gloffe. ⁵⁵ Zmitts im Hof hei si es Füür aazüntet und sy drum ume ghocket; da isch der Petrus o häregsässe. ⁵⁶ Jitz gseht nen e Magd bim Füür sitze, luegt nen aa und seit: «Dä da isch emel o byn ihm gsi!» ⁵⁷ Aber är het's abgstritte und gseit: «Frou, i gchenne dä nüüt!» ⁵⁸ Gly drufabe gseht nen en andere und seit: «Du bisch o eine vo dene!» Aber der Petrus antwortet: «Guete Maa, doch nid i!» ⁵⁹ Öppen e Stund speter bhertet en andere: «Ehrlech! Dä da isch o mit ihm gsi, er isch ja ne Galiläer!» ⁶⁰ Aber der Petrus het gseit: «Maa, los, i weis nid, vo was du redsch!» Won er no het gredt, chrääit uf ds Mal der Güggel. ⁶¹Da het sech der Herr umddrääit und het der Petrus aagluegt. Jitz ersch het sech der Petrus a dä Satz bsunne, won ihm der Herr gseit het: «No bevor hinecht der Güggel chrääit, tuesch du mi drümal verlougne.» ⁶²Da isch er useggange und het ds luter Wasser bbriegget.

Ds Verhör vo Jesus vor em Rat

⁶³D Manne, wo Jesus bewacht hei, hei nen usgfötzlet und ne ghoue. ⁶⁴Si hein ihm d Ouge verbunde und ne gfragt: «Tue jitz prophezeie, wär di ghoue het!» ⁶⁵Und no mängi anderi Gemeinheit hei sin ihm gseit.

⁶⁶Wo nes taget het, sy d Ratsherre zämecho, d Oberprieschter und di Schriftgelehrte, und hei nen i irer Versammlig la vorfüere ⁶⁷und hei gseit: «We du der Chrischtus bisch, so säg is's!» Aber är het gantwortet: «Wen ig öich's sieg, gloubtet der's doch nid, ⁶⁸und wen ig öich fragti, gubet dihr mer doch kei Antwort. ⁶⁹Vo jitz aa wird der Mönschesuhn rächts vom allmächtige Gott sitze.» ⁷⁰Da hei alli gfragt: «Du bisch also der Suhn vo Gott?» Er het ne gseit: «Dihr säget's ja, dass i's syg.» ⁷¹Du hei si gseit: «Für was bruuche mir no Bewyse? Mir hei's ja jitz grad von ihm sälber ghört.»

Jesus vor em Pilatus

23 Du sy si zämethaft ufgstande und hei ne vor e Pilatus gfüert. ²Dert hei si nen aafa verchlage und gseit: «Mir hei usegfunde, dass dä üses Volk verfüert und 's abhaltet, em Cheiser Stüüre z zale, und er seit, er sygi der Chrischtus, der Chünig.» ³Da fragt ne der Pilatus: «Bisch du der Chünig vo de Jude?» Är antwortet ihm: «Du seisch es!» ⁴Aber der Pilatus het zu den Oberprieschter und zu de vile Lüt drumume gseit: «I finde nid, dass dä Mönsch e Schuld het.» ⁵Si hei aber geng wyter bhertet: «Er reiset ds Volk uuf, er lehrt im ganze Land Judäa, zersch z Galiläa, und jitz bis hiehäre!»

⁶Wo der Pilatus das het ghört, het er gfragt, öb de dä Mönsch e Galiläer syg. ⁷Chuum het er verno, er chöm us em Gebiet vom Herodes, het er ne zu däm gschickt. Dä isch i dene Tage o grad z Jerusalem gsi.

Jesus vor em Herodes

⁸ Der Herodes isch druuf gspannet gsi, Jesus z gseh, er hätt ne drum scho lang gärn welle lehre gchenne, wil er scho von ihm ghört het gha; er het o ghoffet, er gsäch de nes Wunder von ihm. ⁹ Er het ne alls mügleche gfragt, aber Jesus het ihm überhoupt eke Antwort ggä. ¹⁰ D Oberprieschter und di Schriftgelehrte sy dernäbe gstande und hei ne vehemänt verchlagt. ¹¹ Da het ihm der Herodes zeigt, zäme mit synen Offiziere, wien er ne verachti, und für ne z verspotte, het er ihm es Prachtschleid la aalege und ne zum Pilatus zrügg gschickt. ¹² A däm Tag sy der Herodes und der Pilatus Fründe worde zäme, vorhär hei si sech nämlech nid mögen usgsta.

Der Pilatus verurteilt Jesus

¹³ Der Pilatus het d Ratsherre und d Oberprieschter und ds Volk zämegrüeft ¹⁴ und ne gseit: «Dihr heit mir dä Mönsch da häregfüert und ne verchlagt, er reisi ds Volk uuf. I ha nen usgfragt, wo dihr syt derby gsi, und i ha bi däm Mönsch nüüt vo däm gfunde, wo dihr ihm vorwärfet; ¹⁵ o der Herodes nid; är het is ne nämlech wider umegschickt. Er het nüüt gmacht, won er dermit der Tod verdienet hätti. ¹⁶ I la nen also la uspöitsche und de gibe ne frei.» ¹⁸ Aber si hei alli zäme lut bbrüelet: «Furt mit ihm, gib is derfür der Barabbas frei!» ¹⁹ Dä isch i der Chefi gsi wäg emenen Ufstand, wo's i der Stadt het ggä gha, und wäg emene Totschlag. ²⁰ Der Pilatus het ne no einisch zuegredt, wil er Jesus het welle frei la. ²¹ Aber si hei grüeft: «Tue ne chrüzige, tue ne chrüzige!» ²² Er het ne zum drittemal gseit: «Was het er de eigetlech Böses aagstellt? I ha nüüt gfunde, wo me ne destwäge sötti zum Tod verurteile; i la ne la uspöitsche und gibe ne frei.» ²³ Aber si sy mit lutem Bbrüel uf ne los und hei ghöische, er söll gchrüziget wärde, und mit irem Gschrei hei si's zwängt. ²⁴ Der Pilatus het iri Aachlag anerchennt und ne der Wille gla. ²⁵ Er het dä freiggä, wo wägen Ufstand und Totschlag i der Chefi isch gsi und wo si hei welle dusse ha, aber Jesus het er prysggä, wi si's hei welle.

Der Wäg a ds Chrüz

²⁶ Wo si ne du hei abgfüert, hei si ne Maa aaghalte, wo grad vom Fäld hei isch cho, der Simon us Zyrene, und hein ihm ds Chrüz

ufglade, für dass er's Jesus nachetragi. ²⁷ O vil Lüt us em Volk syn ihm nacheggange und vili Froue, wo ne beduuret und um ne bbriegget hei. ²⁸ Aber Jesus het sech umddrääit und zue ne gseit: «Töchtere vo Jerusalem, briegget nid über mi, briegget dihr lieber über öich und öiji Chinder! ²⁹ Lueget, es chöme Tage, wo me wird säge: ‹Glücklech sy die, wo unfruchtbar sy, und der Lyb, wo nie gebore het, und d Brüscht, wo nie gstillet hei!› ³⁰ Denn fange si de aa zu de Bärge rüefe: ‹Troolet uf is!› und zu de Höger: ‹Decket is zue!› ³¹ We me scho mit em grüene Holz so verfahrt, was wird de mit em düre gscheh?» ³² Zwee Verbrächer het men o no mit ihm zäme abgfüert, für se hizrichte.

Jesus wird gchrüziget

³³ Wo si zum Ort cho sy, wo «Schädel» heisst, hei si ne gchrüziget und o d Verbrächer, der eint rächts und der ander linggs vo ihm. ³⁴ Jesus het gseit: «Vatter, vergib ne, si wüsse ja nid, was si mache.» Si hei syni Chleider verteilt und se verloset. ³⁵ Ds Volk isch dagstande und het zuegluegt. D Ratsherre hei nen usgfötzlet und gseit: «Anderi het er grettet, jitz söll er sech doch sälber rette, wen er der Chrischtus isch, wo Gott userwählt het!» ³⁶ O d Soldate hei sech über ne luschtig gmacht. Si sy zueche cho und hein ihm Essig ufegreckt ³⁷ und hei gseit: «We du der Chünig vo de Jude bisch, so tue di doch befreie!» ³⁸ Es isch aber o nen Inschrift über ihm ghanget: «Das isch der Chünig vo de Jude.» ³⁹ Eine vo de Verbrächer, wo da ghanget sy, het o useghöische gäge ne: «Bisch du nid der Chrischtus? Befrei di doch und üüs o!» ⁴⁰ Aber der ander het ihm's verwise und het gseit: «Hesch du kei Reschpäkt vor Gott, wo du doch ds Glyche muesch düremache? ⁴¹ Derby gscheht's üüs ja rächt: Mir überchöme nume, was mer verdienet hei; aber dä da het nüüt Lätzes gmacht!» ⁴² Und er het gseit: «Jesus, dänk de a mi, we du i dys Chünigrych chunsch.» ⁴³ Da het Jesus zuen ihm gseit: «I säge der für gwüss: Hütt no bisch du mit mir im Paradys.»
⁴⁴ Um di zwölfen ume isch es fyschter worde im ganze Land bis gäge de dreie. ⁴⁵ D Sunne het nümme gschune. Der Vorhang im Tämpel isch verrisse, zmitts abenand. ⁴⁶ Da het Jesus ganz lut grüeft: «Vatter, i dyni Händ übergiben i my Geischt!» Und mit dene Worten isch er gstorbe.

⁴⁷ Wo der Houpme gseh het, was gscheh isch, het er Gott globet und gseit: «Dä Mönsch isch würklech e Grächte gsi.» ⁴⁸ Und di vile Lüt, wo zämegloffe sy für cho z luege, hei gseh, was gscheh isch und hei sech a d Bruscht gschlage und sy hei ggange. ⁴⁹ Aber alli syni Bekannte und o d Froue, wo ne sit Galiläa hei begleitet gha, sy näbenab gstande und hei vo dert alls mitübercho.

Jesus wird i ds Grab gleit

⁵⁰ Jitz isch da ne Maa gsi, er het Josef gheisse und isch Ratsherr gsi, e guete und grächte Maa; ⁵¹ dä isch nid yverstande gsi mit irem Bschluss und irer Art vorzga. Er isch vo Arimathäa cho, ere jüdische Stadt. Er het o uf Gottes Rych planget. ⁵² Dä isch zum Pilatus ggange und het ne um e Lychnam vo Jesus gfragt. ⁵³ Du het er ne vom Chrüz abgno und ne i nes lynigs Tuech yglyret und ne i nes usghoues Grab gleit, wo no niemer drinne glägen isch. ⁵⁴ Es isch der Rüschttag gsi, und d Stärne vom Sabbat hei scho aafa zünte.
⁵⁵ D Froue sy o mitggange, die, wo mit ihm vo Galiläa här sy cho. Si hei ds Grab gseh und wi sy Lychnam isch begrabe worde. ⁵⁶ Du sy si zrügg gloffe und hei gueti Salbine und Balsam parat gmacht. Am Sabbat hei si sech still gha, wi ne's ds Gsetz vorgschribe het.

Ds Grab ohni Jesus

24 Am erschte Tag vo der Wuche sy si bir erschte Tagheiteri zum Grab use und hei d Salbine mitgno, wo si hei zwäggmacht gha. ² Da gseh si, dass der Stei vom Grab ewägg tröölet isch. ³ Si sy yneggange, aber der Lyb vo Jesus, irem Herr, hei si nid gfunde. ⁴ Si hei gar nid begriffe, was jitz das söll bedüte. Da stande uf ds Mal zwee Manne vor ne. Dene iri Chleider hei glüüchtet wi Blitze. ⁵ Si hei nume no a Bode gluegt, so hei si sech gförchtet. Aber die hei ne gseit: «Warum suechet dihr dä, wo läbt, bi de Tote? ⁶ Är isch nid hie, er isch uferweckt worde. Dänket draa, was er nech no z Galiläa gseit het: ⁷ ‹Der Mönschesuhn mues de sündige Mönsche usgliferet wärde, er mues gchrüziget wärde und am dritte Tag wird er ufersta.›» ⁸ Da sy ne syni Wort wider z Sinn cho.

⁹ Si sy vom Grab heiggange und hei das alls den elf Jünger und allnen andere bbrichtet. ¹⁰ Es sy d Maria vo Magdala gsi und d Johanna und d Maria, d Mueter vom Jakobus, und di andere, wo mit ne sy gsi. Si hei das den Aposchtlen erzellt, ¹¹ aber dene het es gschune, das sygi läärs Gschwätz, was die da chöme cho bbrichte. Ggloubt dervo hei si nüüt. ¹² Nume der Petrus isch ufgstande und zum Grab gsprunge. Won er sech bbückt und ynegluegt het, het er nume di lynige Tüecher gseh. Da isch är o wider hei und het gstuunet über das, wo da passiert isch.

Jesus und d Jünger z Emmaus

¹³ Am glyche Tag sy zwee vo ne gäge ds Dorf Emmaus gloffe. Das isch öppe elf Kilometer vo Jerusalem wäg. ¹⁴ Si hei mitenand gredt über alls, wo isch gscheh gsi. ¹⁵ Wo si so mitenand diskutiert und alls besproche hei, da chunt Jesus sälber zue ne und louft mit ne z düruus. ¹⁶ Aber 's isch gsi, wi we si blind wäre, und si hei nid gmerkt, wär er isch. ¹⁷ Du fragt er se: «Was redet dihr da ab allem Loufe so ufgregt zäme?» Si sy ganz truurig blybe sta, ¹⁸ und der eint vo ne, der Kleopas, het zuen ihm gseit: «Du bisch jitz gwüss der einzig z Jerusalem, wo nid weis, was i de letschte Tage hie gscheh isch.» ¹⁹ Er fragt: «Was de?» Da hei sin ihm gantwortet: «Äbe das, wo mit em Jesus vo Nazaret passiert isch. ²⁰ Das isch e Prophet gsi, gar gwaltig i syne Taten und Wort vor Gott und vor em ganze Volk. Üsi Oberpriechter und di mächtige Herre hei nen usgliferet, für dass me ne zum Tod verurteili, und me het ne gchrüziget. ²¹ Derby hei mir so druuf ghoffet, er tüeji Israel befreie. Aber jitz isch scho der dritt Tag, sider dass das passiert isch. ²² Und jitz chömen es paar vo üsne Froue derhär und hein is erchlüpft. Die sy ganz früech am Morge bim Grab gsi ²³ und hei der Lychnam nümme gfunde und sy cho brichte, es syge nen Ängle erschine und heige ne gseit, er läbi. ²⁴ Du sy nes paar vo üsne Lüt zum Grab ggange und hei's eso gfunde, wi's d Froue gseit hei. Aber ihn sälber hei si nid gseh.» ²⁵ Du seit är zue ne: «Wi heit dihr doch weni Verstand und syt schwär vo Begriff, dass dihr nid chöit gloube, was d Prophete gseit hei! ²⁶ Het es nid eso müesse cho? Der Chrischtus het müesse lyde und nachär i d Herrlechkeit überega.» ²⁷ Du het er bim Mose aagfange und bi allne Prophete und het nen i allne Schriften erklärt, was über ne gschribe steit.

²⁸ Wo si i d Neechi vo däm Dorf sy cho, wo si häre hei welle, het er derglyche ta, er welli wyters. ²⁹ Aber si hein ihm aaghalte und gseit: «Blyb doch byn is, es isch scho Namittag und wird hübscheli Aabe.» ³⁰ Und won er mit nen a Tisch gsässen isch, het er ds Brot gno, het Gott ddanket, het's abenand bbroche und nen usteilt. ³¹ Da sy ne d Ouge undereinisch ufggange, und si hei nen umegchennt. Aber är sälber isch vor irnen Ouge verschwunde. ³² Da hei si zunenand gseit: «Het's is nid im Härz bbrönnt, won er underwägs mit is gredt het, won er is d Schriften erklärt het?» ³³ I der glyche Stund no sy si ufgstande und uf Jerusalem zrügg ggange. Dert hei si di elf Jünger binenand gfunde und di andere by ne. Die säge ne: ³⁴ «Der Herr isch würklech uferstande und em Simon erschine!» ³⁵ Und di beide hei bbrichtet, was underwägs gscheh isch, und wi si nen umegchennt hei, won er ds Brot abenand bbroche het.

Jesus erschynt vor allne Jünger

³⁶ No wo si das erzellt hei, isch är sälber plötzlech zmitts by ne gstande und het zue ne gseit: «Der Fride söll mit nech sy!» ³⁷ Da sy si erchlüpft und hei sech gförchtet, wil si gmeint hei, si gseejen es Gspänscht. ³⁸ Aber är seit zue ne: «Warum erchlüpfet der so, und was sy das für Zwyfel, wo i öiem Härz ufstyge? ³⁹ Lueget doch myni Händ und myni Füess aa, de merket dihr, dass es Gspänscht nid us Fleisch und Bei isch, so wi dihr's a mir gspüret.» ⁴⁰ Won er das het gseit gha, het er syni Händ und Füess häregha. ⁴¹ Vor luter Fröid und Verwunderig hei si's geng no nid chönne gloube. Du seit er: «Heit dihr öppis z ässe da?» ⁴² Si gäben ihm e Bitz bbratene Fisch. ⁴³ Er nimmt ne und isst ne vor irnen Ouge. ⁴⁴ Drufabe seit er zue ne: «So han i nech's doch gseit, won i by nech bi gsi, es müessi alls eso cho, wi's im Gsetz vom Mose und i de Prophete und Psalme über mi gschriben isch.» ⁴⁵ Du het er ne der Verstand derfür ufta, dass si d Schrifte hei chönne begryffe. ⁴⁶ Und er het ne gseit: «So isch es gschribe: Der Chrischtus mues lyde und am dritte Tag vo de Toten ufersta. ⁴⁷ Und i mym Name mues men allne Völker predige, dass si sech ändere und ne d Sünde vergä wärde. Z Jerusalem söll men aafa dermit. ⁴⁸ Dihr syt d Züge dervo. ⁴⁹ Und i schicke nech d Verheissig vo mym Vatter. Blybet aber i der Stadt, bis dass dihr Chraft us der Höchi gschänkt überchömet.»

⁵⁰ Du isch er mit nen use, Betanie zue. Er het d Händ ufgha und se gsägnet. ⁵¹ Und no won er se gsägnet het, isch er vo ne wäg verschwunde und i Himel ufetreit worde. ⁵² Si sy uf d Chnöi gfalle vor ihm und nachär i grosser Fröid uf Jerusalem zrügg ggange. ⁵³ Dert sy si bständig im Tämpel gsi und hei Gott globet.

Ds Johannes-Evangelium

Jesus Chrischtus – ds Wort vo Gott

1 Am Aafang isch ds Wort gsi, und ds Wort isch bi Gott gsi. Gott isch ds Wort. ²Vo Aafang aa isch äs bi ihm gsi. ³Alls isch dür ihns worde, ohni ihns isch nüüt worde, wo da isch. ⁴Äs het ds Läbe i sech gha. Das Läbe isch ds Liecht vo de Mönsche. ⁵Ds Liecht lüüchtet i d Fyschteri yne, und d Fyschteri het's nid chönne verschlücke.

⁶Da isch e Mönsch vo Gott gschickt worde, dä het Johannes gheisse. ⁷Er isch als Züge cho für ds Liecht, für dass alli dür ihn chöi zum Gloube cho. ⁸Nid är isch ds Liecht gsi, er het eifach sölle Züge sy für ds Liecht.

⁹Ds wahre Liecht, das, wo jede Mönsch erlüüchtet, das isch i d Wält cho. ¹⁰Er isch i der Wält gsi, und d Wält isch dür ihn worde, aber d Wält het ne nid erchennt. ¹¹I sys Eigetum isch er cho, aber syni eigete Lüt hei ne nid ufgno. ¹²Hingäge die, wo nen ufgno hei, die, wo a sy Name gloube, dene het er ds Rächt ggä, Chinder vo Gott z wärde. ¹³Nid d Bluetsverwandtschaft, o nid der natürlech Trib oder der Wille vo mene Maa macht se derzue, nei, nume Gott.

¹⁴Ds Wort isch e Mönsch worde und het bi üüs gläbt. Mir hei sy göttlechi Herrlechkeit chönne gseh, e Herrlechkeit, wi se nume der einzig Suhn vo sym Vatter überchunt, voll Gnad und Wahrheit.

¹⁵Der Johannes isch sy Züge gsi und het grüeft: «Das isch ne, won i von ihm gseit ha: Dä, wo nach mir chunt, isch vor mir worde, wil er ender isch gsi als ig.»

¹⁶Us sym Rychtum hei mir alli dörfen ei Guettat na der andere usenä. ¹⁷Der Mose het is ds Gsetz bbracht, Jesus Chrischtus d Gnad und d Wahrheit. ¹⁸No nie het öpper Gott gseh. Sy einzig Suhn, wo näb em Vatter sitzt, dä git is ds rächte Verständnis für ihn.

Und wär isch der Johannes?

¹⁹Das isch ds Bekenntnis vom Johannes: D Jude vo Jerusalem hei Priechter und Levite zuen ihm gschickt für ne z frage: «Wär

bisch du?» ²⁰Er het d Wahrheit gseit und nid gloge; er het bekennt: «I bi nid der Chrischtus.» ²¹Da hei si ne gfragt: «Wär bisch de? Bisch du der Elija?» Är seit: «I bi ne nid.» – «Bisch der Prophet?» Er antwortet: «Nei.» ²²Da hei si zuen ihm gseit. «Wär bisch de? für dass mer dene chöi Bscheid gä, won is gschickt hei. Was seisch du über di sälber?» ²³Da het er gseit: «I bi d Stimm vo eim, wo us der Einsamkeit rüeft: ‹Machet d Strass für e Herr zwäg›, wi der Prophet Jesaja gseit het.» ²⁴Di Lüt sy vo de Pharisäer gschickt gsi. ²⁵Si hei ne no wyter usgfragt: «Wiso toufisch du de, we du doch nid der Chrischtus bisch, o nid der Elija und o nid der Prophet?» ²⁶Da het ne der Johannes gantwortet «I toufe mit Wasser, aber hie bi öich steit (scho) dä, wo dihr nid gchennet, ²⁷dä, wo nach mir chunt, dä, won i's nid wärt bi, ihm d Riemli vo de Sandalen ufztue.» ²⁸Das isch z Betanie gscheh änet em Jordan; dert het der Johannes touft.
²⁹Am Tag druuf gseht er Jesus, win er zuen ihm chunt; er seit: «Lue, Gottes Opferlamm, wo d Schuld vo der Wält ewägg nimmt. ³⁰Das isch dä, won i von ihm gseit ha: Nach mir chunt e Maa, wo scho vor mir isch worde, wil er ender isch gsi als i. ³¹Bis jitz han i ne nid gchennt; aber i bi cho und ha mit Wasser touft, für nen em Volk Israel bekannt z mache.» ³²Und der Johannes het usgseit: «I ha der Geischt wi ne Tube gseh vom Himel abecho und uf ihm blybe. ³³I ha ne bis jitze nid gchennt, aber dä, wo mi gschickt het für mit Wasser z toufe, dä het mer gseit: ‹We du der Geischt uf eine gsehsch abestyge und er blybt uf ihm, de isch das dä, wo mit heiligem Geischt touft.› ³⁴Und i ha's gseh und cha's bezüge, dass är der Suhn vo Gott isch.»

Jesus findet syni erschte Jünger

³⁵Am andere Tag isch der Johannes wider dagstande mit zweene vo syne Jünger. ³⁶Da gseht er Jesus verbyga und seit: «Lueget, Gottes Opferlamm!» ³⁷Syni zwee Jünger hei ghört, was er gseit het, und sy Jesus nacheggange. ³⁸Da chehrt sech Jesus um, gseht, dass sin ihm nachechöme, und seit zue ne: «Was weit dihr?» Si hein ihm gantwortet: «Rabbi» – das heisst übersetzt: Meischter – «wo wohnsch du?» ³⁹Er seit zue ne: «Chömet cho luege!» Si sy du ga luege, won er gwohnt het, und sy a däm Tag byn ihm bblibe. Das isch so um die Viere gsi. ⁴⁰Eine vo dene zweene, wo's vom Johannes ghört hei und ihm nacheggange sy, isch der An-

dreas gsi, der Brueder vom Simon Petrus. ⁴¹Är trifft gly druuf sy eiget Brueder, der Simon, und seit ihm: «Mir hei der Messias gfunde» – das heisst übersetzt: Chrischtus, der Gsalbet. ⁴²Si sy mit ihm zu Jesus ggange. Jesus het nen aagluegt und gseit: «Du bisch der Simon, der Suhn vom Johannes, du söllsch Kephas heisse» – das heisst übersetzt Petrus, der Felse.
⁴³Am Tag drufabe het er welle nach Galiläa zrügg ga. Da het er der Philippus troffe. Jesus het zuen ihm gseit: «Chumm mit mir!» ⁴⁴Der Philippus isch vo Betsaida cho, us der glyche Stadt wi der Andreas und der Petrus. ⁴⁵Der Philippus ebchunt em Natanaël und seit ihm: «Mir hei dä gfunde, wo der Mose von ihm im Gsetz gschribe het und o d Prophete! Jesus, der Suhn vom Josef vo Nazaret.» ⁴⁶Der Natanaël het ihm umeggä: «Cha ächt vo Nazaret öppis Rächts cho?» Der Philippus seit zuen ihm: «Chumm doch mit cho luege!» ⁴⁷Jesus gseht der Natanaël zuen ihm cho und seit von ihm: «Das isch e rächte Israelit, dürynen e grade Maa!» ⁴⁸Der Natanaël seit zuen ihm: «Vo wo gchennsch du mi?» Jesus antwortet ihm: «No bevor dir der Philippus grüeft het, han i di under em Fygeboum gseh!» ⁴⁹Da antwortet ihm der Natanaël: «Rabbi, du bisch der Suhn vo Gott, du bisch der Chünig vo Israel!» ⁵⁰Jesus seit ihm: «Wil i zu dir gseit ha, i heig di under em Fygeboum gseh, gloubsch du? Du söllsch no Grössers als das erläbe! ⁵¹Lueget, i cha nech säge: Dihr gseht de der Himel offe, und d Gottesängel, wo ufen und abe styge zum Mönschesuhn.»

Jesus amene Hochzyt

2 Zwee Tag speter isch z Kana in Galiläa es Hochzyt gfyret worde. D Mueter vo Jesus isch derby gsi, ²und Jesus und syni Jünger sy o a das Hochzyt yglade worde. ³Da isch ne der Wy usggange, und d Mueter seit zu Jesus: «Si hei ke Wy meh!» ⁴Jesus antwortet nere: «Das cha üüs doch glych sy, Mueter! Es isch no nid Zyt für mi!» ⁵Sy Mueter seit zu de Diener: «Machet uf all Fäll, was er nech seit!» ⁶Sächs Steichrüeg sy dert gstande, wäge de Reinigungsbrüüch vo de Jude. I jedem het's Platz gha für öppen achtzg bis hundertzwänzg Liter. ⁷Jesus seit zue ne: «Füllet di Chrüeg mit Wasser.» Si hei se bis obenuus gfüllt. ⁸Nachär seit er: «Schöpfet jitz und bringet's em Feschtleiter.» Da hei sin ihm's bbracht. ⁹Der Feschtleiter probiert das Wasser, wo zu Wy worden isch; er het ja nid gwüsst, vo wo dass es chunt, aber d Diener,

wo ds Wasser hei gschöpft gha, hei's gwüsst. Da rüeft der Feschtleiter em Brütigam [10]und seit ihm: «Jede tischet doch zersch der guet Wy uuf, und nachär, we si de afe chly höch hei, der minder. Aber du hesch der guet Wy bis jitze gspart!» [11]Das isch ds erschte Zeiche gsi, wo Jesus dermit sy Herrlechkeit zeigt het, z Kana in Galiläa. Und syni Jünger hei (geng meh) a ne ggloubt.

[12]Nachär isch er uf Kafarnaum abe ggange, är sälber und sy Mueter, syni Brüeder und syni Jünger, und dert sy si es paar Tag bblibe.

Er jagt d Händler us em Tämpel

[13]Es isch churz vor em Passafescht vo de Jude gsi; da isch Jesus uf Jerusalem gwanderet. [14]Im Tämpel isch er de Händler begägnet, wo Chüe und Schaf und Tube verchouft hei, und de Gäldwächsler, wo da gsässe sy. [15]Da het er us Seili e Geisle ddrääit und het sen alli zum Tämpel usgjagt, samt de Chüe und de Schaf; de Wächsler ires Münz het er usgläärt und d Tischen überschosse. [16]Und de Tubehändler het er gseit: «Furt mit däm Züüg, machet ds Huus vo mym Vatter nid zu mene Warehuus!» [17]Syni Jünger hei dra ddänkt, dass gschriben isch: «Der Yfer für dys Huus frisst mi uuf.»

[18]Jitz hei d Juden aafa rede und zuen ihm gseit: «Mit was für mene Zeiche chasch du üüs bewyse, dass du settigs darfsch mache?» [19]Jesus het ne gantwortet: «Brächet dä Tämpel ab, und i dreine Tage tuen i ne wider ufboue!» [20]D Jude hein ihm gseit: «Sächsevierzg Jahr lang het me a däm Tämpel bbouet, und du wosch ne i dreine Tagen ufboue?» [21]Aber är het halt vo sym eigete Lyb als Tämpel gredt. [22]Won er du vo de Toten isch uferweckt worde, hei sech syni Jünger dra bsunne, dass er das einisch gseit het, und si hei der Schrift ggloubt und de Wort, wo Jesus het gseit gha.

Jesus gchennt d Mönsche dür und dür

[23]Won er z Jerusalem am Passafescht isch gsi, hei vili aafa a ihn gloube, wo si di Zeiche gseh hei, won er gmacht het. [24]Aber Jesus sälber het sech nid uf di Lüt verla; er het äbe d Mönsche gchennt;

²⁵ er het's o nid nötig gha, dass men ihm Bscheid git über ne Mönsch. Er het ganz vo sälber gmerkt, was i mene Mönsch inn isch.

Der Bsuech vom Nikodemus

3 Zu de Pharisäer het e Maa ghört, dä het Nikodemus gheisse und isch Ratsherr bi de Jude gsi. ²Dä isch einisch znacht zuen ihm cho und het gseit: «Rabbi, mir wüsse, dass du als Lehrer vo Gott här chunsch. Niemer cha settigi Zeiche tue, wi du se machsch, we nid Gott mit ihm isch.» ³Jesus het ihm gantwortet: «Lue, i cha der säge: Wen öpper nid vo obe här gebore wird, chan er Gottes Rych nid gseh.» ⁴Der Nikodemus seit zuen ihm: «Wi cha de e Mönsch gebore wärde, wen er scho alt isch? Chan er öppe zum zwöite Mal i Buuch vo syr Mueter yneschlüffe und de gebore wärde?» ⁵Jesus het ihm gantwortet: «Lue, i cha der säge: Wen öpper nid gebore wird us Wasser und us Geischt, de chan er nid i Gottes Rych ynega. ⁶Was vom Mönsch gebore wird, isch Mönsch, aber was vom Geischt gebore wird, isch Geischt. ⁷Verwundere di nid, dass i gseit ha, dihr müesset vo obe här gebore wärde.
⁸Der Luft* wääit, won är wott, und du ghörsch sys Suuse guet, aber du weisch nid, vo wo dass er chunt und wohi dass er geit. So isch's äben o mit jedem, wo us em Geischt geboren isch.» ⁹Der Nikodemus het ne gfragt: «Wi söll de das ga?» ¹⁰Jesus het ihm gantwortet: «Du bisch em Volk Israel sy Lehrer und begryffsch das nid? ¹¹Lue, i cha der säge: Mir rede vo däm, wo mer wüsse, und mir standen y für das, wo mer gseh hei, aber dihr gloubet's is ja nid! ¹²Wen ig über Sache hie uf der Wält zue nech rede, und dihr gloubet mer nid, wi wettet dihr mer de gloube, wen i über Sache im Himel mit nech redti? ¹³Derby isch niemer i Himel ufeggange weder dä, wo vom Himel abecho isch, der Mönscheschuhn. ¹⁴So wi der Mose i der Wüeschti d Schlange höch uf ne Stangen ufeta het, so mues es o mit em Mönscheschuhn ga, ¹⁵für dass jede, wo a ne gloubt, ds ewige Läbe het.
¹⁶Gott het d Wält so lieb, dass er sy einzige Suhn häreggä het; niemer söll verlore ga, wo a ihn gloubt; nei, er söll ds ewige Läben übercho.

* Luft und Geischt sy ds glyche Wort.

¹⁷ Gott het ja sy Suhn derfür i d Wält gschickt, dass er d Wält rettet, nid dass er d Wält verurteilt. ¹⁸ Wär a ne gloubt, dä wird nid verurteilt; aber wär nid gloubt, dä isch scho verurteilt, wil er nid a Name vom einzige Gottessuhn gloubt. ¹⁹ Das isch ja ds Gricht: Ds Liecht isch i d Wält cho, aber d Mönsche hei d Fyschteri lieber gha weder ds Liecht. Was si gmacht hei, isch äbe bös gsi. ²⁰ Jede, wo ds Schlächte macht, schüücht drum ds Liecht und chunt nid zum Liecht zueche, für dass das, won er macht, nid us-chunt. ²¹ Aber dä, wo für d Wahrheit läbt, chunt zum Liecht zueche; de cha me dütlech gseh: Alls won er macht, macht er mit Gott zäme.»

Der Töufer Johannes redt wider vo Chrischtus

²² Nachär isch Jesus mit syne Jünger i ds judäische Land ggange und isch dert es Wyli mit ne bblibe und het touft. ²³ O der Johannes het touft, z Änon bi Salim, wil's dert vil Wasser het gha, und es sy Lüt cho und hei sech la toufe. ²⁴ Der Johannes isch ja denn no nid i der Chefi gsi. ²⁵ Einisch hei d Jünger vom Johannes und e Jud Chritz übercho mitenand wäge de Reinigungsvorschrifte. ²⁶ Si sy zum Johannes cho und hei zuen ihm gseit: «Rabbi, dä wo bi dir isch gsi änet em Jordan, und wo du als Züge für nen ygstande bisch, lue, dä touft o, und alls louft zu ihm.» ²⁷ Der Johannes het ne gantwortet: «E Mönsch cha sech gar nüüt sälber nä; es mues ihm vom Himel här ggä wärde. ²⁸ Dihr sälber chöit mer bezüge, dass i gseit ha: ‹I bi nid der Chrischtus, nei, i bi ihm nume vorabgschickt worde.› ²⁹ Dä, wo d Brut het, isch der Brütigam. Aber der Fründ vom Brütigam, wo derby steit und ne ghört, het grossi Fröid, dass er d Stimm vom Brütigam ghört. Die Fröid isch jitz für mi z vollem da. ³⁰ Är mues jitz gross wärde und i geng chlyner.
³¹ Dä, wo vo obe chunt, steit über allne. Wär vo der Ärden isch, dä isch äbe vo der Ärde und redt vo der Ärde här. Dä, wo vom Himel chunt, steit über allne. ³² Was är gseh und ghört het, da derfür steit är als Zügen y, aber niemer nimmt sy Bricht aa! ³³ Wär sy Bricht aanimmt, dä bestätiget dermit, dass Gott wahr isch. ³⁴ We Gott öpperen usschickt, so richtet dä Gottes Wort uus. Gott gytet ja nid mit em Geischt. ³⁵ Der Vatter het der Suhn lieb und het alls i sy Hand ggä. ³⁶ Wär a Suhn gloubt, het ewigs Läbe. Aber wär em Suhn nid folget, chunt nid zum Läbe. Gott blybt höhn über ne für geng.»

D Frou am Brunne z Samarie

4 ¹D Pharisäer hei verno, Jesus machi meh Jünger und toufi meh als der Johannes; ²derby het Jesus sälber nid touft, nume syni Jünger. ³Won er das gmerkt het, isch er vo Judäa wäg und nach Galiläa zrügg ggange.
⁴Er het dür Samarie düremüesse. ⁵Jitz chunt er zu mene Stedtli, wo Sychar heisst, i der Neechi vo däm Bitz Land, wo der Jakob sym Suhn Josef het ggä gha. ⁶Dert isch der Jakobsbrunne. Jesus isch müed gsi vo der Wanderschaft und isch uf e Brunnerand abgsässe. Es isch um di zwölfe gsi. ⁷Da chunt e Frou us Samarie für cho Wasser z schöpfe. Jesus seit zue nere: «Gib mer z trinke!» ⁸Syni Jünger sy nämlech i ds Stedtli ggange, für Zmittag z choufe. ⁹Di Frou, e Samaritanere, seit zuen ihm: «Wi chasch du mir z trinke höische? Du bisch doch e Jud und ig e Frou us Samarie!» D Jude wei drum mit de Samaritaner nüüt z tüe ha. ¹⁰Jesus antwortet nere: «We du ds Gschänk vo Gott gchenntisch und o dä, wo dir seit ‹gi mer z trinke›, de tätisch du ihn drum bitte, und är gub dir Wasser zum Läbe!» ¹¹Di Frou seit zuen ihm: «Herr, du hesch ja ke Chessel zum Schöpfe, und der Brunne isch tief. ¹²Bisch du öppe grösser als üse Vatter Jakob, wo üüs dä Brunne ggä het? Är het sälber drus trunke, und syni Sühn und sys Veh.» ¹³Jesus antwortet nere: «Jede, wo das Wasser hie trinkt, überchunt wider Durscht. ¹⁴Aber wär vo däm Wasser trinkt, won ig ihm gibe, dä het nie meh Durscht; ds Wasser, won ig ihm gibe, wird i ihm inn zu nere Quelle, wo ds Wasser für ds ewige Läbe usesprudlet.» ¹⁵D Frou seit zuen ihm: «Herr, gi mir das Wasser, de mues i niemeh Durscht ha und mues nümm dahäre cho für cho z schöpfe.» ¹⁶Er seit zue nere: «Gang rüef dy Maa und chumm de wider dahäre!» ¹⁷D Frou antwortet: «I ha ke Maa!» Jesus seit zue nere: «Das hesch ganz richtig gseit: ‹I ha ke Maa.› ¹⁸Füf Manne hesch gha, und dä, wo du jitz hesch, isch nid dy Maa. Da hesch d Wahrheit gseit.»
¹⁹D Frou seit zuen ihm: «Herr, i gseh, du bisch e Prophet. ²⁰Üsi Vätter hei uf däm Bärg hie aabbättet, aber dihr säget, z Jerusalem syg der Ort, wo me müess aabätte.» ²¹Jesus seit zue nere: «Frou, gloub mer, es chunt e Zyt, wo dihr der Vatter nid uf däm Bärg und o nid z Jerusalem wärdet aabätte. ²²Dihr gchennet dä nid, wo dihr aabättet. Mir hingäge gchenne dä, wo mer aabätte; d Rettig chunt vo de Jude här. ²³Aber es chunt e Zyt, und si isch

scho da, da tüe die, wo rächt bätte, der Vatter im Geischt und i der Wahrheit aabätte. Und der Vatter suecht de die, wo ne so aabätte. ²⁴Gott isch Geischt, und die, wo ihn aabätte, müesse ne im Geischt und i der Wahrheit aabätte.» ²⁵D Frou seit zuen ihm: «I weis, dass der Messias chunt, wo Chrischtus heisst. We dä chunt, tuet er is de alls gnau säge.» ²⁶Jesus seit zue nere: «I bi's, dä, wo mit dir redt.»
²⁷Underdesse sy syni Jünger cho und hei sech verwunderet, dass er mit nere Frou redt. Aber kene hätt gseit: «Was wosch vo nere, warum redsch mit nere?» ²⁸Du het di Frou ire Chrueg la sta und isch i ds Stedtli gsprunge und het de Lüt gseit: ²⁹«Chömet dä Mönsch cho luege, wo mir alls het gseit, won i gmacht ha. Am Änd isch das der Chrischtus?» ³⁰Da sy si us der Stadt zuen ihm use cho.
³¹Underdesse hein ihm d Jünger aagha: «Rabbi, iss!» ³²Aber er seit zue ne: «I ha öppis zässe, wo dihr nid gchennet.» ³³«Het ihm ächt öpper z ässe bbracht?» hei d Jünger enand gfragt. ³⁴Jesus seit zue ne: «Das, wo mi nahret, isch, dass i der Wille vo däm tue, wo mi gschickt het, und dass i sys Wärk hie fertig mache. ³⁵Säget dihr nid, es gangi vier Monet (vo der Saat) bis zur Ärn? Aber i säge nech: Tüet d Ougen uuf und lueget d Fälder aa, wi si scho jitz gääl sy für d Ärn! ³⁶Wär jitz ärnet, überchunt sy Lohn und füert Frucht y für ds ewige Läbe. De cha sech dä, wo sääit, zäme mit däm fröie, wo ärnet.
³⁷Dertdüre het ds Sprichwort rächt: Der eint sääit, und der ander ärnet. ³⁸I ha öich usgschickt, für dert z ärne, wo dihr nid gschaffet heit; anderi hei gschaffet, und dihr tüet i irer Arbeit wyterfahre.»
³⁹Vili Samaritaner us däm Stedtli hei aafa gloube a ihn, wägem Wort vo där Frou, wo bhertet het: «Er het mir alls gseit, won i gmacht ha.» ⁴⁰Wo jitz d Samaritaner zuen ihm cho sy, hei sin ihm aagha, er söll by ne blybe. Da isch er zwee Tag dert bblibe. ⁴¹Und no vil meh Lüt hei a ne gloubt wäg syne Wort. ⁴²Der Frou hei si gseit: «Mir gloube nümm nume wäge däm, wo du erzellt hesch, mir hei's jitz sälber gmerkt und wüsse, dass är würklech der Retter vo der Wält isch.»

Der chrank Suhn vom chünigleche Beamte

⁴³Zwee Tag speter isch Jesus vo dert wyter nach Galiläa gwanderet. ⁴⁴Er het ja sälber gseit gha, e Prophet gälti im eigete

Vatterland nüüt. ⁴⁵ Aber jitz, won er nach Galiläa cho isch, hei ne d Galiläer gärn ufgno; si hei drum alls gseh, won er z Jerusalem wäret em Fescht gmacht het. Si sy ja o a däm Fescht gsi.
⁴⁶ Z Galiläa isch er wider uf Kana cho, won er Wasser zu Wy het gmacht gha. Z Kafarnaum isch e Beamte vom Chünig gsi, däm sy Suhn isch chrank gsi. ⁴⁷ Wo dä verno het, Jesus syg us Judäa zrügg nach Galiläa cho, isch er zuen ihm cho und het ihm aagha, er söll doch abe cho sy Suhn gsundmache. Dä isch underdesse am Stärbe gsi. ⁴⁸ Jesus het ihm gseit: «We dihr nid Zeichen und Wunder gseht, gloubet dihr nüüt!» ⁴⁹ Der Beamt vom Chünig seit ihm: «Herr, chum zuen is abe, bevor my Bueb stirbt!» ⁵⁰ «Gang,» seit ihm Jesus, «dy Suhn läbt.» Der Maa het (sofort) ggloubt, was Jesus gseit het und isch heiggange. ⁵¹ No wäretdäm er abelouft, chömen ihm syni Aagstellte eggäge und säge, sy Bueb läbi. ⁵² Er het se gfragt, um weli Zyt 's ihm heig aafa bessere. Si hei gantwortet, geschter gäge den eine sygi ds Fieber abe. ⁵³ Da het der Vatter gmerkt, dass das grad denn passiert isch, wo Jesus ihm gseit het: «Dy Suhn läbt.» Und er het a ne ggloubt mit syr ganze Familie. ⁵⁴ Das isch ds zwöite Zeiche, wo Jesus ta het, sit dass er vo Jerusalem nach Galiläa isch cho.

Der Chrank am Weier Betesda

5 Drufabe isch es Fescht vo de Jude gsi, und Jesus isch uf Jerusalem greiset. ² Z Jerusalem git's bim Schaftor e Weier, wo uf hebräisch Betesda heisst, mit füf Süülehalle drumume. ³ I dene sy Hüüffe Chranki gläge, Blindi und Lahmi und Schwindsüchtigi.* ⁵ Da isch o ne Maa gsi, wo scho sit achtedryssg Jahr a syr Chrankheit glitte het. ⁶ Jesus het dä gseh lige und het erfahre, dass er scho so lang dert lyt, und seit zuen ihm: «Wosch gsund wärde?» ⁷ Der Chrank antwortet ihm: «Herr, i ha ja ke Mönsch, wo mi i Weier tät trage, we ds Wasser sech bewegt. Bis i de albe sälber chume, geit geng scho nen andere vor mir yne.» ⁸ Jesus seit zuen ihm: «Stand uuf, pack dys Gliger zäme und louf umenand!»

---

*Värs 4 steit nume i teilne Handschrifte: Si hei uf d Wälle gwartet. Hie und da isch nämlech en Ängel cho und het ds Wasser bewegt. De isch der erscht, wo i d Wälle cho isch, gsund worde, er het chönne so chrank sy, win er wott.

⁹ Da isch dä Mönsch sofort gsund worde, het sys Gliger zämepackt und isch umenandgloffe.
A däm Tag isch grad Sabbat gsi. ¹⁰ D Jude hei du zu däm gseit, wo isch gheilet worde: «Hütt isch Sabbat, du darfsch dys Gliger nid desume trage!» ¹¹ Aber er het nen umeggä: «Dä, wo mi gsund gmacht het, het mer gseit: ‹Pack dys Gliger zäme und louf umenand!›» ¹² Si hei ne gfragt: «Wär isch das gsi, wo dir seit, du söllsch zämepacke und umenandloufe?» ¹³ Aber der Gheilet het nid gwüsst, wär's isch gsi. Jesus isch drum wäggange, wil vil Lüt a däm Ort sy gsi. ¹⁴ Churz druuf het ne Jesus im Tämpel aatroffe und het zuen ihm gseit: «Lue, du bisch gsund worde, mach jitz nüüt Unrächts meh, dass der nüüt Ergers passiert.»

Jesus mues sech verteidige

¹⁵ Du isch dä Mönsch de Jude ga säge, es sygi Jesus, wo ne gsund gmacht heig. ¹⁶ Drum hei du d Jude Jesus verfolget, wil er das am Sabbat gmacht het. ¹⁷ Aber är het ne gantwortet: «My Vatter schaffet ständig, also schaffen ig o.» ¹⁸ Jitz hei ne d Jude nume no descht meh welle umbringe, nid nume, wil er der Sabbat bbroche het, nei, er het no gseit, Gott sygi sy eiget Vatter, und het sech dermit glych gmacht wi Gott. ¹⁹ Jesus het ne du gseit: «Lueget, i cha nech säge: Der Suhn cha vo sich uus nüüt mache, ussert er gseht der Vatter öppis mache.
Was der Vatter nämlech macht, das macht der Suhn gnau glych. ²⁰ Der Vatter het ja der Suhn lieb und zeigt ihm alls, won är sälber macht. Und er zeigt ihm de no grösseri Wärk als die da, so dass dihr nume so wärdet stuune. ²¹ So wi der Vatter di Toten uferweckt und läbig macht, so macht o der Suhn die läbig, won er wott. ²² Der Vatter verurteilt o niemer sälber, er het ds ganze Gricht em Suhn übergä, ²³ für dass alli der Suhn so höch achte, wi si der Vatter achte. Wär der Suhn nid höch achtet, dä achtet o der Vatter nid, wo ne gschickt het.
²⁴ Lueget, i cha nech säge: Wär myni Wort ghört und a dä gloubt, wo mi gschickt het, dä het ewigs Läbe, und er chunt nid i ds Gricht, nei, er isch scho us em Tod i ds Läbe übere ggange. ²⁵ Würklech, i cha nech säge: D Zyt chunt, und si isch scho da, wo di Tote d Stimm vom Gottessuhn ghöre, und die, wo se ghöre, wärde läbe. ²⁶ So wi der Vatter ja ds Läbe i sech het, so

het er o em Suhn gschänkt, dass er ds Läbe i sech het. ²⁷ Und er het ihm d Vollmacht ggä, ds Gricht dürezfüere, wil är der Mönschesuhn isch. ²⁸ Verwunderet nech nid dadrüber: Es chunt en Ougeblick, wo alli i de Greber sy Stimm wärde ghöre, ²⁹ und si chömen use: Die wo Guets ta hei, standen uuf zum Läbe, die wo Schlächts ta hei, standen uuf zum Gricht. ³⁰ I cha vo mir sälber uus nüüt mache. So win i's (vo Gott) ghöre, so halten i Gricht, und mys Urteil isch grächt. I sueche ja nid my Wille, nei, nume der Wille vo däm, wo mi gschickt het.»

Wär isch Züge für Jesus?

³¹ «Wen i my eigete Züge bi, isch mys Zügnis nid gloubwürdig. ³² Es isch en andere, wo Zügen isch für mi, und i weis, dass sy Zügenussag über mi wahr isch. ³³ Dihr heit Lüt zum Johannes gschickt, und är isch ygstande für d Wahrheit. ³⁴ Aber i bruuche ke Zügenussag vo mene Mönsch; i säge das, für dass dihr grettet wärdet. ³⁵ Der Johannes isch wi ne Lüüchter gsi, wo brönnt und schynt, aber dihr heit nech numen es Wyli a sym Liecht gfröit. ³⁶ Aber i ha ne Zügenussag, wo grösser isch weder die vom Johannes: di Wärk nämlech, wo mir der Vatter uftreit het, für dass i sen usfüere; äbe grad di Wärk, won i tue, die bezüge für mi, dass der Vatter mi gschickt het. ³⁷ Der Vatter, wo mi gschickt het, dä isch als Züge für mi ygstande. Dihr heit sy Stimm no nie ghört, dihr heit sy Gstalt no nie gseh, ³⁸ und dihr bhaltet sys Wort nid, dass es i öich inn tät blybe: Dihr gloubet ja däm nid, won är usgschickt het! ³⁹ Dihr forschet i de Schrifte, wil dihr meinet, dihr heiget i ihne ewigs Läbe. Aber grad si sy myni Züge. ⁴⁰ U doch weit dihr nid zue mer cho, für ds Läbe z übercho. ⁴¹ Vo Mönsche nimen i keni Ehren aa, ⁴² aber i ha nech erchennt: Dihr heit ke Liebi zu Gott i nech. ⁴³ I bi im Uftrag vo mym Vatter cho, aber dihr nät mi nid aa. Wen en andere chunt, i sym eigete Uftrag, dä nät dihr de aa! ⁴⁴ Wi wettet dihr o zum Gloube cho, we dihr vonenand Ehren aanät, aber d Ehr vom einzige Gott här, die begäret dihr nid! ⁴⁵ Meinet nid öppe, i tüej öich vor em Vatter verchlage! Dä, wo öich verchlagt, das isch der Mose, wo dihr uf ne ghoffet heit. ⁴⁶ We dihr em Mose gloubtet, gloubtet der o mir; dä het ja grad über mi gschribe. ⁴⁷ We dihr aber nid gloubet, was är gschribe heit, wi wettet dihr de das gloube, won i säge?»

Füftuusig Mönsche wärde satt

6 Drufaben isch Jesus a ds äneren Ufer vom Galiläa- oder Tiberias-See ggange. ²Hüüffe Lüt syn ihm nachegloffe, wil si di Zeiche hei gseh gha, won er a de Chranke ta het. ³Jesus isch mit syne Jünger a Bärg ufe gstige und isch dert abgsässe. ⁴Es isch vor em Passa gsi, em Fescht vo de Jude. ⁵Jitz, wo Jesus ume luegt und gseht, win e grosse Huuffe Lüt zuen ihm chunt, seit er zum Philippus: «Wo chönnte mir ächt Brot choufe, für dass die alli z ässe hei?» ⁶Das het er nume gseit, für ne uf d Prob z stelle; är sälber het gnau gwüsst, was er wott mache. ⁷Der Philippus antwortet ihm: «Es bruuchti ja Brot für meh als zwöihundert Silbermünze, und de längti's ersch no nume zumne Bitzeli für jede!» ⁸Da seit ihm eine vo de Jünger – es isch der Andreas gsi, der Brueder vom Simon Petrus: ⁹«Da isch e Bueb, dä het füf Gärschtebrot by sech und zwee Fische! Aber was isch das für sövel vili?» ¹⁰Jesus het gseit: «Löt di Lüt sech la sädle.» A däm Ort het's vil Gras gha. Di Lüt sy abgsässe; es sy nere öppe füftuusig gsi. ¹¹Jesus nimmt du di Brot, seit ds Dankgebätt und teilt se dene uus, wo da gsässe sy, und gnauso o d Fische, so vil si hei welle. ¹²Wo si gnue hei ggässe gha, seit er zu syne Jünger: «Läset ds fürige Brot zäme, für dass nüüt kabutt geit.» ¹³Also hei si's zämegläse und hei zwölf Chörb gfüllt mit de Brotbitze, wo fürbblibe sy bi dene, wo di füf Gärschtebrot gässe hei gha.
¹⁴Wo d Lüt hei gseh, was er für nes Zeiche ta het, hei si gseit: «Das isch würklech der Prophet, wo i d Wält söll cho!» ¹⁵Jesus het gmerkt, dass si ne wette mit Gwalt zum Chünig mache. Da isch er nen usgwiche i d Bärge, für sich ganz alleini.

Jesus louft übere See

¹⁶Won es Aabe worden isch, sy syni Jünger zum See abeggange, ¹⁷sy i nes Schiff gstige und gäge ds äneren Ufer vom See überegfahre, Kafarnaum zue. Es isch scho fyschter worde, und Jesus isch geng no nid zue ne cho. ¹⁸Und der See isch wild gsi, wil e strube Luft gwääit het. ¹⁹Jitz, wo si öppe füf oder sächs Kilometer gfahre sy, gseh si Jesus über e See loufe. Er chunt i d Neechi vom Schiff. Si hei e grosse Chlupf übercho. ²⁰Aber är seit zue ne: «'s isch mi, heit nid Angscht!» ²¹Da hei si ne welle i ds Schiff ynenä, aber uf einisch isch ds Schiff am Land gsi, grad dert, wo si hei härewelle.

Brot, wo Läbe schänkt

²²Zmornderisch hei d Lüt, wo am äneren Ufer bblibe sy, gseh, dass kes anders Schiff da isch weder es einzigs, und dass Jesus nid zäme mit de Jünger i ds Schiff isch ygstige gsi, und dass syni Jünger alleini abgfahre sy. ²³Vo Tiberias här sy anderi Schiff i d Neechi vo däm Ort cho, wo si nach em Dankgebätt vom Herr ds Brot hei gässe gha. ²⁴Jitz, wo d Lüt gmerkt hei, dass Jesus nümm da isch und syni Jünger o nid, sy si sälber o i d Schiff gstige und uf Kafarnaum gruederet, für Jesus dert z sueche. ²⁵Si hei nen änet em See gfunde und hei zuen ihm gseit: «Rabbi, wenn bisch du hiehäre cho?» ²⁶Jesus het ne gantwortet: «Lueget, i cha nech säge: Dihr suechet mi ja nid drum, wil dihr Zeiche gseh heit, nei, aber wil dihr di Brot heit ggässe und dervo satt worde syt. ²⁷Probieret nid das zum Ässe z ergattere, wo vergeit, aber das, wo darhet bis i ds ewige Läbe: Das isch das, won ech der Mönscheschuhn git. Däm het ja der Vatter, Gott sälber, ds Sigel ufdrückt.» ²⁸Si hei du zuen ihm gseit: «Was sölle mer mache, für dass mer das z stand bringe, wo Gott wott?» ²⁹Jesus het ne gantwortet: «Dihr söllet a dä gloube, wo Gott nech gschickt het. Das wott er, dass dihr's machet.»
³⁰Da hei sin ihm gseit: «Was für nes Zeiche tuesch de, für dass mer's chöi gseh und a di gloube? Was bringsch z stand? ³¹Üsi Vätter hei i der Wüeschti ds Manna gässe, so wi's gschriben isch: ‹Brot us em Himel het er ne z äss gä.›» ³²Jesus het ne gantwortet: «Lueget, i cha nech eis säge: Nid der Mose het öich ds Brot us em Himel ggä, nei, my Vatter git öich ds rächte Brot us em Himel. ³³Ds Brot vo Gott chunt nämlech vom Himel abe und schänkt der Wält ds Läbe.» ³⁴Jitz hei si zuen ihm gseit: «Herr, gib üüs geng settigs Brot!» ³⁵Jesus het zue ne gseit: «I bi ds Brot für ds Läbe; wär zu mir chunt, het nie meh Hunger, und wär a mi gloubt, het nie meh Durscht.
³⁶Aber i ha nech gseit: Dihr heit mi zwar gseh, aber dihr gloubet doch nid. ³⁷Alls, wo mir der Vatter git, chunt zu mir. Und wen öpper zue mer chunt, de jagen i ne nid furt. ³⁸I bi ja vom Himel cho nid für my eigete Wille z tue, aber der Wille vo däm, wo mi gschickt het. ³⁹Und das isch der Wille vo däm, wo mi gschickt het, dass i nüüt verlüüre vo allem, won är mir ggä het, aber dass i's am letschte Tag tue uferwecke. ⁴⁰Das isch ja der Wille vo mym Vatter, dass jede, wo der Suhn gseht und a ne

gloubt, ewigs Läben überchunt. Am letschte Tag tuen i nen uferwecke.»
⁴¹Jitz hei d Jude über ne gschumpfe, wil er gseit het: «I bi ds Brot, wo us em Himel cho isch», ⁴²und si hei gseit: «Isch de das nid der Jesus, der Suhn vom Josef? Mir gchenne ja sy Vatter und sy Mueter! Wi chunt jitz dä derzue z säge, er sygi vom Himel cho?» ⁴³Jesus het ne gantwortet: «Dihr bruuchet nid d Chöpf zäme zha und z wäffele! ⁴⁴Niemer cha zu mir cho, we ne nid der Vatter, wo mi gschickt het, häreziet, und i wirde ne am letschte Tag uferwecke. ⁴⁵D Prophete hei's gschribe: ‹Gott wird alli underwyse.› Jede, wo's vom Vatter ghört und glehrt het, chunt zu mir. ⁴⁶Nid dass öpper der Vatter gseh hätt. Nume dä, wo bim Vatter isch, dä het der Vatter gseh. ⁴⁷Lueget, i cha nech säge: Wär gloubt, het ewigs Läbe. ⁴⁸I bi ds Brot für ds Läbe. ⁴⁹Öiji Vorfahre hei i der Wüeschti ds Manna gässe und sy gstorbe. ⁵⁰Aber das hie isch ds Brot, wo vom Himel chunt. Wär vo däm isst, stirbt nid. ⁵¹I bi ds Brot für ds Läbe, wo vom Himel cho isch; wen eine das Brot isst, läbt er für ewig; und das Brot, won ig ihm de gibe, das isch my Lyb (won i schänke) für ds Läbe vo der Wält.»
⁵²Da hei d Jude mitenand dischputiert und gseit: «Wi cha üüs ächt dä sy Lyb gä z ässe?» ⁵³Da het Jesus zue ne gseit: «Lueget, i cha nech säge: We dihr nid der Lyb vom Mönschesuhn ässet und sys Bluet trinket, heit dihr kes Läbe i öich. ⁵⁴Wär my Lyb isst und mys Bluet trinkt, het ewigs Läbe, und i tue nen uferwecke am letschte Tag. ⁵⁵My Lyb isch nämlech di rächti Choscht, und mys Bluet isch der rächt Trank. ⁵⁶Wär my Lyb isst und mys Bluet trinkt, dä blybt i mir und ig i ihm. ⁵⁷Wi mi der läbändig Vatter gschickt het, und i dür e Vatter läbe, so läbt de o dä, wo mi isst. ⁵⁸Das isch ds Brot, wo vom Himel abecho isch – nid, win es üsi Vorfahre ggässe hei und de gstorbe sy. Wär das Brot isst, dä läbt für ewig.» ⁵⁹Das het er gseit, won er i der Synagoge vo Kafarnaum glehrt het.

D Lüt, wo zuelose, ergere sech

⁶⁰Jitz hei vili vo syne Jünger gseit, wo si das ghört hei: «Jitz übertrybt er! Das isch ja nid zum Lose!» ⁶¹Jesus sälber het gmerkt, dass syni Jünger drüber ufbegäre und het ne gseit: «Ergeret nech das derewäg? ⁶²U we dihr de no ersch gseht, dass der Mönschesuhn derthi ufegeit, won er vorhär isch gsi? ⁶³Der

Geischt isch es, wo läbig macht, der Lyb nützt eim nüüt. Was i zu öich gredt ha, das isch Geischt und Läbe. ⁶⁴Aber es het halt bi öich es paar, wo nid gloube.» Jesus het äbe vo Aafang aa gwüsst, weli dass die sy, wo nid gloube, und wele dass ne de tuet em Tod uslifere. ⁶⁵Und er het gseit: «Drum han i öich gseit: Es cha niemer zue mer cho, wen es ihm nid vom Vatter gschänkt wird.»

Der Petrus steit zu Jesus

⁶⁶Drum sy du vili vo syne Jünger vo ihm ewägg und nümme mit ihm umegwanderet. ⁶⁷Jesus het du zu de Zwölfne gseit: «Weit dihr öppe o furtga?» ⁶⁸Da antwortet ihm der Simon Petrus: «Herr, zu wäm sötte mir ächt ga? Du hesch Wort für ds ewige Läbe; ⁶⁹und mir hei gloubt und begriffe, dass du der Heilig vo Gott bisch.» ⁷⁰Jesus het ne gantwortet: «Han i nid öich zwölf usgläse? Und vo öich isch einen e Tüüfel!» ⁷¹Dermit het er der Judas gmeint, der Suhn vom Simon Iskariot. Dä het ne speter sölle em Tod uslifere, eine vo de Zwölf!

Jesus und syni Brüeder

7 Drufaben isch Jesus z Galiläa umegwanderet. Er het drum nid welle z Judäa dasumezie, wil ihm d Jude hei a ds Läbe welle. ²Es isch nümme lang ggange bis zum Loubhüttefescht vo de Jude. ³Da hei syni Brüeder zuen ihm gseit: «Gang doch hie furt und nach Judäa, für dass dyni Jünger dert o di Tate gseh, wo du machsch. ⁴Es macht doch niemer öppis im Versteckte und möcht derby sälber bekannt wärde! We du settigs machsch, zeig di der Wält!» ⁵Syni Brüeder hei drum o nid a ne gloubt. ⁶Jesus seit ne du: «My Zyt isch no nid nache, aber für öich isch es geng Zyt. ⁷Öich cha d Wält nid hasse, aber mi hasset si, wil ig e Züge bi gäge se, dass das, wo si macht, bös isch. ⁸Ganget dihr nume ufen a das Fescht. I chume nid ufen a ds Fescht. Für mi isch es no nid Zyt.» ⁹Das het er gseit und isch sälber z Galiläa bblibe.

Jesus reiset doch uf Jerusalem

¹⁰Wo du syni Brüeder a das Fescht greiset sy, isch är o higreiset, aber nid offe, nei, ender im Verschleikte. ¹¹D Jude hei nen am

Fescht gsuecht und gseit: «Wo isch er ächt?» ¹²Und bi de Lüt het es vil über ne gä z rede. Di einte hei drum gseit: «Das isch e guete Ma», aber anderi: «Nenei, dä tuet ds Volk verfüere.» ¹³Aber niemer het offe über ne gredt, us Angscht vor de Jude.

Jesus redt im Tämpel

¹⁴I der Mitti vo der Feschtwuche isch Jesus i Tämpel ufeggange und het glehrt. ¹⁵Jitz hei d Jude verwunderet gseit: «Wiso gchennt dä d Schrifte, wen er doch nid gstudiert het?» ¹⁶Jesus het ne gantwortet: «Was i lehre, isch nid vo mir, nei, es isch vo däm, wo mi gschickt het. ¹⁷Wen öpper Gottes Wille wott erfülle, de merkt er, öb das, won ig öich lehre, vo Gott chunt, oder öb i vo mir sälber uus rede. ¹⁸Wär vo sich sälber uus redt, suecht sy eigeti Ehr; aber wen eine d Ehr vo däm suecht, wo ne gschickt het, de isch dä gloubwürdig, und 's isch nüüt Unrächts in ihm. ¹⁹Het nid der Mose öich ds Gsetz ggä? Und kene vo öich handlet dernaa! Wiso weit dihr mi töde?» ²⁰D Lüt hein ihm gantwortet: «Du bisch nid bi Troscht, wär wett di jitz töde?» ²¹Jesus het ne gantwortet: «Ei einzigi Tat han i ta, und dihr reget nech alli drüber uuf. ²²Der Mose het öich d Beschnydig ggä – nid dass si vom Mose chäm, nei, si chunt vo de Vorfahre –, und dihr tüet e Mönsch o am Sabbat beschnyde. ²³We öpper cha am Sabbat beschnitte wärde, ohni ds Gsetz vom Mose z bräche, wiso syt dihr de über mi toub, wil i e ganze Mönsch am Sabbat gsund gmacht ha? ²⁴Urteilet doch nid nam üssere Schyn, findet doch es grächts Urteil!»

²⁵Da hei es paar Ywoner vo Jerusalem gseit: «Isch das nid dä, wo si wei töde? ²⁶Aber lueget, er redt ja ganz offen use, und si sägen ihm nüüt. Hei d Ratsherre amänd gmerkt, dass är der Chrischtus isch? ²⁷Aber äbe, mir wüsse ja, vo wo dass dä da chunt; aber we de der Chrischtus chunt, da weiss de niemer, vo wo dass er isch.» ²⁸Wo Jesus im Tämpel glehrt het, het er lut grüeft: «Mi gchennet dihr und wüsset, vo wo dass i chume! Aber i bi nid vo mir uus cho. Das isch der Rächt, dä, wo mi gschickt het, und dä gchennet dihr nid! ²⁹I gchenne ne, wil i vo ihm chume, und är het mi gschickt!»

³⁰Jitz hätte si ne welle verhafte, aber es het ne kenen aagrüert, wil d Zyt für ihn no nid nachen isch gsi.

³¹ Vili us em Volk hei a ne gloubt. Si hei gseit: «Cha der Chrischtus, wen er chunt, meh Zeiche tue weder die, wo dä macht?» ³² D Pharisäer hei ghört, dass men im Volk derewäg über ne gredt het, und d Oberpriechter und d Pharisäer hei iri Ufpasser gschickt für ne z verhafte.
³³ Jesus het du gseit: «I bi nume no nes churzes Zytli by nech, und de gangen i zu däm, wo mi gschickt het. ³⁴ De suechet dihr mi de und findet mi nid, und won i de bi, derthäre chöit dihr nid cho.» ³⁵ D Jude hei zunenand gseit: «Wo wott er ächt härega, dass mir ne nid chöi finde? Er wott doch nid öppe i ds Ussland zu dene ga, wo zerströit bi de Grieche läbe, und d Grieche underwyse? ³⁶ Was söll ächt das bedüte, won er het gseit: ‹De suechet dihr mi de und findet mi nid, und won i de bi, derthäre chöit dihr nid cho›?»

«I bi ds Wasser für ds Läbe»

³⁷ Am letschte Tag, am wichtigschte vom Fescht, isch Jesus häregstande und het lut grüeft: «Wen öpper Durscht het, söll er zue mer cho und trinke! ³⁸ D Schrift seit's: ‹Wär a mi gloubt, us däm sym Innerschte bräche Ström füre vo Wasser zum Läbe›.» ³⁹ Da dermit het er der Geischt gmeint, wo die söllen übercho, wo zum Glouben a ihn chöme. Der Geischt isch ja no nid da gsi, wil Jesus no nid isch verherrlechet gsi. ⁴⁰ Wo d Lüt di Wort hei ghört, hei si gseit: «Das isch ganz sicher der Prophet!» ⁴¹ Anderi hei gseit: «Das isch der Chrischtus!» Widerumen anderi hei gseit: «Sit wenn chunt der Chrischtus us Galiläa? ⁴² Het de d Schrift nid gseit: ‹Vom David stammt der Chrischtus ab, und vo Bethlehem chunt er, vom Dorf, wo der David gwohnt het?›.» ⁴³ So het's im Volk wägen ihm Stryt ggä. ⁴⁴ Es paar vo ne hei ne welle la verhafte, aber es het ne niemer aagrüert.

D Gägner sy uneis

⁴⁵ Du sy d Ufpasser zu den Oberpriechter und Pharisäer zrüggcho, und die hei zue ne gseit: «Wiso heit dihr ne nid härebbracht?» ⁴⁶ Di Ufpasser hei gantwortet: «No nie het e Mönsch eso gredt (wi dä)!» ⁴⁷ D Pharisäer hei se gfragt: «Heit dihr nech jitz öppen o la verfüere? ⁴⁸ Tuet öppen eine vo de Ratsherre oder vo de Pharisäer a ne gloube? ⁴⁹ Aber ds Pack da, wo ds Gsetz nid

gchennt – das isch sowiso verfluecht!» ⁵⁰ Der Nikodemus, dä, wo früecher einisch zuen ihm ggangen isch, – är isch ja eine vo ne gsi –, seit ne: ⁵¹ «Sit wenn verurteilt üses Gsetz e Mönsch, bevor me ne aaglost het und weis, was er eigetlech macht?» ⁵² Si hein ihm umeggä: «Du chunsch dänk o us Galiläa? Lis doch einisch nache und de gsehsch, dass niene d Red isch vo mene Prophet us Galiläa.» ⁵³ Du sy si alli heigggange.

Jesus und d Ehebrächere

8 Jesus isch a Ölbärg ggange. ² Am Morge früe isch er wider i Tämpel, und ds ganze Volk isch zuen ihm cho. Er isch abgsässe und het sen underwise. ³ Da bringe di Schriftgelehrte und d Pharisäer e Frou derhär, wo bimenen Ehebruch isch verwütscht worde. Si stelle se zmitts häre ⁴ und säge zuen ihm: «Meischter, di Frou da het me verwütscht, grad wo si en Ehebruch begange het. ⁵ Jitz het üüs der Mose im Gsetz befole, settigi Froue z steinige. Was seisch du derzue?» ⁶ Das hei si aber nume gfragt, für ihm e Falle z stelle, dass si ne de chönnte verchlage. Aber Jesus het sech bbückt und mit sym Finger uf e Bode gschribe. ⁷ Wo si du nid lugg gla hei mit Frage, het er der Chopf uuf und seit zue ne: «Wär vo öich fählerfrei isch, cha der erscht sy, wo neren e Stei aapängglet.» ⁸ Du het er sech wider bbückt und wyter uf e Bode gschribe. ⁹ Wo si das ghört hei, sy si eine nam andere wäggange, d Ratsherre voraa. Är isch alleini zrüggbblibe, und d Frou i der Mitti. ¹⁰ Da het Jesus der Chopf uuf und seit zue nere: «Frou, wo sy si? Het di kene verurteilt?» ¹¹ Si antwortet: «Kene, Herr!» Da seit Jesus: «O i tue di nid verurteile. Gang nume, aber vo jitz aa mach's nümm!»

Ds Liecht vo der Wält zügt für sich sälber

¹² Jesus het du wider zue ne gseit: «I bi ds Liecht vo der Wält. Wär mit mir chunt, louft nid i der Fyschteri dasume, nei, er het ds Liecht für ds Läbe.» ¹³ D Pharisäer hein ihm gseit: «Du bisch dy eigete Züge! Dys Zügnis gilt nüüt!» ¹⁴ Jesus het ne gantwortet: «O wen i my eigete Züge bi, so isch mys Zügnis doch gültig. I weiss drum, vo wo dass i chume, und wohi dass i gange. Aber dihr wüsset nid, vo won i chume, und wohin i gange. ¹⁵ Dihr urteilet äbe wi Mönsche. I verurteile niemer. ¹⁶ Aber wen i

urteile, de isch mys Urteil gültig. I bi drum nid alleini, nei: Ig und dä, wo mi gschickt het, der Vatter (mir ghöre zäme). ¹⁷ I öiem Gsetz isch gschribe, dass ds Zügnis vo zweene Mönsche gilt. ¹⁸ I züge für mi sälber, und der Vatter, wo mi gschickt het, isch o Züge für mi.»
¹⁹ Si hei ne du gfragt: «Wo isch de dy Vatter?» Jesus het gantwortet: «Dihr gchennet mi nid und my Vatter o nid. We dihr mi gchenntet, gchenntet dihr my Vatter o.» ²⁰ Das alls het er gseit, won er bim Opferstock im Tämpel glehrt het. Und niemer het ne verhaftet, wil's no nid Zyt isch gsi für ihn.

Jesus warnet

²¹ Er het no zue ne gseit: «I gange furt, und dihr wärdet mi sueche und stärbe i öier Sünd. Dert, won i härega, derthi chöit dihr nid cho.» ²² D Jude hei sech du gfragt: «Er wott sech doch nid öppe ds Läbe nä, dass er seit: Dert, won i härega, derthi chöit dihr nid cho?» ²³ Er het zue ne gseit: «Dihr chömet vo unde, i chume vo obe. Dihr stammet us dere Wält, i bi nid us dere Wält. ²⁴ I ha nech ja gseit, dass dihr i öine Sünde tüet stärbe; we dihr nämlech nid gloubet, dass i's bi, de stärbet dihr i öine Sünde.» ²⁵ Si hei ne gfragt: «Ja, wär bisch de (eigetlech)?» Jesus het zue ne gseit: «Für was reden i überhoupt no mit öich? ²⁶ I chönnt zwar no vil über öich säge und urteile. Aber i säge nume das der Wält wyter, won i vo däm ghört ha, wo mi gschickt het. Und dä isch wahr und gloubwürdig.» ²⁷ Si hei aber nid begriffe, dass er ne vom Vatter redt. ²⁸ Jesus het ne du gseit: «We dihr de der Mönschesuhn i d Höchi ufeta heit, de gseht dihr de y, dass i's bi, und dass i nüüt vo mir uus mache; I säge das, wo mi der Vatter glehrt het. ²⁹ Und dä, wo mi gschickt het, isch mit mir; er lat mi nid alleini, wil i geng das mache, won är gärn het.»

«Numen i cha nech frei mache»

³⁰ Won er das gseit het, hei vili aafa a ne gloube. ³¹ Jesus het du zu dene Jude gseit, wo a ne gloubt hei: «We dihr bi däm blybet, won i säge, de syt dihr würklech myni Jünger ³² und dihr gseht d Wahrheit y, und d Wahrheit macht nech frei.» ³³ Si hein ihm etgäge gha: «Mir sy d Nachfahre vom Abraham und sy no nie

d Sklave vo öpperem gsi. Wi chasch du de säge: ‹Dir wärdet frei?›» ³⁴Jesus het ne gantwortet: «Lueget, i cha nech säge: Jede wo ne Sünd macht, isch der Sklav vo dere Sünd. ³⁵Der Sklav blybt nid für geng i der Familie, aber der Suhn blybt für geng. ³⁶Wen öich der Suhn jitz frei macht, de syt dihr ersch rächt frei.»

«Mir stamme vom Abraham ab!»

³⁷«I weiss, dass dihr d Nachfahre vom Abraham syt; nume ganget dihr druf uus, mi z töde, wil mys Wort i öich e ke Platz het. ³⁸Was i bim Vatter erfahre ha, vo däm reden i; und dihr söttet o das mache, was dihr vom Vatter ghört heit.» ³⁹Si hein ihm gantwortet: «Üse Vatter isch der Abraham!» Jesus seit zue ne: «We dihr Chinder vom Abraham syt, de machet das, wo der Abraham gmacht het; ⁴⁰aber jitz ganget dihr druf uus, mi z töde, mi, e Mönsch, wo nech doch nume d Wahrheit gseit het, won er vo Gott het ghört. So öppis hätt der Abraham nie gmacht! ⁴¹Dihr machet äbe ds Glyche wo öie würkleche Vatter o!» Si hei du zuen ihm gseit: «Mir chöme us aaständige Familie, mir hei ei einzige Vatter, Gott.» ⁴²Jesus het zue ne gseit: «We Gott öie Vatter wär, de hättet dihr doch o mi lieb, i bi ja vo Gott usggangen und dahäre cho. I bi ja nid vo mir sälber cho, nei, är het mi gschickt. ⁴³Warum verstandet dihr de nid, was i säge? Dihr syt eifach nid im Stand, z lose, was i säge. ⁴⁴Dihr stammet vom Tüüfel ab, dä isch öie Vatter, und dihr weit mache, was öie Vatter gluschtet. Dä isch vo Aafang aa e Mönschemörder gsi und isch nid zu der Wahrheit gstande, wil ke Wahrheit i ihm isch. Wen är Lugine seit, de redt er us sym Eigete use, wil är e Lugner isch und der Vatter vo der Lugi. ⁴⁵Aber mir gloubet der nid, dass i d Wahrheit säge. ⁴⁶Wär vo öich chönnt mir e Sünd nachewyse? Wen i d Warheit säge, wiso gloubet dihr mir de nid? ⁴⁷Wär vo Gott stammet, ghört d Wort vo Gott. Destwäge ghöret dihr se nid, wil dihr nid vo Gott stammet!»

Jesus isch da gsi vor em Abraham

⁴⁸D Jude hein ihm du gantwortet: «Hei mir de nid rächt, we mir säge, du sygsch e Samaritaner und heigsch e böse Geischt?» ⁴⁹Jesus het ne zrügg ggä: «I ha ke böse Geischt, nei, i gibe mym

Vatter d Ehr, aber dihr gät mir d Ehr nid. ⁵⁰I sueche my Ehr nid; 's git eine, dä suecht se und dä richtet dernaa. ⁵¹Lueget, i cha nech säge: Wen öpper macht, was i säge, de gseht er der Tod i alli Ewigkeit nid!» ⁵²Da hei d Jude zuen ihm gseit: «Jitz sy mer sicher, dass du ne böse Geischt hesch! Der Abraham isch gstorbe und d Prophete o, und du seisch: ‹Wen öpper macht, was i säge, de mues er der Tod i alli Ewigkeit nid erlyde!› ⁵³Bisch du de öppe grösser als üse Vatter Abraham, wo gstorben isch? Und o d Prophete sy gstorbe! Wär meinsch de eigetlech, wär de sygsch?» ⁵⁴Jesus het ne gantwortet: «Wen i mir sälber Ehr gibe, de isch my Ehr nüüt wärt. My Vatter isch es, wo mir Ehr git, dä wo dihr säget, är syg öie Vatter! ⁵⁵Und dihr gchennet ne nüüt, aber i gchenne ne. Wen i sieg, i gchenni ne nid, de wär i der glych Lugner wi dihr. Aber i gchenne ne und mache, was er seit. ⁵⁶Der Abraham, öie Vatter, isch glücklech gsi drüber, dass er my Zyt söll erläbe, und er het sen erläbt und het sech gfröit.» ⁵⁷D Jude hein ihm du gseit: «Du bisch no nid emal füfzgi und wosch der Abraham gseh ha?» ⁵⁸Jesus het zue ne gseit: «Lueget, i cha nech säge: Bevor der Abraham isch gsi, bin ig!» ⁵⁹Jitz hei si Steine ufgläse für ihm sen aazpänggle. Aber Jesus het sech versteckt und isch us em Tämpel furtggange.

Jesus heilet e Blinde am Sabbat

9 Im Verbywäg het er e Maa gseh, wo vo Geburt aa isch blind gsi. ²Syni Jünger hei ne gfragt: «Wär isch ächt dschuld drann, är oder syni Eltere, dass er blind geboren isch?» ³Jesus het gantwortet: «Weder är sälber no syni Eltere sy dschuld, nei: A ihm söll ds Wärk vo Gott dütlech wärde. ⁴Und d Wärk vo däm, wo mi gschickt het, müesse mir tue, solang dass es Tag isch. Es chunt e Nacht, wo niemer cha schaffe. ⁵Solang ig i der Wält bi, bin i ds Liecht vo der Wält.» ⁶Won er das het gseit gha, het er uf e Bode gspöit und mit em Spöifer es Teiggli gmacht und ihm das Teiggli uf d Ouge gstriche. ⁷Du het er zuen ihm gseit: «Gang der's ga abwäsche im Weier vo Schiloach!» Schiloach heisst übersetzt: Dä wo usgschickt wird. Jitz isch dä sech ga wäsche, isch heiggange und het chönne gseh!
⁸Da hei d Nachbere und die, wo ne vorhär hei gseh bättle, gseit: «Isch das nid dä, wo da gsässen isch und bbättlet het?» ⁹Di einte hei gseit: «Es isch ne», anderi hei gseit: «Nei, er glychet ihm

nume.» Dä het gseit: «Es isch mi!» ¹⁰Jitz hei si zuen ihm gseit: «Wi sy dir de d Ouge ufta worde?» ¹¹Er het gantwortet: «Dä Ma, wo Jesus heisst, het es Teiggli gmacht und mer's uf d Ouge gstriche und mer gseit: ‹Gang di zum Schiloach ga wäsche!› Da bin i ggange und won i mi ha gwäsche gha, han i chönne gseh.» ¹²Si hei ne gfragt: «Wo isch de dä?» Er seit: «I weis es nid.»

D Pharisäer mache Kontrolle

¹³Du füere si dä, wo vorhär blind isch gsi, zu de Pharisäer. ¹⁴Es isch grad Sabbat gsi a däm Tag, wo Jesus das Teiggli gmacht und ihm syni Ougen ufta het. ¹⁵Jitz hei ne o d Pharisäer ume gfragt, wien es chömi, dass er chönni luege. Er het zue ne gseit: «Er het mer es Teiggli uf d Ouge ta, i ha mi gwäsche und cha gseh.» ¹⁶Da hei es paar Pharisäer gseit: «Dä Maa chunt nid vo Gott här, er haltet ja der Sabbat nid!» Aber anderi hei gseit: «Wi chönnt e sündige Mönsch settigi Zeiche tue?» Däwäg sy si uneis gsi. ¹⁷Du frage si der Blind no einisch: «Was isch dy Meinig über ne, dass er der d Ouge ufta het?» Är seit: «Er isch e Prophet!»

¹⁸Du hein ihm d Jude nid welle gloube, dass er syg blind gsi und jitz chönni gseh. Drum hei si däm Maa, wo jitz het chönne gseh, syni Eltere grüeft ¹⁹und se gfragt: «Isch das da öie Suhn, wo dihr bhouptet, er syg blind gebore? Wi chunt's de, dass er jitz gseht?» ²⁰Syni Eltere hei gantwortet: «Mir wüsse, das isch üse Suhn, und er isch blind uf d Wält cho. ²¹Win es aber chunt, dass er jitze gseht, wüsse mer nid, mir wüsse o nid, wär ihm syni Ougen ufta het; fraget ne sälber, er isch alt gnue und cha sälber für sich rede!» ²²Syni Eltere hei das gseit, wil si d Jude gschoche hei. D Jude hei nämlech scho abgmacht gha, wen öpper Jesus tät als Chrischtus bezeichne, so würde si ne us der Synagoge usschliesse. ²³Destwäge hei syni Eltere gseit: «Er isch alt gnue, fraget ne doch sälber.»

²⁴Da hei si dä Maa, wo blind isch gsi, zum zwöitemal häregrüeft und hein ihm gseit: «Gib Gott d Ehr! Mir wüsse, dass dä Mönsch e Sünder isch.» ²⁵Dä het ne gantwortet: «Öb er e Sünder isch, weis i nid. I weis numen eis: I bi blind gsi, und jitz gsehn i.» ²⁶Si hein ihm du gseit: «Was het er mit der gmacht? Wie het er dyni Ougen ufta?» ²⁷Er het ne gantwortet: «I ha nech's doch scho gseit, aber dihr loset ja nid! Was weit dihr de wider ghöre? Weit dihr öppen o syni Jünger wärde?» ²⁸Da hei sin ihm wüescht gseit:

«Du bisch däm sy Jünger, aber mir sy d Jünger vom Mose! ²⁹ Mir wüsse, dass Gott mit em Mose gredt het, aber vo däm wüsse mer nid, vo wo dass er chunt.» ³⁰ Dä Maa het umeggä: «Das isch ja ds Gspässige, dass dihr nid wüsset, vo wo dass er chunt, und derby het er mir d Ougen ufta! ³¹ Mir wüsse doch, dass Gott nid uf Sünder lost, nei: 's mues eine Reschpäkt vor Gott ha und sy Wille tue, uf dä lost er. ³² Vo Ewigkeit här het me nid ghört, dass men eim hätt chönne d Ougen uftue, wo blind geboren isch. ³³ We dä nid vo Gott här chäm, brächt er emel nüüt zstand!» ³⁴ Si hein ihm gantwortet: «Du bisch sit dyr Geburt i d Sünd verlyret und wosch üüs cho belehre?» Und si hei ne furtgjagt.

³⁵ Jesus het ghört, dass si ne furtgjagt hei, und won er nen aatrifft, fragt er ne: «Du, gloubsch du a Mönscheshun?» ³⁶ Dä antwortet: «Herr, wär isch's? De wott i scho a ne gloube!» ³⁷ Jesus seit ihm: «Du hesch ne ja scho gseh! Dä, wo mit dir redt, dä isch's.» ³⁸ Der Gheilet fallt vor ihm uf d Chnöi und rüeft: «I gloube, Herr!» ³⁹ Da seit Jesus: «Zum Gricht bin ig i die Wält cho: Die, wo nüüt gseh, sölle chönne gseh, und die, wo gseh, blind wärde.» ⁴⁰ Es paar Pharisäer, wo byn ihm sy gsi, ghöre das und säge zuen ihm: «Mir sy doch nid öppen o blind?» ⁴¹ Jesus git nen ume: «We dihr blind wäret, chönnt me nech für nüüt dschuld gä. Aber jitz säget dihr: ‹Mir gseh!› De zellt öiji Schuld.»

Der guet Hirt

10 «Lueget, i cha nech säge: Wär nid dür ds Töri i Schaffärech ynegeit, aber amenen anderen Ort ynestygt, dä isch e Schelm und e Röuber. ² Aber dä, wo dür ds Töri ynegeit, dä isch der Hirt vo de Schaf. ³ Däm tuet der Türhüeter uuf, und d Schaf gchenne sy Stimm, und er rüeft syni Schaf bim Name und füert sen usen uf d Weid. ⁴ Wen er alli syni Schaf usetribe het, geit er ne voraa, und d Schaf gangen ihm nache, wil si sy Stimm gchenne. ⁵ Aber emne Frömde gange si nid nache, nei, si springe vor ihm dervo, wil si d Stimm vo de Frömde nid gchenne.» ⁶ Das Glychnis het ne Jesus erzellt; aber si hei nid begriffe, was das, won er nen erzellt het, bedütet. ⁷ Jitz het Jesus wider gseit: «Lueget, i chan ech säge: I bi ds Töri zu de Schaf. ⁸ Alli, wo vor mir sy cho, sy Schelmen und Röuber, aber d Schaf hei nid uf se glost. ⁹ I bi ds Töri. Wen eine dür mi ynegeit, de wird er grettet und cha yne und use ga und findet e Weid. ¹⁰ Der Schelm chunt nume

für z stäle und z metzge und kabutt z mache. I bi cho, für dass myni Schaf z läbe und z ässe gnue hei.
[11] I bi der guet Hirt. Der guet Hirt git sys Läbe häre für d Schaf. [12] Eine, wo's numen ume Lohn macht, aber er isch nid der Hirt, won ihm d Schaf ghöre, dä gseht der Wolf cho und lat d Schaf im Stich und flüchtet dervo; de packt der Wolf d Schaf und jagt sen usenand. [13] E settige Hirt macht's ja numen ume Lohn, und d Schaf syn ihm glych.
[14] I bi der guet Hirt und gchenne myni Schaf und myni Schaf gchenne mi, [15] so wi der Vatter mi gchennt, und i der Vatter gchenne, und i gibe mys Läbe häre für d Schaf. [16] Und i ha o no anderi Schaf, wo nid us däm Färech sy. Die mues ig o härefüere; si lose uf my Stimm, und de git's de ei Härde, ei Hirt.
[17] Drum het mi der Vatter lieb, wil i mys Läbe dragibe, für dass i's de wider überchume. [18] Niemer nimmt mer's ewägg, nei, i gibe's vo mir uus. I ha d Vollmacht für's härezgä, und i ha d Vollmacht für's wider zrüggznä. Dä Uftrag han i vo mym Vatter übercho.»
[19] Da sy d Jude wider uneis worde wäge dene Wort. [20] Vili vo ne hei gseit: «Er isch vomene böse Geischt bsässe, er isch verrückt; loset doch nid uf ne!» [21] Anderi hei gseit: «Eine, wo ne böse Geischt het, redt nid eso; cha überhoupt e böse Geischt d Ouge vo Blinden uftue?»

«Bisch du der Chrischtus?»

[22] Denn het me z Jerusalem ds Fescht vo der Tämpelweih gfyret; es isch Winter gsi, [23] und Jesus isch im Tämpel umenandgloffe, i der Süülehalle vom Salomo. [24] Da sy d Jude im Kreis um nen umegstande und hei zuen ihm gseit: «Wi lang wosch is eigetlech no la zable? We du der Chrischtus bisch, de sägs doch offen use!» [25] Jesus het ne gantwortet: «I ha nech's gseit, aber dihr gloubet's ja nid! Das, won ig im Uftrag vo mym Vatter tue, das bewyst's doch! [26] Aber dihr gloubet nid, wil dihr nid zu myne Schaf ghöret. [27] Myni Schaf lose uf my Stimm, und i gchenne se, und si loufe mir nache, [28] und i gibe ne ewigs Läbe, und si gangen uf ewig nid zgrund, und niemer cha mer sen us der Hand rysse. [29] My Vatter, wo mer se ggä het, isch grösser als alli, und niemer cha sen em Vatter us der Hand rysse. [30] Ig und der Vatter sy eis.»

D Jude wette nen umbringe

³¹ Da hei d Jude wider Steine greicht für ne z steinige. ³² Jesus het ne gantwortet: «Vili gueti Wärk han ig öich im Uftrag vom Vatter zeigt. Wäge welem vo dene Wärk weit dihr mi steinige?» ³³ D Jude hein ihm umeggä: «Wäg emne guete Wärk tüe mir di nid steinige, aber du läschterisch Gott und machsch di als Mönsch sälber zum Gott.» ³⁴ Jesus het ne gantwortet: «Steit de i öiem Gsetz nid gschribe: ‹I ha gseit, dihr syget Götter?› ³⁵ D Schrift seit also dene ‹Götter›, wo ds Wort vo Gott a se grichtet isch – und d Schrift cha doch nid dürta wärde. ³⁶ Mi het der Vatter gheiliget und i d Wält gschickt; und mir wärfet dihr vor, i tüej läschtere, nume wil i gseit ha, i syg Gottes Suhn? ³⁷ Wen i nid d Wärk vo mym Vatter tue, de gloubet mir nume nid! ³⁸ Wen i sen aber tue, und dihr weit mir nid gloube, so gloubet emel de Wärk, für dass dihr gseht und merket, dass der Vatter i mir isch und ig im Vatter!» ³⁹ Da hei si wider probiert ne z packe, aber är isch nen ertrunne.

⁴⁰ Du isch er wider furtggange, über e Jordan übere, derthäre, wo der Johannes am Aafang touft het. Und dert isch er bblibe. ⁴¹ Vili sy zuen ihm cho und hei gseit: «Der Johannes het kes Zeiche ta, aber alls, was der Johannes über dä da het gseit, isch wahr.» ⁴² Und mänge het dert a ihn aafa gloube.

Der Lazarus isch chrank und stirbt

11 Du isch öpper chrank worde, nämlech der Lazarus z Betanie, im Dorf vo der Maria und irer Schwöschter Marta. ² D Maria isch die gsi, wo (speter) der Herr mit Salbi gsalbet und ihm d Füess mit irne Haar abtröchnet het. Deren ire Brueder, der Lazarus, isch chrank gsi. ³ Di Schwöschtere hei du öpper zuen ihm gschickt und ihm la säge: «Herr, los, dy lieb Fründ isch chrank!» ⁴ Wo Jesus das ghört het, het er gseit: «Di Chrankheit füert nid zum Stärbe, nei, si isch da für d Ehr vo Gott; Gottes Suhn söll dür si verherrlecht wärde.» ⁵ Jesus isch mit der Marta und ihrer Schwöschter und em Lazarus sehr befründet gsi. ⁶ Won er du ghört het, dass er chrank isch, isch er no zwee Tag dert bblibe, won er isch gsi. ⁷ Drufabe het er de Jünger gseit: «Mir wei wider nach Judäa ga!» ⁸ D Jünger hein ihm eggäge: «Rabbi, ersch grad hei di d Jude dert welle steinige, und jitz geisch wider

derthi?» ⁹Jesus het ne gantwortet: «Het der Tag nid zwölf Stunde? Wen eine am Tag umelouft, stoglet er nid, er gseht ja ds Liecht vo der Sunne. ¹⁰Wen aber eine znacht umelouft, de stoglet er, wil er kes Liecht by sech het.» ¹¹So het er gredt; drufabe het er ne gseit: «Üse Fründ Lazarus isch ygschlafe. I wott ne ga wecke.» ¹²D Jünger hei zuen ihm gseit: «Herr, wen er ygschlafen isch, de wird er gsund.» ¹³Aber Jesus het vo sym Tod gredt, si hei nume gmeint, er redi vo der Rue bim Schlafe. ¹⁴Da het ne Jesus diräkt use gseit: «Der Lazarus isch gstorbe! ¹⁵Und i fröie mi, dass i nid bi dert gsi, wägen öich, für dass dihr lehret gloube! Aber jitz wei mer zuen ihm ga.» ¹⁶Jitz het der Thomas, wo o Zwilling heisst, zu den andere Jünger gseit: «Guet, gange mer mit ihm, so stärbe mer de grad mit ihm zäme!» ¹⁷Wo du Jesus derthi cho isch, het er erfahre, dass er scho sit vierne Tage im Grab ligt. ¹⁸Betanie isch naach bi Jerusalem, öppe drei Kilometer wyt. ¹⁹Vil Jude sy zu der Marta und zu der Maria ggange für se z tröschte wägen irem Brueder.

Der Lazarus wird uferweckt

²⁰Wo du d Marta ghört, dass Jesus chunt, geit si ihm eggäge. Aber d Maria isch daheime bblibe. ²¹Jitz seit d Marta zu Jesus: «Herr, we du wärsch hie gsi, wär my Brueder nid gstorbe! ²²Aber i weis ja, dass Gott dir o jitz git, was du vo ihm tuesch erbätte.» ²³Jesus seit zue nere: «Dy Brueder wird ufersta!» ²⁴D Marta seit zuen ihm: «I weis, er wird ufersta bi der Uferstehig am letschte Tag.» ²⁵Jesus seit zue nere: «I bi d Uferstehig und ds Läbe; wär a mi gloubt, dä läbt, o wen er stirbt. ²⁶Und jede, wo läbt und a mi gloubt, stirbt für ewig nid. Gloubsch du das?» ²⁷Si seit zuen ihm: «Ja, Herr, i gloube scho lang, dass du der Chrischtus bisch, der Gottessuhn, wo i d Wält chunt.» ²⁸Wo si das het gseit gha, isch si ihrer Schwöschter Maria ga rüefe und het nere lysli gseit: «Der Meischter isch da und rüeft der!» ²⁹Wo die das ghört het, isch si gleitig ufgstande und zuen ihm cho. ³⁰Jesus isch drum no nid i ds Dorf yne cho gsi, er isch no a däm Ort gsi, won ihm d Marta ebcho isch. ³¹Jitz hei d Jude, wo by nere daheime sy gsi für se z tröschte, gseh, dass d Maria so gleitig ufsteit und usegeit. Da sy si nere nacheggange, wil si gmeint hei, si gang zum Grab use, für dert ga z briegge.

³²Wo du d Maria derthäre cho isch, wo Jesus isch gsi, und wo si ne gseh het, isch si vor ihm uf d Chnöi gfalle und het ihm gseit: «Herr, we du wärsch hie gsi, wär mer der Brueder nid gstorbe!» ³³Jesus het gseh, wi si briegget, und dass o d Jude briegge, wo mit nere cho sy; da isch er innerlech so toub worde, dass es ne nume so gschüttlet het. ³⁴Er het gseit: «Wo heit dihr ne häre gleit?» Si säge zuen ihm: «Herr, chumm cho luege!» ³⁵Jesus het o briegget. ³⁶«Lueget, win er ihm lieb isch gsi!» hei d Jude gseit. ³⁷Es paar vo ne hei gfunde: «Hätti är, wo d Ouge vom Blinden ufta het, nid chönne mache, dass dä nid hätt müesse stärbe?» ³⁸Jesus het wider e Töubi übercho. Er isch zum Grab cho. Das isch e Höli gsi, und e Stei isch dervor gläge. ³⁹Jesus seit: «Nät der Stei ewägg!»
D Marta, d Schwöschter vom Tote, seit zuen ihm: «Herr, me schmöckt's scho, es isch ja scho vier Tag sider.» ⁴⁰Da seit nere Jesus: «Han i der nid gseit, we du gloubisch, de gsejisch d Herrlechkeit vo Gott?» ⁴¹Jitz hei si der Stei ewägg gno. Und Jesus het gägen ufe gluegt und het gseit: «Vatter, i danke dir, dass du mi ghört hesch. ⁴²I sälber weis ja, dass du mi geng ghörsch. I säge's nume wäge de Lüt, wo dastande, für dass sie gloube, dass du mi gschickt hesch.» ⁴³Won er das gseit het gha, het er ganz lut grüeft: «Lazarus, chumm use!» ⁴⁴Da chunt der Gstorbnig use, syni Händ und Füess sy mit Binde ygwicklet gsi, und um sys Gsicht isch es Schweisstuech bbunde gsi. Jesus seit zue ne: «Machet ne los, dass er frei cha heiloufe.»
⁴⁵Jitz hei vili Jude, wo der Maria hei e Bsuech gmacht gha, aafa a ne gloube, wo si gseh hei, was er gmacht het. ⁴⁶Aber es paar vo ne sy zu de Pharisäer ggange und hei nen erzellt, was Jesus gmacht heig.

Jesus wird de Politiker z gfährlech

⁴⁷Da hei d Oberpriechter und d Pharisäer zu nere Sitzig vom Höche Rat ufbbotte und hei gseit: «Was wei mer mache? Dä Mönsch macht vili Zeiche. ⁴⁸We mir ne derewäg lö la wytermache, gloube zletscht alli a ne, und de chöme d Römer und nämen is üsi Rächti uf e heilig Ort und uf ds Volk ewägg.» ⁴⁹Eine vo ne, der Kajaphas, wo i däm Jahr isch Hohepriechter gsi, het zue ne gseit: «Dihr begryffet o gar nüüt! ⁵⁰Dänket dihr nid draa, dass es für üüs besser isch, en einzige Mönsch stirbt für ds Volk, als

dass ds ganze Volk z grund geit?» ⁵¹Das het er aber nid vo sich uus eso gseit: Wil er i däm Jahr isch Hoheprieschter gsi, het er das als Prophet gseit, Jesus wärdi für ds Volk stärbe, ⁵²aber nid nume für das Volk alleini, nei: So wird är di verströite Chinder vo Gott i eis zämefüere! ⁵³Vo däm Tag aa sy si rätig worde, si welle ne töde.
⁵⁴Jesus isch du nümmen offe bi de Jude umenandgloffe. Er isch vo dert i d Neechi vo der Wüeschti ggange, i nes Stedtli, wo Efraïm heisst. Dert isch er mit syne Jünger bblibe. ⁵⁵Aber ds Passafescht vo de Jude isch nache gsi; und vili us der Gäget sy uf Jerusalem gwanderet, für sech z heilige. ⁵⁶Jitz hei si Jesus gsuecht, und wo si im Tämpel gstande sy, hei si zunenand gseit: «Was meinet dihr? Chunt er ächt nid a ds Fescht?»
⁵⁷D Oberprieschter und d Pharisäer hei Befähl ggä, wen öpper wüssi, won er syg, söll er's aazeige, für dass si ne chönne verhafte.

Nardesalbi für Jesus

12 Sächs Tag vor em Passafescht isch Jesus uf Betanie cho, wo der Lazarus gwohnt het, dä, wo Jesus vo de Tote het uferweckt gha. ²Dert het men ihm es Feschtässe ggä, und d Marta het für se gsorget. Der Lazarus isch eine vo dene gsi, wo mit ihm am Tisch gläge sy.
³Jitz het d Maria es Pfund ächti, tüüri Nardesalbi gno und het Jesus dermit d Füess gsalbet und ihm mit irne Haar d Füess abtröchnet. Ds ganze Huus het guet gschmöckt vo dere Salbi.
⁴Der Judas Iskariot, eine vo syne Jünger – dä, wo ne nachär usgliferet het – seit: ⁵«Wiso het me di Salbi nid für drühundert Silbermünze chönne verchoufe und ds Gäld de den Arme gä?» ⁶Das het er aber nid öppe gseit, wil's ihm um di Arme wär z tüe gsi, nei, er isch e Schelm gsi und het als Verwalter vo der Kasse d Ynahmen underschlage. ⁷Jesus het zuen ihm gseit: «La se la mache! Es söll darha für e Tag vo mym Begräbnis. ⁸Armi Lüt heit dihr geng by nech, aber mi heit dihr nid geng.»
⁹Jitz hei e Huuffe Jude verno, dass er dert isch, und si sy cho, nid nume wäge Jesus, si hei o der Lazarus welle cho luege, won er het vo de Toten uferweckt gha. ¹⁰Da hei d Oberprieschter beschlosse, si welle o der Lazarus töde, ¹¹wil vili vo de Jude zuen ihm ggange sy und wägen ihm zum Glouben a Jesus cho sy.

Der chüniglech Yzug z Jerusalem

¹²Am andere Tag, wo Hüüffe Lüt a ds Fescht cho sy, hei si ghört, Jesus chöm o uf Jerusalem. ¹³Si hei Palmezweige gno, syn ihm eggägeggange und hei grüeft:

«Hosianna,
mir rüeme dä, wo chunt im Uftrag vom Herr,
der Chünig vo Israel!»

¹⁴Jesus het es jungs Eseli gfunde und isch druf gsässe, win es gschriben isch:

¹⁵«Häb nid Angscht, Tochter Zion!
Lue, dy Chünig chunt,
er rytet uf menen Eselfüli!»

¹⁶Zersch hei das syni Jünger nid begriffe; ersch, wo Jesus isch i d Herrlechkeit ufgno worde, isch es ne z Sinn cho, dass si gnau das für ne gmacht hei, wo über ne gschriben isch. ¹⁷Di vile Lüt, wo byn ihm sy gsi, sy als Züge derfür ygstande, dass er der Lazarus us em Grab grüeft und ne vo de Toten uferweckt heig. ¹⁸Drum isch ihm ds Volk o eggäge cho, wil si ghört hei, dass er das Zeiche gmacht het. ¹⁹D Pharisäer hei du zunenand gseit: «Da gseht dir, es treit alls nüüt ab; di ganzi Wält louft ihm ja nache!»

Jesus gseht sy Tod voruus

²⁰Bi dene, wo uf Jerusalem ggange sy, für am Fescht aazbätte, sy o nes paar Judefründe gsi, wo griechisch gredt hei. ²¹Jitz sy die zum Philippus cho – är isch vo Betsaida z Galiläa cho – und hei ne gfragt: «Herr, mir wette Jesus gärn gseh.» ²²Der Philippus geit's em Andreas ga säge; der Andreas und der Philippus gange und säge's Jesus. ²³Jesus antwortet ne: «Der Ougeblick isch cho, wo der Mönschesuhn i d Herrlechkeit ufgno wird! ²⁴Lueget, i cha nech säge: We ds Weizechorn nid i Boden ynefallt und nid stirbt, de blybt's alleini; aber we's stirbt, treit 's vil Frucht. ²⁵Wär a sym Läbe hanget, dä verlüürt's, und wär sys Läbe uf dere Wält verachtet, dä bhaltet's für ds ewige Läbe. ²⁶Wen öpper mir wott diene, söll er mit mer cho, und dert, won i bi, dert isch de dä o, wo mir dienet; wen öpper mir dienet, tuet ihm de my Vatter Ehr aa.»

Jesus redt vo sym Tod

²⁷«Jitz isch mys Härz ganz ufgwüelt. Söll i säge: ‹Vatter, hilf mer us där schwäre Stund use?› Nei, i söll ja grad dry yne ga! ²⁸ Vatter, mach dy Name herrlech!» Da het e Stimm vom Himel tönt: «I ha ne herrlech gmacht und tue ne no wider herrlech mache.» ²⁹ D Lüt, wo dagstande sy und 's ghört hei, hei gseit: «Es het ddonneret!» Und anderi: «En Ängel het mit ihm gredt!» ³⁰ Jesus seit drufabe: «Di Stimm het wägen öich gredt, nid wäge mir. ³¹ Jitz chunt der Grichtstag über di Wält, jitz wird ihre Regänt dervogjagt.»
³² Aber i wirde i d Höchi ufeta, wäg vo der Ärde, und zie öich de alli mir nache.» ³³ Das het er gseit und dermit aaddütet, dür was für ne Tod är müessi stärbe.
³⁴ D Lüt hein ihm du gseit: «Mir hei us em Gsetz verno, dass der Chrischtus für ewig blybt, wie chunsch du de derzue, z säge: der Mönschesuhn müess i d Höchi ufeta wärde? Wär isch de dä Mönschesuhn eigetlech?» ³⁵ Jesus het du zue ne gseit: «Nume no für nes churzes Zytli isch ds Liecht by nech; loufet no ume, solang der no Liecht heit, für dass nech d Fyschteri nid ungsinnet verschlückt. Dä, wo im Fyschtere louft, weis nid, won er häre geit. ³⁶ So lang dass dihr ds Liecht no heit, vertrouet ihm, so wärdet dihr Chinder vom Liecht!» Wo Jesus das het gseit gha, isch er furtggange und het sech vor ne versteckt.

Warum gloube so weni Mönsche a Jesus?

³⁷ So grossi Zeiche, wi Jesus o vor ne gmacht het — si hei doch nid a ne ggloubt. ³⁸ Da het sech ds Wort vom Prophet Jesaja sölle erfülle, wo gseit het: «Herr, wär het üser Predig ggloubt und wäm isch em Herr sy Macht dütlech worde?»
³⁹ Si hei o drum nid chönne gloube, wil der Jesaja o gseit het: ⁴⁰ «Er het iri Ouge blind gmacht und ires Härz verhertet, so dass si mit den Ouge nid gseh und mit ihrem Härz nid begryffe, und sech nid ändere; und i möcht se doch heile.» ⁴¹ Das het der Jesaja gseit, wil er d Herrlechkeit vo Jesus (voruus) gseh het. Vo ihm het er gredt. ⁴² Trotzdäm hei sogar vil Ratsherre a ne gloubt, nume sy si wäge de Pharisäer nid derzue gstande, für dass me se nid us der Synagoge usschliesst. ⁴³ D Ehr bi de Mönsche isch ne halt wichtiger gsi weder d Ehr bi Gott.

⁴⁴ Aber Jesus het lut grüeft: «Wär a mi gloubt, gloubt a dä, wo mi gschickt het, nid (eifach) a mi, ⁴⁵ und wär mi gseht, gseht dä, wo mi gschickt het. ⁴⁶ I bi als Liecht i d Wält cho, für dass niemer, wo a mi gloubt, i der Fyschteri blybt. ⁴⁷ Wen öpper myni Wort ghört und se nid bhaltet, so sitze nid ig über ne z Gricht. I bi ja cho, für d Wält z rette, nid für se z verurteile. ⁴⁸ Wär vo mir nüüt wott wüsse und nid aanimmt, was i säge, dä het sy Richter scho gfunde: Mys Wort, das verurteilt nen am letschte Tag! ⁴⁹ I rede ja nid vo mir uus; der Vatter, wo mi gschickt het, het mir sälber uftreit, was i söll sägen und rede. ⁵⁰ Sy Uftrag, das weis i, isch ewigs Läbe. Was i jitz rede, reden ig eso, wi mer's der Vatter gseit het.»

Jesus wäscht de Jünger d Füess

13 'S isch vor em Passa-Fescht gsi. Jesus het gwüsst, dass d Zyt cho isch, won är us dere Wält het sölle zum Vatter überega. Da het er syne Fründe, won er het lieb gha, zeigt, dass er se bis zum Letschte lieb het. ² Si hei zäme ggässe. Scho het der Tüüfel em Judas, em Suhn vom Simon Iskariot, i ds Härz ggä, er söll ne de Juden uslifere. ³ Jesus het gwüsst, dass ihm der Vatter alls i d Händ het ggä, und dass er vo Gott här cho isch und zu Gott zrügg geit; ⁴ da isch er vom Ässe ufgstande, het syni Chleider abzoge und e lynige Schurz gno und nen umbbunde. ⁵ Drufabe het er Wasser i nes Becki gschüttet und het aafa de Jünger d Füess wäsche und se tröchne mit em Schurz, won er umbbunde het gha. ⁶ Jitz chunt er zum Simon Petrus; dä seit zuen ihm: «Du, Herr, du wäschisch mir d Füess?» ⁷ Jesus het ihm gantwortet: «Du begryffsch jitz nid, was i mache, speter versteisch es de!» ⁸ Der Petrus seit zuen ihm: ''s chunt nid i Frag, dass du mir d Füess wäschisch!» Jesus het ihm umeggä: «Wen i di nid darf wäsche, geisch du mi nüüt meh aa!» ⁹ Der Simon Petrus seit zuen ihm: «Herr, de also nid nume d Füess, nei, o d Händ und der Chopf!» ¹⁰ Jesus seit zuen ihm: «Wär bbadet het, dä bruucht nüüt anders meh weder sech no d Füess wäsche, süsch isch er ganz suber. Und dihr syt suber, aber nid alli.» ¹¹ Er het drum dä gchennt, wo ne het welle de Juden uslifere. Drum het er gseit: «Dihr syt nid alli suber.»
¹² Jitz, won er ne iri Füess het gwäsche gha, het er syni Chleider umen aagleit, isch wider a Tisch gsässe und het zue ne gseit:

«Verstandet dihr, was ig öich da gmacht ha? ¹³Dihr säget zue mer: Meischter! und Herr! und dihr heit rächt, i bi's ja. ¹⁴Jitz wen ig, öie Herr und Meischter, öich öiji Füess gwäsche ha, de söllet dihr enand o d Füess wäsche. ¹⁵I ha nech es Byschpil ggä, für dass dihr das o machet, won ig öich gmacht ha. ¹⁶Lueget, i cha nech säge: E Chnächt isch nid grösser als sy Meischter, und o ne Gsandte isch nid grösser weder dä, wo nen usgschickt het. ¹⁷Jitz wüsset der's. We dihr o dernaa tüet, de syt dihr glücklech für geng. ¹⁸I rede nid vo öich allne. I weis, weli dass i usgläse ha. Aber d Schrift mues erfüllt wärde: Dä, wo mys Brot isst, git mer e Stupf mit sym Fuess. ¹⁹I säge nech's jitz scho, bevor dass es gscheht, für dass dihr de gloubet, we's gscheht, dass i's bi. ²⁰Lueget, i cha nech säge: Wär öpperen ufnimmt, wen i ne schicke, dä nimmt mi uuf; und wär mi ufnimmt, dä nimmt dä uuf, wo mi gschickt het.»

«Eine vo öich tuet mi uslifere»

²¹Jesus het das mit nere grosse Gmüetsbewegig gseit. Du het er no aaghänkt: «Lueget, i cha nech säge: Eine vo öich wird mi de Juden uslifere.» ²²D Jünger hei enand aagluegt und hei nid gwüsst, vo wäm dass er redt. ²³Eine vo de Jünger isch am Tisch diräkt näbe Jesus gsässe. Jesus het ne (bsunders) lieb gha. ²⁴Däm winkt der Simon Petrus zue, er söll ne frage, vo wäm er redi. ²⁵Är lat sech ganz naach zu Jesus zueche und fragt ne: «Herr, wär isch es?» ²⁶Jesus het gantwortet: «Dä isch es, won ig ihm e Bitz Brot ytünkle und gibe.» Du het er e Bitz ytünklet und nen em Judas ggä, em Suhn vom Simon Iskariot. ²⁷Und nach däm Bitz Brot isch du der Satan i dä ynegfahre. Jitz seit Jesus zuen ihm: «Mach gly, was d'im Sinn hesch!» ²⁸Aber kene vo dene, wo da am Tisch gsässe sy, het verstande, für was er ihm das gseit het. ²⁹Es paar hei gmeint, wil der Judas d Kasse het gha, Jesus säg ihm: «Chouf, was mir für ds Fescht bruuche», oder, er söll den Armen öppis gä. ³⁰Wo du dä der Bitz Brot het gno, isch er tifig useggange. Dussen isch Nacht gsi.
³¹Jitz, won er isch furtggange gsi, seit Jesus: «Jitz isch der Mönscheuhn i d Herrlechkeit ufgno worde und Gott isch i ihm verherrlechet. ³²Wen aber Gott i ihm verherrlechet worden isch, de verherrlechet ne Gott o i sich, und er macht das sofort. ³³Chinder, i bi nume no nes churzes Zytli by nech. Dihr suechet

mi de, aber i ha's scho de Jude gseit: Won i häregange, da chöit dihr nid hicho. So sägen i's jitz o öich.
³⁴ I giben öich es nöis Gebot: Heit enand lieb; so win ig öich ha lieb gha, so häbet enand lieb. ³⁵ Da dranne chöi alli merke, dass dihr myni Jünger syt, we dihr Liebi zunenand heit.»
³⁶ Der Simon Petrus fragt ne: «Herr, wo geisch du hi?» Jesus antwortet ihm: «Won i häregange, derthi chasch jitz nid mit mer cho, aber speter chasch de cho.» ³⁷ Der Petrus seit zuen ihm: «Herr, wiso chan i jitz nid mit dir cho? Mys Läbe wott i häregä für di!» ³⁸ Jesus git ihm zur Antwort: «Dys Läbe wosch du für mi häregä? Lueg, i cha dir säge: No bevor der Güggel chrääit, tuesch du drümal abstryte, dass du mi gchennsch!»

Jesus redt no einisch gründlech mit de Jünger: Wen er furtgeit, wott er nen e Tröschter schicke

14 «Löt nech nid la ds Härz schwär mache. Gloubet a Gott und gloubet a mi. ²I mym Vatterhuus het's vili Wonige. Wen es nid eso wär, hätt i nech de gseit, i gang nech ga ne Platz zwägmache? ³ I gange nech also ga ne Platz zwägmache, de chumen i ume und nime nech zue mer, für dass dihr de o dert syt, won i bi. ⁴ Dihr gchennet ja der Wäg derthäre, won i higange.» ⁵ Der Thomas seit zuen ihm: «Herr, mir wüsse nid, wo du higeisch; wi chönnte mir de der Wäg gchenne?» ⁶ Jesus seit zuen ihm: «I bi der Wäg und d Wahrheit und ds Läbe; zum Vatter chunt niemer ussert dür mi. ⁷ We dihr mi heit lehre gchenne, so heit dihr o der Vatter lehre gchenne. Scho jitz gchennet dihr ne und heit ne scho gseh!»
⁸ Der Philippus seit zuen ihm: «Herr, zeig is der Vatter! De sy mer zfride.» ⁹ Jesus seit zuen ihm: «So lang bin i jitz byn ech, und du gchennsch mi geng no nid, Philippus? Wär mi het gseh, het der Vatter gseh. Wi chasch du säge: Zeig is der Vatter! ¹⁰ Gloubsch du de nid, dass ig im Vatter bi und der Vatter i mir? Di Wort, won ig öich säge, die reden i nid vo mir uus, aber der Vatter, wo i mir isch, schaffet dür mi syni Wärk. ¹¹ Gloubet mer, dass ig im Vatter bi und der Vatter i mir; oder süsch gloubet (mer) zum mindschte wäge däm, won i z stand bringe! ¹² Lueget, i cha nech säge: Wär a mi gloubt, dä macht o das, won i tue; und er bringt no Grössers z stand, wil i jitze zum Vatter gange. ¹³ We dihr um öppis bittet i mym Name, so machen i's, für dass em Vatter sy

Herrlechkeit sichtbar wird im Suhn. [14] We dihr vo mir öppis i mym Namen erbättet, de erfüllen i's.
[15] We dihr mi lieb heit, de haltet dihr myni Gebot. [16] I bitte de der Vatter um nen andere Hälfer für öich, dä söll de für ewig by nech sy: [17] der Geischt vo der Wahrheit. D Wält cha ne nid übercho, wil si ne weder gseht no gchennt. Dihr gchennet ne, wil er by nech blybt und i nech isch. [18] I la nech nid als Waisechinder zrügg, i chume zue nech. [19] Es geit nümme lang, de gseht mi d Wält nümme, aber dihr gseht mi, wil i läbe, und o dihr wärdet läbe. [20] A däm Tag begryffet dihr de, dass ig i mym Vatter bi und dihr i mir und ig i öich. [21] Wär myni Gebot gchennt und se haltet, dä het mi lieb. Und we mi öpper lieb het, de het nen o my Vatter lieb, und o i ha ne lieb, und är wird mi gseh.»
[22] Der Judas – nid der Iskariot – seit zuen ihm: «Herr, was isch passiert, dass du di üüs wosch zeige, aber der Wält nid?» [23] Jesus het ihm gantwortet: «Wen eine mi liebhet und macht, was i säge, de het nen o my Vatter lieb, und mir chöme zuen ihm und wohne bi ihm. [24] Wär mi nid lieb het, macht o nid, was i säge. Aber was i säge und was dihr ghört heit, isch nid vo mir, es chunt vom Vatter, wo mi gschickt het.
[25] Das han i zue nech gseit, won i bi by nech gsi. [26] Aber der Hälfer, der heilig Geischt, wo der Vatter de i mym Uftrag schickt, dä lehrt nech de alls und tuet nech a alls mahne, won ig öich gseit ha. [27] Fride lan i nech da, my Fride giben i öich. Nid das, wo d Wält git, giben i öich. Löt nech jitz nid la ds Härz schwär mache, und heit kei Angscht. [28] Dihr heit ja ghört, dass i zue nech gseit ha, i gangi furt, aber i chömi o wider zue nech. We dihr mi lieb hättet, de tätet dihr nech drüber fröie, dass i zum Vatter gange, wil der Vatter grösser isch als i. [29] Scho jitze han i nech's gseit, no bevor es gscheht, für dass dihr de gloubet, we's gscheht. [30] I cha nümme vil mit nech rede, wil der Regänt vo der Wält jitz chunt; a mir het er nüüt, nei, [31] aber d Wält söll merke, dass i der Vatter lieb ha, und dass i d Sach mache, wien es mir der Vatter uftreit het. Standet uuf, mir wei vo hie wäg ga.»

Jesus, der Räbstock

15 «I bi der richtig Räbstock, und my Vatter isch der Wybuur. [2] Jedes Schoss a mer, wo nid Frucht treit, schnydt er wäg, aber jedem, wo Frucht treit, bricht er d Blatt-Tribe uus, für dass es no meh Frucht treit. [3] Bi öich isch scho usbbroche, wil i nech d Botschaft ha z wüsse ta. ⁴Blybet fescht a mir, und i blybe fescht a öich. So wi ds Schoss nid us eigeter Chraft cha Frucht bringe, we's nid am Räbstock aagwachse blybt, so chöit o dihr's nid, we der nid a mir blybet. ⁵I bi der Räbstock, dihr syt d Schoss. Wär a mir blybt und ig a ihm, dä treit vil Frucht. Ohni mi chöit dihr nüüt mache. ⁶Wen eine nid a mir blybt, wird er furtgschosse wi nes wilds Schoss und verdoret; de list me se zäme und schiesst sen i ds Füür, und si verbrönne. ⁷We dihr a mir blybet, und we myni Wort i öich blybe, de bittet, für was der weit, und dihr überchömet's. ⁸Däwä zeiget dihr, wi herrlech der Vatter isch, we dihr vil Frucht traget und myni Jünger wärdet.»

«Heit enand lieb, win ig öich lieb ha»

⁹«So wi der Vatter mi het lieb gha, so han ig öich lieb gha. Blybet i myr Liebi. ¹⁰We dihr machet, was i säge, blybet dihr i myr Liebi, so win i gmacht ha, was my Vatter gseit het, und so i syr Liebi blybe. ¹¹Das han i zue nech gseit, für dass my Fröid i öich isch, und dihr nech ganz chönnet fröie.

¹²Das isch mys Gebot, dass dihr enand lieb heit, so win ig öich ha lieb gha. ¹³Es cha ke grösseri Liebi gä, als wen öpper sys Läbe häregit für syni Fründe. ¹⁴Dihr syt myni Fründe, we dihr machet, was ig öich uftrage. ¹⁵I säge nech nümme ‹Chnächte›, wil der Chnächt nid weis, was sy Herr macht. Öich sägen i ‹Fründe›, wil i öich alls ha z wüsse ta, won i vo mym Vatter ghört ha. ¹⁶Nid dihr heit mi usgläse, nei: I ha öich usgläse und nech derzue ygsetzt, dass dihr ganget ga Frucht trage, und dass öiji Frucht blybt. De git öich der Vatter alls, wo dihr nen i mym Name drum bittet. ¹⁷Das tragen i öich uuf, dass dihr enand lieb heit.»

D Fründe vo Jesus hei's nid liecht

¹⁸«We d Wält öich hasset, de dänket draa, dass si mi zersch, vor öich, ghasset het. ¹⁹We dihr zur Wält ghörtet, hätt d Wält ires Eigete lieb. Jitz ghöret dihr aber nid zur Wält, wil ig öich usgläse ha us der Wält, drum hasset nech d Wält. ²⁰Dänket a das Wort, won i öich gseit ha: E Chnächt isch nid grösser als sy Herr. We si mi verfolge, de verfolge si o öich. Achte si druuf, was i säge, so achte si o uf das, was dihr säget. ²¹Aber das (Bösen) alls tüe si nech aa wäge mym Name; si wei dä nid gchenne, wo mi

gschickt het. ²²Wen i nid cho wär und nid zue ne gredt hätt, hätte si ke Schuld. Aber jitz hei si kei Usred meh für iri Sünd. ²³Wär mi hasset, dä hasset o my Vatter. ²⁴Wen i bi ine di Tate nid gmacht hätti, wo no niemer anders gmacht het, hätte si ke Schuld! Aber si hei se gseh und trotzdäm hei si mi und my Vatter ghasset. ²⁵Das Wort mues sech halt erfülle, wo i irem Gsetz gschriben isch: ‹Für nüüt hei si mi ghasset.›
²⁶Aber der Hälfer chunt, won i nech de vom Vatter här la la schicke, der Geischt vo der Wahrheit, wo vom Vatter usgeit. Dä isch de my Züge. ²⁷Und o dihr syt myni Züge, wil dihr sit em Aafang by mir syt.»

16 «Das han i nech welle säge, für dass dihr nid zwyflet a mir. ²Si wärde nech sicher us der Synagoge usschliesse. Es chunt sogar e Zyt, wo jede, wo nech tödet, meint, er bringi Gott en Opfergab dermit. ³Und das mache si de, wil si der Vatter nid gchennt hei und mi o nid. ⁴Aber i ha nech's welle säge, für dass dihr de dra dänket, wen de iri Zyt chunt, dass i nech's gseit ha. Aber i ha nech's nid vo Aafang aa gseit, da bin i ja by nech gsi.»

Der Hälfer chunt, we Jesus geit

⁵«Jitz gangen i zu däm, wo mi gschickt het, und kene vo öich fragt mi: Wo geisch hi? ⁶Aber wil i nech das gseit ha, heit dihr ganz es truurigs Härz. ⁷Für nech d Wahrheit z säge: Es isch ja guet für öich, dass i furtgange. Wen i nid gieng, chäm ja der Hälfer nid zue nech. Aber wen i gange, so schicken i ne zue nech. ⁸Und we dä chunt, bringt er für d Wält d Sünd a Tag, und d Grächtigkeit, und ds Gricht; ⁹d Sünd, wil si nid a mi gloube; ¹⁰d Grächtigkeit, wil i zum Vatter gange und dihr mi nümme gseht; ¹¹und ds Gricht, wil der Regänt vo dere Wält scho verurteilt isch.
¹²No mängs hätt i nech z säge, aber dihr möchtet's jitz no nid verlyde. ¹³Wen är de aber chunt, der Geischt vo der Wahrheit, füert er nech de i di ganzi Wahrheit yne. Är redt halt de nid vo sich uus, nei, er seit das, won er ghört; und er tuet nech de z wüsse, was no chunt! ¹⁴Är zeigt nech de my Herrlechkeit, wil er's vo mir nimmt und öich z wüsse tuet. ¹⁵Alls, was der Vatter het, ghört mir. Drum han i gseit: Er nimmt's vo mir und tuet's öich z wüsse.»

Jesus geit – und chunt gly ume

¹⁶«No nes churzes Zytli, und dihr gseht mi nümme, und no einisch es churzes Zytli, und de gseht dihr mi ume.» ¹⁷Es paar vo syne Jünger hei du zunenand gseit: «Was bedütet ächt das, won er üüs seit: ‹No nes churzes Zytli, und dihr gseht mi nümme, und no einisch es churzes Zytli, und de gseht dihr mi ume› und o: ‹I gange furt zu mym Vatter›?» ¹⁸Si hei sech gfragt: «Was bedütet das, ‹es churzes Zytli›? Mir chöme nid nache, was er meint.»

¹⁹Jesus het gmerkt, dass si ne hei welle frage, und het zue ne gseit: «Dihr verhandlet mitenand drüber, dass i ha gseit: ‹No nes churzes Zytli und dihr gseht mi nümme, und de gseht dihr mi ume›? ²⁰Lueget, i cha nech säge: Dihr wärdet no briegge und chlage, aber d Wält wird sech fröie; dihr syt no truurig, aber öies Leid wird zur Fröid. ²¹Wen e Frou tuet gebäre, isch si bedrückt, wil iri schwäri Stund cho isch; aber we si de ds Chindli gebore het, dänkt si nümmen a d Angscht, vor luter Fröid, dass es Mönschechind uf d Wält cho isch. ²²O dihr syt jitz bedrückt; aber i gseh öich de wider, und denn isch öies Härz de voll Fröid, und di Fröid cha nech niemer meh wägnä.

²³Und a däm Tag fraget dihr mi de nüüt meh. Lueget, i cha nech säge: We dihr de der Vatter i mym Name um öppis bittet, de git er nech's. ²⁴Bis jitz heit dihr no nüüt i mym Namen erbätte. Bittet, und dihr wärdet's übercho und e Fröid ha, wi's ke grösseri meh git.

²⁵Jitz han ig i Glychnisse zue nech gredt; der Momänt chunt, won i nümmen i Glychnisse zue nech rede, nei, i tue nech ganz offe über e Vatter Bscheid gä. ²⁶A däm Tag bittet dihr ne de i mym Name, und i bruuche der Vatter nümme für öich z frage. ²⁷Der Vatter sälber het öich ja lieb, wil dihr mi heit lieb gha und ggloubt heit, dass i vom Vatter bi här cho. ²⁸I bi vom Vatter härcho und i d Wält ggange; und i verla d Wält wider und gange zum Vatter.»

²⁹Syni Jünger säge: «Lue, jitz redsch ganz offe und bruuchsch kes Glychnis! ³⁰Jitz wüsse mir, dass du alls weisch, und dass du's nid nötig hesch, dass di öpper fragt. Drum gloube mir, dass du vo Gott här cho bisch.» ³¹Jesus het ne gantwortet: «Jitz gloubet dihr? ³²Lueget, der Momänt chunt und isch scho da, wo dihr alli usenandloufet, jede i sy Heimat, und mi löt dihr alleini. Aber i

bi nid alleini, wil der Vatter mit mer isch. ³³ So han i zue nech gredt, für dass dihr my Fride heit. I der Wält heit dihr Angscht, aber heit guete Muet, i bi der Wält Meischter worde!»

Ds Abschidsgebätt

17 So het Jesus gredt. Du het er zum Himel ufegluegt und gseit: «Vatter, es isch Zyt; nimm dy Suhn uuf i dy Herrlechkeit, für dass der Suhn o di herrlech macht. ²Du hesch ihm d Macht ggä über alli Mönsche. So chan är allne, wo du ihm ggä hesch, ewigs Läbe schänke. ³Ewigs Läbe, das bedütet: Di gchenne, di, der einzig wahr Gott, und dä, wo du gschickt hesch, Jesus Chrischtus. ⁴I ha di uf der Wält herrlech gmacht und d Ufgab erfüllt, wo du mir uftreit hesch. ⁵Jitz, Vatter, nimm mi uuf i die Herrlechkeit, won i bi dir gha ha, bevor d Wält isch da gsi. ⁶I ha dy Name bi dene Mönsche bekannt gmacht, wo du mir i der Wält ggä hesch. Dir hei si ghört, und mir hesch se gschänkt, und dys Wort hei si ghalte. ⁷Jitz hei si begriffe, dass alls, wo du mir ggä hesch, vo dir chunt. ⁸Di Wort, wo du mir gseit hesch, han ig ine wytergä, und si hei sen aagno und würklech begriffe, dass i vo dir usggange bi, und si hei lehre gloube, dass du mi gschickt hesch.
⁹Für si bitten i, nid für d Wält bitten i, nume für die, wo du mir hesch ggä, wil si dir ghöre; ¹⁰alls, wo mir ghört, isch dys, und was dir ghört, isch mys. Si mache my Herrlechkeit sichtbar hie. ¹¹I bi nümm i der Wält, aber si sy i der Wält. I chume zu dir. Heilige Vatter, bhüet se i dym Name, wo du mir ggä hesch, für dass si eis sy, so wi mir! ¹²Won i by ne bi gsi, han i se bhüetet i dym Name, wo du mir ggä hesch, und ha Sorg gha zue ne, und kes vo ne isch verlore ggange, ussert eim, wo verdorben isch, für dass sech d Schrift erfüllt. ¹³Aber jitz chumen i zu dir; und das sägen i no i der Wält, für dass si ganz erfüllt wärde vo myr Fröid. ¹⁴I ha ne dy Botschaft usgrichtet, aber d Wält hasset se, wil si nid zur Wält ghöre, so win ig o nid. ¹⁵I bitte di nid, du söllsch sen us der Wält nä, nei, aber bhüet se vor em Böse. ¹⁶Si ghöre nid zur Wält, so win ig o nid derzue ghöre. ¹⁷Mach se heilig i der Wahrheit; dy Botschaft isch d Wahrheit. ¹⁸So wi du mi i d Wält gschickt hesch, so han i si i d Wält gschickt. ¹⁹I mache mi für si zu mene heiligen Opfer, für dass o si i der Wahrheit dir ghöre wi nes heiligs Opfer. ²⁰I bitte aber nid nume für die da, nei, o

für die, wo dür d Botschaft, wo si verchünte, a mi lehre gloube, ²¹ für dass alli eis syge, so wi du, Vatter, i mir bisch und ig i dir, für dass o si i üüs syge. So wird d Wält de gloube, dass du mi gschickt hesch. ²² Ine han i d Herrlechkeit wyterggä, wo du mir gschänkt hesch. So wärde si eis, wi mir eis sy. ²³ I bi i ine, und du bisch i mir; so sölle si ganz eis wärde, für dass d Wält merkt, dass du mi gschickt hesch, und dass du se lieb hesch, so wi du mi lieb hesch. ²⁴ Vatter, i wott, dass da, won i bi, o die by mer sy, wo du mer ggä hesch. So gseh si my Herrlechkeit, wo du mir gschänkt hesch, wil du mi hesch lieb gha, no bevor d Wält isch ggründet worde. ²⁵ Grächte Vatter, d Wält gchennt di nid, aber i gchenne di, und die da hei begriffe, dass du mi gschickt hesch. ²⁶ I ha ne dy Name bekannt gmacht und mache ne wyter bekannt. So isch d Liebi, wo du mi dermit lieb hesch, i ine und i (läbe) i ine.»

Jesus wird verhaftet

18 Das het Jesus gseit; du isch er mit syne Jünger us der Stadt use uf di äneri Syte vom Kidron-Bach ggange, won e Hoschtet isch gsi. Dert yne isch er mit syne Jünger.
² Aber der Judas, wo ne het welle la verhafte, het dä Ort o gchennt, wil Jesus dert gärn mit syne Jünger isch zämegsi. ³ Der Judas het e Wachtrupp übercho, derzue no Chnächte vo den Oberprieschter und de Pharisäer, und chunt derthäre mit Fackele, Latärne und Waffe. ⁴ Jesus het das alls gwüsst, was uf ne zuechunt; drum isch er useggange und seit zue ne: «Wän suechet dihr?» ⁵ Si antworten ihm: «Jesus, der Nazoräer!» Er seit zue ne: «Das bin i!» O der Judas, wo ne usgliferet het, isch by ne gstande. ⁶ Won er zue ne gseit het: «Das bin i!», sy si hindertsi zrügg und umgstürchlet. ⁷ Er het se du wider gfragt: «Wän suechet der?» Si säge: «Jesus, der Nazoräer!» ⁸ Jesus git nen ume: «I ha nech ja gseit, das syg mi! Aber we dihr mi weit, so löt die da la ga!» ⁹ So het er ds Verspräche yglöst, won er einisch ggä het: «Vo dene, wo du mir ggä hesch, han ig ekene verlore.»
¹⁰ Der Simon Petrus het es Schwärt gha. Mit däm het er ufzoge, het der Chnächt vom Hohepriescher preicht und däm ds rächten Ohr abghoue. Dä Chnächt het Malchus gheisse. ¹¹ Da seit Jesus zum Petrus: «Steck dys Schwärt i d Scheide zrügg! Söll ig öppe dä Bächer nid ustrinke, wo mir der Vatter ggä het?»

¹²Jitz hei d Wachsoldate, der Kommandant und d Chnächte vo de Jude Jesus packt und ne gfesslet. ¹³Zersch hei si ne zum Hannas gfüert. Das isch nämlech em Hoheprieschter vo däm Jahr, em Kajaphas, sy Schwigervatter gsi. ¹⁴Und der Kajaphas het ja de Jude grate gha, es syg am beschte, wen ei Mönsch für ds Volk stärbi.

Di beide Jünger im Hof

¹⁵Aber der Simon Petrus und en andere Jünger sy hinder Jesus härgloffe. Dä Jünger isch mit em Hoheprieschter bekannt gsi und isch mit Jesus zäme i Hof vom Hoheprieschter. ¹⁶Der Petrus isch dusse bim Tor blybe sta.
Da isch der ander Jünger, dä, wo mit em Hoheprieschter bekannt isch gsi, use und het mit der Torwarti gredt und der Petrus la ynecho. ¹⁷Da seit di Torwarti zum Petrus: «Du bisch wohlöppe o eine vo de Jünger vo däm Mönsch?» Dä seit: «Nenei, das bin i nid!» ¹⁸D Chnächte und d Diener hei es Cholefüür gmacht gha – es isch drum chalt gsi – und sy da gstande und hei sech gwermt. O der Petrus isch cho zuechesta für warm z übercho.

Ds Verhör bim Hoheprieschter

¹⁹Jitz het der Hoheprieschter Jesus usgfragt über syni Jünger und über sy Lehr. ²⁰Jesus het ihm gantwortet: «Frei use han i zur Wält gredt, bständig han ig i der Synagoge und im Tämpel glehrt, dert, wo alli Jude zämechöme, und im verschleikte han i nüüt gseit. ²¹Wiso fragsch eigetlech mi? Frag doch die, wo ghört hei, was i ne gseit ha! Die wüsse ja, was i gredt ha!» ²²Wo Jesus so gredt het, het eine vo de Wächter, wo derby gstande isch, ihm e Chlapf ggä und gseit: «Däwäg antwortisch du em Hoheprieschter?» ²³Jesus het ihm gantwortet: «Wen i öppis Lätzes gseit ha, so bewys mer, dass es lätz isch. Han i aber rächt gredt, für was housch mi de?» ²⁴Du het ne der Hannas gfesslet zum Hoheprieschter Kajaphas gschickt.

Der Petrus wott Jesus nid gchennt ha

²⁵Der Simon Petrus isch also dagstande und het sech gwermt. Jitz hei si zuen ihm gseit: «Du bisch doch o eine vo syne Jünger?» Är

het's abgstritte: «Nei, das bin i nid!» ²⁶Eine vo de Wächter vom Hoheprieschter – es isch e Verwandte gsi vo däm, won ihm der Petrus het es Ohr abghoue gha – seit: «Han i di nid zäme mit äim i der Hoschtet gseh?» ²⁷Wider het's der Petrus abgstritte, und da het der Güggel gchrääit.

Ds Verhör bim Pilatus

²⁸Jitz füere si Jesus vom Kajaphas i Palascht vom Landvogt. Es isch früech am Morge gsi. Si sälber sy nid i Palascht yne, für dass si nid unrein wärde und de ds Passa nid chönnten ässe.
²⁹Der Pilatus isch zue nen usecho und het gfragt: «Was für ne Chlag heit dihr gäge dä Mönsch vorzbringe?» ³⁰Si hein ihm gantwortet: «Wen er nid e Verbrächer wär, hätte mir ne dir nid bbracht!» ³¹Jitz het der Pilatus zue ne gseit: «Nät doch dihr ne und verurteilet ne nach öiem Gsetz!» D Jude hein ihm gantwortet: «Mir dörfe ja niemeren töde!» ³²So het sech ds Wort vo Jesus söllen erfülle, won er dermit aaddütet het, wien er müessi stärbe.
³³Der Pilatus isch du wider i Palascht yne, het Jesus häregrüeft und ne gfragt: «Bisch du der Chünig vo de Jude?» ³⁴Jesus fragt ume: «Seisch du das vo dir uus, oder hei dir das anderi vo mir gseit?» ³⁵Der Pilatus git ihm zur Antwort: «Bin i öppen e Jud? Dys Volk und d Oberpriechter hei di mir übergä. Was hesch verbroche?» ³⁶Jesus het ihm gantwortet: «Mys Chünigtum isch nid eis vo däre Wält. We mys Chünigtum zu däre Wält ghörti, de hätte myni Lüt für mi gchrieget, für dass i nid de Jude usgliferet wirde. Aber mys Chünigtum isch jitz äbe nid vo hienache.» ³⁷Der Pilatus het du zuen ihm gseit: «De bisch also doch e Chünig?» Jesus het ihm gantwortet: «Du, du seisch, dass ig e Chünig bi! I bi derfür gebore worde und i d Wält cho, dass i für d Wahrheit ystande. Jede, wo us der Wahrheit chunt, lost uf my Stimm.» ³⁸Der Pilatus seit zuen ihm: «Wahrheit – was isch das?»
Won er das het gseit gha, isch er wider zu de Jude useggange und het ne gseit: «Für mi isch dä unschuldig. ³⁹Jitz git's bi öich ja der Bruuch, dass i nech am Passa eine freigibe. Weit der, dass i nech der Chünig vo de Jude freigibe?» ⁴⁰Da hei si wider lut bbrüelet: «Nid dä, nei, der Barabbas!» Aber der Barabbas isch e Röuber gsi!

Jesus wird gfolteret

19 Drufabe het der Pilatus Jesus la mit Ruete schla. ²D Soldate hei ne Chrone us Dorne gflochte und ihm sen uf e Chopf gleit. Si hein ihm o ne Purpurmantel aagleit, ³sy vor ne häre gstande und hei gseit: «Grüessdi, Judechünig!» und hei ne gchläpft. ⁴Der Pilatus isch wider usecho und het de Jude gseit: «Lueget, i füere nech nen use. De gseht der, dass er für mi unschuldig isch!» ⁵Du isch Jesus usecho, er het d Dornechrone und der Purpurmantel treit. Der Pilatus seit zue ne: «Da, lueget dä Mönsch!»

Jesus wird verurteilt

⁶Jitz, wo ne d Oberpriaschter und d Diener gseh hei, hei si bbrüelet: «A ds Chrüz, a ds Chrüz!» Der Pilatus seit zue ne: «Nät doch dihr ne und chrüziget ne! Für mi isch dä unschuldig!» ⁷D Jude hein ihm gantwortet: «Mir hei nes Gsetz, und na däm Gsetz het er der Tod verdienet, wil er sich sälber zum Suhn vo Gott het gmacht.» ⁸Wo der Pilatus das Wort ghört het, het er no meh Angscht übercho. ⁹Er isch i Palascht yne und het zu Jesus gseit: «Vo wo chunsch du?» Aber Jesus het ihm ke Antwort ggä. ¹⁰Jitz seit der Pilatus zuen ihm: «Weisch nid, dass i d Vollmacht ha, di frei z la, aber o d Vollmacht, di la z chrüzige?» ¹¹Da het ihm Jesus gantwortet: «Du hättisch ke Vollmacht über mi, we si dir nid vo obe ggä wär. Drum isch dä, wo mi dir usgliferet het, meh dschuld als du.» ¹²Drufabe het der Pilatus probiert, ne frei z la. Aber d Jude hei bbrüelet: «We du dä frei lasch, de bisch nümme Fründ vom Cheiser! Jede, wo sich sälber zum Chünig macht, stellt sech gäge Cheiser!» ¹³Wo jitz der Pilatus di Wort ghört het, het er Jesus la usefüere und isch uf e Richterstuel gsässe uf em Platz, wo Steipflaschter heisst, uf hebräisch Gabbata. ¹⁴Es isch am Rüschttag vor em Passa gsi, um di zwölfe. Er seit zu de Jude: «Da isch er, öie Chünig!» ¹⁵Und die brüele: «Furt, furt, a ds Chrüz mit ihm!» Der Pilatus seit zue ne: «I söll öie Chünig chrüzige?» D Oberpriaschter antworte: «Mir hei ke andere Chünig weder der Cheiser!» ¹⁶Da het er naaggä und ne zum Chrüzige la abfüere.

Jesus wird gchrüziget

Si hei Jesus gno. ¹⁷Ds Chrüz het er sälber treit und isch a dä Ort usecho, wo Schädelplatz heisst, uf hebräisch Golgota. ¹⁸Da hei si ne gchrüziget, und zäme mit ihm zwee anderi, uf jeder Syten eine und Jesus i der Mitti. ¹⁹Der Pilatus het o no nes Täfeli la schrybe und a ds Chrüz la aamache; dert druffe het's gheisse: «Jesus, der Nazoräer, der Chünig vo der Jude.» ²⁰Das Täfeli hei vil Jude gläse, wil der Ort, wo Jesus isch gchrüziget worde, ganz naach vo der Stadt isch gsi. Gschribe isch es gsi uf Hebräisch, Latinisch und Griechisch. ²¹D Oberpriechter vo de Jude hei zum Pilatus gseit: «Schryb doch nid ‹Chünig vo de Jude›, aber dass er gseit het, er syg der Chünig vo de Jude!» ²²Der Pilatus het umeggä: «Gschribe isch gschribe!»
²³Jitz hei d Soldate, wo ne gchrüziget hei, syni Chleider gno und vier Hüüffeli dervo gmacht, jedem Soldat sys Teil, derzue ds Underchleid. Das Underchleid isch ohni e Naht gsi, vo obe bis unde i eim Stück gwobe. ²⁴Si hei zunenand gseit: «Das wei mer nid verschnyde, mir wei drum lösle, wäm 's söll ghöre.» So het sech d Schrift söllen erfülle, wo seit: «Si hei myni Chleider under sich verteilt, und um my Bchleidig hei si glöslet.» Das hei also d Soldate gmacht.
²⁵Bim Chrüz vo Jesus isch sy Mueter gstande und d Schwöschter vo syr Mueter, d Maria, d Frou vom Klopas, und d Maria vo Magdala. ²⁶Jitz het Jesus sy Mueter gseh da sta, und dernäbe der Jünger, won er het lieb gha; da seit er zur Mueter: «Mueter, lue, das isch dy Suhn!» ²⁷Nachär seit er zum Jünger: «Lue, das isch dy Mueter!» Und vo däm Ougeblick aa het der Jünger se zue sech hei gno.

Jesus stirbt

²⁸Jesus het gwüsst, dass alls zu sym Änd cho isch. Aber für d Schrift ganz z erfülle, het er gseit: «I ha Durscht!» ²⁹E Chrueg voll Essig isch dert gstande. Da hei si ne Schwumm voll Essig a nen Ysopstängel gsteckt und hein ihm nen a ds Muul ufegha. ³⁰Jesus het der Essig gno, und du het er gseit: «Jitz isch alls z Änd gfüert.» Er het der Chopf la sinke und sy Geischt ufggä.

Jesus wird begrabe

³¹ Es isch Rüschttag gsi, und d Lyche hei am Sabbat nid am Chrüz dörfe blybe hange; dä Sabbat het äbe als höche Fyrtig ggulte. Drum hei jitz d Jude der Pilatus bbätte, er söll ne la d Bei verschla und se la abnä. ³²Jitz sy d Soldate cho und hei em erschte d Bei verschlage und o em zwöite, wo isch gchrüziget worde. ³³ Wo si du zu Jesus cho sy und gseh hei, dass er scho gstorben isch, hei sin ihm d Bei nid verschlage. ³⁴ Aber eine vo de Soldate het ihm mit em Spiess sytligen ynegstoche; da isch sofort Bluet und Wasser usecho. ³⁵ Dä, wo's gseh het, cha's bezüge, und sys Zügnis isch wahr, und er weiss, dass er d Wahrheit seit; so chöit dihr's o gloube.
³⁶ Das isch gscheh, für dass d Schrift erfüllt wird: «Es söll ihm ke Chnoche bbroche wärde.» ³⁷ Und en anderi Schriftstell seit no: «Si luege de uf dä, wo si dürstoche hei.»
³⁸ Drufabe het der Josef vo Arimathäa – er isch us Angscht vor de Jude numen im verschleikten e Jünger vo Jesus gsi – der Pilatus drum aaggange, dass er der Lychnam vo Jesus dörf abnä. Und der Pilatus het ihm's erloubt. Er isch du sy Lychnam ga abnä. ³⁹ Aber o der Nikodemus isch cho, dä, wo ds erschtemal i der Nacht zuen ihm isch cho gsi; dä het e Mischig vo Myrrhe und Aloe bbracht, öppe füfzg Pfund. ⁴⁰ Da hei si der Lychnam vo Jesus gno und hei ne mit em Schmöckzüüg i Lyntuechstreife ygglyret, wi's d Jude bi de Begräbnis zum Bruuch hei. ⁴¹ I der Neechi, won er isch gchrüziget worde, isch o ne Garte gsi, und i däm Garte es nöis Grab, wo no nie öpper isch dryggleit worde. ⁴² Dert hei si du Jesus begrabe, wägem Rüschttag vo de Jude, und wil das Grab grad i der Neechi isch gsi.

Ds Grab isch läär

20 Am erschte Tag vo der Wuche geit d Maria vo Magdala früech am Morge zum Grab. Es isch no fyschter gsi. Da gseht si, dass der Stei vom Grab wäggno isch. ² Si springt furt und chunt zum Simon Petrus und zum andere Jünger, wo Jesus lieb het gha, und seit zue ne: «Si hei der Herr us em Grab furtgno, und mir wüsse nid, wo si ne hei häregleit!» ³ Jitz sy der Petrus und der ander Jünger useggange, em Grab zue. ⁴ Beidi zäme hei pressiert. Der ander Jünger isch echly gleitiger gsi als der Petrus; er isch voruus gsprunge und zersch zum Grab cho. ⁵Won er sech bückt, für yne z luege, gseht er di Lyntuechstreife da lige, aber er isch nid yneggange. ⁶Jitz chunt o der Petrus nache und geit i ds Grab yne und gseht d Lyntuechstreife da lige, ⁷und o ds Schweisstuech, wo über sym Chopf glägen isch; das isch aber nid bi de Binde gläge, es isch a mene bsunderen Ort zämegrugelet gsi. ⁸Da isch du o der ander Jünger, wo zersch isch da gsi, ynecho und het's gseh und ggloubt. ⁹Si hei äbe d Schrift no nid verstande, dass er müess vo de Toten ufersta. ¹⁰Du sy d Jünger wider heiggange.

D Maria vo Magdala gseht Jesus

¹¹D Maria isch dusse bim Grab gstande und het bbrigget. Ab allem Briegge het si sech i ds Grab ynebbückt ¹²und gseht, dass zwee Ängel i wysse Chleider dasitze, der eint bi der Chopfete und der ander bi der Fuessete, dert, wo der Lyb vo Jesus gläge isch. ¹³Die frage se: «Frou, warum brieggisch?» Si seit zue ne: «Si hei äbe my Herr wäggno, und i weiss nid, wo si ne häregleit hei.» ¹⁴Wo si das gseit het, drääit si sech um und gseht Jesus da sta, aber si het nid gmerkt, dass es Jesus isch. ¹⁵Jesus seit zue nere: «Frou, warum brieggisch? Wän suechsch?» Si het gmeint, es syg der Gärtner, und seit zuen ihm: «Herr, we du ne wägtreit hesch, so säg mer, wo du ne häregleit hesch; de wott i ne ga reiche.» ¹⁶Jesus seit zue nere: «Maria!» Da drääit si sech zuen ihm und seit uf hebräisch: «Rabbuni!» (das heisst: Meischter!). ¹⁷Jesus seit nere: «Rüer mi nid aa, i bi drum no nid zum Vatter ufeggange. Aber du, gang zu myne Brüeder und säg ne, i gangi ufe zu mym Vatter und zu öiem Vatter und zu mym Gott und zu öiem Gott.» ¹⁸D Maria vo Magdala isch de Jünger ga mälde, si heigi der Herr gseh, und het usgrichtet, was er nere gseit het.

Jesus erschynt de Jünger

¹⁹Es isch am Aabe vom glyche Tag gsi, em erschte vo der Wuche. Us Angscht vor de Jude hei d Jünger dert, wo si sy gsi, d Türe bschlosse. Da chunt Jesus und steit zmitts i d Stube und seit ne: «I wünsche nech Fride!» ²⁰Er seit's und zeigt ne syni Händ und sy Syte. Wo si der Herr hei gseh, hei sech d Jünger gfröit.

²¹ No einisch het Jesus zue ne gseit: «I wünsche nech Fride! So wi der Vatter mi gschickt het, so schicken i jitz o öich.» ²² Er het's gseit und het sen aaghuuchet und seit ne: «I schänke nech heilige Geischt! Nät nen aa. ²³ Wäm dihr d Sünde vergäbet, däm sy si vergä. Und wäm der se bhaltet, däm blybe si.»

Jesus erschynt o em Thomas

²⁴ Der Thomas, wo o Zwilling heisst, eine vo de Zwölf, isch nid derby gsi, wo Jesus cho isch. ²⁵ Di andere Jünger hein ihm du erzellt: «Mir hei der Herr gseh!» Aber dä het zue ne gseit: «Wen ig i syne Händ nid ds Loch vo de Negel gseh, und wen i nid mit mym Finger cha ds Loch vo de Negel aarüere, und wen i nid mit myr Hand sy Syte cha aarüere, de glouben i das nie!» ²⁶ Acht Tag speter sy syni Jünger widerume dert inne gsi und der Thomas by ne. Jesus chunt yne, bi bschlossene Türe, steit zmitts yne und seit: «I wünsche nech Fride!» ²⁷ Drufabe seit er zum Thomas: «Häb dy Finger dahäre und lueg myni Händ, und häb dy Hand dahäre und leg sen uf my Syte! Bis doch nid unglöubig, bis glöubig!» ²⁸ Der Thomas antwortet: «My Herr und my Gott!» ²⁹ Jesus seit zuen ihm: «Ja, wil de mi gseh hesch, hesch ggloubt! Glücklech für geng sy die, wo gloube, ohni z gseh!»

Ds Schlusswort vom Johannes

³⁰ Vil anderi Zeiche het Jesus no vor syne Jünger gmacht, wo i däm Buech nid ufgschribe sy. ³¹ Aber die hie sy ufgschribe, für dass dihr gloubet, dass Jesus der Chrischtus isch, der Suhn vo Gott, und dass dihr dür e Gloube i sym Name ds Läbe findet.

Jesus erschynt de Jünger am See Gennesaret

21 Nachär het sech Jesus de Jünger no einisch goffebaret am Tiberias-See. Eso het er sech goffebaret: ² Es sy dert zäme gsi der Simon Petrus und der Thomas (me seit ihm o Zwilling) und der Natanaël vo Kana in Galiläa, und d Sühn vom Zebedäus, und no zwee anderi vo syne Jünger. ³ Der Simon Petrus seit zue ne: «I gange ga fische!» Si antworten ihm: «Mir chömen o mit!» Si sy use und i ds Schiff, aber i dere Nacht hei si nüüt gfange. ⁴ Gäge Morge isch Jesus am Ufer gstande, nume hei d Jünger nid

gmerkt, dass es Jesus isch. ⁵Jesus seit zue ne: «Chinder, heit dihr
ächt öppis z ässe?» Si hei gantwortet: «Äbe nid!» ⁶Du seit er ne:
«Leget ds Netz uf der rächte Syte vom Schiff uus, de gratet's
nech!» Si hei's usgworfe und sy nümmen im Stand gsi 's use z
zie, so vil Fische het's drinne gha. ⁷Jitz seit dä Jünger, wo Jesus
het lieb gha, zum Petrus: «Das isch der Herr!» Der Simon Petrus
het ghört, dass es der Herr isch, leit sech ds Oberchleid aa – er
isch drum blutt gsi – und gumpet i See. ⁸Di andere Jünger sy mit
em Schiff nachecho; si sy o nid wyt vom Land ewägg gsi, numen
öppe hundert Meter, und ds Netz mit de Fische hei si nachezoge.
⁹Wo si a ds Ufer chöme, gseh si es Cholefüürli am Bode und
druffen e Fisch und Brot. ¹⁰Jesus seit zue ne: «Bringet es paar vo
dene Fische häre, wo dihr jitz gfange heit.» ¹¹Jitz chunt der
Simon Petrus häre und ziet ds Netz, wo ganz voll grossi Fische
isch, a ds Land. Hundertdreiefüfzg Fische sy drinn gsi. Und wen
es scho sövel vil sy gsi, so isch ds Netz doch nid verrisse. ¹²Jesus
seit zue ne: «Chömet und ässet zMorge!» Aber kene vo de Jünger
het's gwagt ne z frage: «Wär bisch du?» Si hei ja gwüsst, dass es
der Herr isch. ¹³Jesus chunt, nimmt ds Brot und git ne's und o
der Fisch. ¹⁴Das isch scho ds dritte Mal gsi, dass sech Jesus de
Jünger goffebaret het, sider dass er vo de Toten uferweckt isch
gsi.

Es letschts Wort a Petrus

¹⁵Wo si hei zMorge gässe gha, seit Jesus zum Simon Petrus:
«Simon, Suhn vom Johannes, hesch du mi meh lieb weder die
da?» Dä seit zuen ihm: «Ja Herr, du weisch, dass i di lieb ha.» Er
seit zuen ihm: «Hüet mer myni Lämmli!» ¹⁶Zum zwöite Mal seit
er zuen ihm: «Simon, Suhn vom Johannes, hesch du mi lieb?»
Er seit zuen ihm: «Ja Herr, du weisch, dass i di lieb ha!» Er seit
zuen ihm: «Hüet mer myni Schaf!» ¹⁷Zum dritte Mal seit er ihm:
«Simon, Suhn vom Johannes, hesch du mi lieb?» Der Petrus isch
truurig worde, dass er ne zum dritte Mal gfragt het, öb er ne lieb
heig. Er seit zuen ihm: «Herr, du weisch alls, du weisch ja, dass
i di lieb ha!» Jesus seit ihm: «Hüet mer myni Schaf! ¹⁸Lueg, i cha
der eis säge: Wo du jünger bisch gsi, hesch du dir sälber der Gurt
umbbunde und bisch dert häregloffe, wo du hesch welle. Aber
we du de alt wirsch, strecksch einisch dyni Händ uus, und en
andere leit dir der Gurt aa und füert di derthäre, wo du nid

wosch.» ¹⁹ Das het er ihm gseit für ihm aazdüte, mit was für emne Tod är de für Gottes Herrlechkeit ystandi. Won er das het gseit gha, seit er zuen ihm: «Chumm mit mer!»

Und es letschts Wort über e Johannes

²⁰ Der Petrus drääit sech um und gseht der Jünger, wo Jesus het liebgha, wi ne dä nachelouft. Das isch dä gsi, wo bim Passa-Ässe grad näben ihm glägen isch und gfragt het: «Herr, wär isch dä, wo di usliferet?» ²¹ Der Petrus gseht dä und fragt Jesus: «Herr, und de dä da?» ²² Jesus antwortet ihm: «Wen i wott, dass dä blybt, bis i ume chume, so cha dir das glych sy! Chumm jitz mit mer!» ²³ Drum het me bi de Jünger das Wort umebbotte: «Dä Jünger stirbt nid!» Aber Jesus het ihm nid gseit, er stärbi nid, nume: «Wen i wott, dass är blybt, bis i umechume, so cha dir das glych sy.»
²⁴ Das isch der Jünger, wo Zügen isch für alls; är het das ufgschribe, und mir wüsse, dass sys Zügnis wahr isch. ²⁵ Es git no vil anders, wo Jesus gmacht het – we me das alls zäme der Reie naa wett ufschrybe, de gäb's, gloub, i der ganze Wält nid gnue Platz für di Büecher, wo me müesst schrybe.

D Aposchtelgschicht

Vorwort

1 Der erscht Bricht, liebe Theophilus, han i gschribe über alls, wo Jesus vo Aafang aa gmacht und glehrt het ²bis zum Tag, won er isch (i Himel) ufegno worde. Vorhär het er den Aposchtle, won er het usgläse gha, dür e heilige Geischt Ufträg ggä. ³Na sym Lyde het er no uf mängi Art bewise, dass er läbt; wäret vierzg Tag isch er nen erschine und het mit ne über Gottes Rych gredt.

Jesus nimmt Abschid und geit i Himel

⁴Wo si einisch eso binenand sy gsi, het er ne befole, si sölle nid vo Jerusalem furtga, aber dert ds versprochene Gschänk vom Vatter abwarte. ⁵«Dihr heit's vo mir ghört,» het er gseit, «der Johannes het mit Wasser touft, aber dihr wärdet mit em heilige Geischt touft, scho i nes paar Tag.» ⁶Die, wo da zäme sy gsi, hei ne gfragt: «Herr, tuesch du de i dere Zyt ds Chünigrych für Israel wider ufrichte?» ⁷Er het ne gantwortet: «Es isch nid öiji Sach, d Zyte und Termine z gchenne, wo der Vatter i syr eigete Macht wott bhalte. ⁸Aber dihr überchömet de e Chraft, wil der heilig Geischt uf nech chunt, und dihr syt de myni Züge z Jerusalem und überall z Judäa und z Samarie und bis a d Gränze vo der Ärde.»

⁹So het er gredt, und da hei si gseh, win er vor irnen Ougen isch ufetreit worde. E Wulche het nen us irnen Ouge la verschwinde. ¹⁰Si hei no zum Himel ufegluegt, da standen uf ds Mal zwee Manne i wysse Chleider vor nen ¹¹und säge: «Dihr Galiläer, warum standet dihr da und lueget zum Himel ufe? Dä Jesus, wo vo öich ewägg isch i Himel ufetreit worde, chunt einisch gnauso ume, wi dihr ne heit gseh i Himel ga.»

¹²Vom Ölbärg uus, wo i der Neechi vo Jerusalem isch, öppen e Sabbatwäg wyt wägg, sy si uf Jerusalem zrügg gloffe. ¹³Dert sy si i di Dachstube ggange, wo si sech geng troffe hei: der Petrus und der Johannes, der Jakobus und der Andreas, der Philippus und der Thomas, der Bartholomäus und der Matthäus, der Jakobus, em Alphäus sy Suhn, der Simon us der Zelotepartei und der

Judas, em Jakobus sy Suhn. ¹⁴Die sy alli eis Härz und ei Seel gsi und hei dert geng mitenand bbättet, zäme mit de Froue und mit der Maria, der Mueter vo Jesus, und mit syne Brüeder.

Der Matthias ersetzt der Judas

¹⁵I dene Tage sy einisch öppe hundertzwänzg Pärsone binenand gsi; da isch der Petrus vor se häre gstande und het gseit: ¹⁶«Liebi Gschwüschterti, d Schrift het sech müesse erfülle; der heilig Geischt het scho der David la über e Judas rede. Der Judas isch der Aafüerer vo dene worde, wo Jesus verhaftet hei, ¹⁷und derby hätt er ja zu üüs ghört und hätt der Uftrag zu däm Dienscht gha. ¹⁸Jitz het dä e Bitz Land gchouft vo sym ungrächte Lohn. Dert isch er chopfvoraa z Bode troolet und mitts abenandbbroche, so dass alli Därm usecho sy. ¹⁹Das isch allne Lüt z Jerusalem bekannt worde. Drum säge si däm Bitz Land i irer Sprach ‹Hakeldamach›, das bedütet Bluetacher. ²⁰Im Buech vo de Psalme steit gschribe: ‹Sy Bhusig söll läär wärde, und niemer meh söll drinn wohne›, und: ‹Sy Dienscht söll en anderen übernä›.
²¹Jitz bruuche mir eine vo dene Manne, wo mit üüs sy cho wäret der ganze Zyt, wo Jesus, der Herr, byn is y und usggangen isch, ²²vom Johannes syr Toufi aa bis zum Tag, won er von is isch ewägg gno worde. Dä mues mit üüs als Zügen ysta für sy Uferstehig.» ²³Da hei si zwee vorgschlage, der Josef, der sogenannt Barsabbas mit em Zuename Justus, und der Matthias. ²⁴Du hei si bbättet: «Du Herr, du gchennsch ds Härz vo allne, zeig is doch, wele vo dene beidne du usgläse hesch, ²⁵für dass er dä Platz im Dienscht und im Aposchtelamt übernimmt, wo der Judas het la fahre für dert häregza, won er häreghört.» ²⁶Du hei si glooset, und ds Los isch uf e Matthias gfalle; und so isch är zu den elf Aposchtle derzue gwählt worde.

A Pfingschte chunt der heilig Geischt

2 Am Tag vo der Pfingschte sy si allizäme binenand gsi. ²Uf einisch het's vom Himel här gchutet, wi wen e starche Luft tät wääje; es het dür ds ganze Huus gruuschet, wo si sy dinne gsi. ³Si hei's gseh züngle wi Füür; das het sech verteilt und uf jede vo nen abegla. ⁴Alli sy vom heilige Geischt erfüllt worde. Si hei aafa i verschidene Sprache rede, jeden eso, win ihm's der Geischt yggä het.

⁵ Z Jerusalem hei Jude gwohnt, frommi Mönsche us allne Herre Länder. ⁶ Wo dä Luft gchutet het, sy Hüüffe Lüt dert zämegloffe. Da sy si ganz baff gsi, wil jede vo ne ghört het, dass da i syr eigete Sprach gredt wird. ⁷ Si sy ufgregt gsi; ganz verwunderet hei si gseit: «Sy die, wo da rede, nid luter Galiläer? ⁸ Wi chunt's de, dass jede vo üüs sy Muetersprach ghört? ⁹ Parther und Meder und Elamiter, Lüt, wo z Mesopotamie wohne, z Judäa und z Kappadozie, z Pontus und i der Provinz Asie, ¹⁰ z Phrygie und z Pamphylie, z Ägypte und i der Gäget vo Libye näbe Zyrene, und d Römer, wo hie wohne, d Jude und die, wo überträtte sy zum Judetum, ¹¹ Kreter und Araber: Mir ghöre, dass si i üsne Sprache vo de grosse Tate vo Gott rede!» ¹² Es isch ei Ufregig und ei Verlägeheit gsi und si hei sech gfragt: «Was bedütet ächt das?» ¹³ Anderi widerume hei sech luschtig gmacht und gseit: «Die hei sech allwä mit süessem Wy la volloufe!»

D Pfingschtpredig vom Petrus

¹⁴ Da isch der Petrus ufgstande, zäme mit den elf Aposchtle. Er het lut aafa zuene rede: «Wärti Manne! Liebi Jude! Und dihr alli, wo z Jerusalem wohnet! I wett nech öppis z wüsse tue. Loset mer bitte zue! ¹⁵ Di Lüt da hei nid öppe eis über e Durscht trunke, wi dihr meinet; es isch ja ersch Morgen am nüüni! ¹⁶ Nei, jitz isch das gscheh, wo der Prophet Joël gseit het:

¹⁷ ‹Es gscheht i de letschte Tage, seit Gott, da lan i my Geischt
la abeströme uf alli Mönsche;
da tüe öiji Sühn und Töchtere prophezeie,
öiji junge Manne gseh Erschynige und di alte Lüt hei Tröum.
¹⁸ I dene Tage lan i my Geischt la abeströme uf myni Chnächten und Mägd, und si tüe prophezeie.
¹⁹ I la Wunder la gscheh am Himel obe und Zeiche unden uf der Ärde, Bluet und Füür und Rouchwulche.
²⁰ D Sunne wird sech i Fyschteri verwandle
und der Mond i Bluet,
bevor de der gross und herrlech Tag vom Herr chunt.
²¹ Aber jede, wo der Name vom Herr aarüeft, wird grettet.›
²² Wärti Manne, liebi Israelite! Loset, was i nech säge: Jesus, der Nazoräer, het sech bi öich usgwise drüber, dass er vo Gott chunt, dür di mächtige Tate und Wunder und Zeiche, wo Gott dür ihn

bi öich het la tue. Das wüsst dihr sälber. ²³ Dihr heit ne de Mönsche, wo üses Gsetz nid gchenne, i d Händ gliferet, und heit ne la a ds Chrüz nagle und töde. Das het Gott vorusgseh und yplanet gha. ²⁴ Aber Gott het em Tod syni Fessle glöst und het Jesus uferweckt; es wär ganz usgschlosse gsi, dass ne der Tod hätt chönne bhalte. ²⁵ Der David seit ja von ihm:
‹Geng han i der Herr vor mer gseh,
 er louft rächts vo mir, für dass mir nid schwindlig wird.
²⁶ Drum fröien i mi vo Härze
 und das löst mer d Zunge, dass i juble.
 Hie läben i vo der Hoffnig,
²⁷ du vergässisch my Seel nid im Toterych
 und löisch dy Heilige nid la verwäse.
²⁸ Du hesch mir d Wääge zum Läbe zeigt.
 Du erfüllsch mi mit Fröid, wen i di darf gseh›.
²⁹ Wärti Manne! Liebi Gschwüschterti! Me darf öich doch frei und offe säge, dass der Erzvatter David gstorben und begrabe worden isch; sys Grabmal isch ja bis uf e hüttige Tag hie bi üüs. ³⁰ Aber er isch e Prophet gsi: Er het gwüsst, Gott het ihm gschwore, eine vo syne Nachfahre wärdi är uf sy Thron setze. ³¹ So het er das vorusgseh und het hie über d Uferstehig vom Chrischtus gredt: Dä wärdi nid im Toterych gla, sy Lyb wärdi nid verwäse! ³² Äbe dä Jesus het Gott la ufersta, und mir alli sy Züge derfür. ³³ Er isch a di rächti Syte vo Gott ufegno worde, er het vom Vatter der versprochnig heilig Geischt übercho und het ne uf üüs la abeströme. Das isch 's, was dihr da gseht und ghöret! ³⁴ Der David isch nid i Himel ufegstige, er seit ja sälber: ‹Der Herr het zu mym Herr gseit: Sitz rächterhand vo mir, ³⁵ bis i dir dyni Finde als Schämeli für dyni Füess härelege.› ³⁶ Ds ganze Land Israel darf's für sicher wüsse: Gott het dä Jesus, wo dihr gchrüziget heit, zum Herr und zum Chrischtus gmacht.»

Di erschti Gmeind chunt zäme

³⁷ Wo si das hei ghört, het's nen e Stich dür ds Härz ggä, und si hei zum Petrus und zu den anderen Aposchtle gseit: «Was müesse mir jitz mache, liebi Brüeder?» ³⁸ Der Petrus seit ne: «Änderet nech, und jede vo nech söll sech uf e Name vo Jesus Chrischtus la toufe. So wärde nech d Sünde vergä, und dihr überchömet ds Gschänk vom heilige Geischt. ³⁹ Für öich gilt ja d Verheissig, und

für öiji Chinder und für alli i der wyte Wält, wo der Herr, üse Gott, härerüeft.» ⁴⁰No mit vilnen andere Wort het er ne zuegredt und aagha: «Löt nech la rette us där verdrääite Gsellschaft!» ⁴¹Da hei sech vili la überzüge und sech la toufe; a däm Tag sy öppe drütuusig Mönsche derzuecho.
⁴²Si hei sech wyter vo den Aposchtle la underwyse, si hei zämegha, hei ds Aabetmahl zäme gfyret und zäme bbättet. ⁴³Überall het me grosse Reschpäkt vor där Sach übercho; d Aposchtel hei drum mängs Wunder und Zeiche ta. ⁴⁴Alli, wo zum Gloube cho sy, sy binenand bblibe und hei alls zämethaft gha. ⁴⁵Si hei iri Güeter und ire Bsitz verchouft und 's allnen usteilt, so wi si's grad hei nötig gha.
⁴⁶Tag für Tag hei si sech im Tämpel troffe und hei reium daheime ds Aabetmahl gfyret. Fröhlech, ufrichtig und härzlech hei si zäme ggässe. ⁴⁷Si hei Gott globet und ds ganze Volk het se gärn gha. Und all Tag het der Herr Lüt grettet und zue ne gfüert.

Der Petrus macht e Lahme gsund

3 Der Petrus und der Johannes sy zum Tämpel ufegloffe. Es isch um die Zyt gsi, we me tuet bätte, öppe Namittag am drü. ²Da het men e Maa häretreit, wo vo Geburt aa isch glähmt gsi. All Tag isch dä bi der Tür vom Tämpel, wo «di schöni» heisst, häregleit worde, für dass er dert d Lüt chönn aabättle, wo i Tämpel ynegange.
³Dä het der Petrus und der Johannes gseh, wo si grad hei wellen i Tämpel ynega, und isch sen um ne Batzen aaggange. ⁴Der Petrus luegt nen aa, zäme mit em Johannes, und seit zuen ihm: «Lueg is aa!» ⁵Dä luegt sen aa und meint, er überchöm jitz öppis vo ne. ⁶Aber der Petrus seit: «Silber und Guld han i kes, aber was i ha, das gibe der jitz: Im Name vo Jesus Chrischtus, em Nazoräer, stand uuf und louf dasume!» ⁷Dermit nimmt er ne a der rächte Hand und ziet nen uuf. Uf der Stell erstarche syni Füess und d Fuessgleich, ⁸er gumpet uuf und steit fescht da, er louft dasume und geit mit ne zäme i Tämpel yne. Loufe chan er und gumpe und Gott lobe! ⁹Alli Lüt hei ne gseh, win er umegloffen isch und Gott globet het. ¹⁰Si hei ne ja gchennt und gmerkt, dass es der glych isch, wo süsch geng a der schöne Tür vom Tämpel gsässen isch und bbättlet het. Si sy ganz verwunderet und ufgregt gsi über

das, wo mit ihm passiert isch. ¹¹ Er isch bständig bim Petrus und bim Johannes bblibe, und da sy alli Lüt dert zämegloffe, wo die häre sy, nämlech i der sogenannte Halle vom Salomo, wil es se so wunder gno het.

Der Petrus seit, Jesus syg der Messias

¹² Wo der Petrus das gmerkt het, het er zu de Lüt gseit: «Wärti Manne! Liebi Israelite! Wiso verwunderet dihr nech dadrüber? Und wiso lueget dihr jitz uf üüs, wi we mir us eigeter Chraft oder mit nere bsundere Frömmi hätte chönne zstandbringe, dass dä da umelouft? ¹³ Der Gott vom Abraham, vom Isaak und vom Jakob, der Gott vo üsne Vätter, dä het hie d Herrlechkeit vo sym Chnächt Jesus zeigt. Dihr heit Jesus usgliferet und ne verchlagt vor em Pilatus, trotzdäm dä ne eigetlech hätt welle frei la. ¹⁴ Aber dihr heit dä Heilig und Grächt verchlagt und nech lieber e Mörder la begnadige!
¹⁵ Är füert zum Läbe, und dihr heit ne tödt! Aber Gott het ne vo de Toten uferweckt. Da derfür sy mir Züge! ¹⁶ Und wil mir a sy Name gloube, drum het sy Name däm Mönsch da – dihr gseht ne ja und gchennet ne – Chraft ggä, und der Gloube, wo Gott schänkt, het ne vor öinen Ouge gsund gmacht. ¹⁷ Und jitz, liebi Gschwüschterti: I weis ja, dihr heit nech denn nid Rächeschaft ggä, was der gmacht heit, o öiji Ratsherre nid. ¹⁸ Gott, wo dür alli syni Prophete het la vorussäge, dass der Chrischtus wärd müesse lyde, het's eso la gscheh. ¹⁹ Drum bsinnet nech jitz anders und änderet nech, für dass öiji Sünde dürta wärde. ²⁰ De chöme vo Gott här Zyte, wo alls ume guet chunt. Är schickt de Jesus, wo der Chrischtus isch, win er nech's versproche het. ²¹ Nume mues er im Himel blybe bis zu däm Zytpunkt, wo alls söll i ds Greis cho, was Gott dür d Botschaft vo syne heilige Prophete sit Urzyte vorusgseit het. ²² Der Mose het gseit: ‹Gott der Herr tuet öich us öine Brüeder e Prophet wi mi la ufsta. Uf dä müesset dihr de losen i allem, was är öich seit. ²³ Aber jede, wo nid uf dä Prophet lost, wird us em Volk usgrottet.› ²⁴ Und alli Prophete, wo prediget hei, vom Samuel aa und speter, die hei vo dere Zyt jitz gredt. ²⁵ Dihr syt d Nachfahre vo de Prophete und vom Bund, wo Gott mit öine Vätter gschlosse het, denn, won er zum Abraham gseit het: ‹I dym Nachfahr söllen alli Generatione vo

der Wält gsägnet wärde.› ²⁶Grad für öich zersch het Gott sy Chnächt la ufersta. Er het ne gschickt für öich z sägne. So cha jede vo nech syne Schlächtigkeite der Rügge chehre.»

Der Petrus und der Johannes wärde verhaftet und vorglade

4 No wäret si zu de Lüt gredt hei, sy d Prieschter und der Tämpeloberscht und d Sadduzäer uf se zue cho. ²Die hei übel gläbt drann, dass si d Lüt underwise hei und am Byschpil vo Jesus d Uferstehig vo de Tote prediget hei. ³Si hei se gfange gno und bis am andere Morge i d Chefi ta; es isch drum scho Aabe gsi. ⁴Aber mänge vo dene, wo di Predig ghört het, isch zum Gloube cho; jitz syn es scho um di füftuusig (Mönsche) gsi!
⁵Am nächschte Morge sy d Regierigsmanne und d Ratsherre und di Schriftgelehrte z Jerusalem zämecho; ⁶o der Hoheprieschter Hannas und der Kajaphas, der Johannes, der Alexander, und was zu de Familie vo den Oberprieschter ghört het. ⁷Die hei sen i der Mitti la aaträtte und hei sen usgfragt: «Mit was für nere Vollmacht oder i was für mene Name heit dihr das gmacht?» ⁸Da het der Petrus, ganz erfüllt vom heilige Geischt, ne gantwortet: «Wärti Regierigsmanne und Ratsherre! ⁹We mir hütt verhört wärde wäge nere guete Tat, wo mir a mene chranke Mönsch ta hei, und dihr weit vernä, dank wäm dä gsund worde syg, ¹⁰de söllet dihr alli und ds ganze Volk Israel wüsse: Dank Jesus Chrischtus, em Nazoräer! Dä, wo dihr gchrüziget heit, dä, wo Gott vo de Tote uferweckt het – dank däm steit der Lahm gsund vor nech! ¹¹Das isch der Stei, wo vo öich, vo de Boulüt, isch vernüütiget worde, und isch doch zum Eckstei worde! ¹²D Rettig chunt vo niemer anderem, es git o ke andere Namen under em Himel, wo d Mönsche, mir alli, derdür chönnte grettet wärde!»
¹³Wo si gseh hei, wi früsch und frei der Petrus und der Johannes sy da gstande, und gmerkt hei, dass es ungschueleti und eifachi Lüt sy, sy si baff gsi. Si hei o gmerkt, dass si mit Jesus sy zäme gsi; ¹⁴und si hei dä Mönsch, wo isch gheilet worde, by ne gseh sta. Da hei si nüüt chönne dergäge säge. ¹⁵Si hei befole, me söll sen us em Ratssaal usefüere, und hei zäme gratiburgeret: ¹⁶«Was sölle mir mit dene Mannen aafa? Si hei es dütlechs Zeiche ta, wo alli Lüt z Jerusalem dervo erfahre hei; das chöi mer nid abstryte. ¹⁷Hingäge, für dass di Sach nid no meh im Volk überhand

nimmt, wei mer ne verbiete, no meh i däm Name z rede.» ¹⁸ Si hei sen ynegrüeft und ne sträng verbotte, im Name vo Jesus z predige oder z lehre. ¹⁹ Aber der Petrus und der Johannes hei ne gantwortet: «Urteilet sälber, öb's vor Gott grächt isch, uf öich z lose und nid uf Gott! ²⁰ Mir chöi nid schwyge über das, wo mir ghört und gseh hei!» ²¹ Aber die hei ne no meh ddrööit und se du frei gla; si hei ja nüüt usegfunde, wo si se derfür hätte chönne strafe, und derzue hei alli Lüt Gott globet wäge däm, wo gscheh isch. ²² Scho meh weder vierzgjärig isch dä Maa gsi, wo so wunderbar isch gheilet worde.

D Gmeind bättet

²³ Sobald me d Aposchtel het frei gla, sy si zu irne Lüt cho und hei nen erzellt, was d Oberpriescher und d Ratsherre ne gseit heige. ²⁴ Wo die das ghört hei, hei si allizäme lut zu Gott grüeft und gseit: «Herr, du hesch der Himel und d Ärden und ds Meer erschaffe, und alls, was i ihnen isch, ²⁵ du hesch der heilig Geischt dür üse Vatter David la säge: ‹Wiso wüete d Heide, und d Völker ersinne nüütnutzigs Züüg? ²⁶ D Chünige vo der Ärde sy ufgstande, und d Fürschte hei sech zämeta gäge Herr und gäge dä, won är gsalbet het.› ²⁷ Ja, si hei sech würklech zämeta i dere Stadt gäge dy heilige Chnächt Jesus, wo du gsalbet hesch, der Herodes, und der Pontius Pilatus, zäme mit de Heide und mit de Völker vo Israel, ²⁸ für das z mache, was dy Hand und dy Rat zum voruus bestimmt het, dass es söll gscheh. ²⁹ Aber jitz, Herr, lue, wi si nis drööje und schänk dyne Chnächte, dass si dys Wort frei use und muetig predige. ³⁰ Streck du dy Hand uus, de wärde Mönsche gsund, und Zeichen und Wunder gscheh dür e Name vo dym heilige Chnächt Jesus.»
³¹ Wo si no so bbättet hei, het dä Ort, wo si sy binenand gsi, aafa bäbne; si sy alli erfüllt worde vom heilige Geischt und hei d Botschaft vo Gott muetig und frei use prediget.

Si verzichte uf Eigetum

³² Di ganzi Schar vo de Glöubige isch eis Härz und ei Seel zäme gsi. O nid eine hätti gseit, sy Bsitz ghöri numen ihm alleini. Nei, alls het allne ghört. ³³ D Aposchtel sy mit grosser Überzügigs-Chraft derfür ygstande, dass der Herr Jesus uferstanden isch. Und

d Gnad het i ihnen allne mächtig gwürkt. ³⁴Es het by nen o ke Arme ggä. Die nämlech, wo Landbsitz oder Hüser hei gha, hei verchouft und ds Gäld bbracht ³⁵und 's den Aposchtle zur Verfüegig gstellt. Dervo het me jedem öppis chönnen usteile, wo's het nötig gha. ³⁶O der Josef – d Aposchtel hein ihm Barnabas gseit, das heisst übersetzt Suhn vom Troscht – e Levit vo Zypere, ³⁷dä het en Acher gha; er het ne verchouft, und was er druus glöst het, het er den Aposchtle zur Verfüegig gstellt.

E Bschis und sy schrecklechi Straf

5 E Maa, wo het Hananias gheisse, het zäme mit syr Frou Saphira es Güetli verchouft. ²Vom Gäld, wo si derfür glöst hei, het er mit Wüsse vo der Frou öppis uf d Syte ta, und e Schübel Gäld het er bbracht und 's den Aposchtle zur Verfüegig gstellt. ³Da het der Petrus gseit: «Hananias, wiso het der Satan dys Härz bsetzt, so dass du der heilig Geischt muesch aalüge und e Teil vom Landerlös underschlasch? ⁴Hättisch de nid gschyder ds Güetli bhalte? Oder we de's scho verchoufsch, hättisch geng no dermit chönne mache, was du wosch. Was isch dir eigetlech i Sinn cho? Nid d Mönsche hesch aagloge, nei, Gott!» ⁵Wo der Hananias di Wort ghört het, isch er umgsunke und gstorbe. Da hei alli, wo das ghört hei, grossi Angscht übercho.
⁶Di jüngere Manne sy ufgstande, hei nen i Tüecher yglyret, usetreit und sy ne ga begrabe. ⁷Öppe drei Stund speter chunt sy Frou yne. Si het no nüüt gwüsst vo däm, wo passiert isch. ⁸Der Petrus seit zue nere: «Los einisch, heit dihr dä Bitz Land für so und sovil verchouft?» Si antwortet: «Ja, für gnau sövel!» ⁹Der Petrus seit zue nere: «Wi heit dihr nume chönne! Dihr heit's welle la drufabcho, wivil der Geischt vom Herr mög verlyde! Lue dert uf der Schwelle d Füess vo de Manne, wo grad dy Maa sy ga beärdige! Si trage de o di use!» ¹⁰Da isch si ihm o grad vor d Füess gsunke und gstorbe. ¹¹Jitz isch e grossi Angscht über d Gmeind cho und über alli, wo das verno hei.

D Aposchtel mache Wunder

¹²Mängs Zeichen und Wunder isch dür d Aposchtel bi de Lüt gscheh. Si hei sech geng alli i eir Härzlechkeit i der Halle vom Salomo troffe. ¹³Vo den andere hätt's kene gwagt, nen öppis z

leid z tue. ¹⁴ Im Gägeteil het ds Volk vil uf ne gha. Geng meh sy zue ne gstosse, wo zum Glouben a Herr sy cho, ganzi Schare vo Mannen und Froue. ¹⁵ Es isch sogar vorcho, dass si di Chranknen uf d Strass usetreit und sen uf Gliger und Bare dert häregleit hei, für dass emel der Schatte vom Petrus, wen er verbychunt, uf se tüej falle. ¹⁶ Massehaft sy si us de Nachberorte uf Jerusalem cho und hei Chrankni bbracht und Lüt, wo vo usubere Geischter sy plaget worde, und alli sy gheilet worde.

D Aposchtel i der Chefi

¹⁷ Jitz isch aber der Hohepriechter mit sym ganzen Aahang, der Partei vo de Sadduzäer, schaluus worde, und si hei gfunde, es müess öppis ga. ¹⁸ Si hei d Aposchtel la verhafte und sen i di stedtischi Chefi ta. ¹⁹ Aber i der Nacht het e Gottesängel d Tür vo der Chefi ufta, het sen usegfüert und gseit: ²⁰ «Ganget nume im Tämpel ga häresta und prediget de Lüt di ganzi Botschaft vom Läbe!» ²¹ Si hei gfolget und sy am Morge früech i Tämpel ga predige. Der Hohepriechter und sy Aahang sy du zämecho und hei der höch Rat und der ganz Rat vo de Regierigsmanne vo den Israelite la zämerüefe und hei se la us der Chefi reiche. ²² Wo d Diener i d Chefi cho sy, hei si se nid gfunde. Si sy zrügg cho mälde: ²³ «Mir hei gseh, dass d Chefi tiptop isch bschlosse gsi und d Wache vor der Tür. Aber wo mer ufta hei, hei mer niemer dinn gfunde!» ²⁴ Wo der Tämpeloberscht und d Oberpriechter di Mäldig ghört hei, sy si überhoupt nümm drus-cho, was jitz das söll bedüte. ²⁵ Da isch eine cho mälde: «Loset, di Manne, wo dihr heit la i d Chefi tue, stande ja im Tämpel und lehre ds Volk!» ²⁶ Da isch der Tämpeloberscht se mit de Diener ga reiche, aber süferli, si hei nämlech Angscht gha, ds Volk chönnti se süsch steinige. ²⁷ So hei si se mit sech gno und se vor e höche Rat gfüert. Der Hohepriechter het sen i ds Gebätt gno ²⁸ und zue ne gseit: «Mir hei nech doch sträng verbotte, i däm Name z lehre, aber grad z Trotz machet dihr ganz Jerusalem sturm mit öier Lehr; dihr ganget druf uus, der Tod vo däm Mönsch üüs aazlaschte!» ²⁹ Da hei der Petrus und d Aposchtel gantwortet: «Gott mues me folge, nid de Mönsche! ³⁰ Der Gott vo üsne Vätter het Jesus uferweckt, dä Jesus, wo dihr a ds Holz ghänkt und umbbracht heit! ³¹ Ihn het Gott zu sich ufegno, a Ehreplatz rächts vo ihm, wil är der Aafüerer und Retter isch, wo Israel cha la zue sech cho

und ihm d Sünde cha vergä. ³²Mir sy Züge vo dene Tatsache, und o der heilig Geischt, wo Gott dene het ggä, wo ihm folge, steit derfür y.»

Der Rat vom Gamaliel

³³Wo si das ghört hei, hei si se i eir Töubi welle töde. ³⁴Da het im höche Rat e Pharisäer ds Wort begährt, Gamaliel het er gheisse. Er isch Gsetzeslehrer gsi und het im ganze Volk vil ggulte. Er het di Manne für ne Momänt la usefüere ³⁵und het du gseit: «Wärti Manne, liebi Israelite, bsinnet nech guet, was dihr mit dene Lüt weit mache! ³⁶Vor no nid so langer Zyt isch der Theudas ufträtte und het bhouptet, er sygi öpper (ganz bsunderigs); öppe vierhundert Manne syn ihm aaghanget. Dä isch umbbracht worde, und sy ganz Aahang isch verstobe, und si sy z nüüte ggange. ³⁷Drufaben isch der Judas us Galiläa ufgstande, i der Zyt vo der Volkszählig, und het Aahang im Volk gfunde bi menen Ufstand. O är isch umcho und alli, won ihm nachegloffe sy, sy verstobe. ³⁸Drum sägen i nech jitz: D Finger wäg vo dene Lüt, löt se la sy! We di ganzi Gschicht, wo si da plane und mache, vo de Mönsche här chunt, de vergeit si vo sälber! ³⁹Hingäge we si vo Gott chunt, de chöit dihr nüüt dergäge mache. Süsch stüendet dihr ungsinnet da als Chrieger gäge Gott.» ⁴⁰Si hei uf ne glost, hei d Aposchtel wider la ynefüere, hei se la düreröitsche und ne befole, si sölle nümm im Name vo Jesus predige, und du hei si se la ga. ⁴¹Die sy voll Fröid us em höche Rat wäggange, wil si für e Name vo Jesus hei dörfe Unrächt lyde. ⁴²Tag für Tag hei si im Tämpel und vo Huus zu Huus wyter glehrt und di gueti Botschaft prediget, dass Jesus der Chrischtus syg.

D Aposchtel wähle sibe Hälfer

6 I dere Zyt het es geng meh Jünger ggä; da hei die, wo griechisch gredt hei, aafa reklamiere gäge di Yheimische, iri Witfroue chömi z churz bim tägleche Verteile vo der Understützig. ²Di Zwölf hei du di ganzi Schar vo de Jünger zämegrüeft und gseit: «Das chunt nid guet eso: Mir chöi nid der Dienscht am Gotteswort zrüggstelle, nume für z luege, dass ds Ässe rächt verteilt wird. ³Liebi Brüeder, suechet doch under öich siben

erprobti Manne, wo mit Geischt und Wysheit für d Sach ystande, de chöi mir sen ysetze für dä Dienscht. ⁴Aber mir wei fürfahre mit em Bätte und mit em Dienscht am Wort.» ⁵Dä Vorschlag het der ganze Schar yglüüchtet. Si hei der Stephanus usgläse, e Maa voll Gloube und heiligem Geischt, de der Philippus und der Prochorus, der Nikanor und der Timon, der Parmenas und der Nikolaus, wo z Antiochia zum Judetum überträtten isch. ⁶Die hei si den Aposchtle vorgschlage, und die hei bbättet und ne d Händ ufgleit.
⁷So isch d Botschaft vo Gott erstarchet, und d Zahl vo de Jünger z Jerusalem isch geng grösser worde, und sogar e Zylete Prieschter hei der Glouben aagno.

Der Stephanus wird verhaftet

⁸Der Stephanus, voll Gnad und Chraft, het im Volk Wunder und grossi Zeiche ta. ⁹Du syn es paar Jude us der sogenannte Synagoge vo de ehemalige Sklave, und o settigi vo Zyrene, Alexandria, Zilizie und der Provinz Asie gäge Stephanus aaträtte und hei mit ihm diskutiert. ¹⁰Aber si sy nid ufcho gäge Geischt und d Wysheit, won är dermit gredt het. ¹¹Da hei si nes paar Manne aagstiftet für z säge: «Mir hei ghört, wi dä gäge Mose und gäge Gott gläschteret het.» ¹²Du hei si ds Volk ufgreiset, o d Ratsherre und di Schriftgelehrte, sy uf ne los, hei ne packt und ne vor e höche Rat gschleipft. ¹³Si hei o faltschi Züge häregfüert, wo gseit hei: «Dä Maa redt ständig gäge heilige Tämpel und gäge ds Gsetz. ¹⁴Mir hei sälber ghört, win er gseit het: ‹Dä Jesus, der Nazoräer, macht de dä Tämpel kabutt und änderet d Brüüch, won is der Mose überliferet het›.» ¹⁵Alli, wo im höche Rat gsässe sy, hei nen aagluegt. Da isch ne sys Gsicht vorcho wi das vo menen Ängel.

Der Stephanus redt vor em Rat

7 Der Hoheprieschter het ne du gfragt: «Stimmt das würklech?» Är het gantwortet:
²«Liebi Brüeder und Vätter, loset! Gott i syr Herrlechkeit isch üsem Vatter Abraham erschine, won er no z Mesopotamie isch gsi, no bevor er z Haran gwohnt het, ³und het ihm gseit: ‹Gang furt us dym Land und wäg vo dyr Verwandtschaft i ds Land, won

i dir de zeige.› ⁴Da isch er us em Land vo de Chaldäer usgwanderet und het z Haran gwohnt. Und nam Tod vo sym Vatter het Gott ne i das Land mache z wandere, wo dihr jitz drinn wohnet. ⁵Aber er het ihm dert ke Landbsitz ggä, nid e Schue breit, er het ihm aber versproche, er well's ihm und syne Nachfahre z eige gä. Derby het er no kes Chind gha. ⁶Aber Gott het ihm gseit: ‹Dyni Nachkomme sy einisch Hindersasse imene frömde Land, und me macht se zu Sklave und plaget se vierhundert Jahr lang. ⁷Aber das Volk, wo sen als Sklaven usnützt, das zien i de vor Gricht›, het Gott gseit, ‹und nachär gange dyni Nachkomme furt und diene mir hie a däm Ort.› ⁸Er het mit ihm der Bund mit em Zeiche vo der Beschnydig gschlosse, und so isch er der Vatter vom Isaak worde und het nen am achte Tag beschnitte, und so het's der Isaak mit em Jakob gmacht und der Jakob mit de zwölf Stammvätter. ⁹D Stammvätter sy schaluus worden ufe Josef und hei nen uf Ägypte verchouft. Aber Gott isch mit ihm gsi ¹⁰und het ihm us allne Nöt useghulfe und het ihm Gnad und Wysheit ggä vor em Pharao, em Chünig vo Ägypte. Dä het ne zum Verwalter ygsetzt über Ägypte und über sy ganzi Husmacht. ¹¹Du isch e Hungersnot und e grossi Not cho über ganz Ägypte und Kanaan. Üsi Vätter hei nümme gnue z ässe gha. ¹²Wo der Jakob ghört het, z Ägypte heig's no Chorn, het er üsi Stammvätter es erschts Mal higschickt. ¹³Bim zwöite Mal het sech du der Josef syne Brüeder ggä z erchenne, und der Pharao het verno, vo wo der Josef härcho isch. ¹⁴Du het der Josef sy Vatter la cho mitsamt der ganze Verwandtschaft, im ganze füfesibezg Mönsche. ¹⁵Der Jakob isch also uf Ägypte ggange und isch dert gstorbe und o üsi Stammvätter. ¹⁶Me het se uf Sichem gfüert und sen i das Grab gleit, wo synerzyt der Abraham um ne Schübel Gäld vom Hemor z Sichem gchouft het.
¹⁷Je neecher d Zyt isch cho, wo Gott em Abraham het verheisse gha, descht grösser isch ds Volk worde und het sech z Ägypte vermehret, ¹⁸bis dass en andere Chünig z Ägypte ufcho isch, wo nüüt meh vom Josef gwüsst het. ¹⁹Hinderrucks isch dä üsem Volk a ds Läbige. Er het üsi Vorfahre so plaget, dass si sogar iri chlyne Chinder hei müessen ussetze, für dass si nid am Läbe blybe. ²⁰Zu dere Zyt isch der Mose gebore worde. Är isch es Chind gsi ganz nach Gottes Härz. Drei Monet isch er bi sym Vatter deheim ufzoge worde, ²¹du het me nen usgsetzt. Aber d Tochter vom Pharao het ne zue sech gno und wi nen eigete Suhn uferzoge.

²² Der Mose isch i der ganze Wysheit vo den Ägypter gschuelet worde und het i Wort und Tate sy Maa gstellt. ²³ Won er vierzgi isch gsi, het's ne gluschtet ga z luege, wi's syne Brüeder, den Israelite, gangi. ²⁴ Er isch grad derzue gloffe, wi eim isch Unrächt gscheh, er isch drygfahre, het däm plagete Maa Rächt verschaffet und der Ägypter z todgschlage. ²⁵ Er het gmeint, syni Brüeder chönnte begryffe, dass Gott se well dür sy Hand rette, aber si hei's nid begriffe. ²⁶ Am andere Tag isch er zue ne cho, wo zwee zäme zangget hei. Er het probiert se zum Fride z mahne und het gseit: ‹Liebi Manne, dihr syt doch Brüeder; für was tüet dihr de enand z leidwärche?› ²⁷ Aber dä, wo der ander plaget het, het ne wäggmüpft und gseit: ‹Wär het di zum Regänt und Richter über üüs ygsetzt? ²⁸ Wosch mi öppen o z todschla wi du geschter der Ägypter umbbracht hesch?› ²⁹ Uf das abe het sech der Mose gflüchtet und het als Frömde im Land Midian gläbt. Dert het er o zwee Sühn übercho.

³⁰ Wo du wider vierzg Jahr ume sy gsi, isch ihm i der Wüeschti vom Bärg Sinai en Ängel erschine i der Flamme vo mene brönnige Dorngstüd. ³¹ Der Mose het das gseh und het sech verwunderet über di Erschynig. Er isch neecher zueche ggange, da het d Stimm vom Herr grüeft: ³² ‹I bi der Gott vo dyne Vätter, der Gott vom Abraham und vom Isaak und vom Jakob!› Der Mose isch erchlüpft und het nümme gwagt hizluege. ³³ Der Herr het zuen ihm gseit: ‹Zie dyni Sandalen ab! Der Bode, wo du druffe steisch, isch heiligi Ärde! ³⁴ I ha scho gseh, wi übel dass es mym Volk z Ägypte geit und i ha's ghöre süüfzge. I bi abegstige, für's da usezreiche. Chumm jitz, i schicke di nach Ägypte.› ³⁵ Grad dä Mose, wo si nüüt hei von ihm welle wüsse und gfragt hei, wär ihn zum Regänt und zum Richter ygsetzt heigi, dä het Gott als Regänt und Befreier usgschickt, mitsamt em Bystand vom Ängel, won ihm im Dorngstüd erschinen isch.

³⁶ Er het se du usegfüert und het im Land Ägypte und am rote Meer und derzue vierzg Jahr i der Wüeschti Wunder und Zeiche ta.

³⁷ Das isch der Mose, wo den Israelite gseit het: ‹E Prophet wi mi lat öich Gott us öine Brüeder la ufträtte.› ³⁸ I der Versammlig i der Wüeschti het är vermittlet zwüschem Ängel, wo uf em Bärg Sinai mit ihm gredt het, und üsne Vorfahre. Wort zum Läbe het er übercho, für sen üüs wyterzgä. ³⁹ Üsi Vätter hein ihm nid welle folge, nei, si hei gäge ne pöchelet und i irem Härz hei si gägen

Ägypte zrügg gheltet; ⁴⁰si hei zum Aaron gseit: ‹Mach üüs Götter, won is vorab gange. Bi däm Mose da, won is us Ägypte usegfüert het, wüsse mer ja nid, was mit ihm passiert isch.› ⁴¹Denn hei si es Chalb gmacht und hei däm Götzebild Opfer bbracht und hei Fröid gha a däm, wo si sälber gmacht hei. ⁴²Da het ne Gott der Rügge gchehrt und het se la ds Stärne-Heer am Himel aabätte, so win es im Buech vo de Prophete ufgschriben isch: ‹Heit dihr öppe mir Schlachttier und Opfer bbracht vierzg Jahr lang i der Wüeschti, Lüt vo Israel? ⁴³Dihr heit ja ds Zält vom Moloch mit nech gfüert und der Stärn vom Gott Romfa, Bilder, wo dihr gmacht heit, für sen aazbätte. Drum füeren i nech i d Verbannig, bis wyt über Babylon use!› ⁴⁴Üsi Vorfahre hei i der Wüeschti ds Offebarigszält by sech gha. Der Mose het's bbouet nam (himmlische) Urbild, won ihm Gott zeigt het gha, und i sym Uftrag. ⁴⁵Das Zält hei du d Sühn überno und 's under em Josua i ds Gebiet vo dene Völker bbracht, wo Gott zugunschte vo üsne Vorfahre vertribe het. Das isch ggange bis i d Zyt vom David. ⁴⁶Der David, wo Gott lieb het gha, hätti ihm, em Gott vom Jakob, gärn e Wonig (bi de Mönsche) parat gmacht. ⁴⁷Aber ersch der Salomo het ihm du es Huus bbouet. ⁴⁸Jitz wohnt der Höchscht ja nid i öppisem, wo vo Mönschehand gmacht isch. Der Prophet seit: ⁴⁹‹Der Himel isch my Thron, und d Ärde isch ds Schämeli für myni Füess. Was für nes Huus chönntet dihr mir boue, seit der Herr, oder was gäb's für nen Ort, won i chönnt löie? ⁵⁰Het nid my Hand alls erschaffe?› ⁵¹Dihr heit herti Chöpf und syt am Härz und a den Ohre nid beschnitte, ständig sperzet dihr gäge heilige Geischt. Grad wi öiji Vorfahre, so syt dihr o! ⁵²Wele vo de Prophete hei öiji Vorfahre nid verfolget? Si hei sogar die umbbracht, wo i irer Predig vorusgseit hei, dass der einzig Grächt wärdi cho. Däm syni Verräter und Mörder syt dihr worde. ⁵³Ds Gsetz heit dihr übercho uf Gheiss vo Ängle, aber ghalte heit dihr's nid!»

Der Stephanus wird gsteiniget

⁵⁴Wo si das ghört hei, hei si e grossi Wuet übercho und mit de Zähn gäge ne gchnürschet. ⁵⁵Aber är isch ganz erfüllt gsi vom heilige Geischt. Er het zum Himel ufgluegt und d Herrlechkeit vo Gott gseh und Jesus, wo rächts vo Gott steit. ⁵⁶Er het grüeft: «Lueget, i gseh d Himel offe und der Mönschesuhn, wo rächts

vo Gott steit!» ⁵⁷ Da hei si lut usebbrüelet und sech d Ohre verha. Si sy zämethaft uf ne losgfahre, ⁵⁸ hei ne zur Stadt us gschleipft und gsteiniget. D Züge hei iri Chleider emne junge Maa gä z hüete, dä het Saulus gheisse. ⁵⁹ Und wo si der Stephanus gsteiniget hei, het er grüeft: «Herr Jesus, nimm my Geischt zu dir!» ⁶⁰ Er isch uf d Chnöi gfalle und het lut bbrüelet: «Herr, rächne ne di Sünd nid aa!» Mit dene Worte isch er gstorbe.

8 Der Saulus isch ganz dermit yverstande gsi, dass der Stephanus umbbracht worden isch. Am glyche Tag no het e grossi Verfolgig aagfange gäge d Gmeind vo Jerusalem. Alli, ussert den Aposchtle, hei sech uf em Land uss z Judäa und z Samarie verströit. ² Aber frommi Manne hei der Stephanus begrabe und e grossi Totechlag für nen abghalte. ³ Der Saulus het gäge d Gmeind gwüetet, er isch reium i d Hüser yneggange, het Manne und Froue usegschleipft und se la i d Chefi tue. ⁴ Die, wo verjagt sy worde, sy jitz uf em Land umezoge und hei dert d Botschaft prediget. ⁵ Der Philippus isch i ne Stadt vo Samarie cho und het dert vo Chrischtus prediget. ⁶ D Lüt sy i Schare cho zuelose, was der Philippus gseit het. Si hei alli zäme guet ufpasst und hei o d Zeiche gseh, won er gmacht het. ⁷ Us vilne sy usuberi Geischter usgfahre und hei lut bbrüelet. Und vil Lahmi und Behindereti sy gheilet worde. ⁸ Das isch e Fröid gsi i dere Stadt!

Der Zouberer Simon

⁹ E Maa mit em Name Simon het scho lenger i dere Stadt gwohnt. Er het zouberet und het ds Volk vo de Samaritaner mache z stuune. Er het gseit, er syg öpper ganz Grosses. ¹⁰ Dä het Erfolg gha bi Gross und Chly, und si hei gseit: «Er verkörperet d Chraft vo Gott, wo me nere di grossi seit.» ¹¹ Si syn ihm drum scho lang aaghanget, wil er se mit syne Zoubereie begeischteret het. ¹² Jitz sy si aber zum Gloube cho, wil der Philippus ne di gueti Botschaft vo Gottes Rych und vo Jesus prediget het, und Manne und Froue hei sech la toufe. ¹³ Der Simon isch sälber o zum Gloube cho. Er het sech la toufe und isch em Philippus überall nachegloffe. Und won er di Zeiche und mächtige Tate gseh het, isch er ganz us em Hüsli grate.
¹⁴ Wo d Aposchtel z Jerusalem ghört hei, Samarie heig d Botschaft vo Gott aagno, hei si der Petrus und der Johannes zue ne

gschickt. ¹⁵ Die sy härecho und hei für se bbättet, dass si der heilig Geischt überchömi. ¹⁶ Dä isch drum no zu kem vo ne cho gsi, si sy nume touft gsi uf e Name vo Jesus, em Herr. ¹⁷ Da hei si ne d Händ ufgleit, und si hei der heilig Geischt übercho. ¹⁸ Jitz, wo der Simon gseht, dass dür ds Uflege vo de Händ der Geischt zu eim chunt, bringt er den Aposchtle Gäld und seit: ¹⁹ «Gät mir o di Vollmacht, dass eine der heilig Geischt überchunt, wen ig ihm d Händ uflege!» ²⁰ Aber der Petrus git ume: «Dys Gäld söll mitsamt dir i ds Verdärbe fahre, we du meinsch, du chönnisch Gottes Gschänk mit Gäld erchoufe! ²¹ Du hesch kes Teil und kes Aarächt a dere Sach! Dys Härz isch nid ufrichtig gäge Gott. ²² Chehr di ab vo dyr Schlächtigkeit und bätt zu Gott! Vilecht vergit er dir de, was dir da Böses isch z Sinn cho. ²³ I gseh, du bisch ‹i der bittere Galle› und ‹i de Seili vom Unrächt› verlyret.» ²⁴ Der Simon het gantwortet: «Bättet dihr für mi zum Herr, dass nüüt vo däm uf mi chunt, wo dihr heit gseit!» ²⁵ Si hei du d Botschaft vom Herr wyter verchüntet. Si sy ja Züge gsi derfür. Nachär sy si uf Jerusalem zrügg ggange und hei underwägs i vilne Dörfer vo Samarie di gueti Botschaft prediget.

Der Finanzminischter us Äthiopie

²⁶ E Gottesängel het mit em Philippus gredt und ihm gseit: «Stand uuf und gang gäge Süde zue uf di Strass, wo vo Jerusalem gäge Gaza abefüert.» Die geit dür einsami Gägete. ²⁷ Er isch ufbbroche und dert häregwanderet. Da ebchunt ihm e Maa us Äthiopie, en Eunuch, e höche Beamte vo der Kandake, der Chünigin vo Äthiopie. Er het ires ganze Finanzwäse verwaltet. Dä isch uf Jerusalem greiset für dert aazbätte, ²⁸ und isch jitz uf der Heireis gsi. Er isch i sym Wage gsässe und het im Prophet Jesaja gläse. ²⁹ Der Geischt het zum Philippus gseit: «Gang zu däm Wage zueche.» ³⁰ Ab allem Zuechecho ghört der Philippus, wi dä im Prophet Jesaja list, und seit ihm: «Chunsch eigetlech nache, was du da lisisch?» ³¹ Dä antwortet ihm: «Wi wett i o, we mer niemer hilft!» Du heisst er der Philippus ufstyge und näbe ne sitze. ³² Der Abschnitt vo der Schrift, won er gläse het, isch gsi: «Wi nes Schaf, wo zum Metzge gfüert wird, und wi nes Lamm, wo sech nid wehrt gäge dä, wo's schäret, so blybt o är stumm. ³³ Er isch ganz i d Tiefi gfüert worde, aber dermit isch

ds Gricht für ihn verby. Wär zellt einisch syni Nachkommen uuf? Sys Läbe wird ja furtgno us dere Wält.»
³⁴ Der Minischter chehrt sech em Philippus zue und seit: «Bitte, vo wäm redt da der Prophet? vo sich sälber oder vo menen andere?» ³⁵ Da het der Pilippus aafa rede. Er het bi dere Schriftstell aagfange und het ihm di gueti Botschaft vo Jesus prediget. ³⁶ Ab allem Fahre sy si zumene Wasser cho. Da seit der Minischter: «Lue, da isch Wasser, cha men öppis derwider ha, dass i touft wirde?» ³⁸ Er het der Wage la halte und si sy beid zäme i ds Wasser abegstige, der Philippus und der Minischter, und er het ne touft. ³⁹ Wo si us em Wasser usecho sy, het der Geischt vo Gott der Philippus la verschwinde. Der Minischter het ne nümme gseh. Er isch ganz glücklech wytergreiset. ⁴⁰ Der Philippus het me z Aschdod gfunde. Er isch reium i alli Ortschafte ggange und het di gueti Botschaft prediget, bis er schliesslech uf Cäsarea cho isch.

Der Saulus wird en andere

9 Geng no het der Saulus mit Morddrohige gwüetet gäge d Jünger vom Herr. Er isch zum Hohepriaeschter ² ga ne schriftlechi Vollmacht höische, für z Damaskus na Lüt vo där nöie Lehr z sueche, na Mannen und Froue, und se de z verhafte und uf Jerusalem z bringe.
³ Uf der Reis, scho i der Neechi vo Damaskus, het uf ds Mal es starchs Liecht vom Himel här um ne glüüchtet. ⁴ Er isch uf e Bode gfalle und da ghört er e Stimm, wo zuen ihm seit: «Saul, Saul, warum verfolgisch du mi?» ⁵ Er het gseit: «Herr, wär bisch du?» und dä: «I bi Jesus, dä wo du verfolgisch. ⁶ Stand jitz uuf und gang i d Stadt; dert seit me der de, was du z tüe hesch.» ⁷ De Manne, wo mit ihm greiset sy, het's d Sprach verschlage. Di Stimm hei si ghört, aber niemeren gseh. ⁸ Der Saulus isch vom Boden ufgstande, aber er het nüüt meh gseh, wen er scho d Ougen offe gha het. So hei si nen a der Hand gno und ne uf Damaskus ynegfüert. ⁹ Drei Tag lang het er nüüt gseh und nüüt ggässe und nüüt trunke.
¹⁰ Z Damaskus isch e Jünger gsi, wo Hananias het gheisse. Der Herr isch ihm erschine und het ihm gseit: «Hananias!» Dä het gantwortet: «Herr, da bin i!» ¹¹ Der Herr seit zuen ihm: «Stand uuf und gang i di Gradi Gass und frag dert im Huus vom Judas

na mene Saulus vo Tarsus. Dä isch grad am Bätte [12]und het i neren Erschynig e Maa gseh, wo Hananias heisst, dass dä ynechunt und ihm d Händ ufleit, für dass er wider cha gseh.» [13]Der Hananias git ume: «Herr, i ha aber vo mänger Syte ghört, wi vil dä Maa dyne Chrischte z Jerusalem z leidgwärchet het; [14]und für hie het er vo den Oberpriechter Vollmacht übercho, für alli z verhafte, wo dy Namen aarüefe.»
[15]Der Herr het zuen ihm gseit: «Gang nume, dä Maa han i mir als bsunderbars Wärchzüüg usgsuecht. Er söll my Name zu de Heide und vor d Chünige und zu den Israelite trage. [16]I will ihm sogar zeige, wi vil är mynethalb no mues lyde.» [17]Du het der Hananias der Wäg under d Füess gno, er isch i das Huus yneggange, het em Saulus d Händ ufgleit und gseit: «Saul, liebe Brueder, mi schickt der Herr, dä Jesus, wo dir underwägs erschinen isch. Du söllsch wider chönne gseh und der heilig Geischt söll di erfülle.»
[18]Sofort isch es ihm wi Schuppe vo den Ouge gfalle, und er het wider chönne gseh. [19]Du het er ggässe und isch wider zu Chräfte cho. Es paar Tag isch er mit de Jünger vo Damaskus zäme gsi, [20]und scho het er i de Synagoge prediget, dass Jesus der Suhn vo Gott syg. [21]Alli, wo ne ghört hei, hei sech verwunderet und hei gseit: «Isch das nid dä, wo z Jerusalem alli z grundgrichtet het, wo dä Namen aarüefe? Und o hiehäre isch er doch cho, für se z verhafte und vor d Oberpriechter z schleipfe!» [22]Der Saulus het sech nume descht chreftiger ygsetzt und het d Jude vo Damaskus ganz zunderobsi bbracht, wen er bewise het, dass es sech würklech um e Chrischtus handli.

Der Paulus macht sech Finde

[23]Na mene Wyli hei d Jude der Plan gfasset, nen umzbringe. [24]Aber der Paulus het's erfahre. Si hei o d Stadttor Tag und Nacht bewacht, für ne chönne z töde. [25]Aber d Jünger hei nen einisch znacht i mene Chorb über d Stadtmuuren abegla.
[26]Won er uf Jerusalem zrüggcho isch, het er probiert, sech de Jünger aazschliesse. Aber si hei nen alli gschoche, wil sin ihm nid trouet hei, dass er jitz plötzlech o ne Jünger syg. [27]Der Barnabas het sech schliesslech syneren aagno und ne zu den Aposchtle gfüert. Er het nen erzellt, win är underwägs der Herr gseh heig, und dass er mit ihm gredt heig, und win er z Damaskus offe und

frei use über Jesus prediget heig. ²⁸Er isch z Jerusalem by nen y und usggange, het öffetlech im Name vom Herr gredt, ²⁹het prediget und mit dene, wo griechisch rede, diskutiert. Aber die hei du probiert ne z töde. ³⁰Wo d Brüeder das erfahre hei, hei si ne uf Cäsarea begleitet und ne nach Tarsus gschickt. ³¹So het du d Gmeind in ganz Judäa und Galiläa und Samarie im Fride chönne läbe. Si het di Zyt bbruucht für d Ufbouarbeit, het gläbt und isch gwachse i der Ehrfurcht vor Gott und dank em Bystand vom heilige Geischt.

Der Petrus macht der Äneas gsund und d Tabita wider läbig

³²Du het der Petrus e Reis underno, wo nen überall hi gfüert het. Da isch er o zu de Chrischte cho, wo z Lydda gwohnt hei. ³³Dert het er e Maa troffe, Äneas het er gheisse, dä isch scho sit acht Jahre glähmt im Bett gläge. ³⁴Zu däm het der Petrus gseit: «Äneas, Jesus Chrischtus macht di gsund! Stand uuf und mach dys Bett!» Uf der Stell isch er ufgstande. ³⁵Und alli Ywoner z Lydda und z Scharon hei ne gseh und hei sech em Herr zuegchehrt.
³⁶Z Joppe isch e Jüngerin gsi, Tabita het si gheisse – das heisst uf bärndütsch Reh. Die isch ganz ufggange i guete Wärk und Wohltätigkeit. ³⁷Usgrächnet i dene Tage isch si chrank worde und gstorbe. Me het se gwäsche und i der Dachstube ufbbaret. ³⁸Joppe isch ganz naach vo Lydda. Da hei d Jünger ghört, der Petrus syg dert. Si hei zwee Manne zuen ihm gschickt, für ihm la uszrichte: «Chumm doch so gleitig wi de chasch zuen is übere!» ³⁹Da het sech der Petrus mit nen uf e Wäg gmacht. Won er aacho isch, hei si ne i d Dachstube ufegfüert. Da sy alli Witfroue zuen ihm cho, hei bbrieget und ihm d Röck und d Mäntel zeigt, wo d Tabita ne het gmacht gha, wo si no by ne gläbt het. ⁴⁰Der Petrus het alli gheissen usega, isch uf d Chnöi gfalle und het bbättet. Du het er sech zur Lych ddrääit und gseit: «Tabita, stand uuf!» Die schlat d Ougen uuf, und wo si der Petrus gseht, sitzt si uuf. ⁴¹Er git nere d Hand und hilft neren uuf. Du rüeft er de Chrischte und de Witfroue und git ne se läbig ume. ⁴²I der ganze Stadt Joppe isch das bekannt worde, und vili sy zum Gloube a Herr cho. ⁴³Er isch no nes Zytli z Joppe bblibe, bi mene Gärber, wo Simon het gheisse.

Der Houpme Kornelius

10 Z Cäsarea het e Maa gwohnt, dä het Kornelius gheisse und isch Houpme gsi i der sogenannte italische Kohorte. ²Er isch fromm gsi und het mit syr ganze Familie Gott verehrt. Im Volk het er vil Guets ta und geng zu Gott bbättet. ³Einisch um di dreie het dä i neren Erschynig ganz dütlech gseh, wi nen Ängel vo Gott zuen ihm chunt und ihm seit: «Kornelius!» ⁴Är het nen aagluegt, und voll Angscht gfragt: «Ja, Herr, was isch?» Dä antwortet: «Gott het sech gachtet, wi du bättisch und vil Guets tuesch. ⁵Schick jitz Lüt uf Joppe und la vo dert e gwüsse Simon, er heisst o Petrus, la härecho. ⁶Dä loschiert als Gascht bi mene Gärber Simon, und däm sys Huus steit grad am Meer.» ⁷Der Ängel, wo so mit ihm gredt het, isch furtggange. Da het er zwee vo syne Sklave zue sech grüeft und derzue e fromme Soldat, eine vo dene, wo ihm tröi ddienet hei, ⁸het nen alls erzellt und se nach Joppe gschickt.

D Vision und der Bsuech vom Petrus

⁹Am Tag druuf – si sy no underwägs gsi, aber i der Neechi vo der Stadt – isch der Petrus uf ds Dach ufe ggange für z bätte. Es isch um di zwölfe gsi. ¹⁰Er het Hunger übercho und hätt gärn öppis ggässe. Wäret sin ihm öppis zwäggmacht hei, het er en Erschynig erläbt: ¹¹Er gseht der Himel offe und druus isch öppis abecho wi nes grosses Lyntuech, wo me a de vier Egge uf d Ärden abelat. ¹²Dert drinne sy alli Sorte Tier gsi, settigi mit vier Bei und settigi, wo schnaagge, und Vögel, wo flüge. ¹³E Stimm het zuen ihm gseit: «Seh, Petrus, tue metzgen und iss!» ¹⁴Der Petrus het umeggä: «Chunt nid i Frag, Herr, i ha no nie öppis Unheiligs oder Usubers ggässe!» ¹⁵Aber di Stimm het ihm zum zwöite Mal gseit: «Gott het's suber gschaffe, also isch es nid usuber für di!» ¹⁶Das isch drümal hinderenand passiert, und plötzlech isch das Tuech wider i Himel ufezoge worde.

¹⁷Der Petrus het no drann umegstudiert, was di Erschynig, won er het gseh, söll bedüte, da stande grad di Manne, wo der Kornelius gschickt het, vor der Hustür. Die hei sech nam Huus vom Simon düregfragt ¹⁸und hei jitz lut grüeft, öb der Simon, wo men ihm Petrus sägi, hie loschieri. ¹⁹Der Petrus het geng no a di Erschynig müesse dänke, da het ihm der Geischt gseit: «Los,

es sy drei Manne, wo di sueche. ²⁰ Styg jitz enanderenaa zue nen abe und gang mit ne; bruuchsch nid z wärweise, i ha der se gschickt.» ²¹ Der Petrus isch zu dene Manne abe und het gseit: «Dihr suechet dänk mi? Wäge was syt dihr da?» ²² Die säge: «Der Houpme Kornelius, e grächte Maa, wo Gott verehrt, und won ihm ds ganze Volk vo de Jude ds beschte Zügnis git, däm isch vo mene heiligen Ängel befole worde, di zue sech la z cho und z lose, was du ihm z säge hesch.» ²³ Da het se der Petrus gheissen ynecho und het se übernacht bhalte.

Zmorndrisch het er sech mit nen uf e Wäg gmacht. Es paar vo de Brüeder vo Joppe hei ne begleitet. ²⁴ Am Tag druuf isch er z Cäsarea aacho. Der Kornelius het sen erwartet und het syni Verwandte und di beschte Fründe zämegrüeft gha. ²⁵ Grad wo der Petrus i ds Huus ynewott, fallt der Kornelius ihm vor d Füess und wott nen aabätte. ²⁶ Aber der Petrus lüpft nen uuf und seit: «Stand uuf, i bi o numen e Mönsch!» ²⁷ Ab allem Rede isch er mit ihm zäme i ds Huus yneggange. Dert het er e Huuffe Lüt binenand troffe. ²⁸ Da het er zue ne gseit: «Dihr wüsset ja sicher, dass es emne Jud verbotten isch, eine, wo nid Jud isch, aazrüere oder byn ihm yzchehre. Aber mir het Gott z wüsse ta, me dörf ke Mönsch für unheilig oder usuber aaluege. ²⁹ Drum bin i ohni z widerrede härecho, wo me mi grüeft het. Aber jitz wett i gärn wüsse, für was der mi bschickt heit.» ³⁰ Der Kornelius het gseit: «Es sy jitz grad drei Tag här. Da han i am drü daheime bbättet. Undereinisch steit e Maa i mene wysse Chleid vor mer ³¹ und seit: ‹Kornelius, dys Gebätt isch erhört worde. Gott het a alls Guete, wo du tuesch, ddänkt. ³² Schick öpper nach Joppe und la der Simon la cho, wo men ihm o Petrus seit; dä isch grad z Gascht bim Gärber Simon, wo am Meer wohnt.› ³³ Sofort han i Lüt zue der gschickt, und es isch schön vo der, dass du cho bisch. Und jitz sy mir alli vor Gott hie binenand für z lose, was dir der Herr het uftreit z säge.»

Der Petrus redt zerschtmal zu Heide vo Chrischtus

³⁴ Da het der Petrus aafa rede: «Jitz begryffen i! Gott luegt würklech nid uf ds Üssere, im Gägeteil. ³⁵ Es isch ihm i jedem Volk jede lieb, wo ihn verehrt und grächt läbt. ³⁶ Är het de Mönsche z Israel sy Botschaft gschickt. Dür Jesus Chrischtus, wo der Herr isch vo üüs allne, het er d Botschaft vom Fride la

verchünte. ³⁷ Dihr wüsset allwäg, wi das in ganz Judäa umeggangen isch: Es het z Galiläa aagfange na der Toufi, wo der Johannes prediget het. ³⁸ Dihr heit ghört vo Jesus vo Nazaret, dass Gott ne gsalbet het mit em heilige Geischt und mit Vollmacht, dass er im Land umegwanderet isch und Guets ta het und alli het gheilet, wo der Tüüfel het under syr Chnute gha. Gott isch mit ihm gsi. ³⁹ Mir sy Züge vo allem, won er im jüdische Land und z Jerusalem ta het. Dä het men a ds Holz ghänkt und tödt. ⁴⁰ Gott het ne am dritte Tag uferweckt und ne la erschyne; ⁴¹ nid em ganze Volk, nei, nume dene Züge, wo Gott scho vorhär derfür usegläse het. Mir hei mit ihm ggässe und trunke na syr Uferstehig vo de Tote. ⁴² Er het is uftreit, em Volk z predige und z bezüge, dass är dä isch, wo Gott ygsetzt het als Richter über di Läbige und di Tote. ⁴³ Scho d Prophete stande derfür y, dass jede, wo a ihn gloubt, dür sy Name d Vergäbig vo de Sünden überchunt.»
⁴⁴ No wo der Petrus das het gseit, isch der heilig Geischt uf alli abecho, wo di Predig ghört hei. ⁴⁵ Da sy d Judechrischte, wo mit em Petrus sy cho, ganz us em Hüsli grate, dass ds Gschänk vom heilige Geischt o uf d Heide isch usgschüttet worde. ⁴⁶ Si hei drum ghört, wi si i Zunge rede und Gott lobe. Da het der Petrus gseit: ⁴⁷ «Es chan is doch niemer verbiete, dass mir die mit Wasser toufe, wo wi mir der heilig Geischt hei übercho!» ⁴⁸ Du het er sen im Name vo Jesus Chrischtus la toufe. Drufabe hei si ne bbätte, er söll no nes paar Tag by ne blybe.

Der Petrus mues sech verteidige

11 D Aposchtel und o d Brüeder z Judäa hei erfahre, dass o d Heide d Botschaft vo Gott aagno heige. ² Wo du der Petrus uf Jerusalem ufecho isch, hei ne d Judechrischte z Red gstellt ³ und ihm fürgha, er syg zu de Heide heiggange und heig sogar mit ne ggässe. ⁴ Da het der Petrus alls der Reie naa erzellt: ⁵ «I bi i der Stadt Joppe gsi und ha bbättet; won i ganz versunke bi gsi, han ig en Erschynig gseh: Öppis wi nes grosses Lyntuech, wo a de vier Egge vom Himel isch abegla worde, isch zue mer abecho. ⁶ I ha's aagluegt und drinne Vierfüessler gseh, wildi Tier und settigi, wo schnaagge, und Vögel, wo flüge. ⁷ Derzue han ig o ne Stimm ghört, wo mer gseit het: ‹Seh, Petrus, tue metzgen und iss!› Aber i ha gseit: ⁸ ‹Chunt gar nid i Frag, Herr, i ha no nie öppis Unheiligs oder Usubers i ds Muul gno!› ⁹ D Stimm us

em Himel het zum zwöite Mal gseit: ‹Gott het's suber gschaffe, also isch es für di nid usuber!› ¹⁰ Das isch drü Mal eso gscheh, und alls zäme isch wider i Himel ufezoge worde. ¹¹ Und da sy grad drei Manne vor em Huus aacho, wo mir gwohnt hei; die sy vo Cäsarea här zue mer gschickt worde. ¹² Der Geischt het mi gheisse, mit ne z ga ohni z wärweise.
O di sächs Brüeder da sy mit mer cho, und mir sy zu däm Maa heiggange. ¹³ Dä het is du erzellt, win är plötzlech en Ängel i sym Huus heig gseh sta, wo gseit heig: ‹Schick Lüt nach Joppe und la der Simon la cho, wo men ihm Petrus seit. ¹⁴ Dä seit dir de Wort, wo du und dy ganzi Familie dür se grettet wärdet.› ¹⁵ Chuum han i aafa rede, isch der heilig Geischt uf sen abecho, grad eso, wi am Aafang uf üüs. ¹⁶ Da isch mer o das Wort vom Herr i Sinn cho, won er gseit het: ‹Der Johannes het mit Wasser touft, aber dihr wärdet de mit heiligem Geischt touft.› ¹⁷ Gott het also dene, wo zum Glouben a Jesus Chrischtus cho sy, ds glyche Gschänk ggä wi üüs; wi chönnt i de Gott da welle dervorsy?»
¹⁸ Wo si das ghört hei, sy si still worde, hei Gott globet und gseit: «So het also Gott o de Heide ermüglechet, dass si chöi umchehre zum Läbe.»

D Gmeind z Antiochia

¹⁹ Die, wo i der Verfolgig zur Zyt vom Stephanus sy usenand gsprängt worde, sy dür ds Land zoge und bis Phönizie, Zypere und Antiochia cho. Si hei d Botschaft nume de Jude prediget. ²⁰ Aber es paar vo ne, Manne vo Zypere und Zyrene, wo uf Antiochia sy cho, hei o zu de griechischsprachige Heide gredt und ne di gueti Botschaft wyterggä, dass Jesus der Herr sygi. ²¹ Und der Herr het sy Hand über se gha.
Vili sy zum Gloube cho und hei sech em Herr zuegchehrt. ²² Der Bricht dervo isch der Gmeind vo Jerusalem z Ohre cho. Da hei si der Barnabas nach Antiochia gschickt. ²³ Wo dä dert aacho isch und gseh het, was d Gnad vo Gott z standbringt, da het er sech gfröit und allne zuegredt, si sölle feschtentschlosse mit em Härz bim Herr blybe. ²⁴ Är sälber isch e tüechtige Maa gsi, ganz erfüllt vom heilige Geischt und vom Gloube. E Huuffe Lüt sy em Herr z eige worde.
²⁵ Du isch er uf Tarsus ggange für der Saulus ga z sueche. ²⁶ Und won er ne gfunde het, isch er mit ihm uf Antiochia cho. Es ganzes

Jahr hei si zäme i der Gmeind chönne schaffe und e Huuffe Lüt underwyse. Denn isch es z Antiochia ufcho, dass me de Jünger Chrischte gseit het. ²⁷ I dere Zyt sy Prophete vo Jerusalem abe nach Antiochia cho. ²⁸ Eine vo ne, Agabus het er gheisse, isch ufträtte und het dür e Geischt vorusgseit, es chöm e grossi Hungersnot über d Wält. Die isch du under der Regierig vom Klaudius o cho. ²⁹ Drufabe hei d Jünger beschlosse, si welle de Gschwüschterti z Judäa Gäld schicke, für se z understütze, jede grad win er's chönn mache. ³⁰ Das hei si du o düregfüert und's dür e Saulus und Barnabas de Gmeindsvorständ la bringe.

Der Jakobus wird higrichtet und der Petrus gfangegno

12 Zu dere Zyt het der Chünig Herodes aafa es paar vo der Gmeind la verhafte für sen umzbringe. ² So het er der Jakobus, der Brueder vom Johannes, dür ds Schwärt la hirichte. ³ Won er gseh het, dass das de Jude gfallt, het er fürgfahre und der Petrus la verhafte. Es isch i der Passa-Zyt gsi. ⁴ Er het ne la i d Chefi tue und ne vier Vierergruppe vo Soldate übergä, wo ne im Reium hei müesse bewache. Nam Passa het er ne de welle em Volk la vorfüere. ⁵ So isch der Petrus i der Chefi ybschlosse gsi. Aber d Gmeind het ständig für ne zu Gott bbättet.

En Ängel befreit der Petrus

⁶ I der Nacht, bevor ne der Herodes het welle la vorfüere, het der Petrus zwüsche zweene Soldate gschlafe. Er isch mit zwo Chettine gfesslet gsi, und vor der Tür hei Wachsoldate d Chefi ghüetet. ⁷ Da chunt undereinisch en Ängel vo Gott yne, und es Liecht isch i der Zällen ufglüüchtet. Er git ihm es Müpfli i d Syte für ne z wecke und seit: «Gschwind, stand uuf!» Da syn ihm d Chettine vo de Händ abgfalle. ⁸ Der Ängel seit zuen ihm: «Leg dy Gurt und d Sandalen aa!» Er macht's. Wyter seit er zuen ihm: «Leg der Mantel aa und chumm mer nache!» ⁹ Er isch ihm nachen und useggange, het aber nid gmerkt, dass es Würklechkeit isch, was der Ängel da het la gscheh. Er het eifach gmeint, er gsej en Erschynig. ¹⁰ Si sy am erschte Wachposchte verby, o am zwöite, und sy a di ysigi Tür cho, wo i d Stadt usegfüert het. Die het sech vo sälber ufta. Si sy use und no ne Strass wyter. Da isch der Ängel

undereinisch verschwunde gsi. ¹¹ Wo der Petrus wider zue sech sälber chunt, seit er sech: «Jitz bin i sicher: Der Herr het sy Ängel gschickt, für mi us de Chlaue vom Herodes und vor de Plän vom jüdische Volk z rette.» ¹² Won er das het gchopfet gha, isch er zum Huus vo der Maria ggange. Si isch d Mueter vom Johannes gsi, wo o Markus gheisse het. Dert sy rächt vili binenand gsi und hei bbättet.

¹³ Er topplet a d Tür vom Torhüsi. Da chunt e Magd, für cho ufztue; si het Rhode gheisse. ¹⁴ Wo die d Stimm vom Petrus umegchennt, tuet si vor luter Fröid ds Torhüsi nid uuf, si springt yne und mäldet, der Petrus standi duss vor em Tor. ¹⁵ Die säge zue nere: «Dir fählt's ja!» Aber si bhertet, es syg eso. Si säge: «De isch es sy Ängel.» ¹⁶ Der Petrus topplet underdesse unetwägt wyter. Da tüe si uuf, und wo si ne gseh, grate si ganz us em Hüsli.

¹⁷ Er düet ne mit der Hand, si sölle doch still sy und brichtet ne, wi ne der Herr us der Chefi usegfüert het, und seit: «Mäldet das em Jakobus und de Brüeder!» Nachär isch er furt und a nen anderen Ort hi gwanderet.

¹⁸ Wo's Tag worden isch, het's e grossi Ufregig bi de Soldaten abgsetzt, was ächt mit em Petrus passiert syg. ¹⁹ Der Herodes het ne la sueche, und won er ne nid gfunde het, het er d Wachsoldate i ds Gebätt gno und la abfüere. Du isch er vo Judäa abgreiset ga Cäsarea und het dert residiert.

Der Tod vom Herodes Agrippa I.

²⁰ Er isch denn sehr höhn gsi über d Lüt vo Tyrus und Sidon. Die hei du alli zäme e Gsandtschaft zuen ihm gschickt. Si hei der Blastus, e Chammerherr vom Chünig, für iri Sach gwunne und hei um Fride bbätte. Ires Land isch drum für d Versorgig uf das vom Chünig aagwise gsi. ²¹ Am abgmachte Tag het er es chüniglechs Chleid aagleit, isch uf d Rednerbüni gsässe und het ne i nere Volksversammlig e Red ghalte. ²² Und ds Volk het ihm zuegjublet. «So cha numen e Gott rede, ke Mönsch!» ²³ Uf der Stell het nen en Ängel vo Gott gstraft, wil er nid Gott d Ehr ggä het: Er het der Wurmfrass übercho und isch drann gstorbe.

²⁴ Aber d Botschaft vo Gott isch geng chreftiger worde und het sech usbreitet. ²⁵ Der Barnabas und der Saulus sy vo Jerusalem heiggange, wo si iri Hülf hei gleischtet gha. Der Johannes, dä mit em Zuename Markus, hei si mit sech gno.

Di erschti Missionsreis vom Paulus und vom Barnabas

13 ¹ I der Gmeind vo Antiochia hei als Prophete und Lehrer gschaffet: der Barnabas und der Simeon mit em Zuename Niger, der Luzius us Zyrene, der Manaën, e Jugetfründ vom Vierfürscht Herodes, und der Saulus. ² Wo si einisch Gottesdienscht gfyret und gfaschtet hei, het der heilig Geischt gseit: «Stellet mer der Barnabas und der Saulus frei für di Ufgab, won i se derfür beruefe ha.» ³ Da hei si gfaschtet und bbättet, hei ne d Händ ufgleit und se la zie.

Z Zypere

⁴ Eso het se der heilig Geischt usgschickt: Si sy nach Seleuzia abeggange, und vo dert mit emne Schiff uf Zypere gfahre. ⁵ Wo si z Salamis aacho sy, hei si d Botschaft vo Gott i der Synagoge vo de Jude prediget. Als Hälfer hei si der Johannes (Markus) by sech gha. ⁶ Si sy du dür di ganzi Insle zoge und uf Paphos cho. Dert hei si e Zouberer und faltsche Prophet aatroffe, e Jud, wo het Barjesus gheisse.
⁷ Dä het zum Kreis vom Statthalter Sergius Paulus ghört. Das isch e verständige Maa gsi. Er het der Barnabas und der Saulus la rüefe, für d Botschaft vo Gott z ghöre. ⁸ Aber der Elymas – so heisst der Name vom Zouberer uf griechisch – het gäge se ghetzt und probiert, der Statthalter vom Glouben abzhalte. ⁹ Der Saulus – oder o Paulus – isch aber erfüllt gsi vom heilige Geischt. Er het ne fescht aagluegt ¹⁰ und zuen ihm gseit: «Du Suhn vom Tüüfel, du Find vo jeder Grächtigkeit! Du bisch voll Bschis und Schlächtigkeit! Wosch nid ändlech ufhöre, em Herr syni grade Wääge z verdrääje? ¹¹ Jitz pass aber uuf: D Hand vom Herr chunt uf di, du wirsch blind und gsehsch d Sunne es Zytli nümm!» Uf der Stell isch Schwerzi und Fyschteri uf ne gfalle, er het umenand taschtet und Lüt gsuecht, wo ne füere. ¹² Wo der Statthalter het gseh, was passiert isch, isch er zum Gloube cho. D Lehr vom Herr het ihm Ydruck gmacht.

Z Antiochia in Pisidie

¹³ Du sy der Paulus und syni Lüt mit emne Schiff vo Paphos abgfahre und uf Perge z Pamphylie cho. Der Johannes het sech vo ne trennt und isch uf Jerusalem zrügg greiset. ¹⁴ Si sälber sy

vo Perge wyters gwanderet und nach Antiochia z Pisidie cho. Dert sy si am Sabbat i d Synagoge ggange und abgsässe. ¹⁵ Wo me ds Gsetz und d Prophete het gläse gha, het der Synagoge-Vorsteher ne la säge: «Liebi Brüeder, we dihr em Volk es guets Wort z säge heit, so redet.» ¹⁶ Da isch der Paulus ufgstande, het mit der Hand gwunke und gseit: «Liebi Landslüt vo Israel und dihr, wo Gott verehret, loset! ¹⁷ Der Gott vo üsem Volk Israel het üsi Vorfahre usgläse. Er het i der Frömdi, z Ägypte, üses Volk la gross wärde und 's a syr starche Hand vo dert ewägg gfüert. ¹⁸ Vierzg Jahr lang het er sen i der Wüeschti düretreit. ¹⁹ Sibe Völker z Kanaan het er vernichtet und ne denen ires Land i Bsitz ggä. ²⁰ Und dernaa für öppe vierhundertfüfzg Jahr het er ne Richter ggä bis zum Prophet Samuel. ²¹ Vo denn ewägg hei si ne Chünig begährt. Und Gott het ne für vierzg Jahr us em Stamm Benjamin der Saul ggä, der Suhn vom Kisch. ²² Won er ne nümm het chönne bruuche, het er der David als Chünig ygsetzt und het ihm ds Zügnis ggä: ‹I ha der David gfunde, der Suhn vom Isai, e Maa ganz na mym Härz, dä wird alls eso mache, win i wott.› ²³ Us däm syne Nachkomme het Gott, win er's verheisse het, der Retter für Israel la wärde, nämlech Jesus. ²⁴ No bevor är isch cho, het der Johannes em ganze Volk Israel prediget, es söll sech ändere und sech la toufe. ²⁵ Wo der Johannes am Änd vo sym Wäg isch gsi, het er gseit: ‹I bi nid dä, wo dihr meinet, i syg's. Aber nach mir chunt eine, won ig ihm nid emal dörfti d Sandalen abzie.›

²⁶ Liebi Brüeder, dihr, Sühn us em Gschlächt vom Abraham, und dihr Heide, wo Gott verehret: D Botschaft, dass mir grettet sy, isch zu üüs cho. ²⁷ D Lüt vo Jerusalem und iri Ratsherre hei nämlech nid gmerkt, wär Jesus isch. Si hei ne verurteilt und dermit d Wort vo de Prophete erfüllt, wo a jedem Sabbat vorgläse wärde. ²⁸ Zwar hei si nüüt gfunde, won er derwäge der Tod verdienet hätti, aber si hei doch vom Pilatus verlangt, dass er söll higrichtet wärde. ²⁹ Wo si alls hei usgfüert gha, wo von ihm gschriben isch, het me ne vom Holz abegno und i nes Grab gleit. ³⁰ Aber Gott het ne vo de Tote la ufersta. ³¹ Mänge Tag düre isch er denen erschine, wo mit ihm vo Galiläa bis Jerusalem dür ds Land gwanderet sy. Die sy jitz syni Züge vor em Volk.

³² O mir tüe öich di gueti Botschaft predige: ³³ Gott lat üüs, syne Chinder, d Verheissig la wahr wärde, won er de Vätter ggä het. Er het Jesus uferweckt, so win es gschribe steit im zwöite Psalm:

‹Du bisch my Suhn, hütt han i di zügt.› ³⁴Und dass er ne vo de Tote lat la ufersta, für dass er nie meh stirbt, das het er eso gseit: ‹I giben öich di heilige Verspräche, wo em David gschänkt sy.› ³⁵Drum seit er a neren andere Stell: ‹Du erloubsch nid, dass dä mues stärbe, wo du userwählt hesch.› ³⁶Aber der David isch ja gstorbe; er het syr Generation ddienet und isch nam Wille vo Gott zu syne Vätter heiggange und verwäset. ³⁷Dä hingäge, wo Gott uferweckt het, dä isch nid verwäset. ³⁸Jitz söllet dihr wüsse, liebi Brüeder, und mir predige nech's: Er vergit öich d Sünde. Vo allem, wo em Mose sys Gsetz öich nid het chönne freispräche, ³⁹cha är öich freispräche, we dihr gloubet. ⁴⁰Gät aber acht, dass nech nid das passiert, was d Prophete säge: ⁴¹‹Dihr, wo alls besser weit wüsse, lueget, erchlüpfet und ganget z Grund! I wott drum zu öine Läbzyte es Wärk usfüere, wo dihr nie hättet für müglech ghalte!›.» ⁴²Wo si us der Synagoge useggange sy, het me se bbätte, si sölle doch am nächschte Sabbat über ds Glyche predige. ⁴³Wo der Gottesdienscht isch fertig gsi, sy vili vo de Jude und vo de Gottverehrer mit em Paulus und em Barnabas ggange. Die hei no wyter zue ne gredt, und nen aagha, si sölle ganz bi der Gnad vo Gott blybe.

We d Jude nid wei, so hei si gha!

⁴⁴Am nächschte Sabbat isch fasch di ganzi Stadt zämecho für d Botschaft vom Herr z lose. ⁴⁵Wo d Jude di Schare hei gseh, sy si schaluus worde und hei em Paulus syr Predig widersproche und sen i Dräck zoge. ⁴⁶Der Paulus und der Barnabas hei du ganz offe gseit: «Öich het d Botschaft vo Gott zersch müesse prediget wärde. Aber jitz heit dihr se vo nech gwise und dermit über öich sälber ds Urteil abggä, dass dihr ds ewige Läbe nid verdienet. So gange mir halt zu de Heide. ⁴⁷Däwäg het's der Herr üüs uftreit: ‹I ha di zu mene Liecht für d Heide gmacht, für dass du d Mönsche chasch rette bis a ds Ändi vo der Ärde.›»
⁴⁸Wo d Heide das ghört hei, hei si sech gfröit und d Botschaft vom Herr globet. Und alli sy zum Gloube cho, wo Gott für ds ewige Läbe bestimmt het. ⁴⁹Ja, d Botschaft vom Herr het sech im ganze Land usbbreitet. ⁵⁰Aber d Jude hei di bessere Dame, wo sech für Gott interessiert hei, und d Bhörde vo der Stadt ufgreiset, hei e Verfolgig gäg e Paulus und Barnabas z stand bbracht und sen us der Gäget la verjage. ⁵¹Da hei si der Stoub vo de Füess gäge

sen abgschüttlet und sy uf Ikonion wyter gwanderet. [52] Aber d Jünger sy voll Fröid und heiligem Geischt gsi.

Der Paulus und der Barnabas z Ikonion

14 Z Ikonion sy si o i d Judesynagoge ggange und hei dert so prediget, dass e Huuffe Juden und griechischsprachigi Heide zum Gloube cho sy. [2] Aber die Jude, wo nüüt hei welle dervo wüsse, hei d Heide gäge d Brüeder ufgreiset und se schlächt gmacht by ne. [3] Trotzdäm sy si es Wyli dert bblibe und hei frei und offe prediget. Si hei uf e Herr vertrouet, und är isch ygstande für sy Gnadebotschaft, dermit, dass er Zeichen und Wunder dür iri Händ het la gscheh.
[4] Ds Volk i der Stadt isch uneis gsi, di einte hei's mit de Jude gha, di andere mit den Aposchtle. [5] Won es du aber zu mene Krach vo Heide und Jude samt irne Vorsteher isch cho, wo mit Gwalt uf se z dorf hei welle für se z steinige, [6] hei si's gmerkt und sy de Stedt vo Lykaonie zue gflüchtet, nach Lystra und Derbe und i d Gäget drumume. [7] Dert hei si di gueti Botschaft prediget.

E Lahme cha loufe

[8] Z Lystra isch e Maa am Bode gsässe, wo ke Chraft i de Füess het gha. Er isch vo Geburt aa lahm gsi und het no nie chönne loufe. [9] Er het zueglost, wo der Paulus prediget het. Dä luegt nen aa und merkt, er hätt der Gloube, so dass er chönnti gsund wärde. [10] Da rüeft er ihm ganz lut zue: «Stand ufrächt uf dyni Füess!» Dä isch ufgsprunge und het chönne loufe. [11] Wo di vile Lüt das gseh hei, hei si lut uf lykaonisch aafa rüefe: «D Götter sy als Mönsche zuen is abegstige!» [12] Si hei em Barnabas Zeus gseit und em Paulus Hermes, wil är dä isch gsi, wo gredt het. [13] Der Zeus-Priechter, wo sy Tämpel vor der Stadt uss het gha, het Munine und Chränz a d Stadttor bbracht und het mit de Lüt zämen es Opfer welle bringe. [14] Wo d Aposchtel Barnabas und Paulus das gmerkt hei, hei si iri Chleider verrisse, sy zmitts under ds Volk gsprunge und hei bbrüelet: [15] «Lüt, was machet dihr da? Mir sy doch o nume Mönsche, grad wi dihr! Aber mir wetten öich di gueti Botschaft predige und säge, dihr söllet däm nüütwärtige Züüg der Rügge chehre und nech a läbändig Gott halte, a dä, wo der Himel und d Ärde und ds Meer erschaffe het und alls, was drinnen isch.

¹⁶I de früechere Zyte het er alli Heide iri eigete Wääge la ga. Aber ¹⁷nid, dass er nüüt hätti vo sech la merke: Er het Guets ta und het nech vom Himel abe Räge und fruchtbari Zyte gschickt und nech Fröid gmach mit Ässe und guete Sache.» ¹⁸Mit dene Worte hei si's mit Müe und Not z stand bbracht, dass ds Volk ne nid Opfer bbracht het.

Der Paulus wird gsteiniget

¹⁹Jitz sy vo Antiochia und Ikonion Jude derhär cho, wo d Lüt ufgreiset hei; da hei si der Paulus gsteiniget und ne zur Stadt uus gschleipft, wil si gmeint hei, er sygi tod. ²⁰D Jünger sy um nen ume gstande, da isch er ufgstande und wider i d Stadt yneggange. ²¹Am Tag druuf isch er mit em Barnabas furt und uf Derbe gwanderet. I dere Stadt hei si di gueti Botschaft prediget und fei es Schärli Jünger gwunne. Nachär sy si zrügg ggange nach Lystra, Ikonion und Antiochia (z Pisidie); ²²si hei de Jünger Muet gmacht und se gmahnet, si söllen im Gloube blybe: Nume dür vil Leid gang's i Gottes Rych yne. ²³Si hei i allne Gmeinde e Gmeindsvorstand ygsetzt, hei bbättet und gfaschtet und sen em Herr a ds Härz gleit, überall, wo men a ne ggloubt het.

Zrügg nach Antiochia

²⁴Du sy si dür Pisidie gwanderet und nach Pamphylie cho. ²⁵No z Perge hei si d Botschaft prediget, du sy si uf Attalia abecho ²⁶und vo dert mit emne Schiff nach Antiochia gfahre. Dert het me se ja synerzyt der Gnad vo Gott anempfole gha für di Ufgab, wo si jitz usgfüert hei. ²⁷Si sy aacho und hei d Gmeind zämegrüeft und bbrichtet, was Gott sen alls heig la verrichte, und dass er de Heiden e Tür zum Gloube ufta heig. ²⁸Lengeri Zyt sy si jitz dert mit de Jünger zämegsi.

Ds Aposchtelkonzil z Jerusalem:
Müesse sech d Heidechrischte la beschnyde?

15 Einisch sy nes paar Lüt vo Judäa abecho, wo de Jünger hei welle vorschrybe: «We dihr nech nid löt la beschnyde, wi's der Mose befole het, chöit dihr nid grettet wärde.» ²Da het's mit em Paulus und em Barnabas e zümftigi Usenandersetzig und

Stryt ggä. Me het du der Paulus und der Barnabas und es paar anderi vo ne gheisse zu den Aposchtle und em Gmeindsvorstand uf Jerusalem z reise wäge der strittige Frag. ³Me het se vo der Gmeind delegiert; si sy dür Phönizie und Samarie greiset. Überall hei si dervo bbrichtet, wi d Heide zum Gloube cho syge, und hei dermit de Gschwüschterti grossi Fröid gmacht. ⁴Wo si z Jerusalem sy aacho, het se d Gmeind mit den Aposchtle und em Vorstand fründlech ufgno, und si hei nen erzellt, was Gott sen alls het la tue. ⁵Da sy aber es paar vo der Partei vo de Pharisäer, wo zum Gloube cho sy, ufgstande und hei gseit, me müess sen uf all Fäll beschnyde und ne zur Pflicht mache, ds Gsetz vom Mose z halte.

⁶Jitz sy d Aposchtel und der Gmeindsvorstand under sich zämecho für zämethaft luege wyterzcho i där Sach. ⁷Es het e grossi Diskussion ggä. Da isch der Petrus ufgstande und het zue ne gseit: «Liebi Manne und Brüeder, dihr wüsset ja, dass Gott scho sit langem entschide het, dass d Heide dür my Predig sölle di gueti Botschaft z ghören übercho und glöubig wärde. ⁸Und Gott, wo d Härze gchennt, isch zue ne gstande und het ne der heilig Geischt genau glych ggä wi üüs o. ⁹Er het ke Underschid gmacht zwüschen inen und üüs, won er iri Härze dür e Gloube het suber gmacht. ¹⁰Warum weit dihr jitz gsetzlecher sy als Gott und de Jünger es Joch uf e Hals lege, wo üsi Vätter und mir ja äbe nid hei chönne trage? ¹¹Mir gloube doch, dass mir dür d Gnad vo Jesus, em Herr, grettet wärde, wi si äben o.»

¹²Da het di ganzi Versammlig gschwige und het zueglost, wi der Barnabas und der Paulus erzellt hei, wivil Zeichen und Wunder se Gott bi de Heide het la tue. ¹³Wo si sy fertig gsi, het der Jakobus aafa rede: «Liebi Manne und Brüeder, loset! ¹⁴Der Simon het is bbrichtet, wi Gott vo Aafang aa druf usggangen isch, Mönsche us de Heide für sy Name z gwinne. ¹⁵Und derzue stimme d Wort vo de Prophete. Dert steit gschribe: ¹⁶‹Nachär chumen i de wider und boue ds Huus vom David wider uuf, wo isch zämetroolet gsi. I boue sy Ruine wider uuf und richte sen uuf, ¹⁷für dass di andere Mönsche de der Herr sueche, und o alli Heide, wo my Name über nen isch usgrüeft worde. Das seit der Herr, ¹⁸wo das sit ewig bekannt gmacht het.› ¹⁹Drum meinen i, me söll dene vo de Heide, wo sech zu Gott bekehre, keni Schwirigkeite mache. ²⁰Me söll nume vo ne verlange, si sölle sech nid la verdräcke dür e Kontakt mit Götze, dür Unzucht und

dür ds Ässe vo erstickte Tier und vo Tierbluet. ²¹Der Mose het ja sit alte Zyte i jeder Stadt syni Lüt, wo a jedem Sabbat i de Synagoge syni Büecher vorläse und drüber predige.»

Beschluss und Brief

²²Drufabe hei d Aposchtel und der Gmeindsvorstand zäme mit der ganze Gmeind beschlosse, si welle Manne useläse und nach Antiochia schicke mit em Paulus und em Barnabas: nämlech der Judas, wo der Zuename Barsabbas het, und der Silas, beids Manne, wo ds Vertroue vo de Brüeder hei gha. ²³Die hei müessen es Schrybe bringe:
«D Brüeder Aposchtel und der Gmeindsvorstand grüesse d Brüeder vo de Heide z Antiochia und z Syrie und z Zilizie! ²⁴Mir hei verno, dass es paar vo üsne Lüt, ohni dass mer se gheisse hätte, zue nech cho sy und nech mit irne Rede dürenand bbracht und ufgregt hei. ²⁵Jitz hei mir eistimmig der Bschluss gfasset, Manne usezläse und se zue nech z schicke zäme mit üsne liebe Barnabas und Paulus, ²⁶wo ires Läbe ygsetzt hei für en Uftrag vo üsem Herr Jesus Chrischtus. ²⁷So hei mir der Judas und der Silas delegiert, für dass si nech mündlech ds Glyche säge. ²⁸Der heilig Geischt und mir hei beschlosse, me well öich ke anderi Lascht uflege als das, wo unbedingt mues sy: ²⁹Dihr müesset nech hüete vor Götzenopfer und Bluet und erstickte Tier und Unzucht. We dihr das machet, syt dihr uf em guete Wäg. Läbet wohl.»
³⁰Me het se verabschidet und si sy uf Antiochia cho. Si hei e Gmeindsversammlig zämegrüeft und ne dä Brief ggä. ³¹Wo si ne gläse hei, hei si sech alli gfröit über dä Troscht. ³²Der Judas und der Silas, wo sälber sy Prophete gsi, hei lang mit de Brüeder gredt und sen im Gloube gchreftiget. ³³Si sy es Zytli dert bblibe, und du hei si sech i allem Fride vo de Gschwüschterti verabschidet und sy wider zrügg zu dene, wo se gschickt hei gha. ³⁵Aber der Paulus und der Barnabas sy z Antiochia bblibe, hei glehrt und hei di gueti Botschaft vom Herr prediget, zäme mit vilne andere.

Di zwöiti Missionsreis.
Der Paulus und der Barnabas trenne sech

³⁶Es paar Tag speter het der Paulus zum Barnabas gseit: «Mir sötten is doch wider uf e Wäg mache und d Gschwüschterti i allne

Stedt ga bsueche, wo mer d Botschaft vom Herr prediget hei, und luege, wi's ne geit.» ³⁷ Der Barnabas het du welle der Johannes Markus mit uf d Reis nä. ³⁸ Aber der Paulus het gfunde, eine, wo se denn z Pamphylie im Stich gla heig und nid mit ne wytergschaffet heig, well är nümm mitnä. ³⁹ Si sy so hert anenand grate, dass si sech trennt hei. Der Barnabas het der Markus mit sech gno und isch uf mene Schiff nach Zypere gfahre. ⁴⁰ Der Paulus het der Silas usegläse und isch abgreiset. D Brüeder hei ne der Gnad vom Herr anempfole. ⁴¹ Er isch dür Syrie und Zilizie gwanderet und het d Gmeinde gchreftiget.

Der Timotheus reiset mit em Paulus

16 Er isch du o wider uf Derbe und Lystra cho. Dert isch e Jünger gsi, der Timotheus, der Suhn vo nere glöubige Jüdin und emne griechischsprachige Vatter. ² D Brüeder vo Lystra und Ikonion hein ihm dä sehr empfole. ³ Der Paulus het ne welle mit sech nä. Aber us Rücksicht uf d Jude i der Gäget het er ne la beschnyde, wil alli hei gwüsst, dass sy Vatter e Griech isch. ⁴ We si i d Ortschafte sy cho, hei si de Lüt uftreit, di Beschlüss z halte, wo d Aposchtel und d Gmeindsvorständ z Jerusalem hei gfasset gha. ⁵ D Gmeinde sy im Gloube gchreftiget und all Tag grösser worde.
⁶ Du sy si dür Phrygie und Galatie gwanderet. Der heilig Geischt het ne drum nid erlaubt, d Botschaft i der Provinz Asie z predige. ⁷ Si sy gäge Mysie zue cho und hei probiert, Bithynie-wärts z wandere. Aber der Geischt vo Jesus het ne's verha. ⁸ So sy si a Mysie verby und uf Troas fürecho.

Der Ruef nach Europa

⁹ Da het der Paulus znacht en Erschynig gha. E Maa us Mazedonie isch dagstande und het ihm aagha: «Chumm nach Mazedonien übere und hilf is!» ¹⁰ Won er di Erschynig het gseh gha, hei mer sofort alls dragsetzt für nach Mazedonien überezcho. Mir sy fescht überzügt gsi, dass Gott is grüeft het, für dene dert di gueti Botschaft z bringe. ¹¹ So sy mer mit em Schiff vo Troas diräkt nach Samothrake und am nächschte Tag uf Neapolis gfahre ¹² und vo dert nach Philippi cho. Das isch e Stadt im erschte Bezirk vo Mazedonie und e Römer-Kolonie. I dere Stadt sy mer

es paar Tag bblibe. ¹³ Am Sabbat sy mer zum Tor use a Fluss abe ggange, dert, wo mer ddänkt hei, es heig öppen e Gebättsplatz. Dert sy mer abgsässe und hei mit de Froue gredt, wo da sy zämecho.

D Lydia wird Chrischtin

¹⁴ Es het o ne Frou zueglost, wo Gott verehrt het; si het Lydia gheisse und isch e Purpurhändlere us der Stadt Thyatira gsi. Der Herr het nere ds Härz ufta, so dass si guet acht ggä het uf das, wo der Paulus gseit het. ¹⁵ Si het sech mit irer ganze Familie la toufe, und du het si der Paulus yglade: «We dihr überzügt syt, dass ig em Herr tröi bi, de chömet doch zu mir hei und blybet da.» Si het is fei echly aagha.

Der Paulus und der Silas wärde verhaftet

¹⁶ Einisch loufe mer zum Gebättsplatz use, da begägnet is e Sklavin, die het chönne wahrsäge und het irne Herre mit irer Wahrsägerei vil Gäld ybbracht. ¹⁷ Die louft em Paulus und üüs nache und rüeft: «Di Lüt da sy Diener vom höchschte Gott, si predigen öich der Wäg zur Rettig!» ¹⁸ Das het si mänge Tag düre so gmacht. Zletscht isch es em Paulus z dumm worde: Er het sech umgchehrt und zu däm Geischt gseit: «Im Name vo Jesus Chrischtus befilen i dir, us neren uszfahre!» I däm Ougeblick isch er usgfahre. ¹⁹ Wo iri Herre gmerkt hei, dass si nüüt meh vo däm Gschäft z erhoffe hei, hei si der Paulus und der Silas packt und sen uf e Märitplatz zu de Ratsherre gschleipft. ²⁰ Si hei se vor d Befählshaber vo der Stadt gfüert und gseit: «Di Manne da bringen Urue i üsi Stadt, es sy Jude, ²¹ und si predige Brüüch, wo mir als Römer gar nid chöi aanä oder dürehalte.» ²² D Lüt uf em Platz hei o gäge se aafa brüele. D Befählshaber hei ne la d Chleider abrysse und se la uspöitsche. ²³ Na mene Huuffe Schleg het me se i d Chefi ta und em Gfangenewärter befole, se ganz äxtra sicher yzbschliesse. ²⁴ Dä het sech das la gseit sy, het sen i di innerschti Chefi ta und iri Füess i Holzblock ybschlosse.
²⁵ Zmitts i der Nacht hei der Paulus und der Silas zu Gott bbättet und Loblieder gsunge. Di andere Gfangnige hei ne zueglost. ²⁶ Uf ds Mal git's es grosses Ärdbäbe, so dass es sogar d Grundmuure vo der Chefi erhudlet het. Alli Türe sy ufgsprunge und allne sy

d Fesslen abgfalle. ²⁷ Der Gfangenewärter isch us em Schlaf ufgschosse, und won er het gseh, dass d Türe vo der Chefi offe sy, het er ds Schwärt zoge und sech welle ds Läbe nä. Er het gmeint, di Gfangnige sygen uuf und dervo. ²⁸ Aber der Paulus het lut grüeft: «Tue der nüüt z leid, mir sy ja alli no da!» ²⁹ Du het dä na Liecht bbrüelet und isch cho z springe. Er het gschlotteret und isch vor em Paulus und em Silas uf d Chnöi gfalle. ³⁰ Er het sen usegfüert und zue ne gseit: «Dihr Herre, was mues i mache, für dass i grettet wirde?» ³¹ Si hei gseit: «Gloub a Jesus, der Herr, de wirsch mitsamt dyr Familie grettet.» ³² Du hei sin ihm d Botschaft vom Herr erzellt und derzue allne Lüt bi ihm daheim. ³³ No i der glyche Nachtstund het er se zue sech gno und het nen iri Strieme gwäsche. Är und alli syni Lüt hei sech uf der Stell la toufe. ³⁴ Nachär het er sen i sys Huus ufegfüert, het ne z ässe ufgstellt und sech mit syr ganze Familie gfröit, dass er zum Glouben a Gott cho isch.

³⁵ Wo's taget het, hei d Befählshaber d Grichtsweible ufegschickt mit em Befähl: «Löt di Lüt frei!» ³⁶ Der Wärter vo der Chefi het dä Bscheid em Paulus gmäldet: «D Befählshaber hei Bricht gmacht, me söll nech la springe! So ganget halt und tüet im Fride wyterreise!» ³⁷ Aber der Paulus het zue ne gseit: «Nüüt da! Ohni Grichtsverfahre hei sin is öffetlech la uspöitsche und la i d Chefi tue! Derby sy mir römischi Bürger! Und jitz wei sin is im Verschleikte loswärde. Das git's uf ke Fall! Si sölle gfelligscht sälber härecho und is usebegleite.» ³⁸ D Weible hei das de Befählshaber gmäldet, und wo die ghört hei, es syge römischi Bürger, isch ne der Chlupf i d Glider gfahre: ³⁹ Si sy derhär cho, hei sech entschuldiget, hei sen usebegleitet und se bbätte, si söllen emel ja us der Stadt furtga. ⁴⁰ Da sy si vo der Chefi diräkt zur Lydia ggange. Dert hei si d Gschwüschterti troffe, hei ne zuegredt und sy abgreiset.

Z Thessalonich

17 Über Amphipolis und Apollonia sy si uf Thessalonich cho, wo d Juden e Synagoge hei gha. ² Wi's der Paulus gwanet isch gsi, isch er zue nen yne ggange und het a dreine Sabbate mit ne gredt, het ne d Schrifte ³ usgleit und ne darta, dass der Chrischtus heig müesse lyde und vo de Toten ufersta: «Und der Chrischtus isch äbe dä Jesus, won ig öich von ihm tue predige.» ⁴ Es paar vo ne sy zum Gloube cho. Das isch es Gschänk gsi für Paulus und Silas. Derzue sy no ne grossi Schar Grieche cho, wo sech für Gott interessiert hei, und e ganzi Zylete besseri Froue. ⁵Aber da sy d Jude schaluus worde, hei es paar übli Gselle, wo uf de Plätz umelauere, gno, hei sech zämeta und i der Stadt e Hatz aagstiftet. Si sy um ds Huus vom Jason umegstande, wo si ddänkt hei, si finde se dert, für se der Volksversammlig vorzfüere. ⁶Wo si se nid hei troffe, hei si der Jason und es paar vo de Brüeder vor d Stadtbhörde gschleipft und bbrüelet: «Die hei scho i der ganze Wält grevoluzget, und jitz sy si hie, ⁷und der Jason het sen ufgno! Si wärche de Befähle vom Cheiser eggäge. Si sägen alli, en andere syg Cheiser, nämlech Jesus.» ⁸Dermit hei si ds Volk und d Stadtbhörde wo das ghört hei, i Gusel bbracht. ⁹Aber wo si du vom Jason und den andere hei e Bürgschaft überco, hei si se frei gla.

Z Beröa

¹⁰D Brüeder hei sofort, no i der glyche Nacht, der Paulus und der Silas nach Beröa gschickt. Wo si derthäre cho sy, sy si i d Synagoge vo de Jude ggange. ¹¹Die hei sech vo nere fründlechere Syte zeigt weder die vo Thessalonich. Si hei d Botschaft ganz gärn aagno. Tag für Tag hei si i de Schrifte gsuecht, öb's de würklech eso sygi. ¹²Vili vo ne sy zum Gloube cho, und o rächt vil griechischi Froue und Manne vo der bessere Gsellschaft.

¹³Du hei aber d Jude vo Thessalonich erfahre, dass der Paulus o z Beröa d Botschaft vo Gott prediget. Si sy derthäre cho und hei ds Volk ufgreiset und ufpütscht. ¹⁴Da hei d Brüeder sofort derfür gsorget, dass der Paulus gäge ds Meer zue gschickt worden isch; der Silas und der Timotheus sy no dert bblibe. ¹⁵Die, wo der Paulus begleitet hei, si mit ihm bis nach Athen. Du sy si zrügg und hei em Silas und am Timotheus usgrichtet, si sölle em Paulus so gleitig wi müglech nache cho.

Der Paulus z Athen

¹⁶Wo der Paulus z Athen uf se gwartet het, het's ne z tiefscht innen erhudlet z gseh, wi di Stadt voll isch vo Götzebilder. ¹⁷Er het i der Synagoge mit de Jude und de Lüt, wo Gott verehrt hei, gredt, und Tag für Tag o uf em Märitplatz mit dene, wo grad

ume sy gsi. ¹⁸ Es paar vo de Philosophe und Epikuräer und Stoiker hei mit ihm diskutiert. Di einte hei sech gseit: «Was het ächt dä Laferi z säge?», und anderi: «Es schynt, er well für frömdi Götter weible.»
Er het äbe di gueti Botschaft vo Jesus und vo der Uferstehig prediget. ¹⁹ Si hei ne du vor d Areopag-Versammlig gfüert und gseit: «Dörfe mir wüsse, was das für ne nöiji Lehr isch, wo du da predigisch? ²⁰ Was du da vo der gisch, chunt üsnen Ohre wohl frömd vor. Mir wette erfahre, was gnau dass es isch.» ²¹ D Athener und o di Frömde, wo dert wohne, bruuche iri Zyt für nüüt lieber weder für ds Nöischte z erzelle oder z ghöre.

Der Paulus redt vor em Areopag

²² Da isch der Paulus mitts i d Areopag-Versammlig gstande und het gseit: «Liebi Manne vo Athen, nach allem, won i gseh, syt dihr gar bsunderbar yfrigi Verehrer vo de Götter. ²³ Won i nämlech i der Stadt umenand gloffe bi und eso gluegt ha, was dihr alls tüet verehre, han i o nen Altar gfunde, wo's druffe gschribe isch: ‹Em unbekannte Gott.› Was dihr da fromm tüet verehre ohni's z gchenne, das tuen ig öich predige. ²⁴ Dä Gott, wo d Wält gschaffe het samt allem, wo druffen isch, dä isch o der Herr vo Himel und Ärde. Er wohnt nid i Tämple, wo Mönschehänd gmacht hei, ²⁵ er lat sech o nid vo Mönschehänd la bediene, wi wen er d Hülf vo öpperem bruuchti. Är git ja allne Läbe und Aate und überhoupt alls. ²⁶ So het är us eim Mönsch alli Völker la wärde, wo uf der ganzen Ärde wohne. Er het zum voruus iri Läbeszyte und d Gränze vo irne Länder feschtgleit. ²⁷ Si sölle probiere Gott z finde und z begryffe. Er isch ja nid wyt ewägg vo mene jede vo üüs. ²⁸ Mir bewegen is und läbe und sy i ihm. Das hei ja o nes paar vo öine Dichter gseit: ‹Mir sy vo syr Art.› ²⁹ We mir aber scho vo der Art vo Gott sy, de sötte mir nid meine, ds Göttleche glychi em Guld oder em Silber oder em Stei. Das alls isch ja nume vo Mönschechunscht und Mönschegeischt gschaffe. ³⁰ Jitz wott Gott über di Zyten ewäggluege, wo men ihn nid het gchennt. Er lat allne Mönsche zäntume la säge, si sölle sech zum Gueten ändere. ³¹ Er het drum e Tag feschtgleit, won er di ganzi Wält grächt wird richte, und er het e Maa derfür ygsetzt: Dä het er vor allne dadermit begloubiget, dass er ne vo de Toten uferweckt het.»

³² Wo si das Wort «Uferweckig vo der Tote» ghört hei, hei di einte aafa fötzle, die andere hei gseit: «Da dervo chasch is es anders Mal brichte!» ³³ Dermit isch der Paulus etla gsi. ³⁴ Es paar Lüt hei sech bim Wägga ihm aagschlosse und sy zum Gloube cho. Eine vo ne isch der Dionysius gsi, es Mitglid vom Areopag, und e Frou, wo het Damaris gheisse, und mit dene no nes paar anderi.

Z Korinth bim Aquila und der Priszilla

18 Uf das abe isch er vo Athen abgreiset und uf Korinth cho. ² Dert het er e Jud troffe, wo Aquila gheisse het. Dä isch us Pontus gstammet und ersch vor churzem us Italie härecho, zäme mit syr Frou Priszilla, wil der Klaudius alli Jude het us Rom la uswyse. Zu dene isch der Paulus ggange, ³ und wil er ds glyche Handwärch chönne het, isch er by ne bblibe und het dert gschaffet. Si sy drum vo Bruef Zältmacher gsi.
⁴ A jedem Sabbat het er i der Synagoge gredt und het Jude und Grieche probiert z überzüge. ⁵ Wo du der Silas und der Timotheus vo Mazedonie här cho sy, het sech der Paulus descht meh für d Botschaft chönnen ysetze und het de Jude nachegwise, dass Jesus der Chrischtus isch. ⁶ Wo si nüüt dervo hei welle wüsse und nen abegmacht hei, het er d Chleider usgschüttlet und zue ne gseit: «Dihr syt sälber dschuld, we ds Gricht über nech chunt! Vo jitz aa gan i mit guetem Gwüsse zu de Heide.» ⁷ Er isch vo dert ewägg zu mene gwüsse Titius Justus, wo Gott verehrt het, hei ga predige. Sys Huus isch diräkt näbe der Synagoge gstande.
⁸ Aber der Krispus, der Vorsteher vo der Synagoge, isch mit syr ganze Familie zum Gloube a Herr cho; und vil Lüt vo Korinth, wo zueglost hei, sy zum Gloube cho und hei sech la toufe.
⁹ Einisch znacht het der Herr i neren Erschynig zum Paulus gseit: «Häb ke Angscht, red, und schwyg nume nid. ¹⁰ I bi ja mit der, und niemer söll dir öppis z leid tue. Vil Mönsche i dere Stadt ghöre mir!» ¹¹ So isch er anderthalb Jahr dert bblibe und het sen i der Botschaft vo Gott underwise.
¹² Du isch der Gallio Landvogt vo Achaia worde. Da sy d Jude wi ei Maa gäge Paulus ufgstande, hei ne vor e Richterstuel gschleipft und gseit: ¹³ «Dä Maa da verfüert d Lüt derzue, dass si Gott näbem Gsetz düre sölle verehre.» ¹⁴ No bevor der Paulus het chönne ds Muul uftue, het der Gallio zu de Jude gseit: «We's um nes Unrächt gieng oder um nes böses Lumpestück, wärti

Jude, de wär i druuf yggange, wi nes sech ghört. ¹⁵ Aber we's Zanggereie sy über ne Lehr oder über Näme oder über öies Gsetz, de lueget dihr nume sälber! I ha nid im Sinn, der Richter z spile i settigne Sache.» ¹⁶ Dermit het er se wider la abträtte vom Richterstuel. ¹⁷ Da sy si alli uf e Synagogevorsteher Sosthenes z dorf und hei ne vor em Richterstuel abgschlage. Aber der Gallio het sech überhoupt nid drum gchümmeret.

Über Ephesus hei nach Antiochia

¹⁸ Der Paulus isch no ne Zytlang z Korinth bblibe. Du het er vo de Gschwüschterti Abschid gno und isch pär Schiff nach Syrie gfahre. D Priszilla und der Aquila hei ne begleitet. Z Kenchreä het er sech no der Chopf la schäre, wil er es Glübd het abgleit gha. ¹⁹ Z Ephesus sy si usgstige. Dert het er di andere zrügg gla. Är sälber isch no i d Synagoge ggange und het mit de Jude gredt. ²⁰ Wo si ne du bbätte hei, er söll doch lenger blybe, het er nei gseit. ²¹ Er het Abschid gno und versproche: «We Gott wott, chumen i zue nech zrügg.» Und du isch er vo Ephesus abgfahre. ²² Er isch z Cäsarea glandet und uf Jerusalem ufe gwanderet, het dert d Gmeind grüesst und isch du uf Antiochia wytergreiset.

Di dritti Missionsreis

²³ Es Zytli isch er dert bblibe, und nachär isch er wider uf d Reis. Nachenand isch er dür ds galatische Land und dür Phrygie gwanderet und het alli Jünger im Gloube gchreftiget.

Der Apollos vor em Paulus z Ephesus

²⁴ Der Apollos, e gebürtigen Alexandriner Jud, wo guet het chönne rede, isch uf Ephesus cho. Er isch sehr bschlage gsi i de Schrifte. ²⁵ Derzue isch er underwise gsi im nöie Gloubeswäg zum Herr und het begeischteret und sehr gnau über Jesus gredt und glehrt. Er het aber nume d Toufi vom Johannes gchennt. ²⁶ Dä het aafa öffetlech i der Synagogen ufträtte. Wo ne d Priszilla und der Aquila ghört hei, hei si ne zue sech hei la cho und ihm der Wäg vo Gott no gnauer dargleit. ²⁷ Er het du welle nach Achaia überega. Da hei ne d Jünger i däm Plan understützt und de Jünger dert gschribe, si sölle nen ufnä. Won er dert isch aacho,

isch er de Glöubige dür sy Begabig e grossi Hilf worde. ²⁸ Er het i aller Öffetlechkeit d Jude ydrücklech widerleit und dür d Schrifte bewise, dass Jesus der Chrischtus isch.

Der Paulus z Ephesus

19 Wäret der Apollos z Korinth isch gsi, isch der Paulus dür d Bärggägete vo Chlyasie greiset. Er isch uf Ephesus abecho und het dert es paar Jünger gfunde ²und zue ne gseit: «Wo der syt zum Gloube cho, heit dihr da der heilig Geischt übercho?» Si hein ihm gantwortet: «Nei, mir hei nid emal ghört, dass es e heilige Geischt git.» ³ Er het gfragt: «Wi syt dihr de touft worde?» Si hei gantwortet: «Mit der Toufi vom Johannes.» ⁴ Der Paulus het du erklärt: «Der Johannes het touft, für d Mönsche z ändere und ne gseit, si sölle a dä gloube, wo nach ihm chöm, das heisst a Jesus.» ⁵ Wo si das hei ghört, hei si sech uf e Name vom Herr Jesus la toufe; ⁶ und wo ne der Paulus d Händ ufgleit het, isch der heilig Geischt uf sen abecho, und si hei i Zunge gredt und prophezeit. ⁷ Zämethaft syn es öppe zwölf Pärsone gsi.

⁸ Er isch o i d Synagoge ggange. Öppe drei Monet lang isch er öffetlech ufträtte, het vo Gottes Rych gredt und probiert, d Lüt dervo z überzüge. ⁹ Es paar hei nüüt dervo welle wüsse und nid lose. Si hei vor allne Lüt der nöi Gloubeswäg vernüütiget. Da het er se la sy. Er het d Jünger vo ne trennt und Tag für Tag im Hörsaal vom Tyrannus gredt. ¹⁰ So isch das zwöi Jahr lang ggange, und alli Ywoner vo der Provinz Asie hei d Botschaft vom Herr chönne ghöre, Juden und Grieche. ¹¹ Dür d Hand vom Paulus het Gott o ussergwöhnlechi Machttate la gscheh. ¹² Me het ihm sogar Schweisstüecher und Ländeschürz vom Lyb ewägg gno und de Chrankne ufgleit, de sy d Chrankheite vo ne gwiche und di böse Geischter sy usgfahre.

Tüüfel-Ustryber

¹³ Du hei o nes paar Jude, wo als Tüüfel-Ustryber umezoge sy, aafa der Name vo Jesus usrüefe über dene, wo bösi Geischter hei gha. Si hei gseit: «I beschwören öich bi däm Jesus, wo der Paulus von ihm prediget.» ¹⁴ Emne jüdischen Oberpriechter Skeuas syni sibe Sühn hei das eso gmacht. ¹⁵ Aber der bös Geischt het ne zur Antwort ggä: «Jesus gchennen i, und der Paulus isch mer

o bekannt, aber wär syt de dihr?» ¹⁶ Dermit isch dä Mönsch, wo der bös Geischt het gha, uf se losgfahre und het irere zwee bbodiget, so dass si blutt und mit Blätzen ab us däm Huus usegflüchtet sy. ¹⁷ Das isch bi allne Juden und Grieche z Ephesus bekannt worde, und alli hei sech gförchtet. Si hei der Name vo Jesus, em Herr, mit grosser Ehrfurcht globet. ¹⁸ Mänge, wo isch zum Gloube cho, isch cho bekenne und erzelle, was er bis jitze gmacht heig. ¹⁹ Vili vo dene, wo zouberet hei, hei iri Zouberbüecher bbracht und se vor allne Lüt verbrönnt. Und wo men ire Wärt usgrächnet het, isch men uf füfzgtuusig Silbermünze cho. ²⁰ So isch d Botschaft vom Herr mächtig gwachse und starch worde.

²¹ Won er sowyt isch gsi, het der Paulus Plän gmacht, er wett dür Mazedonie und d Achaia wyterreise und de uf Jerusalem zrügg ga. Er het gseit: «Und wen i de dert bi gsi, mues i no Rom gseh!» ²² Er het zwee vo syne Hälfer nach Mazedonie vorusgschickt, der Timotheus und der Erastus. Är sälber isch no nes Wyli i der Provinz Asie bblibe.

Den Epheser iri Artemis isch gross!

²³ Wäret där Zyt het's wäg em nöie Gloubeswäg e Risen-Ufruer ggä z Ephesus. ²⁴ E Silberschmid mit Name Demetrius het silberigi Tämpeli vo der Artemis gmacht und het dermit de Handwärcher e schöne Verdienscht verschaffet. ²⁵ Die het er zämegrüeft mit irnen Arbeiter, wo dranne gschaffet hei, und het ne gseit: «Manne, dihr wüsset, dass mir däm Gwärb üse Wohlstand verdanke. ²⁶ Jitz gseht und ghöret dihr, dass dä Paulus e Huuffe Lüt, nid nume vo Ephesus, nei fasch vo der ganze Provinz Asie überredt und üüs usspannet, wen er seit: ‹Was vo Hand gmacht wird, das sy keni Götter.› ²⁷ Aber nid nume üsi Gschäft chönnten e schlächte Ruef übercho, o ds Heiligtum vo der grosse Göttin Artemis chönnt für nüüt meh gachtet wärde und si chönnt ires grossen Aasehe verlüüre. Derby wird si doch i der ganze Provinz Asie und uf der ganze Wält verehrt.» ²⁸ Wo si das ghört hei, hei si e Rise-Wuet übercho und hei bbrüelet: «Den Epheser iri Artemis isch grooss!» ²⁹ Di ganzi Stadt isch i Ufregig grate, und si sy alli zäme i ds Theater grochlet. Der Gaius und der Aristarch hei si mit sech gschleipft; das sy Mazedonier gsi, wo der Paulus uf syr Reis begleitet hei. ³⁰ Der Paulus het sälber welle vor ds

APOSCHTELGSCHICHT 19. 20

Volk ga, aber d Jünger hei ne nid usegla. [31]Es paar vo de Provinzrät, won ihm hei wohlwelle, hein ihm la säge, er söll ja nid sälber i ds Theater ga. [32]Jitz hei di einte das und di andere äis bbrüelet. Di ganzi Versammlig isch eis Gstürm gsi, und di meischte hei überhoupt nid gwüsst, für was si eigetlech zämegloffe sy. [33]Us em Volk use het men em Alexander welle zum Wort verhälfe; d Jude hei ne füregschickt. Der Alexander het mit der Hand es Zeiche gmacht und vor em Volk wellen e Verteidigungsred halte. [34]Aber wo si hei gmerkt, dass er e Jud isch, het's eis einzigs Gmöögg ggä, und si hei öppe zwo Stund lang bbrüelet: «Den Epheser iri Artemis isch grooss!»
[35]Jitz ändlech het der Stadtschryber ds Volk chönne gschweigge und gseit: «Manne vo Ephesus! Wär i aller Wält wüssti nid, dass d Stadt Ephesus d Tämpelhüetere isch vo der grossen Artemis und vo irem Bild, wo vom Himel abegfallen isch? [36]Däm cha niemer widerrede. Drum beruehiget nech und machet ke groueni Sach. [37]Dihr heit di Manne da häregschleipft. Derby hei si der Tämpel nid gschäntet und o üser Göttin nüüt z leid ta. [38]We der Demetrius und d Handwärcher, wo byn ihm sy, e Chlag gägen öpper vorzbringe hei, de git's Grichtstage derfür, und es git Landvögt. Dert chöi si enand ga verchlage. [39]We dihr aber drüberuus no öppis uf em Härz heit, de cha me das i nere gsetzleche Volksversammlig erledige. [40]Jitz sy mer derzue no i Gfahr, dass mer en Aachlag wäge Ufruer a Hals überchöme wäge däm, wo hütt isch gscheh. Es git ja ke Grund, wo mir dermit dä Ufruer chönnte rächtfertige.»
Mit dene Wort het er du di Volksversammlig ufglöst.

Der Paulus reiset no einisch nach Mazedonie

20 Wo d Ufregig echly isch versuret gsi, het der Paulus d Jünger zue sech bschickt und ne Muet gmacht. Du het er Abschid gno und sech uf d Reis gmacht nach Mazedonie. [2]Er isch dür di Gägete dert gwanderet und het allnen ärschtig zuegredt. Du isch er nach Griecheland cho [3]und isch dert drei Monet bblibe. Mit emne Schiff het er welle nach Syrie zrügg fahre. Da isch us-cho, dass d Jude ihm a ds Läbe wei. Drum het er sech etschlosse, über Mazedonie zrügg z reise. [4]Begleitet hei ne der Sopater, der Suhn vom Pyrrhus us Beröa, vo Thessalonich der Aristarch und der Sekundus, de no der Gaius vo Derbe und der

Timotheus, und us der Provinz Asie der Tychikus und der Trophimus. ⁵Die sy vorusgreiset und hei z Troas uf is gwartet. ⁶Mir sy nach de Feschttage vo den ungsüürete Brot z Philippi abgfahre und sy füf Tag speter zue ne uf Troas cho. Dert sy mer e Wuche bblibe.

Der Eutychus uf em Fänschtersimse

⁷Am erschte Tag vo der Wuche sy mer binenand gsi für zäme ds Aabetmahl z fyre. Der Paulus het zuen is gredt und, wil er am andere Tag het wellen abreise, het er e längi Red gha, bis gäge Mitternacht. ⁸Vil Lampe hei i där Dachstube bbrönnt, wo mer binenand sy gsi. ⁹E junge Maa, der Eutychus, isch uf em Fänschtersimse gsässe, und wo der Paulus geng wyter gredt het, isch er fescht ygschlafe. Im tiefe Schlaf isch er vom dritte Stock abegfalle und me het ne für tot ufgläse. ¹⁰Der Paulus isch o abeggange, het sech über ne bbückt, het nen i d Arme gno und gseit: «Machet kes Wäse, er isch no am Läbe.» ¹¹Du isch er wider ufeggange, het ds Brot bbroche und ggässe. Er het no lang wytergredt, bis es taget het. Du isch er abgreiset. ¹²Dä jung Maa hei si läbig chönne heibringe und sy grüüslech froh gsi drüber.

Mit em Schiff nach Milet

¹³Underdesse sy mir z voruus uf ds Schiff und nach Assus gfahre. Dert hei mer is mit em Paulus welle träffe; so het er's mit is abgmacht. Är sälber het welle z Fuess ga. ¹⁴Won er is z Assus troffe het, isch er mit üüs zäme uf em Schiff nach Mitylene gfahre. ¹⁵Vo dert sy mer wyters und am nächschte Tag uf d Höchi vo Chios cho. Am Tag druuf hei mer z Samos aagleit, und z morndrisch sy mer nach Milet cho. ¹⁶Der Paulus het gfunde, er well a Ephesus verbyfahre, für i der Provinz Asie ke Zyt z versuume. Er het drum pressiert, wil er a der Pfingschte het welle z Jerusalem sy, wen es sech liess la mache.

Der Abschid vo den Epheser

¹⁷Vo Milet uus het er uf Ephesus bbrichtet und der Gmeindsvorstand la härecho. ¹⁸Wo si sy byn ihm aacho, het er zue ne gseit:

«Dihr wüsset, win i vom erschte Tag aa, sit dass ig i d Provinz Asie bi cho, bi öich di ganzi Zyt gläbt ha: [19] I ha em Herr ddienet, bi mängisch ganz undedüre ggange und i Träne gsi, o i mänger schlimme Not, we mer d Jude bös hei welle. [20] I ha nech nüüt verschwige, wo dihr nötig heit. I ha nech's z wüsse ta und nech's glehrt, öffetlech und privat. [21] De Jude und de Grieche han ig i ds Gwüsse gredt, si söllen umchehre zu Gott und a Jesus, üse Herr, gloube.
[22] Jitz gan i, vom Geischt gfesslet, uf Jerusalem. I weis nid, was mer dert wartet. [23] Der heilig Geischt seit mer nume i jeder Stadt voruus, dass mer Chefi und mängs Leids drööit. [24] A mym Läbe lyt mer nid vil. Wen i nume bis zum Schluss dä Dienscht cha düresta, wo mir Jesus, der Herr uftreit het: nämlech di gueti Botschaft vo Gottes Gnad z bezüge.
[25] Lueget, i weis, dass dihr mi nümme wärdet gseh, dihr alli, won i by nech Gottes Rych prediget ha. [26] Drum sägen ig öich hütt fyrlech, dass i nid dschuld bi, we's mit öpperem lätz geit. [27] I ha nech würklech alls bekannt gmacht, was Gott mit öich im Sinn het. [28] Passet uf öich sälber uuf und uf di ganzi Härde, wo nech der heilig Geischt als Hirte drüber ygsetzt het, für dass dihr d Gmeind vom Herr hüetet, won är sech mit sym eigete Bluet erworbe het. [29] I weis genau: Wen i wägg bi, de chöme strubi Wölf zue nech, wo di Härde nid wärde schone. [30] O us üsnen eigete Reie stande de Mannen uuf, wo verchehrts Züüg rede, für dass d Jünger ine nacheloufe. [31] Drum gät acht und dänket draa: Drü Jahr lang han i Tag und Nacht nid ufghört, emene jede zuezrede, mängisch mit Träne! [32] Und jitz söll Gott nech bhüete und d Botschaft vo syr Gnad; si het d Chraft, ufzboue und öich ds Erb z gä, zäme mit allne, wo sy Chrischte worde. [33] Silber, Guld oder es Chleid han i nie ghöische. [34] Dihr wüsset sälber: Myni Händ da hei gsorget für das, won i bbruucht ha für mi und myni Mitarbeiter. [35] Uf all Wys und Wäg han i nech zeigt, wie me söll schaffe und sech söll um di Schwache kümmere. Me söll o a di Wort vo Jesus, em Herr, dänke: ‹Gä macht glücklech, nid nä,› het är gseit.»
[36] Won er so het gredt gha, isch er mit allne zäme abegchnöilet und het bbättet. [37] Da hei si alli grüslech aafa briegge. Si sy em Paulus um e Hals gfalle und hein ihm es Abschidsmüntschi ggä. [38] Am meischte het es se dduuret, dass er gseit het, si wärdi ne nie meh gseh. Nachär hei si ne uf ds Schiff begleitet.

D Heifahrt nach Jerusalem

21 ¹Mir hein is vo ne losgrisse, sy abgfahre und diräkt nach Kos cho, am andere Tag nach Rhodos und vo dert nach Patara. ²Wo mer es Schiff nach Phönizie gfunde hei, sy mer ygstige und mitgfahre. ³Zypere hei mer gseh, sy aber linggs drann verby nach Syrie gfahre und z Tyrus usgstige. Dert het das Schiff sy Ladig glösche. ⁴Mir sy dert ga d Jünger bsueche und e Wuche by ne bblibe. Die hei der Paulus dür e heilige Geischt gwarnet vor der Reis uf Jerusalem. ⁵Wo d Zyt für üüs isch verby gsi, hei mer is uf e Wäg gmacht. Alli hein is begleitet, o d Frouen und d Chinder, bis vor d Stadt use. Am Ufer sy mer abegchnöilet, hei bbättet ⁶und vonenand Abschid gno. Mir sy uf ds Schiff, und di andere sy heiggange. ⁷Vo Tyrus ewägg sy mer no bis Ptolemais mit em Schiff gfahre. Dert hei mer d Brüeder ggrüesst und syn e Tag by ne bblibe. ⁸Zmornderisch sy mer bis Cäsarea gloffe. Mir sy zum Evangelischt Philippus heiggange. Das isch ja eine vo de Sibne (gwählte Hälfer) gsi. Bi ihm sy mer bblibe. ⁹Er het vier Töchtere gha, luter ledigi Meitschi, wo hei chönne prophezeie.

Der Prophet Agabus warnet

¹⁰Es paar Tag sy mer dert gsi, da isch vo Judäa här e Prophet cho, dä het Agabus gheisse. ¹¹Er isch zuen is cho, het em Paulus der Gurt gno, het ne um syni Füess und Händ bbunde und gseit: «Das seit der heilig Geischt: Der Maa, won ihm dä Gurt ghört, dä binde de d Jude z Jerusalem eso und lifere ne de Heide uus.» ¹²Das ghöre und ihm aaha, er söll nid uf Jerusalem ga, isch für üüs eis gsi. ¹³Da het der Paulus gantwortet: «Warum briegget dihr und machet mir ds Härz schwär? I für mi bi parat, mi z Jerusalem la gfange z nä und o z stärbe für e Name vo Jesus, em Herr.» ¹⁴Mir hei der Paulus nid dervo abbracht. Da hei mer's ufggä und gseit: «Was der Herr wott, söll gscheh.»
¹⁵Na dene paar Tage hei mer is zwäggmacht und sy uf Jerusalem gwanderet. ¹⁶Es sy o nes paar Jünger vo Cäsarea mit is cho, wo nis zu mene Mnason vo Zypere gfüert hei. Er isch sit vilne Jahre Jünger gsi. Bi däm hei mer sölle wohne. ¹⁷Wo mer uf Jerusalem cho sy, hein is d Jünger sehr fründlech ufgno.

Der Paulus redt mit de Gmeindsleiter

¹⁸ Z morndrisch isch der Paulus mit üüs zäme zum Jakobus ggange, und alli Gmeindsleiter sy o häre cho. ¹⁹ Er het se ggrüesst und het ne bis i ds Chlynschten alls erzellt, was Gott bi de Heide dür sy Dienscht het gwürkt. ²⁰ Wo si das ghört hei, hei si Gott globet und zuen ihm gseit: «Liebe Brueder, lue, es git o bi de Jude mängs tuusig Glöubigi. Die alli halte aber ds Gsetz i eim Yfer. ²¹ Dene het me vo dir bbrichtet, du lehrisch, alli Jude, wo bi de Heide wohne, chönni vom Mose abfalle; du sägisch, si bruuchi d Chinder nid z beschnyde und nümm na de jüdische Brüüch z läbe. ²² Was wei mer jitz? Sicher ghöre si gly, dass du cho bisch. ²³ Mach doch bitte, was mir dir jitz säge: Bi üüs git's vier Manne, wo nes Glübd hei ta. ²⁴ Gang mit ne, tue di mit ine zäme reinige und zahl ne ds Haarschnyde im Tämpel (für ds Glübd abzschliesse). Däwä chöi alli gseh, dass du i dym Läbe ds Gsetz haltisch, und dass das nid stimmt, was me vo dir seit. ²⁵ Was d Heiden aageit, wo zum Gloube sy cho, so hei mir ja üse Entscheid bekannt ggä: Si sölle acht gä vor Götzenopferfleisch, vor Bluet, vor Ersticktem und vor Unzucht.»

²⁶ Zmorndrisch also het sech der Paulus zäme mit dene Manne greiniget und isch i Tämpel ggange. Dert het er gmäldet, d Tage vo der Reinigung syge z Änd, sobald är no für jede vo nen es Opfer bbracht heig.

Ufruer und Gfangenahm

²⁷ Di sibe Tag im Tämpel sy fasch ume gsi, da hei ne d Jude us der Provinz Asie dert erlickt und hei ds ganze Volk i Gusel bbracht. Si hei ne packt ²⁸ und bbrüelet: «Manne, Israelite, z Hülf! Das isch jitz äbe dä, wo alli zäntume gägen üses Volk und gäge ds Gsetz und gäge dä heilig Ort ufhetzt! Jitz het er no Grieche i Tämpel ynegschleipft und dä heilig Ort gschäntet!» ²⁹ Si hei drum vorhär der Trophimus us Ephesus byn ihm gseh sta, und jitz hei si gmeint, der Paulus heig dä i Tämpel mitgno. ³⁰ Di ganzi Stadt isch i eir Ufregig gsi, ds Volk isch a d Hüüffe gloffe, me het der Paulus packt und ne zum Tämpel uus gschleipft, und enanderenaa sy d Tor bschlosse worde.

³¹ Scho sy si druff und dranne gsi, ne z todzschla, da isch em Oberscht vom Wachregimänt gmäldet worde, ganz Jerusalem

syg i eim Ufruer. ³²Dä isch uf der Stell mit Soldaten und Offizier usgrückt und uf se los. Wo die der Oberscht mit syne Truppe hei gseh, hei si ufghört uf e Paulus yzbrätsche. ³³Der Oberscht isch härecho, het ne la verhafte und befole, me söll ne mit zwone Chettine fessle. Du het er gfragt, wär er syg und was er bbosget heig. ³⁴Im Gräbel inne hei si dürenand bbrüelet, der eint dis und der ander äis. Ob allem däm Lärme het er nüüt rächts verstande, drum het er ne i d Gasärne la füere. ³⁵Wo si zur Stäge cho sy, hei ne d Soldate müesse trage, wil es settigs Gstungg isch gsi. ³⁶Ds ganze Volksgstüchel isch ne drum nachegloffe und het bbrüelet: «Schlöt ne z tod!»
³⁷Wo si ne i d Gasärne hei welle ynefüere, het der Paulus zum Oberscht gseit: «Dörft i dir öppis säge?» Dä antwortet: «Jä was, du chasch Griechisch? ³⁸De bisch du nid dä Ägypter, wo voletscht grevoluzget het und mit viertuusig Dolchmanne ab i d Wüeschti isch?» ³⁹Der Paulus het gseit: «I bi ne Jud, i bi Bürger vo der bekannte Stadt Tarsus i Zilizie; bis doch so guet und la mi es paar Wort zum Volk la säge!» ⁴⁰Er het ihms erloubt. Der Paulus isch uf d Stäge gstande und het mit der Hand em Volk gwunke. Es isch ganz still worde. Du het er uf Hebräisch aafa rede.

Der Paulus verteidiget sech vor em Volk

22 «Liebi Brüeder und Vätter, loset, i wett mi vor öich verteidige!» ²Wo si ghört hei, dass er sen uf hebräisch aaredt, sy si no stiller worde. Er seit: ³«I bi Jud, uf d Wält cho bin i z Tarsus in Zilizie, aber hie i dere Stadt bin i gschuelet worde. I ha bim Gamaliel studiert und ds Gsetz vo de Vätter i syr ganze Strängi glehrt. I ha mi für Gott ygsetzt grad eso wi dihr hütt alli. ⁴Drum han i der nöi Gloubeswäg bis uf ds Bluet verfolget, ha Manne und Froue gfesslet und sen i d Chefine ygliferet; ⁵der Hohepriechter und der ganz jüdisch Rat cha mer das bestätige. Vo dene han i mir ja o la Briefe gä für d Brüeder vo Damaskus; i bi derthi ggange für o dert d Lüt z verhafte und se uf Jerusalem z bringe für se z strafe. ⁶Uf der Reis, scho i der Neechi vo Damaskus, um di zwölfe zmittag, lüüchtet uf ds Mal e gwaltige Liechtschyn vom Himel här um mi ume. ⁷I bi uf e Bode gfalle, und da han i e Stimm ghört, wo zue mer seit: ‹Saul, Saul, warum verfolgsch du mi?› ⁸I ha gantwortet: ‹Herr, wär

bisch?› Er seit zue mer: ‹I bi Jesus, der Nazoräer, dä, wo du tuesch verfolge.› ⁹ Myni Begleiter hei ds Liecht gseh, aber si hei d Stimm vo däm nid ghört, wo mit mer gredt het. ¹⁰ Du han i gseit: ‹Herr, was söll i mache?› Und der Herr het zue mer gseit: ‹Stand uuf, gang uf Damaskus, dert seit me der de alls, wo du söllsch mache.› ¹¹ Das Liecht het mi so bbländet, dass i nüüt meh ha gseh, drum hei mi myni Begleiter a der Hand gfüert, und so bin i uf Damaskus cho. ¹² Dert het e gsetzeströie Maa gwohnt, der Hananias, wo bi allne Jude der bescht Ruef het gha. ¹³ Dä isch mi cho bsueche und het gseit: ‹Brueder Saul, du söllsch wider chönne gseh!› Im glychen Ougeblick han i ne gseh. ¹⁴ Er het gseit: ‹Der Gott vo üsne Vätter het grad dir welle sy Wille z wüsse tue. Drum hesch du Chrischtus müesse gseh und ihn sälber ghöre rede. ¹⁵ Jitz muesch du vor allne Mönsche sy Züge sy für das, wo du gseh und ghört hesch. ¹⁶ Wart nid lenger. Stand uuf, rüef sy Namen aa, la di la toufe und dyni Sünde la abwäsche.› ¹⁷ Won i speter uf Jerusalem zrüggcho bi und im Tämpel bbättet ha, da han ig ihn i neren Erschynig gseh. ¹⁸ Er het mer gseit: ‹Gang schleunigscht furt vo Jerusalem, hie nä si drum dys Zügnis über mi nid aa.› ¹⁹ Aber i ha gseit: ‹Herr, si wüsse doch sälber, dass i dä bi gsi, wo d Lüt wäg irem Gloube het la i d Chefi tue und i de Synagoge mit Riemen abschla. ²⁰ Wo dy Märtyrer Stephanus het müesse ds Läbe la, da bin i sälber o derbygstande, ha wohlgläbt drann und ha uf d Chleider vo denen ufpasst, wo ne tödt hei.› ²¹ Aber är het mer gseit: ‹Gang, i wott di wyt furt zu de Heide schicke.›»

Der Paulus und der römisch Kommandant

²² Bis dahäre hei sin ihm zueglost, du hei si aafa brüele: «Ab der Wält mit ihm, so eine bruucht nid z läbe!» ²³ Si hei bbrüelet, d Chleider ufgschosse und Stoub ufgwürblet. ²⁴ Da het ne der Oberscht la i d Gasärne ynefüere; er het befole, me söll nen uspöitsche und ne derby verhöre, für z vernä, wiso die derewäg gäge ne brüele. ²⁵ Wo si ne scho für ds Uspöitsche zwäggstreckt hei, het der Paulus zum Houpme, wo derbygstanden isch, gseit: «Dörfet dihr eigetlech e römische Bürger uspöitsche, ohni dass er verurteilt isch?» ²⁶ Der Houpme ghört das, geit zum Oberscht und mäldet ihm: «Pass uuf, was d machsch! Dä Maa isch ja

römische Bürger!» ²⁷ Der Oberscht chunt häre und seit: «Was, du bisch römische Bürger?» Er antwortet: «Ja!» ²⁸ Der Oberscht seit: «Das Bürgerrächt han i für ne Huuffe Gäld müesse choufe!» Der Paulus git ume: «I ha's vo Geburt aa!» ²⁹ Die, wo ne hei welle i ds Verhör nä, hei nen enanderenaa losbbunde, und em Oberscht het's ddotteret, won er gmerkt het, dass er e römische Bürger het la fessle!

³⁰ Er het jitz gnau welle wüsse, was ihm d Jude vorwärfe. Drum het er am andere Morge d Oberpriechter und der ganz höch Rat zu nere Sitzig la zämerüefe. Der Paulus het er ohni Fessle la abebringe und vor se häregstellt.

Vor em jüdische Rat

23 Der Paulus het der Rat fescht aagluegt und gseit: «Liebi Brüeder, i ha bis zum hüttige Tag Gott mit guetem Gwüsse ddienet.» ² Da het der Hohepriechter Hananias dene, wo näben ihm gstande sy, befole, ihm uf ds Muul z houe. ³ Da seit der Paulus zuen ihm: «Di schlat de no Gott, du gwyssgeti Wand! Du hockisch da, für nach em Gsetz z richte, aber jitz lasch du mi gäge jedes Gsetz la schla!» ⁴ Die wo derby sy gstande, hei gseit: «Höisch nid use gäg e Hohepriechter!» ⁵ Der Paulus het gseit: «Brüeder, i ha würklech nid gwüsst, dass das der Hohepriechter isch. Es steit ja gschribe: ‹Emene Vorgsetzte vo dym Volk söllsch nüüt Böses säge.›» ⁶ Em Paulus isch du z Sinn cho, dass di einti Helfti vom Rat zu de Sadduzäer ghört und di anderi zu de Pharisäer. Da het er lut i Rat usegrüeft: «Liebi Brüeder, i bin e Pharisäer, e Suhn vo Pharisäer, i stande vor Gricht, wil i d Hoffnig ha, dass di Tote uferstande!» ⁷ Chuum het er das gseit, hei d Pharisäer und d Sadduzäer zäme Chritz übercho und mit der Einigkeit isch es uus und fertig gsi. ⁸ D Sadduzäer säge drum, es gäbi ke Uferstehig, o keni Ängel und ke Geischt. D Pharisäer hingäge glouben a beids. ⁹ Es het e grossi Chäderete abgsetzt. Es paar vo de Schriftgelehrte vo der Pharisäer-Partei sy ufgstande und hei drybbrüelet: «Mir chöi nüüt Böses a däm Maa finde; vilecht het e Geischt oder en Ängel mit ihm gredt?» ¹⁰ Jitz het's e Rise-Krach ggä. Da het der Oberscht Angscht gha, si chönnte der Paulus am Ändi no verschrysse, drum het er d Truppe la abecho, ne la usereiche und ne i d Gasärne la abfüere.

APOSCHTELGSCHICHT 23

¹¹I der Nacht druuf isch der Herr zuen ihm cho und het ihm gseit: «Häb guete Muet: So wi du z Jerusalem für my Sach yträtte bisch, so söllsch du o z Rom derfür yträtte.»

Si wei em Paulus a ds Läbe

¹²Wo's taget het, hei sech d Jude zämeta und sech im stille verschwore, si welle nüüt meh ässe und trinke, bis si der Paulus tödt heige. ¹³Es sy irere meh weder vierzg gsi, wo sech däwä verschwore hei. ¹⁴Si sy zu den Oberpriechter und de Ratsherre ggange und hei gseit: «Mir hein is heilig verschwore, mer nämi nüüt meh i ds Muul, bis mer der Paulus umbbracht heige. ¹⁵Säget doch jitz, zäme mit em höche Rat, em Oberscht, er söll nech ne no einisch la vorfüere, dihr wellet di Sach no besser undersueche; mir sy de parat für ne z töde, no bevor er i öiji Neechi chunt.» ¹⁶Der Schwöschtersuhn vom Paulus het vo däm Plan ghört. Er isch i d Gasärne ufe und het's em Paulus bbrichtet. ¹⁷Der Paulus lat eine vo de Houptlüt la cho und seit ihm: «Füer dä jung Maa da zum Oberscht, er het ihm öppis z mälde!» ¹⁸Dä begleitet ne zum Oberscht und seit däm: «Der Gfangnig, der Paulus, het mi la cho und mi bbätte, dir dä jung Maa z bringe, er heig dir öppis z säge.» ¹⁹Der Oberscht nimmt ne a der Hand, geit mit ihm echly uf d Syte und fragt ne: «Was hesch mer z mälde?» ²⁰Dä seit: «D Jude plane, di z bitte, der Paulus morn no einisch vor e höche Rat z füere, wi we me di Sach no gnauer wett undersueche. ²¹Aber gib ne nid naa; es hei sech drum meh weder vierzg Manne vo ne verschwore, si welle nüüt ässe und nüüt trinke, bis si ne tödt heige. Si sy jitz scho parat und warte nume no druuf, dass du ja seisch.» ²²Der Oberscht het däm junge Maa bim Adieusäge ygscherft: «Verrat niemerem, dass d mer das gseit hesch!»

Der Paulus wird nach Cäsarea bbracht

²³Er het zwee vo de Houptlüt häregrüeft und ne befole, zwöihundert Soldate parat z mache, für znacht na de nüüne uf Cäsarea z marschiere, derzue sibezg Ryter und zwöihundert Bogeschütze; ²⁴si sölli o Tier rüschte, für dass der Paulus chönni ryte und ohni Schade zum Landvogt Felix chöm. ²⁵Derzue het er e Brief gschribe, drinn het's gheisse:

²⁶«Der Klaudius Lysias grüesst der hochverehrt Landvogt Felix! ²⁷ Dä Maa da isch vo de Jude ufggriffe und bi mene Haar tödt worde. I bi mit der Truppe derzue cho und ha nen usegholt, wil i ghört ha, dass er e Römer isch. ²⁸ I ha du welle wüsse, was sin ihm vorwärfe, und ha ne vor ire höche Rat la füere; ²⁹ da han i erfahre, dass si ne verchlage wäge Strytfragen über ires Gsetz; 's isch aber ke Chlag da, won er derwäge Chefi oder Tod verdienti. ³⁰ Jitz isch e Verschwörig gäge dä Maa aazeigt worde, drum schicken i ne sofort zu dir. I ha o de Chleger Bscheid gmacht, si sölle vor di bringe, was si gäge ne heige.»

³¹ D Soldate hei dä Befähl usgfüert und der Paulus no znacht nach Antipatris gfüert. ³² Am nächschte Tag hei si d Ryter mit ihm la wyterzie und sy i d Gasärne zrüggmarschiert. ³³ Wo die du uf Cäsarea cho sy, hei si em Landvogt der Brief abggä und o der Paulus vor ne gfüert. ³⁴ Er het der Brief gläse, het ne gfragt, us weler Provinz dass er syg, und won er erfahre het, er chöm us Zilizie, ³⁵ het er gseit: «I tue di de verhöre, wen o die da sy, wo di verchlage.» Du het er befole, me söll ne im Palascht vom Herodes under Bewachig stelle.

D Aachlag vom Hoheprieschter gäge Paulus

24 Füf Tag speter isch der Hoheprieschter Hananias mit es paarne Ratsherre und emne Fürspräch, emne gwüsse Tertullus, derhär cho. Die hei der Paulus bim Landvogt aazeigt. ² Me het ne häregrüeft, und der Tertullus het d Chlag gäge ne gfüert und gseit:

«Hochverehrte Herr Landvogt! Dir verdanke mir zäntume Fride, und dür dy fürsorglechi Amtsfüerung darf ds hiesige Volk ³ überall und i jeder Beziehig i Gnuss vo Verbesserunge cho, was mir mit grossem Dank tüe anerchenne. ⁴ I möchti dy koschtbari Zyt nid z lang i Aaspruch nä. I bitte di nume, du möchtisch i dyr bekannte Fründlechkeit üüs es Momänteli aalose. ⁵ Mir hei also usegfunde, dass dä Maa da es wahrs Chräbsübel isch. Er hetzt d Jude i der ganze Wält uuf und derzue isch er der Aafüerer vo der Sekte vo de Nazoräer; ⁶ nid gnue, sogar der Tämpel het er probiert z schänte. Mir hei ne grad no vorhär chönne verhafte. ⁸ We du nen i ds Verhör nimmsch, chasch du us synen eigete Ussage usemerke, wäge was allem mir ihn tüe aachlage.» ⁹ D Jude hei nacheddopplet und beschtätiget, es syg alls eso.

Der Paulus verteidiget sech vor em Landvogt

¹⁰ Der Landvogt het em Paulus erlaubt z rede, da het er gantwortet: «I weis, dass du sit vilne Jahre bi däm Volk Richter bisch, drum tuen i my Sach zueversichtlech verteidige. ¹¹ Du chasch nacheprüefe, dass es nid meh weder zwölf Tag här sy, sit dass i nach Jerusalem ufeggange bi, für dert ga aazbätte. ¹² Mit niemerem han i gredt und niemeren han i ufgreiset, weder im Tämpel no i de Synagoge, no i der Stadt. ¹³ Si chöi dir o ke Bewys für das bringe, wo si mi jitz derwägen aachlage. ¹⁴ Aber i bekenne dir, dass i na där Lehr, wo si neren e Sekte säge, em Gott vo de Vätter tue diene. I glouben a alls, wo im Gsetz und i de Prophete gschriben isch. ¹⁵ I ha di glychi Hoffnig uf Gott, wi die sen o bekenne, nämlech dass es en Uferstehig vo de Grächte und vo de Ungrächte wird gä. ¹⁶ Drum giben i mer Müej, vor Gott und de Mönsche geng es subers Gwüsse z ha. ¹⁷ Na vilne Jahre bin i jitz wider hiehäre cho, für mym Volk e Gäldunderstützig z bringe und für z opfere. ¹⁸ Won i mi da derfür gheiliget ha, hei si mi im Tämpel entdeckt, aber nid imene grosse Huuffe oder imene Gstüchel inne. ¹⁹ Es paar Jude us der Provinz Asie hei mi gseh. Die sötte hie vor dir sta und chlage, we si öppis gäge mi vorzbringe hätte. ²⁰ Oder de sölle die hie sälber säge, weles Verbräche si a mir gfunde hei, won i vor em höche Rat bi gstande; ²¹ es chönnt im üsserschte Fall das einte Wort sy, won i grüeft ha, denn won i vor ne gstande bi: ‹Wäge der Uferstehig vo de Tote stan i hütt vor öiem Gricht!›»

Der Felix und sy Frou losen em Paulus zue

²² Da het der Felix dä Handel vertaget. Er het rächt guet Bscheid gwüsst über e nöi Gloubeswäg und het gseit: «We de der Oberscht Lysias hiehäre chunt, chan i de öiji Sach etscheide.» ²³ Em Houpme het er befole, er söll nen i der Haft bhalte, me söll ihm sen aber erliechtere und kem vo syne Lüt dervor sy, für ne z sorge.
²⁴ Es paar Tag speter isch der Felix zäme mit syr Frou Drusilla, wo ne Jüdin isch gsi, cho und het der Paulus la rüefe. Er het glost, was er über e Gloube a Chrischtus Jesus seit. ²⁵ Won er aber gredt het über Grächtigkeit, über nes aaständigs Läbe und über ds zuekünftige Gricht, da het's em Felix aafa dottere und er het gseit: «Es tuet's für hütt, du chasch ga; i la di de bi Glägeheit ume la

cho.» ²⁶Er het o druuf zellt, der Paulus gäb ihm de Gäld; drum het er ne no mängisch la cho und het mit ihm bbrichtet. ²⁷Wo zwöi Jahr sy ume gsi, isch der Felix abglöst worde. A sy Stell isch der Porzius Festus cho. Der Felix het de Jude no welle e Gfalle tue, und het der Paulus gfesslet zrügg gla.

Der Paulus leit Beruefig y

25 Der Festus het sy Landvogtei aaträtte und isch nach dreine Tage vo Cäsarea nach Jerusalem ufegreiset. ²D Oberpriechter und di jüdische Ratsherre sy byn ihm vorstellig worde gäge Paulus und hei als bsunderi Gunscht erbätte, ³er söll nen uf Jerusalem la cho. Si hei planet, ihm underwägs la ufzluure und ne la umzbringe. ⁴Aber der Festus het ne erklärt, der Paulus syg z Cäsarea i Haft, und är sälber reisi gly einisch derthi zrügg. ⁵«Die vo öich», het er gseit, «wo Vollmacht hei, chöi grad mit mer abecho. De chöi si d Chlag vorbringe, we a däm Maa öppis Unrächts isch.»

⁶Er isch numen öppe acht bis zäh Tag by ne bblibe, du isch er nach Cäsarea abegreiset. Am Tag druuf isch er uf e Richterstuel gsässe und het der Paulus härebefole. ⁷Wo dä cho isch, sy d Jude, wo vo Jerusalem abecho sy, um nen umegstande. Si hei vili und schwäri Chlage derhärbbracht, aber keni dervo hei si chönne bewyse. ⁸Der Paulus het sech verteidiget: «I ha mi weder gäge ds Gsetz vo de Jude no gäge Tämpel verfählt, und o nid gäge Cheiser.» ⁹Der Festus het de Jude welle eggägecho und het zum Paulus gseit: «Bisch yverstande nach Jerusalem ufezga, für dert wäge dene Sache vo mir ds Urteil z erfahre?» ¹⁰Aber der Paulus het gantwortet: «I stande vor em Richterstuel vom Cheiser, i muess däm sys Urteil vernä. De Jude han i kes Unrächt ta, das weisch du ja ganz guet. ¹¹Bin i im Unrächt, oder han i öppis gmacht, wo der Tod verdienet, de nimen i der Tod uf mi ohni Widerred. We's aber nüüt isch mit de Chlage vo dene da, de het niemer ds Rächt, mi ihne uszlifere. I appelliere a Cheiser.» ¹²Drufabe het der Festus mit syne Rät gredt und der Bscheid ggä: «A Cheiser hesch appelliert, vor e Cheiser söllsch cho.»

Der Bsuech vom Agrippa II. und der Berenike

¹³Es paar Tag speter isch der Chünig Agrippa und d Berenike uf Cäsarea cho, für e Festus cho z grüesse. ¹⁴Si sy es paar Tag dert

APOSCHTELGSCHICHT 25

bblibe. Da het der Festus em Chünig der Fall vom Paulus vorgleit und gseit: «Da isch mer vom Felix e Gfangene hinderla worde. [15] Won i z Jerusalem bi gsi, sy d Oberprieschter und di jüdische Ratsherre synetwäge zue mer cho und hei begährt, i söll ne verurteile. [16] Dene han i der Bscheid ggä, d Römer heige's nid zum Bruuch, irget e Mönsch a ds Mässer z lifere, bevor der Aagchlagt syni Chläger pärsönlech vor sech heig und d Müglechkeit überchömi, sech gäge d Vorwürf z verteidige. [17] Wo si du mit mir hiehäre cho sy, han i's nid öppe uf di längi Bank gschobe. Am nächschte Tag scho bi i uf e Richterstuel gsässe und ha dä Maa la vorfüere. [18] D Chläger, wo ufträtte sy, hein ihm keis vo dene Verbräche fürgha, won i so ddänkt hätti. [19] Es geit by ne um Differänze wägen irer Religion, und de no wäge mene gwüsse Jesus, wo gstorben isch, und wo der Paulus seit, er läbi. [20] I bi nid kompetänt, für i settigne Sache en Undersuechig z füere und ha gfragt, öb er well uf Jerusalem reise für dert der Prozäss i dere Sach z füere. [21] Aber der Paulus het Beruefig ygleit: Er well i der Haft blybe, bis di cheiserlechi Majeschtät entschide heig. So lan i ne jitz i der Haft, bis i ne cha zum Cheiser schicke.» [22] Der Agrippa het zum Festus gseit: «I wett dä Ma ganz gärn sälber o ghöre.» – «Morn», het er gantwortet, «chasch ne ghöre». [23] Am morndrige Tag sy der Agrippa und d Berenike cho – es isch es prächtigs Luege gsi! – und sy i Audiänzsaal yneggange zäme mit de höchen Offizier und de fürnämschte Pärsönlechkeite vo der Stadt. Uf e Befähl vom Festus het me der Paulus ynegfüert. [24] Der Festus het gseit: «Chünig Agrippa, myni Herren alli, wo hie bi üüs aawäsend sy! Dihr gseht hie dä Maa. Ds ganze jüdische Volk setzt mer wägen ihm zue, hie und z Jerusalem; geng brüele si, er dörf nümme lenger läbe. [25] Aber i ha gseh, dass er sech nüüt het la z schulde cho, wo der Tod verdienet hätti; won er du sälber a di cheiserlechi Majeschtät appelliert het, han i verfüegt, ne zu ihm z schicke. [26] Wil i aber jitz em Cheiser nüüt Sichers weiss z schrybe über ne, han i ne öich la vorfüere, bsunders aber dir, Chünig Agrippa. Na dere Undersuechig weis i de, was schrybe.
[27] Es dunkt mi nämlech, es heig ke Sinn, e Gfangnige zum Cheiser z schicke, ohni dass men aagit, was men ihm vorwirft.»

Der Paulus redt vorem Agrippa II.

26 Da het der Agrippa zum Paulus gseit: «I erloube dir, dy Sach z verträtte.» Der Paulus het sy Hand ufgha und sech verteidiget: ²«Chünig Agrippa, i schetze mi glücklech, dass i mi hütt vor dir darf verteidige wägen allem, wo d Jude mir vorwärfe. ³Du bisch ja en usgezeichnete Kenner vo allne Brüüch und allne verschidene Lehrmeinige vo de Jude; drum bitten i di, los mer geduldig zue. ⁴Mys Läbe, vo Juget aa, win i vo Aafang aa bi mym Volk und z Jerusalem gläbt ha, isch allne Jude bekannt, wo mi vo früecher här gchenne. ⁵ Si chönnte Züge sy derfür, dass i na der strängschte Richtig vo üsem Gloube gläbt ha, als Pharisäer nämlech. ⁶Und jitz standen i hie und bi aagchlagt, wil i hoffe uf d Verheissig, wo Gott üsne Vätter ggä het. ⁷Üsi zwölf Stämm plange ja o druuf, dass si das erläbe, und drum diene si ja Gott Tag und Nacht. Wäge dere Hoffnig, Chünig Agrippa, wirden i usgrächnet vo de Juden aagchlagt! ⁸Warum luegt me's eigetlech bi öich Jude für so ungloublech aa, dass Gott tüej Toti uferwecke? ⁹I für mi ha einisch o gmeint, i chönni nid gnue gäge Name vom Nazoräer Jesus chriege. ¹⁰Das han i z Jerusalem de o gmacht; i ha vili vo de Chrischte la i d Chefi tue, i ha vo den Oberpriechter d Vollmacht derzue übercho. Und we me se het welle hirichte, han i o derfür gstimmt. ¹¹I allne Synagoge han i se mängisch mit Gwalt zwunge z widerrüefe; i ha gäge se gwüetet, es het eke Gattig gha, und ha se verfolget bis i d Stedt im Ussland. ¹²Won i zu däm Zwäck bi uf Damaskus greiset – d Oberpriechter hei mer's erloubt und Vollmacht derzue ggä – ¹³da han i underwägs am heiterhälle Tag, Chünig, vom Himel aben es Liecht gseh schyne, wo um mi und myni Begleiter ume glüüchtet het, vil häller weder d Sunne. ¹⁴Mir sy alli uf e Bode gfalle, und i ha ne Stimm uf hebräisch ghöre zue mer säge: ‹Saul, Saul, warum verfolgsch du mi? Es treit der nüüt ab, gäge mi z chriege!› ¹⁵I ha gseit: ‹Herr, wär bisch du?› Der Herr het zur Antwort ggä: ‹I bi Jesus, dä, wo du tuesch verfolge! ¹⁶Aber häb jitz uuf, stand uf d Füess! I bi dir erschine, für di zu mym Züge z mache. Du hesch mi jitz gseh, und i zeige mi dir de no meh. ¹⁷I ha di usgläse us em Volk und us de Heide, wil i di de wott zue ne schicke, ¹⁸für ne d Ouge ufztue, für dass si umchehre us der Fyschteri a ds Liecht und vo der Macht vom Satan zu Gott. So chönne ne d Sünde vergä wärde und si chönnen erbe mit dene zäme, wo heilig sy

im Gloube a mi.› ¹⁹Drum, Chünig Agrippa, han i der Erschynig us em Himel gfolget ²⁰und ha zersch dene z Damaskus und z Jerusalem und nächär im ganze jüdische Land und de Heide prediget, si sölle sech ändere und zu Gott umchehre. Me sölli de aber o im tägleche Läbe öppis dervo gseh, dass si sech gänderet heige. ²¹Destwäge hei mi d Jude im Tämpel packt und mi probiert z töde. ²²Gott het mir ghulfe bis zum hüttige Tag; drum standen i da und bi sy Züge vor Chly und Gross; derby sägen i nüüt anders weder das, wo d Prophete und der Mose gseit hei, es chömi: ²³Der Chrischtus müessi lyde, er wärdi der erscht sy, wo vo de Toten ufersteit, und er well dermit em Volk und de Heide ds Liecht verchünte.»
²⁴Won er sech eso verteidiget het, het der Festus lut gseit: «Paulus, dir fählt's ja. Ob dym vile Studiere bisch verrückt worde!» ²⁵Aber der Paulus het gseit: «I bi nid verrückt, höch verehrte Festus, nei, das won i ha gseit, isch wahr und vernünftig. ²⁶Der Chünig gchennt sech uus i dene Frage! Zu ihm wett i drum ganz offe rede: Är het das alls sicher scho ghört. Es isch ja nid imenen Eggeli passiert! ²⁷Chünig Agrippa, gloubsch du de Prophete? I weis es, du gloubsch!» ²⁸Der Agrippa het zum Paulus gseit: «Bi mene Haar machsch mi no zu mene Chrischt!» ²⁹Der Paulus het ihm umeggä: «I möcht bi Gott wünsche, dass über churz oder läng nid nume du, nei, alli, wo mir hütt zuelose, so wärde win ig, natürlech abgseh vo dene Fessle.»
³⁰Du isch der Chünig ufgstande, o der Landvogt und d Berenike und alli, wo mit ne dagsässe sy. ³¹Ab allem Usega hei si zunenand gseit: «Dä Maa het nüüt glätzget, wo der Tod oder d Chefi verdienti.» ³²Der Agrippa het zum Festus gseit: «Me hätt dä Maa chönne freila, wen er nid a Cheiser appelliert hätt.»

D Reis nach Rom. Zersch bis Kreta

27 Es isch beschlosse worde, mir sölle nach Italie fahre. Da hei si der Paulus und es paar anderi Gfangeni emne Houpme vo der cheiserleche Kohorte übergä, wo Julius het gheisse. ²Mir sy uf nes Schiff vo Adramyttium ggange, wo het sölle de Häfe vo der Provinz Asie naa fahre; der Aristarch, e Mazedonier us Thessalonich, isch mit is cho. ³Am andere Tag sy mer z Sidon glandet. Der Julius het em Paulus wohl welle und het ihm erloubt, sech zu syne Fründe ga z bchyme. ⁴Vo dert sy mer

wytergfahre und hei probiert, im Windschatte vo Zypere vorwärts z cho, wil mer der Luft gägen is hei gha. ⁵Mir sy uf em Meer Zilizie und Pamphylie naa gfahre und sy nach Myra in Lyzie cho. ⁶Dert het der Houpme es Schiff us Alexandria gfunde, wo nach Italie underwägs isch gsi, und het is uf das la umstyge. ⁷Mänge Tag sy mer fasch nid ab Fläck cho und nume mit Müej uf d Höchi vo Knidos; der Luft het is dert nid la lande, drum hei mer probiert, bi (Kap) Salmone im Windschatte vo Kreta wyterzcho. ⁸Mit Müej und Not sy mer der Küschte naa gsäglet und zu mene Ort cho, wo Guethafe heisst, i der Neechi vo der Stadt Lasäa.
⁹Das het vil Zyt bbruucht. Ds Reise uf em Meer isch scho gfährlech worde, d (Herbscht-)Faschttage sy o scho verby gsi. Der Paulus het gwarnet ¹⁰und gseit: «Manne, i gseh's cho, dass mir nume mit Gfahr und grossem Schade für d Ladig und für ds Schiff, aber o für üses Läbe, täte wyterfahre.» ¹¹Aber der Houpme het em Stüürmaa und em Kapitän meh gloubt, als däm, wo der Paulus gseit het. ¹²Dä Hafe isch nid ygrichtet gsi für z überwintere. Drum isch d Mehrheit rätig worde, me well dert abfahre und probiere bis Phönix z cho und dert z überwintere; das isch e Hafe vo Kreta, wo gäge Südweschte und Nordweschte offen isch.

E schreckleche Seesturm

¹³Der Luft het vo Süden aafa wääje, da hei si gmeint, si chönne's zwänge; si hei d Anker ufzoge und sy müglechscht naach bi der Küschte vo Kreta düregfahre.
¹⁴Gly druuf het aber e Sturm vo dert här aafa tobe, me seit ihm der Eurakylon. ¹⁵Ds Schiff het's erhudlet. Me het's nümme chönne gäge Luft chehre. Da hei mer's ufggä und hein is la trybe. ¹⁶Im Schutz vom Inseli Kauda hei mer mit Müe und Not probiert, ds Rettigsboot yzzie (wo me süsch nacheziet). ¹⁷Si hei's ufezoge, und du hei si Gurte um ds Schiff umeglyret für's z sichere. Us Angscht, si chönnte i d Syrte ynegrate, hei si der Tryb-Anker abegla (oder: d Sägel yzoge) und sech so la trybe, ¹⁸mir sy aber so schwär vom Sturm aagschlage gsi, dass si am Tag druuf e Bitz Fracht überuus gla hei, ¹⁹und am dritte Tag hei mer eigehändig d Schiffsusrüschtig überuus gschosse. ²⁰Mänge Tag lang het ke Sunne und ke Stärn gschine, und dä grässlech Sturm

het eso tobet, dass mer am Änd jedi Hoffnig hei la fahre, mer chönnte no grettet wärde.
²¹ Es het niemer meh öppis gässe. Da isch der Paulus zmitts zue ne häre gstande und het gseit: «Manne, es wär gschyder gsi, mi hätti mir gfolget und wär nid vo Kreta furtgfahre; de hätt me nid di Gfahr und dä Schade. ²² Aber jitz mahnen ig öich: Heit guete Muet! Keine vo öich verlüürt ds Läbe, nume ds Schiff verlüüre mer. ²³ Letschti Nacht isch en Ängel vo däm Gott zue mer cho, won ig ihm ghöre und ihm diene, ²⁴ und het mer gseit: ‹Paulus, häb nid Chummer, du wirsch vor em Cheiser erschyne! Und lue, Gott schänkt dir ds Läbe vo allne Mönsche uf em Schiff.› ²⁵ Drum heit guete Muet, Manne. I troue's Gott zue, dass es so chunt, wien er mer's het z wüsse ta. ²⁶ Mir müesse uf irget en Inslen ufloufe.»

Der Schiffbruch

²⁷ I der vierzächete Nacht sy mer neime i der Adria umetribe; da hei um Mitternacht d Matrose gmerkt, dass Land müess i der Neechi sy. ²⁸ Si hei glotet und zwänzg Chlafter (36 m) Tiefi gfunde; echly wyter hei si wider glotet und hei füfzäh Chlafter (27 m) gfunde. ²⁹ Si hei gförchtet, mir chönnte neime uf Klippe ufloufe, drum hei si hinde vom Heck uus vier Anker abegla und hei planget, dass es tagi.
³⁰ D Matrose hei probiert z flüchte. Si hei ds Rettigsboot i ds Wasser gla und derglyche ta, si welle o vorne vom Bug Anker abela. ³¹ Da het der Paulus zum Houpme und zu de Soldate gseit: «We die nid uf em Schiff blybe, git's o für öich ke Rettig!» ³² Drufabe hei d Soldate d Seili vom Rettigsboot abghoue und 's la i ds Meer falle.
³³ Bis es het welle tage, het der Paulus allne zuegredt, si söllen öppis ässe und het gseit: «Hütt sy's vierzäh Tag, dass dihr passet und nüüt ässet! ³⁴ Drum bitten i nech: Ässet jitz öppis! Das hilft nech bi der Rettigsaktion. Kem vo öich wird o numen es Häärli gchrümmt wärde!» ³⁵ Won er das gseit het, het er Brot gno, het vor allne Gott ddanket, het's i Bitze verbroche und aafa ässe. ³⁶ Da het's allne aafa wohle und si hei o aafa ässe. ³⁷ Mir alli, wo uf em Schiff sy gsi, sy üsere zwöihundertsächsesibezg Mönsche gsi. ³⁸ Wo si gnue hei ggässe gha, hei si ds Schiff liechter gmacht dermit, dass si d Chornladig hei i ds Meer gschüttet. ³⁹ Wo's du z vollem taget het, hei si ds Land no nid gseh, aber si hei gmerkt,

dass si inere Bucht sy, wo nes flachs Ufer het. Si sy rätig worde, ds Schiff dert la ufzloufe. ⁴⁰ Si hei d Anker abghoue und sen i ds Meer gla. Derzue hei si d Stüürrueder glöst, wo sy feschtbbunde gsi. Si hei ds Vorsägel ufzoge und mit em Luft am Ufer zuegha. ⁴¹ Aber du sy si uf ne Sandbank grate, und ds Schiff isch ufgloffe. Ds Vorderteil isch feschtgsässe und het sech nümme bewegt. Ds Hinderteil isch vo der Gwalt vo de Wälle usenandgrisse worde. ⁴² Jitz sy d Soldate rätig worde, si chönnte di Gfangene töte, für dass keine chönn furtschwümme und flüchte. ⁴³ Aber der Houpme het der Paulus welle rette und het ne's verha. Er het befole, die, wo chönne schwümme, sölle i ds Wasser gumpe und a ds Land schwümme. ⁴⁴ Di andere sölle mit Ladli und süsch Schiffsteile uuf und nache. So sy alli grettet worde und a ds Land cho.

Z Malta

28 Wo mer sy grettet gsi, hei mer du erfahre, dass di Insel Malta heisst. ² Di Yheimische sy usnämend fründlech gsi gägen is. Si hei sogar es Füür aazüntet und is alli zueche grüeft. Es het drum ständig grägnet und isch chalt gsi. ³ Wo du der Paulus e Burdi düri Escht zämeramisiert, für sen i ds Füür z schiesse, fahrt en Ottere wäg der Hitz drus use und bysst sech a syr Hand fescht. ⁴ Di Yheimische gseh das Tier a syr Hand hange und säge zunenand: «Dä Maa isch ganz sicher e Mörder. Chuum isch er em Meer ertrunne, chunt ds Strafgricht, und er mues glych stärbe.» ⁵ Är het das Tier nume i ds Füür gschlängget, ta het's ihm nüüt. ⁶ Aber si hei druuf gwartet, dass er jitz de gschwulle wärd oder uf ds Mal tot umtrooli. Si hei lang gwartet; aber wo si gseh hei, dass ihm nüüt Böses passiert, hei si ds Gägeteil aafa gloube und gseit, er syg e Gott.
⁷ I der Neechi vo däm Ort het der oberscht Amtstreger vo der Insle es Guet gha. Er het Publius gheisse. Dä het is zue sech yglade und is drei Tag lang fründlech by sech bhalte. ⁸ Da isch der Vatter vom Publius chrank worde und het mit Fieber und Ruer ds Bett müesse hüete. Der Paulus het ihm e Bsuech gmacht, het für ne bbättet, het ihm d Händ ufgleit und ne gsund gmacht. ⁹ Wo das passiert isch, sy o di andere Chranke uf der Insle härecho und sy gsund worde. ¹⁰ Si hein is nid gnue Ehr chönnen aatue; und wo mer du abgfahre sy, hei sin is alls mitggä, was mir bbruucht hei.

Es geit romwärts!

[11] Nach dreine Monet sy mer uf mene Schiff wytergfahre, wo uf der Insle het überwinteret gha; es isch vo Alexandria cho und het d Dioskure im Wappe gha. [12] Mir sy z Syrakus glandet und drei Tag dert bblibe. [13] Vo dert sy mer überegfahre und nach Rhegion cho. E Tag speter het der Luft vo Süde aafa wääje und inere Fahrt vo zweene Tage sy mer uf Puteoli cho. [14] Dert hei mer Chrischte troffe; die hein is yglade, e Wuche by ne z blybe. So sy mer ändlech uf Rom cho. [15] Dert hei d Chrischte von is ghört gha und syn is eggäge cho bis Appii Forum und Tres Tabernä. Wo der Paulus die het gseh, het er Gott ddanket und früsche Muet gfasset.
[16] Mir sy z Rom aacho. Me het em Paulus erloubt, für sich e Wonig z nä, zäme mit em Soldat, wo het uf ne müessen ufpasse.

Der Paulus z Rom

[17] Drei Tag speter het der Paulus di wichtigschte Manne vo de Jude zue sech grüeft. Wo si sy byn ihm gsi, het er zue ne gseit: «Manne, liebi Brüeder, i ha zwar nüüt gägen üses Volk oder d Brüüch vo de Vätter gmacht, aber i bi glych als Gfangene vo Jerusalem de Römer usgliferet worde. [18] Die hei my Sach undersuecht und mi welle freila, wil si nüüt hei gfunde, wo der Tod verdienet hätt. [19] D Jude sy aber dergäge gsi, und so han i nüüt anders chönne mache, weder a Cheiser z appelliere. I ha also nid öppe mys Volk welle verchlage. [20] Das isch der Grund, wiso ig öich ha la cho, für pärsönlech mit nech z rede. Di Chetti tragen i, wil i ds Glyche hoffe, wi Israel o!» [21] Si hei du zuen ihm gseit: «Mir hei wäge dir no ke Brief us Judäa übercho, es isch o no kene vo de Brüeder derhärcho, wo öppis Böses über di gmäldet oder bbrichtet hätt. [22] Am liebschte wette mir vo dir sälber ghöre, was dyni Uffassige sy; bis jitz hei mir vo där Sekte nume ghört, dass me überall dergäge syg.»
[23] Si hei du mit ihm e Tag abgmacht, und es sy nere no meh zuen ihm i sy Wonig cho. Vom früeche Morge bis am Aabe het er ne Gottes Rych erklärt und sech derfür ygsetzt. Vom Gsetz vom Mose und vo de Prophete här het er se welle vo Jesus überzüge. [24] Den einte het's yglüüchtet, was er gseit het, aber anderi sy nid zum Gloube cho. [25] Si sy nid einig worde zäme und sy heiggange.

Vorhär het ne der Paulus no ei Satz gseit: «Es stimmt, was der heilig Geischt dür e Prophet Jesaja zu öine Vorfahre ²⁶gseit het: ‹Gang zu däm Volk und säg: Dihr ghöret ganz guet, aber verstandet nüüt; dihr gseht ganz guet, aber begryffet nüüt. ²⁷Ds Härz vo däm Volk isch hert worde, iri Ohre sy übelghörig worde, und iri Ouge hei si zueta, für dass si nid öppe mit den Ouge gseje und mit den Ohre ghöre und mit em Härz begryffe und umchehre, und i se cha gsund mache.› ²⁸So loset jitz nume: Gott schickt jitz sy Rettig de Heide, die gä de scho acht druuf!»

³⁰Zwöi ganzi Jahr isch er i syr eigete Wonig bblibe und het alli by sech ufgno, wo sy zuen ihm cho. ³¹Er het vo Gottes Rych prediget und vo Jesus Chrischtus, em Herr, frei und offe glehrt, ohni dass ihm's öpper gwehrt hätti.

Der Brief a d Römer

Der Paulus grüesst und stellt sech vor

1 Der Paulus a alli Chrischte z Rom. Vo Jesus Chrischtus bin i der Chnächt, als Aposchtel ygsetzt und beruefe für di gueti Botschaft z verchünte, ²wo Gott ja dür syni Prophete scho zum voruus het la usrichte i syne heilige Schrifte.
³Si redt vo sym Suhn, üsem Herr, Jesus Chrischtus: ⁴Mönschlech gseh, isch er e Nachfahr vom David. Gott, i syr Macht, het ne düre heilige Geischt zu sym Suhn ygsetzt und nen uferweckt vo de Tote. ⁵Vo ihm hei mir Gnad und Aposchtelamt übercho, sym Name zlieb sölle mir d Mönsche us allne Heidevölker zum Gloube und zur Nachfolg bringe – ⁶also o öich, wil Jesus Chrischtus öich beruefe het. ⁷Öich allne z Rom, wo Gott lieb het und won är rüeft, wünschen i Gnad und Fride vo Gott, üsem Vatter und vo Jesus Chrischtus, üsem Herr.

Er het vor, nach Rom z cho

⁸Vorab danken i mym Gott dür Jesus Chrischtus für öich alli zäme. Me redt nämlech i der ganze Wält vo öiem Gloube! ⁹Mit mym ganze Geischt setzen i mi bim Verchünte vo der guete Botschaft vo Jesus Chrischtus für Gott y. Und Gott isch my Züge, dass i geng a öich dänke i myne Gebätt ¹⁰und ne drum bitte, er söll mi doch zue nech la cho, we's sy Wille syg. ¹¹I wetti nech so gärn einisch gseh, für nech ds Gschänk, ds geischtleche, vo der Gnad wyterzgä! Das macht eim starch im Gloube. ¹²I meine das eso: Es tröschteti de mi äben o, we mir gspüre, dass mer zämethaft gloube!
¹³Dihr müesset wüsse, liebi Gschwüschterti, dass i scho mängisch ha vorgha zue nech z cho, aber bis jitze isch mer geng öppis derzwüschecho; i hätt gar gärn bi öich Frucht ybbracht, so wi bi den andere Heidevölker. ¹⁴I bi das allne schuldig, de Grieche und den andere Völker, de Glehrte und den eifache Lüt. ¹⁵So han i fescht im Sinn, o bi öich z Rom di gueti Botschaft cho z predige. ¹⁶I schüüche mi nid, das z mache: Di gueti Botschaft isch ja ne

Chraft vo Gott, wo jede rettet, wo gloubt, vorab d Jude, aber o d Grieche. [17] Si zeigt üüs d Grächtigkeit vo Gott, wo us Gloube aagno wird und zum Gloube füert, so win es gschribe steit: «Der Grächt wird läbe, wil er gloubt.»

Ds gottlose Wäse vo de Mönsche

[18] Umgchehrt zeigt sech vom Himel här d Töubi vo Gott über alls gottlose und ungrächte Wäse vo dene Mönsche, wo mit irer Ungrächtigkeit d Wahrheit hinderhäbe. [19] Derby isch dene doch alls, was me vo Gott cha wüsse, bekannt. Gott sälber het ne's ja z wüsse ta. [20] Sys Wäse cha me zwar nid gseh, aber mi gspürt's doch sit der Schöpfig use us däm, won är gschaffe het, we me das nume rächt aaluegt: Me gspürt sy ewigi Chraft und göttlechi Macht. Si chöi sech nid userede! [21] Si hei Gott gchennt, aber si hein ihm trotzdäm nid d Ehr ggä oder ihm ddanket; nei, ire Verstand isch verdummet und ires Härz isch fyschter worde. [22] Si meine, wie gschyd si syge und sy derby zu Tröpf worde; [23] d Herrlechkeit vom ewige Gott hei si ustuuschet gäge Bilder vom vergängleche Mönsch, vo Vögel, vo Vierfüessler und vo Vycher, wo graagge. [24] Drum het se Gott la usuber und süchtig wärde, so dass si der eiget Körper gschänte. [25] D Wahrheit vo Gott hei si gäge d Lugi vertuuschet; em Gschöpf gä si Ehr und Gottesdienscht, statt em Schöpfer, wo me bis i d Ewigkeit söll lobe. Amen! [26] Drum het se Gott usgliferet a abschöilechi Lydeschafte: Iri Froue hei der natürlech Gschlächtsverchehr gäge unnatürleche vertuuschet; [27] gnau so hei o d Manne der natürlech Verchehr mit de Froue la fahre, hei sech i Manne verliebt und sech mitenand ygla, dass es eim aaschämt. Der Lohn derfür hei si a irem eigete Lyb übercho! [28] Und wil ne nüüt isch dranne gläge gsi, Gott rächt z gchenne, het se Gott irem Uverstand überla: Si mache, was si nid dörfe. [29] Si strotze vor Unrächt, vor Gyt, vor Schlächtigkeit; si sy voll Nyd, voll Zangg, voll Bschis und Gmeinheit; [30] si verbrüele di andere und mache se schlächt; si hasse Gott, si sy uverschant, gä höch aa, plagiere, dänke geng nöiji Bosheite uus, folge den Eltere nüüt, [31] hei ke Verstand, ke Verlass, ke Liebi und kes Erbarme. [32] Si wüsse ganz guet, was Gott wott, und dass die der Tod verdiene, wo settigs mache. Aber nei: Nid nume mache si's sälber, es gfallt ne no, we's anderi o so trybe!

Du ghörsch o derzue, sygsch jitz Jud oder Heid

2 Aber o we du di als Richter ufspilsch, chasch di nid userede, du chasch als Mönsch sy, wär de wosch. We du nen andere tuesch verurteile, de verurteilsch grad o di sälber. Du als Richter machsch ja (im Grund) ds Glychen o. ²Mir wüsse ja: Ds Gricht vo Gott trifft gnau na der Wahrheit die, wo alls settige mache. ³Meinsch du öppe, du Mönsch, we du di als Richter ufspilsch und derby ds Glyche o machsch, du chönnsch em Gricht vo Gott ertrünne? ⁴Warum wosch nüüt wüsse vo syr Güeti, vo syr Geduld, vo syr Grosszügigkeit? Merksch de nid, dass Gott di wott zum Umchehre bringe dür sy Fründlechkeit? ⁵Aber du bisch verboret und wosch di i dym Härz nid ändere und treisch dir dermit e Huuffe Strafe zäme für e Tag, wo Gott de syr Töubi und sym grächte Gricht freie Louf lat. ⁶Är git de jedem der Lohn, so wien er's verdienet het. ⁷Dene, wo sech müeje um sy Ehr und Herrlechkeit und um alls, wo nid vergeit, git er ds ewige Läbe. ⁸Aber dene, wo nume a sich sälber dänke, der Wahrheit nüüt dernaa frage und sech em Unrächt verschrybe, dene drööit Gricht und Töubi vo Gott. ⁹Leid und Eländ chunt über jede Mönsch, wo ds Schlächte macht, vorab über d Jude, aber o über d Grieche! ¹⁰Umgchehrt chunt Herrlechkeit, Ehr und Fride über jede, wo ds Guete tuet, vorab über d Jude, aber o über d Grieche. ¹¹Gott isch äbe nid parteiisch!
¹²Die, wo gsündiget hei, ohni öppis vom Gsetz z wüsse, sy o ohni das Gsetz verlore; aber die, wo ds Gsetz gchenne, wärde de o dür ds Gsetz verurteilt. ¹³Ds Gsetz gchenne, heisst no nid, grächt sy i den Ouge vo Gott; nei, die, wo ds Gsetz halte, die sy für ihn grächt. ¹⁴We di andere Völker, wo ds Gsetz (vom Mose) nid hei, vo sich uus das mache, was ds Gsetz vorschrybt, de sy die, wo ds Gsetz nid hei, sich sälber es Gsetz. ¹⁵Si bewyse dermit, dass das, wo ds Gsetz wott, inen i ds Härz gschriben isch; o ires Gwüsse isch e Bewys derfür und iri Gedanke, wo sech gägesytig aachlage oder z bescht rede; ¹⁶das alls wyst sech de a däm Tag, wo Gott o ds Versteckttischte i de Mönsche tuet richte. Da dervo redt di gueti Botschaft vo Chrischtus Jesus, won i predige.

D Jude sy nid besser, nume wil si ds Gsetz hei

¹⁷Du seisch vo dir, du sygsch e Jud, du verlasch di uf ds Gsetz und bisch stolz druuf, dass du Gott gchennsch; ¹⁸du weisch, was

är wott; du chasch gnau säge, uf was dass es aachunt, wil du im Gsetz underwise bisch. [19] Du trousch der zue, du chönnsch di Blinde füere und dene zünte, wo im Fyschtere sy; [20] du chönnsch di Dumme erzie und di Unmündige belehre; du hesch ja ds Gsetz, und i däm lyt der Rychtum vo der Ysicht und vo der Wahrheit. [21] Du wosch also di andere belehre, aber warum de nid di sälber? Du predigisch, me dörf nid stäle, aber sälber stilsch? [22] Du seisch, me söll d Eh nid bräche, aber du brichsch se? Du verachtisch d Götzebilder, aber geisch i iri Tämpel ga Sache wägnä? [23] Du bisch stolz uf ds Gsetz, aber du haltisch's nid und nimmsch dermit Gott d Ehr. [24] Wägen öich wird der Name vo Gott bi den andere Völker verbrüelet, so steit's i de Schrifte. [25] D Beschnydig nützt numen öppis, we du ds Gsetz haltisch; aber we du ihm nid folgisch, de wird us der Beschnydig purs Heidetum. [26] We jitz die, wo nid beschnitte sy, das halte, was ds Gsetz vorschrybt, wärde si de nid eso beurteilt, wi we si beschnitte wäre? [27] Ja, dä, wo vo Natur uus nid beschnitte isch und ds Gsetz haltet, richtet einisch de di, we du mitsamt em Buechstabe und der Beschnydig ds Gsetz tuesch überträtte! [28] Nid dä isch ja ne Jud, wo's üsserlech isch, o nid das isch d Beschnydig, wo men am Lyb gseht, [29] nei: Nume, we men im Härz e Jud isch und z tiefscht inne geischtlech beschnitten isch, nid nam Buechstabe, de tuet eim Gott anerchenne, o we's bi de Mönsche nid zellt.

Ds Gsetz het is der Spiegel vor

3 Was isch de Bsunders a de Jude? Für was isch d Beschnydig guet? – [2] Uf all Wys und Wäg für mängs! Vorab das: Ine sy d Verheissige vo Gott aavertrout worde. – [3] Jä halt! Es paar vo ne sy ja nid zum Gloube cho! – Ja scho. Aber cha öppe ire Ungloube d Tröiji vo Gott z nüüte mache? [4] Da isch doch ke Red dervo! Es blybt derby: Gott isch wahr und zueverlässig, o we d Mönsche alli unzueverlässig und wortbrüchig sy. So steit es gschribe: «Du muesch als Grächte dasta mit däm, wo du seisch, und muesch gwinne, we me di vor Gricht ziet.» [5] Üsi Ungrächtigkeit tuet also d Grächtigkeit vo Gott ersch rächt dütlech mache. – Jä, wi isch es de: Isch de Gott nid ungrächt, wen er is trotzdäm i ds Gricht nimmt? So chönnt me als Mönsch frage. – [6] Aber nei, uf gar ke Fall! Süsch wär Gott nid der Richter vo der Wält! – [7] Jä, aber we d Wahrheit und d Zueverlässigkeit vo Gott

ersch so rächt herrlech wird, wen i lüge, für was wirden i de als Sünder vor Gricht gstellt? ⁸ Stimmt's öppe, win is bösi Müler aahänke, wo bhoupte, mir tüegen öich zum Schlächten aamache, für dass de ds Guete chönn cho? – Wär settigs bhouptet, däm ghört mit Rächt e Straf!
⁹ Wi isch es jitz? Hei mir als Jude öppis Bsunders? Nid unbedingt. Mir hei ja vori scho zeigt, dass d Jude und d Heide alli zäme under em Regimänt vo der Sünd sy. ¹⁰ Es steit ja gschribe: «Da isch kene grächt, nid en einzige; ¹¹ kene het Verstand, kene suecht Gott. ¹² Alli sy si nüüt nutz. Kene tuet öppis Guets, nid en einzige. ¹³ Iri Gurgle schmöckt gruusig, mit irne Zunge verdrääje si alls; iri Lippe versprütze Schlangegift. ¹⁴ Mit irem Muul chöi si nüüt als flueche und bitters Züüg usespöie. ¹⁵ We si chöi töde, sy si tifig. ¹⁶ Si hinderlö überall Verwüeschtig und Eländ. ¹⁷ Aber der Wäg vom Fride hei si nid gfunde. ¹⁸ Reschpäkt vor Gott hei si kene.» ¹⁹ Eis isch derby klar: Ds Gsetz mit allem, won es seit, het die im Oug, won ihm sötte folge. Niemer cha sech userede, di ganzi Wält steit under em Gricht vo Gott. ²⁰ Niemer steit vor ihm grächt da, we's um d Leischtige geit, wo ds Gsetz vorschrybt; dür ds Gsetz wird is bewusst, dass mer Sünder sy!

Ds purlutere Gschänk vo der Grächtigkeit ohni Gsetz

²¹ Aber jitz isch d Grächtigkeit vo Gott ohni ds Gsetz erschine! Ds Gsetz und d Prophete hei scho druuf higwise. ²² Es isch d Grächtigkeit vo Gott, wo dür e Gloube a Jesus Chrischtus chunt, ²³ und si gilt für alli, wo gloube. Da git es ke Underschid: Alli hei gsündiget und ds Rächt uf d Ehr vor Gott verspilt. ²⁴ Und jitz wärde si freigsproche – es isch es purluters Gschänk –, wil Chrischtus Jesus sen erlöst het. ²⁵ Frücher het Gott i syr Geduld hie und da Sünde la dürega. Du het er Jesus mit sym Bluet als Zeiche für sy Vergäbig ygsetzt, we mir das im Gloube aanäme. ²⁶ Däwäg het är üser Zyt welle zeige, was Grächtigkeit für ihn bedütet. So grächt isch är und so grächt macht är die, wo a Jesus gloube! ²⁷ Was git's da jitz no Eigets z rüeme? Das isch verby! Weles Gsetz chönnt eim no ufelüpfe? Das vo den eigete Leischtige? Nei, nume ds Gsetz vom Gloube! ²⁸ Mir sy überzügt dervo: Der Mönsch wird dür e Gloube grächt gmacht, und nid dür das, won er vom Gsetz (vom alte Bund) uus sötti leischte.

²⁹ Isch Gott also nume der Gott vo de Jude? Isch er nid o der Gott vo den andere Völker? Natürlech o vo den andere Völker! ³⁰ Es git ja nume ei einzige Gott, dä, wo d Jude grächt macht, we si gloube, und di andere Völker o, we si gloube. ³¹ Tüe mer jitz wäg em Gloube ds Gsetz vernüütige? Im Gägeteil, mir stelle's erscht rächt uuf – nämlech ds Gsetz vom Gloube!

Em Abraham sy Gloube

4 Wi isch es gsi bim Abraham, üsem natürleche Stammvatter? ² Wäge syne Leischtige hätt der Abraham e Grächte chönne heisse und hätti alle Grund gha, sech z rüeme, aber nid vor Gott. ³ D Schrift seit's anders: «Der Abraham het Gott vertrouet, und das isch ihm als Grächtigkeit aagrächnet worde.» ⁴ We eine öppis leischtet, de überchunt er der Lohn nid us Gnad, nei, er het ne verdienet. ⁵ Aber dä, wo nüüt leischtet, aber derfür a dä gloubt, wo di Schuldige tuet grächtspräche, däm wird sy Gloube aagrächnet und drum wird er grächt gsproche. ⁶ O der David seit, dä Mönsch syg glücklech, wo Gott ne grächt spricht ohni eigeti Leischtige: ⁷ «Glüecklech für geng sy die, wo ne d Fähler vergä und d Sünde zueddeckt wärde; ⁸ glücklech für geng isch dä Mönsch, wo der Herr ihm d Schuld nid aarächnet.» ⁹ Gilt dä Satz über ds Glücklechsy nume für di Beschnittene, oder o für di Unbeschnittene? Mir hei ja gseit: Der Abraham isch wäge sym Gloube grächt gsproche worde. ¹⁰ Aber wenn de? Ersch, won er isch beschnitte gsi, oder won er no nid isch beschnitte gsi? Dänk nid, won er scho isch beschnitte gsi, nei: won er no nid isch beschnitte gsi! ¹¹ Ds Zeiche vo der Beschnydig het er übercho wi nen Uswys für sy Grächtigkeit us em Gloube, und dä Gloube het er scho als Unbeschnittene gha. So het er der Vatter vo allne dene dörfe wärde, wo als Unbeschnitteni tüe gloube; o si wärde grächt gsproche. ¹² Er isch aber o der Vatter vo de Beschnittene worde. I rede vo dene, wo äbe nid nume beschnitte sy, aber wo derzue ire Wäg gange i de Fuessspure vo däm Gloube, wo üse Vatter Abraham scho het gha, bevor er isch beschnitte worde.

¹³ Em Abraham oder syne Nachkomme isch versproche worde, er wärdi d Wält erbe, aber nid wäg em Gsetz, nei, wil är Gott vertrout het und däwäg isch grächt worde. ¹⁴ We's nämlech ds Gsetz wär, wo d Mönsche zu Erbe miech (vo Gottes Verspräche), de hätti der Gloube ke Sinn und d Verheissig gieng z nüüte! ¹⁵ Ds

Gsetz rüeft ja em Gricht; aber dert, wo's kes Gsetz git, cha me's o nid überträtte! ¹⁶ Drum heisst es: «us Gloube», für dass es bedütet: «us Gnad». D Verheissig söll äbe gälte für alli Nachkomme, nid nume für die, wo ds Gsetz übercho hei, nei, o für die, wo so gloube wi der Abraham. Är isch vo üüs allne der Vatter. ¹⁷ So steit es gschribe: «Zum Vatter vo vilne Völker han i di gmacht»; das het ihm Gott versproche, dä, won er a ne ggloubt het, dä, wo di Tote läbig macht und us nüüt öppis cha erschaffe.

¹⁸ Gägen alli Hoffnig het är uf Hoffnig gsetzt und ggloubt, er wärd der Vatter vo vilne Völker, wil ihm isch versproche worde: «So sölle dyni Nachkomme sy.» ¹⁹ Er isch nid waggelig worde im Gloube, o wen er gseh het, win er schitteret mit em Alter – er isch ja gäg de hunderte zue ggange – und wi schitter di alti Sara isch, wo het sölle Mueter wärde. ²⁰ Er het a de Verheissige vo Gott nid unglöubig zwyflet, nei, er isch im Gloube starch bblibe, het Gott d Ehr ggä ²¹ und isch fescht dervo überzügt gsi, dass Gott o im Stand isch uszfüere, was er versproche het. ²² Das isch ihm äbe als Grächtigkeit aagrächnet worde. ²³ Aber alls das steit nid nume i de Schrifte wägen ihm, dass es ihm isch aagrächnet worde, ²⁴ nei, o wägen üüs: O üüs söll's aagrächnet wärde, we mer a dä Gott gloube, wo Jesus, üse Herr, vo de Toten uferweckt het. ²⁵ Für üsi Sünde het ne Gott la stärbe, und für dass mir grächt wärde, het er ne la ufersta.

Gott het mit üüs Fride gmacht

5 Wil mir gloube, het is Gott als grächt aagno. Üse Herr, Jesus Chrischtus, het Fride gmacht zwüsche Gott und üüs; ² är het is o i der Chraft vom Gloube d Tür zu dere Gnad ufta, wo mir drinne läbe. Und mir sy stolz druuf, dass mer uf Gottes Herrlechkeit chöi hoffe. ³ Mir sy o stolz druuf, we mer schwär undedüre müesse; mir wüsse drum: Ds Undedüremüesse lehrt eim geduldig sy; ⁴ Geduld ha lehrt eim fescht blybe; und ds Feschtblybe lehrt eim hoffe. ⁵ Und die Hoffnig tüüscht is nid: Gott het is ja sy Liebi ggä und sy heilige Geischt.

⁶ Mir sy no schwach gsi, da isch i syr bestimmte Zyt Chrischtus für di Gottlose gstorbe. ⁷ Chuum eine sturb dänk freiwillig für ne Grächte; für ne Guete z stärbe, nähm vilecht öpper no uf sech.

⁸Aber Gott het sy Liebi für üüs da derdür zeigt, dass Chrischtus für üüs gstorben isch, und mir sy doch Sünder gsi! ⁹We mir scho dür sy Tod sy grächt gsproche worde, de rettet er is no vil sicherer vor Gottes Gricht. ¹⁰Wo mir no d Finde vo Gott sy gsi, het är mit üüs Fride gmacht dür e Tod vo sym Suhn. Umso sicherer rettet er is jitz, wo mer sy Fride übercho hei und är läbt! ¹¹Aber nid nume das: Mir dörfe jitz stolz sy druuf, dass Gott mit üüs dür üse Herr, Jesus Chrischtus, Fride gmacht het.

Adam und Chrischtus

¹²Gället: Dür ei einzige Mönsch isch d Sünd i d Wält cho und dür d Sünd der Tod, und der Tod isch zu allne Mönsche cho, wil si alli gsündiget hei. ¹³Scho bevor d Mönsche ds Gsetz übercho hei, isch d Sünd i der Wält gsi; nume wird d Sünd nid aagrächnet, we's ekes Gsetz git. ¹⁴Und doch het vom Adam bis zum Mose der Tod regiert, o über die, wo nid der glych Fähler gmacht hei wi der Adam. Der Adam isch ds Gägebild vo däm, wo de chunt. ¹⁵Aber mit em Gschänk vo der Gnad isch es grad umgchehrt wi mit der Sünd: Wil ei einzige sech verfählt het, hei alli müesse stärbe; umgchehrt het sech d Gnad vo Gott und sys Gschänk dür dä eint Mönsch, Jesus Chrischtus, a allne übermächtig usgwürkt. ¹⁶Mit Gottes Gschänk isch es also ganz anders als mit der Sünd vom erschte Mönsch. Gottes Urteil het ja vo eim einzige uus zur Verurteilig vo allne gfüert; aber ds Gschänk vo der Gnad füert vo allne Überträttige uus zum Freispruch. ¹⁷Wil also eine sech verfählt het, isch der Tod hie a ds Regimänt cho. Umgchehrt het o ei einzige, Jesus Chrischtus, üs der ganz Rychtum a Gnad und Grächtigkeit zum Gschänk gmacht. Eis isch sicher: Die, wo das aanä, chöme a ds Regimänt im ewige Läbe. ¹⁸Ei einzige het gsündiget und dermit sy alli Mönsche verurteilt worde, und ei einzige het so grächt ghandlet, dass alli freigsproche wärde, und das bedütet Läbe. ¹⁹Ei einzige Mönsch het nid gfolget, und alli sy als Sünder häregstellt worde. Aber jitz wärde alli als Grächti häregstellt, wil dä ander gfolget het. ²⁰Zwüschen yne isch no ds Gsetz cho, für dass d Sünd descht dütlecher wärd. Aber dert, wo d Sünd mächtig worden isch, wird d Gnad übermächtig. ²¹Es söll so cho: D Sünd het dür e Tod regiert; d Gnad wird dür d Grächtigkeit regiere, und is so dür üse Herr, Jesus Chrischtus, i ds ewige Läbe füere.

Jitz sy mer nöiji Mönsche

6 ¹Ja, und jitz? Wei mer luschtig wyter sündige, de cha ja d Gnad so rächt würksam wärde? ²Nenei, uf gar ke Fall! Für d Sünd sy mir gstorbeni Lüt; de chöi mir doch nid mit nere wyterläbe. ³Oder wüsset dihr's nid? Mir sy uf Chrischtus Jesus touft worde, und das bedütet, uf sy Tod hi. ⁴Und wil mir uf sy Tod sy touft worde, sy mer o mit ihm begrabe worde. Das heisst de o: So wi Chrischtus dür d Herrlechkeit vom Vatter isch vo de Toten uferweckt worde, so sölle o mir ganz nöi dür ds Läbe ga. ⁵Mir sy fasch wi zämegwachse gsi mit sym Tod, und so sy mer's einisch o mit syr Uferstehig. ⁶Mir erläbe, dass üsen alt Mönsch mit ihm isch gchrüziget worde; dermit isch d Sünd nümm lybhaftig da, und mir sy nümm iri Chnächte. ⁷Wär nämlech gstorben isch, dä isch frei vo der Sünd. ⁸Und we mir zäme mit Chrischtus gstorbe sy, de hoffe mir o, dass mir mit ihm wärde läbe. ⁹Mir wüsse ja, dass Chrischtus vo de Toten isch uferweckt worde und nie meh wird stärbe; der Tod het ke Gwalt meh über ne. ¹⁰Gstorben isch er für d Sünd, eis für alli Mal; und läbe tuet er für Gott. ¹¹So lueget o dihr öich als Mönschen aa, wo für d Sünd tot sy, aber für Gott läbe wäge Chrischtus Jesus. ¹²So löt jitz d Sünd nümm i öiem stärbleche Lyb la regiere. Gät syne Glüscht nid naa. ¹³Löt o öiji Glider nid vo der Sünd la bruuche für ds Unrächt; nei, gät nech häre für Gott als Mönsche, wo vo de Tote sy läbig worde, und bruuchet öiji Glider als Wärchzüüg vo der Grächtigkeit für Gott. ¹⁴D Sünd regiert ja nümm über öich; dihr stöt ja nümm under em Gsetz, aber under der Gnad.

¹⁵Also: Dörfe mir sündige, wil mer nümm under em Gsetz stö, aber under der Gnad? Uf gar ke Fall! ¹⁶Dihr wüsset doch: We dihr nech öpperem als Chnächte zur Verfüegig stellet, für ihm z folge, de syt dihr äbe d Chnächte vo däm und folget ihm; entweder dihr folget der Sünd bis i Tod yne, oder dihr folget Gott i d Grächtigkeit yne. ¹⁷Gott sei Dank! Einisch syt dihr Chnächte vo der Sünd gsi, aber nachär heit dihr vo Härze der nöie Lehr aafa folge, wo dihr nere begägnet syt. ¹⁸Dihr heit jitz der Dienscht bi der Sünd ufgchüntet und syt i dä vo der Grächtigkeit yträtte. ¹⁹I säge's mit emne Bild, wil's für e natürleche Mönsch nid eifach isch z begryffe: Dihr heit öiji Glider häreggä als Wärchzüüg für ds Dräckige und ds Unrächte z mache; so gät

se jitz häre als Wärchzüüg für d Grächtigkeit, dass si heilig wärde.
²⁰ Wo dihr d Chnächte vo der Sünd syt gsi, syt dihr ohni Grächtigkeit gsi. ²¹ Was heit dihr da für ne Gwinn dervo gha? Nume eine, wo dihr nech jitz drab schämet; ds Ändi dervo isch ja der Tod. ²² Aber jitze syt dihr frei vo der Sünd und im Dienscht vo Gott, und heit öie Gwinn, dass der heilig wärdet, und ds Ändi dervo isch ds ewige Läbe. ²³ Als Lohn git's vo der Sünd nume der Tod. Aber Gott schänkt eim ds ewige Läbe, wäge Chrischtus Jesus, üsem Herr.

Jitz sy mer frei vom Gsetz

7 Dihr wüsset doch, liebi Gschwüschterti – i rede ja mit Lüt, wo ds Gsetz gchenne –, ds Gsetz regiert nume so lang über e Mönsch, als er läbt. ² E verhürateti Frou isch a ire Maa bbunde, solang dass er läbt; aber we der Maa stirbt, isch si frei vo jeder gsetzleche Bindig a ne. ³ We si also mit emnen andere Maa es Verhältnis het, solang ire Maa läbt, isch si en Ehebrächere. Aber we ire Maa stirbt, isch si nam Gsetz frei; si isch also de ke Ehebrächere, we si mit emnen andere Maa zämeläbt. ⁴ So isch es o mit öich, liebi Gschwüschterti: Mit em Lyb vo Chrischtus syt dihr gstorbe und syt tot für ds Gsetz; jitz ghöret dihr emnen andere, nämlech däm, wo vo de Toten isch uferweckt worde. Was mer jitz a Frucht ytüe, chöi mer für Gott ytue.
⁵ Früecher hei mer nam eigete Gluscht gläbt. Da syn is d Glüscht vo der Sünd, wo vom Gsetz gweckt wärde, so i de Glider gsi, dass mer nume für e Tod gschaffet hei.
⁶ Aber jitz sy mer frei worde vom Gsetz; für das, won is vorhär ygno het, sy mer jitz tod. Jitz chöi mer is uf ne nöiji Art ysetze, im Geischt, und nümm uf di alti Art, nam Buechstabe (vom Gsetz). ⁷ Ja, wi isch es de? Isch de ds Gsetz und d Sünd ds Glyche? Nei, überhoupt nid! Aber nume dür ds Gsetz han i chönne merke, was Sünd isch. I hätti der Gluscht nid gchennt, we ds Gsetz nid seiti: «La di nid la gluschte!» ⁸ D Sünd bruucht ds Gsetz derzue, für i mir jede Gluscht ufzstachle. Usserhalb vom Gsetz git's d Sünd ja nid. ⁹ I ha synerzyt gläbt ohni ds Gsetz; du isch ds Gebot cho und dermit het d Sünd aafa läbe; ¹⁰ aber i bi gstorbe derby, es het sech bi mir zeigt, dass ds Gebot, wo für ds Läbe da wär, zum Tod füert. ¹¹ D Sünd het ds Gebot derzue missbruucht, für mi z bschysse und mi däwäg z töde. ¹² Also: Ds Gsetz isch heilig,

und ds Gebot isch heilig, grächt und guet. ¹³ Bedütet de also ds Guete für mi der Tod? Nei, überhoupt nid! Aber d Sünd zeigt äbe dütlech, was si eigetlech isch: Si het ds Guete derzue missbruucht, für mir der Tod z gä. Däwäg bewyst si sech äbe über jedes Määs use als Sünd, dür ds Gebot!

I wett ds Guete tue und mache ds Böse!

¹⁴ Mir wüsse ja, dass ds Gsetz us em Geischt chunt, aber i bi ne natürleche Mönsch under em Regimänt vo der Sünd. ¹⁵ I begryffe ja nid, was i mache; i mache ja grad nid das, won i wett, nei, i mache das, wo mer eigetlech zwider isch. ¹⁶ Wen i aber das mache, won i gar nid wott, de merken i, dass ds Gsetz für öppis guet isch. ¹⁷ Aber i bi's ja nid, wo das zstandbringt, nei, es isch d Sünd, wo i mir wohnt. ¹⁸ I weis ja, dass i mir, das heisst, i mym natürleche Mönsch inne, ds Guete nid wohnt; der guet Wille fählti mer nid, aber i bringe ds Guete trotzdäm nid z stand! ¹⁹ Nid ds Guete, won i wott, machen i, nei, grad juscht ds Böse, won i nid wott! ²⁰ Wen i aber das mache, won i nid wott, de bi nid i's, wo das mache, nei, es isch d Sünd, wo i mir wohnt. ²¹ Es zeigt sech bi mir geng wider wi ne Gsetzmässigkeit, dass i ds Guete wetti z standbringe, und dass de aber ds Böse derby usechunt. ²² I mym innere Mönsch bin i mit em Gsetz vo Gott ganz einig, ²³ aber i myne Glider gspüren i es anders Gsetz; das chrieget gäge my inneri Überzügig, und verlyret mi im Gsetz vo der Sünd, wo mer i de Glider steckt. ²⁴ Ig arme Tropf! Wär tuet mi ächt uselüpfe us däm Lyb, wo em Tod zue fahrt? ²⁵ Gott sei Dank! Är macht's dür üse Herr, Jesus Chrischtus. So chan i jitz also us mym Innerschte use em Gsetz vo Gott diene, o wen ig als natürleche Mönsch no under em Gsetz vo der Sünd stande.

Mir chöi jitz em Geischt vo Gott naa läbe

8 Es git jitz also ke Verurteilig meh für die, wo zu Chrischtus ghöre. ² Ds Gsetz vom Geischt und vom Läbe het di dür Chrischtus Jesus freigmacht vom andere Gsetz, däm vo der Sünd und vom Tod. ³ Das nämlech, wo ds Gsetz nid het z stand bbracht, won es wägen üsem natürleche Wäse z schwach derzue isch gsi, das het Gott zstandbbracht: Er het sy eigete Suhn gschickt

i der Gstalt vo mene sündige Mönsch und, für d Sünd wägznä, het er se i däm Mönsch verurteilt, ⁴für dass das, wo ds Gsetz verlangt, erfüllt wird bi üüs. So bruuche mir nümme z läbe wi natürlechi Mönsche, nei, mir chöi em Geischt vo Gott naa läbe. ⁵Die, wo wi natürlechi Mönsche läbe, hei das im Sinn, wo zum natürleche Mönsch passt, aber die, wo nam Geischt vo Gott läbe, hei das im Sinn, wo zum Geischt passt. ⁶Das, wo der natürlech Mönsch im Sinn het, bringt der Tod, aber das, wo der Geischt im Sinn het, das bringt ds Läbe und der Fride. ⁷Was der natürlech Mönsch im Sinn het, das wehrt sech gäge Gott, wil es sech em Gsetz vo Gott nid underziet; es isch ja o gar nid imstand derzue. ⁸Der natürlech Mönsch cha Gott nid gfalle. ⁹Aber dihr syt ja nümme natürlechi Mönsche, nei, dihr läbet im Geischt; der Geischt vo Gott wohnt ja i öich. We aber öpper der Geischt vo Chrischtus nid het, de ghört er o nid zu ihm. ¹⁰We Chrischtus i öich isch, de ghört der Lyb em Tod wäge der Sünd, aber der Geischt ghört em Läbe wäge Gottes Grächtigkeit. ¹¹We der Geischt vo Gott, wo Jesus vo de Toten uferweckt het, i öich wohnt, de wird Gott, wo Chrischtus vo de Toten uferweckt het, o öie stärblech Körper läbig mache dür sy Geischt, wo i öich wohnt.

¹²Liebi Gschwüschterti, mir bruuche also nümme na der mönschleche Natur z läbe. ¹³We dihr nämlech wi natürlechi Mönsche läbet, de stärbet der o; aber we der Geischt öich hilft, ds natürleche Wäse z töde, de wärdet dihr läbe. ¹⁴Alli, wo sech dür e Geischt vo Gott lö la füere, die sy d Sühn vo Gott. ¹⁵Dihr heit ja nid e Geischt vo der Sklaverei übercho, dass dihr nech wider müesstet förchte, nei, dihr heit e Geischt übercho, wo öich zu Sühn macht; us däm Geischt use rüefe mir: Abba, liebe Vatter! ¹⁶Der Geischt sälber bestätiget's üsem Geischt, dass mir Chinder vo Gott sy. ¹⁷Jitz, we mir Chinder sy, de sy mer o Erbe. Mir sy d Erbe vo Gott, und sy's zäme mit Chrischtus. We mir zäme mit ihm lyde, de chöme mir o zäme mit ihm i d Herrlechkeit.

Di grossi Hoffnig

¹⁸I finden äbe, dass alls, wo mir i dere Zyt jitz müesse düremache, nüüt isch gäge d Herrlechkeit, wo Gott a üüs wott offebare. ¹⁹Alls Erschaffnige planget druuf, dass Gott sy Herrlechkeit a

syne Chinder offebaret. ²⁰ Was erschaffe isch, vergeit, nid freiwillig – Gott het's eso bestimmt –, aber wäge der natürlechen Ornig. ²¹ Aber e Hoffnig isch da: Alls Erschaffnige wird o befreit us der Sklaverei vo der Vergänglechkeit und wird so herrlech frei wi d Chinder vo Gott. ²² Gället, jitze süüfzget und angschtet alls, wo erschaffe isch. ²³ Aber nid nume di andere, nei, o mir sälber, wo doch scho nen Aazalig hei übercho mit em Geischt, o mir süüfzge im tiefschten Innere und plange druuf, dass mer als Sühn vo Gott ygsetzt wärde, und dass üse Lyb erlöst wird. ²⁴ Mir sy grettet, aber uf ds Hoffe verwise. E Hoffnig, wo me gseht, isch ke Hoffnig. Was eine gseht, dadruuf bruucht er ja nümme z hoffe. ²⁵ We mir aber uf öppis hoffe, wo mer nüüt gseh dervo, de bruucht's Geduld bim Warte. ²⁶ Der Geischt chunt is da z Hülf. Mir sy ja schwach und wüsse nid, wi mir i der Ornig sölle bätte, aber der Geischt sälber redt für üüs mit Süüfzger, wo meh sy als alli Wort. ²⁷ Und dä, wo üses Härz uslüüchtet, weis, was der Geischt wott: Er steit für syni Lüt y, und das gfallt Gott.
²⁸ Gället: Für die, wo Gott lieb hei, füert alls zum Guete; es sy die, won är bestimmt und beruefe het. ²⁹ Die won er's vo ne voruus gseh het, het er o zum voruus bestimmt, dass si sym Suhn sölle glyche; so isch dä der eltischt vo vilne Gschwüschterti. ³⁰ Und die, won er zum voruus bestimmt het, het er o zue sech grüeft, und die, won er zue sech grüeft het, het er o freigsproche, und die, won er freigsproche het, dene het er o sy Herrlechkeit gschänkt.
³¹ Was bruuchts da no meh? We Gott für üüs isch, wär chönnt de gägen üüs sy? ³² Är het ja sym eigete Suhn nüüt bborget, nei, er het ne für üüs alli häreggä; wi sött er üüs de mit ihm nid alls schänke? ³³ Wär wott de die no verchlage, wo Gott usgläse het? ³⁴ Gott tuet se freispräche. Wär chönnt se de verurteile? Chrischtus Jesus, är, wo gstorben isch, meh no, är wo isch uferweckt worde, är, wo rächts vo Gott sitzt, är isch üse Fürspräch. ³⁵ Wär chönnt üüs vo der Liebi vo Chrischtus trenne? Eländ oder Not oder Verfolgig oder Hunger oder Armuet oder Gfahr oder gwaltsame Tod? ³⁶ So steit's ja gschribe: «Wäge dir wärde mer tödt, der ganz Tag, me luegt is aa wi Schaf, wo me metzget.» ³⁷ Aber mit allne dene Schwirigkeite wärde mir guet fertig, wil dä is hilft, won is lieb het (gha). ³⁸ I bi drum ganz sicher: Weder der Tod no ds Läbe, weder Ängel no anderi Mächt, weder Gägewärtigs no Zuekünftigs oder (uheimeligi) Chreft, ³⁹ nüüt i

der Höchi und nüüt i der Tiefi, und o kes Gschöpf uf der Wält isch imstand, üüs z trenne vo der Liebi vo Gott, wo sech zeigt i Chrischtus Jesus.

Warum wei d Jude nid gloube?

9 I säge d Wahrheit, Chrischtus ghört mi, i lüge nid, o mys Gwüsse stimmt mer zue im heilige Geischt: ²Scho lang han i grosse Chummer, und ds Härz tuet mer weh. ³I sälber wett so gärn vo Chrischtus ewägg und verfluecht sy, wen i dermit myne eigete Brüeder chönnti hälfe, myne natürleche Verwandte. ⁴Si sy Israelite, si sy vo Gott als syni Chinder aagno, si chöi Gottes Herrlechkeit gseh, si hei ds Bündnis und d Gsetzgäbig und der Gottesdienscht und d Verheissige; ⁵d Vätter ghöre zue ne, und Chrischtus isch als natürleche Mönsch eine vo ine gsi. Jitz regiert er als Gott über allem, ihn lobe mer uf ewig. Amen.
⁶Jitz isch's nid öppen eso, dass ds Wort vo Gott ungültig wär worde. ⁷Nid alli, wo us Israel chöme, sy de o würklech Gottes Israel; si sy o nid destwäge Chinder, wil si d Nachkomme vom Abraham sy; nei, es heisst: «Dyni Nachkomme fange bim Isaak aa.» ⁸Das heisst: Di natürleche Nachkomme sy nid eifach scho d Chinder vo Gott; nume d Chinder, wo ne Gott sy Verheissig git, gälte als rächti Nachkomme. ⁹So ne Verheissig isch zum Byschpil die: «Um di glychi Zyt chumen i wider, und de het d Sara e Suhn.» ¹⁰Aber nid nume d Sara het e Verheissig gha, o d Rebekka. Die het Zwillinge erwartet vo eim Maa, üsem Vorfahr Isaak. ¹¹Die sy no nid uf der Wält gsi und hei no weder öppis Guets no öppis Böses chönnen aastelle, da het Gott eso usgläse und so etschide, ¹²dass es äbe nid uf d Leischtige aachunt, nei, numen uf dä, wo rüeft. Es isch nere gseit worde: «Der Elter söll einisch em Jüngere sy Chnächt sy»; ¹³es isch o gschribe: «I ha der Jakob lieb gha, aber der Esau han i nid möge.»

Gott list uus, wän är wott

¹⁴Was heisst jitz das? Isch Gott ungrächt? Überhoupt nid! ¹⁵Er seit ja zum Mose: «I zeige däm Erbarme, won i Erbarme mit ihm ha, und i zeige däm Mitlyde, won i mit ihm Mitlyde ha.» ¹⁶Es chunt also nid uf dä aa, wo öppis wott oder öppisem nachespringt; nei, es chunt uf Gott aa, wo sech erbarmet. ¹⁷So seit d

Schrift o zum Pharao: «Grad daderzue han i di la gross wärde, für dass i dir cha zeige, was i für ne Macht ha, und für dass my Name uf der ganze Wält bekannt wird.» ¹⁸ Also: Er het mit däm Erbarme, won är wott, und är tuet dä verherte, won är wott. ¹⁹ Vilecht seisch mer jitz: Wiso macht er eim de no Vorwürf? Me cha sech ja nid gäge sy Wille wehre! ²⁰ My liebe Mönsch, wär bisch du de eigetlech, dass du wosch usehöische gäge Gott? Seit öppe der Lätt zu däm, wo chnättet: Wiso hesch mi jitz derewäg gförmet? ²¹ Oder het öppe der Töpfer nid d Weli, us em glyche Mocke Lätt es Prachtsgschir und e Ghüderchübel z mache? ²² Gott het sy grächti Töubi welle zeige und sy Macht bekannt mache, und mir sy sys Gschir. Mit vil Geduld treit er die düre, wo doch schliesslech i sym Gricht kabutt gange; ²³ aber er zeigt o, wi rych dass sy Herrlechkeit isch für die, won er sech wott über se erbarme; die het er zum voruus für d Herrlechkeit zwäggmacht. ²⁴ Und da derzue het er o üüs grüeft, nid nume us de Jude, nei o us de andere Völker. ²⁵ So seit er ja o bim Hosea: «Es isch nid mys Volk, aber i sägen ihm ‹mys Volk›; i ha di Frou nid lieb gha, aber jitz sägen i ‹my Schatz› zue nere.» ²⁶ Und grad a däm Ort, wo me zue ne gseit het: «Dihr syt nid mys Volk», grad dert seit me ne: «Dihr syt Chinder vom läbändige Gott.» ²⁷ Und der Jesaja rüeft uus über Israel: «We's so vil Israelite gäb wi Sand am Meer, so wird doch nume e chlyne Räschte grettet wärde; ²⁸ Gott füert düre, was er seit und macht's churz; so schaffet der Herr uf dere Wält.» ²⁹ Der Jesaja het o no voruusgseit: «Wen üüs der Herr Zebaoth nid Nachkomme für-gla hätt, stüende mer da wi Sodom und Gomorra.»

Jude wette sech sälber grächt mache

³⁰ Ja, und jitze? Anderi Völker, wo nid uf Grächtigkeit uus sy gsi, die hei Grächtigkeit übercho, nämlech d Grächtigkeit us em Gloube. ³¹ Aber Israel, wo uf ds Gsetz vo der Grächtigkeit uus isch gsi, isch nid derzue cho. ³² Warum ächt? Wil si nid us em Gloube, aber dür iri Leischtige hei welle grächt wärde. Si sy über dä Stei gstoglet, wo eim im Wäg steit, ³³ wi's i der Schrift heisst. «Lue, i lege z Zion e Stei häre, wo me über ne stoglet; es isch e Felsbroche zum Ergere; aber wär a ne gloubt, geit nid zgrund.»

Grächt wärde cha nume dä, wo gloubt, und gloube nume dä, wo lost

10 Liebi Gschwüschterti, i wünschti vo Härze und i bätte o geng zu Gott derfür, dass si grettet wärde. ²I cha ja o bürge derfür, dass si sech ysetze für Gott, aber düregseh tüe si nid! ³Si hei d Grächtigkeit vo Gott eifach nid begriffe: Si wei iri eigeti Grächtigkeit ufrichte und hei sech der Grächtigkeit vo Gott nid underzoge. ⁴Chrischtus macht äbe Schluss mit em Gsetz; jitz git es Grächtigkeit für jede, wo gloubt. ⁵Der Mose schrybt ja vo der Grächtigkeit, wo us em Gsetz chunt: «Dä Mönsch, wo nam Gsetz läbt, überchunt derdür ds Läbe.» ⁶Aber d Grächtigkeit us em Gloube redt eso: «Frag di nid: wär wird i Himel ufestyge», das bedütet: für Chrischtus vo dert oben abe z reiche; ⁷oder: «wär wird i Abgrund abe styge», das bedütet: für Chrischtus vo de Toten ufe z reiche. ⁸Nei, wi seit si: «Ds Wort isch ganz i dyr Neechi, uf dyr Zunge und i dym Härz». «Ds Wort», das bedütet d Botschaft vom Gloube, wo mir predige. ⁹We du mit dyr Zunge tuesch bekenne, dass Jesus der Herr isch, und we du i dym Härz gloubsch, dass Gott ne het vo de Toten uferweckt, de wirsch grettet. ¹⁰Me gloubt drum mit em Härz, und so wird me grächt, und me bekennt mit der Zunge, und so wird me grettet. ¹¹D Schrift seit nämlech: «Jede, wo a ne gloubt, geit nid zgrund.» ¹²Drum git's eke Underschid zwüsche Jude und Grieche; es git nume ei Herr, für alli der glych; är isch rych gnue für alli, wo zuen ihm rüefe; ¹³«es wird ja jede grettet wärde, wo der Name vom Herr aarüeft». ¹⁴Aber wi sölle si ne de aarüefe, we si nid hei glehrt a ne gloube? Und wi sölle si a ne gloube, we si nie öppis von ihm ghört hei? Und wi sölle si ghöre, we kene da isch, wo prediget? ¹⁵Und wi sölle si predige, we si nid der Uftrag derzue hei übercho? Es steit ja o gschribe: «Wi gärn gseht me d Füess vo dene, wo di gueti Botschaft verchünte!» ¹⁶Aber uf die gueti Botschaft hei äbe nid alli glost. Scho der Jesaja seit: «Herr, wär het ggloubt, was mir prediget hei?» ¹⁷Also: Der Gloube chunt us em Lose, und lose mues men uf d Botschaft vo Chrischtus. ¹⁸Jitz cha me natürlech frage: Het me de öppe nüüt dervo ghört? Wohl, natürlech! Über di ganzi Ärde übere hei si grüeft, und bis a ds Ändi vor Wält sy iri Wort ggange! ¹⁹Oder me chönnt frage: Het's Israel öppen eifach nid begriffe? Der Mose git da di erschti Antwort: «I wott nech yfersüchtig mache uf nes

Volk, wo kes isch; gäge nes Volk, wo ke Verstand het, tuen ig öich ertöube.» ²⁰Der Jesaja wird sogar no dütlecher: «I ha mi la finde vo dene, wo mi nid gsuecht hei; i ha mi dene zeigt, wo gar nid na mer gfragt hei.» ²¹Aber über Israel seit er: « Der lieb läng Tag lang han i d Händ usgstreckt na menen ufölgige Volk, wo numen usehöischt.»

Der Fähler vo de Jude chunt de Völker z guet

11 Jitz isch also d Frag die: Het Gott sys Volk verstosse? Da isch ke Red dervo! I sälber bi ja o ne Israelit, e Nachfahr vom Abraham, us em Stamm Benjamin. ²Gott het sys Volk nid verstosse, er het sech 's ja usgläse zum voruus! Oder wüsset dihr nid, was d Schrift bim Elija seit, won er gägen Israel zu Gott bbättet het: ³«Herr, si hei dyni Prophete tödt, hei dyni Altär abegrisse, und ig alleini bi fürbblibe, und no mir wei si a ds Läbe.» ⁴Aber was isch d Antwort vo Gott druuf gsi? «I ha mir sibetuusig Maa vorebha, wo nid vor em Baal abegchnöilet sy.» ⁵Grad eso isch o i üser Zyt e Räschte fürbblibe, won är i syr Gnad usgläse het. ⁶Us Gnad sy si usgläse worde, nid wägen irne Leischtige; süsch wär ja d Gnad nümme Gnad! ⁷Also: Das, was Israel het welle, het's nid übercho; nume die, wo Gott usgläse het, hei's übercho. Aber der Räschte het sech müesse verstyffe. ⁸So win es gschribe steit: «Gott het ire Geischt betöubt, er het nen Ouge ggä, für dass si nüüt gseh, und Ohre, für dass si nüüt ghöre, bis uf e hüttige Tag.» ⁹Und der David seit: «Bim Ässe söll es sech über ne zuezie wi ne Lätsch und wi nes Fangnetz. Si sölle stolpere und gstraft wärde. ¹⁰Iri Ouge sölle fyschter wärde, dass si nid gseh und ire Rügge chrumm für geng.» ¹¹Jitz isch d Frag: Sy si gstoglet und dermit ändgültig z Bode? Uf gar ke Fall! Nei, derdürtwille, dass si gfählt hei, isch d Rettig zu den andere Völker cho, und das söll sen yfersüchtig mache! ¹²Ire Fähler het di übrigi Wält rych gmacht und ires Versäge chunt den andere Völker zguet. Wi isch es de ersch, we si alli zäme zu Chrischtus chöme! ¹³Aber öich, wo früecher nid gloubt heit, chan i's säge: Ig als Aposchtel vo den andere Völker ha ne herrleche Uftrag: ¹⁴I probiere, myni natürleche Verwandte yfersüchtig z mache, für nes paar vo ne z rette!
¹⁵Es isch ja eso: Gott het se la falle und derfür d Wält aagno; we Gott se wider aanimmt, was isch de das anders weder Läbe us de

Tote? ¹⁶ We scho ds erschte Hämpfeli vom Opferteigg heilig isch, wi isch es de ersch der ganz Teigg! Und we d Wurzle heilig isch, de sy's o d Escht. ¹⁷ Es paar Escht sy usbbroche worde. Du chunsch vo mene wilde Ölboum, bisch statt ine druf zweiet worde und chasch profitière vo der chreftige Wurzle vo irem Ölboum. ¹⁸ Tue jitz nid höch aagä gäge d Escht! We d aber wosch höch aagä: Nid du treisch d Wurzle, d Wurzle treit di! ¹⁹ Vilecht seisch jitze: Es sy Escht usbbroche worde, für dass ig ynezweiet wirde! ²⁰ Das stimmt. Wägen irem Ungloube sy si usbbroche worde, aber du bisch druf zweiet wäge dym Gloube. Bis nid übermüetig, häb lieber Reschpäkt! ²¹ We Gott scho de natürlechen Escht nid bborget het, de borget er dir no vil weniger! ²² Lue gschyder: Gott isch güetig und sträng; sträng gäge die, wo z Bode troolet sy; aber güetig gäge di, we du i syr Güeti blybsch; süsch hout me o di use. ²³ Aber di andere – we si nid im Ungloube blybe, wärde si o wider ypflanzet; Gott cha das, sen ume ypflanze. ²⁴ Du bisch ja us emene wilde Ölboum usegschnitte worde und me het di – grad umgchehrt, als wi me's süsch macht – uf nen edle Ölboum ufzweiet; umso meh chöi die andere, di natürlechen Escht, wider uf ire eigete Ölboum ufzweiet wärde.

Ds ganze Volk Israel wird zletscht grettet

²⁵ Liebi Gschwüschterti, i möcht nech das Gheimnis z wüsse tue, für dass dihr nech nid sälber gschyd vorchömet: E Teil vo Israel het sech so lang müesse verstyffe, bis der gross Huuffe vo den andere Völker (zu Chrischtus) ynecho isch. ²⁶ Und denn wird de ds ganze Volk Israel grettet. So isch es o gschribe: «Us Zion chunt der Retter; er nimmt de alls gottlose Wäse vo Jakobs Volk ewägg; ²⁷ und das isch de my Bund mit ne, wen ig iri Sünde ewägg nime.» ²⁸ Si sy Gägner vo der guete Botschaft, und das chunt öich zguet; aber Gott het se usgläse und bhaltet se lieb wäge de Vätter. ²⁹ Gott nimmt syni Gnadegschänk und sy Beruefig nid zrügg. ³⁰ Dihr heit ja o einisch Gott nid gfolget, aber wil si nid gfolget hei, heit dihr bi Gott Erbarme gfunde; ³¹ gnau so hei si jitz nid gfolget, wil dihr söllet Erbarme finde, für dass si de nachär Erbarme finde. ³² Gott het alli zäme ybschlosse i d Ufolgigi (wi i ne Chefi), wil er mit allne wott Erbarme ha.

³³ Wi tief isch doch der Rychtum
und d Wysheit und d Ysicht vo Gott.
«Niemer cha sys Gricht versta,
und niemer cha syni Wääge usfindig mache.
³⁴ Wär begryfft em Herr sy Sinn
oder chönnt ihm e Rat gä?
³⁵ Oder wär hätt ihm zersch öppis gschänkt,
so dass Gott ihm öppis schuldig wär?»
³⁶ Alls chunt vo ihm und geit zu ihm, und är het alls i der Hand.
Ihm söll alli Ehr gälte bis i d Ewigkeit! Amen.

Di rächti Gmeind

12 Liebi Gschwüschterti, i häbe nech aa! Gott isch barmhärzig gsi, drum gät nech mit Lyb und Seel für Gott häre. Das isch ds läbige, heiligen Opfer, wo Gott gfallt; das isch öie Gottesdienscht i sym Geischt. ²Passet nech nid dere Wältzyt aa, änderet nech, machet öies Dänke und Sinne nöi! So merket dihr, was Gott vo nech wott: das, was guet isch, was ihm gfallt und was ke Fähler het.
³ Gott het mir sy Gnad gschänkt, drum sägen i jedem vo öich: Weit nid z höch use mit öinen Aasprüch a Gloube, blybet vernünftig i de Gränze, wo Gott jedem gsteckt het. ⁴ Mir alli hei ja a eim Lyb vili Glider, und di Glider hei nid alli di glychi Ufgab. ⁵ So sy mir alli ei einzige Lyb i Chrischtus, aber jedes isch es anders Glid drann als di andere. ⁶ Mir hei ja ganz verschideni Begabige, so wi Gottes Gnad sen is äbe gschänkt het: Eine cha predige, was Gott ihm ygit, wi's zum Gloube ghört, ⁷ eine isch fürsorglech, de chan er Fürsorg leischte, eine het e Lehrbegabig, de chan er Lehrer sy, ⁸ eine tröschtet guet, de söll er Seelsorger sy. Dä, wo d Understützige verteilt, söll's korräkt mache, dä, wo ds Gmeindsläbe organisiert, söll sech rächt ysetze derfür; wär Guets wott tue, söll's fründlech tue. ⁹ D Liebi vertreit kes Derglychetue. Händ wäg vom Böse! Haltet nech a ds Guete. ¹⁰ Häbet nech lieb wi Gschwüschterti und schetzet ds andere höcher als öich sälber. ¹¹ Löt nid lugg und setzet nech y, bhaltet Gottes Geischt i öich am Brönne, standet Gott zur Verfüegig. ¹² Syt fröhlech, dihr heit ja ne Hoffnig; we der lydet, heit Geduld; höret nie uuf bätte. ¹³ Hälfet öine Mitchrischte, we si's nötig hei. Heit es offnigs Huus

für Gescht. ¹⁴ Sägnet die, wo nech verfolge, wünschet ne Guets und verfluechet se nid. ¹⁵ Fröiet nech mit dene, wo sech fröie, und syt truurig mit dene, wo truurig sy!
¹⁶ Heit zäme! Syt nid hochmüetig, haltet nech lieber a di Bescheidene. Meinet nid, dihr syget alleini gschyd! ¹⁷ Zalet niemerem ds Böse mit Bösem zrügg, dänket nume, was dihr allne Lüt Guets chöit tue!
¹⁸ So wyt's uf öich aachunt, läbet mit allne Lüt im Fride. ¹⁹ Liebi Gschwüschterti, rächet nech nie sälber, überlöt Gott ds Gricht. Es steit ja gschribe: «D Rach isch my Sach, i tue vergälte, seit der Herr.» ²⁰ Machet's lieber umgchehrt: «We dy Find Hunger het, gib ihm z äsisse, het er Durscht, so gib ihm z trinke. Da dermit bygisch glüejigi Chole uf sy Chopf.» ²¹ La der nid vom Böse la der Meischter zeige, nei, zeig ihm der Meischter mit em Guete!

Chrischt und Staat

13 Jede söll sech der Regierig, wo im Amt isch, underzie. Es git ke Regierig, wo nid vo Gott ygsetzt isch. O di gägewärtige sy vo Gott ygsetzt. ² Wär sech gäge d Regierig stellt, dä stellt sech also gäge das, wo Gott ygrichtet het. Die, wo sech dergäge wehre, mache sech strafbar. ³ Wär ds Guete macht, bruucht sech vor de Beamte nid z förchte, nume dä, wo Böses macht. Du wettisch di nid vor der Regierig bruuche z förchte? De mach ds Guete! Si wird der's anerchenne. ⁴ Si isch ja der Ghülfe vo Gott und hilft dir uf em Wäg zum Guete. We du hingäge ds Böse machsch, de muesch Angscht ha. Für nüüt treit si ja ds Schwärt nid! Si isch der Ghülfe vo Gott o i däm Stück, dass si eine verurteilt und straft, wo ds Böse macht. ⁵ Drum isch es nötig, dass me sech underziet, nid numen us Angscht vor em Gricht, nei, o us em Gwüsse use. ⁶ Drum zalet dihr ja o Stüüre: Grad denn sy di Beamte im Dienscht vo Gott, we si se gö ga yzie. ⁷ Gät allne (Beamte), was der (em Staat) schuldig syt: D Stüüre gät der em Stüüryzieher, der Zoll em Zollbeamte; heit Reschpäkt vor de Reschpäktspärsone und erwyset däm Ehr, wo nes Rächt druuf het.

D Liebi isch ds Wichtigschte

⁸ Machet niene Schulde, nume i der Liebi rächnet nie ab! Wär nämlech sy Mitmönsch lieb het, dä haltet ds ganze Gsetz. ⁹ We's

heisst: Du söllsch d Eh nid bräche, du söllsch nid morde, du söllsch nid stäle, du söllsch nid gluschte, und was es süsch no für Vorschrifte git, das isch alls i däm Satz zämegfasset: «Du söllsch dy Mitmönsch so lieb ha wi di sälber.» ¹⁰D Liebi tuet em Mitmönsch nüüt z leid; d Liebi macht allei ds ganze Gsetz uus. ¹¹Dihr wüsset, was es gschlage het. Stellet nech dernaa y! Es isch ja höchschti Zyt, us em Schlaf z erwache; d Rettig isch is scho neecher weder denn, wo mer sy zum Gloube cho. ¹²D Nacht geit em Änd zue, es taget scho. Mir wei alls abzie, was us em Fyschtere chunt, und derfür d Waffe vom Liecht aalege. ¹³Wi nes sech für e Tag ghört, wei mer üses Läbe aaständig füere, nid mit Frässe und Suuffe, nid mit Umeluedere und Usgürte, nid mit Chyb und Zangg. ¹⁴Nei, leget der Herr, Jesus Chrischtus, aa (wi nes Chleid)! Verwöhnet öie natürleche Mönsch nid, süsch wärde nume Glüscht ufgrüert.

Di Starche und di Schwache

14 Heit Sorg zu dene, wo ängschtlech sy im Gloube. Löt nech nid uf nes Zangg y über verschideni Meinige. ²Der eint gloubt, er dörf alls ässe, aber der Ängschtlech isst nume Gmües. ³Dä, wo alls isst, söll nid uf dä abeluege, wo nid alls isst, und dä, wo nid alls isst, isch nid der Richter vo däm, wo alls isst. Gott het dä ja o aagno. ⁴Wär bisch eigetlech, dass du meinsch, du chönnisch über nen andere Sklav der Richter spile? Dä isch nume sym eigete Herr Rächeschaft schuldig, wen er umtroolet. Aber er blybt sta, wil sy Herr ne cha mache z sta. ⁵Der eint macht en Underschid zwüsche bsundere und gwöhnleche Tage, und für en andere sy alli Tage glych. We nume jede ganz überzügt isch vo däm, won er gloubt. ⁶Dä, wo uf ne bsundere Tage achtet, dänkt derby a Herr; und dä, wo alls isst, macht's ja o für e Herr; er danket ja o Gott. ⁷Kene vo üüs ghört im Läbe sich sälber, und kene ghört im Stärbe sich sälber. ⁸We mir läbe, so läbe mir für e Herr, und we mir stärbe, so stärbe mir für e Herr. Öb mer läbe oder stärbe, ghöre tüe mer em Herr. ⁹Chrischtus isch ja da derfür gstorbe und wider läbig worde, dass är der Herr syg über Toti und Läbigi. ¹⁰Und du, wiso spilsch di als Richter uuf über dy Brueder? Oder du, wi chunsch du derzue, uf dy Brueder abe z luege? Mir müesse ja alli einisch vor em Gricht vo Gott aaträtte. ¹¹Es steit ja gschribe: «So wahr dass i läbe, seit der Herr, vor mir

mues einisch alls uf d Chnöi, und i jeder Sprach wird me Gott d Ehr gä.» ¹²Also: Jede von is mues vor Gott für sich sälber grad sta.
¹³Drum wei mir üüs nid als Richter über enand ufspile. Heit lieber Sorg, dass kene sym Brueder Erger macht oder vor em Gloube steit. ¹⁴Wil ig a Herr Jesus gloube, bin i fescht dervo überzügt, dass nüüt vo Natur uus usuber isch. Usuber isch es nume für dä, wo meint, es syg usuber. ¹⁵We also dy Brueder truurig wird wägen öppisem, wo du issisch, de läbsch nid eso, wi's d Liebi wott ha. Tue nid dür dys Ässe dä z grundrichte, wo Chrischtus für ne gstorben isch. ¹⁶Machet nid, dass ds Guete, wo dihr verträttet, i Verruef chunt! ¹⁷Bi Gottes Rych geit es ja weder um Ässe no um Trinke, aber um Grächtigkeit und Fride und Fröid im heilige Geischt. ¹⁸Wär i dene Sache Chrischtus dienet, a däm het Gott Fröid und d Mönsche achte ne. ¹⁹Drum wei mir das probiere z mache, wo zum Fride füert, und wo mir dermit enand chöi fürsibringe. ²⁰Rysset emel wägem Ässe nid das abe, wo Gott ufbbouet het! Sicher, alls isch suber, aber däm Mönsch wartet Schlimms, wo mit sym Ässe eim vor em Gloube steit. ²¹Es isch gschyder, me ässi kes Fleisch und trinki ke Wy oder versäg sech süsch öppis, als dass men em Brueder vor em Gloube steit. ²²Du gloubsch ja, und du bruuchsch das niemerem z bewyse als Gott. Glücklech isch dä, wo sicher isch, dass das guet isch, won är für guet aaluegt. ²³We aber eine bim Ässe aafat zwyfle, öb er's o dörf ässe, de isch das es Zeiche, dass er nid rächt gloubt, und er het sys Urteil scho. Alls, wo nid us em Gloube chunt, isch Sünd.

15 We mir starch sy, de müesse mir d Schwechine vo dene mittrage, wo nid so starch sy; mir sy nid alei uf der Wält! ²Jede von is söll em Mitmönsch zlieb läbe; das isch guet für ihn und für d Gmeind ufzboue. ³O Chrischtus het ja nid sich sälber zlieb gläbt, so wi's gschribe steit: ⁴«D Gemeinheite vo dene, wo di verbrüelet hei, hei mi troffe.» Das, wo früecher isch gschribe worde, us däm sölle mir öppis lehre; d Schrifte tröschten is und gän is Hoffnig. ⁵Gott schänkt Geduld und Troscht; är gäb öich, dass dihr mitenand chöit eis sy nam Vorbild vo Chrischtus Jesus. ⁶So chöit dihr zämethaft und eistimmig Gott lobe, der Vatter vo üsem Herr, Jesus Chrischtus.

⁷Nät drum eis ds andere aa, so wi Chrischtus öich aagno het. Däwäg wird Gott d Ehr ggä. ⁸I meine das eso: Chrischtus isch e Diener vo de Jude worde, wil Gott wahr isch. Är het sölle dürefüere, was Gott de Vätter versproche het; ⁹aber di andere Völker sölle Gott für sys Erbarme lobe, win es gschribe steit: «Destwäge bekennen i di bi den andere Völker und singe dym Name Psalme.» ¹⁰Und wyter heisst es: «Völker, fröiet nech zäme mit mym Volk.» ¹¹Und wyters: «Völker, rüemet alli der Herr; alli Völker sölle ne lobe.» ¹²Und der Jesaja seit o no: «Ds Schoss us der Wurzle vom Isai chunt füre und eine steit uuf, für über d Heide z regiere; uf ihn hoffe d Heide.» ¹³Gott isch üsi Hoffnig. Är söll öich sy ganzi Fröid gä und sy ganz Fride; er söll öich der Gloube schänke; er söll nech überrych mache im Hoffe, wil der heilig Geischt öich Chraft git.

Der Paulus wyst sech uus

¹⁴Liebi Gschwüschterti, i bi fescht dervo überzügt: Dihr syt rych a guetem Wille, dihr syt rych a Ysicht und syt guet imstand, enand mit Rat und Tat byzsta. ¹⁵I ha nech grediuse gschribe. Gott het mer's erloubt. Dänket draa, dass i der Diener vo Chrischtus Jesus bi de Völker bi; ¹⁶wi ne Prieschter verwalten i di gueti Botschaft vo Gott, für dass alli Völker en Opfergab wärde, wo Gott cha Fröid drann ha, und wo heilig gmacht isch dür e heilige Geischt. ¹⁷I ghöre Chrischtus Jesus, drum darf i mi vor Gott rüeme. ¹⁸I tät's nid wage, vo öppisem z rede, wo nid Chrischtus mi het la mache. D Heide sy zum Gloube cho dank ihm ¹⁹dür Wort und Tate, dür mächtigi Zeiche und Wunder i der Chraft vom Gottesgeischt. Vo Jerusalem uus und zringsetum han i zäntume bis gägen Illyrie zue di gueti Botschaft vo Chrischtus prediget. ²⁰Derby han i's uf my Ehr gno, d Botschaft nume dert z predige, wo me no nie öppis vo Chrischtus het ghört gha. I wott drum nid uf Fundamänt ga boue, wo nen andere gleit het. ²¹Nei, es steit ja gschribe: «Die sölle gseh, wo no nüüt von ihm erfahre hei, und die sölle versta, wo no nüüt ghört hei.»

Plän und Reise

²²So isch mer bis jitz mängs dervor gstande, zue nech z cho. ²³Aber jitz han i i dene Gägete hie ke Ufgab meh; sit mängem

Jahr wett i gärn zu öich cho, ²⁴sobald i nach Spanie cha reise. I hoffe äbe, mir chönne's rächt schön ha zäme, und dihr tüejet mer de wyterhälfe für derthi. ²⁵Im Momänt bin ig underwägs nach Jerusalem, im Dienscht vo de Chrischte. ²⁶Si sy drum z Mazedonie und z Achaja rätig worde, e Sammlig dürezfüere für di Arme bi de Chrischte z Jerusalem. ²⁷Si hei das gärn uf sech gno, und si sy ne's o schuldig: We d Heide mit ihne di geischtleche Gabe dörfe teile, de sölle si ne derfür mit materielle bysta. ²⁸Wen i de das überort ha, und wen i d Kollekte sicher abggä ha, de wott i de bi öich verbycho und nach Spanie reise. ²⁹I bi sicher: Wen i zu öich reise, de git mir Chrischtus sy rych Säge mit.
³⁰Liebi Gschwüschterti, wäge üsem Herr, Jesus Chrischtus, und wäge der Liebi, wo der Geischt z standbringt, bitte nech dringend: We dihr zu Gott bättet, de haltet ihm mit mir aa, ³¹dass i z Judäa nid den Unglöubige i d Händ grate, und o, dass di Ufgab, won i für Jerusalem erfülle, bi de Chrischte guet aachunt. ³²De chan i voll Fröid zue nech cho und mi bi öich echly bchyme, we Gott das eso wott. ³³Der Gott vom Fride söll mit öich allne sy. Amen.

Grüess und Empfälige. Letschti Mahnige

16 I empfile nech üsi Schwöschter Phöbe. Si isch Gmeindshälfere z Kenchreä. ²Nät sen uuf, wil se der Herr schickt, so win es sech für gueti Chrischte ghört. Hälfet nere i allne Gschäft, wo si öpper nötig het. Si sälber het o scho vilne ghulfe, mir sälber o. ³Grüesset mer d Priska und der Aquila; si sy myni Mitarbeiter im Dienscht vo Chrischtus Jesus; ⁴si hei ire Chopf häregha, wo's um mys Läbe ggangen isch; i bi ne nid aleini dankbar derfür, o alli Gmeinde sy's. ⁵E Gruess o a d Gmeind i irem Huus. Grüesset my lieb Epänetus – är isch ds erschte Gschänk vo der Provinz Asia für Chrischtus gsi! ⁶Grüesset d Maria; si het vil für öich gschaffet. ⁷Grüesset der Andronikus und d Junia, myni Landslüt, wo mit mir zäme sy gfange gsi. D Aposchtel rüeme se; si sy ja scho vor mir Chrischte gsi. ⁸Grüesset mer der Ampliatus. I ha ne lieb wäg em Herr. ⁹Grüesset der Urbanus, my Mitarbeiter im Dienscht vo Chrischtus, und o my liebe Stachys. ¹⁰Grüesset der Apelles; er het sy Maa gstellt im Dienscht vo Chrischtus. Grüesset em Aristobul syni Lüt. ¹¹E

Gruess mym Landsmaa, em Herodion. Grüesset d Chrischte bim Narzissus. ¹²Grüesset d Tryphäna und d Tryphosa, wo sech so für e Herr ysetze. Grüesset di liebi Persis, wo für e Herr gschaffet het. ¹³Grüesset der Rufus – Gott het ne sälber usgläse – und sy Mueter, wo o mir isch e Mueter gsi. ¹⁴Grüesset der Asynkritus, der Phlegon, der Hermes, der Patrobas, der Hermas und alli Gschwüschterti, wo by ne sy. ¹⁵Grüesset der Philologus und d Julia, der Nereus und sy Schwöschter und der (d?) Olympas und alli Chrischte, wo mit ne zäme sy. ¹⁶Grüesset enand mit emne heilige Müntschi. Alli Gmeinde vo Chrischtus lö nech la grüesse.
¹⁷Liebi Gschwüschterti, löt nech la mahne. Gät acht wäge dene, wo d Gmeinde spalte und nech probieren ufzreise gäge das, wo dihr glehrt heit. Settigne ganget us Wäg! ¹⁸Derigi Lüt diene ja nid üsem Herr Chrischtus, nei, si diene irem eigete Buuch. Si bruuche schöni Wort, rede fromm und verfüere ds Härz vo den uschuldige Lüt.
¹⁹Zäntume ghört me ja, wi dihr Gott folget. I fröie mi über öich. I möcht, dass dihr gschyd syt, we's um ds Guete geit, und luter, we's um ds Böse geit. ²⁰Gly einisch wird der Gott vom Fride der Satan under öine Füess vertrappe. D Gnad vo üsem Herr Jesus söll mit nech sy.
²¹Der Timotheus, my Mitarbeiter, lat nech la grüesse, und o der Luzius, der Jason und der Sosipater, myni Landslüt. ²²I, der Tertius, grüesse nech: I ha dä Brief im Dienscht vom Herr gschribe. ²³Der Gaius lat nech la grüesse, wo mi und di ganzi Gmeind by sech ufgno het, und o der Erastus, der Stadtkassier, und der Brueder Quartus lö nech la grüesse.
²⁵Gott cha öich starch mache; so seit's my Botschaft und d Predig vo Jesus Chrischtus. Das Gheimnis isch jitz bekanntgmacht worde; dür ewigi Zyte düre het me nüüt von ihm gseit. ²⁶Aber jitz isch es dür d Büecher vo de Prophete a ds Liecht cho, wil's der ewig Gott befole het; so chöi alli Heide zum Gloube cho, wil er bekannt worden isch. ²⁷Däm einzige Gott i syr Wysheit ghört d Herrlechkeit i alli Ewigkeit dür Jesus Chrischtus. Amen.

Der erscht Brief a d Korinther

Begrüessig

1 Der Paulus – dür Gottes Wille zum Aposchtel beruefe – und der Brueder Sosthenes ²a d Gmeind vo Gott z Korinth. Mir grüessen öich, wo Jesus Chrischtus grüeft und heilig gmacht het, zäme mit allne, wo der Name vo üsem Herr Jesus aarüefe; er isch üse und ire Herr, geng und überall. ³Mir wünsche nech Gnad und Fride vo Gott, üsem Vatter, und vo üsem Herr, Jesus Chrischtus.

Gott het öich rych und starch gmacht

⁴I danke mym Gott geng und geng wider, dass är öich i Jesus Chrischtus d Gnad gschänkt het. ⁵Dihr syt dür ihn ja i allne Teile rych worde, rych i jedem Wort und i jeder Ysicht. ⁶Ds Zügnis vo Chrischtus isch bi öich so starch worde, ⁷dass dihr i keim Gnadegschänk z churz chömet; dihr wartet o druuf, dass sech üse Herr, Jesus Chrischtus, offe zeigt. ⁸Är macht öich starch bis a ds Änd, dass me nech nüüt wird chönne fürha am (Grichts-)Tag vo üsem Herr, Jesus Chrischtus. ⁹Gott isch tröi. Är rüeft öich i d Gmeinschaft mit sym Suhn, üsem Herr, Jesus Chrischtus.

Tüet nech nid ufspalte!

¹⁰Liebi Gschwüschterti, i mahne nech im Name vo üsem Herr, Jesus Chrischtus: Syt underenand einig, löt kes Parteiwäse under öich la ufcho; heit zäme i eim Sinn und eir Meinig. ¹¹Liebi Gschwüschterti, d Lüt vo der Chloë hei mer äbe bbrichtet, es gäbi bi öich Zanggereie. ¹²I meine das so, dass eine vo öich seit: ‹I ghöre zum Paulus›, und der ander: ‹I ghöre zum Apollos›, der dritt: ‹I ghöre zum Kephas›, und der viert: ‹I ghöre zum Chrischtus›. ¹³Isch öppe Chrischtus usenandgrisse worde? Isch öppe der Paulus für öich gchrüziget worde? Oder syt dihr uf e Name vom Paulus touft? ¹⁴Gott sei Dank han i ekene vo öich touft ussert em Crispus und em Gaius. ¹⁵So cha niemer säge, er syg uf my Name

touft! ¹⁶ Halt, i ha o no der Stephanas und syni Lüt touft, aber süsch wüsst ig ekene, won i no touft hätti. ¹⁷ Chrischtus het mi ja nid usgschickt für z toufe, aber für di gueti Botschaft z predige – und zwar nid öppe i gschyde Worte, für dass ds Chrüz vo Chrischtus nid z Bode gredt wird.

D Gschydi vor Wält und d Dümmi vom Chrüz

¹⁸ Für die Mönsche, wo verlore sy, isch ds Wort vom Chrüz öppis Dumms. Aber für die, wo grettet wärde – und das sy mir! – isch es e Chraft vo Gott. ¹⁹ Es steit ja gschribe: «I mache d Gschydi vo de Gschyde z nüüte und der Verstand vo de Verständige z Schande.» ²⁰ Wo sy di Gebildete? Wo sy di Schriftgelehrte? Wo sy di Gwaglete vo üser gägewärtige Zyt? Het Gott de nid d Gschydi vo der Wält als Dümmi darta? ²¹ D Wält het ja Gott i syr Wysheit nid erchennt – iri eigeti Gschydi isch nere im Wäg gstande. Drum het's Gott jitz umgchehrt: Er het dür d Predig, wo als dumms Züüg aagluegt wird, die grettet, wo gloube. ²² D Jude höische Wunderzeiche, und d Grieche gangen uf Gschydi uus, ²³ aber mir predige der Chrischtus, wo gchrüziget isch. Das isch öppis, wo d Juden ergeret und de Grieche dumm vorchunt. ²⁴ Aber für die, wo Gott zue sech rüeft – syge's Jude oder Grieche – isch Chrischtus d Chraft vo Gott und d Wysheit vo Gott. ²⁵ Es isch halt eso: No ds Dumme bi Gott isch gschyder als d Mönsche, und ds Schwache bi Gott isch geng no stercher als d Mönsche. ²⁶ Liebi Gschwüschterti, dänket doch draa, wie dihr syt zum Gloube grüeft worde. Bi öich isch nid mänge, wo i den Ouge vo der Wält gschyd isch, nid mänge, wo Yfluss het, nid mänge vo de Mehbessere. ²⁷ Nei, Gott het das usgläse, wo i den Ouge vo der Wält dumm isch, für di Gebildete z Schande z mache; und Gott het das usgläse, wo i den Ouge vo der Wält schwach isch, für ds Starche z Schande z mache; ²⁸ und Gott het das usgläse, wo i den Ouge vo der Wält nüüt gilt, und wo me druuf abe luegt, für das z nüüte z mache, wo meint, es sygi öppis! ²⁹ So cha sech de gar niemer vor Gott rüeme. ³⁰ Dihr heit's numen ihm z verdanke, dass dihr zu Chrischtus ghöret; dä isch vo Gott für üüs zur Wysheit gmacht worde, aber o zur Grächtigkeit und zur Heiligung und zur Erlösig. ³¹ Es söll ja so sy, win es gschribe steit: «Wär sech wott rüeme, söll rüeme, was der Herr ta het.»

Di gheimi Gotteswysheit

2 Liebi Gschwüschterti, i bi synerzyt zue nech cho, für nech ds Gheimnis vo Gott z predige, nid öppe mit äxtra guet Rede oder mit äxtra vil Gschydi. ²I ha mir vorgno gha, i well bi öich nüüt anders wüsse als Jesus Chrischtus, und zwar dä, wo isch a ds Chrüz gschlage worde. ³Und i sälber bi i aller Schwechi mit Zitteren und Ängschte zue nech cho; ⁴und mys Rede und Predige het nech nid mit Gschydi söllen überrede, es het sech söllen uswyse im Geischt und i der Chraft. ⁵Öie Gloube söll sech ja nid uf mönschlechi Gschydi verla, nei, nume uf d Chraft vo Gott. ⁶Mir chöi ja o vo Gschydi rede bi Lüt, wo fescht im Gloube stande; aber das isch nid e Gschydi us der gägewärtige Zyt, und o nid eini vo de Regänte vo der gägewärtige Zyt; die gange ja zgrund. ⁷Nei, mir rede vo der gheime Gotteswysheit, wo Gott vor allne Ewigkeite zum voruus feschtgleit het, für üüs i d Herrlechkeit z füere. ⁸Die het keine vo de Regänte vo der gägewärtige Zyt begriffe. We si se nämlech begriffe hätte, hätte si nid der Herr vo där Herrlechkeit a ds Chrüz gschlage. ⁹Das gilt äbe, wo gschribe steit: «Was keis Oug gseh het und keis Ohr ghört het, und was i keis Mönschehärz isch cho, das het Gott dene parat gmacht, wo ihn lieb hei.»
¹⁰Aber üüs het's Gott dür e Geischt goffebaret. Der Geischt erforschet alls, o d Tiefine vo Gott. ¹¹Wär vo de Mönsche weis öppis vom mönschleche Wäse, als nume der mönschlech Geischt, wo i ihm innen isch? So het o niemer öppis vom Wäse vo Gott erfasset, als nume der Geischt vo Gott. ¹²Aber mir hei ja nid der Geischt vo der Wält übercho, mir hei der Geischt vo Gott übercho, für dass mir chönne begryffe, was Gott üüs gschänkt het.
¹³Und da dervo rede mer, nid i glehrte Wort, won is mönschlechi Gschydi ygit, nei, i Wort, won is der Geischt yggä het; mir tüe de Mönsche, wo im Geischt läbe, geischtlechi Ysichte wytergä.
¹⁴Der natürlech Mönsch nimmt nid aa, was us em Geischt vo Gott chunt; für ihn isch das dumms Züüg, und er cha nid ygseh, dass es geischtlech mues aagluegt wärde. ¹⁵Aber dä, wo der Geischt het, gseht alls richtig, und är sälber cha vo niemerem richtig gseh wärde. Gället: ¹⁶«Wär gchennt der Sinn vom Herr, dass er ihm wagti, e Rat z gä?» Aber mir hei der Chrischtus-Sinn.

Keni Sekte! Dihr syt e Tämpel vo Gott

3 Liebi Gschwüschterti, o i ha nid zue nech chönne rede wi zu Lüt, wo der Geischt hei, nei, wi zu natürleche Mönsche, wi zu Chinder, was der Chrischtegloube aageit, han i müesse rede. ²I ha nech Milch ggä z trinke, nid feschti Choscht; die hättet dihr ja no nid möge verlyde. Aber dihr vertraget se ja o jitz no nid; ³dihr syt drum geng no natürlechi Mönsche. So lang dass es bi öich no Chyb und Chritz git – syt dihr de da nid no natürlechi Mönsche, und mönschelet's de nid no grüüslech bi öich? ⁴Solang no eine seit: ‹I ghöre zum Paulus›, und en andere: ‹I ghöre zum Apollos› – syt dihr da de nid wi all ander Lüt o? ⁵Was isch de der Apollos? Was isch de der Paulus? Diener sy si, wo öich zum Gloube bbracht hei, jeden eso, wi der Herr ihm d Begabig het ggä. ⁶I ha aapflanzet, der Apollos het bschüttet, aber Gott het's gmacht z wachse. ⁷Nid dä isch also öppis, wo pflanzet het, o nid dä, wo bschüttet het, nei, nume Gott, wo's macht z wachse. ⁸Dä, wo pflanzet, und dä, wo bschüttet, sy eis; und jede überchunt einisch sy bsunder Lohn für sy bsunderi Müei. ⁹Mir sy Mitarbeiter vo Gott; dihr syt der Acher vo Gott, der Bou vo Gott. ¹⁰Gott het mir d Gnad ggä, wi ne erfahrene Boumeischter ds Fundamänt z lege; aber en andere bouet druuf uuf. Jede söll ufpasse, wien er wyterbouet. ¹¹Niemer cha ja es anders Fundamänt lege weder das, wo gleit isch, und das isch Jesus Chrischtus. ¹²We jitz eine uf das Fundamänt ufbouet – sygi's mit Guld, Silber, Edelsteine, Holz, Höi oder Strou – ¹³einisch zeigt es sech de, öb sy Arbeit solid isch. Der Grichtstag offebaret sech nämlech mit Füür! Und ds Füür stellt de jedem sy Arbeit uf d Prob, öb's öppis Rächts isch. ¹⁴We d Arbeit blybt, wo eine z standbracht het, überchunt er Lohn; ¹⁵we eim sy Arbeit verbrönnt, het är der Schade; sälber chunt er mit em Läbe dervo, aber nume wi dür nes Füür düre!
¹⁶Wüsset dihr nid, dass dihr der Tämpel vo Gott syt, und dass Gottes Geischt i öich wohnt? ¹⁷We eine der Tämpel vo Gott verstört, de verstört Gott ihn o. Der Tämpel vo Gott isch ja heilig, und dä syt dihr.
¹⁸Es söll sech nume niemer öppis ybilde! We eine vo öich meint, er syg im Sinn vo der gägewärtige Wält gschyd, söll er dumm wärde, für dass er (würklech) gschyd wird! ¹⁹D Gschydi vo dere Wält isch bi Gott Dümmi. Es steit ja gschribe: «Er verwütscht

di Gschyde mit irer ganze Schlöui.» [20] Und derzue: «Der Herr gchennt d Gedanke vo de Gschyde, wi blöd si sy.» [21] Drum söll niemer Mönsche aahimmle. Alls ghört ja öich: [22] der Paulus, der Apollos, der Kephas, d Wält, ds Läbe und der Tod, Gägewärtigs und Zuekünftigs! [23] Alls ghört öich, aber dihr ghöret Chrischtus, und Chrischtus ghört Gott.

Was das heisst: Aposchtel sy

4 So söll jeden üüs aaluege: als Ghülfe vo Chrischtus und als Verwalter vo Gottes Gheimnis. [2] Vo mene Verwalter wird nüüt anders erwartet, weder dass er zueverlässig syg. [3] Das isch mer di chlynschti Sorg, öb dihr oder anderi Mönsche über mi z Gricht sitzet; i richte nid emal über mi sälber. [4] I ha nes guets Gwüsse; aber da dermit bin i no nid freigsproche! Dä, wo ds Urteil über mi abgit, isch der Herr. [5] Drum tüet nid fürschützig urteile, wartet, bis der Herr chunt. Är ziet de o a ds Liecht, was im Fyschtere versteckt isch und bringt di gheime Plän i de Härz a Tag. Und denn überchunt de jede sy Anerchennig vo Gott.
[6] Liebi Gschwüschterti, i ha nech das a mir und am Apollos welle als Byschpil zeige; dihr söllet a üüs lehre; ganget nid über das use, wo gschribe steit! Dihr söttet nech nid eryfere für en einte gäg en andere. [7] Wär git dir de es Vorrächt? Hesch öppis, wo du nid hesch übercho? We du's aber hesch übercho, wiso rüemsch de di, wi we de's sälber zstand bbracht hättisch? [8] Dihr heit ja scho gnue übercho, dihr syt scho rych worde! Dihr syt ohni üüs Chünige worde! Ja, wäret dihr nume scho Chünige, de chönnte mir mit öich zäme Chünige sy! [9] Es dunkt mi aber nöie ender, Gott heig üüs Aposchtel uf e letschte Platz verwise, wi Todeskandidate. Mir sy zu nere Theater-Underhaltig worde für d Wält, für Ängel und für Mönsche. [10] Für Chrischtus sy mer dumm worde, aber dihr syt gschyd i Chrischtus; mir sy schwach, aber dihr syt starch; öich ehret me, üüs verachtet me. [11] Bis jitz hei mir no geng Hunger und Durscht, hei keni Chleider, wärde dasume gmüpft und sy niene daheim; [12] mir hei bös und wärche mit üsne Händ. [13] (Aber:) We men üüs aaschnouzet, tüe mir sägne; we men üüs verfolgt, nä mir's uf is; we men üüs verbrüelet, gä mir gueti Wort. Wi der Ghüder vo der Wält sy mer worde, der letsch Dräck vo allem bis jitz!

¹⁴ I schrybe das nid für nech i Verlägeheit z bringe. I möcht nech nume mahne, myni liebe Chinder. ¹⁵ O we dihr zächetuusig Schuelmeischter i öiem Chrischteläbe hättet, so heit dihr doch nid mänge Vatter. Dür di gueti Botschaft bin ig öie Vatter i Jesus Chrischtus worde. ¹⁶ Drum bitten i öich: Nät mi zum Vorbild! ¹⁷ Destwäge han i ja der Timotheus zue nech gschickt; är isch mys liebe und tröie Chind i Chrischtus; är söll öich dra mahne, weles my Wäg zu Chrischtus Jesus isch, so win i ne i allne Gmeinde zäntume lehre. ¹⁸ Es paar vo öich stelle der Chamme o gar, wi wen i nie meh zue nech chäm. ¹⁹ We's der Herr wott ha, chumen i aber gly; de gsehn i de bi dene, wo sech da so wichtig mache, nid nume iri Wort, nei, iri Chraft! ²⁰ Gottes Rych isch ja nid e Sach vo de Wort, aber vo der Chraft. ²¹ Was weit dihr jitz? Söll i mit em Stäcke zue nech cho oder mit Liebi und Güeti?

E Bluetschänder

5 Überhoupt mues i ghöre, dass bi öich Unzucht vorchunt, und de ersch no eini, wo's nid emal bi de frömde Völker git! Läbt da doch eine mit der Frou vo sym Vatter zäme! ² Und de chömet dihr nech no grossartig vor! Wär's nid gschyder, dihr wäret truurig und sorgtet derfür, dass dä us der Gmeind usgschlosse wird, wo settigs macht? ³ Lybshalber bin i äbe wyt wägg, aber im Geischt bin i by nech, und mys Urteil isch gmacht – wi wen i bi öich wär – über dä, wo so öppis zstand bringt. ⁴ Chömet zäme im Name vom Herr Jesus, und my Geischt isch de o derby, und o d Chraft vo üsem Herr Jesus, ⁵ und übergät dä Maa em Satan, wo sy Lyb cha zgrund richte, für dass am (Grichts-)Tag vom Herr emel sy Geischt grettet wird. ⁶ I hielt d Nase abe, wen i öich wär! Wüsset dihr nid, dass scho nes chlys Bitzli Suurteigg der ganz Teigg suur macht? ⁷ Fahret ab mit em alte Suurteigg, syt früsche Teigg! Dihr syt ja ungsüürets (Passa-)Brot: Üses Passalamm isch ja gopferet worde, Chrischtus! ⁸ Drum wei mir ds Fescht fyre, nid mit altem Suurteigg, o nid mit em Suurteigg vo der Schlächtigkeit und der Bösi, nei, mit em ungsüürete Brot vo der Süberi und vo der Wahrheit.
⁹ Im letschte Brief han i nech gschribe, dihr söllet nech nid mit Ehebrächer yla. ¹⁰ Natürlech chöit dihr der Kontakt mit Ehebrächer oder mit Wuecherer, oder mit Röuber oder Götzediener i der Ussewält nid eifach vermyde, süsch müesstet dihr ja us dere

Wält uswandere. ¹¹ Aber jitz schryben i öich: Brächet der Kontakt mit eim ab, wo sech lat la Brueder säge, und derby en Ehebrächer isch, oder e Wuecherer oder e Götzediener oder es Läschtermuul oder e Süffel oder e Röuber; mit so eim sitzet nid zäme zum Ässe. ¹² I ha doch ke Grund, über Lüt, wo usserhalb vo der Gmeind stande, z Gricht z sitze. Richtet nid o dihr nume über die, wo derzue ghöre? ¹³ Die, wo dusse sy, richtet de Gott. «Furt mit däm schlächte Kärli us der Gmeind!»

Hänket di dräckigi Wösch nid voruse!

6 Da wagt's doch eine vo öich, wen er e Rächtshandel mit menen andere het, zu mene heidnische Richter z ga und nid zu mene chrischtleche! ² Wüsst dihr eigetlech nid, dass d Chrischte d Wält wärde richte? We aber d Wält einisch vo öich grichtet wird, de weit dihr jitz nid imstand sy, über ds chlynschte Dingeli es eigets Urteil z gä? ³ Wüsset dihr eigetlech nid, dass mir über d Ängel wärde richte? Also ersch rächt über Sache vom tägleche Läbe! ⁴ We dihr jitz Rächtshändel heit wäge Alltäglechem, wiso machet dihr de settigi zum Richter, wo i der Gmeind kei Stimm hei? ⁵ Dihr söttet nech schäme, das sägen i nech! Git's de bi öich würklech ke gschyde Maa, wo imstand wär, i mene Rächtshandel zwüsche Gschwüschterti z entscheide? ⁶ Da prozediere doch zwee Brüeder mitenand, und ersch no vor Unglöubige! ⁷ Überhoupt isch es scho truurig gnue, dass dihr Rächtshändel heit mitenand. Wär's nid besser, dihr tätet ds Unrächt lyde? Wär's nid besser, dihr nähmtet der Schade uf öich? ⁸ Aber nei, dihr sälber tüet Unrächt und löt z Schade cho, und ersch no under Brüeder! ⁹ Wüsset dihr nid, dass Lüt, wo Unrächt tüe, Gottes Rych nid erbe? Tüüschet nech nid: Lüt, wo umehuere, Götze nacherenne, d Eh bräche, uf e Strich gö, Buebe missbruuche, ¹⁰ Schelme, Süffle und Läschtermüler chöi Gottes Rych nid erbe. ¹¹ Settigi Lüt sy nes paar vo öich gsi. Aber dihr syt ja suber gwäsche, dihr syt gheiliget, dihr syt freigsproche im Name vom Herr, Jesus Chrischtus, und im Geischt vo üsem Gott.

Öie Körper isch e Tämpel!

¹² Mir isch alls erloubt, aber nid alls tuet mer guet. Mir isch alls erloubt, aber i wott derby nid süchtig wärde nach öppis anderem.

¹³ Ds Ässe isch für e Buuch, und der Buuch isch für ds Ässe. Gott macht em einte wi em andere es Änd. Aber destwäge ghört der Körper no nid zämen i eis mit der Unzucht. Er ghört zäme mit Gott, und Gott zäme mit ihm. ¹⁴ Gott het ja o der Herr la ufersta, und er wott o üüs dür sy Chraft la ufersta. ¹⁵ Wüsset dihr de nid, dass öiji Körper Glider vo Chrischtus sy? Darf i de di Chrischtusglider nä und se zu Huereglider mache? Uf gar ke Fall! ¹⁶ Oder wüsset dihr öppe nid, dass dä, wo zu nere Proschtituierte geit, mit nere ei Lyb wird? Es heisst ja: «Di Zwöi wärde eis Wäse sy.» ¹⁷ Aber wär sech mit em Herr verbindet, isch mit ihm ei Geischt. ¹⁸ Heit d Hänge wäg vo der Unzucht. Jedi Sünd, wo ne Mönsch macht, blybt usserhalb vom Körper; aber wär hueret, versündiget sech gäge sy eigete Körper. ¹⁹ Oder wüsset dihr nid, dass öie Körper e Tämpel isch vom heilige Geischt, wo i nech wohnt, und wo dihr vo Gott heit übercho, und dass dihr de nümme öich ghöret? ²⁰ Dihr syt für ne höche Prys losgchouft worde! Drum ehret Gott o mit öiem Körper!

Verhüratet-sy

7 Dihr heit mer gschribe, es wär schön, wen e Maa ke Frou aarüerti. ² Aber es chönnt de zu Unzucht cho: Drum söll doch jede Maa sy eigeti Frou ha, und jedi Frou iren eigete Maa. ³ Der Maa söll der Frou gä, was er nere schuldig isch, und gnau glych o d Frou em Maa. ⁴ Nid d Frou verfüegt über iren eigete Körper, aber der Maa; und grad glych verfüegt nid der Maa über sy eigete Körper, aber d Frou. ⁵ Keis söll sech em andere verha; nume we dihr's für nes Zytli zämen abmachet, dass der frei syt für z bätte; und de chömet wider zäme. Süsch chönnt nech de der Satan uf Abwäge füere, wil der nech nid möget ebha. ⁶ Was i hie säge, isch e guete Rat, nid e Befähl. ⁷ I wett zwar scho, es wären alli Mönsche win i sälber; aber Gott het jedem sys bsundere Gnadegschänk ggä, em einte so, em andere anders.

⁸ De Ledige und de Witfroue sägen i: Es isch guet, we si eso blybe win ig. ⁹ Aber we si's nid ushalte, sölle si hürate. Es isch besser, me hürati, weder dass es eim fasch verjagt. ¹⁰ Dene wo ghürate sy, befilen i – nei, nid ig, der Herr: E Frou söll sech nid vo irem Maa la scheide. ¹¹ We si sech scho het la scheide, de söll si frei blybe oder mit irem Maa Fride mache. Und e Maa söll sy Frou nid furtschicke.

I. KORINTHER 7

¹²Den andere sägen i, nid der Herr: Wen e Brueder e Frou het, wo nid gloubt, und si wott mit ihm zämeläbe, söll er se nid furtschicke. ¹³Und wen e Frou e Maa het, wo nid gloubt, und är wott mit nere zämeläbe, söll si der Maa nid furtschicke. ¹⁴Der Maa, wo nid gloubt, isch nämlech gheiliget dür sy Frou, und d Frou, wo nid gloubt, isch dür e chrischtlech Maa gheiliget. Süsch wäre ja öiji Chinder o unheilig, si sy aber heilig. ¹⁵We sech aber der unglöubig Teil wott la scheide, de söll er's mache. I däm Fall isch der Brueder oder d Schwöschter nid bbunde. Gott het nech i sy Fride yne grüeft. ¹⁶Wi chasch du de wüsse, liebi Frou, öb du nid der Maa rettisch; oder wi chasch du wüsse, liebe Maa, öb du nid d Frou rettisch?

Jede a sym Platz

¹⁷Jede söll sys Läben eso füere, wi's ihm der Herr zuegwise het, jede söll eso blybe, wi Gott ne (i sy Dienscht) grüeft het. Die Ornig giben i allne Gmeinde. ¹⁸Isch eine als Jud beruefe worde, de söll er das nid welle ungscheh mache; isch eine als Heid beruefe worde, de söll er sech nid welle zum Jud mache. ¹⁹Jud sy isch nüüt, und Heid sy isch nüüt: Em Herr syni Gebot halte, das zellt! ²⁰Jede söll i dere Beruefig blybe, won er drinn isch beruefe worde.
²¹Du bisch als Sklav beruefe worde – mach der nüüt druus! Aber we de chasch frei wärde, de bruuch dy Freiheit umso besser! ²²Wän der Herr als Sklav beruefe het, dä isch bi ihm e freie Mönsch; ganz glych isch dä, wo als Freie beruefe worden isch, e Sklav vo Chrischtus. ²³Dihr syt umene höche Prys losgchouft worde; verchoufet nech nid a Mönsche! ²⁴Liebi Gschwüschterti, jede söll vor Gott i däm (Stand) blybe, wo ne Gott drinne beruefe het.

Ledig-sy

²⁵Was di ledige Froue aageit, so han i ke Befähl vom Herr übercho. Aber i säge my Meinig als Maa, wo dür ds Erbarme vom Herr isch gloubwürdig worde. ²⁶I bi der Meinig, ledig sy sygi guet i der hüttige schwäre Zyt; es sygi guet für alli, eso z sy. ²⁷Du bisch a ne Frou bbunde? De la di nid la scheide. Du hesch ekei Frou? De suech ekeini. ²⁸We de aber doch hüratisch, isch

das ke Sünd, und wen es Meitschi hüratet, isch das ke Sünd. Nume: Hürate belaschtet ds Läbe. Und i möcht nech da gärn dervo bhüete! ²⁹ Liebi Gschwüschterti, das sägen i: D Zyt isch churz. Vo jitz aa sölle die, wo Froue hei, läbe, wi we si keini hätte, ³⁰ und die, wo briegge, wi we si nid täte briegge; und die, wo fröhlech sy, wi we si nid fröhlech wäre; ³¹ und die, wo öppis choufe, wi we si's nid bhielte; und die, wo mit der Wält z tüe hei, wi we si nüüt mit nere z tüe hätte. D Wält, wi si vor is steit, geit verby. ³² I möcht ech eifach vor Sorge bhüete. Wär ledig isch, sorget für d Sach vom Herr und wott ihm gfalle. ³³ Aber wär ghüratet isch, sorget sech um d Sache vo dere Wält, und wott syr Frou gfalle. ³⁴ Däwäg isch sys Härz teilt. Und d Frou, wo ke Maa het, und ds junge Meitschi sorge sech um d Sach vom Herr und wei mit Körper und Geischt ihm diene. Di verhürateti Frou sorget sech um d Sache vo der Wält, und wott irem Maa gfalle. ³⁵ I säge das i öiem eigete Interässe, nid öppe für nech z bvogte, nei, aber für nech bim Herr z bhalte, win es sech ghört, dass der nech nid löt la abbringe. ³⁶ Aber we eine meint, es syg nid aaständig gäge sy Fründin, we si alt gnue isch, und we's halt mues sy, de söll er mache, was er het vorgha, es isch ke Sünd: Si sölle hürate. ³⁷ Aber wär i sym Härz fescht überzügt isch und 's isch ke üssere Zwang da, und er het sy eigete feschte Wille und het's i sym Härz bschlosse, sy Fründin nid aazrüere, dä macht's guet. ³⁸ Also: Wär sy Fründin hüratet, het rächt; aber wär nid hüratet, macht's besser.

Witwe-sy

³⁹ E Frou isch bbunde, solang ire Maa läbt. We der Maa gstorben isch, het si d Weli z hürate, wän si wott; we's nume im Herr gscheht! Glücklecher dranne isch si sicher, we si nid wider hüratet – das isch emel my Meinig. Und o i ha, gloub, Gottes Geischt!

Darf me Götzenopferfleisch ässe?

8 Jitz, was ds Fleisch vo de Götzenopfer aageit: Mir alli hei di richtigi Ysicht, das wüsse mer. Nume: D Ysicht blaset uuf, d Liebi bouet uuf! ² Wen eine meint, er heig neime di richtigi Ysicht, de het er se no lang nid eso, wi me se sött ha. ³ Aber wen

eine Gott lieb het, de git ihm dä di rächti Ysicht. ⁴ Wäg em Ässe vo Götzenopferfleisch: Da wüesse mer ja, dass es gar ke Götz uf der Wält git; es git o ke Gott weder numen ei einzige. ⁵ U we's bi de Heide sogenannti Götter git, syg's im Himel oder uf der Ärde, – es git ja däwä mänge Gott und mänge Herr! –
⁶ so hei doch mir ei einzige Gott und Vatter;
vo ihm chunt alls und mir ghöre zu ihm;
und ei einzige Herr, Jesus Chrischtus,
wo alls dür ihn gmacht isch,
und dür ihn sy o mir da.
⁷ Aber di Ysicht hei äbe no nid alli: Es paar hei us alter Gwonheit äbe würklech ds Gfüel, si ässe Opferfleisch vo Götze, und de chunt iri Überzügig i ds Waggele. ⁸ Ds Ässe bringt is sicher nid neecher zu Gott. Mir sy nid schlächter drann, we mer nid ässe, mir hei aber o ke Vorteil, we mer ässe. ⁹ Lueget druuf, dass öiji Freiheit de Schwache nid vor em Gloube steit. ¹⁰ We nämlech eine gseht, dass du, wo Ysicht hesch, i mene Götzetämpel am Tisch sitzisch, wird er de nid i sym waggelige Gloube derzue verfüert, o wider Fleisch vo Götzenopfer z ässe (und de o dra z gloube)? ¹¹ Und de geit der Schwach zgrund grad wäge dyr bessere Ysicht, und isch doch dy Brueder, wo Chrischtus für ne gstorben isch. ¹² We dihr so gäge d Gschwüschterti sündiget und uf irem schwache Gloube umetrappet, de sündiget dihr gäge Chrischtus. ¹³ Drum, wen e Spys mym Brueder vor em Gloube steit, de wott i lieber i alli Ewigkeit kes Fleisch meh ässe, für dass i mym Brueder nid vor em Gloube sta.

Der Paulus verzichtet uf ne Lohn

9 Bin i nid e freie Maa? Bin i nid en Aposchtel? Han i nid Jesus gseh, üse Herr? Syt dihr nid ds Resultat vo myr Arbeit für e Herr? ² No wen ig i den Ouge vo anderne nid en Aposchtel bi, so bin i's doch für öich. Dihr syt ja der Uswys vo mym Aposchteldienscht für e Herr. ³ Das hätt i für mi welle säge gäge die, wo a mir öppis uszsetze hei. ⁴ Hei mir öppe nid o ds Rächt z ässe und z trinke? ⁵ Hei mir öppe nid ds Rächt, e Chrischtin als Frou uf d (Missions-)Reise mitznä, so win es di andere Aposchtel o mache, und d Brüeder vom Herr und der Kephas? ⁶ Oder hei öppe numen ig und der Barnabas d Pflicht, üses Läbe als Handwärcher z verdiene?

⁷ Wär het de scho uf eigeti Chöschte Militärdienscht gleischtet? Wär pflanzet e Räbbärg aa und isst de nid vo syne Trübel? Oder wär hüetet sy Härde und trinkt de nid Milch dervo? ⁸ Bringen i da nume Byschpil us em mönschleche Wärchtig, oder seit das nid o ds Gsetz? ⁹ Im Gsetz vom Mose steit nämlech gschribe: «Tue em Ochs, wo dröschet, ds Muul nid verbinde.» Gott kümmeret sech doch nid um d Ochse. ¹⁰ Nei, vo üüs redt er da geng. O das isch wägen üüs gschribe: «Wär z Acher fahrt, fahrt i der Hoffnig, und wär dröschet, macht's i der Hoffnig, er heig de o öppis dervo.» ¹¹ Mir hei bi öich geischtlechi Gaben usgsääit; isch es de da z vil verlangt, we mir bi öich lyblechi Güeter chöme cho ärne? ¹² We anderi bi öich ds Rächt derzue hei, hei mir's de nid descht meh? Aber mir hei das Rächt no nie beansprucht; lieber nä mer alls uf is, für dass mer der guete Botschaft vo Chrischtus nid i d Queri chöme. ¹³ Wüsset dihr öppe nid, dass die, wo im Tämpel diene, vom Heilige dörfen ässe? U dass die, wo bim Altar diene, ire Teil vom Altar(opfer) überchöme? ¹⁴ Grad eso het der Herr befole: Die, wo di gueti Botschaft predige, sölle vo der guete Botschaft o läbe. ¹⁵ Aber i ha uf alls das verzichtet. Das han i jitz aber nid öppe gschribe, für dass i's de doch o überchume. Lieber wett i stärbe! Die Ehr söll mer niemer vernüütige. ¹⁶ Wen i di gueti Botschaft predige, bilden i mer nüüt druuf y; i mues das eifach mache: Es gieng mer schlächt, wen i d Botschaft nid dörfti predige! ¹⁷ Wen i öppis us freie Stücke mache, chan i Lohn höische. Wen i's nid vo mir uus mache, de het me mir öppis zum Verwalte aavertrout. ¹⁸ Was isch de also my Lohn? Dass i bi myr Predig di gueti Botschaft ohni Lohn darf aabiete und dass i uf ds Rächt verzichte, dervo chönne z läbe.

¹⁹ Wen i also scho unabhängig vo allne bi, han i mi doch zum Sklav vo allne gmacht, für dass i descht meh Mönsche chönn überzüge. ²⁰ Für d Jude bin i zu mene Jud worde, für dass i Jude überzüge; für die, wo under em Gsetz stande, bin i zu eim worde, wo under em Gsetz steit, wen i scho sälber nid under em Gsetz sta. ²¹ Für die, wo ds Gsetz nid hei, bin i zu eim worde, wo ds Gsetz nid het, – derby bin i sälber nid ohni Gsetz vo Gott, nei, i stande under em Gsetz vo Chrischtus, – für dass i die cha überzüge, wo ds Gsetz nid gchenne. ²² Bi de Schwache bin i schwach gsi, für di Schwache z überzüge; allne bin i alls worde, für überhoupt es paar z rette. ²³ Das alls machen i wäge der guete Botschaft, für dass ig o derzue darf ghöre.

Chrischt sy heisst Spörtler sy

²⁴Wüsset dihr de nid? Uf em Sportplatz machen alli ds Renne, aber nume eine überchunt der Prys. So rennet, dass dihr der Prys überchömet! ²⁵D Spörtler verzichten uf alls. Si mache's, für dass si ne vergängleche Chranz überchöme, aber mir für nen unvergängleche! ²⁶I für mi renne nid uf ds Gratwohl neimehi, i boxe o nid eso, dass d Schleg i d Luft gö; nei, i houe mi sälber und trainiere ysig: I wott drum nid anderne predige und derby sälber versäge.

Üsi Vätter i der Wüeschti – e Mahnig für üüs

10 Dihr söllet wüsse, liebi Gschwüschterti, dass üsi Vorfahre (i der Wüeschti) alli sy under der Wulche gsi, und dass si alli sy dür ds Meer düreggange. ²I der Wulche und im Meer sy alli uf e Mose touft worde, ³und alli hei di glychi geischtlechi Spys ggässe, ⁴und alli hei ds glyche geischtleche (Wasser) trunke. Si hei nämlech us mene geischtleche Felse trunke, wo mit ne ggangen isch – und dä Felse isch Chrischtus gsi. ⁵Aber a de meischte vo ne het Gott ke Fröid gha; drum sy si i der Wüeschti umcho. ⁶Das isch für üüs zu mene Glychnis worde, für dass mir nid nam Schlächte gluschte, so wi si gluschtet hei.
⁷Wärdet also nid öppe Götzediener wi nes paar vo ine; es steit ja gschribe: «Ds Volk isch abgsässe für z ässe und z trinke, und si sy ufgstande, für um ds guldige Chalb umeztanze.» ⁸Mir wei o nid Unzucht trybe, so wi nes paar vo ine hei Unzucht tribe, drum sy ja a eim einzige Tag irere dreiezwänzgtuusig umcho. ⁹Mir wei o nid Chrischtus uf d Prob stelle, so wi nes paar vo ine (Gott) versuecht hei und vo de Schlange sy tödt worde. ¹⁰Mulet o nid, so wi nes paar vo ine gmulet hei, und du het se der Strafängel umbbracht. ¹¹Das alls isch dene gscheh als Glychnis für üüs, und isch als Mahnig für üüs ufgschribe worde, wil mir am Änd vo de Wältzyte läbe. ¹²We also eine meint, er standi fescht, söll er ufpasse, dass er nid umtroolet! ¹³We dihr bis jitze syt uf d Prob gstellt worde, isch es nie über Mönschechraft useggange. Und Gott isch tröi, er lat's nid la gscheh, dass dihr über öiji Chraft use uf d Prob gstellt wärdet. Är sorget sicher derfür, dass dihr us nere Prüefig o der Uswäg findet, so dass dihr se chöit düresta.

¹⁴ Drum, liebi Gschwüschterti, heit d Finger wäg vom Götzedienscht! ¹⁵ I rede mit vernünftige Lüt, dänket über das nache, won i nech säge. ¹⁶ Der Bächer (vom Dank), wo mir Gott dermit danke, isch dä nid d Gmeinschaft mit em Bluet vo Chrischtus? ¹⁷ Ds Brot, wo mir bräche, isch das nid d Gmeinschaft mit em Lyb vo Chrischtus? Es isch eis einzigs Brot, drum sy mir alli ei einzige Lyb, wil mir ja alli vo däm einte Brot überchöme. ¹⁸ Lueget ds natürleche Volk Israel: Ghöre nid die, wo d Opfer ässe, zum Altar? ¹⁹ Was wott i mit däm säge? Dass Götzenopferfleisch öppis bedüti, oder dass der Götz öppis bedüti? ²⁰ Nei, aber das, was si opfere, das opfere si de böse Geischter und nid Gott. I wott nid, dass dihr öppis mit de böse Geischter z tüe heit. ²¹ Dihr chöit nid us em Herr sym Bächer trinke und us em Bächer vo de böse Geischter; dihr chöit nid am Tisch vom Herr sitze und am Tisch vo de böse Geischter. ²² Oder wei mir weles-stercher mache mit em Herr? Sy mir öppe stercher weder är?

No einisch: Ds Götzenopferfleisch

²³ Alls isch erloubt, aber nid alls tuet eim guet. Alls isch erloubt, aber nid alls bouet uuf. ²⁴ Me söll nid geng a sich dänke, aber a di andere. ²⁵ Ässet numen alls, wo uf em Fleischmärit verchouft wird und fraget nid wyters (wohär es syg); machet nech kes Gwüsse. ²⁶ «D Ärde ghört em Herr mitsamt allem, wo druffen isch.» ²⁷ Wen ech e Heid yladet und dihr weit ga, de ässet alls, wo me nech ufstellt, und fraget nid wyters; machet nech kes Gwüsse. ²⁸ Aber we nech eine seit: «Das isch de Opferfleisch!» de ässet nid dervo, wäge däm, wo nech das het gseit und wäg em Gwüsse. ²⁹ I meine dermit nid ds eigete Gwüsse, nei, das vom andere. Wiso wird da my Freiheit under ds Urteil vo mene andere Gwüsse gstellt? ³⁰ Wen i öppis mit Dank isse, wiso mues i mir das la fürha, won i doch Gott derfür danke? ³¹ We dihr ässet oder trinket oder süsch öppis machet, de machet alls zur Ehr vo Gott. ³² Gät de Jude oder de Grieche oder der Gmeind vo Gott ke Grund zum Erger. ³³ O i nime uf jedi Gattig Rücksicht uf alli; I dänke derby nid a mi, aber a alli, dass si sötte grettet wärde.

11 Machet's glych win ig, i mache's glych wi Chrischtus.

Maa und Frou im Gottesdienscht

²I mues nech rüeme: Dihr dänket geng a mi und a di Überliferige, won ig öich z wüsse ta ha. ³Das müesset der o no wüsse: Chrischtus isch ds Houpt vo jedem Maa, aber ds Houpt vo der Frou isch der Maa, und ds Houpt vo Chrischtus isch Gott. ⁴Wen e Maa bättet oder als Prophet vor der Gmeind dartuet,* was Gott ihm z wüsse ta het, und derby treit er öppis uf em Chopf, so schänet er sy Chopf. ⁵Und jedi Frou, wo bättet oder vor der Gmeind als Prophetin dartuet, was Gott ire het z wüsse ta, und si treit derby nüüt uf em Chopf, die schänet ire Chopf. Si steit grad da wi ne Gschoreni. ⁶Wen e Frou nid wott e Schleier trage, cha si sech äbesomähr grad la schäre! We's aber e Schand für d Frou isch, sech la z schäre oder z rasiere, de söll si e Schleier trage. ⁷E Maa bruucht nüüt uf em Chopf z ha, er isch ja ds Bild und der Abglanz vo Gott; aber d Frou isch der Abglanz vom Maa. ⁸Der Maa isch ja o nid vo der Frou gno, nei, d Frou vom Maa. ⁹Und der Maa isch nid wäge der Frou gschaffe worde, aber d Frou wägem Maa. ¹⁰Drum mues d Frou es Zeiche vo der Herrschaft uf em Chopf ha wäge den Ängle. ¹¹Im übrige isch für e Herr d Frou für sich nüüt ohni Maa und der Maa für sich nüüt ohni Frou. ¹²So wi d Frou vom Maa stammet, so isch o der Maa dür d Frou worde! Alls zämen aber isch vo Gott gschaffe. ¹³Säget doch sälber: Ghört es sech de, dass e Frou ohni Schleier zu Gott bättet? ¹⁴Lehrt nech nid d Natur, dass es für ne Maa e Schand isch, längs Haar z ha, ¹⁵aber dass es für ne Frou en Ehr isch, längs Haar z ha? Ds länge Haar isch nere ggä statt emene Schleier. ¹⁶Wen eine um ds Verrode sy Uffassig (wäge de Haar) wott düresetze – mir sy nid syr Meinig und di andere Gmeinde vo Gott o nid.

---

* Aamerkig zu Kapitel 11, 4
Uf bärndütsch bedütet prophezeie nume: D Zuekunft voraussäge. Drum hei mir wi di moderni dütschi Bibelübersetzig dä Usdruck bim Paulus anders müesse widergä. Für Paulus isch prophezeie nämlech es Amt, e Gnadegab i der Gmeind, wo bedütet: «Der Gmeind dartue oder wytergä, was Gott eim diräkt het z wüsse ta.» Das chunt i de nächschte Kapitel vom Korintherbrief geng wider vor.

Ds Aabetmahl

[17] Und wen i jitz scho am Mahne bi: I ha ke Fröid dranne, dass dihr bim Zämecho meh hindertsi ganget als füretsi! [18] Zersch einisch ghören i, dass dihr es Grüppeliwäse heit, we dihr zur Gmeinds-Versammlig zämechömet, und e Bitz wyt glouben i's gwüss! [19] Natürlech mues es Gruppe by nech gä, für dass me de o merkt, wär vo nech sech tuet bewähre. [20] Aber we dihr zum Ässe zämechömet, de isch das gar kes rächts Herremahl. [21] Jede nimmt sy eiget Proviant und isst ne. Däwäg het der eint Hunger und der ander trinkt über e Durscht. [22] Chöit dihr de nid daheime äss und trinke? Oder verachtet dihr d Gmeinds-Versammlige vo Gott, und lueget uf die abe, wo nüüt hei? Was söll i nech säge? Söll i nech öppe rüeme? I däm Stück rüeme nech emel gar nid!

[23] Eso han i's vom Herr überno und öich wyterggä: I der Nacht, wo der Herr Jesus isch usgliferet worde, het er Brot gno, [24] het ddanket, het's abenand bbroche und gseit: «Das isch my Lyb für öich; machet das zu mym Aadänke.» [25] Gnau so het er nam Ässe o der Bächer gno und gseit: «Der Bächer isch der nöi Bund i mym Bluet; jedesmal we dihr drus trinket, machet's zum Aadänke a mi.» [26] Drum, so mängisch dass dihr das Brot ässet und us em Bächer trinket, prediget dihr dermit der Tod vom Herr, bis dass er chunt.

[27] Also, wen eine uf nen unghörigi Gattig ds Brot isst und der Bächer vom Herr trinkt, macht er sech am Lyb und am Bluet vom Herr schuldig. [28] Jede söll mit sich i ds Gricht ga, und de ersch söll er vom Brot ässe und us em Bächer trinke. [29] Wär isst und trinkt, isst und trinkt sich sälber zum Gricht, wen er nid dradänkt, dass es der Lyb vo Chrischtus isch. [30] Destwäge git's bi öich so vil Schwachi und Chranki, und sy scho zimlech vil gstorbe. [31] We mir mit üüs sälber i ds Gricht gienge, wurde mer nid grichtet. [32] We mir vom Herr grichtet wärde, wott er üüs erzie, für dass mir nid mit der Wält zäme i ds Gricht chöme. [33] Also, myni liebe Gschwüschterti, we dihr zum Ässe zämechömet, de wartet ufenand. [34] Wen eine (z fescht) Hunger het, söll er daheime ässe; nid dass dihr i ds Gricht chömet wäg em Zämecho! Für ds andere giben i de Wysige, wen i zue nech chume.

Vil Gabe – ei Geischt

12 Liebi Gschwüschterti, über e Geischt und syni Gabe söllet dihr o Bscheid übercho. ²Dihr wüsset ja: Wo dihr no nid a Chrischtus gloubt heit, heit dihr nech vo de stumme Götzebilder la sturm mache; so ne Begeischterig cha's äbe gä. ³Das mues nech dütlech klar wärde: Kene, wo mit Gottes Geischt begabt isch, seit: «Verfluecht isch Jesus!» Und kene cha säge: «Herr isch Jesus!», ussert im heilige Geischt.
⁴Es git mängergattig geischtlechi Begabige, aber numen ei Geischt. ⁵Es git mängergattig Dienschtleischtige, aber numen ei Herr. ⁶Es git mängergattig Chreft, aber numen ei Gott, wo alls i allne zstand bringt.
⁷Aber bi jedem zeigt sech der Geischt so, dass es allne z guet chunt. ⁸Em einte git der Geischt Wort vo der Wysheit y, emene andere git der glych Geischt Wort vo der Ysicht; ⁹emene andere schänkt der glych Geischt Gloube; der glych emene andere ds Gnadegschänk, dass er cha gsund mache; ¹⁰emene andere, dass er cha Wunder würke; emene andere, dass er cha prophetisch predige*; emene andere, dass er cha Geischter underscheide; no eim, dass er i Zunge redt, und eim, dass er di Zungered cha erkläre. ¹¹Das alls bringt der glych Geischt z stand, wo jedem sy bsunderi Gab zueteilt, win är's richtig findt.

Vil Glider – ei Lyb

¹²So wi der Lyb es Ganzes isch und doch vili Glider het, und alli Glider am Lyb ei einzige Lyb usmache, so isch es o mit Chrischtus. ¹³Mir sy ja alli zäme i eim Geischt zu eim Lyb touft worde, öb Jude oder Grieche, öb Sklave oder freiji Lüt, und mir sy alli mit eim einzige Geischt tränkt worde.
¹⁴Der Lyb het ja nid numen eis Glid, nei, mängs! ¹⁵We der Fuess sieg: «I bi nid e Hand, also ghören i nid zum Lyb», ghört er de nid trotzdäm zum Lyb? ¹⁶Und we ds Ohr sieg: «I bi nid es Oug, also ghören i nid zum Lyb», ghört es de nid trotzdäm derzue?
¹⁷We der ganz Lyb Oug wär, wo wär de ds Ghör? Wen er nume Ohr wär, wi chönnt me de schmöcke?
¹⁸Gott het d Glider gschaffe, jedes einzelne am Lyb, win är het welle. ¹⁹We alli eis Glid wäre, wo wär da e Lyb? ²⁰Jitz git's äbe

---

* Lis d Aamerkig Syte 349.

mängs Glid, aber ei einzige Lyb. ²¹Ds Oug cha nid zur Hand säge: «I bruuche di nid!» und der Chopf zu de Füess: «I bruuche öich nid!» ²²Im Gägeteil: Grad die Glider, wo schwecher schyne, sy bsunders nötig; ²³und zu dene, won is weniger wärt dunke, hei mer bsunders Sorg; und was is unaaständig dunkt, das het sy bsunderi Aaständigkeit, aber was is aaständig dunkt, het das nid nötig. ²⁴Gott het der Lyb so zämegsetzt, dass er däm, wo zletscht chunt, meh Ehr git. ²⁵Es söll äben im Lyb eke Spaltig gä, nei, d Glider söllen alli zäme fürenand sorge. ²⁶Und we eis Glid lydet, de lyden alli Glider mit ihm; we eis Glid en Ehrig erfahrt, fröie sech alli Glider mit ihm.

²⁷Dihr syt der Lyb vo Chrischtus und jedes es Glid a sym Platz. ²⁸Gott het jedes i der Gmeind ygsetzt, erschtens als Aposchtel, zwöitens als Prophete,* drittens als Lehrer, de als Wundertäter, als Lüt wo chöi gsund mache, als Fürsorger, als Gmeinds-Leiter, als allergattig Zungeredner. ²⁹Sy öppen alli Aposchtel? oder Prophete*? oder Lehrer? Sy öppe alli Wundertäter, ³⁰oder hei alli d Gab, gsund z mache? Chöi alli i Zunge rede? oder d Zungerede uslege? ³¹Gät nech Müe, di gröschte Gschänk vo der Gnad z übercho.

Aber jitz zeigen i nech no ne Wäg, wo wyt über das usefüert.

D Liebi

13 Wen ig i de Sprache vo de Mönsche oder vo den Ängle rede, aber i ha ke Liebi, so bin ig e Treichle, wo dröhnt, oder es möschigs Bläch, wo tschäderet. ²Und wen ig d Prophetegab ha und alli Gheimnis gchenne und dür alls düregseh, und wen ig e Gloube ha, starch gnue für Bärge z versetze, aber d Liebi han i nid, de bin i nüüt. ³Und wen i mys ganze Hab und Guet verteile, und wen i my Lyb dragibe, für mi la z verbrönne, aber d Liebi han i nid, treit's mer nüüt ab.

⁴D Liebi het e längen Aate, d Liebi isch güetig; si wird nie schaluus; d Liebi plagiert nid, si macht sech nid wichtig, ⁵si het geng ds rächte Määs; si wott nid alls für sich; si lat sech nid la vertöube; si treit ds Böse nid nache; ⁶si isch nid schadefröidig, aber si fröit sech über d Wahrheit.

⁷Si erteit alls, si gloubt alls, si hoffet alls, si steit alls düre.

---

* Aamerkig Syte 349.

⁸D Liebi vergeit nie. Di prophetische Rede*: einisch verschwinde si. D Zungerede: einisch höre si uuf. O ds Wüsse vergeit. ⁹Mir wüsse numen i Bitze, und mir predige numen i Bitze. ¹⁰Aber we (einisch) ds vollkommene Ganze chunt, de isch's mit em Bitzewäse verby. ¹¹Won ig es Chind bi gsi, han i gredt wi nes Chind, ha mer alls vorgstellt wi nes Chind, ha überleit wi nes Chind. Won ig e Maa bi worde, han i ds Chindleche vo mer ta. ¹²Jitz gseh mer dür ne Spiegel i nes Rätsel yne, aber einisch de der Sach i ds Gsicht. Jitz erchennen i nume bitzewys, einisch erchennen i de alls eso, wi Gott mi erchennt. ¹³Gloube, Hoffnig, Liebi, di drüü blybe; aber am gröschten vo ne isch d Liebi.

I Zunge rede oder der Verstand bruuche?

14 Müejet nech um d Liebi, probieret o di geischtleche Gabe z übercho, aber am wichtigschten isch, we dihr als Prophete wytergät, was Gott öich sälber z wüsse ta het*. ²Wär i Zunge redt, redt ja nid für d Mönsche, nei, er redt für Gott; versta tuet ne ja niemer, voll Geischt seit er luter Gheimnis. ³Aber wär wytergit, was Gott ihm sälber z wüsse ta het, redt zu de Mönsche, er bouet uuf, er tuet mahne und tröschte. ⁴Wär i Zunge redt, dä bouet nume sich sälber uuf, aber wär als Prophet Gottes Botschaft wytergit, dä bouet d Gmeind uuf. ⁵I wetti scho, dihr chönntet alli i Zunge rede, aber es wär mer lieber, dihr chönntet wi Prophete dartue, was Gott öich gseit het. Dä, wo das cha, steit über däm, wo i Zunge redt, ussert es wärdi usddütet, so dass d Gmeind ufbbouet wird. ⁶Liebi Gschwüschterti, wen i jitz zue nech chäm und i Zunge redti, was nützti nech das, wen i nech's nid drübery tät usdüte mit nere gschyde Predig oder neren Offebarig oder nere Propheterred oder neren Underwysig? ⁷Wen es Instrumänt, wo ke Seel het, e Flöte oder e Gitarre, ganz undütlech tönt, wi söll me de merke, öb Flöte oder Gitarre gspilt wird? ⁸Und wen e Trumpete es unklars Signal git, wär rüschtet sech de für d Schlacht? ⁹Grad eso isch es o bi öich bim Zungerede: We dihr nid verständlech redet, wi söll me de versta, was gredt wird? Dihr redet einfach i d Luft use! ¹⁰Es git doch mängi Sprach uf der Wält, niemer chunt ohni uus. ¹¹Aber wen i d Bedütig nid gchenne vo däm, wo gseit wird, de

* Aamerkig Syte 349.

bin ig e Frömde für dä, wo redt; und dä, wo redt, isch für mi e Frömde. ¹²So isch es o bi öich: We dihr so yfrig uf geischtlechi Gaben usganget, de ganget druf uus, dass ire Rychtum d Gmeind ufbouet!
¹³Drum söll dä, wo cha i Zunge rede, bätte, dass er's o cha uslege.
¹⁴Wen ig i Zungered bätte, bättet my Geischt, aber my Verstand het nüüt dervo. ¹⁵Wi hei mer's? I wott mit em Geischt bätte, aber i wott o mit em Verstand bätte; i wott mit em Geischt Psalme singe, aber i wott o mit em Verstand Psalme singe. ¹⁶We du im Geischt es Dankgebätt seisch, wi söll de dä, wo's nid versteit, «Amen» uf dy Dank abe säge? Er cha ja nid wüsse, was du seisch. ¹⁷Du chasch so schön danke, wi de wosch, der ander chunt dermit nid wyter.
¹⁸Gott sei Dank, chan i meh weder dihr alli zäme i Zunge rede; ¹⁹aber i nere Gmeindsversammlig wott i lieber füf Wort mit mym Verstand rede weder zächetuusig Wort i Zungered, für dass i o di andere cha underwyse.
²⁰Liebi Gschwüschterti, wärdet nid Chinder i öiem Dänke, nei, em Schlächte gägenüber dörfet dihr unschuldigi Chinder sy, im Dänke söllet dihr Erwachseni wärde! ²¹Im Gsetz steit gschribe: «Dür Mönsche mit anderne Zunge und dür d Lippe vo Frömde wott i zu däm Volk rede, aber nid emal so lose si einisch uf mi, seit der Herr.» ²²Also: D Zungerede sy nes Wunderzeiche nid für die, wo gloube, aber für die, wo nid gloube; umgchehrt seit me das, wo Gott eim sälber z wüsse ta het, nid dene, wo nid gloube, aber dene, wo gloube. ²³We jitz di ganzi Gmeind zämechäm, und alli redten i Zunge, und es chäme Ahnigslosi oder Unglöubigi derzue, siege de die nid, dihr syget alli verrückt? ²⁴Aber we alli als Prophete dartüe, was Gott ine z wüsse ta het, und de chunt en Unglöubige oder en Ahnigslose derzue, de wird er vo allnen i ds Gwüsse troffe, vo allnen i ds Gricht gno; ²⁵was i sym Härz versteckt isch, chunt a Tag; de fallt er uf d Chnöi und bekennt: «Würklech, Gott isch bi öich!»
²⁶Wi isch es jitz, liebi Gschwüschterti? We dihr zämechömet, seit eine e Psalm, eine leit e Tägscht uus, eine het en Offebarig, eine e Zungered, eine erklärt se; alls söll em Ufbou diene. ²⁷Wen i Zunge gredt wird, sölle zwee oder höchschtes drei rede, und eine nam andere, und eine söll's erkläre. ²⁸We kene da isch, wo cha erkläre, söll der Zungeredner i der Gmeindsversammlig schwyge; er söll daheim für sich rede und für Gott. ²⁹Gottes Absichte mit

üüs sölle zwee oder drei dartue, und di andere sölle drüber nachedänke. ³⁰We en andere, wo dasitzt, en Offebarig het, söll der vorder schwyge. ³¹Dihr chöit ja alli, eine nam andere, Gottes Absichte dartue, für dass alli öppis lehre und alli gmahnet wärde. ³²D Prophete chöi sech ja i der Gwalt ha für z rede. ³³Gott isch nid e Gott vo der Unornig, aber vom Fride.
Wi i allne Gmeinde vo de Chrischte ³⁴söllen o i öine Versammlige d Froue schwyge; es isch ne nid erloubt z rede, si sölle sech underzie; so seit's o ds Gsetz. ³⁵We si öppis wei lehre, sölle si daheim iri Manne frage. Es ghört sech nid, dass e Frou i der Gmeindsversammlig redt.
³⁶Isch öppe ds Wort vo Gott vo öich usggange, oder isch äs zu öich cho?
³⁷We eine also dänkt, er chönn als Prophet darlege, was Gott ihm z wüsse ta het, oder er heig geischtlechi Gabe, de söll er sech merke: Was ig öich schrybe, isch ds Gebot vom Herr! ³⁸We eine das nid wott ygseh, de gchennt ne Gott o nid. ³⁹Drum, myni liebe Gschwüschterti, ganget druf uus, Gottes Botschaft wyterzgä, aber syt niemerem dervor, i Zunge z rede. ⁴⁰Alls söll nume aaständig und i der Ornig vor sech ga.

Chrischtus isch uferstande!

15 Liebi Gschwüschterti, dänket doch a di gueti Botschaft, won ig öich prediget ha. Dihr heit se ja aagno und standet fescht drinne ²und wärdet o derdür grettet. Nume müesset dihr das, won ig nech prediget ha, fescht bhalte, süsch wäret dihr für nüüt zum Gloube cho.
³Zersch einisch han i öich das wyterggä, was i sälber übercho ha: Chrischtus isch für üsi Sünde gstorbe, so steit's i de Schrifte; ⁴er isch begrabe worde und am dritte Tag uferstande, so steit's i de Schrifte; ⁵und er isch em Kephas erschine, nachär de Zwölf; ⁶drufabe isch er meh als füfhundert Brüeder zämethaft erschine; vo dene läbe di meischte no hütt, numen es paar sy gstorbe; ⁷nachär isch er em Jakobus erschine, drufabe allnen Aposchtle; ⁸z allerletscht isch er o mir erschine, wi nere Art Fählgeburt. ⁹I bi ja der gringscht vo den Aposchtle; i bi's nid wärt, Aposchtel z heisse, i ha ja d Gmeind vo Gott verfolgt. ¹⁰Dür d Gnad vo Gott bin i, was i bi; und er het mer sy Gnad nid für nüüt gschänkt,

nei, i ha meh weder alli zäme gschaffet – das heisst nid ig, aber d Gnad vo Gott, wo mit mer isch. ¹¹ Sygi's jitz ig oder di andere: Das predige mir, und so syt dihr zum Gloube cho.

De git's o für üüs en Uferstehig

¹² We aber prediget wird, Chrischtus syg vo de Toten uferstande, wi chöme de nes paar vo öich derzue, z behoupte, es gäbi ke Uferstehig vo de Tote? ¹³ Wen es ke Uferstehig vo de Tote git, de isch o Chrischtus nid uferstande. ¹⁴ We Chrischtus nid uferstanden isch, de het üsi Predig ke Bode, und o öie Gloube het ke Bode. ¹⁵ Mir wäre de o faltschi Züge vo Gott, wil mir gäge Gott bezügt hätte, är heig der Chrischtus vo de Toten uferweckt; er hätt ne ja gar nid uferweckt, we di Tote gar nid uferweckt wärde. ¹⁶ Also, we di Tote nid uferweckt wärde, de isch o Chrischtus nid uferweckt worde. ¹⁷ We Chrischtus nid uferstanden isch, de isch öie Gloube nüüt wärt, da syt dihr no i öine Sünde; ¹⁸ de sy o die verlore, wo im Gloube a Chrischtus gstorbe sy. ¹⁹ We mir nume für das Läbe hie uf Chrischtus hoffe, sy mir eländer drann als alli (andere) Mönsche.

²⁰ Jitz isch aber Chrischtus vo de Tote uferweckt worde – als erschte vo dene, wo gstorbe sy. ²¹ So nämlech, wi dür ne Mönsch der Tod cho isch, isch o dür ne Mönsch d Uferstehig vo de Tote cho. ²² So wi im Adam alli stärbe, so wärde i Chrischtus alli wider zum Läbe gfüert. ²³ Aber schön der Reie naa: Als erschte Chrischtus, nachär die, wo zu Chrischtus ghöre, wen är erschynt; ²⁴ der Räschte denn, wen är ds Rych Gott, em Vatter, übergit, sobald er jedi Gwalt und jedi Herrschaft und jedi Macht z nüüte gmacht het. ²⁵ Är mues regiere, «bis er alli syni Finde under syni Füess gleit het.» ²⁶ Der letscht Find, wo vernichtet wird, isch der Tod. ²⁷ «Är het ihm ja alls under syni Füess gworfe.» Wen er aber seit, alls syg ihm underworfe, isch es klar, dass dermit dä nid gmeint isch, won ihm alls underworfe het. ²⁸ Wenn Gott de Chrischtus alls underworfe het, de underwirft sech de o der Suhn sälber däm, wo ihm alls underworfe het, für dass Gott alls i allem syg.

²⁹ Was wei de die mache, wo sech für di Tote hei la toufe? We di Tote gar nid uferweckt wärde, für was lö si sech de für se la toufe? ³⁰ Für was nä mir de jedi Stund Gfahre uf is? ³¹ Tag für Tag stirben i, so wahr dass i mi bi Chrischtus Jesus, üsem Herr,

wägen öich darf rüeme. ³²We's uf Mönsche aacho wär, hätt i z Ephesus mit wilde Tier müesse kämpfe – was hätt i dervo? We Toti nid uferweckt wärde, so wei mer doch ässe und trinke, morn stärbe mer ja sowiso! ³³Tüüschet nech nid, schlächti Gsellschaft steckt aa und verdirbt eim! ³⁴Wärdet nüechter, wi nes sech ghört, sündiget nid; es paar vo nech begryffe Gott nid; i säge nech das, für dass dihr nech zämenämet!

Wie wärde di Tote uferweckt?

³⁵Aber jitz seit (vilecht) öpper: «Wi wärde de di Tote uferweckt? Mit was für mene Lyb chöme si derhär?» ³⁶Du Guete, das, was du sääisch, chunt nid zum Läbe, we's nid vorhär stirbt. ³⁷Und was du sääisch, das isch nid di Pflanze, wo einisch söll wärde, nei, es blosses Chörnli, zum Byschpil Weize, oder es anders (Gwächs). ³⁸Aber Gott macht e Pflanze druus, ganz win är wott, us jedem vo de Same en eigeti Pflanze. ³⁹Es isch nid ei Körper glych wi der ander: Nei, der Körper vom Mönsch isch anders als der Körper vom Veh, anders als der Körper vo de Vögel, anders als dä vo de Fische. ⁴⁰Und es git himmlischi Körper und irdischi Körper. Aber di himmlische hei en andere Glanz weder di irdische. ⁴¹D Sunne het en andere Glanz weder der Mond, und d Stärne wider en andere; o jede Stärn het en andere Schyn weder alli andere. ⁴²So isch es o mit der Uferstehig vo de Tote: Gsääit wird i der Vergänglechkeit, uferweckt wird i der Unvergänglechkeit. ⁴³Gsääit wird i der Unehr, uferweckt wird i der Herrlechkeit. Gsääit wird i der Schwechi, uferweckt wird i der Chraft. ⁴⁴Gsääit wird e natürleche Lyb, uferweckt wird e geischtleche Lyb; we's e natürleche Lyb git, git's o ne geischtleche. ⁴⁵So steit's o gschribe: «Der erscht Mönsch, der Adam, isch zu mene natürliche Läbe gschaffe worde», und der letscht Adam isch gschaffe worde zu mene Geischt, wo läbig macht. ⁴⁶Aber nid ds Geischtleche chunt zersch, nei, ds Natürleche, ersch nachär ds Geischtleche.

⁴⁷Der erscht Mönsch chunt vo der Ärde, also vom Stoub, der zwöit Mönsch chunt vom Himel. ⁴⁸Glych wi der Adam us Stoub isch, so sy o syni Chinder us Stoub, und glych wi Chrischtus us em Himel isch, sy o syni Chinder us em Himel. ⁴⁹Und eso, wi mir usgseh wi dä us Stoub, so gseh mir einisch de uus wi dä us em Himel.

Ds grosse Gheimnis um di letschti Zyt

⁵⁰ Das sägen i nech, liebi Gschwüschterti: Fleisch und Bluet erbe Gottes Rych nid, ds Vergängleche cha ja nid ds Unvergänglechen erbe. ⁵¹ Lueget, i säge nech es Gheimnis: Mir wärde nid alli stärbe, aber mir wärde alli verwandlet, ⁵² i mene Schwick, i eim Ougeblick, we di letschti Trumpete tönt; d Trumpete tönt, und di Tote wärden als Unvergänglechi uferweckt, und mir wärde verwandlet.
⁵³ Das Vergängleche hie muess Unvergänglechkeit aalege, und ds Stärbleche hie mues Unstärblechkeit aalege. ⁵⁴ Und wen einisch ds Vergängleche hie wird Unvergänglechkeit aalege, und we ds Stärbleche hie wird Unstärblechkeit aalege, de wird de ds Wort wahr, wo gschribe steit:

«Der Tod isch i Sig yne underggange.
⁵⁵ «Tod, wo isch dy Sig?
Wo, Tod, isch dy Stachel?»

⁵⁶ Der Stachel vom Tod isch d Sünd, und d Chraft vo der Sünd isch ds Gsetz.
⁵⁷ Aber mir danke Gott, won is der Sig git dür üse Herr, Jesus Chrischtus. ⁵⁸ Drum, myni liebe Gschwüschterti, wärdet standfescht, löt nech nid la unsicher mache, tüet nech überall geng meh für e Herr ysetze, dihr wüsset jitz, dass öiji Arbeit für e Herr nid vergäben isch.

D Sammlig für d Gmeind z Jerusalem

16 No nes Wort zur Sammlig für d Chrischte (vo Jerusalem): Machet's on eso, win i's de Gmeinde vo Galatie uftreit ha: ² ‹Geng am erschte Tag vo der Wuche söll jede vo nech das, won ihm müglech isch, uf d Syte lege und i nes Kässeli tue›; me sött nid ersch aafa sammle, wen i uf Korinth chume! ³ Sobald i de zue nech chume, läset dihr es paar (Lüt) uus, und i gibe ne Empfäligsbriefe mit und schicke se uf Jerusalem für öiji Gab z bringe. ⁴ Wen es sech derwärt isch, dass ig o reise, chöi mer de zämethaft ga.

Plän und Mitteilige

⁵ I chume de zue nech, sobald i dür Mazedonie düre greiset bi; i reise nämlech dür Mazedonie. ⁶ We's müglech isch, blyben ig es Zytli by nech, vilecht sogar der Winter dür. Dihr chöit mir

de zwäghälfe, wen i wott wyter reise. ⁷I möcht nech nid nume so im Verbywäg gseh; drum hoffen ig, i chönn e Zytlang by nech blybe, we's der Herr erloubt. ⁸Bis a der Pfingschte blyben i hie z Ephesus; ⁹mir isch drum e grossi Tür, wo vil verspricht, ufggange; aber es git o vil Widerstand.
¹⁰We der Timotheus chunt, sorget derfür, dass er ohni Chummer cha by nech sy; är schaffet als Arbeiter vom Herr, grad win ig. ¹¹Niemer söll ihm's vernüütige. Hälfet ihm i allem Fride zwäg, dass er de o cha zu mir cho; i erwarte ne zäme mit de Gschwüschterti. ¹²Was der Brueder Apollos aageit: I han ihm fescht zuegredt, er söll zäme mit de Brüeder zue nech cho, aber es isch ihm gar nid chummlech, jitz z reise. Er chunt de, sobald er gäbig cha.
¹³Syt wach, standet fescht im Gloube, zeiget nech als Manne, syt starch! ¹⁴Machet, dass alls bi öich i der Liebi gscheht.
¹⁵I mahne nech, liebi Gschwüschterti: Dihr gchennet der Stephanas und syni Lüt; si sy di erschti Gab vo der Achaia a Herr (d.h. di erschte Chrischte vo der Achaia), und si setze sech y für e Dienscht a de Chrischte. ¹⁶Loset doch o dihr uf settigi Lüt und uf jede, wo mitschaffet und sech Müe git!
¹⁷I bi froh, dass der Stephanas, der Fortunatus und der Achaikus sy zue mer cho; dihr fählet mer und si hei öiji Lücke usgfüllt. ¹⁸Si hei mym Geischt guet ta, aber o öiem; settigi Lüt müesset dihr schetze!

Grüess zum Schluss

¹⁹D Gmeinde vo der Provinz Asie lö nech la grüesse; vili Grüess im Herr schicke nech der Aquila und d Priska, zäme mit irer Husgmeind. ²⁰Alli Gschwüschterti lö nech la grüesse. Grüesset enand mit em heilige Müntschi! ²¹Hie der Gruess vo myr eigete Hand, vom Paulus. ²²We eine der Herr nid lieb het, söll er e Fluech sy! Marana tha! (Üse Herr, chumm!) ²³D Gnad vom Herr Jesus söll mit nech sy. ²⁴My Liebi isch mit öich allne i Chrischtus Jesus.

Der zwöit Brief a d Korinther

Begrüessig

1 Der Paulus, vo Gott zum Aposchtel vo Chrischtus Jesus ygsetzt, und der Brueder Timotheus a d Gmeind vo Gott z Korinth und a alli Chrischte i der ganze Achaia. ²Gnad söll mit nech sy und Fride vo Gott, üsem Vatter und vo üsem Herr, Jesus Chrischtus.
³Mir lobe Gott, der Vatter vo üsem Herr, Jesus Chrischtus: Är isch der Vatter vo allem Erbarme und der Gott vo allem Troscht; ⁴är tröschtet üüs, we mir lyde: So sy mir im Stand, alli die z tröschte, wo o lyde, mit em glyche Troscht, wo Gott üüs dermit tröschtet het. ⁵Ds Lyde vo Chrischtus trifft üüs sehr starch, aber glych starch trifft is der Troscht dür Chrischtus. ⁶We mir müesse Schwärs erläbe, de chunt das öich zguet: Dihr wärdet einisch tröschtet und grettet; we mir Troscht erfahre, de chunt das ersch rächt öich zguet: Üse Troscht git öich d Chraft, di Lyde dürezsta, wo o mir müesse ushalte.
⁷Mir hei feschti Hoffnig für öich, wil mir wüsse: We dihr glych (wi mir) lydet, wärdet dihr o glych (wi mir) tröschtet.

Der Paulus isch i Todesgfahr gsi

⁸Liebi Brüeder, mir wei nech nid verschwyge, dass mir i der Provinz Asie i nen übergrossi Not grate sy; mir hei so schrecklech dürεmüesse, dass es über üsi Chraft ggangen isch; mir hei nüt meh ggä für üses Läbe. ⁹Ja, mir hein is uf ds Todesurteil gfasst gmacht; das het is glehrt, nid uf üüs sälber z vertroue, nume uf Gott, wo di Toten uferweckt! ¹⁰Är het is de o us däm Tod grettet, und er wird is no meh rette; mir hei uf ihn ghoffet, är wird is wider rette. ¹¹Dihr chöit üüs o hälfe, we dihr bättet; de danke vili mit vilne Stimme für das Gnadegschänk, wo mir hei übercho.

Warum der Paulus nid wider nach Korinth isch cho

¹²Mir tüen is öppis druuf z guet, dass üüs ds Gwüsse ds Zügnis git: Mir hein is i üsem Läbe i dere Wält la leite vo der Heiligkeit

und Luterkeit, wi si zu Gott ghört, und nid vo natürlecher Gschydi, nei, vo der Gnad vo Gott; das gilt ganz bsunders o öich gägenüber. ¹³ Mir schrybe öich ja gar nüüt anders, weder das, was dihr chöit läse und versta; i hoffe nume, dass dihr (üüs) bis änenuse verstandet. ¹⁴ E Bitz wyt heit dihr üüs scho verstande: So chöit dihr uf üüs stolz sy, we der Tag vo Jesus, üsem Herr, chunt, gnau so wi mir uf öich chöi stolz sy.
¹⁵ I cha mi uf öich verla; und drum han i eigetlech z allererscht zu öich welle cho, für dass dihr es zwöits Mal d Gnad (vo Gott) überchömet. ¹⁶ Vo öich uus han i de welle nach Mazedonie wyterreise, und vo Mazedonie de wider zu öich, für dass dihr mer de wyterhälfet nach Judäa. ¹⁷ Won i dä Plan gfasset ha, bin i ächt z liechtsinnig gsi? Oder, wen i öppis plane, planen i's de, wi me's äbe so macht: einisch Ja, Ja, de wider Nei, Nei? ¹⁸ So wahr Gott tröi isch: Wen ig öich es Verspräche gibe, de isch es nid Ja und Nei mitenand. ¹⁹ Der Gottessuhn Jesus Chrischtus, won i bi öich prediget ha, i und der Silvanus und der Timotheus –, dä isch nid Ja und Nei mitenand gsi; vilmeh isch ds (würkleche) Ja i ihm erschine. ²⁰ So mängi Verheissig vo Gott, wi nes git: i ihm isch ds Ja. Synetwäge chöi mir o ds Amen säge für d Ehr vo Gott. ²¹ Aber dä, wo üüs mit öich uf Chrischtus hi fescht macht und üüs gsalbet het, isch Gott. ²² Är het üüs o ds Sigel ufddrückt und üüs als Aazalig der Geischt i üsi Härz ggä.
²³ I rüefe Gott zum Zügen aa und setze my Seel y, dass i d Wahrheit säge: Nume dadrum bin i no nid uf Korinth cho, wil i nech ha welle schone. ²⁴ Mir wei ja nid über öie Gloube regänte. Mir wei zäme schaffe i der Fröid. Im Gloube standet dihr ja fescht!

2 I ha mir äbe vorgno, nid grad wider zue nech z cho, wen i Chummer ha. ² Wen i öich truurig mache, wär cha mi de no ufheitere? Emel nid dä, won ig ihm Chummer gmacht ha! ³ Äbe drum schryben i nech: I wott nid, wenn i sälber zu öpperem gange, truurig sy bi dene, won i wetti Fröid ha by ne. I weis doch, dass my Fröid die vo öich allnen isch. ⁴ Mit grossem Chummer und Härzweh, mit vilne Träne, schryben i öich; nid für nech o Chummer z mache, nei, für dass dihr gseht, dass i für öich e ganz grossi Liebi ha.

Einisch strafe tuet's

⁵ We eine öpperem zleidgwärchet het, het er nid mir zleidgwärchet; es het meh oder minder öich alli preicht. ⁶ Jitz tuet's es aber mit der Straf, wo d Mehrheit für ne beschlosse het; ⁷ jitz söttet dihr ender wider vergä und tröschte, für dass dä nid no am Chummer, wo geng grösser wird, zgrundgeit. ⁸ Drum schlan i nech vor: Zeiget ihm öiji Liebi wider. ⁹ I ha nech ja gschribe für z luege, öb dihr nech bewähret, öb dihr mer i allem tüeget folge. ¹⁰ We dihr öpperem vergät, de machen i's o; o i ha, we öppis wägen öich isch z vergä gsi, vor Chrischtus vergä; ¹¹ nid dass mer em Satan i Lätsch trappe! Mir wüsse ja gnau, was dä im Sinn het!

Der Paulus erzellt vo syr Arbeit

¹² Won i uf Troas bi cho für di gueti Botschaft vo Chrischtus z predige, da sy mer d Türe für e Herr ufggange. ¹³ Aber es het mer i mym Geischt ke Rue meh gla, wil i der Titus, my Brueder, dert nid troffe ha; so bin i vo ne wägg Mazedonie-wärts greiset.
¹⁴ I danke Gott, wo üüs geng mitnimmt im Sigeszug vo Jesus Chrischtus; wi ne guete Duft dörfe mir das überall verbreite, was mir vo ihm erfahre hei. ¹⁵ Mir sy der guet Duft vo Chrischtus für Gott; dä schmöcke die, wo grettet wärde und die, wo verlore gange. ¹⁶ Den einte isch es e tötelige Gruch zum Tod hi, den andere e läbige Gruch zum Läbe hi. Aber wär isch deren Ufgabe gwachse? ¹⁷ Mir mache's ja nid wi der gross Huuffe, wo Kapital schlat us der Gottesbotschaft; nei, mir rede ufrichtig im Uftrag vo Gott, und gspüren is Gott i Chrischtus verantwortlech.

Dihr syt üsen Empfäligsbrief vo Chrischtus

3 Fange mer jitz scho wider aa, üüs sälber z bescht z rede? Oder hei mer, wi gwüssi Lüt, Empfäligsbriefe a öich oder vo öich nötig? ² Dihr syt üse Empfäligsbrief, i üsem Härz isch er ufgschribe, allne Lüt isch er bekannt und allne wird er vorgläse. ³ Es isch doch klar: Dihr syt en Empfäligsbrief vo Chrischtus, wo mir hei dörfe abfasse; nid mit Tinte isch er gschribe, nei, mit em Geischt vom läbändige Gott, und nid uf Tafele vo Stei, nei, uf Tafele vo Mönschehärze.

Der alt und der nöi Bund

⁴ Es settigs Vertroue gniesse mir bi Gott nume dank Chrischtus. ⁵ Nid dass mir vo üüs uus im Stand wäre, us eigeter Chraft öppis i Gang z bringe; nei, was mer chöi, chunt vo Gott; ⁶ är het üüs ja o usgrüschtet als Hälfer bim nöie Bund; nid der Bund vom Gsetzbuechstabe, nei, dä vom Geischt; der Gsetzbuechstabe tötet, aber der Geischt macht läbig. ⁷ Jitz het ja der Dienscht, wo mit Buechstabe i Steinen isch ygmeisslet gsi und zum Tod gfüert het, sy Herrlechkeit o gha. D Israelite hei nid uf ds Gsicht vom Mose chönne luege, so het's e Glanz gha, und isch doch vergänglech gsi. ⁸ Wi sött de der Dienscht am Geischt nid descht meh Herrlechkeit ha? ⁹ We scho der Dienscht (am Gsetz), wo zur Verurteilig füert, sy Herrlechkeit het, wi vil meh Herrlechkeit het de der Dienscht vo der Grächtigkeit! ¹⁰ Das wo vorhär herrlech isch gsi, verlüürt ja sy Herrlechkeit wäge der nöie Herrlechkeit, wo eim ganz übernimmt. ¹¹ We scho ds Vergängleche Herrlechkeit usstrahlt, de het das, wo für geng blybt, descht meh Herrlechkeit. ¹² Das hoffe mer und drum rede mir offen use. ¹³ Nid wi der Mose, wo nes Tuech uf sys Gsicht gleit het, für dass d Israelite nid gseh, dass sy Glanz o wider vergeit. ¹⁴ Äbe: Si hei eifach nüüt welle begryffe. Bis zum hüttige Tag blybt by ne bim Läse vo den alte Schrifte es Tuech druff und wird nid wägzoge, ussert Chrischtus ziej's eim ewägg! ¹⁵ Aber 's isch bis zum hüttige Tag eso: So mängisch wi d Büecher vom Mose vorgläse wärde, lyt es Tuech über irne Härz. ¹⁶ Aber sobald sech öpper em Herr zuechehrt, wird ds Tuech ewägg zoge. ¹⁷ Der Herr isch äbe der Geischt; und wo der Geischt vom Herr isch, isch d Freiheit. ¹⁸ Mir alli spiegle offe, ohni Tuech vor em Gsicht, d Herrlechkeit vom Herr; mir wärde zu sym Bild umgformet, vo Herrlechkeit zu Herrlechkeit: So macht's der Herr vom Geischt.

Mir wei ds Liecht la lüüchte

4 Mir hei dä Uftrag, wil Gott Erbarme het gha mit is. Drum lö mer o d Fäcke nid la hange. ² Nei, mir hei alls Wüeschte und Verschleikte la fahre; mir mache nüüt hinderrucks, mir verdrääje o ds Gotteswort nid; vor Gott isch üsi einzigi Empfälig a ds Gwüsse vo allne Mönsche die, dass mir d Wahrheit offe usesäge. ³ We aber üsi gueti Botschaft doch neime zueddeckt isch, de isch si bi dene zueddeckt, wo verlore gange. ⁴ Die het der Gott

vo dere Wältzyt blind und unglöubig gmacht i irne Gedanke, so dass si nid gseh, wi d Botschaft vo der Herrlechkeit vo Chrischtus lüüchtet, und nid merke, dass är ds Abbild vo Gott isch. ⁵ Mir predige ja nid über üüs sälber, aber über Jesus Chrischtus, der Herr; und vo üüs höchschtes, dass mer wäge Jesus öiji Chnächte sy. ⁶ Es isch Gott, wo gseit het, us der Fyschteri söll Liecht lüüchte. Är het's la Liecht wärde i üsem Härz, dass mir gseh, wi d Herrlechkeit vo Gott uf em Gsicht vo Jesus Chrischtus ufstrahlet.

Aber es lüüchtet us Chachelgschir!

⁷ Aber dä Schatz hüete mir i Chachelgschir; so gseht me, dass di übergrossi Chraft vo Gott chunt und nid vo üüs. ⁸ I allem sy mer yggängget, aber doch nid verdrückt; mir wüsse nid wyter, aber verzwyfle doch nid; ⁹ mir wärde verfolgt, aber nid im Stich gla, z Bode gschlage, aber nid bbodiget. ¹⁰ Ständig trage mir am Lyb ds Stärbe vo Jesus, für dass o ds Läbe vo Jesus a üsem Lyb sichtbar wird. ¹¹ Mir läbe, aber geng stande mer em Tod gägenüber, für dass o ds Läbe vo Jesus a üsem stärbleche Lyb sichtbar wird. ¹² So würkt i üüs der Tod, und i öich ds Läbe. ¹³ Aber mir hei der glych Geischt zum Gloube, won es von ihm gschribe steit: «I ha ggloubt, drum han i gredt.» Mir gloube, drum rede mer! ¹⁴ Mir wüsse, dass dä, wo Jesus, der Herr, uferweckt het, o üüs zäme mit Jesus wird uferwecke und zäme mit öich wird vor sich härestelle.
¹⁵ Das alls tüe mer wägen öich; so söll d Gnad mächtig wärde, und – wil geng meh Mönsche gloube – der Dank überloufe i d Herrlechkeit vo Gott.
¹⁶ Drum gä mer nid uuf! Nei, o we üsen üsser Mönsch zgrund geit, wird doch üse inner vo Tag zu Tag ernöieret. ¹⁷ Üses gägewärtigen Eländ – wo trotz allem nid so schlimm isch – git is es überrychs und ewigs Määs vo Herrlechkeit. ¹⁸ Mir luege ja nid uf das, wo me gseht, aber uf das, wo me nid gseht; das, wo me gseht, geit verby, aber das, wo me nid gseht, blybt ewig.

Längizyti na der Heimat bi Gott

5 Mir wüsse doch: We üsi Bhusig (üse Körper) uf dere Wält abprotzet wird wi nes Zält, de überchöme mer vo Gott e Wonig, wo nid vo Hand gmacht isch, en ewigi Bhusig im Himel. ² Solang mir hie i üser Wonig sy, süüfzge mir und wette i die vom

Himel chönne schlüüffe; ³ we mir nume us dere vo hie würden useschlüüffe, wäre mir ja blutt. ⁴ Solang mer hie im Zält sy, süüfzge mir und sy eländ; mir wette ja nid eifach blutt abzoge wärde, nei, nöi aagleit: Ds Läbe sött ds Stärbleche verschlücke! ⁵ Dä, won is daderfür usrüschtet, isch Gott; und als Aazalig git er is der Geischt. ⁶ Drum sy mir geng zueversichtlech und wüsse: Solang mir im Lyb daheime sy, sy mer i der Frömdi und no nid bim Herr daheim.
⁷ Mir füere ja üses Läbe im Gloube: Gseh tüe mer no nüüt. ⁸ Mir sy aber zueversichtlech und wette gärn us em Lyb uswandere und daheime sy bim Herr. ⁹ Drum gä mer is o Müe, ihm z gfalle, daheim oder i der Frömdi. ¹⁰ Mir alli müesse ja vor em Gricht vo Chrischtus aaträtte; de überchunt jede der Lohn für das, won er i sym lybleche Läbe gmacht het, Guets oder Schlächts.

Der Uftrag vo Gott a Paulus

¹¹ Drum hei mer Reschpäkt vor em Herr und probiere d Mönsche dervo z überzüge. Gott gchennt is dür und dür. O dihr gchennet mi dür und dür i öiem Gwüsse, hoffen i. ¹² Dermit wei mir üüs bi öich nid scho wider z bescht rede, nei, mir wei öich en Anthebi gä, für dass dihr a üüs es Vorbild heit gäge die, wo plagiere mit üssere Vorzüg anstatt mit innere. ¹³ In Ekstase grate, das chöi mir (nämlech) o, aber das tüe mer nume vor Gott; vor öich bruuche mer der Verstand! ¹⁴ D Liebi vo Chrischtus het üüs in Egi, mir dänke geng draa: Eine isch für alli gstorbe, also sy alli (mit irem alte Mönsch) gstorbe; ¹⁵ und er isch für alli gstorbe, für dass die, wo läbe, nümme für sich sälber läbe, aber für dä, wo für se gstorbe und uferstanden isch. ¹⁶ Vo jitz aa gchenne mir niemer meh uf natürlechi Art; sogar we mir früecher Chrischtus als Mönsch gchennt hätte, so gchenne mir ne jitz nümme so; ¹⁷ drum heisst es: Wen eine i Chrischtus isch, isch er es nöis Gschöpf; ds Alte isch vergange, lue, 's git öppis ganz Nöis. ¹⁸ Das alls chunt vo Gott, wo dür Chrischtus mit üüs Fride gmacht und üüs der Dienscht a däm Fride uftreit het. ¹⁹ Gott isch ja i Chrischtus gsi und het Fride mit der Wält gmacht; er het nere iri Verfählige nid aagrächnet und üüs d Botschaft vo däm Fride aavertrout. ²⁰ Mir schaffe als Botschafter für Chrischtus, es isch, wi we Gott dür üüs mahneti: Machet Fride mit Gott! ²¹ Dä, wo nüüt het gwüsst vo

Schuld, het Gott für üüs schuldig gmacht, für dass mir dür ihn d Grächtigkeit vo Gott wärde!

Löt nech my Uftrag la usrichte!

6 Mit ihm zäme schaffe mir und mahne nech: Machet nid, dass dihr d Gnad vo Gott vergäbe aagno heit! ²Är seit ja: «Z rächter Zyt han i di ghört, am Tag vo der Rettig bin i dir z Hülf cho.» Lueget, jitz isch exakt di rächti Zyt! Lueget, jitz isch der Tag vo der Rettig! ³ Mir läben eso, dass is niemer öppis cha fürha, für dass üsi Arbeit kes Fläckli überchunt. ⁴Nei, mir zeige i allem, dass mer Gottes Mitarbeiter sy: bim länge Warte, i mängem Leid, i der Not, i Ängschte, ⁵under Schleg, i Gfangeschafte, bi Ufständ, im Eländ, i schlaflose Necht, im Hunger; ⁶mir zeige's dür nes subers Läbe, dür Ysicht, dür Geduld, dür Güeti, im heilige Geischt, dür ufrichtigi Liebi, ⁷i der Botschaft vo der Wahrheit, i der Chraft vo Gott, mit de Waffe vo der Grächtigkeit gäge rächts und gäge linggs; ⁸mir stande derfür y i Ehr und Schand, mit emene guete und emene schlächte Ruef, mir wärde als Volksverfüerer und als Ufrichtigi taxiert, ⁹mir sy die, wo niemer gchennt und wo guet bekannt sy, wo am Stärbe sy und doch läbe, wo schwär plaget wärde und doch nid tödt, ¹⁰die, wo Chummer hei und doch geng fröhlech sy, wo arm sy und doch vili rych mache, wo nüüt hei und doch ghört nen alls.
¹¹Liebi Korinther, mir hei mit nech gredt, ohni es Blatt vor ds Muul z nä. Üses Härz isch wyt ufggange. ¹²Mir ängge nech nid y, aber dihr machet nech i öich sälber äng! ¹³Vergältet mer's doch mit em Glyche – jitz reden i wi mit Chinder: Tüet mer öies Härz wyt uuf!
¹⁴Ziet nid mit den Unglöubige am glyche Seili. Was het de d Grächtigkeit mit der Gsetzlosigkeit z tüe, oder was ds Liecht mit der Fyschteri? ¹⁵Wi stimme Chrischtus und der Beliar zäme, oder was hei der Glöubig und der Unglöubig gmeinsam? ¹⁶Wi vertreit sech der Tämpel vo Gott mit de Götze? Mir sy ja der Tämpel vo däm Gott, wo läbt, so wi Gott het gseit: «I wott by ne wohne und umeloufe, i bi de ire Gott und si sy de mys Volk.» ¹⁷«Drum ganget vo ne wäg und trennet nech, seit der Herr; rüeret nüüt Usubers aa; de nimen i nech aa. ¹⁸I wott nech e Vatter sy und dihr söllet myni Sühn und Töchtere sy, seit der Herr, der Allmächtig.»

7 So grossi Verheissige, liebi Fründe, syn is zuegseit worde! Drum wei mer is suber mache vo allem, was Lyb und Geischt verdräcket; so achte mer Gott höch, und gän is Müe, so z wärde, win är is möcht ha.

Gloubet mer doch!

²Tüet is doch öies Härz uuf! Mir hei niemerem Unrächt ta, kene hei mer bbodiget, niemeren usgnützt. ³I wott niemerem Vorwürf mache dermit; i ha ja scho vori gseit, dass mir öich i üsem Härz trage und mit öich zäme wette läbe und stärbe. ⁴I ha grosses Zuetroue zue nech, i bi würklech stolz uf nech; das het mi tröschtet und mi mächtig gfröit zmitts i üsem ganzen Eländ.

Der Titus erzellt vo Korinth

⁵Wo mir nämlech nach Mazedonie cho sy, hei mer nüüt chönne verschnuufe, im Gägeteil, 's het nume Chummer ggä: Ussefür Kampf, innefür Angscht. ⁶Aber Gott tröschtet die, wo i der Tiefi sy, und er het o üüs tröschtet, dadermit, dass du der Titus zuen is cho isch. ⁷Und nid nume, dass är zuen is cho isch, nei, er het o der Troscht, won er bi öich het gfunde gha, a üüs wyterggä. Er het is bbrichtet, wi dihr Längizyti heit, wi dihr nech sorget, wi dihr yfrig schaffet für mi. My Fröid isch däwäg descht grösser worde.
⁸O wen i öich mit em früechere Brief weh ta ha, tuet es mer nid leid! Zersch het es mer leid ta; i ha gseh, dass dä Brief öich es Rüngli weh ta het; ⁹aber jitz fröien i mi – nid, dass i nech ha wehta, aber dass dihr nech dür das Wehtue gänderet heit. Gott het öich ja truurig gmacht. Und so heit dihr vo üüs ke Schade gha. ¹⁰We Gott eim truurig macht, de veränderet das e Mönsch, ohni dass er sech mues gröijig sy, wil es ne zur Rettig füert; aber we d Wält eim truurig macht, bringt das der Tod. ¹¹Lueget: Grad ds Truurigsy, wo vo Gott chunt, wivil guete Wille het das bi öich usglöst, sogar Entschuldigunge, Empörig, Angscht, Längizyti, Yfer, Straf; mit däm allem heit dihr zeigt, dass dihr i dere Sach jitz suber dastandet. ¹²Wen ig öich gschribe ha, de nid, wil öpper öpperen beleidiget het, o nid, wil öpper isch beleidiget worde, nei, öie Ysatz für üsi Sach het sölle dütlech wärde vor

Gott! ¹³ Das isch üüs e Troscht gsi. Tröschtet het is o, dass mir is gwaltig hei chönne mitfröie a der Fröid vom Titus: Was är bi öich allne erläbt het, het ihm wohlta. ¹⁴ I ha nech vorhär byn ihm grüemt gha und dihr heit mi nid im Stich gla! Nei, alls, won i vo öich gseit ha, isch wahr gsi; und o das isch wahr gsi, was ig em Titus vo öich grüemt ha gha. ¹⁵ Und jitz dänkt er no vil lieber a nech zrügg, wil dihr ne denn zwar mit Angscht und Sorge ufgno heit, aber ihm nachär so guet heit gfolget. ¹⁶ I fröie mi, dass i mi jitz ganz uf öich cha verla.

D Sammlig für Jerusalem

8 Mir wei nech no, liebi Brüeder, brichte vo der Liebesgabesammlig für Gott, wo's i de Gmeinde vo Mazedonie ggä het. ² Si hei trotz irer grosse Not iri starchi Fröid und iri tiefi Armuet la überloufe in e rychi Gab. ³ Sie hei ggä nach Chönne und Vermöge, nei, sogar über ires Chönne use; ⁴ und zwar hei si ganz vo sich uus bbätte, si wette bi der Kollekte und bim Dienscht für d Chrischte mitmache. ⁵ Si hei meh gleischtet, weder dass mir erwartet hei, si hei (würklech) sich sälber ggä, zersch em Herr und de üüs, so wi's Gott wott. ⁶ Jitz hei mir em Titus zuegredt, er söll di Liebesgabesammlig o bi öich a nes guets Änd bringe; er het ja scho dermit aagfange gha. ⁷ Dihr syt a allem rych: am Gloube, am Wort, a der Ysicht, a der Ysatzbereitschaft, a der Liebi vo üüs zu öich – so söttet dihr o überrych sy bi dere Liebesgab. ⁸ I befile nech das nid, nei, i wett eifach am Ysatz vo den andere mässe, wi ächt öiji Liebi isch.
⁹ Dihr gchennet ja ds Gnadegschänk vo üsem Herr, Jesus Chrischtus: Är isch rych gsi, aber er isch öietwäge arm worde, für dass dihr dür sy Armuet rych wärdet. ¹⁰ I säge nech eifach, was i dänke: Es cha nech ja nume nütze; dihr heit ja sit färn nid nume mit Sammle aagfange, dihr heit nech o derfür ygsetzt. ¹¹ Jitz füeret's aber o düre; der guet Wille heit dihr ja alli zeigt, jitz bringet's zum Ändi, so guet der's vermöget. ¹² We der guet Wille da isch, de misst me's a däm, wo öpper verma, nid a däm, won er nid het! ¹³ Es geit ja nid drum, dass es anderne besser söll ga, und dihr derfür i d Not chömet, nei, es söll en Usglych gä. ¹⁴ Im Ougeblick söll öie Überfluss em Mangel vo den andere abhälfe; de cha (es anders Mal) der Überfluss vo den andere öiem Mangel abhälfe: So git's en Usglych. ¹⁵ So steit's ja o gschribe: «Dä mit

vil het doch nid z vil gha, und dä mit weni het doch nid z weni gha.»
[16] Mir danke Gott! Er git em Titus der glych Yfer für öich i ds Härz (wi mir). [17] Er het my Vorschlag gärn aagno; er isch sogar no yfriger und geit vo sich uus uf d Reis zu öich! [18] Mit ihm zäme schicke mir o dä Brueder, wo i allne Gmeinde wäge syr Arbeit für di gueti Botschaft grüemt wird; [19] der glych hei d Gmeinde derzue usgläse, er söll de üse Reisebegleiter sy, we mer di Liebesgab, wo mir zur Ehr vom Herr hei welle zämetrage, gange ga bringe. [20] Mir möchte drum derfür sorge, dass is niemer öppis cha fürha bi däm vile Gäld, wo de dür üsi Händ geit. [21] Es söll alls i der Ornig ga, nid nume vor em Herr, o vor de Mönsche. [22] Mit dene zäme schicke mer no üse Brueder: Vo däm hei mir bi mänger Glägeheit erfahre, dass er sech ysetzt; aber jitz setzt er sech no meh y, wil er sech so uf öich fröit. [23] Syg's der Titus, my Fründ und Mitarbeiter für öich, syge's üsi Brüeder – alli wärde vo de Gmeinde gschickt. Si sy en Abglanz vo Chrischtus. [24] Bewyset de Gmeinde, dass dihr würklech chöit lieb ha, und dass mir nech mit Rächt grüemt hei.

Gott het eine lieb, wo fröhlech git

9 Über dä Liebesdienscht a de Chrischte bruuchen i nech ja nümm äxtra z schrybe. [2] I gchenne ja öie guete Wille und ha ne o vor de Mazedonier grüemt: D Achaia syg sit färn parat (han i gseit)! Öie Yfer het di andere aagsteckt. [3] I schicke nech di Brüeder z voruus, für dass i nech nid öppe vergäbe grüemt ha, und für dass dihr de parat syt, win i gseit ha! [4] Nid, dass d Mazedonier mit mir chöme und de merke, dass dihr no nid parat syt; de müesste mir is ja schäme – für nid z säge dihr, dass mer so zueversichtlech sy gsi. [5] Drum han i ddänkt, i well de Brüeder vorschla, si sölle vorusreise zue nech und di versprocheni Liebesgab i d Ornig tue, für dass si de würklech parat isch als Zeiche vom Säge und nid vom Gyt!
[6] I meine, wär myggerig sääit, ärnet o myggerig; wär ryche Säge sääit, ärnet o ryche Säge. [7] Jede söll gä, wi's ihm um ds Härz isch, ohni z gränne und ohni Zwang. «Gott het eine lieb, wo fröhlech git.» [8] Gott het d Macht, öich di ganzi Liebesgab überrych zrügg z gä, für dass dihr geng gnue z läbe heit und no drübery heit für

jedes guete Wärk. ⁹So steit's gschribe: «Er het usteilt, er het den Arme ggä. Sy Grächtigkeit blybt für ewig.»
¹⁰Är, wo em Buur, wo sääit, Saatguet git und Brot zum Ässe, git de o öich Same und mehret ne, und er lat öiji Grächtigkeit wi ne Pflanze la wachse. ¹¹Dihr syt rächt rych und chöit wytergä; si danke de Gott derfür, we mir ne's bringe. ¹²Der Sinn vo däm Liebesdienscht isch ja nid nume dä, dass mer der Armuet bi de Chrischte abhälfe, nei, mir wärde sälber o überrych, wil vil Mönsche Gott derfür danke.
¹³We dihr i däm Liebesdienscht d Prob bestandet, de lobe si Gott derfür, dass dihr öies Bekenntnis zur guete Botschaft vo Chrischtus ärnscht nämet, und dass dihr ufrichtig mit ine und allne verbunde syt. ¹⁴We si für öich bätte, zeige si, dass si Längizyti hei nach öich, wil Gott öich sy Gnad so überrych gschänkt het. ¹⁵Mir danke Gott für sys Gschänk – 's git gar nid gnue Wort derfür!

Der Paulus verteidiget sech

10 I sälber, der Paulus, mahne nech mit der Bescheideheit und der Fründlechkeit vo Chrischtus: I syg ja schynt's ganz demüetig, wen i pärsönlech by nech syg, aber gäbi höch aa, wen i wyt ewägg syg. ²Gället, i mues nid energisch ufträtte, wen i by nech bi! I wett zueversichtlech sy, wen i teil Lüt mues z Red stelle, wo meine, es mönscheli bi üüs. ³Sicher läbe mir jitz als Mönsche vo Fleisch und Bluet, aber chriege tüe mer nid uf mönschlechnatürlechi Art. ⁴D Waffe, wo mir dermit chriege, sy nid eifach mönschlech, nei, si sy starch und chöi für Gott Feschtige zämeschla, Gedankegeböud yrysse ⁵und alls bodige, wo sech ufböögget gäge d Erkenntnis vo Gott. Jede Gedanke nä mir gfange, dass er Chrischtus mues folge; ⁶mir sy o parat, jedi Ufölgigi z strafe, sobald dihr begryffet, was folge heisst.
⁷Häbet doch d Ouge offe! Wen eine überzügt isch dervo, dass är zu Chrischtus ghört, de söll er o wyter dänke: Gnau so, wi är zu Chrischtus ghört, ghöre o mir zuen ihm. ⁸I chönnti jitz no chly wyterga: I chönnti d Vollmacht rüeme, won is der Herr ggä het, für öich ufzboue, und nid für öich abezrysse. I bruuchti mi derby nid z schäme. ⁹Aber meinet nid, i well nech mit Briefe Angscht yjage. ¹⁰Me seit ja: Syni Briefe hei Gwicht und Chraft, aber wen er pärsönlech da isch, isch er schwach, und rede tuet er

ohni Chraft und Spöiz. ¹¹ Settigne antworten i: Was mir vo wyt wäg i üsne Briefe säge, gnau das chöi mir o zstandbringe, we mer da sy!
¹² Es gluschtet is nid, üs zäme-z-zelle oder z verglyche mit gwüssne Lüt, wo sich sälber empfäle. Die mässe sech nume a sich sälber und verglyche sech nume mit sich sälber und begryffe nüüt.
¹³ Aber mir hein es Määs für is z rüeme: Mir nä ds Määs am Massstab, wo Gott is ggä het. Är het is gseit, bis zu öich sölle mir cho!
¹⁴ Und da übertrybe mer ja nid, we mer säge, mir syge zue nech cho. Mir hei würklech di gueti Botschaft bis zu öich bbracht.
¹⁵ Da rüeme mir is ja nid masslos. O nid dert, wo anderi d Arbeit gmacht hei; aber mir hoffe, dass, we öie Gloube erstarchet isch, üse Massstab sech de no vergrösseret, ¹⁶ und mir di gueti Botschaft no wyter ewägg als bi öich dörfe ga predige. Aber uf das, wo anderi Lüt gschaffet hei, wei mir is nüüt ybilde. ¹⁷ «Wär wott stolz sy, söll uf e Herr stolz sy.» ¹⁸ Nid dä isch tüechtig, wo sich sälber empfilt, nei, dä, wo vom Herr empfole wird.

I chönnt ja o plagiere!

11 Löt dihr nech vo mir es Bitzeli dumms Plagiere la gfalle? Dihr wüsset ja, wien i's meine. ² I setze mi für öich y mit emene Yfer, wi ne nume Gott cha ygä. I möchti nech Chrischtus zuefüere, wi me nes unschuldigs jungs Meitschi emene einzige Maa verspricht.
³ Jitz han i aber Angscht. D Schlange het i irer Schlöui scho d Eva verfüert; so chönnte o öiji Gedanke Schade nä und vom eifache und lutere Sinn vo Chrischtus wäg cho. ⁴ We eine derhär chunt und en andere Jesus prediget, eine, wo mir nid prediget hei; oder we dihr en andere Geischt überchömet als dä, wo dihr übercho heit, oder en anderi gueti Botschaft, weder die, wo dihr aagno heit, de findet dihr das ja schön und guet!
⁵ Derby glouben i, dass i nid öppe weniger bi weder di Prachts-Aposchtle. ⁶ Vilecht bin i echly nen Aafänger im Rede, aber de doch nid im Dänke! Das hei mer doch würklech bewise. ⁷ Oder han i öppe e Fähler gmacht, dass i mi sälber ha chly gmacht, für dass dihr gross usechömet, und dass i öich d Botschaft gratis prediget ha? ⁸ Anderi Gmeinde han i usplünderet und Lohn aagno, nume dass i öich cha z Dienschte sy.

⁹ Won i du bi öich i d Chrott cho bi, bin i niemerem zur Lascht gfalle; nei, i däm, wo mir etmanglet het, hei mer d Brüeder, wo us Mazedonie cho sy, zwägghulfe. I ha druuf gluegt, dass i niemerem e Lascht bi, und so halten i's o wyter. ¹⁰ So sicher wi d Wahrheit vo Chrischtus i mir isch: Dä guet Ruef söll mer im ganze Gebiet vo der Achaia niemer wägnä! ¹¹ Und warum? Wil i öich öppe nid lieb ha? Gott weis es anders! ¹² Das, won i mache, machen ig o wyter eso, für denen e Glägeheit us de Finger z schla, wo eini sueche, für sech mit em glychen (Aposchtel-)Titel z rüeme wi mir.
¹³ Di Lüt sy faltschi Aposchtle, unehrlechi Mitarbeiter, wo sech nume als Aposchtle vo Chrischtus verchleide. ¹⁴ Das isch ja o kes Wunder: Der Satan sälber verwandlet sech ja i nen Ängel vom Liecht. ¹⁵ Drum isch es nüüt bsunders, we syni Hälfer sech verchleide als Diener vo der Grächtigkeit; si nä den es Änd, wi si's verdienet hei.
¹⁶ I säge no einisch: Es söll niemer gloube, es fang mer aa fähle! Süsch nämet's halt aa, dass i sturm tüej, für dass i mi o einisch echly cha rüeme. ¹⁷ Was i jitz säge, het mer nid öppe der Herr yggä, nei, d Uvernunft, wil i mer vorgno ha, i well mi echly rüeme.
¹⁸ Mänge rüemt sech mit syne natürleche Begabige, drum wott i jitz o chly plagiere. ¹⁹ Dihr gschyde Lüt ertraget ja jede Stürmi! ²⁰ Dihr tolet's ja, we nech eine under em Duume het, öich z arme Tage frisst, geng nume nimmt, höch aagit und nech mit Chläpf traktiert. ²¹ I schäme mi ganz, dass i mues säge: So wyt hei mir's no nid bbracht! We eine mit öppisem aagit, de chan i o! ²² Si sy Hebräer? Ig o! Si sy Nachfahre vom Abraham? Ig o! ²³ Si sy Hälfer vo Chrischtus? I bi verrückt, aber i bhoupte: I no vil meh! No vil meh punkto Schwärarbeit, no vil meh punkto Chefine, i ha Schleg übercho und mängi Todesgfahr düregstande.
²⁴ Vo Jude han i füfmal di nüünedryssg Schleg (mit em Rieme) übercho, ²⁵ drümal bin i mit Ruete dürepöitscht worde, einisch het me mi gsteiniget, drümal isch mys Schiff underggange, e Nacht und e Tag bin i einisch uf em höche Meer tribe; ²⁶ uf de Wanderige han i mängs düregmacht: Gfährlechi Flüss hei ddrööit, Röuber, di eigete Landslüt und Frömdi, Gfahre i der Stadt, Gfahre i der Wüeschti, Gfahre uf em Meer, Gfahre vo faltsche Brüeder! ²⁷ Müe und Plag han i glitte, mängi schlaflosi Nacht, Hunger und Durscht; mängisch han i nüüt z ässe gha, i

ha gfrore und d Chleider hei mer gfählt. ²⁸ Vo allem andere gar nid z rede: was Tag für Tag uf mi zuechunt, d Sorg für alli Gmeinde. ²⁹ We eine schwach isch, bin i's de nid mit ihm? Wo wird eine im Gloube aagfochte und das brönnt mir nid uf der Seel? ³⁰ Nei, we scho mues grüemt sy, wott i mi wäge myne Schwechine rüeme. ³¹ Gott, der Vatter vom Herr Jesus – ihm säge mer ewigs Lob –, är weis, dass i nid lüge! ³² Z Damaskus het der Statthalter vom Chünig Aretas d Stadt la bewache, für mi z verhafte, ³³ aber dür nes Fänschter düre bin i imene Chorb über d Stadtmuuren abegla worde, und däwä bin ig ihm etwütscht.

Em Paulus sys Erläbnis

12 Schynt's mues grüemt sy, we's scho nüüt nützt. So sägen i öppis vo de Erschynige und Offebarige vom Herr. ² I gchennen e Mönsch i Chrischtus, es sy jitz grad vierzäh Jahr sider – öb im Lyb, weis i nid, öb ussert em Lyb, weis i nid, Gott weis es –, dä Mönsch isch i dritte Himel ufegfüert worde; ³ und i weis vo däm Mönsch – öb im Lyb oder usser em Lyb, weis i nid, Gott weis es –, ⁴ dass dä isch i ds Paradys gfüert worde und dert het Wort ghört, wo me nid cha und nid darf widerhole. ⁵ Uf dä bin i stolz, uf mi sälber bin i nid stolz, ussert uf myni Schwechine. ⁶ Wen i mi sälber wett rüeme, de wär i gar nid öppe verrückt, i sieg ja nume d Wahrheit; i schüüche's aber, wil de eine hinder mir meh chönnti sueche, als was er gseht und ghört, nämlech übermächtigi Offebarige. ⁷ Und für dass mer die nid i Chopf styge, han ig e Dorn i Lyb übercho: En Ängel vom Satan tuet mi plage, dass i nid übersüünig wirde. ⁸ Drümal han i scho derwäge zum Herr grüeft, dä söll mi doch i Rue la. ⁹ Aber er het mer gseit: «Bis zfride mit myr Gnad. I dyr Schwechi chunt my Chraft zum Trage.» Drum rüemen i mi am liebschte wäge myne Schwechine, däwäg isch d Chraft vo Chrischtus wi ne Bchleidig für mi. ¹⁰ Drum fröien i mi, wen i Schwechine ha, we me mi plaget, wen ig im Eländ bi, we's dür Verfolgige und Ängpäss geit wäge Chrischtus. Grad wen i schwach bi, bin i ja starch!

Schluss vo der Verteidigungsred

¹¹ Jitz han i gwüss sturm gredt, aber dihr heit mi derzue zwunge. Dihr hättet ja eigetlech für mi sölle rede! Weniger als di Prachts-

aposchtle bin i ganz sicher nid! ¹²D Zeiche, wo men en Aposchtel dranne gchennt, han i ja bi öich gründlech gmacht, mit Wunder und Chrafttate. ¹³I was syt dihr de z churz cho gägenüber den andere Gmeinde? Ds einzige isch, dass ig öich nüüt gchoschtet ha; vergät mer emel das Unrächt! ¹⁴Gseht der, jitz wott ig äbe no nes dritts Mal zue nech cho, aber i choschte nech wider nüüt; i sueche nid öies Gäld, aber öich. D Chinder bruuche ja nid für iri Eltere Gäld aazlege, nei, d Eltere für d Chinder! ¹⁵Mit Fröide giben i mys Gäld und o mi sälber uus für öies Läbe!
¹⁶Also: I ha nech nie nüüt gchoschtet. I syg e Bschyshung, i heig nech mit Schlöui verwütscht. ¹⁷Han ig öppe profitiert dervo, dass i nech Lüt gschickt hätt, wo nech usgnützt hei? ¹⁸I ha der Titus zue nech gschickt und no ne Brueder mit ihm; der Titus het nech doch nid öppis gchoschtet? Gange mir nid zäme dür ds Läbe, im glyche Geischt, im glyche Treib?
¹⁹Dihr dänket scho lang, mir tüegen is vor öich verteidige. Mir rede i Chrischtus vor Gott; und alls, myni Liebe, für öich starch z mache. ²⁰I ha numen ei Angscht: Wen i uf Korinth chume, triffen i nech nid eso aa, win i gärn wett, und dihr träffet mi so, wi dihr's nid gärn heit. Es chönnti Zangg gä, Yfersucht, Töubine, Hässeleie, Verlümdige, Hindedüre-Gred, Wichtigmacherei – churz, es Gnuusch. ²¹I wett nid, dass Gott mi wider lat la undedürega, wen i zue nech chume; und dass i wäge vilne mues truurig sy, wo früecher gsündiget hei und sech de doch nid gänderet hei, wo wyter im Dräck läbe, umeluedere und usgürte wi früecher.

Briefschluss

13 Zum dritte Mal chumen i jitz de zue nech. «Dür d Ussag vo zweene oder dreine Züge wird jedi Grichtssach sichergstellt.» ²I ha's dene, wo schuldig sy worde, und allnen übrige zum voruus gseit, o scho bim zwöite Mal, und säge's o jitz und o, wen i nid by nech bi: Die, wo vorhär gsündiget hei und alli andere o, die hei alli ke Schonig z erwarte, wen i chume. ³Dihr sälber verlanget ja, dass me nech bewyst, dass Chrischtus dür mi redt; dä isch gägen öich nid schwach, nei, er würkt de starch i öich! ⁴Er isch ja gchrüziget worde, wil er schwach isch gsi, aber er läbt dür d Chraft vo Gott. Und o mir sy schwach i ihm, aber mir wärde läbe mit ihm für öich dür d Chraft vo Gott.

2. KORINTHER 13

⁵ Stellet nech sälber uf d Prob, öb dihr gloubet, prüefet nech sälber! Oder chöit dihr nid bi öich sälber gseh, dass Jesus Chrischtus i öich isch? De hättet dihr verseit. ⁶ I hoffe nume, dihr gsejet y, dass mir nid verseit hei! ⁷ Mir bätte zu Gott, dass dihr nüüt Böses machet; nid öppe, für dass me gseht, dass mir nid verseit hei, nei, für dass dihr ds Guete tüet, o we mir de die wäre, wo verseit hätte. ⁸ Gäge d Wahrheit chöi mir ja nüüt mache, nume für d Wahrheit. ⁹ Mir fröien is ja, we mir schwach sy und dihr starch; daderfür bätte mir o, dass dihr düryne guet wärdet. ¹⁰ Drum schryben i das jitz, won i nid by nech bi; wen i de by nech bi, wett i de nid müesse sträng dryfahre; der Herr het mer ja d Vollmacht ggä zum Ufboue, nid zum Aberysse!

¹¹ Also, liebi Gschwüschterti, fröiet nech; wärdet düryne guet, löt nech la mahne, häbet zäme, haltet Fride, und der Gott vo der Liebi und vom Fride wird mit nech sy. ¹² Grüesset enand mit em heilige Müntschi. Alli Chrischte lö nech la grüesse.

¹³ Der Herr, Jesus Chrischtus, schänk nech allne sy Gnad, Gott sy Liebi und der heilig Geischt sy Gmeinschaft!

Der Brief a d Galater

Begrüessig

1 ¹⁻²Der Aposchtel Paulus und alli Gschwüschterti hie a d Gmeinde vo Galatie. Nid Mönsche hei mi zum Aposchtel gmacht und 's isch o nid dür iri Vermittlig ggange: Jesus Chrischtus und dä, wo ihn uferweckt het, Gott der Vatter, hei mi ygsetzt.
³I wünsche nech d Gnad und der Fride vo Gott, üsem Vatter und em Herr, Jesus Chrischtus.
⁴Är het sich häreggä für üsi Sünde, für üüs usezreiche us der gägewärtige böse Wältzyt, so wi's Gott und üse Vatter het welle.
⁵Ihm ghört d Ehr bis i d Ewigkeit vo den Ewigkeite. Amen.

Es git numen ei gueti Botschaft

⁶I verwundere mi doch sehr, dass dihr so gleitig wider vo däm, wo öich dür d Gnad vo Chrischtus beruefe het, wägloufet zu nere andere Botschaft; ⁷es git allerdings gar ke anderi; es sy da nume gwüssi Lüt, wo nech d Chöpf verdrääje und d Botschaft vo Chrischtus uf e Chopf stelle. ⁸Aber o wen en Ängel vom Himel chiem und en anderi Botschaft tät predige als die, won i prediget ha, söll er verfluecht sy. ⁹Mir hei's scho einisch gseit und säge's jitz no einisch: Wen eine öich e Botschaft prediget, wo anders isch weder die, wo dihr heit übercho, söll er verfluecht sy!
¹⁰Reden i eigetlech de Mönsche nach em Muul oder Gott z lieb? Oder probieren i de Mönsche z gfalle? Wen i druf usgieng de Mönsche z gfalle, wär i nid der Chnächt vo Chrischtus.

Gott het der Paulus zum Aposchtel gmacht

¹¹Liebi Gschwüschterti, dihr müesset wüsse: Di Botschaft, won i predige, isch nid öppis Mönschlechs. ¹²I ha sen o nid vo mene Mönsch überno, und niemer het mi drin underwise; nei, Jesus Chrischtus het mer se diräkt goffebaret.
¹³Dihr heit ja verno, win i früecher zum Judetum ghört ha, und dass i d Gmeind vo Gott unerchant verfolget ha; i ha se ja welle usrotte. ¹⁴I ha im Judetum meh gleischtet weder di andere vo myr Generation, wo glych alt sy gsi; i ha mi enorm ygsetzt für alls, wo d Vätter überlifere. ¹⁵Aber du het Gott ygriffe: Är het mi vom Mueterlyb aa usgläse gha und mi i syr Gnad grüeft; ¹⁶är

het mir sy Suhn zeigt, für dass i bi de frömde Völker über ihn ga ga predige. Du han i nid sofort mit anderne Mönsche drüber gredt, ¹⁷i bi o nid uf Jerusalem ggange zu dene, wo vor mir sy Aposchtel gsi, nei, i bi furtggange nach Arabie und nachär wider zrügg uf Damaskus. ¹⁸Na drüüne Jahr ersch bin i uf Jerusalem ggange für e Kephas ga z bsueche; i bi öppe vierzäh Tag byn ihm bblibe. ¹⁹Vo den anderen Aposchtle han i kene gseh ussert em Jakobus, em Brueder vom Herr. ²⁰I schrybe nech das, und Gott isch my Züge, dass i nid lüge. ²¹Speter bin ig i d Gägete vo Syrie und Zilizie ggange. ²²D Chrischtegmeinde vo Judäa hei mi nie gseh. ²³Si hei nume verno gha, dä, wo se früecher verfolget heig, dä predigi jitz der Gloube, won er synerzyt heig welle usrotte. ²⁴Da hei si Gott ddanket wäge mir.

D Zämekunft mit de füerende Chrischte z Jerusalem ...

2 Vierzäh Jahr speter bin i wider uf Jerusalem cho, zäme mit em Barnabas, und der Titus han i o mitgno. ²Gott het mir goffebaret gha, i söll hireise; i ha ne di gueti Botschaft darta, win i se den andere Völker predige; ganz pärsönlech han i's de füerende Manne erklärt; i ha doch nid welle, dass ig i ds Lääre use schaffe oder scho gschaffet hätt. ³Si hei nid emal der Titus, wo by mer isch gsi, zwunge, sech la z beschnyde, und dä isch doch e Griech. ⁴Vo wäge faltsche Brüeder, wo spioniere: Es hei sech nere o denn näbenyne gschliche, dene isch üsi Freiheit i Chrischtus Jesus verdächtig vorcho; si hätten is wider zu Chnächte vom Gsetz welle mache. ⁵Aber dene hei mir ke Momänt naaggä oder gfolget: D Wahrheit vo der guete Botschaft söll für öich feschtsta. ⁶Und was di füerende Mannen aageit: — wi wichtig si vorhär sy gsi, isch mer ganz glych, Gott luegt d Pärson nid aa — mir also hei di füerende Manne ke Uflag gmacht. ⁷Im Gägeteil, si hei gseh, dass Gott mir di gueti Botschaft für di andere Völker aavertrout het, so wi em Petrus die für d Jude; ⁸dä, wo em Petrus d Chraft ggä het zum Aposchtelamt bi de Jude, het o mir d Chraft ggä für d Predig bi de Völker. ⁹Und wo si d Gnad hei gseh, won i übercho ha, hei der Jakobus, der Kephas und der Johannes — die gälten als d Süüle — mir und em Barnabas d Hand ggä als Zeiche für üsi Gmeinschaft: Mir sölle zu den andere Völker und si zu de Jude ga. ¹⁰Aber mir sölle a di Arme (vo Jerusalem) dänke; da han i mer o vil Müe ggä derfür.

... und z Antiochia

11 Wo einisch der Kephas uf Antiochia cho isch, han ig ihm i aller Öffetlechkeit widerredt, wil er sich sälber i ds Unrächt gsetzt het. **12** Bevor nämlech es paar Lüt vom Jakobus sy cho, het er mit de Heidechrischte zäme ggässe; aber chuum sy du äini cho gsi, isch er hindertsi druus und het sech vo ne trennt us Angscht vor de Judechrischte. **13** Und mit ihm zäme hei o di andere Jude drusgstellt, und sogar der Barnabas het aafa derglyche tue. **14** Das isch nid ds rächte Trom für zur Wahrheit vo der Botschaft z cho! I ha das gseh und ha vor allne Lüt zum Kephas gseit: «We du als Jud so läbsch wi d Heide und nid wi d Jude, wi chasch de d Heide welle zwinge, wi Jude z läbe? **15** Mir sy als Jude uf d Wält cho und ghöre nid zu de Völker, wo ds Gsetz nid gchenne. **16** Aber mir wüsse, dass niemer grächt wird uf Grund vo Leischtige nam Gsetz, nume dür e Gloube a Jesus Chrischtus. Drum sy mir doch zum Gloube a Chrischtus Jesus cho, für dass mir grächt wärde dür e Gloube a Chrischtus, und nid uf Grund vo Leischtige nam Gsetz; dür d Leischtige nam Gsetz cha niemer grächt wärde!» **17** We mir is also Müe gä, im Gloube a Chrischtus grächt z wärde, und es sech de zeigt, dass mir sälber o Sünder sy, isch de öppe Chrischtus der Chnächt vo der Sünd? Ke Red! **18** Aber wen i ds Gsetz wider ufboue, won i vorhär abgrisse ha, de machen i mi sälber zum Gsetzbrächer. **19** I bi ja dür ds Gsetz gstorbe; für ds Gsetz bin i nümme da; i cha jitz für Gott läbe; mit Chrischtus zäme bin i gchrüziget. **20** Jitz läbe nümmen i; Chrischtus läbt i mir; di Zyt, won i jitz hie uf der Wält läbe, die läben ig im Gloube a Gottessuhn, wo mi het lieb gha und sech für mi het häreggä. **21** I vernüütige d Gnad vo Gott nid; aber we's e Grächtigkeit dür ds Gsetz git, de wär Chrischtus für nüüt gstorbe.

Der Gägesatz: Gsetz – Gloube

3 Dihr uvernünftige Galater, wär het öich sturm gmacht? I ha nech doch der gchrüziget Chrischtus vor Ouge gmalet! **2** Numen eis wett i vo nech wüsse: Heit dihr der Geischt übercho uf Grund vo Leischtige nam Gsetz oder uf Grund vo der Predig vom Gloube? **3** So uvernünftig syt dihr! Nam Geischt heit dihr aagfange und jitz weit der na der Natur zum Zil cho? **4** Isch de alls für nüüt gsi, was dihr erläbt heit? Es gseht grad so dry!

⁵ (Säget:) Dä, wo öich der Geischt schänkt und mächtigi Tate bi öich lat la gscheh, macht dä das, wil dihr Leischtige nam Gsetz uswyset, oder wil der uf d Predig vom Gloube loset? ⁶ Es heisst doch: «Der Abraham het Gott ggloubt, und das isch ihm als Grächtigkeit aagrächnet worde.» ⁷ Da chöit dihr gseh: Die sy d Nachfahre vom Abraham, wo tüe gloube! ⁸ D Schrift het vorusgseh, dass Gott o d Mönsche us anderne Völker uf Grund vom Gloube wird grächt mache; si het em Abraham zum voruus versproche: «Wäge dir wärde einisch alli Völker der Sägen übercho.» ⁹ Drum wärde die, wo vom Gloube här chöme, mit em Abraham zäme der Sägen übercho.
¹⁰ Die, wo vo de Leischtige nam Gsetz härchöme, die stande under em Fluech. Es steit ja gschribe: «Jede söll verfluecht sy, wo nid allem gnau folget, wo im Buech vom Gsetz ufgschribe isch, und's de o macht.» ¹¹ Dür ds Gsetz wird niemer grächt vor Gott; das isch klar, wil's heisst: «Dä, wo us em Gloube grächt isch, wird läbe.» ¹² Aber bim Gsetz gilt nid «us Gloube», nei: «Wär d Vorschrifte erfüllt, wird dür se läbe.» ¹³ Ds Gsetz isch e Fluech, aber Chrischtus het is dervo losgchouft: Är sälber isch für üüs zum Fluech worde; es steit ja gschribe: «Verfluecht isch jede, wo am Holz hanget.» ¹⁴ So söll der Säge vom Abraham dür Chrischtus Jesus zu anderne Völker cho, und mir überchöme der versprochnig Geischt dür e Gloube.

Ds Gsetz isch üse Schuelmeischter gsi

¹⁵ Liebi Gschwüschterti, i bringen es Byschpil us em mönschleche Läbe: Wen e Mönsch es gültigs Teschtamänt abgfasset het, cha's niemer für ungültig erkläre oder öppis derzue tue. ¹⁶ Jitz isch em Abraham und syr Nachkommeschaft vil verheisse worde; es heisst nid: «syne Nachfahre», wi we mänge gmeint wär, nei, i der Einzahl steit ds Wort: «dym Nachfahr», und das isch Chrischtus. ¹⁷ Also: Gott het zum voruus es gültigs Teschtamänt ufgsetzt; da cha nid vierhundertdryssg Jahr speter ds Gsetz cho und dürtue, was er verspricht. ¹⁸ We's en Erbschaft wär uf Grund vom Gsetz, de wär's nid eini uf Grund vo der Verheissig. Aber Gott het em Abraham us Gnad sy Verheissig gschänkt.
¹⁹ Für was git's de es Gsetz? Es isch derzue cho wäge de Verfählige, bis dä Nachfahr cho isch, won ihm d Verheissig gilt; Ängel hei das Gsetz gmacht und dür ne Vermittler de Mönsche ggä.

²⁰ We nume eine ds Gsetz gmacht hätti, bruuchti's ke Vermittler, und Gott isch ja numen eine. ²¹ Steit jitz ds Gsetz im Widerspruch gäge d Verheissige vo Gott? Nenei! Ja, wen es Gsetz wär ggä worde, wo cha läbig mache, de gäb's würklech e Grächtigkeit uf Grund vom Gsetz. ²² Aber d Schrift zeigt, dass alls under der Gwalt vo der Sünd gfangen isch. Nume die, wo gloube, sölle d Verheissig übercho uf Grund vom Gloube a Jesus Chrischtus.
²³ Bevor der Gloube cho isch, sy mir under der Gwalt vom Gsetz ybschlosse gsi wi i nere Chefi, bis zum Momänt, wo der Gloube het sölle goffebaret wärde. ²⁴ So isch ds Gsetz üse Schuelmeischter worde uf Chrischtus hi, für dass mir uf Grund vom Gloube grächt wärde. ²⁵ Aber sider dass der Gloube cho isch, stande mir nümm under em Schuelmeischter. ²⁶ Dihr syt ja alli d Sühn vo Gott dür e Gloube a Chrischtus Jesus. ²⁷ Dihr syt ja alli uf Chrischtus touft worde, dihr heit Chrischtus aagleit (wi nes Chleid). ²⁸ Dihr syt nümm Jude oder Grieche, nümm Sklaven oder Freiji, nümm Maa oder Frou: Alli syt der eis i Chrischtus Jesus. ²⁹ We dihr aber Chrischtus ghöret, de syt dihr d Nachfahre vom Abraham und syni Erbe, wi's verheissen isch.

Sühn sy mer, und Erbe

4 Gället: Solang en Erb minderjärig isch, underscheidet ne nüüt vo mene Sklav, wen er scho (einisch de) der Herr vo allem isch; ² er steit under de Vormünder und Vermögesverwalter bis zu däm Momänt, wo sy Vatter feschtgleit het. ³ So isch es o bi üüs: Solang mir no minderjärig sy gsi, hei mir de Wältmächt wi Sklave müesse folge. ⁴ Wo du aber d Zyt nache isch gsi, het Gott sy Suhn gschickt; e Frou het ne gebore, und er het em Gsetz gfolget; ⁵ dermit het er üüs vom Gsetz losgchouft, für dass mer i d Rächti vo Sühn ygsetzt wärde.
⁶ Wil dihr jitz Sühn syt, het Gott der Geischt vo sym Suhn i üsi Härz gschickt, wo rüeft: «Abba, Vatter!» ⁷ So bisch also nümme Sklav, nei, Suhn; we du Suhn bisch, de bisch für Gott o Erb.

Fallet nid wider um!

⁸ Synerzyt, wo dihr Gott no nid gchennt heit, heit dihr de Götter, wo ja im Grund gar keni sy, wi Sklave ddienet. ⁹ Aber jitz gchennet dihr Gott, oder besser: Gott gchennt öich! Wi chöit dihr

GALATER 4

da wider zu de schwache und armsälige Wältmächt zrügg ga, und ne wider welle folge wi Sklave! [10]Dihr achtet uf gwüssi Tage, Monete, Zyte und Jahr. [11]I ha Angscht, i heig mi vergäbe um nech gmüeit! [12]Wärdet doch win ig, o i bi ja wi dihr! Liebi Gschwüschterti, i bitte nech! Dihr heit mer ja no nie Chummer gmacht. [13]Dihr wüsset, dass i bim erschte Mal, won i öich di gueti Botschaft prediget ha, schlächt zwäg bi gsi. [14]Aber dihr heit nech dür my körperlechi Verfassig nid la derzue bringe, mi z verachte oder uf mi z spöie. Nei, dihr heit mi ufgno wi nen Ängel vo Gott, wi Jesus Chrischtus sälber. [15]Wo isch jitz öies Glück vo denn? I cha nech bherte: Dihr hättet nech denn sogar d Ougen usgrisse für mer se z gä. [16]Bin i de öie Find worde, wil ig öich d Wahrheit säge? [17]Di andere gmüeje sech um öich mit der uguete Absicht, öich vo mir z trenne, für dass der ihne zueloufet. [18]Es isch ja schön, we me sech so um öich gmüeit. Aber es sött geng im Guete gscheh, und zwar o, wen i nid by nech bi. [19]Liebi Chinder, i lyde no einisch Geburtswehe um öich, bis Chrischtus (ändlech) bi öich Gstalt aanimmt. [20]I wett jitz by nech sy und my Stimm uf öich chönnen ystelle. I bi würklech ratlos wägen öich.

Di zwee Sühn vom Abraham

[21]Säget einisch, dihr, wo weit em Gsetz folge: Ghöret dihr nid, was ds Gsetz seit? [22]Es steit ja gschribe: «Zwee Sühn het der Abraham gha, eine vo nere Sklavin und eine vo nere Freie.» [23]Dä vo der Sklavin isch uf natürlechi Wys (gebore) worde, und dä vo der Freie nume dank der Verheissig vo Gott. [24]Das het e sinnbildlechi Bedütig: Di zwo Froue bedüte zwöi Bündnis; ds einte isch das vom Bärg Sinai, e Geburt i d Sklaverei, das isch d Hagar. [25]«Hagar» bedütet der Bärg Sinai in Arabie; ds hüttige Jerusalem ghört o derzue; es dienet mit syne Chinder als Sklav. [26]Aber ds Jerusalem obenache isch di freiji Frou; äs isch üsi Mueter. [27]Es steit ja gschribe: «Fröi di, du Unfruchtbari, wo keni Chind cha ha, tue juble und rüefe, du, wo keni Weh hesch: Di Einsami überchunt meh Chinder weder die mit emne Maa!» [28]Dihr, liebi Gschwüschterti, syt Chinder vo dere Verheissig, grad wi der Isaak. [29]Synerzyt het dä, wo uf natürlechi Wys isch gebore worde, dä verfolget, wo nach em Geischt isch gebore worde; und so isch es o jitz. [30]Aber was seit d Schrift? «Jag di

Sklavin und ire Suhn furt; der Suhn vo der Sklavin söll nid zäme mit em Suhn vo der Freie erbe.» ³¹ Drum sy mir äbe nid Chinder vo der Sklavin, aber vo der Freie, liebi Gschwüschterti!

Blybet frei!

5 Für d Freiheit het üüs Chrischtus frei gmacht! Drum bhäbet se fescht und löt nech nid wider under nes Sklavejoch zwänge! ² Lueget, ig, der Paulus, säge nech: We dihr nech löt la beschnyde, de nützt nech Chrischtus gar nüüt. ³ I bherte's no einisch: Jede, wo sech lat la beschnyde, het d Pflicht, ds ganze Gsetz z halte. ⁴ Dihr trennet nech vo Chrischtus, we dihr uf Grund vom Gsetz weit grächt wärde; de syt dihr us der Gnad usegfalle!
⁵ Mir erwarte im Geischt us em Gloube, dass d Hoffnig uf Grächtigkeit sech erfüllt.
⁶ Für üüs Chrischte chunt's nid drufaa, öb eine beschnitte syg oder nid; uf e Gloube chunt's aa, wo i der Liebi würkt. ⁷ Dihr syt so schön im Renne gläge; wär het nech jitz versuumet, dass dihr nümme weit der Wahrheit folge? ⁸ Sicher nid dä, wo nech beruefe het! ⁹ Numen es chlys Bitzli Suurteigg macht scho der ganz Teigg suur. ¹⁰ I ha wägem Herr ds Vertroue zue nech gha, dass dihr nech nid löt la ablänke; aber dä, wo nech jitz sturm macht, mues einisch vor Gricht, är ma sy, was er wott! ¹¹ Liebi Gschwüschterti, wen i no tät predige, me müess sech la beschnyde, für was liess i mi de la verfolge? De müesst sech o niemer meh über ds Chrüz ergere. ¹² Si sölle sech doch grad la verschnyde, die, wo nech ufreise!
¹³ Dihr syt zur Freiheit beruefe, liebi Gschwüschterti, aber d Freiheit nid als Glägeheit, für e natürleche Mönsch uszläbe, nei: Lueget für enand mit Liebi! ¹⁴ Ds ganze Gsetz isch zämegfasset i eim einzige Wort, nämlech: «Du söllsch dy Mitmönsch lieb ha wi di sälber.» ¹⁵ Aber we dihr enand bysset und frässet, wi gly wi gly wärdet der de sälber vonenand ufgfrässe! ¹⁶ Also: Dihr müesset öies Läbe im Geischt füere, de chöme d Glüschte vom natürleche Wäse nid uuf. ¹⁷ D Glüscht vom natürleche Wäse richte sech gäg e Geischt, und der Geischt gäge ds natürleche Wäse; de stande die wi Finde gäg enand, und dihr machet grad das nid, wo dihr wettet. ¹⁸ We dihr öich aber vom Geischt löt la füere, de standet dihr nümm under em Gsetz. ¹⁹ Was ds natür-

leche Wäse z standbringt, wüsse mer ja: Umehuere, Dräck, Usgürte, [20] Götzedienscht, Zouberei, Findschafte, Chritz, Yfersucht, Töubine, Bschis, Gchifel, Gchäär, Parteilechkeit, [21] Nyd, Suuffete, Frässete und anders derigs Züüg. Vo däm allem chan i nech scho zum voruus säge, win i's scho mängisch gseit ha: Die wo settigs mache, wärde Gottes Rych nid erbe. [22] Us em Geischt wachst Liebi, Fröid, Fride, Geduld, Fründlechkeit, Güeti, Gloube, [23] Bescheideheit, chönne verzichte. Da het o ds Gsetz nüüt dergäge! [24] Die, wo zu Chrischtus Jesus ghöre, hei äbe ires natürleche Wäse gchrüziget samt de Lydeschafte und de Glüscht. [25] We mir scho für e Geischt wei läbe, wei mer ihm o folge. [26] Mir wei nid Plagörine sy, wo enand nume trümpfe oder abemache.

Hälfet enand d Burdine trage

6 Liebi Gschwüschterti, öich leitet der heilig Geischt: Drum, we's passiert, dass dihr e Mönsch gseht e Fähler mache, so hälfet ihm zwäg uf ne fründlechi Art. Pass o uf di sälber uuf, dass de nid o no i Lätsch trappisch! [2] Hälfet enand d Burdine trage, däwä haltet dihr ds Gebot vo Chrischtus ganz. [3] We eine sech ybildet, er syg öpper, und derby isch er nüüt, bschysst er sech sälber. [4] Jede söll gnau druf luege, was är macht; de chan er sälber stolz sy druuf, aber nid gägenüber emene andere. [5] Jede het ja o sys Burdeli sälber z trage.
[6] Wär i der Botschaft underwise wird, söll mit sym Lehrer i allem Guete zämespanne. [7] Tüüschet nech nid, mit Gott lat sech nid la gspasse! Was e Mönsch sääit, das ärnet er o. [8] Wär uf sys eigete natürleche Wäse sääit, ärnet de vom natürleche Wäse der Undergang; aber dä, wo uf e Geischt sääit, ärnet vom Geischt ewigs Läbe. [9] Mir wein is's nid la verleide, ds Guete z tue; zu syr Zyt wärde mer de o ärne, we mer nid lugg lö. [10] Drum, solang mer no Zyt hei, wei mer allne Lüt zlieb tue, was mer chöi, ganz bsunders dene, wo mit üüs im (glyche) Gloube daheime sy.

Eigehändige Briefschluss

[11] Lueget, mit was für Risebuechstabe i öich no mit myr eigete Hand schrybe! [12] Die, wo mit irem natürleche Wäse wei gross usecho, wette nech zur Beschnydig zwinge, nume dass si nid

verfolget wärde, we si über ds Chrüz vo Chrischtus predige. ¹³ Nid, dass di Beschnittene sälber täte ds Gsetz halte, aber si wei, dass dihr nech löt la beschnyde; si wette de dermit ga plagiere. ¹⁴ Aber mir söll's nid z Sinn cho, mit öppis anderem ga z plagiere als mit em Chrüz vo üsem Herr Jesus Chrischtus; dür das bin i gchrüziget für d Wält und d Wält für mi. ¹⁵ Es chunt druf aa, öb eine e nöie Mönsch isch, nid, öb er beschnitte syg oder nid! ¹⁶ Allne dene, wo ires Läbe na däm Määs richte, wünschen i, der Fride söll uf se cho und ds Erbarme, o uf ds Volk Israel vo Gott. ¹⁷ Vo jitz aa söll mer niemer meh ds Läbe schwär mache; i trage ja d Wundnarbe vo Jesus a mym Lyb. ¹⁸ D Gnad vo üsem Herr Jesus Chrischtus söll öie Geischt bhüete, liebi Gschwüschterti. Amen.

Der Brief a d Epheser

Begrüessig

1 Der Paulus, wo dür e Wille vo Gott Aposchtel vo Jesus Chrischtus worden isch, a d Chrischte, wo z Ephesus sy und a Chrischtus Jesus gloube: ²I wünsche nech d Gnad vo Gott, üsem Vatter, und em Herr, Jesus Chrischtus.

Was mir Chrischtus z verdanke hei

³Lobet Gott, der Vatter vo Jesus Chrischtus, üsem Herr: Är het üüs i Chrischtus der ganz geischtlech Säge im Himel gschänkt. ⁴Är het üüs scho vor der Erschaffig vo der Wält für ihn usgläse, dass mir vor ihm heilig und ohni Fähler i der Liebi syge. ⁵Dür Chrischtus het är üüs als syni Chinder vorusbestimmt, so win är's welle het, ⁶zum Lob vo syr herrleche Gnad, won är üüs i sym liebe Suhn gschänkt het. ⁷Är het is erlöst dür sys Bluet, er het is üsi Verfählige vergä, und sy rychi Gnad ⁸gspüre mir im Überfluss, mit syr ganze Wysheit und Ysicht. ⁹Er het üüs nämlech ds Gheimnis vo sym Wille z wüsse ta, so win er sech das het vorgno gha: ¹⁰We d Zyt derfür de da isch, wott är sy Plan dürefüere: Er wott ds Wältall i Chrischtus zämefasse, alls, wo i de Himlen isch und uf der Ärde, i ihm! ¹¹Dür Chrischtus sy mir o Erbe worde, wil mir sy zum voruus derzue bestimmt worde nam Wille vo däm, wo mit sym Wille alls zstand bringt. ¹²Mir sölle da sy zum Lob vo syr Herrlechkeit; mir hei ja scho lang uf Chrischtus ghoffet. ¹³O dihr ghöret zu ihm; dihr heit ds Wort vo der Wahrheit ghört, di gueti Botschaft, dass dihr grettet syt; wäg ihm syt dihr zum Gloube cho, dihr heit ds Sigel übercho vom heilige Geischt mit syr Verheissig. ¹⁴Dä isch d Aazalig us üsem Erb, mit ihm chöi mer (einisch) üses Eigetum uslöse, zum Lob vo Gottes Herrlechkeit.

¹⁵Sider dass i vo öiem Gloube a Jesus, üse Herr, ghört ha, und vo der Liebi, wo dihr für alli Chrischte heit, ¹⁶danken i Gott geng und geng ume derfür, dass dihr da syt. ¹⁷Der Gott vo üsem Herr, Jesus Chrischtus, der Vatter vo der Herrlechkeit, söll öich der Geischt vo der Wysheit und Offebarig gä, dass dihr ne rächt lehret gchenne; ¹⁸er söll öiji innere Ouge häll mache, für dass dihr

merket, was sy Beruefig für ne Hoffnig bedütet, was für ne Rychtum sys herrleche Erb für d Chrischte isch, [19] und wi überuus gross sy Macht i üüs isch, wil mir dank syr grosse Chraft gloube. [20] Er het sen a Chrischtus la würke, won er ne het vo de Toten uferweckt und ne rächts vo sich im Himel het gheisse häresitze, [21] höch über jeder Gwalt und Macht und Chraft und Herrschaft, und höch über jedem Name, wo me chönnt ufzelle, nid nume hie i dere Wältzyt, nei, o i der zuekünftige. [22] Und alls het er ihm under d Füess gleit, und er het ne der Gmeind ggä als Houpt, wo über alls ygsetzt isch; [23] si isch sy Lyb, und är erfüllt si und überhoupt alls ganz und gar.

Sy Gnad rettet öich

2 O dihr syt einisch tod gsi wäg öine Verfählige und Sünde. [2] Dihr heit es verfählts Läbe gfüert na der Art vo dere Wältzyt, na der Art vom Regänt, wo d Macht het über d Luft und über e Geischt, wo sech jitz uswürkt i den ufölgige Mönsche. [3] So wi die hei o mir alli zäme einisch gläbt, hei üsne natürleche Glüscht und Gedanke naaggä; wi di andere sy mir vo Natur uus der Urhab für Gottes Töubi gsi. [4] Aber Gott, wo rych isch a Erbarme, het üüs sy grossi Liebi zeigt; [5] wo mir no tod sy gsi i de Verfählige, het er üüs mit Chrischtus zäme läbig gmacht – dür d Gnad syt dihr grettet worde! – [6] und er tuet üüs mit ihm uferwecke und üüs mit ihm la sitze im Himel, zäme mit Jesus Chrischtus! [7] So wott er de Zyte, wo no chöme, der übergross Rychtum vo syr Gnad zeige, dass er üüs i Chrischtus Jesus sy Güeti gschänkt het. [8] Sy Gnad rettet öich, wil dihr gloubet; und das nid öppe vo öich uus, es isch es Gschänk vo Gott; [9] nid wäge Leischtige, es bruucht sech niemer z rüeme. [10] Mir sy ja sys Wärk, verbunde mit Chrischtus Jesus sy mir erschaffe zu guete Tate, wo Gott zum voruus zwäg gmacht het, für dass mer se i üsem Läbe usfüere.

Jude und Nid-Jude wärde ei Tämpel für Gott

[11] Drum dänket draa: Vo Natur uus heit dihr zu de nidjüdische Völker ghört; die, wo a irem Lyb e Beschnydig hei, wo me vo Hand macht, hei nech di Unbeschnittene gseit; [12] dihr syt denn-

zmal ohni Chrischtus gsi, syt usgschlosse gsi vom Bürgerrächt vo Israel, syt Frömdi gsi, ohni d Bündnis vo der Verheissig, heit ke Hoffnig gha und heit ohni Gott i dere Wält gläbt. ¹³ Einisch syt dihr wyt ewägg gsi. Aber jitz, verbunde mit Chrischtus Jesus, dür ds Bluet vo Chrischtus, syt dihr ganz i d Neechi cho. ¹⁴ Är isch ja üse Fride, är het di beide (Teile) zu eim Ganze gmacht, und der Zuun derzwüsche, d Findschaft, het er wäggrisse mit sym Lyb; ¹⁵ er het ds Gsetz mit syne Vorschrifte vernichtet und het di beide Teile i ihm sälber zu eim nöie Mönsch erschaffe, derdürtwille dass er Fride gmacht het. ¹⁶ Er het di beide Teile i eim einzige Lyb welle mit Gott versöhne dür ds Chrüz; so het er d Findschaft gäge sich sälber tödt. ¹⁷ Er isch cho und het als gueti Botschaft der Fride verchüntet, der Fride für d Mönsche wyt ewägg, also für öich, und der Fride für die i der Neechi. ¹⁸ Dür ihn hei mir, beidi Teile, i eim Geischt der Zuegang zum Vatter. ¹⁹ So syt dihr also nümme Frömdi und Hindersässe, nei, dihr syt d Mitbürger vo de Heilige und d Huslüt vo Gott; ²⁰ dihr syt ufbouet uf em Fundamänt vo den Aposchtlen und Prophete, und Chrischtus Jesus isch sälber der Eckstei. ²¹ I ihm isch der ganz Bou fescht ufgmuuret und wird ufbbouet zu mene Tämpel, wo heilig isch, wil er em Herr ghört. ²² I ihm wärdet o dihr mitbbouet zu nere Bhusig vo Gott im Geischt.

Der Paulus als Aposchtel für d Völkerwält

3 Drum bätten i, der Paulus, der Gfangnig vo Chrischtus Jesus, für öich bi de frömde Völker. ² Dihr heit ja ghört, was für nen Uftrag Gott mir i syr Gnad het ggä. ³ I neren Offebarig het är mir ds Gheimnis z wüsse ta; da dervo han i ja scho churz gschribe. ⁴ We dihr's läset, chöit dihr de merke, wi tief i ds Gheimnis vo Chrischtus begryffe. ⁵ I früechere Zyte isch es de Mönsche nid so bekannt gmacht worde, wien es jitz syne heiligen Aposchtlen und Prophete im Geischt isch offebaret worde: ⁶ nämlech, dass di andere Völker Miterbe sy und zum glyche Lyb ghöre und Aarächt hei uf das, was Gott i Chrischtus Jesus i syr guete Botschaft versproche het. ⁷ I bi Mitarbeiter a där guete Botschaft, d Gnad vo Gott het mir's eso gschänkt, sy Chraft het so i mir gwürkt. ⁸ Mir, em Gringschte vo allne Chrischte, isch di Gnad gschänkt worde, dass i darf den andere Völker di gueti Botschaft vom unbegryffleche Rychtum vo Chrischtus predige; allne chan

i zeige, was das für ne Plan bi däm Gheimnis isch, wo vo urewige Zyte här versteckt isch i Gott, wo alls erschaffe het. ¹⁰ Jitz söll di chrischtlechi Gmeind de Mächt und Gwalte under em Himel di vilfältigi Wysheit vo Gott ufdecke. ¹¹ Das isch der Vorsatz gsi, won er vo Ewigkeite här het gfasset gha i Chrischtus Jesus, üsem Herr. ¹² Verbunde mit ihm hei mir i allem Vertroue fröhlechi Zueversicht und der Zuegang (zu ihm), wil mer a ne gloube. ¹³ Drum bitten i, löt nid öppe der Muet la sinke, wil i wägen öich mues lyde. Es gscheht öich z Ehre! ¹⁴ Drum fallen i uf d Chnöi vor em Vatter; ¹⁵ alls, wo Vatter heisst im Himel und uf der Ärde, het ja sy Name vo ihm: ¹⁶ Är söll öich us em Rychtum vo syr Herrlechkeit das schänke, dass der Geischt öien innere Mönsch mit vil Chraft usrüschtet; ¹⁷ de cha Chrischtus dür e Gloube i öine Härze wohne, und dihr syt i der Liebi verwurzlet und verankeret. ¹⁸ I bätte drum, dass dihr imstand syt, zäme mit allne Chrischte, z begryffe, was d Breiti und d Lengi und d Höchi und d Tiefi isch; ¹⁹ und dass dihr d Liebi vo Chrischtus lehret gchenne, wo tiefer geit weder jedes Versta; so wärdet dihr mit em ganze Rychtum vo Gott erfüllt.
²⁰ Er bringt us sym unändleche Rychtum vil meh z stand, weder was mir bitte oder dänke; sy Chraft schaffet i üüs; ²¹ ihm ghört d Ehr i der Gmeind und i Chrischtus Jesus für alli ewige Zyte! Amen.

Dihr ghöret zäme!

4 I bi gfange wägem Herr. Jitz bitten ig öich: Läbet aaständig, win es sech ghört für Lüt, wo vo Gott sy beruefe worde. ² Läbet demüetig und bescheide und geduldig, traget enand i der Liebi, ³ lueget druuf, dass der einig blybet im Geischt und zämehäbet im Fride. ⁴ (Dihr heit) ei Lyb und ei Geischt und, als Beruefeni, o ei Hoffnig i öier Beruefig;
⁵ ei Herr, ei Gloube, ei Toufi;
⁶ ei Gott und Vatter vo allne,
wo über allne und dür alli und i allne isch.
⁷ Jedem vo üüs het er sy Gnad gschänkt nam Määs, wi Chrischtus se verteilt. ⁸ Drum het er gseit: «Er isch ufegstige i d Höchi und het Gfangeni wäg gfüert und de Mönsche Gschänk ggä.» ⁹ Was bedütet ds Wort ufegstige anders, weder dass er o abegstigen isch i di underschte Bezirke vo der Ärde? ¹⁰ Dä, wo abegstigen isch,

isch der glych, wo ufegstigen isch über alli Himel ufe, und jitz erfüllt er ds Wältall. ¹¹Er het di einten als Aposchtel ygsetzt, anderi als prophetischi Prediger, anderi als Evangelischte, wider anderi als Gmeindsleiter und Lehrer; ¹²Däwä rüschtet är d Chrischten uus für iri Ufgab z erfülle und für e Lyb vo Chrischtus ufzboue, ¹³bis mir einisch alli im Gloube ganz zämeghöre und der Gottessuhn dür und dür begryffe. De sy mer en erwachsene Mönsch, mündig nam Määs vo Chrischtus. ¹⁴Mir sölle ja nümm chlyni Chinder sy, wo hin und här gworfe und umetribe wärde, je nadäm, wo der Luft vo der Lehr här blaset, im Würfelspil vo de mönschleche Meinige, wo doch numen i Bschis und Lugi ändet.

¹⁵Mir wein is a d Wahrheit ha und i der Liebi ganz uf ihn zue wachse, uf ihn, wo ds Houpt isch, Chrischtus. ¹⁶Vo ihm uus wird der ganz Lyb harmonisch zämegfüegt und zämeghalte dür alli di Sehne, wo eini der andere hilft, so wi si den einzelne Körperteile zueteilt sy. So cha der Lyb wachse und sech ufboue i der Liebi.

Ds nöie Läbe vo de Chrischte

¹⁷Das sägen i jitz und bezüge's, verbunde mit em Herr: Läbet nümm eso wi d Völker läbe, mit irem lääre Geischt, ¹⁸i irem fyschtere Dänke; si sy wyt ewägg vom Gottesläbe, si begryffe's nid, wil ires Härz so verchnorzet isch; ¹⁹si hei jedes Schämdi verlore, hei sech em Laschter ergä und nuele mit nere wahre Sucht i jedem Dräck.

²⁰Aber dihr heit Chrischtus nid derewäg lehre gchenne. ²¹We dihr öppis vo ihm ghört heit und über ihn underwise syt, wi d Wahrheit i Jesus (würklech) isch, ²²de leget dihr di früecheri Läbeswys und der alt Mönsch ab. Dä geit z Grund wäg syne Glüscht und Sücht. ²³De wärdet dihr ernöieret a Geischt und Dänke ²⁴und leget der nöi Mönsch aa, wo erschaffen isch, wi Gott ne wott ha: würklech grächt und heilig.

²⁵Löt ds Lüge la sy, jede söll mit sym Mitmönsch d Wahrheit rede, mir sy ja alli mitenand Glider (a eim Lyb). ²⁶We dihr toub syt, so versündiget nech nid derby; d Sunne darf nid underga über öier Töubi! ²⁷Gät em Tüüfel o nid der chly Finger! ²⁸Wär e Schelm isch, söll nümme stäle, er söll sech aasträngt und mit den eigete Händ rächt schaffe, so dass er de o dene öppis cha gä, wo's bruuche. ²⁹Löt kes böses Wort zum Muul uus, redet nume gueti,

settigi, wo d Gmeind ufboue und dene wyterhälfe, wo se ghöre. ³⁰ Machet em heilige Geischt ke Chummer; dihr traget sys Sigel uf e Tag vo der Erlösig hi. ³¹ Alli Verbitterig, Wuet und Töubi, alls Bbrüel und jedi Gmeinheit – tüet se wäg mitsamt allem Böse. ³² Syt fründlech zäme und härzlech, vergät enand, wi Gott wäge Chrischtus öich o het vergä.

Läbet als Chinder vom Liecht!

5 Nät Gott als Vorbild, dihr syt ja syni liebe Chinder. ²Läbet i der Liebi, so wi Chrischtus üüs lieb het gha; er het sich sälber für üüs häreggä als Gschänk und Opfergab für Gott, won ihm Fröid macht.
³ Win es sech für Chrischte ghört, söll me bi öich nid emal rede vo Unzucht und allem dräckige Läbe oder vo Gyt; ⁴ tüet o nid Zote rysse, blöd lafere und dummi Witze mache; das ghört sech nid; statt desse tüet Gott danke. ⁵ Das mues nech nämlech ganz klar sy: Kene, wo umehueret oder im Dräck umegheit, und kene, wo nume a ds Gäld dänkt – das isch nämlech e Götzediener –, het Erbrächt im Rych vo Chrischtus und vo Gott. ⁶ Niemer söll nech mit lääre Verspräche bschysse; wäge settigem chunt d Töubi vo Gott über di ufölgige Mönsche. ⁷ Heit nüüt z tüe mit settigne. ⁸ Einisch syt dihr ja o d Fyschteri gsi, aber jitz syt dihr ds Liecht, wäg em Herr. Läbet als Chinder vom Liecht! ⁹ Ds Liecht bringt alli Güeti, Grächtigkeit und Wahrheit füre. ¹⁰ Überleget nech, was em Herr gfallt. ¹¹ Löt nech nid y uf das, was i der Fyschteri geit, da luegt nüüt derby use, ziet's lieber grad a d Heiteri! ¹² Was die nämlech im verschleikte trybe, vo däm o nume z rede, isch e Schand. ¹³ Alls, wo a d Heiteri zoge wird, wird vom Liecht aagschune. ¹⁴ Und alls, wo aagschune wird, isch sälber Liecht. Drum heisst's:
    «Erwach, schlaf nümm,
    und stand uuf vo de Tote,
    de wird dir Chrischtus lüüchte wi ne Sunne.»
¹⁵ Lueget guet druuf, wi dihr läbet: Läbet gschyd, nid dumm! ¹⁶ Profitieret sorgfältig vo der Zyt, d Tage sy knapp. ¹⁷ Läbet also nid i Tag yne; begryffet, was em Herr sy Wille isch! ¹⁸ Löt nech nid mit Wy volloufe, das macht liederlech; voll Geischt söllet der sy! ¹⁹ Redet mitenand i Psalme und Loblieder und geischtleche

Gsäng; singet und spilet für e Herr und vo Härze! ²⁰Geng und geng und für alls tüet Gott, em Vatter, danke im Name vo üsem Herr, Jesus Chrischtus.

Underziet nech enand

²¹Underziet nech enand, wil dihr Reschpäkt vor Chrischtus heit: ²²(Zum Byschpil) d Froue irne Manne, wi si's bim Herr o mache. ²³Der Maa isch für d Frou ds Houpt, so wi Chrischtus für d Gmeind ds Houpt isch; si isch sy Lyb und är het se grettet. ²⁴Aber so wi sech d Gmeind Chrischtus underziet, so sölle sech o d Froue de Manne underzie.
²⁵Manne, heit öiji Froue lieb, so wi o Chrischtus d Gmeind lieb het gha und sech sälber für se häreggä het, ²⁶für se heilig und suber z mache dür ds Toufwasser und dür ds Wort. ²⁷Är het welle, dass d Gmeind herrlech vor ihm steit, ohni Fähler und Runzele oder ähnlechs, nei, si söll heilig sy und fählerlos. ²⁸So müesse o d Manne iri Froue lieb ha wi iren eigete Lyb; wär sy Frou lieb het, het sich sälber lieb.
²⁹No nie het öpper der eiget Körper ghasset, nei, er luegt zuen ihm und pflegt ne; so macht's o Chrischtus mit der Gmeind. ³⁰Mir sy ja Glider a sym Lyb. ³¹«Drum wird e Mönsch sy Vatter und sy Mueter la sy und eis wärde mit syr Frou, und di beide wärden eis Wäse.» ³²Das isch es grosses Gheimnis; i düte's uf Chrischtus und d Gmeind. ³³Uf all Fäll söll bi öich jede Maa sy Frou so lieb ha wi sich sälber; und d Frou söll Reschpäkt ha vor em Maa.

Das gilt o für d Familie und im Huus

6 Chinder, folget öinen Eltere, wil der Herr nech verbindet; das isch nüüt als rächt. ²«Gib dym Vatter und dyr Mueter d Ehr», das isch ds erschte Gebot, wo ne Verheissig derby steit: ³«Für dass es der guet geit und den es längs Läbe hesch uf der Ärde.»
⁴Vätter, verergeret öiji Chinder nid, aber heit sen in Egi, mahnet se und erziet se zu Gott hi.
⁵Sklave, folget öine Herre uf dere Wält, reschpektieret und ehret se mit mene ufrichtige Härz, wi we's Chrischtus aagieng: ⁶nid mit Flattiere, wil dihr de Mönsche wettet i d Ouge gä, nei, aber wil dihr Sklave vo Chrischtus syt und vo Härze der Wille vo Gott

weit tue. ⁷Dienet mit guetem Wille, es isch für e Herr und nid für d Mönsche. ⁸Dihr wüsset, dass jede, wo Guets tuet, derfür der Lohn überchunt, syg er e Sklav oder e Freie.
⁹Und dihr Herre, häbet's o so mit ine! Höret uuf, geng (mit Strafe) z drööje; dihr wüsset, dass ire und öie Herr im Himel isch, und dass är nid uf d Pärson luegt.

Löt nech vo Gott la usrüschte!

¹⁰Und schliesslech: Erstarchet im Herr und i der Chraft vo syr Sterchi! ¹¹Löt nech vo Gott la usrüschte, für dass dihr chöit standha gäge di hinderhältige Aagriffe vom Tüüfel. ¹²Mir hei ja nid z kämpfe gäge Fleisch und Bluet, nei, aber gäge d Herrschafte, gäge d Mächt, gäge d Wältregänte vo der Fyschteri, gäge di böse Geischter i de himmlische Regione. ¹³Drum leget d Usrüschtig vo Gott aa, für dass dihr ihne am böse Tag chöit eggäge ha und nech dürebysset und standhaltet. ¹⁴Standet drum fescht häre: Der Gurt um öiji Hüft ume isch d Wahrheit, als Bruschtpanzer leget d Grächtigkeit aa; ¹⁵d Schue a de Füess sy da, für di gueti Botschaft vom Fride ga z verchünte; ¹⁶aber bruuchet vor allem der Schild vom Gloube, mit däm chöit dihr alli brönnige Pfyle vom Bösen abwehre. ¹⁷Leget der Hälm aa vo der Rettig und ds Schwärt vom Geischt, das isch ds Gotteswort. ¹⁸Bättet so fescht der chöit, zu jeder Zyt, im Geischt; syt wach derfür und löt nid lugg; bättet für alli Chrischte, ¹⁹o für mi, für dass mir d Wort gschänkt wärde, wen i wott rede, dass i frei und offe cha ds Gheimnis vo der guete Botschaft bekanntmache. ²⁰I bi der Botschafter dervo, eine i Chettine. Aber frei tuen i userede, was i z säge ha.

Briefschluss

²¹Dihr söllet erfahre, win es mir geit; das seit nech de alls der Tychikus; er isch mer e liebe Brueder und e tröie Hälfer für e Herr. ²²Drum schicken i ne zue nech, für dass dihr erfahret, wien es um üüs steit. Är söll öiji Härze tröschte.
²³Öich, myne Gschwüschterti, wünschen i der Fride und d Liebi samt em Gloube, wo Gott, der Vatter, und Jesus Chrischtus, der Herr, üüs git. ²⁴Und allne dene, wo sech nie lö la abbringe vo der Liebi zu Jesus Chrischtus, üsem Herr, wünschen i sy Gnad.

Der Brief a d Philipper

Begrüessig

1 Der Paulus und der Timotheus, d Chnächte vo Chrischtus Jesus, a alli Chrischte vo der Gmeind vo Philippi, zäme mit irne Gmeindsleiter und Hälfer. ²Mir wünsche nech d Gnad und der Fride vo Gott, üsem Vatter, und em Herr, Jesus Chrischtus.

Dank und Fürbitt

³Jedesmal, wen i a öich dänke, danken i mym Gott. ⁴Jedesmal, wen i für öich alli bätte, bätten i voll Fröid. ⁵Vom erschte Tag aa bis hütt heit dihr mitgschaffet bi der guete Botschaft. ⁶Drum bin i sicher, dass dä, wo das guete Wärk bi öich aagfange het, 's o a ds Zil bringt bis zum Tag, wo Chrischtus Jesus chunt. ⁷Es isch nüüt als rächt, wen i so vo öich allne dänke. Dihr syt mer (eifach) a ds Härz gwachse. I bi ja i der Chefi und mues für di gueti Botschaft ysta und der Chopf häreha. Dihr häbet zu mir und überchömet di glychi Gnad win ig. ⁸Gott isch my Züge, win i Längizyti ha nach öich allne und e Liebi für nech wi Chrischtus Jesus!
⁹I bätte drum, dass öiji Liebi geng stercher und stercher wird und tiefer und verständnisvoller, ¹⁰für dass dihr geng richtig entscheidet. Dihr söllet luter und ohni Fläcke dasta am Tag, wo Chrischtus chunt, ¹¹und vil Frücht vo der Grächtigkeit uswyse; das schaffet Jesus Chrischtus i öich, zur Ehr und zum Lob vo Gott.

Gfangeschaft cha für öppis guet sy

¹²Liebi Gschwüschterti, i wett nech z wüsse tue: Was i hie düremache, wirbt für di gueti Botschaft! ¹³Es isch drum im ganze Amthuus und zringsetum bekannt worde, dass i wäge Chrischtus i der Chefi bi. ¹⁴Und di meischte Mitchrischte hei grad dür my Haft Muet übercho und predige descht meh und ohni Angscht di gueti Botschaft. ¹⁵Es git natürlech o settigi, wo us Nyd und Chyb (gäge mi) vo Chrischtus predige; aber anderi hei würklech der guet Wille. ¹⁶Die, wo's us Liebi mache, wüsse, dass ig i der

Chefi bi, wil i mi ysetze für di gueti Botschaft; ¹⁷ die, wo us Chyb vo Chrischtus predige, mache's nid ufrichtig; si meine, si chönne mir no i der Chefi zleid wärche. ¹⁸ Aber das isch doch glych! We numen uf all Wys und Wäg, syg's als Vorwand, syg's i der Wahrheit, vo Chrischtus prediget wird: Dadrüber fröien i mi. Und i cha mi no meh fröie. ¹⁹ I weis nämlech, dass i grettet wirde, wil dihr für mi bättet, und der Geischt vo Jesus Chrischtus mer hilft. ²⁰ I bi sicher und hoffe fescht, dass i nid umchume, im Gägeteil: My Pärson darf jitz wi geng und ganz öffentlech Chrischtus herrlech mache, ganz glych, öb i jitz läben oder stirbe. ²¹ Für mi bedütet ja Chrischtus ds Läbe, und ds Stärbe es Glück. ²² Aber wen i hie söll wyterläbe, so bedütet das Arbeit, wo öppis derby useluegt; und jitz weis i nid, was i mer söll wünsche; ²³ i wirde hin und här grisse: I plange druuf, z stärbe, für mit Chrischtus chönne zäme z sy; das wär natürlech ds beschte. ²⁴ Aber wägen öich isch es no gschyder, dass i hie am Läbe blybe. ²⁵ Und i bi ganz sicher, dass i blybe und öich allne cha a d Syte sta, für dass dihr fürsi chömet und Fröid am Gloube heit. ²⁶ So wird Chrischtus Jesus stolz sy uf öich, und i cha no hälfe derby, wen i zue nech chume.

D Botschaft und ds Läbe müesse zäme passe

²⁷ Nume füeret öies Läben eso, dass es zur guete Botschaft vom Chrischtus passt! Öb i jitz zue nech chume und nech gseh, oder öb i vo wytem vo nech ghöre, häbet zäme i eim Geischt; tüet nech ysetze mit Lyb und Seel im Gloube a di gueti Botschaft. ²⁸ Löt nech vo kem Gägner la Angscht mache; däwä hei si der Bewys derfür, dass si zgrund gange, und mir, dass mer grettet wärde, und zwar vo Gott här. ²⁹ Dihr heit d Gnad «für Chrischtus» übercho, und das heisst nid nume Gnad, für a ihn z gloube, nei, o d Gnad, z lyde für ihn. ³⁰ Dihr stellet nech em glyche Wettkampf, wi der ne scho bi mir gseh heit und jitze no ghöret.

Läbe wi Chrischtus gläbt het

2 Gället, mir dörfen enand doch zuerede als Chrischte, mir dörfen enand i der Liebi mahne, mir hei Gmeinschaft zäme im Geischt, es git no nes härzlechs Erbarme? ² De machet mer doch d Fröid, dass der einig syt, dass der enand glychmässig lieb

heit, dass der eis Härz und ei Seel syt. ³Zangget nid und lueget nid uf en üssere Schyn; schetzet ganz demüetig di andere höcher y als öich sälber. ⁴Lueget alli zäme nid uf di eigete Vörteli, aber uf die vo den andere. ⁵Stellet nech innerlech glych y wi Chrischtus Jesus:

⁶Är het Gott i allem ggliche,
aber er het sech nid dra gchlammeret,
glych z sy wi Gott.
⁷Nei, er het das alls la fahre
und isch worde wi ne Sklav.
Glych wi d Mönsche isch er worde
und het ds Mönscheläbe uf sech gno;
⁸er het sich sälber gring gmacht
und het Gott gfolget bis i Tod,
sogar bis i Tod am Chrüz.
⁹Drum het Gott ihm der allerhöchscht Platz ggä;
er het ihm e Name gschänkt,
wo über allne Näme steit.
¹⁰Jede, wo dä Name ghört,
söll abechnöile –
die im Himel,
die uf der Ärde
und die under der Ärde,
¹¹und i jeder Sprach söll me derfür ysta,
dass Jesus Chrischtus der Herr isch,
zur Ehr vo Gott em Vatter.

Lüüchte wi d Stärne

¹²Myni Liebe, dihr heit mir geng gfolget. Setzet nech nid numen y, wen i bi öich bi, nei, jitz ersch rächt, wen i nid by nech bi: Setzet nech y derfür, dass dihr grettet wärdet! Machet's mit Angscht und Zittere. ¹³Gott bringt ja beids i nech zstand, der Wille und ds Tue, wil är nech userwählt het.
¹⁴Machet alls ohni z bugere und ohni z stürme. ¹⁵Dihr söllet ohni Fläcke sy und suber, fählerlosi Chinder vo Gott zmitts i nere verdrääite und verchehrte Mönschewält; däre lüüchtet dihr wi d Stärne i der Wält, ¹⁶wil dihr d Botschaft vom Läbe guet gchennet; das chunt mir de zguet am Tag, wo Chrischtus chunt: I ha de nid i ds Läären use gschaffet. ¹⁷Aber o wen i mys Läbe mues

als Opfer häregä im Dienscht für öie Gloube, so fröien i mi und fröie mi zäme mit öich allne. ¹⁸ Fröiet nech o, und fröiet nech zäme mit mir!

Em Paulus syni Mitarbeiter und Botte

¹⁹ Jesus, der Herr, lat mi la hoffe, dass i gly der Timotheus cha zue nech schicke; es git mer de früsche Muet, wen i weis, wi's by nech geit. ²⁰ Wi ke andere dänkt är glych win ig; er wird sech ufrichtig um öich kümmere. ²¹ Alli andere dänke ja nume a iri eigeti Sach und nid a die vo Jesus Chrischtus. ²² Är het sech bewährt, das wüsset dihr: Wi nes Chind em Vatter, so het är mit mir zäme der guete Botschaft ddienet.
²³ Ihn, hoffen i, chönn i zue nech schicke, sobald i gseh, wi's mit mir wyter geit. ²⁴ I vertrouen aber fescht druuf im Herr, dass i sälber o gly cha cho. ²⁵ Es het mi ddunkt, es syg nötig, no der Epaphroditus zue nech z schicke; är isch my Brueder, my Mitarbeiter und my Kamerad, der Bott für öich und my Hälfer i der Not. ²⁶ Er het Längizyti nach öich allne und macht sech Gedanke, wil dihr ghört heit, dass är chrank syg worde. ²⁷ Er isch ja würklech uf e Tod chrank gsi; aber Gott het Erbarme mit ihm gha, und nid nume mit ihm, nei, o mit mir, dass i nid eis Truurige nach em andere müess erläbe! ²⁸ So gleitig wi müglech schicke ne zue nech; de gseht dihr ne und fröiet nech, und i ha ne Chummer minder. ²⁹ Nät nen also im Gedanke a Herr uuf mit aller Fröid und heit Sorg zu settigne Mönsche! ³⁰ Er isch ja wäge der Chrischtus-Arbeit so naach a Tod härecho; er het sys Läben uf ds Spil gsetzt, für öich z verträtte i däm Dienscht, wo dihr bi mir nid sälber chöit leischte.

D Gsetzeströiji steit em Gloube im Wäg

3 Im übrige, liebi Gschwüschterti: Fröiet nech, dihr ghöret em Herr! I schrybe nech das gärn no einisch, mir macht's Fröid und öich macht's sicher.
² Nät nech in acht vor de Hünd, nät nech in acht vor de Pfuscher, nät nech in acht vor der faltsche Beschnydig! ³ Mir sy di rächti Beschnydig, mir, wo em Geischt vo Gott diene und wo stolz sy uf Jesus Chrischtus. Uf ds Natürleche darf me sech nid verla. ⁴ I hätt ja alle Grund, mi uf ds Natürleche z verla. Wen irget öpper findet, er chönn sech uf ds Natürleche verla, de chönnt i's no vil

meh! ⁵ I bi am achte Tag beschnitte worde; i stamme us em Volk Israel, us em Stamm Benjamin; i bi ne Hebräer sit Generatione, und derzue e gsetzeströie Pharisäer gsi. ⁶ I ha d Gmeind hässig verfolget; i der Grächtigkeit, wi se ds Gsetz verlangt, het mir niemer öppis chönne fürha. ⁷ Aber was i ha als Gwinn bbuechet, isch vo Chrischtus här gseh e Verluscht gsi. ⁸ Würklech, i luege das no jitz als Verluscht aa, wil i du my Herr, Jesus Chrischtus, geng besser ha lehre gchenne; synetwäge han i alls la fahre und luege's wi ne Dräck aa; Chrischtus wott i gwinne ⁹ und wott als eine dasta, wo zu ihm ghört. I ha drum jitz nümme my eigeti Grächtigkeit, wo us em Gsetz chunt, nei, i ha die, wo us em Gloube a Chrischtus chunt: Es isch d Grächtigkeit vo Gott här, und der Gloube isch ire Bougrund. ¹⁰ So chan ig ihn und d Chraft vo syr Uferstehig lehre gchenne; so wirden ig ynegstellt i syni Lyde und mues der glych Tod uf mi nä win är; ¹¹ so wirden i vo de Toten ufersta.

Em Zil zue springe!

¹² Nid, dass i scho so wyt wär: I bi no nid am Zil; aber i springe dergäge zue, für's z erlänge; Chrischtus Jesus het mi sälber ja scho i der Hand. ¹³ Liebi Gschwüschterti, i luege mi sälber nid als eine aa, wo's scho uf sicher het; aber das tuen i: I vergisse, was hinder mer lyt und strecke mi uus gäge das, wo vor mer isch. ¹⁴ I springe em Zil zue. Und das isch der Sigerprys, dass Gott mi dür Chrischtus zu sich ufe rüeft. ¹⁵ Mir alli, wo im Gloube erwachse sy, wei däwäg dänke; und we dihr i öppisem no anders dänket, de wird Gott öich das scho no offebare. ¹⁶ So, wi mer's scho begriffe hei, so müesse mer o läbe.

¹⁷ Nät mi als Byschpil, liebi Gschwüschterti, und lueget uf die, wo so läbe win ig; üüs chöit der als Massstab nä. ¹⁸ Vili füere ires Läbe ja wi Finde vom Chrüz vo Chrischtus. I ha scho mängisch vo ne gredt, und es macht mi z hüüle, wen i jitz vo ne rede. ¹⁹ Denen ires Ändi isch der Undergang; ire Gott isch der Buuch, und si mache sech en Ehr us irer Schand; si dänke numen a das, wo uf der Ärden isch. ²⁰ Üses Bürgerrächt isch doch im Himel: Vo dert erwarte mir o der Retter, der Herr, Jesus Chrischtus. ²¹ Är git de üsem armsälige Lyb en anderi Gstalt, di glychi, wo sy Lyb i der Herrlechkeit het; är het ja d Macht derzue, und alls mues ihm folge.

Fröiet nech und heit Fride zäme!

4 Myni liebe Gschwüschterti, i ha Längizyti na nech! Dihr syt my Fröid und my Sigerchranz; stellet nech o dernaa: 's isch für e Herr, dihr Liebe! ²D Euodia mahnen i, und d Syntyche mahnen i: Ziet am glyche Seili, für e Herr! ³Ja, i bitten o di, du my guete Mitarbeiter, hilf ne; si hei sech beidi ygsetzt für di gueti Botschaft, zäme mit mir und mit em Klemens und mit den andere Hälfer; alli iri Näme standen im Buech vom Läbe.
⁴Fröiet nech geng und geng wider im Herr; i säge's no einisch: fröiet nech! ⁵Löt alli Mönsche öiji Güeti la gspüre; der Herr chunt gly! ⁶Chummeret nid, bringet lieber alls, wo dihr uf em Härz heit, mit Danke im Gebätt vor Gott. ⁷Und de wird der Fride vo Gott, wo wyt über jede Verstand usegeit, öies Härz und öiji Gedanke bhüete, wil dihr zu Chrischtus Jesus ghöret.
⁸Und jitz no eis, liebi Gschwüschterti: Häbet nech a das, wo wahr isch, wo fromm und grächt und suber und gattlech isch; a das, wo als Tuget gilt und Lob verdienet.
⁹Machet das, wo dihr o bi mir scho glehrt und übercho und gseh und ghört heit. Der Gott vom Fride wird by nech sy.

Der Paulus danket für d Hülf

¹⁰Es het mi – und der Herr – ganz bsunders gfröit, dass dihr wider einisch so fürsorglech a mi ddänkt heit. Dihr heit ja geng a mi ddänkt, aber ke Glägeheit gha, für mer's z zeige! ¹¹Nid dass ig us nere Not use tät rede; i ha glehrt, mit däm zfride z sy, won i ha. ¹²I cha arm sy und Hüüffe Sache ha; i allem und jedem bin i güebt; i cha satt sy und Hunger ha, i cha im Überfluss schwadere und der Gurt äng zie. ¹³Alls ertragen i dank däm, wo mir Chraft git. ¹⁴Aber es isch lieb gsi vo nech, dass dihr mir ghulfe heit, wo's mer schlächt isch ggange. ¹⁵Das wüsset dihr ja, liebi Philipper: Ganz am Aafang, won i di gueti Botschaft prediget ha und vo Mazedonie abgreiset bi, isch ussert öich nid en einzigi Gmeind eso zue mer gstande, dass ds Nä und ds Gä ufggange wär; dihr syt di einzige gsi. ¹⁶Dihr heit mer scho uf Thessalonich einisch oder zwöimal nachegschickt, was i nötig ha gha. ¹⁷I tue nid um Gschänk bättle, aber i dänken a Lohn, wo öich derfür guetgschribe wird. ¹⁸Jitz han i alls und meh wo gnue; i ha Hüüffe, sider dass mer der Epaphroditus öies Gschänk bbracht het; es

schmöckt guet, es isch Gott äagnäm und gfallt ihm! ¹⁹ My Gott wird nech alls gä, wo dihr etmanglet, us sym Rychtum use, i der Herrlechkeit bi Chrischtus Jesus. ²⁰ Üsem Gott und Vatter söll d Ehr ghöre bis i d Ewigkeite vo den Ewigkeite!

Briefschluss

²¹ Grüesset mer jede Chrischt i der Gmeind! D Gschwüschterti, wo by mer sy, lö nech o alli la grüesse. ²² Alli Gmeindsglider schicke nech Grüess, bsunders d Cheisersklave (us em Amthuus). ²³ I wünsche nech d Gnad vo Jesus Chrischtus für öie Geischt!

Der Brief a d Kolosser

Begrüessig

1 Der Paulus, Aposchtel vo Chrischtus Jesus dür e Wille vo Gott, und der Timotheus, öie Brueder, a d Chrischte z Kolossä, ²a di heilige und glöubige Gschwüschterti i Chrischtus: Mir wünschen öich d Gnad und der Fride vo Gott, üsem Vatter!

Dank

³ Mir danke Gott, em Vatter vo üsem Herr, Jesus Chrischtus, jedesmal, we mir für öich bätte. ⁴ Mir hei vo öiem Gloube a Jesus Chrischtus ghört und o vo der Liebi, wo dihr für alli Chrischte heit. ⁵ Für öich isch ja ne Hoffnig im Himel parat. Dihr heit scho früecher vo nere ghört dür di gueti Botschaft, dür ds Wort vo der Wahrheit. ⁶ Es isch zue nech cho und i di ganzi Wält useggange und treit Frucht und wachst überall glych wi bi öich sit däm Tag, wo dihr's zerschtmal ghört heit und dermit würklech d Gnad vo Gott heit lehre gchenne. ⁷ So heit dihr's erfahre vom Epaphras, üsem liebe Mitchnächt; er isch für öich e tröie Arbeiter für Chrischtus. ⁸ Är het is o bbrichtet vo der Liebi, wo der Geischt i öich gweckt het.

⁹ Sider dass mer dervo ghört hei, hei mer nid ufghört für nech z bätte und z bitte, dihr möchtet der Wille vo Gott bis änenuse begryffe, mit öier ganze Wysheit und öiem ganze Verstand; ¹⁰ und dihr möchtet o so läbe, dass der Herr Fröid cha dranne ha, und es ihm gfallt; dihr möchtet Gott geng besser lehre gchenne; ¹¹ dihr möchtet dür d Macht vo syr Herrlechkeit vil Chraft übercho, für mit Geduld alls dürezsta. ¹² Danket em Vatter mit Fröide: Är het nech usgrüschtet, dass dihr o chöit erbe, wi syni Heilige im Liecht.

D Herrlechkeit vo Chrischtus

¹³ Er het üüs grettet us der Macht vo der Fyschteri und bringt is i ds Chünigrych vo sym liebe Suhn; ¹⁴ und dä tuet is erlöse und d Sünde vergä.

¹⁵ Är isch ds Abbild vom unsichtbare Gott,
dä, wo i der ganze Schöpfig zersch geboren isch.
¹⁶ I ihm isch ja alls erschaffe worde,
was im Himel und uf der Ärden isch,
alls, wo me gseht und wo me nid gseht,
Thrön, Herrschafte,
Mächt und Gwalte;
alls isch dür ihn und für ihn erschaffe worde.
¹⁷ Und är chunt vor allem andere,
und alls steit fescht wägen ihm;
¹⁸ är isch o ds Houpt vom Lyb, das heisst vo der Gmeind;
är isch der Aafang, der erscht vo de Tote, i allem geit är vorab.
¹⁹ Gott i sym ganze Rychtum het i ihm welle wohne; ²⁰ dür ihn het er sech mit allem welle ussöhne: Er het dür ds Bluet am Chrüz Fride gmacht mit allem, wo uf der Ärden und i de Himlen isch.
²¹ Das gilt jitz äben o für öich: Dihr heit synerzyt nid derzue ghört und syt sogar mit öiem böse Läbe und i öiem Dänke findlech ygstellt gsi. ²² Aber jitz het är o mit öich Fride gmacht: Er het sy natürlech Lyb i Tod ggä, für dass er öich chönn als heilig und fählerlos härestelle, und me nech nüüt chönni vorwärfe. ²³ Nume müesset dihr uf em feschte Fundamänt vom Gloube blybe; löt nech nid la abbringe vo der Hoffnig, wo dihr i der guete Botschaft verno heit. Si isch bi allne Gschöpf under em Himel predigt worde und i, der Paulus, ha derby ghulfe.

D Arbeit vom Aposchtel

²⁴ Drum fröien i mi, dass i für öich darf lyde; i fülle i mym natürleche Läbe das uuf, was bi sym Lyb, das heisst bi der Gmeind, a Chrischtus-Lyde no fählt. ²⁵ I bi ire Hälfer worde, so wi's Gott mir für öich uftreit het: dass d Botschaft vo Gott zäntume usbbreitet wird. ²⁶ Si isch ds Gheimnis, wo sit ewige Zyte isch unbekannt bblibe, aber jitz isch es syne Lüt bekannt gmacht worde. ²⁷ Gott het welle, dass si ygseh, wi herrlech das Gheimnis isch, we's zu den andere Völker chunt, äbe, das: «Chrischtus isch i öich, d Hoffnig uf d Herrlechkeit.» ²⁸ Vo ihm tüe mer predige und jede Mönsch lehre und ermahne, mit aller Wysheit; mir möchte jede Mönsch so härebringe, dass ne

Chrischtus als Vollkommene aanimmt. ²⁹ Für das wärchen i und kämpfen i, und derby schaffet sy Chraft mächtig i mir.

Der Aposchtel kämpft um syni Lüt

2 Dihr söllet doch wüsse, dass i schwäri Kämpf um öich füere und um die z Laodizea und um alli die, wo mi pärsönlech no nid hei glehrt gchenne: ² Si sölle i irem Härz Troscht erfahre und i der Liebi chönne zämesta; si sölle i ganz Rychtum vom Begryffe ynecho und ds Gheimnis vo Gott lehre versta, wo äbe Chrischtus isch. ³ I ihm sy alli Schetz vo der Wysheit und vo der Ysicht ufbewahrt. ⁴ I säge das, für dass nech niemer mit emene gschliffene Muul sturm macht. ⁵ Wen i pärsönlech scho nid by nech bi, bin i doch im Geischt by nech; i fröie mi z gseh, dass der Ornig heit und sicher im Gloube a Chrischtus standet. ⁶ Dihr heit Chrischtus Jesus als Herr aagno, drum müesset dihr o mit ihm öies Läbe füere; ⁷ dihr syt i ihm verwurzlet und uf ihm ufbbouet und standet fescht im Gloube, so wi dihr syt underwise worde. Und dihr syt voll grosser Dankbarkeit.

Vom Tod zum Läbe – wi Chrischtus

⁸ Passet uuf, dass nech niemer verwütscht mit philosophische Gedanke. Das isch lääts Glafer. Mönsche hei's erfunde. Si rede vo de Mächt, wo d Wält beherrsche, aber mit Chrischtus het das nüüt z tüe. ⁹ I ihm wohnt ja d Gottheit ganz und gar lybhaftig; ¹⁰ und dihr syt o ganz ynegno i ihn, är isch ds Houpt vo jeder Herrschaft und vo jeder Macht. ¹¹ I ihm syt dihr o beschnitte worde mit nere Beschnydig, wo nid vo Hand gmacht wird; dihr heit der natürlech Lyb wäggleit i der Beschnydig vo Chrischtus. ¹² I der Toufi syt dihr mit ihm begrabe worde; i ihm syt dihr o mituferweckt worde dür e Gloube a d Macht vo Gott, wo ihn vo de Toten uferweckt het. ¹³ O dihr syt tod gsi wägen öie Verfählige, und wil dihr als natürlechi Mönsche äbe nid syt beschnitte gsi, aber er het öich mit ihm zäme läbig gmacht und het üüs alli Verfählige vergä. ¹⁴ Er het der Schuldschyn verrisse, won is mit schwäre Laschten ufglägen isch; dä het er von is wäggno und nen a ds Chrüz gnaglet. ¹⁵ Dermit het er allne Herrschafte und Mächt d Waffe us de Finger gschlage, het sen öffetlech a Pranger gstellt und dür Jesus über se triumphiert.

Löt nech nid la sturm mache!

¹⁶ Es söll jitz niemer öich cho Vorschrifte mache über ds Ässe und ds Trinke, oder wäg emene Fescht oder emene Nöimond oder emene Sabbat. ¹⁷ Das alls isch numen e Schatte, wo d Zuekunft voruswirft. Und d Zuekunft, das isch Chrischtus. ¹⁸ Es söll nech niemer verurteile, wo vo sich sälber seit, er syg halt bescheide und tüej d Ängel verehre; wo plagiert, er heig se gseh, und wo sech vo syne natürleche Sinne lat la ufblase; ¹⁹ dä gseht d Houptsach nid, der Chopf; vom Chopf uus wird der ganz Lyb dür Sehne und Bänder gstützt und zämeghalte und wachst eso, wi's Gott wott ha.
²⁰ We dihr mit Chrischtus gstorbe syt für d Mächt, wo d Wält beherrsche, wiso löt dihr nech de no la Vorschrifte mache, wi we dihr no i der Wält läbtet? ²¹ «Das darfsch nid aarüere, da dervo darfsch nid ässe, a das darfsch nid cho!» ²² Derby isch doch das alls da, für dass me's bruucht und ufbruucht; das sy ja nume Vorschrifte und Lehre vo de Mönsche. ²³ Settigs chunt als apartigi Wysheit derhär, als ganz eigeti Frömmigkeit, Demuet und Askese; aber es isch nüüt wärt, und nume der natürlech Mönsch het da öppis dervo.

Läbet jitz als nöiji Mönsche!

3 Dihr syt also mit Chrischtus uferweckt. Drum ganget uf das uus, wo obenachen isch, dert, wo Chrischtus isch: Er sitzt rächts vo Gott! ² Dänket a das, wo obenachen isch, nid a das, wo uf der Ärden isch. ³ Dihr syt eigetlech gstorbe, und öies Läbe isch zäme mit Chrischtus bi Gott; me gseht's nume nid. ⁴ We me einisch Chrischtus cha luege, wo üses Läben isch, de gseht me de o öich zäme mit ihm i der Herrlechkeit. ⁵ Drum machet di Glider, wo vo der Ärde sy, z stärbe: Umehuere, Dräck, Yfersucht, bösi Glüscht, o d Habsucht, wo nüüt anders isch weder Götzedienscht; ⁶ wäge däm lat Gott einisch sy Töubi uus a den ufölgige Mönsche. ⁷ O dihr heit einisch eso gläbt, wo dihr no mit ne zämegläbt heit. ⁸ Aber jitz söllet dihr alls das wäglege: Töubi, Wuet, Bösi, Flueche und Schimpfe; ⁹ lüget enand nid aa; dihr heit der alt Mönsch mitsamt syr Läbeswys abzoge, ¹⁰ und heit der nöi aagleit, wo so nöi wird, dass er alls begryfft und däm glycht, wo nen erschaffe het. ¹¹ Da git's nümm Griechen und Jude, Beschnitteni und

Unbeschnitteni, Barbare, Skythe, Sklave und Freiji: Nei, alls und i allem nume Chrischtus! ¹²Gott het öich als syni Heilige usgläse, är het nech lieb; drum leget die Chleider aa: härzlechs Erbarme, Güeti, Bescheideheit, syt gattlech und geduldig, ¹³vertraget nech und vergäbet enand, we der öppis anenand uszsetze heit; wi der Herr öich vergä het, so machet's o. ¹⁴Und über alls übere leget d Liebi aa, si isch ds Band vo der Vollkommeheit. ¹⁵Und i öine Härze söll der Fride vo Chrischtus regiere; drum syt dihr ja grüeft worde, für ei einzige Lyb z sy. Lehret danke! ¹⁶D Botschaft vo Chrischtus söll vil Platz ha i öich! Underwyset und prediget i grosser Wysheit und singet vo Härze Psalme, Loblieder und geischtlechi Gsäng zum Dank für Gott. ¹⁷Und alls, wo der redet oder schaffet, machet's im Name vo Jesus, üsem Herr. Däwäg danket dihr dür ihn Gott, em Vatter.

Loset ufenand – folget enand!

¹⁸Froue, underziet nech öine Manne, das isch d Ornig vo Gott. ¹⁹Manne, heit öiji Froue lieb und syt fründlech mit ne. ²⁰Chinder, folget öinen Eltere i allem, das gfallt em Herr. ²¹Vätter, vertöubet öiji Chinder nid, si chönnte süsch der Muet verlüüre. ²²Sklave, folget i allem öine Herre hie uf der Wält, nid mit Flattiere, wil der ne weit i d Ouge gä, nei, us mene ufrichtige Härz use, wil dihr Reschpäkt heit vor Gott. ²³Was der machet, das machet vo Härze: Es isch für e Herr und nid für d Mönsche! ²⁴Dihr wüsset, dass dihr vom Herr als Lohn ds (versprochene) Erb überchömet. Öie Dienscht leischtet dihr für e Herr Chrischtus. ²⁵Wär öppis Unrächts macht, überchunt einisch der Lohn für sys Unrächt. Bi Gott git's ke Parteilechkeit.

4 Herre, behandlet öiji Sklave, wi's rächt isch und sech ghört. Dänket draa: O dihr heit e Herr im Himel! ²Löt nid naa mit Bätte, syt wach derby und dankbar! ³Bättet o für üüs, für dass Gott is e Tür für d Botschaft uftuet, dass mir ds Gheimnis vo Chrischtus chöi verchünte, won i derwäge gfange bi. ⁴I möcht's dütlech sichtbar mache, so guet win i cha rede. ⁵Läbet gschyd, wäge dene dusse! Bruuchet öiji Zyt! ⁶Und was der säget, das säget fründlech, aber mit Sprutz. Dihr müesset gspüre, wi dihr emene jede müesset antworte.

Grüess und Briefschluss

⁷ Win es mir geit, seit nech de alls der Tychikus, my lieb Brueder und tröi Hälfer und Mitchnächt für e Herr. ⁸ Drum schicken i nen äbe zue nech, für dass dihr erfahret, wi's mir geit, und für dass er öiji Härze tröschtet; ⁹ i schicke ne zäme mit em Onesimus, däm tröie und liebe Brueder, wo o zu öich ghört; die sägen öich de alls, win es hie geit.

¹⁰ Der Aristarchus lat nech la grüesse; er isch hie mit mir gfange; o der Markus, der Neveu vom Barnabas. Dihr heit ja scho der Bricht übercho wägen ihm: Nät ne guet uuf, wen er chunt; ¹¹ und der Jesus, wo o Justus heisst; das sy di drei Jude, wo myni Mitarbeiter sy für Gottes Rych; si sy mir e grosse Troscht. ¹² Der Epaphras lat nech la grüesse; er isch eine vo öich, e Chnächt vo Chrischtus Jesus; er tuet sech i syne Gebätt sehr starch für öich ysetze, für dass dihr vollkommener dastandet und überrych wärdet i allem, wo Gott wott. ¹³ I mues ihm ds Zügnis gä, dass er sech für öich grossi Müe git, und o für die z Laodizea und z Hierapolis. ¹⁴ Der Lukas, üse liebe Dokter, lat nech o la grüesse, und der Demas o.

¹⁵ Grüesset mer d Gschwüschterti z Laodizea, und d Nympha und iri Husgmeind. ¹⁶ We dihr dä Brief bi öich vorgläse heit, lueget de, dass er o i der Gmeind vo Laodizea vorgläse wird, und dass dihr dä vo Laodizea z läsen überchömet. ¹⁷ Säget em Archippus: Du hesch en Ufgab für e Herr übercho, häb Sorg, dass d'se rächt machsch.

¹⁸ Hie isch my eigehändig Gruess, vom Paulus. Dänket a mi i myr Chefi. I wünsche nech d Gnad (vo Gott)!

Der erscht Brief a d Thessalonicher

Begrüessig

1 Der Paulus und der Silvanus und der Timotheus a d Thessalonicher, d Gmeind vo Gott, em Vatter, und em Herr, Jesus Chrischtus. Mir wünsche nech Gnad und Fride!

Dank für ds vorbildleche Chrischtetum

² Mir danke Gott geng für öich alli; we mer bätte, dänke mer a öich. ³ Mir bsinnen is, wi dihr a öiem Glouben arbeitet und nech Müe gät i der Liebi und geduldig hoffet uf üse Herr, Jesus Chrischtus, wo bi Gott, üsem Vatter isch. ⁴ Liebi Gschwüschterti, mir wüsse: Gott het öich lieb und het öich usgläse; ⁵ üsi Predig vo der guete Botschaft isch bi öich nid nume Wort bblibe, nei, si isch aacho im heilige Geischt und mit grosser Chraft und Zueversicht; dihr wüsset ja, wi mir bi öich und wägen öich gläbt hei. ⁶ Und dihr heit ds Glyche gmacht wi mir und der Herr: Dihr heit d Botschaft i der Fröid vom heilige Geischt ufgno, trotz em schwäre Druck vo usse. ⁷ So syt dihr ds Vorbild worde für alli Chrischte z Mazedonie und i der Achaia. ⁸ Vo öich uus het ja d Botschaft vom Herr wyt use tönt, nid nume z Mazedonie und i der Achaia, nei, überall isch öie Glouben a Gott bekannt worde; da drüber bruuche mer gar nüüt meh z säge. ⁹ Di andere brichte scho dervo, wi mir bi öich offeni Türe gfunde hei, und wi dihr de Götze der Rügge ddrääit heit zu Gott hi, für ihm, em läbändige, wahre Gott z diene ¹⁰ und uf sy Suhn vom Himel här z warte; ihn het är ja vo de Toten uferweckt. Jesus rettet üüs dervor, dass ds Gricht vo Gott über is chunt.

Win es z Thessalonich aagfange het

2 Liebi Gschwüschterti, dihr wüsset sälber, dass mir nid für nüüt zue nech cho sy. ² Vorhär z Philippi hei mer schwär undedüre müesse und sy plaget worde. Du het aber Gott is d Chraft ggä, öich di gueti Botschaft cho z predige, o we's vil het z kämpfe ggä. ³Mir predige ja nid us nere Irrlehr use, oder mit usuberen Absichte, oder hinderrucks. ⁴Nei, Gott het gfunde, mir syge's derwärt, dass är üüs di gueti Botschaft chönn aavertroue; drum rede mir, nid für de Mönsche z gfalle, aber für Gott, wo üses Härz dür und dür gchennt. ⁵Synerzyt hei mir bi öich nid gschmeichlet und gschwätzt, das wüsset dihr; mir sy o nid uf Gwinn usggange, Gott isch is Züge derfür! ⁶Mir hei o nid bi de Mönsche Ehr gsuecht, weder bi öich no bi anderne. ⁷Als Aposchtel vo Chrischtus hätte mir is ja chönne wichtig mache. Aber mir sy bi öich so härzlech ufträtte, wi ne Mueter, wo iri chlyne Chinder goumet. ⁸Mir hei nech vo Härze gärn gha und hei nech nid nume di gueti Botschaft vo Gott welle wytergä, mir hätte nech üses Läbe ggä, so lieb hei mer nech übercho. ⁹Liebi Gschwüschterti, dänket a d Müe und d Plag, wo mir hei gha; Tag und Nacht hei mer gschaffet, für nech nid zur Lascht z falle; däwäg hei mir öich di gueti Botschaft vo Gott prediget. ¹⁰Dihr und Gott syt Züge derfür, dass mer ufrichtig, grächt und ohni Fähler gläbt hei bi öich, und dihr heit is gloubt. ¹¹Dihr wüsset sälber, wi mir wi ne Vatter sys Chind ¹²jede vo nech gmahnet hei, wi mer ihm zuegredt und ihm aaghalte hei, sys Läben eso z füere, dass es Gott Ehr macht. Är rüeft öich ja i sys Rych und i sy Herrlechkeit.

Di gueti Botschaft i der Gmeind

¹³Drum danke mir o geng Gott, dass dihr sy Botschaft aagno heit, wo mir prediget hei, und dass dihr se nid als Mönschewort aagno heit, aber, eso wi's gilt, als Gotteswort; äs zeigt ja sy Chraft o i öich, we dihr im Gloube standet. ¹⁴Liebi Gschwüschterti, dihr syt der glych Wäg ggange wi d Gmeinde vo Gott z Judäa, wo zu Chrischtus Jesus ghöre; dihr heit sälber ds Glyche düregmacht vo öine eigete Landslüt, wi si vo de Jude. ¹⁵Die hei ja der Herr, Jesus, tödet und d Prophete, und üüs hei si o verfolget; Gott gfalle si nid, und allne Lüt sy si zwider. ¹⁶Si wein is dervor sy, de Heide z predige, dass sie grettet wärde; so mache si zäntume ds Määs vo irne Sünde voll. Aber uf ds Ändi hi preicht se de ds Gricht vo Gott.

¹⁷Liebi Gschwüschterti, mir chömen is vor wi verwaist, we mir o numen es churzes Zytli nid chöi by nech sy; aber mit em Härz

sy mer by nech! Descht meh hei mer is scho Müe ggä, wäge der Längizyti, öich wider chönne z gseh. ¹⁸ Drum hei mer probiert zue nech z cho, i, der Paulus, sogar zwöimal, aber der Satan isch is dervor gsi. ¹⁹ We dihr's nid syt, wär isch de süsch üsi Hoffnig, üsi Fröid oder üse Sigerchranz, dass mir is chöi rüeme vor Jesus, üsem Herr, sobald er chunt? ²⁰ Dihr syt üsi Ehr und üsi Fröid!

D Reis vom Timotheus

3 Wo mir's du nümme hei usghalte, hei mer beschlosse, i blybi alleini z Athen zrügg, ² und hei üse Brueder Timotheus zue nech gschickt; är isch Gottes Mitarbeiter a der guete Botschaft vo Chrischtus. Er het nech sölle chreftige und zuerede für öie Gloube, ³ dass niemer usicher wird under em gägewärtige Druck vo usse. Dihr wüsset ja, mir chöi däm nid uswyche. ⁴ Wo mir synerzyt bi öich sy gsi, hei mir nech vorusgseit, dass mir wärden undedüre müesse; so isch es o cho, und dihr wüsset's. ⁵ Drum, wil i's nümme ha usghalte, han i der Timotheus gschickt, für z luege, win es mit öiem Gloube stand, und öb nech öppe der Versuecher so uf d Prob gstellt heig, dass üsi Arbeit für nüüt wär gsi.

⁶ Und jitz isch der Timotheus vo öich här wider zuen is cho. Er het is guete Bscheid bbracht über öie Gloube und öiji Liebi, und dass dihr üüs geng i guetem Aadänke bhaltet und is gärn wider wettet gseh, so wi mir öich ja o! ⁷ Das het üüs tröschtet, liebi Gschwüschterti, i üsem ganze Eländ und däm Druck vo usse, dass dihr so gloubet. ⁸ Jitz läbe mir wider uuf, we dihr so fescht zum Herr standet. ⁹ Mir chöi Gott gar nid gnue danke für öich, dass dihr üüs vor ihm e settigi Fröid machet. ¹⁰ Mir bätte Tag und Nacht, so fescht mer chöi, derfür, dass mir nech wider pärsönlech dörfe gseh, und dass mir nech dert chönne zwäghälfe, wo öiem Gloube no öppis abgeit. ¹¹ Är sälber, üse Gott und Vatter, und Jesus, üse Herr, söll üüs der Wäg uftue zu öich. ¹² Und öich söll der Herr la wachse und la überrych wärde i der Liebi zunenand und zu allne. Mir hei öich ja o lieb. ¹³ Derzue söll er öies Härz starch mache, dass dihr fläckelos und heilig vor üsem Gott und üsem Vatter chöit sta, we Jesus, üse Herr, chunt mit allne syne Heilige. Amen.

Mahnige für nes chrischtlechs Läbe

4 Liebi Gschwüschterti, mir bitte und mahne nech no wäge Jesus, em Herr: Füeret öies Läben eso, wi mir nech gseit hei, dass me söll läbe, für Gott z gfalle. Dihr läbet ja o eso, aber probieret's no besser z mache. ²Dihr wüsset ja, was für Aawysige dass i nech synerzyt wäg Jesus, em Herr, ggä ha.
³Der Wille vo Gott isch also dä: Dihr söllet heilig wärde; ds Umegheie löt la sy. ⁴Jede söll sy Lyb heilig ha und z Ehre zie, ⁵so dass er nid de Lydeschafte lat d Zügel la schiesse, wi me's bi de Völker macht, wo Gott nid gchenne. ⁶Niemer söll sy Brueder bi mene Gschäft bschysse und übervorteile; alls settige straft der Herr. So hei mir nech's synerzyt gseit und sy derfür ygstande. ⁷Zu mene heilige Läbe het Gott is grüeft, nid zu menen usubere.
⁸Drum: Wär das vernüütiget, vernüütiget nid e Mönsch, nei, er vernüütiget Gott, won is sy heilige Geischt i ds Härz yne ggä het.
⁹Über d Liebi zu de Gschwüschterti bruuchen i nech nüüt z schrybe. Gott sälber het nech ja glehrt, dihr söllet enand lieb ha.
¹⁰Und dihr heit nech ja o draa gägenüber allne Gschwüschterti vo Mazedonie. Liebi Gschwüschterti, i mahne nech aber, probieret's no besser z mache! ¹¹Machet nech en Ehr druus, rueig z läbe, öiji Sach rächt z mache und nech ds Läbe z verdiene mit öinen eigete Händ; so hei mer nech's gheisse mache, ¹²für dass dihr mit dene duss guet uschömet und uf niemer aagwise syt.

D Uferstehig vo de Chrischte

¹³Jitz no öppis wäge de Gstorbene, liebi Gschwüschterti, für dass dihr nid bruuchet truurig z sy wi di andere, wo ke Hoffnig hei.
¹⁴Mir gloube ja, dass Jesus gstorben und uferstande isch; de wird Gott o di Gstorbene wäge Jesus und mit ihm zäme zum Läbe füere. ¹⁵Mir säge nech das wörtlech wi der Herr: Mir, also die, wo no übrig und am Läbe blybe, we der Herr chunt, hei de Gstorbene nüüt voruus.
¹⁶Der Herr sälber wird vom Himel abe cho, we's so wyt isch, we der Erzängel rüeft, we d Posuune vo Gott tönt; und de wärde die zersch ufersta, wo i Chrischtus gstorbe sy. ¹⁷Nachär wärde de mir, die, wo no am Läbe bblibe sy, mit ine zäme uf Wulche em Herr eggäge treit wärde i d Luft ufe. Und so sy mer de für geng mit em Herr zäme. ¹⁸Mit dene Wort chöit der nech gägesytig Troscht gä.

Der Herr chunt!

5 Liebi Gschwüschterti, über (di letschte) Zyte und Termine bruuchen i nech nüüt z schrybe. ²Dihr wüsset ja sälber ganz genau, dass em Herr sy Tag chunt wi ne Schelm i der Nacht. ³We si säge: Jitz isch Fride und Sicherheit! de chunt uf ds Mal ds Verdärben über se, wi d Weh über ne Frou i der Erwartig; niemer cha etwütsche. ⁴Aber dihr, liebi Gschwüschterti, syt de nid i der Fyschteri, dass nech der Tag wi ne Schelm verwütscht. ⁵Dihr syt ja alls Chinder vom Liecht und Chinder vom Tag. Mir ghöre nid zur Nacht und nid zur Fyschteri. ⁶Drum wei mir nid schlafe wi di andere, nei, mir wei wach und nüechter sy. ⁷Die, wo schlafe, schlafe ja znacht, und die, wo sech betrinke, mache das znacht. ⁸Aber mir ghöre zum Tag und wei nüechter sy; mir wei der Panzer vom Glouben und vo der Liebi aalege, und ds Hoffe uf d Rettig isch üse Helm. ⁹Gott het is ja nid für sys Gricht bestimmt, nei, aber für dass mer grettet wärde dür üse Herr, Jesus Chrischtus; ¹⁰är isch für üüs gstorbe, für dass mir, im Wache oder im Schlafe, mit ihm zäme läbe. ¹¹Drum machet enand Muet, und eine söll der ander ufrichte; dihr machet's ja scho so.

Mahnige

¹²Liebi Gschwüschterti, mir bitte nech: Schetzet di Manne, wo by nech schaffe, wo by nech d Leitig hei für e Herr und für Ornig luege.
¹³Achtet se ganz bsunders höch und heit se lieb wägen irer Arbeit. Läbet zäme im Fride! ¹⁴Mir mahne nech, liebi Gschwüschterti, redet denen i ds Gwüsse, wo nes Gnuusch im Läbe hei; machet dene Muet, wo der Chopf lö la hange; heit Geduld mit allne. ¹⁵Lueget druuf, dass kene em andere Wüeschts mit Wüeschtem zrüggzalt; ganget derfür geng uf ds Gueten uus, under öich und gägen alli.

¹⁶ Ganget fröhlech dür ds Läbe.
¹⁷ Löt nid lugg mit bätte.
¹⁸ Syt dankbar für alls; so wott's Gott für öich wäge Chrischtus Jesus.
¹⁹ Löt der Geischt nid la verlösche.

²⁰ We Gott nech öppis wott z wüsse tue, loset druuf!*
²¹ Lueget alls aa und bhaltet ds Guete.
²² Vermydet ds Böse vo jeder Sorte.

Grüess und Briefschluss

²³ Aber der Gott vom Fride, är sälber, söll nech düruse heilig mache. Är söll nech Geischt, Seel und Lyb bhüete und fählerlos bhalte bis zum Tag, wo üse Herr, Jesus Chrischtus chunt. ²⁴ Dä, wo öich usegrüeft het, isch tröi; är wird's so mache. ²⁵ Liebi Gschwüschterti, bättet o für üüs! ²⁶ Gät allne Gschwüschterti es heiligs Müntschi vo üüs. ²⁷ Verbunde mit em Herr beschwören i nech: Machet, dass dä Brief allne Gschwüschterti vorgläse wird! ²⁸ I wünsche nech d Gnad vo Jesus Chrischtus, üsem Herr.

---

* Aamerkig zu 1. Kor. 11, 4.

Der zwöit Brief a d Thessalonicher

Begrüessig und Dank

1 Der Paulus, der Silvanus und der Timotheus a d Gmeind vo de Thessalonicher: ²Mir wünsche nech d Gnad und der Fride vo Gott, üsem Vatter und em Herr, Jesus Chrischtus.
³Liebi Gschwüschterti, mir chöi nid anders als Gott geng und geng wider danke – das söll men o! – wägen öich; öie Gloube wachst und wachst, und d Liebi, wo der zuenand heit, nimmt bi jedem vo nech zue. ⁴So chöi mir i de Gmeinde vo Gott stolz uf öich hiwyse, wil dihr so standhaft und gloubeströi i allne öine Verfolgige und Lyde ushaltet. ⁵Das isch es Zeiche für ds grächte Gricht vo Gott und derfür, dass dihr de Gottes Rych verdienet; drum lydet dihr. ⁶So isch es rächt i den Ouge vo Gott: Er vergilt dene mit Lyde, wo öich z leidwärche, ⁷aber öich, wo jitz lydet, lat er zäme mit üüs zur Rue cho, denn, we sech üse Herr, Jesus, vom Himel här offe zeigt, zäme mit den Ängle vo syr Herrschaft, ⁸i nere füürige Flamme. Denn straft er die, wo vo Gott nüüt wei wüsse und der guete Botschaft vo Jesus, üsem Herr, nid wei folge. ⁹Die überchöme als Straf ds ewige Verdärbe. Si gseh der Herr und d Herrlechkeit vo syr Chraft nümmeh; ¹⁰(das gscheht) a däm Tag, won er chunt, für sech la z verherrleche vo syne Heilige und vo allne, wo zum Gloube cho sy. O dihr heit ja a üses Zügnis ggloubt. ¹¹Uf das hi bätte mir o geng für öich: Üse Gott söll öich würdig finde für sy Ruef, er söll alli Fröid am Guete und alli Arbeit am Gloube i syr Macht vollkomme mache. ¹²So wird der Name vo üsem Herr, Jesus, bi öich, und dihr bi ihm herrlech gmacht, wil üse Gott und Jesus Chrischtus, der Herr, üüs iri Gnad gäbe.

Di letschte Zyte

2 Liebi Gschwüschterti, mir hei ne Bitt: Es geit um ds Widercho vo Chrischtus und um üses Zämecho mit ihm. ²Löt nech da nid la sturm mache oder la Angscht yjage, weder vo mene (Prophete-)Geischt no dür nen Ussag, o nid vo mene Brief, wo mir sötte gschribe ha: Em Herr sy Tag isch no nid cho!
³Löt nech uf ke Gattig und vo niemerem öppis Faltsches la aagä. Zersch mues der gross Abfall cho, und der Find vom Gsetz mues

erschyne, em Verdärbe sy Suhn, ⁴dä, wo gägen alls isch und sich sälber höcher stellt weder alls, wo Gott oder Heiligtum heisst, so, dass er sogar i Tämpel vo Gott ynesitzt und vo sich sälber seit, er sygi Gott.
⁵ Bsinnet dihr nech nid draa, dass i nech das gseit ha, won i no by nech bi gsi? ⁶ Jitz wüsset dihr also, dass no öppis der Wäg versperrt; offe zeige wird er sech ersch, we sy Zyt da isch. ⁷ Aber im verschleikte isch dä Gsetzesfind scho am Wärch. Nume het ihm no eine d Stange, dä mues zersch us em Wäg. ⁸ Denn ersch wird der Find vom Gsetz sech offe zeige; aber mit emne Huuch us sym Muul bringt ne de Jesus, der Herr, um und vernichtet ne dür sy blossi Erschynig, wen er de chunt. ⁹ Äine erschynt i der Chraft vom Satan mit vil Macht, mit Zeiche und Lugiwunder; ¹⁰ da isch Bschis und Unrächt derby für die, wo zgrund gange; si hei äbe d Liebi zur Wahrheit nid aagno, so dass sie hätte chönne grettet wärde. ¹¹ Und drum lat se Gott jitz la verirre, so dass si der Lugi gloube; ¹² so chöme alli i ds Gricht, wo nid a d Wahrheit ggloubt hei, aber derfür e Vorliebi für ds Unrächt gha hei.

Standet fescht!

¹³ Aber mir dörfe Gott geng und geng danke wägen öich, liebi Gschwüschterti; der Herr het öich lieb; Gott het öich usgläse vo Aafang aa; er rettet nech, er macht nech zu guete Chrischte dür sy Geischt, wil dihr a d Wahrheit gloubet.
¹⁴ Da derzue het er nech grüeft dür üsi gueti Botschaft: Dihr söllet d Herrlechkeit vo üsem Herr, Jesus Chrischtus, übercho. ¹⁵ Drum alo, liebi Gschwüschterti, standet fescht und bhaltet das, wo mir nech überliferet und nech drinne underwise hei, mündlech oder dür eine vo üsne Briefe. ¹⁶ Üse Herr, Jesus Chrischtus sälber und Gott, üse Vatter, won is lieb het gha und üüs i syr Gnad en ewige Troscht und e gueti Hoffnig git, ¹⁷ är söll öies Härz tröschte und ihm Chraft gä für jedes guete Wärk und Wort.

Wünsch für d Gmeind

3 Und schliesslech, liebi Gschwüschterti: Bättet für üüs, dass d Botschaft vom Herr dasumechunt, und dass si so guet ufgno wird wi bi öich, ² und dass mir grettet wärde vor de böse und schlächte Mönsche; nid alli tüe äbe gloube! ³ Aber der Herr isch

tröi; er wird nech Chraft gä und nech vor em Böse bhüete. ⁴ Wäg em Herr vertroue mir uf öich, dass dihr jitz und geng wyterfüeret, was mir nech uftrage. ⁵ Aber der Herr söll öies Härz aaleite zur Liebi gäge Gott und zum geduldige Warte uf Chrischtus.

Schaffe und sys Brot verdiene!

⁶ Liebi Gschwüschterti, im Name vo üsem Herr, Jesus Chrischtus, befilen i nech: Heit d Finger wägg vo jedem Brueder, wo i der Unornig läbt und nid eso, wi mir nech's glehrt hei. ⁷ Dihr wüsset sälber, dass dihr üüs chöit zum Vorbild nä. Mir hei bi öich i der Ornig gläbt; ⁸ mir hei bi niemerem gschänkts Brot ggässe, nei, mir hei Tag und Nacht gchrampfet und gwärchet und gschaffet, für niemerem zur Lascht z falle. ⁹ Nid öppe, dass mir nid ds Rächt derzue hätte (verpflegt z wärde), aber mir wetten öich es Vorbild gä, dass dihr's glych chöit mache wi mir.
¹⁰ Wo mir sy by nech gsi, hei mir nech di Regle ggä: We eine nid wott schaffe, söll er o nüüt ässe! ¹¹ Und jitz ghöre mir, dass es bi öich Lüt git, wo nid i der Ornig läbe, wo nüüt Rächts schaffe und nume dasumeschwanze. ¹² Settigne Lüt befäle mer und mahne se wäg em Herr, Jesus Chrischtus, si sölle solid und schaffig sy und sälberverdienets Brot ässe. ¹³ Aber dihr, liebi Gschwüschterti, löt nid lugg ds Rächte z mache. ¹⁴ We eine üsne Wysige im Brief nid wott folge, de merket nech dä und ganget ihm uswäg, so schämt er sech. ¹⁵ Aber lueget ne nid als Find aa, tüet ne lieber wi ne Brueder zrächtwyse. ¹⁶ Der Herr vom Fride, är sälber, gäb nech ständig und uf all Arte sy Fride. Der Herr söll mit nech allne sy.

Gruess und Briefschluss

¹⁷ Und jitz schryben i, der Paulus, my Gruess mit myr eigete Hand. Das isch ds Zeiche vo jedem vo myne Briefe; so schryben i. ¹⁸ I wünsche nech allne d Gnad vo üsem Herr, Jesus Chrischtus.

Der erscht Brief a Timotheus

Begrüessig

1 Der Paulus, als Aposchtel vo Jesus Chrischtus ygsetzt vo Gott, üsem Retter, und vo Chrischtus Jesus, üser Hoffnig, ²a Timotheus, wo so rächt sys Chind im Gloube isch. I wünsche der d Gnad, ds Erbarme, der Fride vo Gott, em Vatter, und üsem Herr, Jesus Chrischtus.

D Irrlehre und di gueti Botschaft

³ Won i nach Mazedonie abgreiset bi, han i dir a ds Härz gleit, z Ephesus z blybe; dert söllisch du's gwüssne Lüt verhäbe, Irrlehre uszströie. ⁴ Si sölle sech o nid mit Göttergschichte und unändleche Familieregischter abgä. Da chunt nüüt derby use weder es Gchäär, statt dass mir Gottes Verwalter sy für e Gloube. ⁵ D Liebi sölle mer mit üser Verchündigung zstandbringe, eini, wo us emne subere Härz chunt und us emne guete Gwüsse und us emnen ufrichtige Gloube. ⁶ Däm hei jitz es paar der Rügge gchehrt und sech em lääre Gschwätz überla. ⁷ Si chöme sech als Gsetzeslehrer vor, aber verstande nüüt vo däm, wo si säge, und wo si so felsefescht bherte. ⁸ Mir wüsse ja, dass ds Gsetz guet isch, we me's i synen eigete Gränze bruucht; ⁹ mir wüsse, dass ds Gsetz nid für e Grächte da isch; es isch gäge die da, wo ihm nüüt dernaa frage, wo kei Ornig hei, für Gottlosi und Sünder, für Gwüsselosi und Usuberi, für Vatter- und Muetermörder und für Mörder überhoupt; ¹⁰ für Unzüchtler, Buebeschänder, Mönschehändler, Lugner, Meineidigi und alls, wo süsch no der gsunde Lehr derwider handlet. ¹¹ So isch es na der guete Botschaft vo der Herrlechkeit vom selige Gott, wo mir isch aavertrout worde. ¹² I danke Chrischtus Jesus, üsem Herr, dass er mer d Chraft git und mi für tröi gnue aaluegt, für dä Dienscht z übernä. ¹³ Derby han i ne früecher abegmacht und ha d Gmeind verfolget und plaget; aber i ha Erbarme gfunde, wil i's ohni's z wüsse und im Ungloube gmacht ha.
¹⁴ Aber d Gnad vo üsem Herr het mi überno mit em Gloube und der Liebi, wo i Chrischtus Jesus (verankeret) isch. ¹⁵ D Botschaft het rächt, und alli sötte sen aanä: Chrischtus Jesus isch i d Wält

cho für d Sünder z rette, und i bi der erscht vo ne. ¹⁶ Aber äbe drum han ig Erbarme gfunde, wil Chrischtus Jesus a mir zersch sy ganzi Geduld het welle zeige, als Muschterbyschpil für alli die, wo a ihn wei gloube und zum ewige Läbe cho. ¹⁷ Em Chünig über alli Wältzyte, em unvergängleche, unsichtbare, einzige Gott, ghört d Ehr und d Herrlechkeit i d Ewigkeit vo den Ewigkeite! Amen.
¹⁸ Dä Uftrag legen i dir a ds Härz, my liebe Suhn Timotheus! I dänke derby a di prophetische Wort* wo synerzyt über di sy gseit worde: Mit dene chasch e guete Fäldzug füere! ¹⁹ Blyb im Gloube und häb geng es guets Gwüsse; es paar hei das für unnötig aagluegt und sy du o wäg em Glouben underggange. ²⁰ Zu dene ghöre der Hymenäus und der Alexander; die han ig em Satan übergä. Das lehrt se de, nümm gäge Gott z läschtere.

Ds Gebätt i der Gmeind

2 Vorab legen i der Gmeind a ds Härz: Säget d Bitte, d Gebätt, d Fürbitte und d Dankgebätt für alli Mönsche! ²O für d Chünige und alli, wo nes Amt hei, für dass mir es stills und rüejigs Läbe chöi füere, fromm und i allnen Ehre. ³ Das isch guet und gfallt Gott, wo üse Retter isch. ⁴ Är wott, dass alli Mönsche grettet wärde und d Wahrheit lehre ygseh.
⁵ Eine isch Gott, und eine vermittlet zwüsche Gott und de Mönsche, der Mönsch Jesus Chrischtus. ⁶ Är het sech häreggä, für alli loszchoufe. Das isch begloubiget für di vorbestimmti Zyt. ⁷ Da derfür bin i ygsetzt als Herold und Aposchtel, als Lehrer für d Heide, im Gloube und i der Wahrheit. I säge d Wahrheit, i lüge nid.

Der Aastand im Gottesdienscht

⁸ I wünsche, dass d Manne bim Bätte überall heiligmässigi Händ ufstrecke, ohni e Töubi oder Zwyfel z ha. ⁹ O d Froue sölle aaständig und bescheide aagleit und zwäggmacht sy; nid mit nere ufgstrüblete Frisur, mit Guldschmuck oder Perle oder tüüre Chleider. ¹⁰ Nei, Guets tue, das isch das, wo de Froue wohl aasteit, we si Gott wei Ehr erwyse. ¹¹ E Frou söll still welle zuelose und sech i allem underzie. ¹² I erloube nid, dass e Frou Lehrere

* Aamerkig zu 1. Kor. 11, 4.

isch (i der Gmeind) und sech über d Manne stellt, nei, si söll sech still ha. [13] Der Adam isch ja o zersch erschaffe worde, und d Eva ersch nachär. [14] Und der Adam het sech o nid la verfüere, aber d Frou het ds Gebot überträtte! [15] Aber si wird grettet wärde, we si Chind überchunt, und si sen im Gloube, i der Liebi und i mene wohlüberleite Chrischtetum erziet.

Der Dienscht vom Gmeindsleiter

3 Es wahrs Wort seit: Wär Gmeindsleiter wott wärde, begärt e gueti Arbeit. [2] A mene Gmeindsleiter darf nüüt uszsetze sy. Er het en einzigi Frou, er mues nüechter sy, bsinnt, ehrlech, gaschtlech, mit nere Lehrbegabig; [3] er söll der Wy nid z gärn ha, ke Grobian, aber fründlech, fridlech und nid uf ds Gäld uus sy. [4] Er mues e guete Familievatter sy, und syni Chind söllen ihm folge und Aastand ha. [5] We's eine nid versteit, em eigete Huswäse vorzsta, wi wett er de für d Gmeind vo Gott chönne sorge? [6] Es sötti ke Nöi-Bekehrte sy, für dass er nid hochmüetig wird, und ne der Tüüfel i ds Gricht nimmt. [7] Er mues aber o bi dene dusse e guete Ruef ha, dass men ihm nüüt Böses cha nacherede, und er em Tüüfel nid i Lätsch trappet.

Der Dienscht vom Gmeindshälfer

[8] Gnau glych isch's o mit de Gmeindshälfer. Si müesse ehrbar sy, ufrichtig bim Rede, em Wy nid z hert zuespräche, nid happig uf ds Gäld uus. [9] Ds Gheimnis vom Gloube sölle si imene subere Gwüsse bewahre. [10] Me sött se zersch gnau aaluege, und ersch, we me ne nüüt cha fürha, dörfe si dä Dienscht übernä. [11] O iri Froue müesse ehrbar sy, kener Rätsche, nüechter und zueverlässig i allem. [12] D Gmeindshälfer sölle nume mit eir Frou ghürate sy, iri Chind und ires Huswäse guet in Egi ha. [13] Die Gmeindshälfer, wo ire Dienscht guet leischte, sy i der Gmeind hööch aagseh und chöi im Gloube a Chrischtus Jesus zueversichtlech i d Zuekunft luege.

Es Gloubesbekenntnis

[14] I schrybe dir das jitz, o wen i hoffe, i chönn gly zue der cho. [15] Sött's aber lenger ga, weisch de emel, wi's im Huswäse vo Gott

söll zue- und härga; das isch ja d Gmeind vom läbändige Gott,
d Süüle und der fescht Pfyler vo der Wahrheit.
¹⁶ Gross isch ds Gheimnis vom Gloube:
Jesus Chrischtus:
Erschine als Mönsch,
i ds Rächt gsetzt vom Geischt,
verehrt vo den Ängle,
prediget bi de Völker,
anerchennt i der Wält,
ufetreit i d Herrlechkeit.

Warnig vor Irrlehrer

4 Der Geischt seit usdrücklech: I de letschte Zyte git's Lüt, wo
der rächt Gloube lö la fahre und uf Irrgeischter und uf d
Lehre vo böse Mächt yneghei. ² Si folge em Gschnör vo Lugner,
wo nes schwarz bbräämts Gwüsse hei: ³ Die verbiete ds Hürate;
si wei, dass me di einti oder anderi Spys nid darf ässe, derby het
se Gott doch derfür gschaffe, dass die, wo gloube und d Wahrheit
ygseh, se dankbar dörfen ässe. ⁴ Alls, wo Gott gschaffe het, isch
guet; me darf's mit guetem Gwüssen ässe und derfür danke; ⁵ es
wird ja heilig gmacht dür ds Gotteswort und ds Gebätt.

D Ufgab vom Timotheus

⁶ We du das de Gschwüschterti vor Ouge hesch, bisch du ne guete
Hälfer für Jesus Chrischtus. De läbsch du vo de Wort vom
Gloube und vo der guete Lehr, wo du derzue ghörsch. ⁷ Aber stell
di gottlose, blöde Göttergschichtli ab! Üeb di im Fromm-sy.
⁸ Körperüebige hei ke grosse Wärt; aber ds Fromm-sy, das isch
guet für alls; das het ds Verspräche vom jitzige und vom zuekünftige Läbe. ⁹ D Botschaft isch wahr und's wärt, dass alli sen aanäme. ¹⁰ Daderfür schaffe mir und kämpfe, wil mir uf e läbändige
Gott hoffe; är isch der Retter vo allne Mönsche, und vorab vo
dene, wo gloube.
¹¹ Tue das predige und lehre. ¹² Niemer söll di abschetze, wil du
no so jung bisch; bis de Glöubige es Vorbild i däm, wi d redsch,
wi d läbsch, wi d lieb hesch, wi de gloubsch und di suber hesch.
¹³ Bis i chume, fahr nume wyter mit vorläse, mit mahne, mit
lehre. ¹⁴ Häb Sorg zum Gnadegschänk, wo du übercho hesch

denn, wo der Gmeinds-Vorstand dir gseit het, was Gott wott, und dir d Händ ufgleit het. ¹⁵ Bhüet das guet, läb drinn, so chöi alli gseh, wi du Fortschritte machsch. ¹⁶ Pass uuf uf di sälber und uf d Lehr! Lue guet zu beidem! We du das machsch, rettisch di sälber und die, wo uf di lose.

Süferli mahne

5 En eltere Maa söttsch nid hert aafahre, red ihm lieber zue wi mene Vatter, emene jüngere wi mene Brueder, ² eltere Froue wi Müettere und jüngere wi Schwöschtere, i allem Aastand.

Wysige üder d Witfroue-Understützig

³ Häb d Witfrouen in Ehre, bsunders die, wo's würklech nötig hei. ⁴ Wen e Witfrou Chinder und Änkel het, sölle die zersch einisch lehre, für di eigeti Familie fürsorglech z luege und den eltere Lüt z vergälte, was si übercho hei. Da drüber fröit sech Gott. ⁵ Di bedürftigi Witfrou, wo ganz alleini läbt, hoffet uf Gott und bättet Tag und Nacht. ⁶ Aber die, wo umegheit, isch tod, o we si no läbt. ⁷ Gib ne di Mahnig, de nä si sech zäme! ⁸ We öpper nid für syni Aaghörige luegt, bsunders die, won er mit ne zämewohnt, het er der Gloube z nüüte gmacht und isch erger als en Unglöubige.

⁹ E Witfrou söll me nume denn i d (Understützigs-)Lyschten ufnä, we si zum mindschte sächzgi isch und d Frou vo eim einzige Maa isch gsi. ¹⁰ Si mues sech uswyse dür ds Guete, wo si ta het: öb si Chinder ufzoge het, we si Gescht ufgno het, öb si de Chrischte d Füess het gwäsche, öb si de Lüt i der Not ghulfe het, öb si gueti Arbeit gleischtet het. ¹¹ Jüngeri Witfroue tue zrüggwyse; we se nämlech ds Güegi sticht, de wei si wider hürate, o eine, wo nid Chrischt isch, ¹² und de cha me ne der Vorwurf mache, si heige di erschti Tröiji bbroche. ¹³ Derzue gwane si sech draa, ohni z schaffe i de Hüser umenand z fahre, und de sy si nid nume fuul, si chlappere de o, hei d Nase i Sache, wo se nüüt aagange, und schwätze Züüg, wo sech nid ghört. ¹⁴ I wott also, dass Jüngeri wider hürate, dass si Chind hei, zu irer Hushaltig luege, und dass si üsne Gägner ke Anthebi gä für wüescht z tue gägen is. ¹⁵ Es paar sy nere ja scho wäg und em Satan nachegloffe.

¹⁶ Wen e glöubigi Frou Witfroue by sich het, söll si wyter für se luege; d Gmeind söll nid belaschtet wärde, so cha me für di bedürftige Witfroue sorge.

Wysige über die eltere Manne

¹⁷ Di eltere Manne, wo sech im Gmeindsvorstand bewährt hei, verdiene doppleti Anerchennig, bsunders die, wo predige und lehre. ¹⁸ D Schrift seit ja: «Wen en Ochs dröschet, so verbind ihm ds Muul nid!» und: «Der Arbeiter het es Rächt uf sy Lohn.» ¹⁹ E Chlag gäge ne Gmeindsvorstand darfsch ersch aalose, «we zwee oder drei Züge da sy». ²⁰ Die, wo Fähler gmacht hei, muesch vor allne zrächtwyse, für dass o di andere Reschpäkt überchöme. ²¹ I beschwöre di vor Gott und Chrischtus Jesus und den userwählten Ängle: Richt di na dene Wysige ohni Vorurteil und la di nid vo Vorliebine la leite. ²² Leg niemerem z gleitig d Händ uuf und mach di nid mitschuldig a de Sünde vo anderne; bhalt di sälber suber. ²³ Trink nid nume Wasser, nimm doch o chly Wy wäge dym schwache Mage, und wil de so liecht chrank wirsch.
²⁴ Bi vilne Mönsche sy d Sünde offe z gseh; si loufe ne vorab em Gricht zue. Bi vilne chöme si aber ersch hindedry uus. ²⁵ So sy o di guete Tate offe z gseh, und we's einisch anders isch, chan es zletscht doch nid versteckt wärde.

Es Wort zu de Sklave

6 Die, wo als Sklave zum Dienscht verpflichtet sy, sölle iri Herre uf all Fäll in Ehre ha, für dass der Name vo Gott und d Lehr nid i Dräck zoge wird. ² Die, wo glöubigi Herre hei, sölle se nid um das weniger achte, wil si Brüeder sy, nei, si sölle ne descht meh diene, grad wil die, wo glöubig und Gott lieb sy, sech ja o Müe gä, guet z sy gäge se.

Mahnige a Timotheus

Das lehr und mahn derzue! ³ We eine öppis anders lehrt und sech nid a di gsunde Wort vo üsem Herr, Jesus Chrischtus, haltet und a d Lehr vom Gloube, ⁴ de isch er überspannt und versteit nüüt, de isch er chrank vor luter Spitzfindigkeite und Fisimatänte; und

dadruus chöme nume Nyd und Chyb, Frächheite, böse Verdacht ⁵und Zanggereie, wi Lüt se gärn hei, wo der Verstand und d Wahrheit verlore hei, und meine, mit der Frömmigkeit löi sech es Gschäft la mache. ⁶Sicher cha me mit der Frömmigkeit öppis gwinne, we me bescheiden isch;
> ⁷mir hei ja nüüt i d Wält yne bbracht,
> mir chöi o nüüt druus usenä.
> ⁸We mer z ässe hei und es Dach über em Chopf,
> wei mer zfride sy dermit.

⁹Die, wo wei rych wärde, grate i d Versuechig und i d Falle und i vili unüberleiti und schädlechi Glüscht; die stosse d Mönsche abe i Undergang und Verdärbe. ¹⁰D Wurzle vo allem Böse isch d Liebi zum Gäld; es paar hei nere scho naaggä und sy vom Glouben abcho und hei sich sälber i ne strubi Lag bbracht.
> ¹¹Aber du, Gottesmaa, gang settigem uswäg.
> Probier grächt zsy und fromm, voll Gloube,
> Liebi, Geduld und Bescheideheit.
> ¹²Stand der guet Wettkampf vom Gloube düre,
> erläng der ds ewige Läbe, wo du derzue beruefe bisch;
> du hesch di derzue o vor vilne Züge bekennt.

¹³I mahne di vor Gott, wo allem Läbe git, und vor Chrischtus Jesus, wo vor em Pontius Pilatus ygstanden isch für ds guete Bekenntnis: ¹⁴Blyb bi dym Uftrag, dass er suber blybt und men ihm nüüt cha fürha, bis üse Herr, Jesus Chrischtus, erschynt.
> ¹⁵Zur rächte Zyt wird er is zeigt
> vom unverglychleche und einzige Herrscher,
> vom Chünig vo de Chünige
> und Herr vo de Herre,
> ¹⁶vo däm, wo alleini unstärblech isch,
> wo i mene Liecht wohnt, wo niemer derzue chunt,
> wo ke Mönsch je het gseh und o nid cha gseh;
> ihm söll d Ehr und di ewigi Macht ghöre. Amen.

Mahnige a di Ryche

¹⁷Mahn die, wo i üser Wält rych sy, si sölle nid hochmüetig sy und ires Vertroue nid uf e Rychtum abstütze, wo vergeit, aber derfür uf Gott, won is vo allem fürgnue git, dass mer's chöi

gniesse. ¹⁸ Si sölle Guets tue und rych wärde a guete Tate und freigäbig sy und gärn usteile. ¹⁹ So sammle si sech e solide Grundstock für d Zuekunft, für dass si ds wahre Läben überchöme.

Briefschluss

²⁰ Liebe Timotheus, häb Sorg zu däm, wo dir isch aavertrout worde. Gang em gottlose, lääre Gschwätz us Wäg und o däm, was di sogenannti «Erkenntnis» gägen üüs bhouptet. ²¹ Teil Lüt machen es grosses Gheie drum, aber der Gloube hei si verlore. I wünsche nech d Gnad (vo Gott)!

Der zwöit Brief a Timotheus

Begrüessig und Bekenntnis

1 Der Paulus, als Aposchtel ygsetzt vo Chrischtus Jesus, wil's Gott eso wott, won is ds Läbe i Chrischtus Jesus verheisst, ²a Timotheus, sys liebe Chind.
I wünsche dir d Gnad, ds Erbarme und der Fride vo Gott, üsem Vatter, und Chrischtus Jesus, üsem Herr.
³ I danke Gott, – i dienen ihm ja wi myni Vorfahre mit emne subere Gwüsse – dass i ständig a di cha dänke, wen i bätte, Tag und Nacht. ⁴ I bsinne mi, wi du (ds letschtmal) bbrigget hesch, und bblange druuf, di wider z gseh. Das wär mir e grossi Fröid. ⁵ I dänken o a dy ufrichtig Gloube: Dä het scho dy Grosmueter Loïs gha und o dy Mueter Eunike; i weis fescht, er isch o i dir. ⁶ Drum wett i dir o a ds Härz lege: Tue d Flamme vom Gnadegschänk, wo i dir isch, sider dass i dir d Händ ufgleit ha, geng nöi aablase. ⁷ Gott het is ja nid e Geischt vo der Angscht ggä, aber eine vo der Chraft und vo der Liebi und vo der Gschydi. ⁸ Schäm di drum nid, dütlech yzsta für üse Herr, schäm di o nid mynetwäge, wil i gfange bi; ertrag mit mir zäme ds Lyde für di gueti Botschaft; Gott git dir d Chraft derfür!

⁹ Är het is grettet
und mit emne heilige Ruef grüeft
nid wäg üsne Leischtige;
er het sech's so vorgno i syr Gnad;
die het er üüs vor ewige Zyte i Chrischtus Jesus gschänkt;
¹⁰ aber jitz ersch isch si a Tag cho,
wil üse Retter Chrischtus Jesus erschinen isch;
er het der Tod z nüüte gmacht
und derfür Läbe und Unvergänglechkeit a ds Liecht bbracht.
Das isch di gueti Botschaft.

¹¹ Für das z predige bin i ygsetzt als Herold und Aposchtel und Lehrer; ¹² drum bin ig o i der Chefi; aber i schäme mi nid, i weis ja, wäm dass i cha gloube. I bi o überzügt, är heig d Macht, das, won er mir het aavertrout, bis uf sy letscht Tag hi suber z

bewahre. ¹³ Als Muschterbyschpil für gsundi Wort nimm die, wo du vo mir ghört hesch, und derzue der Gloube und d Liebi, wo vo Chrischtus Jesus chöme. ¹⁴ Der heilig Geischt het dir öppis Choschtbars aavertrout, häb Sorg derzue! ¹⁵ Das weisch ja, dass alli i der Provinz Asie mi im Stich gla hei, o der Phygelus und der Hermagenes ghöre derzue. ¹⁶ Der Herr söll aber der Familie vom Onesiphorus sys Erbarme schänke; er het mer mängs zlieb ta und sech nid gschämt, wil i gfange bi; ¹⁷ nei, er isch uf Rom cho und het mi dert so lang gsuecht, bis er mi gfunde het. ¹⁸ Üse Herr söll mache, dass er Erbarme findet bim Herr am Grichtstag! Was er üüs z Ephesus für Dienschte gleischtet het, weisch du ja am beschte.

Mit em Paulus lyde

2 Mys liebe Chind, tue erstarche i der Gnad vo Chrischtus Jesus. ² Was du mit vilnen andere Züge vo mir ghört hesch, das tue zueverlässige Mönschen aavertroue; si sy de im Stand, anderi o wider z underwyse. ³ Als rächte Soldat vo Chrischtus Jesus muesch o mit ihm zäme lyde. ⁴ Niemer, wo als Soldat im Fäld steit, kümmeret sech um syni private Gschäfti; er wott, dass der Kommandant mit ihm zfriden isch. ⁵ E Wettkämpfer überchunt der Sigerchranz nume denn, wen er sech a d Regle vom Kampf ghalte het. ⁶ Der Buur het gschaffet, also het er als erschte ds Rächt uf sy Teil Ärn. ⁷ Dänk drüber nache, was i da säge; der Herr hilft der de, dass d alls rächt versteisch. ⁸ Dänk a Jesus Chrischtus, wo isch vo de Toten uferweckt worde; är isch e Nachfahr vom David; so seit's di gueti Botschaft, won i predige. ⁹ Drum lyden ig o, i trage sogar Chettine wi ne Verbrächer. Aber d Botschaft vo Gott isch nid gfesslet! ¹⁰ Das alls nimen i uf mi, für dass die, wo Gott userwählt het, o würklech chöi grettet wärde und zu Chrischtus Jesus i sy ewigi Herrlechkeit chöme. ¹¹ Mir chöi vertroue uf dä Satz:
    We mir mit ihm zäme glitte hei, läbe mer o einisch mit ihm zäme;
    ¹² we mir dürehalte, regiere mir o mit ihm wi Chünige;
    we mir üüs vo ihm lossäge, seit är sech o vo üüs los;
    ¹³ aber we mir nid tröi sy, blybt är doch tröi,
        är cha sich sälber nid untröi wärde.

Mahnige a Timotheus

¹⁴ Mach, dass alli sech da draa bsinne und warn se dringlech, vor Gott, si sölle nid mitenand (um d Uslegig) ziggle, das isch für nüüt und schadet nume dene, wo zuelose. ¹⁵ Gib der Müe, dass du vor Gott chasch besta als en Arbeiter, wo sech nid mues schäme, und wo d Botschaft vo der Wahrheit rächt usrichtet. ¹⁶ Gang em gottlose, lääre Gschwätz us Wäg; me gratet dermit nume no wyter ewägg vo Gott. ¹⁷ Und derigs Gred cha sech usbreite wi nes Chräbsgschwür. Der Hymenäus und der Philetus sy settigi: ¹⁸ Si gangen a der Wahrheit verby und säge, d Uferstehig syg scho passiert; dermit mache si mängem der Gloube kabutt. ¹⁹ Aber ds feschte Fundamänt vom Gloube blybt, und druff isch der Stämpel: «Der Herr gchennt die, wo zuen ihm ghöre» und: «Jede, wo der Name vom Herr seit, söll ufhöre ungrächt z sy». ²⁰ I mene grosse Huus git's nid nume guldigi und silberigi Schüssle, nei, o hölzigi und gschirigi; di einte sy für besseri Glägeheite, di andere für ds Abgänte. ²¹ We sech eine vo settigem freihaltet, isch er es Gschir für besseri Glägeheite, es gheiligets, der Husvatter cha's guet bruuche, es steit parat für jedes guete Wärk.
²² Mach nid mit bi däm, wo di Junge gluschtet; gang uus uf Grächtigkeit, Gloube, Liebi und Fride, und häb di zu dene, wo der Herr mit emne subere Härz aarüefe. ²³ La di nid y uf di dumme und uvernünftige Ziggeleie im Gloube, du weisch ja, dass si nume zum Krach füere. ²⁴ E Chnächt vom Herr söll nid Krach schla, er söll fründlech sy gägen alli, tüechtig als Lehrer, und chönne Gspass versta; ²⁵ er söll probiere d Gägner mit Bescheideheit z überzüge, vilecht git Gott ihne dermit d Glägeheit sech z ändere, wil si d Wahrheit ygseh. ²⁶ de chöme si wider em Tüüfel us em Lätsch; är het se ja verwütscht gha, si hei sy Wille müesse tue.

Schlimmi Ändzyt

3 Das muesch wüsse: I de letschte Tage git's schwäri Zyte. ² D Mönsche wärde eigesüchtig, si gö nume uf ds Gäld uus, si pöögge sech uuf, plagiere, läschtere, folge den Eltere nüüt, sy undankbar und gottlos, ³ lieblos, verboret, Wortverdrääjer, zuchtlos, sittelos, allem Guete derwider, ⁴ hinderlischtig, unberächebar, ufbblase, und ds Vergnüege isch ne wichtiger als Gott.

⁵ Si hei no der üsser Schyn vo der Frömmigkeit, aber iri Chraft lö si la fahre; chehr settigne der Rügge! ⁶ So het's nere, wo sech i d Hüser yschlyche und eifachi Froue ylyre, wo under irne Sünde süüfzge und derzue vo allergattig Glüscht umetribe wärde, ⁷ Froue, wo geng probiere z lehre und doch nie derzue chöme, d Wahrheit z begryffe. ⁸ Eso, wi synerzyt der Jannes und der Jambres gäge Mose ufgstande sy, so stande de die uuf gäge d Wahrheit – Lüt, wo der Verstand verlore hei und im Gloube versäge. ⁹ Aber wyt wärde si nid cho; ire Uverstand zeigt sech de no gly einisch, so win es o bi dene zweene isch gsi.

Verfolgig und Hilf us der Schrift

¹⁰ Aber du hesch di a mi aagschlosse i der Lehr, i der Läbesart, i der ganze Haltig, im Gloube, i der Grossmuet, i der Liebi, i der Geduld, ¹¹ i de Verfolgige, i de Lyde, win i se z Antiochia, z Ikonium und z Lystra düregmacht ha. Was für Verfolgige han i usgstande, und us allne het mi der Herr grettet! ¹² So wärden alli, wo für Chrischtus Jesus wei es fromms Läbe füere, under Verfolgige lyde. ¹³ Schlächti Mönsche und Schwindler grate geng tiefer abe, si bschysse und sy sälber di Bschissene. ¹⁴ Aber du, blyb bi däm, wo de glehrt hesch! Du weisch, vo wäm du's hesch glehrt, ¹⁵ vo Chind uuf gchennsch du di heilige Schrifte; die chöi di gschyd mache, so dass du grettet wirsch dür e Gloube a Chrischtus Jesus.
¹⁶ Jedi (heiligi) Schrift isch ja yggä vom Gottesgeischt und hilft is, d Lehr rächt ufzfasse, se z bewyse, ufzboue, z erzie und grächt z sy. ¹⁷ So cha der Mönsch, wo zu Gott ghört, vollkomme wärde und grüschtet für jedes guete Wärk.

Tröi bis a ds Änd

4 I beschwöre di vor Gott und Chrischtus Jesus, wo di Läbige und di Tote wird richte und wird erschyne und Chünig sy: ² Tue d Botschaft predige, stand am Ort, öb's de Lüt passt oder nid passt, überzüg se, säg ne d Meinig, red ne zue mit vil Geduld und lehr so guet de chasch. ³ Es chunt ja o ne Zyt, wo si di gsundi Lehr nid ushalte, wo si sech derfür Lehrer nach irnen eigete Wünsch zämesueche, für z ghöre, was ne i den Ohre juckt; ⁴ der Predig vo der Wahrheit chehre si de der Rügge und loufe de

Götzegschichtli nache. ⁵Aber du, bis nüechter i allem, tue di lyde, mach d Arbeit vo eim, wo di gueti Botschaft wyterseit, und tue dy Dienscht bis a ds Ändi! ⁶Mit mir isch es jitz sowyt, dass i gopferet wirde, i mues jitz Abschid nä. ⁷Der guet Wettkampf han i gkämpft, i bi i ds Zil ygloffe, und der Gloube han i nid la fahre. ⁸Jitz isch für mi der Chranz vo der Grächtigkeit parat; a sym Tag wird mer ne der Herr gä; är isch der grächt Richter, er git ne nid nume mir, aber allne, wo sech fröie druuf, dass är erschynt.

Briefschluss

⁹Pressier, dass de gly chasch zue mer cho. ¹⁰Der Demas het mi ja im Stich gla, er hanget äbe a der jitzige Wält; er isch uf Thessalonich ggange; der Kreszens isch nach Galatie ggange und der Titus uf Dalmatie. ¹¹Nume der Lukas isch no by mer. Nimm der Markus und bring ne mit; i chönnt ne guet als Chummerzhülf bruuche. ¹²Der Tychikus han i uf Ephesus gschickt. ¹³Z Troas bim Karpus han i my Mantel la lige; bring ne mit, we de chunsch, o d Büecher, bsunders d Pärgamäntrolle. ¹⁴Der Schmid Alexander het mer vil Böses zleid ta; der Herr wird ihm's vergälte, win er's verdienet het! ¹⁵Nimm di o vor ihm in Acht; er het ja üsne Wort bsunders scharf eggäge gha.
¹⁶Won i mi ds erscht Mal verteidiget ha, isch mer niemer bystande, es hei mi alli im Stich gla; es söll ne nid aagrächnet wärde! ¹⁷Aber der Herr het mer ghulfe und d Chraft ggä, dass i di gueti Botschaft bis zoberscht ufe ha chönne predige, und sen alli Völker hei chönne ghöre; und so bin i grettet worde us em Rache vom Löi. ¹⁸Der Herr wird mi rette vor allem Böse und mi i sys Rych im Himel bringe. Ihm ghört d Ehr bis i d Ewigkeit vo den Ewigkeite.
¹⁹Grüess mer d Priska und der Aquila und d Familie vom Onesiphorus. ²⁰Der Erastus isch z Korinth bblibe; der Trophimus han i chrank z Milet gla. ²¹Pressier, dass de no vor em Winter chasch cho!
Der Eubulus, der Pudens, der Linus und d Klaudia und alli andere Gschwüschterti lö di la grüesse. ²²Der Herr söll dy Geischt bhüete. I wünsche nech allne d Gnad (vo Gott)!

Der Brief a Titus

Begrüessig

1 Der Paulus, Chnächt vo Gott und Aposchtel vo Jesus Chrischtus, a Titus. I wott dene der Gloube bringe, wo Gott usgläse het, und ne zeige, was d Wahrheit i der Frömmigkeit ²und derzue d Hoffnig uf ds ewige Läbe bedütet; das het Gott, wo nid lügt, scho vor ewige Zyte versproche; ³und jitz macht er sy Botschaft z rächter Zyt bekannt dür d Predig; das isch der Uftrag, wo mir isch aavertrout worde vo Gott, üsem Retter. ⁴Titus, du bisch my ächte Suhn im glyche Gloube. I wünsche dir d Gnad und der Fride vo Gott, em Vatter, und vo Chrischtus Jesus, üsem Retter.

Wysige über d Gmeindsbhörde z Kreta

⁵I ha di z Kreta zrügg gla, für dass du alls i d Ornig tuesch, wo no isch underwäge bblibe; und dass du i jeder Stadt Gmeindsvorständ ysetzisch, win i der's uftreit ha. ⁶Daderfür mues eine e guete Ruef ha, der Maa vo eir einzige Frou sy, glöubigi Chinder ha, wo nid öppe als liederlech oder meischterlosig gälte. ⁷Der Gmeindsleiter mues suber dasta als Husverwalter vo Gott, er darf ke Plagör sy, ke Füürtüüfel, ke Süffel, ke Grobian und nid uf unrächte Gwinn uus. ⁸Derfür söll er es offes Huus ha, uf ds Guete usga, verständig, grächt, fromm sy und sech i der Gwalt ha. ⁹Er söll sech a di zueverlässigi Botschaft halte, wo däm etspricht, wo dihr glehrt heit, für dass er o imstand isch, d Lüt i der gsunde Lehr z underwyse und die z widerlege, wo ihm eggägehei.

Gäge di faltsche Lehrer

¹⁰Es git äbe vili, wo sech (der rächte Botschaft) nid wei underzie, Laferine und Fantaschte, ganz bsunders bi de Judechrischte. ¹¹Dene mues me ds Muul bschliesse. Si stelle ganzi Husgmeinde uf e Chopf und lehre Züüg, wo sech nid ghört, nume wäg däm elände Gäld. ¹²Eine vo ne isch iren eigete Prophet worde, won er het gseit: «D Kreter sy luter Lugner, wildi Tier, fuli Büüch!»

¹³ Das Zügnis stimmt! Drum putz ne ds Mösch i aller Strängi, für dass si gsund wärde im Gloube. ¹⁴ Si sölle sech nid mit jüdische Märli abgä und mit Vorschrifte vo Lüt, wo sech um d Wahrheit nüüt kümmere. ¹⁵ Für di Subere isch alls suber; aber für di Usubere und Unglöubige isch nüüt suber; o ire Verstand und ires Gmüet isch dräckig! ¹⁶ Si bhoupte, si gchenne Gott, aber si lougne nen ab mit däm, wo si mache; si folge Gott nid und sy für nüüt Guets z bruuche und chöi eim nume gruuse.

Ornig im Läbe und Ornig ir Gmeind

2 Du muesch das säge, wo na der gsunde Lehr mues gseit wärde: ² den eltere Manne, si sölle nüechter sy, ehrbar, vernünftig, gsund im Gloube und i der Liebi und i der Geduld; ³ und den eltere Froue gnau glych, si sölle gattlech sy, dass me se cha bruuche für e heilige Dienscht, keni Schwätzbase, si sölle der Wy nid z gärn ha, aber Lehrmeischtere sy im Guete. ⁴ So chöi si de junge Froue bybringe, dass si iri Manne und Chinder lieb hei, ⁵ dass si vernünftig und suber sy und gueti Husfroue, und dass si sech irne Manne underzie, für dass d Botschaft vo Gott nid i Verruef chunt.
⁶ Di jüngere Lüt muesch glych mahne: Si sölle vernünftig sy i allem. ⁷ Bis sälber es Vorbild für gueti Tate. Als Lehrer bis luter und ärnscht; ⁸ d Botschaft söll gsund sy, dass me se nid cha aafächte. Däwäg wird der Gägner widerleit und cha nüüt Schlächts gägen üüs säge.
⁹ D Sklave sölle sech irne Herre i allem underzie, si sölle sech na ne richte, nid usehöische, ¹⁰ nüüt underschla, aber ganzi und ächti Tröiji bewyse, für dass si der Lehr vo Gott, üsem Retter, i allem Ehr aatüe.

D Gnad vo Gott als Hülf zum Läbe

¹¹ D Gnad vo Gott isch ja erschine als Rettig für alli Mönsche; ¹² si erziet is derzue, dass mer d Gottlosigkeit und di wältleche Glüscht wäglege, und dass mer vernünftig, grächt und fromm läbe i der jitzige Wältzyt. ¹³ Mir hei e Hoffnig uf ds Glück und erwarte di herrlechi Erschynig vom grosse Gott und üsem Retter, Jesus Chrischtus. ¹⁴ Är het sech für üüs häreggä, für is frei z mache

vo aller Ungrächtigkeit; er wott sech es eigets Volk schaffe, wo suber isch und wo sech ysetzt für ds Guete z tue. ¹⁵Säg das, tue mahne und ghörig zrächtwyse; kene darf di schreg aaluege.

Der Chrischt i der Wält

3 Mahn se draa, dass si sech de Regierige und Bhörde tüe füege, dass si folge und dass si parat sy für alls Guete. ²Si sölle niemeren verbrüele, fridlech und fründlech sy und sech gägen alli Mönsche bescheide zeige. ³O mir sy ja einisch ohni Verstand gsi, ufölgig, und sy umenand girret; mir sy d Sklave gsi vo allne mügleche Glüscht und Sücht und hei ües Läbe gfüert i Schlächtigkeit und Nyd; mir hein is verhasst gmacht und hei enand ghasset.

⁴Aber wo d Güeti und d Mönscheliebi
vo üsem Gott und Retter erschinen isch,
⁵het er is grettet,
nid dür Leischtige us üser Grächtigkeit use,
wo mir zstand bbracht hätte,
nei, dür sys Erbarme,
dür ds Bad vo der Widergeburt
und dür e heilige Geischt, won is nöi gmacht het.
⁶Gott het dä Geischt rychlech la uf is cho
dür Jesus Chrischtus, üse Retter.
⁷Mir chöi dür sy Gnad grächt wärde
und dörfe hoffe, ds Erb vom ewige Läbe z übercho.

Briefschluss

⁸Uf die Botschaft cha me sech verla, und i wett, dass du chreftig derfür ysteisch: Wär zum Gloube a Gott cho isch, söll druf luege, dass er i allem Guete vor dranne steit. Das isch richtig und hilft de Mönsche.

⁹Aber de dumme Zanggereie um Familieregischter, em Stryt und Ziggel um ds Gsetz tue uswyche; si nütze nüüt und sy sinnlos. ¹⁰E Sektierer söllsch einisch oder zwöimal mahne, und de schick ne furt. ¹¹Du weisch ja, e settige Mönsch isch verddrääit, er isch e Sünder und git sich sälber ds Urteil.

¹²Sobald ig der Artemas oder der Tychikus zue der schicke, chumm so gleitig wi de chasch zue mer uf Nikopolis; i ha mer

vorgno, dert der Winter düür z blybe. ¹³ Tue em Jurischt Zenas und em Apollos zwäghälfe, dass es ne für d Reis a nüüt fählt. ¹⁴ O üsi Lüt müesse's lehre, mit chreftiger Hülf dert ynezchnöile, wo Hülf nötig isch; süsch merkt me ja nüüt vo irem Gloube!
¹⁵ Alli, wo by mer sy, lö di la grüesse. Grüess mer alli, wo üüs vom Gloube här lieb hei!
I wünsche nech allne d Gnad (vo Gott).

Der Brief a Philemon

Der Paulus, im Gfängnis wäge Chrischtus Jesus, und der Brueder Timotheus a ire lieb Mitarbeiter Philemon, ²a d Schwöschter Aphia, a üse Mitstryter Archippus und a iri ganzi Husgmeind. ³Mir wünsche nech d Gnad und der Fride vo Gott, üsem Vatter, und em Herr, Jesus Chrischtus.

⁴Wen i i myne Gebätt a di dänke, danken i geng Gott; ⁵mi erzellt mir ja vo der Liebi und vom Gloube, wo du für e Herr Jesus und für alli Chrischte hesch. ⁶I bätte derfür, dass dy Gloube, wo mir zämethaft hei, starch wird, so dass mir merke, dass vil Guets i üüs isch, we mer is uf Chrischtus usrichte. ⁷Es fröit mi und es tröschtet mi, wen i ghöre, liebe Brueder, dass du de Chrischte bis i ds Härz yne guet tuesch.

⁸Jitz hätt ig i Chrischtus jedes Rächt, dir vorzschrybe, was du z tüe hesch; ⁹aber wäge der Liebi wott i di lieber bitte. I, der Paulus, bi ja nen alte Maa und derzue no i der Chefi wäge Chrischtus Jesus; ¹⁰i bitte di also für mys liebe Chind, won ig i der Chefi übercho ha, für en Onesimus. ¹¹Früecher syg er e Nüütnutz gsi; aber jitz chunt er dir und mir chummlech! ¹²Dä schicken i dir zrügg, und 's isch, wi wen i mys eigete Härz schickti. ¹³I ha ne eigetlech welle bi mir bhalte; so chönnt er, statt dir, mir zuediene i der Chefi, won i wäg der guete Botschaft drinne bi. ¹⁴Aber i ha nüüt wellen undernä, ohni du sygsch yverstande; es söll nid eso usgseh, wi we du ds Guete under Druck miechsch und nid us freie Stücke. ¹⁵Er isch ja vilecht destwäge es churzes Zytli wäg vo dir gsi, für dass du ne für ewig zrügg überchunsch, ¹⁶aber jitz nümm als Sklav, nei, er isch jitz meh als e Sklav, e liebe Brueder! Das isch er ganz bsunders mir, aber umso meh o dir, vo Mönsch zu Mönsch und vo Chrischt zu Chrischt. ¹⁷We du würklech my Fründ bisch, so nimm nen uuf, wi we's mi wär! ¹⁸Wen er di gschädiget het oder der öppis schuldig isch, de tue's uf my Rächnig. ¹⁹I, der Paulus, schrybe's hie mit myr eigete Hand: I wirde der's zrügg zale; derby wott i ja gar nid dervo rede, dass o du mir öppis schuldig bisch, nämlech di sälber! ²⁰Ja, liebe Brueder, i wett gärn, du miechsch mer dä Gfalle; es wär mer e rächti Härzesfröid i Chrischtus.

²¹ I schrybe dir, wil i überzügt bi dervo, dass du mer der Gfalle tuesch; i weis, dass du no meh wirsch mache, weder dass i höische.
²² Mach mer aber o ds Gaschtbett grad wider zwäg; i hoffe ja, dass i wider zue nech darf cho, wil dihr für mi bbättet heit. ²³ Es lö di la grüesse: der Epaphras, wo mit mir wäge Chrischtus Jesus gfange isch; ²⁴ der Markus, der Aristarchus, der Demas und der Lukas, myni Mitarbeiter.
²⁵ D Gnad vo Jesus Chrischtus, em Herr, söll mit öiem Geischt sy!

Der Brief a d Hebräer

Gottes Suhn treit dür sys Wort ds Wältall

1 Mängisch und uf mängerlei Art het Gott synerzyt zu de Vätter dür d Prophete gredt; ²am Änd vo dere Zyt het er zu üüs gredt dür e Suhn. Ihn het er als Erb vo allem ygsetzt. Dür ihn het er o d Wälten erschaffet. ³Er isch der Abglanz vo Gottes Herrlechkeit und ds Äbebild vo sym Wäse, und dür sys mächtige Wort treit er ds Wältall. Er het d Mönsche vo de Sünde suber gmacht und isch rächterhand vo der Majestät i der Himelshöchi ga sitze. ⁴Und er steit so wyt über den Ängle, wi sy ererbt Name meh wärt isch als ire.

Är steit wyt über den Ängle

⁵Zu welem vo den Ängle hätti Gott einisch gseit: «My Suhn bisch du, hütt han i di i ds Läbe grüeft», und de wider: «I wott ihm sy Vatter sy, und är söll my Suhn sy?» ⁶Und wen er dä, wo zersch gebore (worden) isch, i d Wält ynefüert, seit er: «Alli Gottesängel sölle vor ihm uf d Chnöi falle;» ⁷zu den Ängle seit er: «Er macht syni Ängel zu Lüft und syni Diener zu Füürflamme.» ⁸Aber zum Suhn seit er: «Dy Thron, Gott, steit bis i d Ewigkeit vo den Ewigkeite, und ufrächt isch ds Zepter vo dyr Chünigsherrschaft. ⁹Du hesch d Grächtigkeit lieb gha und d Ungrächtigkeit ghasset. Drum het Gott, dy Gott, di mit Fröidenöl gsalbet, vorewägg, vor dyne Gspane.» ¹⁰Und: «Du, Herr, hesch am Aafang d Ärde ggründet, und d Himel sy ds Wärk vo dyne Händ. ¹¹Si vergangen einisch, aber du blybsch; si alli wärden alt wi nes Chleid, ¹²und du tuesch se zämerolle wi ne Mantel, und wi nes Chleid tuuschet me sen uus. Aber du blybsch der Glych, und dyni Jahr näme kes Änd.» ¹³Oder zu welem Ängel hätt er einisch gseit: «Sitz rächts vo mir ab, bis i dir dyni Finden als Schämeli under d Füess lege?» ¹⁴Sy si nid alls dienschtbari Geischter? Si wärden usgschickt, für dene z hälfe, wo (einisch) erbe und grettet wärde.

Nid a Chrischtus verbyloufe!

2 Drum müesse mir um so meh uf das achte, wo mir ghört hei; mir chönnte süsch dranne verby loufe. ²Scho uf die Botschaft isch Verlass gsi, wo d Ängel gseit hei, und jedes Überträtte und jedi Ufölgigi het iri grächti Straf übercho. ³Wi chönnte de mir etwütsche, we mir e derigi Rettig täte verglychgültige! Denn het si aagfange, wo se der Herr aagchüntet het, und isch vo dene, wo se ghört hei, bis uf üüs überliferet worde. ⁴Derby het Gott se begloubiget mit Zeichen und Wunder und allergattig Machttate und dermit, dass er der heilig Geischt usteilt het, dert, won är het welle.

Ihm ghört d Wält

⁵Er het ja di zuekünftigi Wält nid den Ängle, wo mir vo ne rede, i d Finger ggä. ⁶Einisch het ja öpper gseit: «Wär isch eigetlech der Mönsch, dass du, Gott, a ne dänksch, oder ds Mönschechind, dass du di mit ihm abgisch? ⁷Du hesch ne nume für nes churzes Zytli wyter unde gla als d Ängel; du hesch ne mit Herrlechkeit und Ehr bekränzt, ⁸alls hesch ihm under d Füess gleit.»
Wen er ihm also alls underworfe het, het er nüüt fürgla, won er ihm nid underworfe hätt. Aber jitz gseh mir no nid, dass ihm alls underworfe wär. ⁹Aber Jesus, wo ne churzi Zyt wyter unde isch gsi weder d Ängel, dä gseh mir: Er het der Tod erlitte und drum isch er jitz mit Herrlechkeit und Ehr bekränzt; Gott i syr Gnad het ihn der Tod la chüschte für alli.

...und mir heisse syni Gschwüschterti

¹⁰Alls isch wäge und dür Gott da. Won är scho vili Sühn het i d Herrlechkeit gfüert gha, isch es ihm rächt gsi, dä, wo am Aafang vo der Rettig gstanden isch, dür ds Lyde a ds Zil z füere. ¹¹Nämlech dä, wo heilig macht, und o die, wo heilig gmacht wärde, stammen alli vo eim (Vatter) ab. Drum schämt er sech nid, ihne Gschwüschterti z säge, ¹²wen er seit: «I wott dy Name dyne Gschwüschterti verchünte, mitts i der Gmeind wott i di lobe.» ¹³Und o: «Uf ihn tuen i vertroue» und: «Lue, da bin i mit de Chinder, wo Gott mir het ggä.» ¹⁴D Chinder sy vo Fleisch und Bluet; drum isch o är ganz vo der glychen Art gsi, für dass är dür e Tod dä chönni z nüüte mache, wo über e Tod regiert,

nämlech der Tüüfel; ¹⁵und dass er alli die chönni freimache, wo irer Läbtig us Angscht vor em Tod i der Sklaverei sy gsi. ¹⁶Er mues sech ja nid um d Ängel kümmere, nei, er kümmeret sech um d Nachfahre vom Abraham. ¹⁷Und drum het er i allem syne Gschwüschterti müesse glych wärde. So isch er barmhärzig worde und im Dienscht vo Gott e tröie Hoheprieschter, wo für d Sünde vom Volk gradsteit. ¹⁸Är het sälber alls düregmacht und o düregstande, drum chan er dene z Hülf cho, wo Schwärs düremache.

Chrischtus isch meh als der Mose

3 Dihr also, myni chrischtleche Gschwüschterti, dihr syt beruefe vom Himel här; lueget uf Jesus! Är isch der Botschafter und Hoheprieschter vo üsem Bekenntnis; ²är isch däm tröi gsi, wo nen erschaffe het, so wi der Mose «i sym ganze Huus». ³Aber är het meh Ehr verdienet als der Mose: Der Boumeischter überchunt o meh Ehr weder ds Huus, won er bbouet het. ⁴Jedes Huus wird ja vo öpperem bbouet; und Gott isch der Boumeischter vo allem. ⁵Der Mose isch tröi gsi «i sym ganze Huus» wi ne Diener, für das z begloubige, wo ersch speter gseit isch worde; ⁶aber Chrischtus isch wi ne Suhn tröi über sys Huus; sys Huus sy mir, we mer nume zueversichtlech und fescht zu üser Hoffnig stande.

D Verbitterig vo de Israelite i der Wüeschti

⁷Der heilig Geischt seit ja: «Hütt, we dihr sy Stimm ghöret, ⁸löt öies Härz nid la hert wärde wi bi der Verbitterig, am Tag vo der Prüefig i der Wüeschti, ⁹wo öiji Vätter mi uf d Prob gstellt und prüeft hei; derby hei si ¹⁰vierzg Jahr lang gseh, was i gleischtet ha. Drum bin i toub worde über di ganzi Generation denn und ha gseit: ‹Ständig sy si i irem Härz uf em lätze Gleis, und myni Wääge begryffe si nid›. ¹¹So han i i myr Töubi gschwore: Si sölle ke Platz zum löie finde bi mir!»
¹²Liebi Gschwüschterti, passet uf, dass niemer vo nech es böses, unglöubigs Härz het und vom läbändige Gott abfallt. ¹³Nei, redet enand Tag für Tag zue, solang wi nes «hütt» heisst, so dass niemer vo nech sech vo der Sünd lat la bschysse und la verherte.
¹⁴Mir sy ja d Mitarbeiter vo Chrischtus worde, we mer nume vom Aafang bis zum Ändi fescht zu üser Zueversicht stande.

¹⁵ We's heisst: «Hütt, we dihr sy Stimm ghöret, löt öies Härz nid la hert wärde wi dennzumal d Lüt bi der Verbitterig» – ¹⁶ was für Lüt hei de ghört und sy verbitteret worde? Syn es nid alls Lüt gsi, wo der Mose us Ägypte usegfüert het? ¹⁷ Über weli isch Gott vierzg Jahr lang toub gsi? Syn es nid die gsi, wo gsündiget hei, und wo iri Lyche i der Wüeschti sy blybe lige? ¹⁸ Vo welne het er de gschwore, dass si bi ihm ke Platz zum löie sölle finde? Syn es nid die gsi, wo nid gfolget hei? ¹⁹ Und mir gseh, dass si nid hei chönne zu ihm cho löie, wil si nüüt ggloubt hei.

Gott bietet üüs e Platz zum löien aa

4 D Verheissig blybt: Me cha bi ihm e Platz zum löie finde. Drum müesse mir is ysetze derfür, dass me bi niemerem vo öich ds Gfüel het, er blybi dahinde. ² Di gueti Botschaft gilt üüs grad eso wi dene synerzyt, nume het ds Wort vo der Predig denn nüüt gnützt, wil si das, wo si ghört hei, nid mit em Glouben ufgno hei. ³ Mir, wo zum Gloube cho sy, finde bi ihm Platz zum löie; er het ja gseit: «Si finde ke Platz zum löie bi mir!» Derby sy doch syni Wärk da, sider dass d Wält erschaffen isch. ⁴ Neime het er über e sibete Tag gseit: «Und Gott het am sibete Tag glöiet vo allne syne Wärk»; ⁵ und de wider das: «Si finde bi mir ke Platz zum löie!» ⁶ Es blybt also derby: Es paari finde ne no! Die hei ne ja nid gfunde, wo di gueti Botschaft früecher ghört hei, wil si äbe nid ggloubt hei. ⁷ Drum setzt er e Tag fescht, es «hütt», und lat der David vilvil speter la säge, was mer scho zitiert hei: «Hütt, we dihr sy Stimm ghöret, löt öies Härz nid la hert wärde.» ⁸ We der Josua se zum löie gfüert hätti, wär hie nid na so langer Zyt wider d Red vomenen andere (löie). ⁹ Also het ds Gottesvolk no ne Sabbatrue z erwarte! ¹⁰ Dä, wo zu ihm darf ga löie, cha löie vo syr Arbeit, so wi Gott vo syre. ¹¹ Drum wei mir is ysetze derfür, dass mir dä Platz zum löie finde, nid dass öpper, wi bim Byschpil vo dennzmal, a sym Ungloube zgrund geit.
¹² Ds Wort vo Gott isch ja läbig und voll Chraft; es isch scherfer weder jedes doppelschnydige Mässer, es hout dür und dür, bis dass es Seel und Geischt, Glänk und March abenand schnydt; es seziert d Überlegige und d Gedanke i üsem Innerschte; ¹³ es git ekes Gschöpf, wo sech vor ihm chönnti verstecke; alls isch ufddeckt und freigleit vor den Ouge vo däm, wo mir is vor ihm müesse verantworte.

Jesus, üse gross Hoheprieschter

¹⁴Jitz hei mir e grosse Hoheprieschter, wo dür alli Himel düreggangen isch: Jesus, der Suhn vo Gott. Also wei mir fescht zum Bekenntnis sta. ¹⁵Mir hei ja nid e Hoheprieschter, wo kes Erbarme het mit üsne Schwechine; är het di gnau glyche Prüefige düregmacht wi mir o, nume ohni Sünd. ¹⁶Drum wei mir is i aller Zueversicht vor e Thron vo syr Gnad stelle, für dass mer Erbarmen überchöme und Gnad finde; so wird is no z rächter Zyt ghulfe.

Er isch vo Gott ygsetzt worde

5 Jede Hoheprieschter wird us de Mönschen usgläse und cha so d Mönsche vor Gott verträtte: er mues es Gschänk und es Opfer wäge de Sünde darbringe. ²Er cha derby Mitgfüel ha mit dene, wo's nid besser gwüsst hei und sech verirret hei; är sälber gchennt d Schwechi ja o; ³drum mues er äbe für ds Volk opfere, und wäge de Sünde o für sich sälber. ⁴Und kene cha sech di Ehr sälber nä, nei, er wird vo Gott derzue ygsetzt, wi (synerzyt) der Aaron.
⁵So het sech o Chrischtus nid sälber di Ehr gno, Hoheprieschter z wärde; dä het ihm se ggä, wo zuen ihm gseit het: «Du bisch my Suhn, hütt han i di i ds Läbe grüeft.» ⁶Und aneren andere Stell seit er: «Du bisch Priechter i alli Ewigkeit, i der Art wi der Melchisedek.» ⁷Wäret sym Läben als Mönsch het er Gott bbätten und aaghalte, er söll ne vor em Tod rette; er het derby bbrüelet und ghüület; er isch erhört worde und vo der Angscht frei worde; ⁸aber wen er scho isch der Suhn gsi, het er doch a sym Lyde glehrt folge; ⁹und won er alls het düregstande gha, isch er der Urhab vo der ewige Rettig worde für die, wo ihm folge; ¹⁰är wird vo Gott aagredt als Hoheprieschter i der Art wi der Melchisedek.

Dihr syt no Aafänger...

¹¹Dadrüber hätte mir no vil z säge, aber es wär nid liecht, alls z erkläre, wil dihr übelghörig worde syt. ¹²Derby müesstet dihr, sövel Zyt, wi vergangen isch, lengschtes Lehrer sy! Aber dihr heit's wider nötig, dass me nech i den einfachschte Sache vom

Gotteswort underwyst; dihr syt wider so wyt, dass der Milch nötig heit statt feschti Nahrig. [13] Jede, wo vo Milch läbt, versteit nüüt vom rächte Rede; er isch ja no nes chlys Chind. [14] Feschti Nahrig isch für di Erwachsene; dank irem Alter hei die ds rächte Gspüri, für Guets und Böses chönne z underscheide.

6 Drum wei mir der Aafang vo der Underwysig i der Chrischtusbotschaft jitz gsorget gä und der Ryffi zuega. Mir wei nid no einisch vo vornen aafa mit em Wäglege vom tote Leischtigsdänke, und rede über e Gloube a Gott, [2] über d Lehr vo der Toufi, über ds Händuflege, über d Uferstehig vo de Tote und ds ewige Gricht.

[3] Mir wei jitz wyterga, emel we's Gott erloubt. [4] We die abfalle, wo nen einisch ds Liecht ufggangen isch, wo ds Gschänk vom Himel gchüschtet hei, wo der heilig Geischt hei übercho, [5] wo ds guete Gotteswort gchüschtet hei und d Chreft vo der zuekünftige Wältzyt, [6] we die abfalle, de chöi si sech nid no einisch ändere; si hei für sich der Gottessuhn no einisch gchrüziget und em Gspött prysggä. [7] D Ärde het der Säge vo Gott, we si der Rägen ufsugt, wo geng wider uf se fallt, und guets Gwächs lat la wachse für die, wo derfür gwärchet hei. [8] Aber we si nume Dornen und Dischtle fürebringt, de het si verseit, es lyt e Fluech uf nere, und zletscht wird si abbrönnt.

...aber uf em rächte Trom

[9] Gället, myni Liebe, für öich gilt ds Bessere, da dervo sy mer überzügt, für öich isch d Rettig da, o we mir eso rede wi vori. [10] Gott isch ja nid eso ungrächt, dass er öiji Arbeit, und öiji Liebi tät vergässe, wo dihr sym Name erwise heit, dass dihr für d Chrischte gsorget heit und geng no sorget. [11] Mir wette gärn, dass jede vo öich glych yfrig und zueversichtlech hoffet bis zletscht. [12] Dihr dörfet nid glychgültig wärde; machet's dene nache, wo dank irem Gloube und irer Geduld d Verheissige vo Gott erbe. [13] Gott het em Abraham e Verheissig ggä, und wil er bi kem Grössere het chönne schwöre, het er bi sich sälber gschwore: [14] «Für gwüss sägnen i di mit rychem Säge und gibe dir e grossi Nachkommeschaft.» [15] Du het der Abraham geduldig gwartet und übercho, was ihm verheisse worden isch. [16] D Mönsche rüefe

ja bim Schwören öpperen aa, wo über ne steit, und der Eid begloubiget iri Wort gäge jedi Widerred. ¹⁷ So het Gott den Erbe vo der Verheissig bsunders dütlech welle mache, dass sy Beschluss nid z änderen isch, und het sech dür nen Eid bbunde. ¹⁸ Däwäg überchöme mir e starche Troscht dür zwo unumstösslechi Tatsache: Gott cha derby nid gloge ha, und mir häben is a der aabbottene Hoffnig. Si isch üsi Zueflucht ¹⁹ für ds ganze Läbe, wi ne sichere und feschten Anker, wo verankeret isch hinder em Tämpelvorhang. ²⁰ Derthäre isch Jesus üüs voruus yneggange; är isch für d Ewigkeit e Hoheprieschter i der Art vom Melchisedek worde.

Ds Prieschtertum vom Melchisedek

7 Der Melchisedek isch Chünig vo Salem gsi und Prieschter vom höchschte Gott: Er isch em Abraham begägnet, wo dä vom Chrieg mit de Chünige heicho isch, und het ne gsägnet. ²Ihm het der Abraham der zächet Teil vo allem ggä. We me sy Name übersetzt, isch er erschtens der «Chünig vo der Grächtigkeit» und zwöitens o der «Chünig vo Salem», was bedüet «der Chünig vom Fride». ³ Ohni Vatter, ohni Mueter, ohni Stammboum, ohni Aafang vo syne Tage und ohni Änd vo sym Läbe – so glychet er ganz em Suhn (vo Gott); er blybt Prieschter für geng.
⁴Dänket einisch, wi gross dä mues sy, dass ihm der Erzvatter Abraham het der zächet Teil ggä vo de beschte Stück, won er im Chrieg gwunne het! ⁵ D Nachfahre vom Levi, die, wo ds Prieschteramt hei übercho, hei nach em Gebot dörfe vom Volk der zächet Teil nä, so steit's im Gsetz. Si chöi's o vo irne Verwandte nä, we die scho o Nachfahre vom Abraham sy. ⁶Aber der Melchisedek ghört gar nid zur glyche Familie wi si und het vom Abraham der zächet Teil aagno und het der Abraham gsägnet, wil er d Verheissige (vo Gott) het gha. ⁷ Eis isch derby sicher: Der minder wird vom höchere gsägnet. ⁸ Uf der einte Syte sy nes stärblechi Mönsche, wo der zächet Teil ynä; aber uf der andere Syte überchunt eine der zächet Teil, wo's bezügt isch, dass er no läbt! ⁹Dür en Abraham, cha me säge, het also o der Levi, wo süsch der zächet Teil ynimmt, ne hie abgliferet. ¹⁰Är isch allerdings denn no im Lyb vom Stammvatter gsi, won ihm der Melchisedek begägnet isch.

Är isch e Vorgänger vo Jesus

¹¹ We ds Levite-Prieschtertum d Mönsche chönnt zur Volländig füere – uf däm Fundamänt het ja ds Volk ds Gsetz übercho –, wiso wär's de nötig, en andere Prieschter, eine i der Art vom Melchisedek, ufzstelle und ihm der Titel z gä «i der Art vom Melchisedek»? ¹² We me nämlech ds Prieschtertum änderet, de bringt das uf all Fäll o nen Änderig vom Gsetz mit sech. ¹³ Dä, wo mer jitz von ihm rede, het zu menen andere Stamm ghört; kene vo däm Stamm het je öppis z tüe gha mit em Altardienscht. ¹⁴ Jitz isch klar, dass üse Herr vom Juda abstammet; bi däm Stamm het der Mose nüüt vo Prieschter gseit. ¹⁵ Aber no klarer isch: Es söll en andere Prieschter ufcho, eine, wo em Melchisedek glychet; ¹⁶ dä isch nid Prieschter worde na neren irdische Gsetzesvorschrift, aber derfür us der Chraft vo mene Läbe, wo nie vergeit. ¹⁷ Ihm wird begloubiget: «Du bisch uf ewig Prieschter i der Art vom Melchisedek.» ¹⁸ Da dermit wird di früecheri Vorschrift ufghobe, wil es sech zeigt het, dass si schwach isch und unütz – ¹⁹ tatsächlech het ds Gsetz o zu kem Zil gfüert –, und's wird e besseri Hoffnig ygfüert, wo mer dermit neecher zu Gott zueche chöme. ²⁰ Es isch nid ohni Eid ggange (bi Jesus), aber di andere sy ohni Eid Prieschter worde. ²¹ Ihm hingäge isch en Eid gschwore worde vo däm, wo zuen ihm gseit het: «Der Herr het gschwore, und es wird ne nid röie: ‹Du bisch Prieschter für ewig.›» ²² Derdürtwille isch Jesus o der Bürg für ne bessere Bund worde.

²³ Bi den andere sy's vili gsi, wo Prieschter worde sy, wil ne's der Tod verha het, 's z blybe. ²⁴ Är hingäge blybt uf ewig und het es Prieschteramt, wo nid vergeit. ²⁵ Drum chan er die für ewig rette, wo dür ihn zu Gott zueche chöme; er läbt ja geng und cha für sen ysta. ²⁶ Grad e settige Hoheprieschter hei mir äbe bbruucht: e heilige, wo nüüt Böses an ihm isch, ohni Fläcke, eine, wo mit de Sünder nüüt z tüe het, wo höcher ufecho isch als alli Himle; ²⁷ eine, wo nid wi di andere Hoheprieschter Tag für Tag zersch für di eigete Sünde mues opfere und ersch nachär für die vom Volk. Das het er nämlech gmacht eis für alli Mal: Er het sich sälber zum Opfer bbracht. ²⁸ Ds Gsetz setzt Mönschen als Prieschter y, wo sälber Schwechine hei; aber der Eid (vo Gott) isch speter gseit worde weder ds Gsetz und setzt der Suhn y, wo für d Ewigkeit vollkommen isch.

Jesus als Vermittler vom nöie Bund

8 Bi allem, wo da isch gseit worde, isch d Houptsach die: Mir hei e settige Hohepriechter, wo rächts vom Thron vo der Majeschtät i de Himle sitzt. ²Dert leitet är der Dienscht im Heiligtum und im wahre Zält, wo der Herr ufgstellt het und nid e Mönsch. ³Jede Hohepriechter wird nämlech ygsetzt, für Gaben und Opfer darzbringe; drum mues er o öppis zum Darbringe ha. ⁴Wen er jitz uf der Ärde wär, chönnt er nid Priechter sy, wil es da scho Priechter git, wo d Gabe darbringe, wi ds Gsetz vorschrybt. ⁵Die tüe ire Dienscht imene Abbild und Schatte vo däm, wo im Himel isch. So het ja der Mose der Uftrag übercho, won er drann isch gsi, ds Zält fertig z mache. Gott het ihm gseit: «Lue druuf, dass d alls machsch nam Vorbild, wo dir uf em Bärg isch zeigt worde.» ⁶Aber jitz het Jesus vil e wichtigere Dienscht übercho; är isch ja o der Vermittler vo mene bessere Bund worde, wo sech uf besseri Verheissigen abstützt. ⁷We nämlech dä erscht Bund ohni Fähler wär gsi, hätti me nid für ne zwöite müesse luege. ⁸Gott macht ne (den Israelite) ja ne Vorwurf, wen er seit: «Lueget, es chöme Tage, seit der Herr, da schliessen i mit em Huus vo Israel und em Huus vo Juda e nöie Bund, ⁹nid e glychlige, win i ne mit irne Vätter gschlosse ha a däm Tag, won i se a der Hand gno und us em Land Ägypte gfüert ha; si sy ja nid i mym Bund bblibe, und i ha mi nümm um se gchümmeret, seit der Herr. ¹⁰Aber das isch de der Bund, won i mit em Huus vo Israel speter einisch schliesse, seit der Herr: Myni Gsetz giben i de i ire Verstand und schrybe sen uuf i ires Härz; und i bi de ire Gott und si sy de mys Volk. ¹¹Und de mues niemer meh sy Mitbürger und niemer meh sy Brueder bschuele und säge: «Lehr doch der Herr gchenne!» Denn gchenne mi alli, vom Chlynschte bis zum Gröschte by ne. ¹²I wott gnädig sy gägen iri Ungrächtigkeite, und a iri Sünde wott i nümme dänke.» ¹³Dermit, dass er vom nöie Bund redt, het er der erscht zu menen alte gmacht; was veraltet isch und sech überläbt, isch naach dranne z verschwinde.

Der alt Gottesdienscht...

9 Jitz het o der erscht Bund Vorschrifte für e Gottesdienscht und für nes Heiligtum uf der Ärde gha. ²Es isch nämlech es Zält ufgstellt gsi. Im vordere Teil isch der Lüüchter gstande und der Tisch und di usgstellte Brot; däm seit me ds Heilige. ³Hinder

em zwöite Vorhang isch de ds Zält cho, wo men ihm ds Allerheiligschte het gseit. ⁴I däm isch e guldige Röucheraltar und di ganz verguldeti Bundeslade gstande, und i dere sy e guldige Chrueg mit em Manna und der Stab vom Aaron, wo wider usgschlage het, und d Bundestafele gsi. ⁵Obe drann hei d Cherube vo der Herrlechkeit über em «Gnadestuel» iri Flügel usbbreitet. Aber jitz isch nid der Momänt für dadrüber z rede.
⁶Wil das eso ygrichtet isch gsi, sy d Priechter ständig i ds vordere Zält yneggange und hei dert ire Dienscht gleischtet. ⁷Aber i ds hindere Zält isch es einzigs Mal im Jahr der Hohepriechter aleini yneggange, nume mit Bluet, won er darbbracht het für sich und für di unwüssentleche Verfählige vom Volk. ⁸Dadermit zeigt is der heilig Geischt dütlech, dass der Wäg i ds Heiligtum nid offen isch, solang ds vordere Zält no steit. ⁹Das isch es Glychnis für üsi Gägewart, wo me zwar Gaben und Opfer darbringt, aber die chöi ds Gwüsse vo däm, wo der Dienscht tuet, äbe doch nid beruige. ¹⁰Es sy ja nume Sache zum Ässe und Trinke und allergattig Brüüch für sech z wäsche – es sy irdischi Vorschrifte, wo nume gälte bis zum Momänt, wo ne besseri Ornig ygfüert wird.

... und der nöi

¹¹Aber Chrischtus isch cho als Hohepriechter vo der zuekünftige, gueten Ornig; är isch dür nes bessers und vollkommeners Zält düreggange, nid dür eis, wo vo Hand gmacht isch, nid dür eis vo dere Schöpfig. ¹²Är isch o nid dank em Bluet vo Schafböck und Chälber yneggange; nei, mit sym eigete Bluet isch er eis für alli Mal i ds Heiligtum yne und het is für ewig vo der Schuld befreit. ¹³We me nämlech ds Bluet vo Schafböck und Stiere und d Äsche vo nere junge Chue uf die sprützt, wo sy usuber worde, de macht me se heilig, aber frylech nume für nen irdischi Süberi.

Priechter und Opfer – beids i eim!

¹⁴Aber Chrischtus het dür en ewige Geischt sich sälber als es Opfer ohni Fähler für Gott häreggä; wie vil meh cha jitz sys Bluet üses Gwüsse suber mache vo tote Leischtige, für dass mir em läbändige Gott chöi diene.
¹⁵So het är e nöie Bund vermittlet: Är isch dür e Tod ggange, für dass die erlöst wärde, wo under em erschte Bund gsündiget

hei, und dass die d Verheissige chönnen ylöse, wo Gott zum ewige Erb häregrüeft het. ¹⁶ Sobald's um nes Teschtamänt geit, mues me der Tod vo däm aagä, wo's abgfasset het. ¹⁷ Es Teschtamänt gilt ersch vom Momänt aa, wo der Erblasser gstorben isch; es gilt uf ke Fall, we dä no läbt, wo teschtiert. ¹⁸ Drum isch o der erscht Bund nid ohni Bluet ygweiht worde. ¹⁹ Wo der Mose alli Vorschrifte nam Gsetz em ganze Volk het gseit gha, het er ds Bluet vo Chälber und Böck gno, derzue Wasser, roti Wulle und Ysop, und het's uf ds Buech gsprützt und uf ds ganze Volk; ²⁰ derzue het er gseit: «Das isch ds Bluet vom Bund, wo Gott für öich beschlosse het.» ²¹ Und gnau glych het er Bluet uf ds Zält gsprützt und uf alli Grätschafte vom Gottesdienscht. ²² Überhoupt, nam Gsetz wird fasch alls mit Bluet suber gmacht, und Vergäbig git's ekeni, ohni dass Bluet vergosse wird. ²³ D Abbilder vo de Sache, wo im Himel sy, müesse däwäg suber gmacht wärde; aber d Sache im Himel sälber bruuche no besseri Opfer weder die. ²⁴ Chrischtus isch ja nid i nes Heiligtum yneggange, wo vo Hand gmacht isch, wo numen en Abchlatsch vom würkleche wär; nei, i Himel sälber isch er ggange, für dass er jitz diräkt vor Gott sech für üüs cha ysetze. ²⁵ Er bruucht sech o nid es paarmal z opfere, so wi der Hoheprieschter Jahr für Jahr geng wider mit frömdem Bluet i ds Heiligtum ynegeit. ²⁶ Süsch hätt er sit der Erschaffig vo der Wält mängisch müesse lyde; aber so isch er jitz es einzigs Mal am Änd vo de Wältzyte erschine, für dür sys Opfer der Sünd es Änd z mache. ²⁷ D Mönsche müesse einisch stärbe, und de wartet ne ds Gricht. ²⁸ Grad eso isch der Chrischtus eis Mal für alli als Opfer häreggä worde, für d Sünde vo allne furt z nä. Er erschynt de no nes zwöits Mal, nümm wäge de Sünde, aber für die z rette, wo uf ne warte.

Eis einzigs Opfer, aber was für eis!

10 Ds Gsetz enthaltet nume der Schatte vo de zuekünftige Güeter und nid ds Bild vo de Sache sälber; es befilt o Jahr für Jahr geng di glychen Opfer; und drum chan es die nie a ds Zil bringe, wo opfere.
² We me bim Tämpeldienscht uf ei Schlag suber worde wär, und me sech kes Gwüsse wäge de Sünde meh hätti bruuche z mache, hätt me de nid (scho lang) ufghört opfere? ³ Aber dür d Opfer

wird me Jahr für Jahr a d Sünde gmahnet. ⁴Es isch äbe nid müglech, dass dür ds Bluet vo Stiere und Schafböck d Sünde chönnte dürta wärde.
⁵Drum seit Chrischtus, won er uf d Ärde chunt: «Opfer und Gabe hesch nid welle, aber du hesch mir e Lyb ggä; ⁶Ganzopfer und Sündopfer gfalle dir nid. ⁷Da han i gseit: ‹Lue, i chume! I der Buechrolle isch vo mir gschribe, i söll dy Wille erfülle, Gott›.» ⁸Zersch het er gseit: «Opfer und Gabe, Ganzopfer und Sündopfer hesch du nid welle, und si gfalle dir nid»; derby opferet me se, wil se ds Gsetz vorschrybt! ⁹Nachär het er gseit: «Lue, i chume, für dy Wille z erfülle»; er macht ds Erschten ungültig, für ds Zwöiten i Chraft z setze. ¹⁰Wil är's so het welle, sy mir eis für alli Mal heilig gmacht: Jesus Chrischtus het sich sälber gopferet.
¹¹Jede Priester steit Tag für Tag da, verrichtet sy Dienscht und bringt geng ume di glychen Opfer, wo aber nie imstand sy, Sünde dürztue. ¹²Aber är het eis einzigs Opfer für d Sünde bbracht und het für geng sy Platz rächts vo Gott übercho. ¹³Sider däm wartet er druuf, «dass syni Finde ihm als Schämeli under d Füess gleit wärde». ¹⁴Dür eis einzigs Opfer het er die a ds Zil bbracht, won er het heilig gmacht. ¹⁵Das begloubiget üüs o der heilig Geischt. Zersch het er gseit: ¹⁶«Das söll de der Bund sy, won i speter mit ne wott schliesse, seit der Herr: ‹I gibe myni Gsetz i iri Härz yne und schrybe se i ire Verstand, ¹⁷und i dänke nümm a iri Sünde und Verfählige›.» ¹⁸Won es e Vergäbig git für das alls, bruucht's o kes Opfer meh für d Sünd.

Mir wei zu üser Hoffnig sta!

¹⁹Liebi Gschwüschterti, mir dörfen is druuf verla, dass mer dank em Bluet vo Jesus chöi i ds Heiligtum ynega; ²⁰är het is e ganz e nöie und läbige Wäg ufta, dür e Vorhang düre, das wott heisse, dür sys Fleisch und Bluet düre. ²¹Und mir hei e grosse Priester, wo ygsetzt isch über ds Huus vo Gott.
²²Drum wei mir zuechega mit ufrichtigem Härz und voll glöubigem Vertroue. Ds Härz isch frei, ds schlächte Gwüsse furt und der Körper i suberem Wasser bbadet. ²³Mir wei fescht und ohni z schwanke zum Bekenntnis vo üser Hoffnig sta. Är (Gott), wo d Verheissig ggä het, steit derzue.

²⁴ Und mir wein is gägesytig Muet mache zur Liebi und zu guete Tate. ²⁵ Derzue wei mir bi üsne Versammlige nid schwänze, wi's es paari im Bruuch hei, nei, mir wein is e Ruck gä derzue, und das descht meh, als dihr ja gseht, dass der (gross) Tag naachet. ²⁶ We mir d Wahrheit gchenne und de wüssetlech sündige, de nützt kes Opfer meh gäge d Sünde; ²⁷ derfür wartet es furchtbars Gricht und es wüetigs Füür, wo die wird frässe, wo sech gäge Gott stelle. ²⁸ We sech eine über ds Gsetz vom Mose ewägg gsetzt het, mues er ohni Erbarme «uf d Ussag vo zweene oder dreine Züge hi stärbe». ²⁹ Was meinet dihr, wi vil herter de d Straf bi däm isch, wo am Suhn vo Gott syni Schue abputzt, und wo ds Bluet vom Bund, wo ne heilig gmacht het, nid schetzt, und sech über e Geischt vo der Gnad luschtig macht? ³⁰ Mir gchenne doch dä, wo gseit het: «Ds Vergälte isch my Sach, i tue strafe.» Und amenen anderen Ort: «Der Herr isch Richter über sys Volk.» ³¹ Schrecklech isch's, i d Händ vom läbändige Gott z grate.

³² Dänket a früecher, a denn, wo nech ds Liecht ufggangen isch, wi dihr da kämpft und glitte und uf d Zähn bbisse heit. ³³ Bald syt dihr sälber verbrüelet und mit vil Plage drangsaliert worde, bald syt dihr dene bygstande, wo glych hei düremüesse. ³⁴ Dihr heit glitte zäme mit de Gfangene, und heit's mit Fröid ertreit, dass me nech Hab und Guet groubet het; dihr heit gwüsst, dass dihr öppis bessers bsitzet, öppis, wo blybt. ³⁵ Löt drum jitz öie Muet nid la fahre, er het Ussicht uf ne grosse Lohn. ³⁶ Dihr müesset Usduur ha und mache, was Gott wott, de überchömet der, was Gott nech verheisse het.

³⁷ Nume no nes Momäntli, de erschynt dä, wo söll cho; er lat nid uf sech la warte. ³⁸ «Dä, wo i mynen Ouge grächt isch, läbt us sym Gloube. Wen er ufgit, han ig i mym Härz ke Fröid a ihm.» ³⁹ Mir sy aber nid settigi, wo ufgäbe und dermit de zgrund gange. Mir gloube und gwinne dermit ds Läbe.

Was heisst das: gloube?

11 Gloube bedütet zueversichtlech hoffe und überzügt sy vo öppisem, wo me nid gseht. ² I där Sach isch üsne Vorfahre es guets Zügnis usgstellt worde. ³ Mit em Gloube begryffe mer, dass d Wälte dür nes Wort vo Gott sy erschaffe worde, dass also das, wo me cha gseh, us öppis Unsichtbarem worden isch.

Üsi Vorfahre im Gloube

⁴Us Gloube het der Abel Gott es bessers Opfer darbbracht als der Kain. Drum isch ihm ds Zügnis ggä worde, er sygi grächt. Gott het das Zügnis bi sym Opfergschänk abggä, und dank sym Gloube redt der Abel no zuen is nach sym Tod. ⁵Dank sym Gloube isch der Henoch vo der Ärden ewägg gno worde, ohni der Tod z gseh. Vorhär het er no ds Zügnis übercho, er gfalli Gott. ⁶Ohni Gloube isch es nid müglech, Gott z gfalle; wär wott zu Gott cho, mues gloube, dass er da isch, und dass er die belohnt, wo ne sueche. ⁷Us Gloube het der Noach gfolget, wo Gott ihm öppis befole het: Als fromme Maa het är en Arche bbouet, für sy Familie z rette, o we me no nüüt het chönne gseh. So isch är gschyder gsi als d Wält und isch sälber grächt gsproche worde dank sym Gloube.

⁸Us Gloube het der Abraham gfolget, wo Gott ne grüeft het; er isch usgwanderet i nes Land, won er het sölle zum Erb übercho; er isch usgwanderet ohni z wüsse, wohi dass er geit. ⁹Wäg sym Gloube het er im versprochene Land gwohnt, wi we's d Frömdi wär; er het im Zält gläbt zäme mit em Isaak und em Jakob, wo mit ihm di glychi Verheissig hei übercho. ¹⁰Er het gwartet uf d Stadt mit de feschte Fundamänt, wo Gott ire Architekt und ire Boumeischter isch. ¹¹Us Gloube het sogar di chinderlosi Sara d Chraft übercho zu mene Chind, irem Alter ztrotz, wil si sech uf dä verla het, wo d Verheissig het ggä. ¹²Drum sy o vo eim einzige, und de no vo eim, wo über ds Alter usen isch gsi, Nachkomme da, so vil wi Stärnen am Himel und Sand am Ufer vom Meer, wo niemer cha zelle.

¹³Die alli sy im Gloube gstorbe, ohni dass si d Verheissig hätte yglöst übercho; si hei se nume chönne wi vo wytem gseh und la grüesse. Und sich sälber hei si als Frömdi und Zuegwandereti aagluegt uf der Wält. ¹⁴Die, wo so rede, zeige dermit, dass si nes Vatterland sueche. ¹⁵We si a das ddänkt hätte, wo si us ihm sy usgwanderet gsi, hätte si ja Zyt gha für wider zrügg z ga. ¹⁶Aber si hei Heiweh gha na mene bessere Vatterland, das heisst, nach eim vom Himel. Drum schämt sech Gott o nid, we si säge, är syg ire Gott; är het ne ja ne Heimatstadt parat gmacht.

¹⁷Us Gloube het der Abraham der Isaak häreggä, won er isch uf d Prob gstellt worde; er het sy einzig Suhn häreggä, dä, won er d Verheissig für nen übercho het. ¹⁸Zu ihm isch ja gseit worde:

«Dür en Isaak söllsch du Nachkommen übercho.» [19] Er het sech überleit, dass Gott d Macht het, eine vo de Tote wider läbig z mache; drum het er ne – das isch es Glychnis – o wider übercho. [20] Us Gloube het der Isaak der Jakob und der Esau gsägnet im Blick uf d Zuekunft. [21] Us Gloube het der Jakob, won er am Stärben isch gsi, jede vo de Sühn vom Josef gsägnet, «und het sech bim Bätte über ds Ändi vo sym Stäcke bbückt». [22] Us Gloube het der Josef, won er am Stärbe isch gsi, a d Uswanderig vo den Israelite ddänkt und het Uftrag ggä für sy Beärdigung. [23] Us Gloube hei d Eltere vom Mose ne na syr Geburt drei Monet lang versteckt; si hei drum gseh, dass er es härzigs Chind isch, und si hei sech nid gförchtet vor däm, was der Chünig befole het. [24] Us Gloube het der Mose, won er isch erwachse gsi, nid welle als Suhn vo der Tochter vom Pharao gälte. [25] Lieber het er welle ds Eländ vom Gottesvolk uf sech nä, weder für ne churze Momänt d Sünd z gniesse. [26] Er het d Schand vo Chrischtus für ne grössere Rychtum aagluegt weder d Schetz vo den Ägypter; er het wytergluegt, uf d Belohnig vo Gott. [27] Us Gloube isch er us Ägypte furtggange, ohni d Wuet vom Chünig z förchte; er isch fescht bblibe, wi wen er dä gsäch, wo unsichtbar isch. [28] Us Gloube het er ds Passa düregfüert und ds Bluet verstriche, für dass der Todesängel di eltischte Chinder nid aarüert. [29] Dank irem Gloube hei si dür ds rote Meer chönne düreloufe wi über trochene Bode; wo d Ägypter ds Glyche hei probiert, sy si underggange.
[30] Dank em Gloube sy d Muure vo Jericho zämetroolet, wo si sibe Tag lang drum ume gloffe sy. [31] Dank em Gloube isch d Rahab, e Proschtituierti, nid umcho zäme mit den andere, wo nid glost hei; si het äbe d Spione fridlech ufgno.
[32] Was söll i no wyterfahre? D Zyt fählti mer, wen i no über e Gideon, über e Barak, Simson, Jiftach, David und Samuel und d Prophete wett rede. [33] Die hei dank em Gloube Chünigrych bbodiget, hei für Grächtigkeit gsorget, hei Verheissige übercho, hei Löie der Rache zuebschlosse, [34] hei Füürsbrünscht glösche, sy de Schwärter ertrunne, sy us Chrankheite wider zu Chreft cho, sy starch worden im Chrieg, hei frömdi Heer verjagt. [35] Froue hei iri Tote wider uferweckt übercho; anderi hei sech la foltere und hei druuf verzichtet, sech la z befreie, für zu nere bessere Uferstehig z cho. [36] Wider anderi hei sech la usfötzle und la uspöitsche, sy gfesslet und i d Chefi ta worde. [37] Me het se

gsteiniget, versaaget; si sy mit em Schwärt ermordet worde und gstorbe. I Schaffäll und Geissehüt sy si umegloffe; si sy arm gsi, sy plaget worde und hei bös düremüesse. ³⁸ Si sy vil zguet gsi für di Wält; si sy umenand girret i der Wüeschti, uf Bärge und i Höline und Schlüüf i der Ärde. ³⁹ Für die alli isch es bezügt, dass si ggloubt hei, und doch het sech d Verheissig nid erfüllt für se, ⁴⁰ wil Gott üüs besser wott: Si sölle ersch mit üüs zäme a ds Zil cho.

Der Wettkampf vom Gloube isch hert ...

12 Mir hei also e ganzi Wulche vo Züge um üüs ume. Drum wei mer alls wägglege, won is ängget, o d Sünd, won is so liecht ylyret. Mir sy zu mene Wettrenne aaträtte und wei's mit üser ganzen Energie dürehalte. ²Derby wei mer geng uf Jesus luege: Är isch der Aafang und ds Zil vom Gloube. Är het ds Chrüz ertreit und sech über d Schand ewägg gsetzt, wil ihm di grossi Fröid gwartet het, und är rächterhand vo Gott uf sy Thron het dörfe ga sitze.
³ Dänket a ihn. Wi hei ihm di sündige Mönsche widerredt, und är het's tolet. De verleidet's nech nid, we's nech dunkt, dihr haltet das i öier Seel nümmen uus. ⁴ Bis uf ds Bluet heit dihr bis jitz no nie müesse Widerstand leischte i öiem Kampf gäge d Sünd. ⁵ Dihr heit doch nid öppe d Mahnig vergässe, won er öich, syne Chinder, dermit wott Muet mache: «Liebe Suhn, es isch nid nüüt, we di der Herr i d Finger nimmt! Tue o nid grad verzwyfle, wen er di straft. ⁶ Der Herr nimmt dä i d Hüpple, won er lieb het, und er git däm Schleg, won er als Suhn aanimmt.» ⁷ Drum bysset uf d Zähn, de wärdet der erzoge! Gott behandlet nech wi syni Sühn. Wele Suhn wird nie gstraft vo sym Vatter? ⁸ We dihr also nid wi alli andere gstraft würdet, wäret dihr ja Baschtere und nid Sühn. ⁹ Üsi lybleche Vätter hein is ja o gstraft, und mir hei Reschpäkt vor ne gha; müesse mir üüs de nid no vil meh em Vatter vo de Geischter underzie, für zum Läbe z cho? ¹⁰ Äini hein is ja nume für nes churzes Zytli i d Hüpple gno, so wi si's für guet gfunde hei; aber är het ds Beschte für üüs im Sinn, für dass mir glych heilig wärde win är. ¹¹ Im Momänt schynt eim ke Straf e Fröid, ender e Schmärz. Aber die, wo so sy erzoge worde, wärde speter fridlech und voll Grächtigkeit.

¹² Drum «strecket di müede Händ und di waggelige Chnöi wider» und ¹³ «äbnet d Wääge für öiji Füess», für dass nid das, wo lahmet, sech z vollem usränkt, nei, dass es cha gsund wärde. ¹⁴ Gät nech Müe, mit allne im Fride und chrischtlech z läbe; ohni das wird niemer der Herr gseh. ¹⁵ Heit Sorg, dass niemer d Gnad vo Gott verpasst. «Es sött ke bitteri Wurzle Schoss mache und der Wäg verspere» und vilne Mönsche Schade bringe. ¹⁶ Niemer söll Gottes Bund bräche und sech gemein uffüere wi der Esau; dä het ja sys Rächt, der Eltischt z sy, la fahre für nes einzigs Ässe. ¹⁷ Und dihr wüsset ja: Won er speter doch der Säge hätt welle übercho, isch er abgwise worde; er het nüüt meh chönnen ändere drann, wen er scho mit Tränen i den Ouge probiert het.

... aber es lohnt sech, düre z halte

¹⁸ Dihr syt nid zu mene Bärg zueche cho, wo me cha aarüere und wo Füür spöit, nid zu fyschtere Wulche und Sturm, ¹⁹ wo Posuune druus töne, und Wort druus donnere, so dass die, wo's hei ghört, kes Wort meh hei möge verlyde. ²⁰ Si hei nid erteit, was nen isch befole worde: «O wen es Tier der Bärg aarüert, söll me's mit Steine z Tod schla». ²¹ D Erschynig isch so fürchterlech gsi, dass der Mose gseit het: «I ha Angscht und schlottere». ²² Nei, dihr dörfet zum Bärg Zion zueche cho und zur Stadt vom läbändige Gott, zum himmlische Jerusalem und zu Zähtuusige vo Ängle, ²³ und zur Feschtgmeind vo den Erschtgeborene, wo i de Himlen ufgschribe sy, und zu Gott, wo der Richter über alli isch, und zu de Geischter vo de vollkommene Grächte, ²⁴ und zu Jesus, wo der nöi Bund vermittlet het, und zum versprützten Opferbluet; das redt e besseri Sprach weder ds Bluet vom Abel. ²⁵ Passet uuf, wyset dä nid ab, wo redt! Die sy nid ertrunne, wo nen abgwise hei, denn, won er uf der Ärde zue ne gredt het. No vil weniger ertrünne mir, we mir ihm der Rügge chehre, wen är vom Himel här zuen is redt. ²⁶ Sy Stimm het denn d Ärde gmacht z zittere; und jitz het er verheisse: «Ds nächschte Mal lan i nid nume d Ärde la zittere, nei, o der Himel.» ²⁷ Das Wort «ds nächschte Mal» dütet aa, dass das, wo i ds Wanke chunt, nachär furtgruumt wird, wil's zur (alte) Schöpfig ghört. Nume das söll blybe, wo me nid cha mache z wanke. ²⁸ Mir wei dankbar sy: Mir überchömen es Rych, wo nid i ds Wanke chunt. Drum wei mir

Gott danke und ihm diene, win es ihm gfallt, mit Reschpäkt und Angscht. ²⁹«Üse Gott isch ja nes Füür, wo alls cha verbrönne.»

Letschti Mahnige für nes chrischtlechs Verhalte

13 Bhaltet enand lieb wi Gschwüschterti. ²Vergässet nid, gaschtlech z sy; es hei nere scho Lüt, ohni 's z merke, Ängel als Gescht gha. ³Dänket a di Gfangene, wi we dihr sälber gfange wäret, und a die, wo misshandlet wärde; dihr heit ja o ne Körper! ⁴Heit d Eh in Ehre; ds Gschlächtsläbe vo de Verhüratete söll suber sy. Gott wird über Huerer und Ehebrächer Gricht halte. ⁵Ganget nid uf ds Gäld uus; syt zfride mit däm, wo der heit; är sälber het ja versproche: «I gibe di nid uuf und la di nid im Stich.» ⁶Drum chöi mer zueversichtlich säge: «Der Herr hilft mer, i ha ke Angscht; was chönnt mir e Mönsch z leid tue?»
⁷Dänket a öiji Gmeindsleiter, wo nech d Botschaft prediget hei; lueget ds Ändi vo irem Läbe hie aa, und heit der glych Gloube wi si! ⁸Jesus Chrischtus isch der Glych, geschter und hütt und bis i d Ewigkeite. ⁹Löt nech nid la sturm mache vo allergattig frömde Lehre; es isch guet, we d Gnad ds Härz fescht macht, und nid Reglen über ds Ässe; die, wo sech na dene grichtet hei, hei nüüt dervo gha! ¹⁰Mir hei en Altar, wo die nid dervo z ässen überchöme, wo im (alte) Zält diene. ¹¹Der Hohepriechter het albe ds Bluet vo de Tier wäg de Sünde i ds Allerheiligschte bbracht, und d Tier sy duss vor em Lager verbrönnt worde. ¹²O Jesus het ja vor em Stadttor uss der Tod erlitte, für dass er ds Volk heilig macht dür sys eigete Bluet. ¹³Drum wei mir ihm jitz nachega, vor ds Lager use, und sy Schand (mit ihm) trage. ¹⁴Mir hei ja hie ke Stadt, wo blybt, aber mir sueche di zuekünftigi.
¹⁵Dür ihn wei mir Gott ständig es Lob als Opfer darbringe. Üüs zu sym Name bekenne, das isch ds Schönschte, wo mer chöi mache.
¹⁶Vergässet nie, Guets z tue und mitenand z teile, settigi Opfer gfalle Gott. ¹⁷Folget öine Gmeindsleiter und loset uf se; si wache über öiji Seele und wüsse, dass si verantwortlech sy. Si sötte's dörfe mit Fröid mache und nid mit Süüfzge; süsch heit dihr einisch nüüt dervo.

Bitt und Briefschluss

[18] Bättet für üüs. Mir hei zwar gloub es guets Gwüsse, wil mir probiere, i allne Teilen es rächts Läbe z füere. [19] Aber i bitte nech umso dringlecher (z bätte), für dass i deschto ender wider zue nech cha cho. [20] Üse Herr, Jesus, isch der gross Hirt vo de Schaf; är het mit sym Bluet der nöi Bund ggründet. Ihn het der Gott vom Fride vo de Tote zu sich ufegfüert. [21] Gott söll öich tüechtig mache für alls Guete, für dass dihr sy Wille chöit erfülle; är sälber söll ds Beschte für sich us üüs usehole – dür Jesus Chrischtus. Ihm ghört d Ehr bis i d Ewigkeit vo den Ewigkeite.
[22] Liebi Gschwüschterti, i bitte nech: Nät das Mahnwort aa! I ha nech ja nume churz gschribe. [23] Dänket, üse Brueder Timotheus isch freicho! Wen er zur Zyt dahäre chunt, reisen i mit ihm zäme zue nech. [24] Grüesset mer alli öiji Gmeindsleiter und alli Chrischte. O die vo Italie lö nech la grüesse. [25] I wünsche nech allne d Gnad (vo Gott)!

Der Brief vom Jakobus

Begrüessig

1 Der Jakobus, Chnächt vo Gott und vo Jesus Chrischtus, em Herr, grüesst di zwölf Stämm, wo uf der Wält verströit sy.

Vo de Versuechige

² Lueget's für luter Fröid aa, liebi Gschwüschterti, we dihr geng ume nöi uf d Prob gstellt wärdet. ³ Gället: Der Gloube, wen er standhet, lehrt eim Geduld. ⁴ Und d Geduld bringt's zwäg, dass men öppis cha zu mene guete Änd füere. So wärdet dihr vollkomme, und 's fählt nech nüt meh.
⁵ Wen es eim vo nech sött a Wysheit mangle, söll er Gott drum bitte; är git allne Mönsche gärn und ohni z hinderha, und sicher git er o ihm. ⁶ Aber er söll im Gloube drum bitte und ja nid zwyfle; dä, wo zwyflet, glychet nere Wälle im Meer, wo vom Sturmblaascht ufgwüelt und hin und här gworfe wird. ⁷ E settige Mönsch söll nid meine, er überchöm öppis vom Herr – ⁸ er isch e Mönsch mit nere halbierte Seel, wo sech uf all Wäg lat la umetrybe.
⁹ Der Brueder, wo i eifache Verhältnisse läbt, darf sech gross vorcho; ¹⁰ aber der Rych söll sech chly vorcho. Er vergeit nämlech wi ne Blueme uf der Matte; ¹¹ d Sunne geit uuf und bringt d Hitz und verbrönnt ds Gras, und d Blueme fallt ab, und iri Schöni vergeit; so verdoret o der Rych uf syr Läbeswanderig.
¹² Glücklech für geng isch dä Mönsch, wo d Prob bestande het; er het sech bewährt und überchunt der Sigerchranz vom Läbe, wo Gott dene versproche het, wo ne lieb hei. ¹³ We eine uf d Prob gstellt wird, söll er nid säge: «Gott versuecht mi!» Gott cha ja nid versuecht wärde, und är versuecht o niemer. ¹⁴ Jede wird vo synen eigete Glüscht versuecht und greizt und glöökt. ¹⁵ We de der Gluscht Füür gfange het, bringt er d Sünd uf d Wält, und d Sünd, we si voll usgwachsen isch, bringt der Tod uf d Wält. ¹⁶ Trumpieret nech nid, myni liebe Gschwüschterti! ¹⁷ Jedi gueti Gab und jedes vollkommene Gschänk chunt vo oben abe, vom

Vatter vo allne Liechter; bi ihm git's ke Änderig und ke Schatte (wi bi de Stärne), wil er öppe der Platz tät wächsle. ¹⁸ Mit der Botschaft vo der Wahrheit het är üüs i ds Läbe grüeft; mir sölle sozsäge syni erschte gottgweihte Gschöpf sy.

Lose und mache!

¹⁹ Gället, liebi Gschwüschterti, jede Mönsch söll tifig sy für ds Lose, langsam für ds Rede und o langsam für d Töubi. ²⁰ D Töubi vom Mönsch macht's ja nid uus, dass Gott grächt isch. ²¹ Drum machet alle Dräck und das vile Böse vo nech ab und nät ganz bescheide d Botschaft aa, wo nech isch ypflanzet worde; si cha öiji Seele rette.
²² Aber tüet de o, was di Botschaft seit, und loset se nid nume! Süsch syt dihr uf em faltsche Gleis! ²³ We eine d Botschaft eifach lost und de nid macht, was si seit, de glychet er emene Maa, wo sich sälber im Spiegel aaluegt; ²⁴ de het er sech aagluegt und geit ewägg und vergisst de grad ume, win er usgseht. ²⁵ Aber dä, wo ds vollkommene Gsetz vo der Freiheit gründlech studiert und de o derby blybt, wo nid eifach lost und vergisst, wo sy Sach o macht, dä isch glücklech, wil er's äbe macht! ²⁶ We eine meint, er dieni Gott, aber derby sy Zunge nid i der Egi het, macht er sech sälber öppis vor: Sy Dienscht vor Gott isch nüüt wärt. ²⁷ E Dienscht vor Gott, wo o bi ihm, em Vatter, suber isch und ke Fläcke het, isch eso: Me hilft de Waise und Witfroue, wo i der Not sy, und macht sich sälber nid dräckig i dere Wält.

Gott isch nid parteiisch

2 Myni liebe Gschwüschterti, we dihr a Jesus Chrischtus, üse Herr vo der Herrlechkeit, gloubet, de syt nid parteiisch! ² We dihr Gottesdienscht fyret, und 's chunt e Maa yne, wo guldigi Fingerringe treit und es prächtigs Chleid annehet, und de chunt o nen Armen yne, wo nes dräckigs Chleid het, ³ – de lueget der dä aa, wo ds prächtige Chleid annehet und säget ihm: «Sitz bitte da häre, da isch's gäbig!», aber em Arme säget der: «Stand du dert hindere oder sitz a Bode näbe mym Schämel» –, ⁴ machet dihr de nid bi öich sälber en Underschid und spilet nech mit böse Gedanke als Richter uuf? ⁵ Loset einisch, myni liebe Gschwüschterti, het de Gott nid grad di Armen uf der Wält usgläse, für dass

si rych wärde im Gloube und ds Rych erbe, won er dene versproche het, wo ne lieb hei? ⁶Und dihr heit en Arme verachtet! Hei nech nid grad di Ryche under em Duume und schleipfe nech vor Gricht? ⁷Sy nes nid grad si, wo der guet Name (vo Chrischtus) i Dräck zie, wo (bi der Toufi) über öich isch gseit worde? ⁸Aber we dihr das chünigleche Gsetz haltet, wo i der Schrift steit: «Du söllsch dy Mitmönsch lieb ha wi di sälber», de machet dihr ds Rächte. ⁹We dihr hingäge parteiisch syt, machet dihr nech schuldig; ds Gsetz bewyst nech ja, dass dihr's überträttet. ¹⁰Wär ds Gsetz als Ganzes haltet, aber im einzelne verfählt, het sech am ganze vergange. ¹¹Dä, wo gseit het: «Du söllsch d Eh nid bräche», het o gseit: «Du söllsch nid morde». We du jitz nid d Eh brichsch, aber derfür mordisch, de hesch ds Gsetz überträtte. ¹²Redet und handlet wi Mönsche, wo einisch nam Gsetz vo der Freiheit beurteilt wärde. ¹³Ds Gricht gchennt ja kes Erbarme für dä, wo nid Erbarme het; ds Erbarme cha also säge, es syg stercher als ds Gsetz!

Gloube und Leischtig

¹⁴Myni liebe Gschwüschterti, was nützt das, we eine seit, er heig der Gloube, aber praktisch nüüt leischtet derby? Cha ne öppe sy Gloube rette? ¹⁵Wen e Brueder oder e Schwöschter keni Chleider het und es fählt nen am Nötigschte zum Läbe, ¹⁶und de sieg eine vo nech zue ne: «Ganget im Fride, heit schön warm und ässet bis gnue», aber dihr gubet ne nid, was si für ds Läbe bruuchte, was hätte si da dervo? ¹⁷So isch es o mit em Gloube: Wen er praktisch nüüt leischtet, isch er i sich sälber tod. ¹⁸Eine cha der säge: «Du hesch Gloube, und ig ha Leischtige; zeig mer, dass du gloubsch, ohni Leischtige! I cha dir us myne Leischtige der Gloube bewyse!» ¹⁹Du gloubsch, dass es numen ei Gott git? Das isch scho rächt; aber o di böse Geischter gloube das und schlottere vor Angscht!
²⁰Söll i dir bewyse, du dumme Kärli, dass der Gloube ohni Leischtige e fuli Sach isch? ²¹Der Abraham, üse Vatter, isch dä ächt nid wäge syr Gloubes-Tat grächtfertiget worde, won er sy Suhn Isaak uf em Altar gopferet het? ²²A däm gsehsch, dass der Gloube zämeschaffet mit syne Tate, und dass der Gloube wäg syne Tate zum Zil chunt. ²³Und so het sech erfüllt, was d Schrift seit: «Der Abraham het Gott ggloubt; das isch ihm als Grächtig-

keit aagrächnet worde», und me het ihm «der Fründ vo Gott» gseit. ²⁴Da gseht dihr, dass e Mönsch wäg syne Leischtige grächtfertiget wird und nid nume wäge sym Gloube. ²⁵Isch nid d Rahab, di Proschtituierti, irer Tat twäge grächtfertiget worde, wil si d Spione by sech het ufgno und sen uf menen andere Wäg het la etwütsche? ²⁶Grad so, wi der Lyb ohni Geischt tod isch, isch der Gloube ohni Leischtige tod.

Ufpasse, was me redt!

3 Liebi Gschwüschterti, es sötte nid so vili vo nech welle Lehrer wärde; mir wüsse ja, dass mir herter als anderi beurteilt wärde! ²Mir alli mache ja mänge Fähler. We eine nid emal bim Rede Fähler macht, de isch er e vollkommene Mönsch, wo o sy ganz Körper fählerfrei cha in Egi ha. ³We mir de Ross der Zoum i ds Muul lege, für dass sin is folge, de länke mer grad ire ganze Körper. ⁴Gället, o d Schiff, si chöi so gross sy, wi si wei, und di sterchschte Sturmlüft chöi se trybe, wärde vo mene ganz chlyne Stüürrueder glänkt. ⁵So isch o d Zunge es chlyses Körperteili und bringt doch Grosses z stand; dihr gseht ja o, wi nes chlyses Füürli e grosse Wald cha aazünte. ⁶D Zunge isch so nes Füürli, und si bedütet e Wält vo Ungrächtigkeit bi üsne Körperteile; si macht der ganz Lyb usuber und zündet ds Rad vom Läben aa, und ires Füür het si us der Füürhöll. ⁷Jedi Sorte Tier, Vierfüessler, Vögel, Schlange und Fische lat sech la zähme, und isch scho vo Mönsche zähmt worde; ⁸nume d Zunge cha ke Mönsch zähme. Si isch es Übel; si git ke Rue, si isch voll tötlechem Gift. ⁹Mit ire lobe mir Gott, der Vatter, und mit ire verflueche mer d Mönsche, wo nam Bild vo Gott gschaffe worde sy. ¹⁰Us em glyche Muul chöme Säge und Fluech; das, myni liebe Gschwüschterti, bruuchti nid eso z sy. ¹¹E Quelle lat o nid us em glyche Loch süesses und bitters Wasser la usebrodle. ¹²Oder, liebi Gschwüschterti, cha öppen e Fygeboum Olive trage oder e Räbe Fyge? Salzwasser cha o nid süess wärde.

Di rächti Gschydi

¹³Wär bi öich isch gschyd und verständig? Dä söll mit nere guete Läbesfüerig zeige, was er leischtet; so isch er beids, bescheide und

gschyd. ¹⁴ Aber we dihr ds Härz voll bittere Nyd und Chyb heit, de plagieret nid no und lüget der Wahrheit ztrotz. ¹⁵ Das isch de nid e Gschydi vo obe, aber eini vo der Ärde, us em Innere vom Mönsch, und vo de böse Geischter. ¹⁶ Wo Nyd und Chyb sy, da isch o Unornig und jedi Sorte Bösi. ¹⁷ Aber d Gschydi vo obe isch vor allem luter, de o fridlech, fründlech, guethärzig, mitlydig und tatchreftig, ohni Misstroue und Hüüchelei. ¹⁸ Im Fride wird d Grächtigkeit gsääit, und si chunt dene zguet, wo am Fride schaffe.

Gäge ds Zangge

4 Vo wo chöme Chritz und Kräch bi öich? Doch wohlöppe us öine Glüscht, wo i öine Glider umefahre. ² Dihr gluschtet und überchömet's nid, dihr syt schaluus und yfersüchtig, und chöit's doch nid errangge. Dihr chrieget und zangget, aber chömet zu nüüt. Dihr bättet äbe nid! ³ Oder dihr bättet, aber dihr überchömet nüüt, wil der schlächt bättet; dihr wettet d Sach nume, für se i öier Sucht z verjuble. ⁴ Dihr brächet d Eh mit Gott und wüsset nid, dass d Fründschaft mit der Wält Findschaft gäge Gott bedütet. Wär wott guet Fründ sy mit der Wält, zeigt, dass er e Find vo Gott isch. ⁵ Oder meinet dihr, d Schrift redi i ds Läären use? Der Geischt, won är i üüs het la wohne, passet gnau uf üse Nyd uuf. ⁶ Aber d Gnad, won er git, isch no grösser. Drum seit d Schrift: «Gott stellt sech gäge di Hoffärtige, aber de Demüetige git er Gnad.» ⁷ So stellet nech under Gott. Widerstandet em Tüüfel, de lat er nech i Rue. ⁸ Ganget naach zu Gott, de chunt er naach zu öich!
Machet nech suberi Händ, dihr Sünder! Putzet öies Härz uus, dihr Zwyfler! ⁹ Merket, wi eländ der syt, truuret und hüület! Briegge söllet der statt lache, und truurig sy statt Fröid ha! ¹⁰ Bücket nech abe vor em Herr, de lüpft är nech ufe.
¹¹ Liebi Gschwüschterti, verbrüelet enand nid. Wär sys Gschwüschterti verbrüelet oder verurteilt, verbrüelet ds Gsetz und verurteilt ds Gsetz. Aber we du ds Gsetz verurteilsch, de erfüllsch du ds Gsetz nid, du machsch di zu sym Richter. ¹² Eine isch Gsetzgäber und Richter, dä, wo cha rette und verderbe; aber wär bisch du, dass du dy Mitmönsch verurteilsch?

Machet keni liechtsinnige Plän!

¹³ Und jitz zu öich, wo säget: «Hütt oder morn gange mir für nes Jährli i d Stadt Sowiso, tüe dert es Gschäft uuf und mache e Huuffe Gäld.» ¹⁴ Dihr wüsset doch gar nid, win es morn mit öiem Läben usgseht! Dihr syt ja numen es Näbeli: Es Ougeblickli gseht me's und de vergeit's. ¹⁵ Säget doch statt desse: «We der Herr wott, de läbe mer und mache diss oder äis.» ¹⁶ Aber däwä plagieret der nume und machet nech wichtig, und jedes settige Plagiere isch bös. ¹⁷ We eine weiss, was er Guets chönnt mache und er macht's nid, wird er schuldig.

Warnig für di Ryche

5 Und jitz zu öich, dihr ryche Lüt! Grännet und hüület über ds Eländ, wo wird über nech cho! ² Öie Rychtum isch verfulet, öiji Chleider hei d Schabe gfrässe; ³ öies Guld und öies Silber isch verroschtet, und dä Roscht chlagt öich aa und frisst öie Lyb uuf wi Füür. I de allerletschte Tage traget dihr no Schetz zäme! ⁴ Ja, loset nume: Öiji Arbeiter hei öiji Achere abgärnet, aber der Lohn heit der ne nid uszalt. Settigs brüelet zum Himel ufe, und ds Brüele vo den Arbeiter i der Ärn «isch em Herr vo de Heerschare z Ohre cho». ⁵ Dihr heit nech uf der Wält der Buuch vollgschlage und nech alls ggönnt. Dihr heit nech's la wohlsy a der Metzgete. ⁶ Der Unschuldig heit dihr verurteilt und heit ne tödt; er het sech ja nid gägen öich chönne wehre.

Mahnige für di letschti Zyt

⁷ Liebi Gschwüschterti, heit Geduld, bis der Herr chunt. Dänket draa, wi der Buur uf di gueti Ärn vom Fäld wartet, und geduldig zueluegt, wi 's im Herbscht und im Früelig druuf rägnet. ⁸ Die Geduld müesset dihr o ha; machet öiji Härz fescht, es geit gar nümm lang, bis der Herr chunt! ⁹ Liebi Gschwüschterti, schimpfet nid überenand, süsch chömet dihr sälber einisch vor Gricht. Lueget, der Richter steit scho vor der Tür! ¹⁰ Liebi Gschwüschterti, d Prophete hei im Name vom Herr gredt, nät die zum Vorbild im Lyde und i der Geduld! ¹¹ Mir säge ja, die syge glücklech, wo düreghalte hei: Dihr heit ghört, wi der Ijob düreghalte het, dihr heit o gseh, dass es der Herr het guet la usecho mit ihm; der Herr isch ja voll Mitlyde und Barmhärzigkeit.

Vom Schwöre und Bätte

¹²Liebi Brüeder, tüet ja nid schwöre, bim Himel nid und o nid bi der Ärde, und o ke anderen Eid. Aber öies Ja söll es Ja sy und öies Nei es Nei, süsch chömet der vor Gricht! ¹³We eine vo nech schwär het, so söll er bätte; het eine e guete Luun, söll er Psalme singe. ¹⁴We öpper vo nech chrank isch, söll er der Gmeindsvorstand zue sech rüefe, die sölle für ne bätte, und nen im Name vom Herr mit Öl salbe. ¹⁵Ds glöubige Gebätt wird ihm us der Schwechi usehälfe, und der Herr wird ne la ufsta. Und wen er gsündiget het, wird er ihm vergä. ¹⁶Tüet also enand d Sünde bekenne und bättet für enand, für dass dihr gsund wärdet. Es ärschtigs Gebätt vo mene Grächte bringt vil zstand. ¹⁷Der Elija isch e Mönsch gsi wi mir, und won er ärschtig drum het bbättet, dass es nümm söll rägne, het's o drüehalb Jahr uf der Ärde nümme grägnet. ¹⁸Won er wider bbättet het, da het der Himel Räge ggä und d Ärde het wider Frucht la wachse.

¹⁹Lueget, myni liebe Gschwüschterti: We öpper vo nech vo der Wahrheit isch abcho, und en andere bringt ne wider zrügg, ²⁰de rettet dä, wo der Schuldig vo sym verchehrte Wäg zrüggbbracht het, däm sy Seel us em Tod und «deckt e Huuffe Sünde zue».

Der erscht Brief vom Petrus

Begrüessig und Dank

1 Der Petrus, en Aposchtel vo Jesus Chrischtus, a alli, wo i der Frömdi verströit wohne z Pontus, z Galatie, z Kappadozie, i der Provinz Asie und z Bithynie. ²Gott, der Vatter, het öich userwählt und nech dür e Geischt la Chrischte wärde, für dass dihr ihm folget und nech löt la suber mache dür ds Bluet vo Jesus Chrischtus.
I wünsche nech Gnad und überryche Fride.
³Mir lobe Gott, der Vatter vo üsem Herr, Jesus Chrischtus; är het üüs dür sys grosse Erbarme la nöi gebore wärde; jitz hei mir e läbigi Hoffnig, wil Jesus Chrischtus vo de Toten uferstanden isch; ⁴mir söllen öppis erbe, wo nid vergeit, wo nid wüescht wird und nid verblüeit, und wo für öich im Himel ufbewahrt isch; ⁵d Chraft vo Gott behüetet öich wäg em Gloube bis zum Momänt vo der Rettig. Die isch scho parat und zeigt sech de i der letschte Zyt. ⁶Denn juchzet dihr de, o we dihr jitz no nes Wyli allergattig Prüefige müesset düremache. ⁷Dermit söll sech zeige, dass öie Glouben ächt isch und meh wärt als Guld, wo vergeit, o wen es im Füür prüeft wird. Er söll zum Lob und zur Ehr vo Jesus Chrischtus da sy, wen är de erschynt. ⁸Ihn heit dihr lieb gha, ohni dass dihr ne je gseh heit, a ihn gloubet dihr jitz, o ohni ne z gseh; ihm juchzet dihr einisch zue mit nere unussprächleche, herrleche Fröid. ⁹Dihr chömet o a ds Zil vo öiem Gloube, derthäre, wo öiji Seele grettet wärde.
¹⁰Na dere Rettig hei scho d Prophete gsuecht, wo si hei prophezeit, öich wärdi de d Gnad gschänkt. ¹¹Si hei probiert usezfinde, uf wenn, uf was für ne Zyt der Geischt vo Chrischtus ächt tüeji düte, wo i ihne gwohnt het. Dä Geischt het ihne zum voruus prophezeit, dass Chrischtus wärdi lyde und nachär i d Herrlechkeit cho. ¹²Gott het ne aber o zeigt, dass das nid ihne sälber zguet chunt. Aber öich hei's jitz die aagseit, wo nech di gueti Botschaft prediget hei. Daderzue isch der heilig Geischt vom Himel abegschickt worde. Sogar d Ängel wette das vo naachem gseh!

Folget Gott!

¹³ Drum stellet nech innerlech ganz dadruuf y, syt nüechter und hoffet uf nüüt anders weder uf d Gnad, wo Gott öich aabietet, we Jesus Chrischtus erschynt. ¹⁴ Wi gfölgigi Chinder löt nech nid vo de früechere Glüscht la übernä, wo dihr ne synerzyt naaggä heit, wil der's nid besser gwüsst heit. ¹⁵ Nei, dä, wo öich grüeft het, isch heilig; läbet drum o dihr es heiligmässigs Läbe. ¹⁶ Es steit ja gschribe: «Dihr söllet heilig sy, wil i heilig bi.» ¹⁷ Dihr säget Vatter zu däm, wo ne Richter isch, wo nid uf d Pärson luegt, er richtet jeden eso, win er's verdienet. Heit also Reschpäkt, solang dihr no hie (wi) i der Frömdi läbet.

¹⁸ Gället, dihr syt ja nid mit Vergänglechem, mit Silber oder Guld,
losgchouft worde vo öiem nüütwärtige Läbe,
wo dihr öine Vätter abgluegt heit,
¹⁹ aber mit em tüüre Bluet vo Chrischtus,
und är isch wi nes Opferlamm ohni Fähler und Fläcke.
²⁰ Gott het ihn scho vor der Erschaffig vo der Wält derfür usgläse,
aber wägen öich isch er ersch am Ändi vo de Zyten erschine.
²¹ Dank ihm syt dihr zum Gloube a Gott cho,
wo ne vo de Toten uferweckt het und ihm d Herrlechkeit ggä het.
So chöit dihr a Gott gloube und uf ihn hoffe.

²² Dihr heit der Wahrheit gfolget und dermit öiji Seele suber gmacht für di ufrichtigi Bruederliebi; blybet derby und heit enand geng lieb. ²³ Dihr syt ja nöi gebore worde, nid us vergänglechem Same, nei, us unvergänglechem, dür ds Wort vom läbändige Gott, wo blybt. ²⁴ Gället: «Jede Mönsch isch wi Gras, und sy ganzi Herrlechkeit wi Blueme im Gras. Ds Gras verdoret und d Blueme verblüeit; ²⁵ aber em Herr sys Wort blybt uf ewig», und das isch äbe das Wort, wo öich als gueti Botschaft isch bbracht worde.

Ds Gottesvolk und sys Zil

2 Leget jitz alls Bösen ab, syt ufrichtig, hüüchlet und yfersüchtelet nid, verbrüelet o niemeren. ²Wi nöigeboreni Chindli höischet geischtlechi, luteri Milch, si lat nech la wachse uf öiji Rettig zue. ³Dihr «heit ja gchüschtet, wi fründlech der Herr isch». ⁴Chömet zuen ihm, zum läbige Stei. Vo de Mönsche isch er usgschoubet worde, aber Gott het ne usgläse und luegt nen als wärtvoll aa. ⁵Und dihr, bouet nech als läbigi Steine uuf zu mene geischtleche Huus, zu nere heilige Prieschterschaft, wo geischtlechi Gaben opferet, wo Gott wäge Jesus Chrischtus a ne Fröid het! ⁶I der Schrift heisst es ja: «Lue, i lege z Zion e Stei häre, e wärtvolle, won ig als Eckstei usgläse ha; wär a ihn gloubt, geit nid zgrund.» ⁷Die Ehr chunt öich zguet, de Glöubige. Aber für di Unglöubige heisst's: «Der Stei, wo d Boulüt usgschoubet hei, dä isch zum Eckstei worde», ⁸und: «e Stei, wo me über ne stoglet, und e Felse, wo eim im Wäg isch».
Die , wo der Botschaft nid folge, stolpere drüber; das isch o für se vorgseh. ⁹Aber dihr syt der usgläsnig Stamm, di chüniglechi Prieschterschaft, ds heilige Volk, ds Volk, wo Gott söll ghöre. Dihr söllet di grosse Tate vo däm verchünte, wo öich us der Fyschteri usegrüeft het i sys wunderbare Liecht. ¹⁰Einisch syt dihr ds «Nid-Volk» gsi, aber jitz syt dihr ds Gottesvolk; einisch syt dihr die gsi, «wo Gott sech nid erbarmet», aber jitz heit dihr sys Erbarme gfunde.

Dihr syt d Sklave vo Gott

¹¹Myni Liebe, dihr syt Uswanderer und Frömdi: Bitte, heit nech dänne vo de natürleche Glüscht, wo im Chrieg sy gäge inner Mönsch! ¹²Füeret es guets Läbe bi de Heide; si säge nech alls Wüeschte nache, aber si sölle gseh, was dihr Guets tüet, de gä si einisch Gott d Ehr am Tag vom Gricht. ¹³Underziet nech wäg em Herr jeder mönschlechen Ornig, syg's em Cheiser, wo ds Oberhoupt isch, ¹⁴syg's de Landvögt, wo vo ihm ygsetzt wärde, für d Verbrächer z strafe und die z belohne, wo ds Guete tüe. ¹⁵Das isch der Wille vo Gott: Dihr söllet ds Guete tue und dermit de dumme Lüt, wo nüüt begryffe, ds Muul stopfe. ¹⁶Dihr syt freiji Mönsche. Aber bruuchet di Freiheit nid eifach als Mänteli

für d Bösi. Dihr syt ja d Sklave vo Gott. ¹⁷ Tüet allne d Ehr aa, heit d Gschwüschterti im Gloube lieb, förchtet Gott, gät em Cheiser sy Ehr.

Sklave, loufet i de Spure vo Chrischtus!

¹⁸ Sklave, underziet nech i allem Reschpäkt öine Herre, nid nume de guete und nätte, nei, o de verdrääite! ¹⁹ Das bedütet ja Gnad, we eine unschuldig Schwärs cha ertrage, wil er sech i sym Gwüsse a Gott bbunde gspürt. ²⁰ Was gäb's eigetlech z rüeme, we dihr nech verfählet und de eifach d Straf uf nech nät? Aber we dihr nech guet ufgfüert heit und trotzdäm geduldig lydet, das bedütet Gnad bi Gott.
  ²¹ Daderzue syt dihr beruefe.
  O Chrischtus het ja für öich glitte
  und het nech sys Vorbild hinderla;
  syne Spure söllet dihr nachega!
  ²² «Ke Sünd het är begange,
  und nie het me ne öppis Unwahrs ghöre säge.»
  ²³ Me het ne verbrüelet, aber er het nid umebbrüelet;
  er het glitte, aber nid useghöische;
  er het sy Sach däm übergä, wo ne grächte Richter isch.
  ²⁴ «Üsi Sünde het är ufetreit»,
  i sym Lyb a ds Holz ufe;
  so chöi mir für d Sünde gstorbe sy
  und für d Grächtigkeit läbe.
  «Dür syni Strieme syt dihr gheilet worde.»
  ²⁵ Dihr syt ja gsi «wi Schaf, wo sech verloffe hei»,
  aber jitz heit dihr der Wäg gfunde zum Hirt,
  wo öiji Seele hüetet.

Mahnige a di Verhüratete

3 Ds Glyche sägen ig o de Froue: Underziet nech i der Eh öine Manne. So wärde o die, wo bis jitz nid druuf hei welle lose, dür ds blosse Läbe vo de Froue, ohni Wort, für d Botschaft ygno. ² Si gseh eifach, dass dihr öies Läbe ehrbar, im Reschpäkt vor Gott füeret. ³ Derby mache's nid di üsseri Eleganz, d Frisur, ds guldige Bhänk und d Chleider uus, ⁴ aber der inner Mönsch mit sym Härz, wo niemer gseht, mit em unvergängleche, bescheide-

ne, stille Geischt. Das git nech öie Wärt bi Gott. ⁵ So hei sech ja o synerzyt di heilige Froue schön gmacht: Si hei uf Gott ghoffet und sech i der Eh irne Manne underzoge. ⁶ So het d Sara em Abraham gfolget und het gseit, är syg ire Herr. Deren iri Chinder syt dihr worde, we dihr ds Guete machet und nech nid löt dür d Angscht la abbringe.
⁷ Ds Glyche sägen i o de Manne: Läbet vernünftig mit öine Froue zäme. Si sy der schwecher Teil. Heit sen in Ehre, si erbe ja mit öich zäme d Gnad vom ewige Läbe. De steit öine Gebätt nüüt im Wäg.

Mahnige für alli i der Gmeind

⁸ Churz und guet: Häbet zäme, syt offe für ds Lyde vo den andere, heit enand gärn, syt barmhärzig und bescheide. ⁹ Zalet nid Böses mit Bösem zrügg und Frächs mit Frächem, im Gägeteil: Sägne söllet der! Gott het nech ja o versproche, dihr erbet sy Säge! ¹⁰ Äbe: «Wär wott ds Läbe liebha und gueti Tage gseh, söll sy Zunge vor em Böse in Egi ha und syni Lippe dervor bhüete, dass si unufrichtig rede.» ¹¹ Er söll em Bösen us Wäg ga und ds Guete mache, er söll der Fride sueche und sech um ne gmüeje. ¹² «D Ouge vom Herr luegen uf di Grächte, und syni Ohre losen uf ires Gebätt, aber er drööit dene, wo Böses mache.»

Ds Lyde vo Chrischtus und vo de Chrischte

¹³ Wär wett nech de o öppis z leid tue, we dihr nech um ds Guete gmüejet? ¹⁴ Aber o, we dihr wäge der Grächtigkeit müesstet lyde, wäret dihr glücklech. «Löt nech ja ke Angscht la yjage oder la erchlüpfe vo ne.» ¹⁵ Haltet i öiem Härz Chrischtus, der Herr, heilig; syt geng parat, für jedem Red und Antwort z sta über d Hoffnig, wo dihr heit. ¹⁶ Aber machet's fründlech und mit Reschpäkt vor Gott und heit es guets Gwüsse derby; de cha me nech verbrüele, aber die, wo öies aaständige Läbe für Chrischtus schlächt mache, gange zgrund! ¹⁷ Es isch ja gschyder, me tüei Guets und müess derby lyde, we's Gott so wott ha, statt dass me sälber Schlächts tuet.

¹⁸ O Chrischtus het ja einisch müesse lyde für d Sünde (vo de Mönsche),
är, der Grächt, für di Ungrächte,

für dass är üüs zu Gott cha füere;
als Mönsch het er der Tod erlitte,
aber im Geischt isch er läbig gmacht worde.
¹⁹ Dank däm Geischt
isch er o zu de Geischter, wo i der Chefi sy,
ggange und het ne prediget;
²⁰ nämlech zu dene, wo synerzyt nid gfolget hei, und wo Gott i syr Geduld no zuegwartet het – denn i de Tage vom Noach, won er d Arche zwäg gmacht het, und dermit sy numen es paari, nämlech acht Läbe, dür ds Wasser düre grettet worde. ²¹ Ds Gägeglych isch jitz ds Wasser, wo öich i der Toufi rettet. Nid dass äs eifach nume der Dräck vom Körper abwäscht, aber es isch e Bitt a Gott für üüs um nes guets Gwüsse, dank der Uferstehig vo Jesus Chrischtus. ²² Är isch i Himel ufeggange und sitzt uf em Thron rächterhand vo Gott, und d Ängel und alli Mächt und Chreft müessen ihm folge.

Zeiget, dass der Chrischte syt!

4 We jitz Chrischtus als Mönsch het müesse lyde, de rüschtet nech innerlech mit de glyche Waffen uus. Wär drum körperlech glitte het, het dermit Rue übercho vor der Sünd; ²er git für e Räschte vo sym Läbe de mönschleche Glüscht nümme naa, aber derfür em Wille vo Gott. ³Es tuet's ja, dass dihr früecher de Heide heit ghulfe wüescht tue; dihr syt umegheit, syt süchtig gsi, heit usgürtet, prasset, gsoffe und de Götze uf ne verbotteni Wys ddienet. ⁴Drum chunt's ne jitz o frömd vor, dass dihr nech nümm i der glyche dräckige Liederlechkeit umetröölet, und si verbrüele nech destwäge. ⁵Si müesse einisch Rächeschaft gä vor däm, wo als Richter über Läbigi und Toti parat steit. ⁶Drum hei ja o di Tote d Botschaft prediget übercho: Wi alli Mönsche wärde si vor ds Gricht gstellt, aber der Geischt schänkt ne ds Läbe, wil's Gott so wott.
⁷Ds Ändi vo allem isch vorständs. Drum syt vernünftig und nüechter für z bätte. ⁸Ds Wichtigschten isch: Löt nid lugg enand lieb z ha, wil d «Liebi e Huuffe Sünde zuedeckt.» ⁹Nät enand gärn als Gescht uuf und brummlet nid. ¹⁰Hälfet enand zwäg, jede mit dere Begabig, won är het übercho, als gueti Verwalter vo de verschidene Gnadegschänk vo Gott. ¹¹We eine redt, de söll er rede wi we's e Botschaft vo Gott wär; we eine dienet, de söll er's

us dere Chraft mache, wo Gott schänkt; so wird i allne Teile Gott herrlech gmacht dür Jesus Chrischtus. Ihm ghört d Ehr und d Macht i d Ewigkeite vo den Ewigkeite. Amen.

Haltet uus im Lyde!

¹² Myni Liebe, löt nech nid la unsicher mache, we dihr i ne wahri Füürsbrunscht vo Versuechige ynegfüert wärdet. Das isch nüüt Bsunders. ¹³ Dihr syt eifach i di glyche Lyden ynegstellt worde wi Chrischtus. Fröiet nech, de chöit dihr nech de o fröie und juchze, wen er sy Herrlechkeit offebaret. ¹⁴ We dihr wäge Chrischtus verbrüelet wärdet, de chöit dihr glücklech sy. Grad denn «isch der Geischt vo der Herrlechkeit und der Geischt vo Gott uf öich». ¹⁵ Kene vo nech isch ja ne Mörder oder e Schelm oder e Verbrächer oder e Spion und mues drum lyde. ¹⁶ Wen er aber als Chrischt mues lyde, isch das ke Schand für ne; er söll Gott d Ehr gä, wil är under däm Name steit. ¹⁷ Der Ougeblick isch cho: Gott fat aa mit sym Gricht bi syne Lüt. Üüs trifft's zersch; was für nes Ändi nimmt's de mit dene, wo der Botschaft vo Gott nid tüe folge! ¹⁸ Und «we scho der Grächt nume mit Müe grettet wird, wo trifft me de ächt der Sünder und der Gottlos?» ¹⁹ Drum sölle die, wo Gott ne Lyde schickt, iri Seel em tröie Schöpfer übergä. Si hei ja nüüt Unrächts ta.

Mahnige a di Alte und di Junge

5 De Mitglider vom Gmeindsvorstand bi öich legen i das a ds Härz: I bi ja o ne Mitverantwortleche und e Züge vo de Lyde vo Chrischtus und überchume o mys Teil a der zuekünftige Herrlechkeit, wo gly wird sichtbar wärde. ² Bhüetet by nech di chlyni Härde, wo Gott ghört; lueget guet zue nere, nid us Zwang, aber freiwillig; nid wäge schäbigem Gwinn, aber us Yfer; ³ o nid eso, wi we dihr d Herre wäret über öiji Lüt, aber syt es Vorbild für öiji Härde! ⁴ We der Oberhirt chunt, überchömet dihr de o der Sigerchranz für d Herrlechkeit, dä, wo nie verschlampet. ⁵ Ds Glyche sägen i o de Jüngere: Underziet nech em Gmeindsvorstand. Ganget i aller Bescheideheit mit enand um. «Gott steit de Hoffärtigen eggäge, aber de Bescheidene git er Gnad.» ⁶ Bücket nech under di gwaltigi Hand vo Gott; är wird nech z rächter Zyt höch ufrichte. ⁷ Überlöt alls, wo nech Chummer macht, ihm; är

kümmeret sech ja um öich. ⁸Syt nüechter, syt wach! Öie Find, der Tüüfel, louft umenand wi ne Löi, er ruuret lut und luegt, wele dass er chönnt frässe. ⁹Heit ihm eggäge und blybet fescht im Gloube! Dihr wüsset ja, dass alli öiji Gschwüschterti uf der Wält ds glyche Lyde düremache. ¹⁰Aber Gott i syr ganze Gnad het öich wäge Chrischtus Jesus i sy ewigi Herrlechkeit grüeft. D Zyt vom Lyde isch churz. Är wird nech zwäghälfe, nech chreftig und starch mache und nech feschte Bode gä. ¹¹Ihm ghört d Macht i d Ewigkeite. Amen.

Briefschluss und Grüess

¹²Der Silvanus het mir dä Brief für öich gschribe; er isch gloub e zueverlässige Brueder; i ha nech nume churz gschribe, für nech zuezrede und derfür yzsta, dass das, wo dihr drinne standet, di wahri, rächti Gnad vo Gott isch. ¹³Die*, wo Gott mit mir zäme z Babylon usgläse het, und o my Suhn Markus lö nech la grüesse. ¹⁴Grüesset enand mit em heilige Müntschi.
Dihr ghöret zu Chrischtus. I wünsche öich allne der Fride vo Gott.

---

* Mir wüsse nid, öb der Briefschryber hie vo nere Frou oder vo nere chrischtleche Gmeind redt.

Der zwöit Brief vom Petrus

Begrüessig

1 Der Simeon Petrus, e Chnächt und Aposchtel vo Jesus Chrischtus, a die Mönsche, wo dür d Grächtigkeit vo üsem Gott und üsem Retter Jesus Chrischtus der glych wärtvoll Gloube hei übercho. ²D Gnad und der Fride sölle bi öich geng grösser wärde, je meh dihr Gott und Jesus, üse Herr, lehret gchenne.

D Gottesgab

³Sy göttlechi Macht het üüs alls gschänkt, wo's zum Läbe und zum geischtleche Wohlsy bruucht. Er het üüs dä gchennbar gmacht, wo üüs beruefe het i syr Herrlechkeit und syr Chraft. ⁴Dermit hei mir ds koschtbarschte und gröschte Verspräche übercho: Dihr wärdet e Teil vom göttleche Wäse und chöit nech frei mache vo der Wält, wo nech mit irne Glüscht wott verderbe. ⁵Drum stränget nech jitz o aa und machet, dass us öiem Glouben e Chraft wird, und us der Chraft en Ysicht; us der Ysicht es Masshalte, ⁶us em Masshalte d Standhaftigkeit, us der Standhaftigkeit d Liebi zu Gott, ⁷us der Liebi zu Gott d Bruederliebi und us der Bruederliebi d Liebi überhoupt. ⁸We das alls by nech da isch und geng no wachst, de chöit dihr nid fuul blybe: Dihr weit de öppis leischte zum Dank, dass dihr üse Herr, Jesus Chrischtus, gchennet. ⁹Dä, wo alls das nid het, isch blind oder churzsichtig; er het vergässe, dass ihm syni früechere Sünde sy abgwäsche worde. ¹⁰Liebi Gschwüschterti, stränget nech no meh aa. Dihr syt beruefe und userwählt: Das mues fescht blybe, de troolet dihr nie um. ¹¹So wird nech der Ygang i ds ewige Chünigrych vo üsem Herr und Retter, Jesus Chrischtus, wyt offe sta.

Di sicheri Hoffnig

¹²Drum wott i nech geng ume dra mahne, o we dihr's ja wüsset und mit beidne Bei uf em Bode vo der Wahrheit standet; ¹³es dunkt mi aber wichtig, öies Gedächtnis wach z bhalte, solang i no uf dere Wält wohne. ¹⁴I weis ja, dass mys Zält gly einisch

abprotzet wird; so het mer's ja o üse Herr, Jesus Chrischtus, z wüsse ta. ¹⁵I wott aber derfür luege, dass dihr nech o na mym Tod geng chöit a alls bsinne. ¹⁶Mir sy ja nid raffiniert usddänkte Göttergschichtli uf e Lym ggange, wo mir öich vo der Macht und vom Erschyne vo üsem Herr, Jesus Chrischtus, bbrichtet hei; nei, mir hei mit eigeten Ouge sy herrlechi Grössi gseh. ¹⁷Vo Gott, em Vatter, het er d Ehr und d Anerchennig übercho, denn, wo ne grossmächtigi und herrlechi Stimm zuen ihm gseit het: «My liebe Suhn isch das» und: «Ihn han i userwählt». ¹⁸Die Stimm hei mir vom Himel abe ghört töne, denn, wo mir zäme mit ihm uf em heilige Bärg sy gsi. ¹⁹Und um das sicherer isch drum für üüs d Botschaft vo de Prophete. Dihr fahret guet, we dihr uf die achtet wi uf nes Liecht, wo amene fyschteren Ort schynt, bis der Tag heiteret, und der Morgestärn i öine Härzen ufgeit. ²⁰Vorab müesst der das ygseh, dass kes Prophetewort i der Schrift sech eigemächtig lat la düte. ²¹D Botschaft vo de Prophete isch nie vom mönschleche Willen abhängig gsi. Vo Gott uus hei di Mönsche gredt und si sy vom heilige Geischt tribe worde.

Warnig vor faltsche Lehrer

2 Im Volk sy o faltschi Prophete ufgstande, und o bi öich wird's faltschi Lehrer gä. Die schmuggle im verschleikte ganz gfährlechi Irrlehre yne und wärden em Herr untröi, und är het se doch losgchouft; die trybe emene gääje Verdärbe zue. ²Vili mache ne's einisch nache und gschlipfen uus, und wäge settigne chunt de der Wäg vo der Wahrheit i Verruef. ³Us Habsucht erdichte si Gschichte und wei nech dermit ds Gäld usezie; aber bi dene het ds Gricht no nie uf sech la warte, und ires Verdärbe schlaft nid! ⁴Nid emal d Ängel, wo gsündiget hei, het Gott gschonet, nei, er het se i fyschteri Höline i der Underwält ygsperrt und spart se für ds Gricht uuf. ⁵O di alti Wält het er nid gschonet; nume der Noach zäme mit siben andere het er als Prediger vo der Grächtigkeit am Läbe bhalte, won er d Wält vo de Gottlose mit der Sündfluet überschwemmt het. ⁶D Stedt Sodom und Gomorra het er zum Undergang verurteilt und verbrönnt. Dermit het er es Byschpil welle gä für di gottlose Lüt i de zuekünftige Zyte. ⁷Der grächt Lot het er grettet; er het schwär z lyde gha under dene, wo ohni Hemmige und Aastand gläbt hei. ⁸Was dä brav

Maa Tag für Tag het z ghöre und z gseh übercho a Schlächtigkeite, het sy grächti Seel schwär häregno. [9]Der Herr versteit's, Mönsche, wo ihn lieb hei, us der Versuechig z rette, aber di Ungrächte spart er uuf, für sen am Grichtstag z strafe, [10]ganz bsunders die, wo irne dräckige, wältleche Glüscht nacheloufe und d Herrschaft (vo Chrischtus) verachte; das sy uverschanti, frächi Kärlisse, si scheniere sech nid, d Mächt vo der Herrlechkeit i Dräck z zie. [11]Derby wage's nid emal d Ängel, wo doch a Macht und Chraft vil grösser sy, gäge di Macht bim Herr es läschterlechs Urteil abzgä. [12]Settigi Mönsche sy wi Tier, wo ke Vernunft hei und wo vo Natur uus derzue gschaffe sy, dass me se jagt und tödet; si zie Sache i Dräck, wo si nüüt dervo verstande; si gange glych zgrund wi d Tier o! [13]Sie müessen einisch d Straf für d Ungrächtigkeit uf sech nä. Es bsunders Vergnüege hei si drann, am heiterhälle Tag e Frässerei aazreise. Dräckhüüffe und Schandflä̈cke sy si, si schlemmere und bschysse no, we si mit öich zäme am Tisch sitze! [14]Si hei nume no Ouge für Huerli und Sünden ohni Änd, si lööke schwachi Mönschen aa, ires Härz isch treniert i der Gäldgier, si sy Chinder vom Fluech! [15]Der grad Wäg hei si la sy und hei sech verirret; si sy uf e Wäg vom Bileam grate, em Suhn vom Beor: Das isch dä, wo der ungrächt Lohn het liebgha, [16]aber er isch gstraft worde für sys Unrächt. Es stumms Laschttier het mit Mönschestimm aafa rede und het em Uverstand vom Prophet es Ändi gmacht. [17]Settigi Lüt sy Quelle ohni Wasser, und sy Wulche, wo vom Sturm tribe wärde; uf die wartet di schwerzischti Fyschteri. [18]Si lafere grossartigs, blöds Züüg derhär und probiere die süchtig z mache und zum Usgürte z verleite, wo sech grad ersch hei chönne löse vo dene, wo nes verchehrts Läbe füere. [19]Si verspräche ne Freiheit und sy sälber d Sklave vo däm, wo vergeit; jede isch ja der Sklav vo däm, wo stercher isch weder är. [20]Zersch hei si em Dräck vo dere Wält der Rügge gchehrt, denn, wo si üse Herr und Retter, Jesus Chrischtus, hei lehre gchenne, de lö si sech wider vo däm Züüg la ylyre und sech under e Duume nä; und so wird's am Änd erger weder am Aafang. [21]Es wäri besser gsi für se, si hätte der rächt Wäg nie lehre gchenne, weder dass si ne hei gseh und sech de doch abgchehrt hei vom heilige Gsetz, wo me ne ggä het. [22]So het sech by ne zeigt, wi wahr ds Sprüchwort isch: «E Hund frisst wider, was er gchörblet het», und: «We men e Sou wäscht, tröölet si sech wider im Dräck».

Der letscht Tag

3 Myni Liebe, das isch scho der zwöit Brief, won ig öich schrybe; mit dene wott i bi öich di gueti Ysicht wach bhalte. ²Dihr söllet a di Wort dänke, wo di heilige Prophete früecher gseit hei, und o a Uftrag vom Herr und Retter, wo nech öiji Aposchtle usgrichtet hei. ³Vorab söllet dihr wüsse, dass i de letschte Tage Mönsche derhärchöme, wo über alls spotte; si fahre na irnen eigete Glüscht ⁴und säge: «Er het doch versproche, er chöm wider – wenn isch jitz das? Sider denn, wo üsi Vätter gstorbe sy, isch alls eso bblibe, wi's sit em Aafang vo der Wält isch.» ⁵Die, wo settigs bhoupte, merke nid, dass Himel und Ärde scho vo alters här exischtiere, si sy dür Gottes Wort us em Wasser usecho und hei dank em Wasser Bestand gha, ⁶und ds Wort vo Gott het se vom Wasser la überschwemme und la zgrund ga. ⁷Aber ds glyche Wort vo Gott spart di hüttige Himel und di jitzigi Ärde uuf für ds Füür und bewahrt sen uuf für e Tag vom Gricht, we di gottlose Mönschen undergange.
⁸Myni Liebe, eis dörfet dihr nid vergässe: Ei Tag bim Herr isch wi tuusig Jahr, und tuusig Jahr wi ei einzige Tag. ⁹Der Herr tuet syni Verspräche nid usestüdele, wi nes paar meine, er verschleipf se; nei, er zeigt sy läng Aate mit nech, wil er nid wott, dass es paari verloregange; er wott aber, dass alli der Wäg finde, für sech z ändere. ¹⁰Em Herr sy Tag chunt einisch wi ne Schelm: Denn wärde d Himel mit Chrache verga, d Wält-Elemänt wärde verbrönne und sech uflöse, und me wird d Ärde nümme finde und nüüt meh vo däm, wo uf nere isch. ¹¹We das alls ufglöst wird, wi müesset dihr de da es heiligmässigs und chrischtlechs Läbe füere, ¹²als Mönsche, wo ungeduldig druuf warte, dass der Tag vo Gott erschynt! A däm vergange d Himel und verbrönne, und d Elemänt gangen i Flammen uuf und schmelze. ¹³«Nöiji Himel und e nöiji Ärde», wo d Grächtigkeit drinn wohnt, erwarte mer de; so het är's is versproche.

Mahnige zum Schluss

¹⁴Drum, myni Liebe, we dihr so grossi Sache chöit erwarte, gät nech o Müe! Er söll nech im Fride aaträffe, ohni Fläckli und ohni Fähler. ¹⁵Lueget d Grosszügigkeit vo üsem Herr als öiji Rettig aa. So het nech's ja o üse lieb Brueder Paulus gschribe i der ganze

Wysheit, wo ihm isch gschänkt gsi. ¹⁶ Eso steit's o i allne Briefe, won er dervo redt. Dert standen o nes paar Sache, wo nid liecht z begryffe sy. Das verdrääje de die, wo nid nachechöme und waggelig sy im Gloube; däwäg mache si's ja o mit den andere Schrifte. So verderbe si sech sälber.
¹⁷ Aber dihr, myni Liebe, wüsset's jitz zum voruus. Passet uuf, dass nech d Fähler vo de unaaständige Mönsche nid mitrysse, und dihr der Stand verlüüret. ¹⁸ Wachset lieber geng meh i d Gnad vo üsem Herr und Retter, Jesus Chrischtus, yne, und lehret ne geng besser gchenne. Ihm ghört d Ehr scho jitz und bis zum Tag vo der Ewigkeit.

Der erscht Brief vom Johannes

Ds Wort vom Läbe

1 Was vo Aafang aa isch gsi, was mir ghört hei, was mir mit üsnen Ouge gseh hei und was üsi Händ aagrüert hei, das ghört alls zum Wort vom Läbe; ² das Läben isch erschine und mir hei's gseh und sy Züge dervo und predigen öich ds ewige Läbe, wo bim Vatter isch gsi und üüs erschinen isch; ³ was mir gseh und ghört hei, predige mir o öich, de ghöret dihr mit üüs zäme. Und mir ghöre zäme mit em Vatter und mit sym Suhn Jesus Chrischtus. ⁴ Mir schryben öich dä Brief, de geit üsi Fröid bis uf e Grund.

Gott isch Liecht

⁵ Das isch d Botschaft, wo mir vo ihm hei ghört und öich wei wytergä: Gott isch Liecht, es git ke Fyschteri i ihm. ⁶ We mir säge, mir ghöre mit ihm zäme, aber derby (üses Läbe) im Fyschtere läbe, de lüge mer und stande nid zur Wahrheit. ⁷ Aber we mir (üses Läbe) im Liecht läbe, so win är im Liecht isch, de ghöre mir mit ihm zäme, und ds Bluet vo sym Suhn Jesus macht üüs suber vo jeder Schuld. ⁸ We mir säge, mir heige ke Fähler, de tüüsche mir üüs sälber, und d Wahrheit isch nid i üüs. ⁹ We mir üsi Fähler bekenne, isch är tröi und grächt: De vergit er is d Schuld und macht is suber vo allem Unrächt. ¹⁰ We mir säge, mir heige keni Fähler gmacht, mache mir ihn zu mene Lugner, und sys Wort isch nid i üüs inn.

Machet, was Gott wott!

2 Liebi Chinder, i schrybe nech das, für dass dihr kes Unrächt tüet. Aber we eine es Unrächt tuet, hei mir e Hälfer bim Vatter, Jesus Chrischtus. Dä isch grächt. ² Är isch der Freispruch für üses Unrächt, und nid nume für üses, nei o für das vo der ganze Wält. ³ Und a däm merke mer, dass mir ne gchenne, we mer mache, was er is uftreit het. ⁴ Wär seit, er gchenni ne, aber derby nid macht, was er uftreit het, dä lügt, und d Wahrheit isch

nid i ihm inn. ⁵ Aber wär a sym Wort feschthaltet, i däm isch Gottes Liebi bis uf e Grund cho, und da dranne merke mer, dass mir mit ihm zäme ghöre. ⁶ We eine seit: «I ghöre mit ihm zäme!», de het er d Pflicht, eso z läbe, wi Jesus sälber gläbt het.

Ds gröschte Gebot

⁷ Myni Liebe, i schryben öich ja nid e nöiji Vorschrift, es isch ja en alti, und dihr heit se vo allem Aafang aa gha: di alti Vorschrift isch d Botschaft, wo dihr heit ghört. ⁸ Aber de schryben i nech o wider e nöiji Vorschrift, und die wyst sech bi ihm und bi öich als wahr uus: D Fyschteri vergeit ja, und ds wahre Liecht lüüchtet scho. ⁹ Wär seit, er syg im Liecht und hasset derby sy Mitmönsch, dä isch no i der Fyschteri. ¹⁰ Wär sy Mitmönsch liebhet, läbt im Liecht und git niemerem Grund, a ihm z zwyfle. ¹¹ Aber wär sy Mitmönsch hasset, isch i der Fyschteri und läbt i der Fyschteri und weis nid, won er häre trappet, wil d Fyschteri syni Ouge blind gmacht het.

¹² I schryben öich, liebi Chinder, wil nech öiji Fähler vergä sy dank sym Name. ¹³ I schryben öich, liebi Vätter, wil dihr dä gchennet, wo vo allem Aafang aa da isch. I schryben öich, liebi jungi Lüt, wil dihr em Böse der Meischter zeigt heit. ¹⁴ I ha öich gschribe, liebi Chinder, wil dihr der Vatter gchennet; i ha öich gschribe, liebi Vätter, wil dihr dä gchennet, wo vo allem Aafang aa da isch; i ha öich gschribe, liebi jungi Lüt, wil dihr starch syt und wil ds Wort vo Gott i öich läbt, und wil dihr em Böse der Meischter zeigt heit.

¹⁵ Heit d Wält nid lieb und o das nid, wo i der Wält isch. We eine d Wält lieb het, isch d Liebi vom Vatter nid i ihm inn. ¹⁶ Alls, wo i der Wält isch, d Glüscht vom natürleche Mönsch, d Glüscht vo den Ouge, ds Höch-Aagä im Läbe, das alls chunt nid vom Vatter, es chunt äbe us der Wält. ¹⁷ Und d Wält vergeit samt irne Glüscht, aber dä blybt ewig, wo macht, was Gott wott ha.

Der Chrischtusfind

¹⁸ Liebi Chinder, es isch der letscht Momänt! Dihr heit ja ghört, dass der Chrischtusfind chunt; scho jitz sy vili Chrischtusfinden ufcho; a däm merke mir, dass es der letscht Momänt isch. ¹⁹ Si

sy us üsne Reie cho, aber si hei nid zuen is ghört; we si nämlech zuen is ghört hätte, wäre si bi üüs bblibe, aber es het sech dütlech sölle zeige, dass si alli nid zuen is ghört hei. [20] Aber öich het der heilig Geischt gsalbet; dihr gchennet sen alli. [21] I schrybe nech ja nid drum, wil dihr d Wahrheit nid gchennet, nei, dihr gchennet se und wüsset, dass ke Lugi us der Wahrheit cha cho.
[22] Wär isch de e Lugner weder dä, wo abstrytet, dass Jesus der Chrischtus isch? Dä isch e Chrischtusfind, wo der Vatter und der Suhn ablougnet. [23] We me der Suhn ablougnet, het me o ke Vatter meh; wär der Suhn anerchennt, het (glychzytig) o der Vatter. [24] Was dihr vo Aafang aa ghört heit, das söll i nech blybe. We das i öich blybt, wo dihr vo Aafang aa ghört heit, de blybet dihr zäme mit em Suhn und em Vatter. [25] Und das isch ds Verspräche, won er is ggä het: ds ewige Läbe!
[26] Jitz han ig öich über die gschribe, wo nech wei sturm mache. [27] Aber gället: Dihr syt vo ihm gsalbet worde, das blybt i nech, und dihr heit's nid nötig, dass nech öpper tuet underwyse; nei, är het öich gsalbet und das wird nech über alls underwyse; und sy Säge isch wahr und ke Lugi isch drann; und win är nech underwise het, so blybet drinne! [28] Und jitz, liebi Chinder, blybet mit ihm zäme, de chöi mer guete Muet ha, wen er erschynt, und bruuchen is nid z schäme, wen er chunt. [29] We dihr wüsset, dass är grächt isch, de merket dihr o: Jede, wo für d Grächtigkeit ysteit, isch sys Chind.

D Chinder vo Gott

3 Lueget, was für ne grossi Liebi het Gott üüs gschänkt! Mir heisse (sogar) d Chinder vo Gott, und mir sy's o! Drum gchennt üüs d Wält nid, wil si ihn nid gchennt het. [2] Myni Liebe, mir sy scho jitz d Chinder vo Gott, aber es isch no nid a Tag cho, was mir de einisch sy.
Mir wüsse: Wen är erschynt, wärde mir glych sy wi är; mir gseh ne ja de so, win är isch. [3] Und jede, wo so uf ihn hoffet, macht sich sälber suber, so win är suber isch. [4] Jede, wo Fähler macht, tuet Unrächt. D Sünd isch ds Unrächt. [5] Aber dihr wüsset, dass är cho isch, für d Sünde wägznä. I ihm gits kes Unrächt. [6] Jede, wo mit ihm zäme blybt, tuet kes Unrächt meh. Jede, wo Unrächt tuet, het ihn nid gseh und gchennt ne nid! [7] Liebi Chinder, niemer darf nech sturm mache; wär für d Grächtigkeit ysteit, isch grächt,

so win är grächt isch. ⁸ Wär Unrächt tuet, ghört zum Tüüfel; der Tüüfel het vo Aafang aa Unrächt ta. Der Suhn vo Gott isch da derfür erschine, dass er d Netz vom Tüüfel verrysst. ⁹ Jede, wo Gott zum Vatter het, tuet nüüt Unrächts; d Vatterschaft vo Gott blybt i ihm, und er cha nid sündige, wil Gott sy Vatter isch. ¹⁰ A däm underscheidet me d Chinder vo Gott und d Chinder vom Tüüfel: Jede, wo sech nid für d Grächtigkeit ysetzt, chunt nid vo Gott, o dä nid, wo sy Mitmönsch nid lieb het. ¹¹ Das isch ja d Botschaft, wo dihr vo Aafang aa ghört heit, dass mir enand sölle liebha. ¹² Nid eso wi der Kain: Dä isch vom Böse härcho und het sy Brueder z todgschlage, und wiso het er ne z todgschlage? Wil das, won är gmacht het, bös isch gsi, aber was sy Brueder gmacht het, isch guet gsi.

D Liebi zu de Mitmönsche

¹³ Liebi Gschwüschterti, verwunderet nech nid, we d Wält öich hasset. ¹⁴ Gället, mir sy us em Tod i ds Läbe überecho, wil mir d Gschwüschterti lieb hei; wär se nid lieb het, blybt im Tod bhange. ¹⁵ Jede, wo sy Mitmönsch hasset, mordet e Mönsch; und dihr wüsset, dass keine, wo Mönsche mordet, uf d Duur ewigs Läbe het. ¹⁶ Da dranne gchenne mir d Liebi, dass är sys Läbe für üüs draggä het; und o mir müesse üses Läbe für d Mitmönsche dragä. ¹⁷ We eine i dere Wält gnue het zum Läbe und gseht, dass sy Mitmönsch darbet, aber er tuet ds Härz vor ihm zue, wi chönnt da d Liebi vo Gott i ihm blybe? ¹⁸ Liebi Chinder, mir wei nid nume mit Wort und mit em Muul liebha, mir wei's doch mit der Tat und mit der Wahrheit bewyse! ¹⁹ A däm gseh mir de, dass mir us der Wahrheit chöme und chöi de sogar üses Gwüsse dervo überzüge. ²⁰ Und o we üses Gwüsse üüs verurteilt, de isch Gott doch grösser als üses Gwüsse und weis alls. ²¹ Myni Liebe, we üses Gwüsse üüs nid verurteilt, chöi mer zueversichtlech sy Gott gägenüber, ²² und we mir öppis von ihm wei, überchöme mer's; mir halte ja syni Vorschrifte und mache das, was i synen Ouge rächt isch. ²³ Das isch sy Vorschrift, dass mir a Name vo sym Suhn Jesus Chrischtus gloube, und dass mir enand lieb hei, so win är's üüs uftreit het. ²⁴ Und we eine syni Vorschrifte haltet, ghört er zu Gott und Gott zu ihm; und dass är zu üüs ghört, das merke mer am Geischt, won är üüs ggä het.

Wär het der rächt Geischt?

4 Myni Liebe, gloubet nid jedem, wo seit, er heig der Geischt; undersuechet gnau, öb di Geischter vo Gott stamme! Es sy scho vil faltschi Prophete i d Wält cho! ²A däm gchennet dihr der Gottesgeischt: Jede Geischt geit vo Gott uus, wo bekennt, dass Jesus Chrischtus isch Mönsch worde; ³aber jede Geischt, wo Jesus nid bekennt, isch nid vo Gott; das isch der Geischt vom Chrischtusfind; dihr heit von ihm ghört, er chöm, aber er isch scho jitz i der Wält. ⁴Liebi Chinder, dihr stammet vo Gott ab, und dihr syt de faltsche Prophete Meischter worde. Dä, wo i öich isch, isch äbe grösser weder dä, wo i der Wält isch. ⁵Si stamme sälber us der Wält, drum rede si so, wi's äbe us der Wält tönt, und d Wält lost uf se. ⁶Mir stamme vo Gott ab, und wär Gott gchennt, lost uf is; wär nid vo Gott här chunt, lost nid uf is. Da dranne chöi mer merke, öb's der wahr oder der faltsch Geischt isch.

D Liebi

⁷ Myni Liebe, mir wei enand lieb ha,
    wil d Liebi vo Gott stammet;
und jede, wo liebhet,
    isch vo Gott gebore und gchennt ne.
⁸ Wär nid lieb het, gchennt Gott nid,
    wil Gott d Liebi isch.
⁹ D Liebi vo Gott isch bi üüs erschine,
    eso, dass Gott sy einzige Suhn i d Wält gschickt het.
Är söll üüs mache z läbe.
¹⁰ Mit der Liebi isch's eso:
    Nid mir hei Gott lieb gha,
aber är het üüs lieb gha
und het sy Suhn gschickt,
    für üsi Schuld guet z mache.

¹¹Myni Liebe, we Gott üüs eso lieb het gha, de müesse mir enand o lieb ha. ¹²No nie het öpper Gott gseh. We mir enand lieb hei, läbt Gott i üüs, und sy Liebi chunt i üüs bis uf e Grund. ¹³A däm merke mir, dass mir i ihm läbe, und är i üüs, dass är üüs sy Geischt usteilt het. ¹⁴Mir hei's gseh und sy Züge derfür, dass der Vatter der Suhn als Retter i d Wält gschickt het. ¹⁵Wär derzue steit, dass Jesus der Suhn vo Gott isch, i däm läbt Gott, und är läbt i Gott. ¹⁶Und mir hei d Liebi, wo Gott zu üüs het, ggloubt und begriffe.

I. JOHANNES 4. 5

Gott isch d Liebi, und wär i der Liebi läbt, läbt i Gott, und Gott läbt i ihm. ¹⁷ Das het d Liebi bi üüs zstand bbracht: Am Tag vom Gricht sy mir zueversichtlech: Mir sy i dere Wält eso, win är isch. ¹⁸ I der Liebi isch ke Angscht, nei, di vollkommeni Liebi vertrybt d Angscht. D Angscht dänkt ja geng a d Straf; wär Angscht het, isch der Liebi no nid bis uf e Grund cho. ¹⁹ Mir hei lieb, wil är zersch het lieb gha. ²⁰ Seit eine, er heig Gott lieb, aber sy Mitmönsch hasset er de, so lügt er! Der Mitmönsch, won er gseht, het er nid lieb; de het er doch o Gott nid lieb, dä chan er ja nid gseh! ²¹ Und vo ihm hei mer d Vorschrift: Wär Gott lieb het, söll o sy Mitmönsch liebha.

Der Gloube macht sicher

5 Jede, wo gloubt, dass Jesus der Chrischtus isch, het Gott zum Vatter. Und jede, wo dä lieb het, wo sy Vatter isch, het o däm syni Chinder lieb. ² Da dranne merke mer, dass mer d Chinder vo Gott lieb hei, we mir Gott lieb hei und mache, was är üüs uftreit het. ³ Das isch ja d Liebi zu Gott, dass mir mache, was är üüs uftreit het; syni Vorschrifte sy nid schwär. ⁴ Alls, wo Gott zum Vatter het, cha d Wält meischtere. Und dä, wo der Wält der Meischter zeigt het, isch üse Gloube. ⁵ Wär hätt de der Wält der Meischter zeigt, we nid dä, wo gloubt, dass Jesus der Suhn vo Gott isch? ⁶ Är isch dä, wo dür ds Wasser und dür ds Bluet isch cho, Jesus Chrischtus; nid nume im Wasser, nei im Wasser und im Bluet; und der Geischt isch der Züge derfür, wil der Geischt d Wahrheit isch. ⁷ Es sy drei als Züge ygstande: ⁸ der Geischt und ds Wasser und ds Bluet; und di drei ghöre zäme i eis. ⁹ We mir scho d Zügeschaft vo Mönsche aanä, d Zügeschaft vo Gott isch grösser; und d Zügeschaft vo Gott isch äbe, dass er sy Suhn begloubiget het. ¹⁰ Wär a Suhn vo Gott gloubt, het sy Begloubigung bi ihm; wär nid a Gott gloubt, het ne zu mene Lugner gmacht, wil er nid a das Zügnis gloubt, wo Gott über sy Suhn abggä het. ¹¹ Und das isch ds Zügnis: Gott git üüs ds ewige Läbe, und das Läbe isch i sym Suhn. ¹² Wär der Suhn het, het ds Läbe; wär der Suhn vo Gott nid het, het o ds Läbe nid.

Gott erhört üsi Gebätt

¹³ Das han i nech welle schrybe, für dass dihr gseht, dass dihr ds ewige Läbe heit: Dihr gloubet ja a Name vom Suhn vo Gott.

¹⁴ Und das isch d Zueversicht, wo mer bi ihm hei: We mir nen um öppis bitte, won er yverstanden isch dermit, de lost er uf is. ¹⁵ Und we mir wüsse, dass er uf is lost bi däm, wo mer von ihm wette, de wüsse mir o, dass mer das überchöme, wo mer ne drum bbätte hei. ¹⁶ We eine gseht, dass sy Mitmönsch Fähler macht – nid e Sünd, wo der Tod verdienet –, de söll er bätte, und Gott git ihm ds Läbe; aber nume dene, wo Fähler mache, wo nid der Tod verdiene! Es git e Sünd, wo zum Tod füert; vo dere sägen i nid, dass me derfür söll bätte. ¹⁷ Jedi Ungrächtigkeit isch Sünd; aber es git Sünde, wo nid zum Tod füere.
¹⁸ Mir wüsse: Kene, wo Gott zum Vatter het, sündiget, nei, d Vatterschaft vo Gott bhüetet ne, und der Bös rüert ne nid aa. ¹⁹ Mir wüsse, dass mir zu Gott ghöre, aber di ganzi Wält isch i der Gwalt vom Böse. ²⁰ Mir wüsse, dass der Suhn vo Gott cho isch und üüs d Ysicht ggä het, dass mir der wahrhaftig Gott gchenne; und mir ghöre zäme mit em wahrhaftige Gott und mit sym Suhn Jesus Chrischtus. Är isch der wahrhaftig Gott, und är isch ds ewige Läbe. ²¹ Liebi Chinder, nät nech in Acht vor de Götze.

Der zwöit Brief vom Johannes

Der alt Maa a d Meischtersfrou,* wo Gott userwählt het, und iri Chinder. I ha öich würklech lieb, und nid numen ig aleini, nei, alli, wo d Wahrheit hei lehre gchenne. ²Di Wahrheit läbt ja i üüs allne und wird für ewig byn is sy. ³Gnad, Erbarme, Fride wünschen ig öich vo Gott em Vatter und vo Jesus Chrischtus, em Suhn vo däm Vatter, i der Wahrheit und i der Liebi.
⁴I ha mi so gfröit, dass ig es paar vo dyne Chinder ha gseh ires Läbe i der Wahrheit füere, so win is der Vatter das uftreit het. ⁵Und jitz bitten i di, liebi Meischtersfrou – i wott dihr nid öppe e nöiji Vorschrift schrybe, eifach die, wo mer vo Aafang aa hei gha –: Mir wei enand lieb ha. ⁶Und Liebi heisst, dass mer so läbe, win är's vorgschribe het; und das isch d Vorschrift: So wi dihr's vo Aafang aa ghört heit, so söllet dihr läbe. ⁷Es sy ja vili faltschi Lehrer i der Wält uftoucht, wo bhoupte, Jesus Chrischtus syg nid würklech e Mönsch worde. So eine isch en Irrlehrer und e Chrischtusfind. ⁸Heit Sorg, dass dihr sälber das nid verlüüret, wo mir erarbeitet hei, süsch chömet dihr de um öie ryche Lohn! ⁹Jede, wo da z wyt geit und nid bi der Lehr vo Chrischtus blybt, ghört nid zu Gott. Wär bi der Lehr blybt, dä ghört zum Vatter und zum Suhn. ¹⁰We eine zue nech chunt und di Lehr nid mit sech bringt, de nät ne bi öich daheime nid uuf und grüesset ne nid emal. ¹¹Dä, wo ne nämlech grüesst, macht sech mitschuldig am Böse, wo dä macht.
¹²I hätti nech no vil z schrybe, aber i möchti's nid mit Papyr und Tinte mache; i hoffe, i chönn zue nech cho und de pärsönlech mit nech rede. Das isch de ne Fröid für üüs! ¹³D Chinder vo dyr Schwöschter, wo Gott userwählt het, lö di la grüesse!

---

* Di Meischtersfrou isch vilecht d Leiterin vo nere Husgmeind. Vil Usleger dänke, d Gmeind sälber wärdi so aagredt.

Der dritt Brief vom Johannes

Der alt Maa a lieb Gaius, won i würklech gärn ha.
²My Liebe, i bätte drum, dass es dir i allem guet gang und du gsund blybsch; dyr Seel geit es ja guet. ³I ha mi so gfröit, wo Gschwüschterti cho sy und würklech bewise hei, wi du dys Läbe i der Wahrheit füersch. ⁴Es git für mi ke grösseri Fröid, als wen i cha ghöre, dass myni Chinder ires Läbe i der Wahrheit füere.
⁵My Liebe, du bisch e tröiji Seel, dass du so für d Gschwüschterti sorgsch und de ersch no für frömdi! ⁶Vor der Gmeind hei si ds beschte Zügnis für dy Liebi abggä. Bis doch so guet und hilf ne, dass si chöi wyterreise; es ghört sech so vor Gott. ⁷Si sy für sy Name uf der Reis und nä vo de Heide nüüt aa. ⁸Drum hei mir d Pflicht, für settigi Lüt z sorge, de wärde mir d Mitarbeiter vo der Wahrheit.
⁹I ha der Gmeind gschribe, aber der Diotrephes wott nüüt vo mer wüsse. Är wott di erschti Gyge spile. ¹⁰Drum wott i de mit ihm rede über di Art, win är sech uffüert und üüs mit böse Wort verbrüelet. Und nid nume das! D Gschwüschterti nimmt er nid bi sich uuf und verbietet's sogar no dene, wo wette, und schliesst sen us der Gmeind uus!
¹¹My Liebe, mach nid ds Böse nache, aber ds Guete! Wär ds Guete macht, dä ghört zu Gott; wär ds Böse macht, het Gott nie gseh. ¹²Vo allne überchunt der Demetrius ds beschte Zügnis, und d Wahrheit bestätiget's; und o mir stö derzue, und du weisch, dass üses Zügnis wahr isch.
¹³I hätt der no vil z schrybe, aber i wett dir nid mit Tinte und Fädere schrybe. ¹⁴I hoffe, i chönn di gly gseh; de chöi mer pärsönlech mitenand rede. ¹⁵I wünsche dir Fride. D Fründe lö di la grüesse. Grüess mer o d Fründe, jede mit Name!

Der Brief vom Judas

Begrüessig

Der Judas, e Chnächt vo Jesus Chrischtus und der Brueder vom Jakobus, a die (Mönsche), wo d Liebi vo Gott em Vatter usegrüeft und für Jesus Chrischtus bestimmt het. ²I wünsche nech d Barmhärzigkeit, der Fride und d Liebi bis änenuse.

Warnig vor de Gottlose

³Myni Liebe, i bi i allem Yfer drahi ggange, öich z schrybe über d Rettig vo üüs allne; da het's mi vorab nötig ddunkt, nech das a ds Härz z lege: Kämpfet für e Gloube, wo de Chrischte eis für alli Mal aavertrout worden isch. ⁴Es hei sech da gwüssi Lüt ynegschliche, wo scho sit langem für ds Gricht ufgschribe sy – Gottlosi, wo d Gnad vo üsem Gott i ds Laschter verdrääje und o nüüt wei wüsse vom einzige Herrscher, vo üsem Herr, Jesus Chrischtus. ⁵I rüefe nech's i ds Gedächtnis, dihr wüsset's zwar scho: Der Herr het ds Volk us Ägypte einisch grettet, bim zwöite Mal het er di Unglöubige la zgrund ga. ⁶Es het ja o Ängel ggä, wo iri Herrschaftswürd nid bhalte und iri eigeti Wohnig im Stich gla hei; die het er mit ewige Fessle bbunde und se im Fyschtere ybschlosse bis zum grosse Tag vom Gricht. ⁷So stande o Sodom und Gomorra da als Byschpil, mitsamt de Stedt i der Umgäget: Die hei glych wi si Unzucht tribe und sy irne widernatürleche Glüscht nachegloffe. Als Straf müesse si ds ewige Füür erlyde. Das isch es Byschpil (für üüs). ⁸Aber jitz gange o die Lüt ganz glych irne sturme Tröum nache und gschänte ire Lyb, si vernüütige d Herrschaft (vo Gott) und verläschtere d Mächt vo syr Herrlechkeit. ⁹Der Erzängel Michael het einisch mit em Tüüfel zigglet und um d Lych vom Mose gstritte, aber er hätti's nie gwagt, es läschterlechs Urteil über ne abzgä, er het nume gseit: «Der Herr söll di strafe.» ¹⁰Aber die Lüt läschtere über alls, we si scho nüüt dervo verstande; vo Natur uus verstande si nume ds Glyche wi di uvernünftige Tier, und da dranne wärde si zgrund ga. ¹¹Es geit nen übel: Si sy uf em Wäg vom Kain gloffe und hei sech – wäg em Gäld! – uf e Fähler vom Bileam ygla, und si sy umcho wi der

Korach, wil si alls hei welle besser wüsse. ¹²Das sy d Schandfläcke bi öine Liebesmähler, wo si sech hemmigslos d Büüch vollschlö. Si luege nume für sich sälber, si sy Wulche ohni Räge, wo der Luft umeblast, si sy Böum im Herbscht, ohni Frücht, zwöimal abgstorbe, ohni Würze; ¹³si sy wildi Wälle im Meer, wo iri eigeti Schand lö la ufschuume; si sy Stärne, wo us der Bahn grate sy; dene wartet für ewig di schwerzischti Fyschteri. ¹⁴Vo dene gilt, was der Henoch, i der sibete Generation nach em Adam, vorusgseit het: «Lue, der Herr chunt mit Zächetuusige vo syne Heilige, ¹⁵er ziet alli vor Gricht, er straft alli Seele für iri Gottlosigkeite, wo si uf em Gwüsse hei und für alli Frächheite, wo di gottlose Sünder gäge ne gseit hei.» ¹⁶Das sy di Mönsche, wo geng reklamiere, wo nie zfride sy mit irem Läbe, wo nach irnen eigete Glüscht wei läbe; si gä sälber höch aa und däsele de widerume de wichtige Lüt.

¹⁷Aber dihr, myni Liebe, dänket a di Wort, wo d Aposchtel vo üsem Herr, Jesus Chrischtus, scho zum voruus gseit hei. ¹⁸Si hei nech nämlech gseit: «Am Ändi vo der Zyt touche de Spötter uuf, wo nach irne eigete, gottlose Glüscht läbe. ¹⁹Si reise d Mönsche hinderenand. Si läbe nume für iri Sinne, si hei ke Geischt.» ²⁰Aber dihr, myni Liebe, tüet öies Läbe ufboue uf öiem heiligschte Gloube! Bättet im heilige Geischt! ²¹Löt nech la bhüete vo der Liebi vo Gott und wartet uf ds Erbarme vo üsem Herr, Jesus Chrischtus, zum ewige Läbe. ²²Heit Erbarme mit dene, wo am Zwyfle sy. ²³Rettet se, rysset se us em Füür. Mit den andere heit o Erbarme, aber göt nid znaach zueche, es söll nech gruuse nid nume vor em natürleche Mönsch, nei, sogar vor em Chleid, won er verdräcket!

Grüess zum Schluss

²⁴Eine cha nech bhüete, dass der nid stoglet, und dass dihr fröhlech und ohni Fähler vor syr Herrlechkeit chöit sta: ²⁵Der einzig Gott, wo wäge Jesus Chrischtus, üsem Herr, o üse Retter isch. Ihm ghört d Ehr, d Chünigsgwalt, d Herrschaft und d Macht scho vor der Zyt und jitz und i alli Ewigkeite. Amen.

D Offebarig vom Johannes

Vorwort

1 Das isch d Offebarig vo Jesus Chrischtus. Gott het ihm se ggä, für dass är syne Chnächte zeigi, was gly einisch gscheht. Und är (Jesus Chrischtus) het se dür nen Ängel, won er gschickt het, sym Chnächt Johannes bekannt gmacht. ²Der Johannes steit drum y für d Botschaft vo Gott, und er isch Züge für Jesus Chrischtus; är het 's miterläbt. ³Dä, wo d Botschaft vo där Prophezeijig vorlist, und die, wo se lose und de o tüe bhalte, was drinne gschriben isch, sy glücklech für geng. Di Zyt isch ja gly da.

Begrüessig vo de sibe Gmeinde

⁴Der Johannes (wändet sech) a di sibe Gmeinden i der Provinz Asie. I wünsche nech d Gnad und der Fride vo däm, wo isch und wo isch gsi und wo chunt, und o vo de sibe Geischter, wo vor sym Thron sy, ⁵und vo Jesus Chrischtus. Dä isch für üüs ygstande, er isch tröi, er isch der Erscht vo de Tote, wo wider geboren isch, er isch der Regänt über d Chünige uf der Ärde. Er het üs lieb und chouft is dür sys Bluet frei vo üsne Sünde. ⁶Er het is zu mene Chünigrych gmacht, zu Priechter für sy Gott und sy Vatter. Ihm ghört d Ehr und d Macht i d Ewigkeite vo den Ewigkeite. Amen.

⁷«Lue, er chunt mit de Wulche, und alli Ouge wärde ne gseh», o die, wo ne dürboret hei. «Und alli Völkerstämm uf der Ärde wärden im Leid sy wägen ihm.» Ja. Amen.

⁸I bi ds A und ds O, seit der Herr, Gott, dä wo isch, dä wo isch gsi und dä wo chunt, der Herrscher über alls.

Chrischtus erschynt em Johannes

⁹I, der Johannes, bi öie Brueder. Zämethaft sy mer im Eländ und fröien is uf ds Rych und warte geduldig uf Jesus. Wäge der Botschaft vo Gott und der Zügeschaft für Jesus bin ig uf d Insle cho, wo Patmos heisst. ¹⁰Am Sunntig isch der Geischt über mi cho. Da han i hinder mir e luti Stimm ghört, wi ne Posuune,

¹¹ wo gseit het: «Schryb i nes Buech, was de gsehsch, und schick's de sibe Gmeinde: uf Ephesus, Smyrna, Pergamon, Thyatira, Sardes, Philadelphia und Laodizea.»
¹² Da han i mi umgchehrt, für z luege, was das für ne Stimm syg, wo mit mir redt; i ha mi umgchehrt und ha sibe guldigi Lüüchter gseh, ¹³ und zmitts zwüsche de Lüüchter eine wi ne Mönsch; er het es Chleid treit bis uf e Boden abe und um d Taille e guldige Gurt. ¹⁴ Sy Chopf und syni Haar sy wyss gsi wi wyssi Wulle, wi Schnee, und syni Ouge wi ne füürigi Flamme; ¹⁵ und syni Füess sy gsi wi Gulderz, wo im Ofen isch usegschmulze worde; und sy Stimm het tönt wi ds Ruusche vo vilne Wasserfäll. ¹⁶ I syr rächte Hand het er sibe Stärne gha, und us sym Muul use isch es scharfs zwöischnydigs Schwärt gschosse. Sys Gsicht isch gsi wi d Sunne, we si mit aller Macht lüüchtet.
¹⁷ Won i ne ha gseh, bin ig ihm wi tod vor d Füess troolet. Aber er het sy rächti Hand uf mi gleit und het gseit: «Häb ke Angscht. I bi der Erscht und der Letscht ¹⁸ und dä, wo läbt; i bi tod gsi, aber jitz bin i läbig bis i d Ewigkeite vo den Ewigkeite; und ig ha d Schlüssle vom Tod und vom Toterych. ¹⁹ Schryb uuf, was de gseh hesch, was jitz isch, und was gly einisch söll gscheh. ²⁰ Das isch ds Gheimnis vo de sibe Stärne, wo du i myr rächte Hand hesch gseh, und vo de sibe guldige Lüüchter: Di sibe Stärne sy d Ängel vo de sibe Gmeinde, und di sibe Lüüchter sy di sibe Gmeinde.»

Der Brief a d Gmeind z Ephesus

2 «Schryb em Ängel vo der Gmeind z Ephesus: ‹Das seit dä, wo di sibe Stärne i der rächte Hand het, dä, wo zwüsche de sibe guldige Lüüchter umelouft: ² I gchenne di dür und dür. I gchenne dy Ysatz und dy Usduur, und weis, dass du ds Böse nid masch usgsta. Du hesch o die gnau aagluegt, wo säge, si syge Aposchtle, aber si sy's nid, und hesch gmerkt, dass si lüge. ³ Du hesch Usduur und hesch wäge mym Name mängs uf di gno und doch nid der Verleider übercho. ⁴ Aber eis mues i der fürha: Du hesch lugg gla i dyr erschte Liebi. ⁵ Dänk doch draa: Du bisch höch obenabe gfalle. Tue di ändere und setz di wider y wi am Aafang. Süsch zien i uuf gäge di und stosse dy Lüüchter vo sym Platz furt, we du di nid änderisch. ⁶ Aber das mues i der la: Du hassisch d Sach vo de Nikolaïte, won i o hasse. ⁷ Wär es Ohr het,

söll lose, was der Geischt de Gmeinde seit. Däm, wo a ds Zil chunt, giben i z äsle ab em Boum vom Läbe, wo i Gottes Paradys steit.›»

Der Brief a d Gmeind z Smyrna

⁸«Schryb em Ängel vo der Gmeind z Smyrna: ‹Das seit der Erscht und der Letscht, dä, wo tod isch gsi und wider isch läbig worde. ⁹I weis, du wirsch plaget und bisch arm – derby bisch rych! Die verbrüele di, wo vo sich säge, si syge Jude; aber si sy's nid. D Synagoge vom Satan sy si! ¹⁰Häb nid Angscht vor däm, wo de wirsch müesse lyde. Lue, der Tüüfel bringt es paar vo öich i d Chefi, für nech uf d Prob z stelle. Dihr wärdet plaget, aber nume zäh Tag lang. Blyb tröi bis zum Tod, de giben i dir der Sigerchranz, ds ewige Läbe. ¹¹Wär es Ohr het, söll lose, was der Geischt de Gmeinde seit. Wär a ds Zil chunt, däm cha der zwöit Tod nüüt zleid tue.›»

Der Brief a d Gmeind z Pergamon

¹²«Schryb em Ängel vo der Gmeind vo Pergamon: ‹Das seit dä, wo ds zwöischnydige, scharfe Schwärt het: ¹³I weis, wo du wohnsch. Dert steit der Thron vom Satan. Aber du steisch fescht zu mym Name; der Gloube a mi hesch nid abglougnet i dere Zyt, wo der Antipas tröi für mi ygstanden isch und bi öich isch umbbracht worde, äbe dert, wo der Satan wohnt. ¹⁴Aber echly öppis mues i der fürha: Du hesch dert Lüt, wo der Lehr vom Bileam aahange; dä het em Balak grate, er söll den Israelite e Falle stelle; du hei si Götzenopferfleisch ggässe und Unzucht tribe. ¹⁵Gnau so hesch du o settigi by der, wo der Lehr vo de Nikolaïte aahange. ¹⁶Du muesch di ändere! We nid, so zien i gleitig uuf gäge di und chriege gäge di Lüt mit em Schwärt us mym Muul. ¹⁷Wär es Ohr het, söll lose, was der Geischt de Gmeinde seit. Däm, wo a ds Zil chunt, giben i vom gheime Manna; i giben ihm o ne wysse Stei, und uf däm Stei isch e nöie Name gschribe, wo niemer gchennt weder dä, wo nen überchunt.›»

Der Brief a d Gmeind z Thyatira

¹⁸«Schryb em Ängel vo der Gmeind vo Thyatira: ‹Das seit der Suhn vo Gott, wo Ouge het wi ne Füürflamme, und syni Füess

sy wi Gulderz. ¹⁹I gchenne di dür und dür; i gchenne dy Liebi und dy Gloube und dys Diene und dy Usduur. I weis o, dass du jitz meh leischtisch als zersch. ²⁰Aber i mues dir fürha, dass du d Isebel, das Wyb, lasch la mache. Die seit vo sich, si syg e Prophetin; si tuet myni Chnächte underwyse und verfüert se derzue, Unzucht z trybe und Götzenopferfleisch z ässe. ²¹I ha nere Zyt ggä, für sech z ändere, aber si wott nid ufhöre mit irer Unzucht. ²²Lue, jitz legen i se i ds Chrankebett, und die, wo's mit nere tribe hei, müesse mer zümftig undedüre; ussert si hören uuf, mit iren umezgheie. ²³Und iri Chinder lan i a nere Süüch la stärbe; de merke alli Gmeinde, dass i dä bi, wo ds Härz und d Niere undersuecht, und dass ig jedem vo öich das gibe, won er verdienet. ²⁴Aber öich andere z Thyatira, dene, wo nid dere Lehr aahange, wo nid, wi si säge ‹d Tiefine vom Satan hei dörfen erchenne›, öich sägen i: I legen öich ke anderi Lascht uuf. ²⁵Nume bhäbet das fescht, wo der heit, bis dass i chume. ²⁶Und wär a ds Zil chunt und bis a ds Ändi sy Arbeit düreziet, däm giben i Macht über die, wo nid a Gott gloube. ²⁷Er hirtet se mit emne ysige Stäcke und schlat se zäme wi Chachelgschir. ²⁸Di Macht han i vo mym Vatter übercho. Und i giben ihm der Morgestärn. ²⁹Wär es Ohr het, söll lose, was der Geischt de Gmeinde seit.›»

Brief a d Gmeind z Sardes

3 «Schryb em Ängel vo der Gmeind z Sardes: ‹Das seit dä, wo di sibe Geischter vo Gott i der Hand het und di sibe Stärne. I gchenne di dür und dür. Du hesch's am Name, du läbisch, derby bisch de tod. ²Erwach und gib däm Chraft, wo wott stärbe. I finde gar nid, dass dyni Leischtige vor mym Gott chönnte besta. ³Dänk a das, wo du übercho und ghört hesch, häb's fescht und tue di ändere. Aber we de nid wach bisch, chumen i wi ne Schelm; und du weisch gar nid, um weli Zyt dass i gäge di ufzie. ⁴Immerhin hesch es paar Lüt z Sardes, wo iri Chleider nid dräckig gmacht hei; die wärde de mit mir zäme i wysse Chleider umeloufe, wil si's verdienet hei. ⁵Wär a ds Zil chunt, däm leit me wyssi Chleider aa, und i wirde sy Name nie uslösche us em Buech vom Läbe, und i wirde mi zu sym Name bekenne vor mym Vatter und vor synen Ängle. ⁶Wär es Ohr het, söll lose, was der Geischt de Gmeinde seit!›»

Brief a d Gmeind z Philadelphia

⁷«Schryb em Ängel vo der Gmeind z Philadelphia: ‹Das seit der Heilig, der Wahrhaftig, dä, wo der Schlüssel vom David het – won är uftuet, tuet niemer zue, und won är zuetuet, tuet niemer uuf. ⁸I gchenne di dür und dür. Lue, i ha derfür gsorget, dass dir e Tür offe steit, wo niemer cha zuetue. Du hesch numen e chlyni Chraft, aber du hesch my Botschaft bhalte und hesch my Name nid abglougnet. ⁹Lue, i bringe's derzue, dass Lüt us der Synagoge vom Satan, settigi, wo vo sich sälber säge, si syge Jude, aber si sy's nid, nei, si lüge – lue, i bringe's derzue, dass si chöme und dir vor d Füess falle und ygseh, dass i di liebha. ¹⁰Wil du a der Botschaft vo myr Geduld feschtghalte hesch, tuen i di o bewahre dervor, uf d Prob gstellt z wärde. Über di ganzi Wält wird äbe d Stund cho, wo alli uf d Prob gstellt wärde, wo uf där Ärde wohne. ¹¹Gly chumen i; bhäb fescht, was de hesch, für dass der niemer dy Sigerchranz wägnimmt.

¹²Wär a ds Zil chunt, dä machen i zu nere Süüle im Tämpel vo mym Gott, und är geit dert nie meh use, und i schrybe uf ihn der Name vo mym Gott, und der Name vo der Stadt vo mym Gott, vom nöie Jerusalem – si chunt vo mym Gott här vom Himel abe – und my nöi Name. ¹³Wär es Ohr het, söll lose, was der Geischt de Gmeinde seit!›»

Brief a d Gmeind z Laodizea

¹⁴«Schryb em Ängel vo der Gmeind z Laodizea: ‹Das seit der Amen, dä, wo ne tröien und ufrichtige Züge isch, der Aafang vo Gottes Schöpfig. ¹⁵I gchenne di dür und dür. Du bisch weder chalt no heiss. We de nume chalt oder heiss wärisch! ¹⁶Aber du bisch lääi, weder heiss no chalt, und drum spöien i di use us mym Muul.

¹⁷Du seisch: ‹I bi rych worde und cha's gäbig mache und ha nüüt nötig›; derby weisch gar nid, dass du eländ und truurig dranne bisch, arm, blind und blutt. ¹⁸I rate der, chouf der bi mir Guld, wo im Füür isch glüteret worde, für dass de rych wirsch; und wyssi Chleider, für dass du öppis aazlege hesch, und dy Blütti nid fürechunt, für dass de di muesch schäme! Und Ougesalbi für dyni Ougen aazstryche, für dass du gsehsch. ¹⁹Alli, won i lieb ha,

strafen i und ringgle se. Drum gib der Müe und tue di ändere!
²⁰ Lue, i sta vor der Tür und topple draa. We öpper my Stimm ghört und d Türen uftuet, zu däm gan i yne und sitze zueche byn ihm, und mir ässe zäme.
²¹ Wär a ds Zil chunt, däm schänken i, dass er mit mir uf mym Thron darf sitze. ²² Wär es Ohr het, söll lose, was der Geischt de Gmeinde z säge het.'»

Gottes Thron im Himel

4 Drufabe han i wider öppis gseh: E Tür isch im Himel offe gsi, und di Stimm, won i scho ds erscht Mal ha ghört töne wi ne Posuune, het zue mer gseit: «Chumm da ufe! De will i der zeige, was speter söll gscheh.»
² Uf ds Mal isch der Geischt über mi cho. Da isch e Thron im Himel gstande, und uf em Thron isch eine gsässe. ³ Und dä, wo da gsässe isch, het usgseh wi nen Edelstei, e Jaspis und e Karneol. Zrings um e Thron ume isch e Rägeboge gstande, wo het usgseh wi ne Smaragd. ⁴ Und zrings um e Thron ume sy vierezwänzg Thrön gstande, und uf dene Thrön sy vierezwänzg Ratshere gsässe, die hei wyssi Chleider annegha und guldigi Chränz uf irne Chöpf. ⁵ Vom Thron uus sy Blitze gschosse und Stimme und Donnerchläpf, und sibe Füürfackele hei bbrönnt vor em Thron; das sy di sibe Gottesgeischter. ⁶ Vis-à-vis vom Thron isch es wi nes glesigs Meer, das glychet emene Krischtall. Zmitts vor em Thron und rings um e Thron stande vier Wäse mit Ouge hinden und voor. ⁷ Ds erschte Wäse gseht uus wi ne Löi, ds zwöite Wäse glychet emne Stier, ds dritte het es Gsicht wi ne Mönsch und ds vierte gseht uus wi nen Adler, wo flügt. ⁸ Di vier Wäse hei – eis wi ds andere – sächs Flügel; die sy zringsetum und innefür voll Ouge. Und si rüefe Tag und Nacht ohni ufzhöre:

«Heilig, heilig isch der Herr, der allmächtig Gott!
Är isch gsi, är isch und är chunt.»

⁹ Und jedesmal, we di Wäse däm, wo uf em Thron sitzt und wo läbt bis i d Ewigkeite vo den Ewigkeite, eso d Ehr aatüe und Dank erwyse, ¹⁰ falle di vierezwänzg Ratshere uf d Chnöi vor däm uf em Thron und bätte nen aa, wil er bis i d Ewigkeite vo den Ewigkeite läbt. Und si lege iri Chränz vor em Thron a Bode und säge:

¹¹«Herr, üse Gott, du hesch ds Rächt,
Herrlechkeit, Ehr und Macht z beaaspruche;
du hesch ja alls erschaffe, und dür dy Wille isch es da
und isch erschaffe worde.»

D Buechrolle und ds Lamm

5 Da han i i der rächte Hand vo däm uf em Thron e Buechrolle gseh lige; die isch innefür und ussefür vollgschribe gsi und versiglet mit sibe Sigel. ²Und e starchen Ängel han i gseh, wo ganz lut grüeft het: «Wär isch würdig gnue für di Buechrolle ufztue und iri Sigel ufzbräche?» ³Aber weder im Himel no uf der Ärde und o nid under der Ärde wäri öpper imstand gsi, di Buechrolle ufztue oder dry z luege. ⁴Da isch mer ds Ougewasser cho zschiesse, dass es niemer gäbi, wo würdig isch, di Buechrolle ufztue oder dry z luege. ⁵Aber eine vo de Ratshere seit zue mer: «Briegg nid, lue, är isch a ds Zil cho, är, der Löi us em Stamm Juda, ds Schoss vom David, är cha d Buechrolle uftue und iri sibe Sigel.»
⁶Da han i zmitts vor em Thron und bi de vier Wäse es Lamm gseh sta, das het usgseh wi gschlachtet. Sibe Hörner het's gha und siben Ouge, das sy di sibe Gottesgeischter, wo i di ganzi Wält usgschickt sy. ⁷Es isch cho und het d Buechrolle däm uf em Thron us der rächte Hand gno. ⁸Won es se het gno gha, sy di vier Wäse und di vierezwänzg Ratshere vor em Lamm uf d Chnöi gfalle. Jede vo ne het e Harfe und es guldigs Gfäss voll Weihrouch gha; das sy d Gebätt vo de Chrischte. ⁹Du hei si es nöis Loblied gsunge:
   «Du bisch würdig, für d Buechrolle z nä und d Sigel
   ufzbräche;
   du bisch ja tödt worde und hesch mit dym Bluet
   Mönsche für Gott erchouft
   vo allne Stämm und Sprache und Völker und Natione;
   ¹⁰für üse Gott hesch du se zu mene Chünigrych und zu
   Prieschter gmacht,
   und si wärde als Chünige über d Wält regiere.»
¹¹I ha gluegt: Da han i d Stimme vo vilne Ängle um e Thron ume und vo de Wäse und vo de Ratshere ghört. Es sy irere zächetuusig mal zächetuusig und tuusigi mal tuusigi gsi. ¹²Si hei ganz lut gsunge:

«Ds Lamm, wo me tödt het, isch würdig für d Macht z übernä
und der Rychtum und d Wysheit
und d Chraft und d Ehr und d Herrlechkeit und ds Lob!»
¹³ Und jedes Gschöpf im Himel und uf der Ärde und under der Ärde und uf em Meer und alls, wo im Meer innen isch, han i ghöre säge:
«Däm, wo uf em Thron sitzt, und em Lamm
ghört ds Lob und d Ehr und d Herrlechkeit und d Macht
bis i d Ewigkeite vo den Ewigkeite.»
¹⁴ Und di vier Wäse hei gseit: «Amen!» Und d Ratshere sy uf d Chnöi gfalle und hei aabbättet.

Sächs Sigel wärden ufbbroche

6 I ha gseh, dass ds Lamm eis vo de sibe Sigel ufbbroche het. Da han i ghört, wi eis vo de vier Wäse gseit het – es isch grad wi Donner gsi –: «Chumm!» ² I ha gluegt und gseh es Ross, e Schümel. Sy Ryter het e Pfyleboge gha, und mi het ihm e Chranz ggä, und er isch als Siger uszoge für no wyter ga z sige. ³ Und wo ds Lamm ds zwöite Sigel ufbbroche het, han i ghört, wi ds zwöite Wäse gseit het: «Chumm!» ⁴ Da isch es anders Ross fürecho, e Fuchs, und sy Ryter het dörfe der Fride vo der Ärde furtnä und mache, dass d Lüt enand ztodschlö. Er het es grosses Schwärt übercho. ⁵ Und wo ds Lamm ds dritte Sigel ufbbroche het, han i ghört, wi ds dritte Wäse gseit het: «Chumm!» I ha gluegt und gseh es Ross, e Choli. Sy Ryter het e Waag i der Hand gha. ⁶ Und i ha zmitts bi de Wäse wi ne Stimm ghöre säge: «Eis Määs Weize für ne Silbermünze (e Taglohn) und drü Määs Gärschte für ne Silbermünze; aber ds Öl und der Wy, die la la sy!» ⁷ Und won es ds vierte Sigel ufta het, han i ghört, wi ds vierte Wäse gseit het: «Chumm!» ⁸ I ha gluegt und gseh es Ross, e Falbe. Und sy Ryter heisst «der Tod», und ds Toterych louft ihm hindenache. Du hei si d Macht übercho über ne Viertel vo der Ärde, für ga z töde mit em Schwärt, mit em Hunger und mit Süüche und mit de wilde Tier vo där Ärde. ⁹ Wo ds Lamm ds füfte Sigel ufbbroche het, han i under em Rouchopferaltar d Seele vo dene gseh, wo sy umbbracht worde wäge der Botschaft vo Gott, und wil si derfür ygstande sy. ¹⁰ Die hei ganz lut grüeft: «Wi lang geit's no, du heilige und wahrhaftige Herrscher, bis du

Gricht haltisch und üses Bluet zrügg höischisch vo dene, wo uf der Ärde wohne?» ¹¹Jede vo ne het es wysses Chleid übercho, und me het ne gseit, si sölle no chly Geduld ha, bis o iri Mitchnächte und Brüeder, wo grad wi si umbbracht wärde, alli dasyge.
¹²Du han i gseh, wi ds Lamm ds sächste Sigel ufbbroche het. Da het's es grosses Ärdbäbe ggä, und d Sunne isch schwarz worde wi ne Sack us Geisshaar, und der Mond isch bluetrot worde. ¹³D Stärne sy vom Himel uf d Ärden abegfalle, wi ne Fygeboum syni Fyge lat la troole, we ne Blaascht nen erhudlet. ¹⁴Und der Himel isch zrügggfahre wi ne Buechrolle, wo me zämerugelet, und jede Bärg und jedi Insle isch vo irem Platz wäggrütscht. ¹⁵Und d Chünige uf der Ärde und di grosse Here und d Oberschte und di Ryche und di Starche, und jede Sklav und jede Freie – alli hei si sech versteckt i de Höline und i de Felsspält vo de Bärge. ¹⁶Und si säge zu de Bärge und zu de Felse: «Fallet uf is und verstecket is vor em Gsicht vo däm, wo uf em Thron sitzt und vor em Grichtstag vom Lamm. ¹⁷Der Tag vo der Abrächnig isch cho – wär cha da no blybe sta?»

D Chnächte vo Gott mit em Sigelzeiche

7 Drufabe han i vier Ängel a de vier Egge vo der Ärde gseh sta. Si hei di vier Lüft vo der Ärde zrügg bha, dass ke Luft meh tüej wääje, weder uf der Ärde no über ds Meer, und o über ke Boum. ²En anderen Ängel han i gseh vom Sunnenufgang här ufecho, dä het ds Petschaft vom läbige Gott i der Hand gha; ganz lut het er dene vier Ängle zuegrüeft, wo d Macht hei gha, der Ärden und em Meer z schade: ³«Tüet der Ärde ke Schaden aa, o nid em Meer und o nid de Böum, bis mir de Chnächte vo üsem Gott es Sigelzeiche uf iri Stirne ddrückt hei!»
⁴I ha o d Zahl ghört vo dene, wo das Sigelzeichen überchöme: Hundertvierevierzgtuusig wärden us allne Stämm vo Israel zeichnet,
⁵us em Stamm Juda überchöme zwölftuusig ds Sigelzeiche,
us em Stamm Ruben zwölftuusig,
us em Stamm Gad zwölftuusig,
⁶us em Stamm Ascher zwölftuusig,
us em Stamm Naftali zwölftuusig,
us em Stamm Manasse zwölftuusig,

⁷us em Stamm Simeon zwölftuusig,
us em Stamm Levi zwölftuusig,
us em Stamm Issachar zwölftuusig,
⁸us em Stamm Sebulon zwölftuusig,
us em Stamm Josef zwölftuusig,
und us em Stamm Benjamin überchöme zwölftuusig ds Sigelzeiche.

Mönsche us allne Völker vor em Thron

⁹Drufabe han ig e grosse Huuffe Mönsche gseh, wo niemer hätti chönne zelle, vo jeder Nation und vo allne Stämm und Völker und Sprachgruppe – die sy vor em Thron gstande und vor em Lamm; si hei wyssi Chleider annegha und Palmezweigen i de Händ treit.
¹⁰Si hei lut grüeft:
«D Rettig steit bi üsem Gott,
wo uf em Thron isch, und bim Lamm!»
¹¹Und alli Ängel sy um e Thron umegstande, und d Ratshere und di vier Wäse; si sy vor em Thron uf d Chnöi gfalle und hei Gott aabbättet und gseit:
¹²«Amen, ds Lob und d Herrlechkeit und d Wysheit
und der Dank und d Ehr und d Macht und d Chraft
ghöre üsem Gott bis i d Ewigkeite vo den Ewigkeite. Amen.»
¹³Eine vo de Ratshere het aafa rede und zue mer gseit: «Die da i de wysse Chleider, wär sy die und vo wo chöme si?» ¹⁴I han ihm gantwortet:
«Herr, das weisch du!»
Und er het zue mer gseit:
«Das sy die, wo us der grosse Verfolgig chöme;
si hei iri Chleider gwäsche und wyss gmacht im Bluet vom Lamm.
¹⁵Drum stande si vor em Thron vo Gott
und dienen ihm Tag und Nacht i sym Tämpel,
und dä uf em Thron wird sys Zältdach über nen ufspanne.
¹⁶Si wärde nie meh Hunger und Durscht ha;
d Sunne cha se nid verbrönne, ke Hitz chunt uf se.
¹⁷Ds Lamm, wo zmitts vor em Thron steit,
füert sen uf d Weid und zu de Wasserquelle vom Läbe,
und Gott wird nen alli Träne us den Ouge wüsche.»

Ds sibete Sigel wird ufbbroche

8 Wo ds Lamm ds sibete Sigel ufbbroche het, isch es ganz still worden im Himel, öppen e halb Stund lang. ²Da han i di siben Ängel gseh, wo vor Gott gstande sy. Dene het me sibe Posuune ggä. ³Und en anderen Ängel isch cho und näbe Rouchopferaltar gstande; er het es guldigs Chübeli gha für z röuchere; me het ihm vil Weihrouch ggä, dä het er für d Gebätt vo allne Chrischte uf ne guldige Rouchopferaltar sölle lege, wo vis-à-vis vom Thron isch gstande. ⁴Da isch der Rouch vom Weihrouch für d Gebätt vo de Chrischte us der Hand vom Ängel ufgstige vor Gott. ⁵Der Ängel het ds Röucherchübeli gno, het's mit Füür vom Rouchopferaltar gfüllt und's uf d Ärde gschosse. Da het me Donnerchläpf ghört und Stimme, es het bblitzet und gärdbäbnet.

Di sibe Posuune

⁶Und di siben Ängel mit de sibe Posuune hei sech parat gmacht für z posuune. ⁷Der erscht het posuunet: Da het's aafa hagle, und Füür isch uf d Ärde abegfahre, zäme mit Bluet. E Drittel vo der Ärde isch verbrönnt, o ne Drittel vo de Böum und alli grüene Pflanze. ⁸Der zwöit Ängel het posuunet: Da isch öppis wi ne grosse Bärg, wo im Füür glädert het, i ds Meer gschosse worde, und e Drittel vom Meer isch zu Bluet worde. ⁹Da isch e Drittel vo de läbige Gschöpf im Meer gstorbe und e Drittel vo de Schiff isch underggange.
¹⁰Der dritt Ängel het posuunet: Da isch e grosse Stärn vom Himel abegfalle; er het bbrönnt wi ne Fackele. Er isch uf ne Drittel vo de Flüss und vo de Quelle gfalle. ¹¹Dä Stärn heisst «Wärmuet». Und e Drittel vom Wasser isch zu Wärmuet worde, und vil Mönsche sy gstorbe, wo si vo däm bittere Wasser trunke hei.
¹²Du het der viert Ängel posuunet; da isch e Drittel vo der Sunne gschlage worde, o ne Drittel vom Mond und e Drittel vo de Stärne. So isch e Drittel vo ne fyschter worde, und der Tag isch um ne Drittel weniger heiter gsi, und d Nacht grad glych.
¹³I ha gluegt: Da ghören ig en Adler, wo zmitts dür e Himel gflogen isch, dä het lut grüeft: «I warne nech, i warne nech, i warne nech, öich alli, wo uf der Ärde wohne: Es chöme no meh Posuunetön. Drei Ängel wärde no posuune!»

D Ängel posuune wyter

9 Der füft Ängel het posuunet. Da han ig e Stärn gseh vom Himel abefalle uf d Ärde; däm het me der Schlüssel zum Brunneschacht vom Abgrund ggä. ²Er het der Brunneschacht vom Abgrund ufta, und da isch Rouch druus ufgstige, grad wi Rouch us mene grossen Ofe. D Sunne und d Luft sy fyschter worde vom Rouch us däm Brunne. ³Us em Rouch use sy Höigümper uf d Ärde ggumpet; die hei e Chraft übercho, wi se süsch nume d Skorpione uf der Ärde hei. ⁴Si hei Wysig gha, si sölle em Gras uf der Ärde nid schade, o nid em grüene Chrut und nid de Böum, nume dene Mönsche, wo ds Zeiche vo Gott nid uf der Stirne hei. ⁵Nid töde hei si se sölle, aber füf Monet lang mit Stiche plage. Der Schmärz (vom Stich) isch eso gsi, wi wen e Skorpion e Mönsch sticht. ⁶Denn sueche de d Mönsche der Tod, aber si chöi ne nid finde; si sturbe gärn, aber der Tod flüchtet vor ne.

⁷Di Höigümper hei usgseh wi Ross, wo für ne Chrieg grüschtet sy; uf irne Chöpf sy Chränz gsi wi vo Guld, und iri Gsichter hei Mönschegsichter ggliche. ⁸Si hei Haar gha wi Frouehaar und Zähn wi Löiezähn. ⁹En Art ysigi Rüschtige hei si annegha. Und iri Flügel hei e Lärme gmacht wi Panzerwäge, wo i d Schlacht rassle; ¹⁰si hei Schwänz gha wi Skorpione und Stachle drann, und iri Chraft ligt i de Schwänz, dass si füf Monet lang d Mönsche chöi plage. ¹¹Si hei über sech e Chünig. Uf hebräisch heisst er Abaddon, und uf griechisch Verderber.

¹²Di erschti schlimmi Warnig isch verby; aber es chöme no zwo wyteri schlimmi Warnige.

¹³Du het der sächst Ängel posuunet; da han ig e Stimm ghört. Si isch härcho vo de Hörner vom guldige Rouchopferaltar, wo vor Gott steit. ¹⁴Die het zum sächsten Ängel, wo d Posuune het gha, gseit: «Mach di vier Ängel frei, wo am grosse Fluss Euphrat gfesslet sy!» ¹⁵Da sy di vier Ängel frei gla worde, wo uf d Stund und e Tag und e Monet und ds Jahr sy parat gsi, für ne Drittel vo de Mönsche z töde. ¹⁶I der Ryterarmee sy zwänzgtuusig mal zächetuusig (also zwöihundert Millione) gsi; i ha ghört, wi vil dass es sy. ¹⁷Und so han i d Ross vor mer gseh und iri Ryter: Si hei füürroti und violetti und schwäfelgääli Rüschtige annegha; d Chöpf vo de Ross hei usgseh wi Löiechöpf, und us irne Müüler isch Füür und Rouch und Schwäfel usecho. ¹⁸Ab dene drei Plage

isch e Drittel vo de Mönsche umcho, ab em Füür und ab em Rouch und ab em Schwäfel, wo us irne Müüler usechunt. ¹⁹ D Chraft vo de Ross ligt drum i irem Muul und i irem Schwanz. Iri Schwänz gseh uus wi Schlange, wo Chöpf hei; mit dene tüe si weh. ²⁰ Aber di übrige Mönsche, die, wo dür di Plage no nid sy umcho, hei sech trotzdäm nid gänderet bi däm, wo si gmacht hei; si hätte nid öppen ufghört, di böse Geischter und di guldige und silberige, möschige, steinige und hölzige Götzen aazbätte; die chöi ja weder gseh no ghöre no umeloufe. ²¹ Si hei wytergfahre mit morde, mit Giftmische, mit umehuere und stäle.

Der Johannes mues e Buechrollen ässe

10 Du han i en anderen Ängel gseh vom Himel abecho, e starche. E Wulche isch um nen umegsi; uf sym Chopf het er e Rägeboge gha; er het es Gsicht gha wi d Sunne und Bei wi Füürsüüle. ² I syr Hand het er e chlyni offeni Buechrolle treit; mit em rächte Fuess isch er uf ds Meer gstande und mit em linggen uf ds Land. ³ Du het er lut grüeft, so wi ne Löi brüelet, und won er grüeft het, hei di sibe Donner iri Stimm la dröhne. ⁴ Und wo di sibe Donner hei gredt gha, han i das wellen ufschrybe, aber da han ig e Stimm us em Himel ghört säge: «Tue das versigle, wo di sibe Donner gseit hei, schryb's nid uuf!»

⁵ Da het der Ängel, won i ha gseh uf em Meer und uf em Land sta, sy rächti Hand zum Himel ufe greckt ⁶ und het gschwore bi däm, wo bis i d Ewigkeite vo den Ewigkeite läbt, bi däm, wo der Himel erschaffe het und was in ihm isch, und d Ärde und was uf neren isch, und ds Meer und was in ihm isch: «D Zyt isch abgloffe! ⁷ Sobald der sibet Ängel de redt, sobald er tuet posuune, denn erfüllt sech o ds Gheimnis vo Gott, so win er's syne Chnächte, de Prophete, het z wüsse ta.»

⁸ Da het di Stimm us em Himel zum zwöite Mal zue mer gredt und gseit: «Gang, nimm däm Ängel, wo uf em Meer und uf em Land steit, di offeni Buechrollen us der Hand!» ⁹ I bi zum Ängel ggange und han ihm gseit, er söll mer di chlyni Buechrolle gä. Er seit zue mer: «Nimm se und iss sen uuf! Im Mage isch si bitter, aber im Muul isch si süess wi Hung!» ¹⁰ Da han i em Ängel di chlyni Buechrolle us der Hand gno und sen ufggässe. Und si isch im Muul süess gsi wi Hung, aber won i se ha ggässe gha, isch si

bitter gsi im Mage. ¹¹Du hei si mer gseit: «No einisch muesch du über d Natione und d Völker und d Sprache und vili Chünige vorussäge, was chunt.»

Di zwee Züge vo Gott z Jerusalem

11 Du het me mer es Schilfrohr i d Hand gä wi ne Meterstab und gseit: «Stand uuf und vermiss der Tämpel vo Gott und der Altar dinn und die, wo im Tämpel bätte! ²Aber der Hof ussen am Tämpel chasch wägla, miss ne nid; dä hei d Heiden übercho. Zwöievierzg Monet lang trample si de di heiligi Stadt z Bode. ³Und myne beide Züge giben ig Uftrag. Zwölfhundertsächzg Tag lang wärde si prophezeie und derzue Seck als Chleider trage.» ⁴Das sy di zwee Ölböum und di zwee Lüüchter, wo em Herr vo der Ärde gägenüber stande. ⁵We öpper dene öppis wott zleidtue, de schiesst ne Füür us irem Muul und frisst iri Finde uuf. Wen öpper ne öppis wott zleidtue, de söll er eso umcho.
⁶Die hei d Vollmacht, der Himel z bschliesse, dass es ke Räge git, solang dass si d Zuekunft predige; und si hei d Macht über ds Wasser, dass si's chönne i Bluet verwandle; si chöi o d Ärde mit jeder Plag überzie, so mängisch wi si wei. ⁷We si de das fertig usgrichtet hei, wo si derfür ystande, fat de ds Tier, wo us em Abgrund ufestygt, mit nen aafa chriege; es ma se und bringt sen um. ⁸Iri Lych ligt de uf em Platz vo der grosse Stadt, wo im geischtleche Sinn «Sodom» und «Ägypte» heisst, und wo o ire Herr isch gchrüziget worde. ⁹Und d Lüt vo de Natione und Völker und Stämm und Sprache gseh de iri Lych dreiehalb Tag lang, und me darf de iri Lyche nid i nes Grab lege. ¹⁰D Mönsche, wo uf der Ärde läbe, fröie sech drüber und jubiliere und schicken enand Gschänk, wil di zwee Prophete d Mönsche uf der Ärde plaget hei. ¹¹Aber nach dreiehalb Tag isch e Läbesgeischt vo Gott i se gschosse, und si sy uf d Füess gstande. E grosse Chlupf isch über die cho, wo se gseh hei. ¹²Si hei e luti Stimm vom Himel här ghört, wo ne grüeft het: «Chömet hie ufe!» Da sy si i nere Wulche i Himel ufegstige; iri Finde hei se gseh. ¹³Im glychen Ougeblick het's es grosses Ärdbäbe ggä, und e Zächetel vo der Stadt isch zämetroolet, und bi däm Ärdbäbe sy öppe sibetuusig Lüt umcho. Aber di andere hei Angscht übercho und hei Gott im Himel d Ehr ggä.
¹⁴Di zwöiti Warnig isch verby. Lue, di dritti chunt gleitig.

Di sibeti Posuune

¹⁵ Der sibet Ängel het i sy Posuune bblaset. Da hei luti Stimme im Himel grüeft:
«Jitz isch d Wältherrschaft vo üsem Herr
und vo sym Chrischtus!
Er wird als Chünig regiere
bis i d Ewigkeite vo den Ewigkeite.»
¹⁶ Und di vierezwänzg Ratshere, wo vor Gott uf irne Thrön sitze, sy abegchnöilet, si hei Gott aabbättet ¹⁷ und gseit:
«Mir danke dir, Herr, allmächtige Gott,
du, wo bisch und bisch gsi,
dass du di grossi Macht a di zoge hesch
und Chünig worde bisch.
¹⁸ D Völker sy toub worde, aber jitz fahrt dy Töubi o dry.
Jitz chunt d Zyt, wo di Tote vor Gricht chöme,
und wo me dyne Chnächte, de Prophete, ire Lohn git,
und o de Heilige und dene, wo Reschpäkt hei vor dym Name,
Chlynen und Grosse.
Jitz wärde die vernichtet, wo d Ärde kabutt mache.»
¹⁹ Und der Tämpel vo Gott im Himel isch ufta worde, und me het sy Bundeslade gseh i sym Tämpel. Blitze sy dasume gschosse und me het Stimme ghört und Donnerchläpf, es het gärdbäbnet und es grosses Hagelwätter ggä.

D Frou, ds Chind und der Drach

12 Du isch am Himel es grosses Zeichen erschine: e Frou, mit der Sunne als Chleid und em Mond under irne Füess und uf irem Chopf e Chranz vo zwölf Stärne; ² si isch schwanger und brüelet i de Weh und i de Geburtsschmärze. ³ Du isch am Himel no nes Zeichen erschine: e grosse füürrote Drach mit sibe Chöpf und zäche Hörner, und uf jedem Chopf het er es Diadem gha. ⁴ Sy Schwanz bäset e Drittel vo de Stärne vom Himel ewägg und schiesst sen uf d Ärde. Dä Drach isch vor di Frou häregstande, wo am Gebären isch gsi. Er het ires Chind welle verschlücke, sobald es geboren isch. ⁵ Du het si ds Chind gebore, e Bueb. Dä söll einisch alli Völker mit emnen ysige Stäcke uf d Weid füere.

Ds Chind isch nere wäg gno worde und zu Gott und zu sym Thron bbracht worde. ⁶D Frou het sech i d Einsamkeit gflüchtet; dert het nere Gott es Plätzli parat gmacht gha, wo zwölfhundertsächzg Tag lang für se gsorget wird.
⁷Jitz het's im Himel Chrieg ggä: Der Michael und syni Ängel hei gchrieget gäge Drach, und der Drach mit synen Ängle het zrügggchrieget. ⁸Aber er het se nid möge; da hei si im Himel ke Platz meh gha. ⁹Der gross Drach isch usegheit worde, di uralti Schlange, wo Tüüfel heisst und Satan, dä, wo di ganzi Wält verfüert. Er isch uf d Ärden abegheit worde, und syni Ängel mit ihm. ¹⁰Da han ig e luti Stimm im Himel ghöre rüefe:

«Jitz isch d Rettig und d Macht und ds Chünigrych vo üsem Gott
und d Chraft vo üsem Userwählte a Tag cho.
Dä isch usegheit worde,
wo vor üsem Gott üsi Gschwüschterti bi Tag und bi Nacht verchlagt het.
¹¹Aber si syn ihm Meischter worde dank em Bluet vom Lamm
und dank der Botschaft, wo si derfür ygstande sy
und ires Läbe derfür ygsetzt hei bis zum Tod.
¹²Drum fröiet nech, dihr Himel
und dihr, wo drinne wohnet.
Mir warne d Ärde und ds Meer:
Der Tüüfel isch zue nech abe cho,
er het e grossi Wuet,
wil er weis, dass er nume no weni Zyt het.»

¹³Wo der Drach het gseh, dass er uf d Ärden abegheit worden isch, isch er uf di Frou los, wo das Buebli gebore het. ¹⁴Aber d Frou het vom grossen Adler zwee Flügel übercho, für dass si i di einsami Gäget cha flie, a ires Plätzli. Dert wird für se gsorget, e Zyt und zwo Zyte und e halbi Zyt, wyt wäg vo der Schlange. ¹⁵Und d Schlange het us irem Muul Wasser hinder der Frou nachegspöit, ganzi Schwettine, für se wägzschwemme. ¹⁶Aber d Ärde isch der Frou z Hülf cho; d Ärde het ires Muul ufta und di Wasserschwetti verschlückt, wo der Drach het us sym Muul la useschiesse. ¹⁷Da isch der Drach wüetig worde über di Frou und isch furt, für gägen iri andere Nachkomme Chrieg z füere, gäge die, wo d Gebot vo Gott halte und ystande für Jesus. ¹⁸Am Ufer vom Meer het er sech ufgstellt.

Ds Tier us em Meer

13 Jitz han i gseh es Tier us em Meer uftouche. Es het zäche Hörner gha und sibe Chöpf, und uf dene sibe Chöpf sibe Diadem, und uf de Chöpf sy Näme gstande, wo nume Gott darf ha. ²Das Tier, won i gseh ha, het emne Panther ggliche, aber Füess het's wi die vo mene Bär gha und es Muul wi ne Löi. Der Drach het ihm sy Macht ggä und sy Thron und e grossi Vollmacht. ³Eine vo dene Chöpf het e Wunde gha, fasch e tötlechi. Aber dä tötlech Hieb isch verheilet gsi. Di ganzi Wält het däm Tier nachegstuunet. ⁴Si hei der Drach aabbättet, wil er däm Tier d Vollmacht ggä het, und si hei ds Tier aabbättet und gseit: «Wär isch glych starch wi das Tier, und wär isch imstand, gägen ihns z chriege?» ⁵Es het es Muul übercho für z plagiere und z läschtere. Zwöievierzg Monet lang het es das dörfe mache. ⁶Da het es sys Muul ufgschrisse, für gäge Gott und gäge sy Name und gäge sy Wonig z läschtere und die abezmache, wo im Himel wohne. ⁷Es het dörfe Chrieg füere gäge d Chrischte und het se dörfe bodige. Es het Macht übercho über jede Stamm, jedi Nation, jedi Sprach und jedes Volk. ⁸Alli, wo uf der Ärde wohne, wärde ihn(s) aabbätte, alli die, wo ire Name nid im Läbesbuech vom Lamm ufgschriben isch, sider dass d Wält erschaffen isch. ⁹We einen es Ohr het, söll er lose!

¹⁰«We einen i Gfangeschaft söll grate, de gratet er i Gfangeschaft;

we eine dür ds Schwärt söll umcho, so chunt er dür ds Schwärt um.»

Hie bruuche d Chrischte Standfeschtigkeit und Gloube!

Ds Tier us der Ärde

¹¹Du han i es anders Tier us der Ärde gseh usecho. Es het zwöi Hörnli gha wi nes Lamm, aber gredt het es wi ne Drach. ¹²Im Uftrag vom erschte Tier regäntet's und bringt's z stand, dass d Ärde und alli, wo druffe wohne, ds erschte Tier aabätte, das mit der verheilete tötleche Wunde. ¹³Es bringt grossi Wunder z stand, es lat sogar vor den Ouge vo de Mönsche la Füür vom Himel uf d Ärden abe fahre. ¹⁴Mit dene Wunder, won es vor em Tier het dörfe mache, het es d Lüt uf der Wält derzue bbracht, dass si em Tier es (Götze-)Bild ufgstellt hei, also däm, wo dä

Schwärthieb het und wo wider isch läbig worde. ¹⁵ Es het däm Bild vom Tier sogar dörfen e Geischt ygä, so dass das Tierbild het chönne rede; und es het's zstandbbracht, dass die umbbracht wärde, wo ds Bild vom Tier nid aabätte. ¹⁶ Es bringt's zwäg, dass alli, Chlyni und Grossi, Rychi und Armi, Freiji und Sklave, sech es Zeiche uf di rächti Hand oder uf d Stirne mache, ¹⁷ und dass niemer öppis cha choufe oder verchoufe, wen er das Zeiche nid het, der Name vom Tier oder der Zahlewärt vo däm Name. ¹⁸ Hie bruucht's jitz Gschydi! Wär nämlech Verstand het, cha di Zahl vom Tier usrächne, es isch e mönschlechi Zahl, d Zahl sächshundertsächsesächzg.

Ds Lamm und syni beschte Lüt

14 Du han i wider öppis gseh: Uf em Bärg Zion isch ds Lamm gstande, und mit ihm zäme hundertvierevierzgtuusig (Mönsche). Die hei uf der Stirne sy Name und der Name vo sym Vatter gschribe gha. ² Vom Himel här han ig e Musig ghört, die het tönt wi ds Ruusche vo vil Wasser und ds Chrache vomene starche Donner, und de widerume isch di Musig gsi wi d Tön vo Harfespiler, wo uf irne Harfe spile. ³ Si singe vor em Thron und vor de vier Tier und vor de Ratshere es nöis Lied; aber no niemer het das Lied chönne lehre weder di hundertvierevierzgtuusig, wo ab der Ärde sy freigchouft worde.

⁴ Das sy Lüt, wo sech nid mit Frouen ygla hei,
niemer het se aagrüert,
si gangen em Lamm überallhi nache, won äs häregeit.
Si sy freigchouft worde us de Mönsche,
als erschts Gschänk für Gott und ds Lamm,
⁵ und «i irem Muul het me ke Lugi gfunde»,
si sy fählerlos.

Drei Ängel, wo rüefe

⁶ Zmitts düre Himel han ig en anderen Ängel gseh flüge. Er het en ewig gültigi gueti Botschaft gha für sen allne z predige uf der Ärde, jedem Volk und jedem Stamm und jeder Sprach und jeder Nation. ⁷ Ganz lut het er gseit:
«Heit Reschpäkt vor Gott und gät ihm d Ehr,
wil der Momänt vo sym Gricht isch cho.

Bättet dä aa, wo der Himel und d Ärde,
ds Meer und d Wasserquelle erschaffe het.»
⁸ E zwöiten Ängel isch hinder ihm nachecho und het gseit:
«Zämebbroche, zämebbroche isch ds grosse Babylon,
di Stadt, wo allne Völker der Wy vo irer Unzucht het gä
z trinke!»
⁹ Und no ne dritten Ängel isch ne nachecho und het lut grüeft:
«We öpper ds Tier aabättet
und sech sys Bild oder sys Zeiche uf d Stirne oder uf d Hand
malet,
¹⁰ dä mues der Wy vo Gottes Töubi trinke,
wo unverdünnt i sym Grichtsbächer isch.
Dä wird de plaget im Füür und im Schwäfel
vor den Ouge vo de heiligen Ängle und vom Lamm.
¹¹ Und der Rouch vo där Füürplag stygt uuf
bis i d Ewigkeite vo den Ewigkeite,
und si hei Tag und Nacht ke Rue,
die, wo ds Tier und sys Bild aabätte,
und die, wo ds Zeiche vo sym Namen aanä.
¹² Hie bruucht's Usduur bi de Chrischte,
bi dene, wo d Gebot vo Gott halte und a Jesus gloube.»
¹³ Du han ig e Stimm vom Himel här ghört, wo gseit het:
«Schryb uuf!
Glücklech für geng sy die Tote,
wo vo jitz aa im Glouben a Herr stärbe.
Ja, seit der Geischt,
jitz chönne si löie vo irer Arbeit;
was si im Gloube ta hei, chunt mit ne.»

Jitz wird gärnet

¹⁴ Da gsehn i – lueg! – e wyssi Wulche. Und uf der Wulche sitzt
eine wi ne Mönsch. Uf em Chopf het er e guldige Chranz und
i der Hand e scharfi Sichle. ¹⁵ En anderen Ängel chunt us em
Tämpel use und rüeft däm, wo uf der Wulche sitzt, lut zue:
«La d Sichle la suuse und tue ärne!
Der Momänt zum Ärne isch da,
d Ärn uf der Ärde isch überryf!»
¹⁶ Dä, wo uf der Wulche gsässen isch, het sy Sichle über d Ärde
la suuse, und d Ärden isch abgärnet worde.

¹⁷No nen anderen Ängel isch us em Tämpel im Himel usecho, o är mit nere scharfe Sichle. ¹⁸E wytere Ängel isch vom Altar här cho; dä het Vollmacht gha über ds Füür und het däm mit der scharfe Sichle ganz lut grüeft: «La dy scharfi Sichle la suuse und schnyd em Wystock uf der Ärde d Trüblen ab! Syni Beeri sy ja jitz ryf!» ¹⁹Da het der Ängel sy Sichle uf d Ärde la suuse und het em Wystock uf der Ärde d Trüblen abghoue und se i grosse Trüel vo Gottes Töubi gschosse. ²⁰Du sy d Trübel vor der Stadt ussen uspresst worde, und es isch Bluet zum Trüel usgloffe bis ufe zu de Zügel vo de Ross, tuusigsächshundert Stadie wyt (das sy meh als drühundert km).

Di sibe Schüssle mit der Töubi vo Gott

15 Du han i es anders grosses und wunderbars Zeichen am Himel gseh: siben Ängel, wo sibe Plage treit hei, di sibe letschte. Mit dene chunt d Töubi vo Gott a ires Änd.
²I ha öppis gseh wi nes Meer vo Krischtall im Füür-Glascht; a däm Meer vo Krischtall sy alli die gstande, wo der Kampf gäge ds Tier und gäge sys Bild und gäge d Zahl vo sym Name gwunne hei. Si hei Harfe vo Gott i den Arme gha. ³Si singe ds Lied vom Mose, em Chnächt vo Gott, und ds Lied vom Lamm. Das sy d Wort:
 «Gross und wunderbar sy dyni Wärk,
 Herr, allmächtige Gott.
 Dyni Wääge sy grächt und wahr,
 du Chünig vo de Völker!
⁴Wär wett sech vor dir nid förchte, Herr,
 und dy Name nid rüeme?
 Du alleini bisch ja heilig!
 Alli Völker chömen einisch
 und bätte vor dir aa.
 Was du machsch, isch grächt. Das isch jitz dütlech worde.»
⁵Drufabe han ig ufgluegt. Da isch d Tämpeltür vo der Stiftshütte im Himel ufggange ⁶und di siben Ängel mit de sibe Plage sy usem Tämpel usecho; si hei suberi glänzigi, lynigi Chleider annegha, und um d Taille hei si guldigi Gürt treit. ⁷Da het eis vo de vier Wäse de siben Ängle sibe guldigi Schüssle ggä. Die sy bis obe voll gsi mit der Töubi vo däm Gott, wo läbt bis i d Ewigkeite

vo den Ewigkeite. ⁸Da «isch der Tämpel voll Rouch worde» wäge der Herrlechkeit vo Gott und wäge syr Macht. Niemer het i Tämpel ynechönne, bis di sibe Plage vo de siben Ängle verby sy gsi.

Di sibe Schüssle wärden usgläärt

16 Jitz han ig e luti Stimm us em Tämpel ghört, wo de siben Ängle zuegrüeft het: «Ganget di sibe Schüssle mit der Töubi vo Gott ga uf d Ärde schütte!» ²Da isch der erscht sy Schüssle ga uf d Ärde uslääre; da hei di Lüt, wo ds Zeiche vom Tier hei gha und sys Bild aabbättet hei, es gröilechs Gschwür übercho. ³Der zwöit (Ängel) het sy Schüssle i ds Meer usgläärt; da isch es zu Bluet worde wi vo mene Tote, und alli läbige Wäse im Meer sy gstorbe. ⁴Und der dritt Ängel het sy Schüssle i d Flüss und i d Wasserquelle gläärt, und die sy zu Bluet worde. ⁵Da han i der Ängel vom Wasser ghöre säge:

«Grächt bisch du, du, wo bisch und bisch gsi,
du, der Heilig, dass du so gurteilt hesch;
⁶si hei ds Bluet vo de Chrischte und vo de Prophete verschüttet,
drum gisch du ne Bluet z trinke,
das hei si verdienet.»
⁷Da han i der Altar ghöre säge:
«Ja Herr, allmächtige Gott,
wahrhaftig und grächt sy dyni Urteil.»

⁸Der viert het sy Schüssle uf d Sunne gschüttet; dermit het er dörfe d Mönsche mit Füür verbrönne. ⁹Und d Mönsche hei Brandwunde übercho vo dere grosse Hitz, aber si hei der Name vo Gott verfluechet, wil är d Macht het über di Plage; si hätte sech nid öppe gänderet, für ihm d Ehr z gä! ¹⁰Der füft het sy Schüssle uf e Thron vom Tier gläärt. Da isch sys Chünigrych fyschter worde, und si hei sech uf d Zunge bbisse, so het's ne weh ta. ¹¹Aber si hei nume Gott im Himel verfluechet wägen irne Schmärze und irne Gschwür, und si hätte sech nid öppe gänderet i däm, wo si gmacht hei. ¹²Der sächst het sy Schüssle usgschüttet i mächtige Strom Euphrat. Da isch sys Wasser uströchnet, für dass der Wäg parat wird für d Chünige vom Oschte. ¹³I ha gseh, dass us em Rache vom

Drach und us em Muul vom Tier und us däm vom faltsche Prophet drei usuberi Geischter sy usegschloffe wi Frösche. ¹⁴Das sy Dämone, wo Wunderzeiche tüe. Si gange zu de Chünige vo der ganze Wält, für se zu mene Chrieg zämezfüere am Tag vom allmächtige Gott.
¹⁵«Lue, i chume wi ne Schelm. Glücklech für geng isch dä, wo de wach isch und syni Chleider parat het, für dass er nid mues blutt umeloufe und sech schäme.»
¹⁶Und si zie se amenen Ort zäme, wo uf hebräisch Harmagedon heisst.
¹⁷Der sibet het sy Schüssle i d Luft usgläärt. Da isch e luti Stimm us em Tämpel vom Thron härcho, wo gseit het: «Jitz isch's gscheh!» ¹⁸Da het es bblitzet, me het Stimme ghört und Donnerchläpf; und 's het es grosses Ärdbäbe ggä, wi nes no nie eis het ggä, sider dass es Mönsche uf der Ärde git; so gross isch das Ärdbäbe gsi.
¹⁹Di grossi Stadt isch i drei Teile usenandbbroche, und d Stedt vo de Heide sy zämegheit. Da het me sech bi Gott a di grossi Stadt Babylon bsunne, für nere der Bächer z gä mit em Wy vo sym Gricht und vo syr Wuet. ²⁰Alli Insle sy verschwunde, und Bärge het me keni meh gfunde. ²¹Zäntnerschwäri Hagelchörner sy vom Himel uf d Mönschen abebbrätschet. Aber di Mönsche hei nume Gott verfluechet wäge däm Hagelwätter, es isch äbe ganz e grossi Plag gsi, won er da gschickt het.

Ds Wybervolch uf em Tier

17 Da isch eine vo de siben Ängle mit de sibe Schüssle cho und het mer gseit: «Chumm dahäre! I zeige der de ds Gricht über di grossi Huer, wo a vilne Wasserbech sitzt; ²mit dere hei d Chünige vo der Ärde Unzucht tribe, und die, wo uf der Ärde wohne, hei sech la voll loufe mit em Wy vo irem dräckige Läbe.» ³Jitz het er mi im Geischt i nen einsami Gäget gfüert. Dert han ig es Wybervolch gseh, wo uf mene scharlachrote Tier gsässen isch; das Tier isch über und über voll gsi vo gottesläschterleche Näme; es het sibe Chöpf und zäche Hörner gha. ⁴Und ds Wybervolch isch aagleit gsi mit purpur- und scharlachrote Chleider und prächtig ufddonneret mit Guld und Edelsteine und Perle. I der Hand het's e guldige Bächer gha voll gruusigem Züüg und

Dräck vo syr Unzucht. ⁵ Uf syr Stirne isch e Name gschribe gsi, mit der gheime Bedütig: «Babylon, di grossi Stadt, d Mueter vo de Huere und vo allem Dräck uf der Ärde.» ⁶ I ha gseh, dass das Wybervolch bsoffen isch vom Bluet vo de Chrischte und vom Bluet vo dene, wo für Jesus ygstande sy. Won i's gseh ha, het's mi tschuderet.
⁷ Da seit der Ängel zue mer: «Verschlat's der d Sprach? I will der ds Gheimnis erkläre vo däm Wybervolch und vom Tier, won ihns treit, das mit de sibe Chöpf und de zäche Hörner. ⁸ Ds Tier, wo du gseh hesch, isch (scho einisch) da gsi, aber jitz isch's grad nid da, es chunt de wider us em Abgrund ufe, und speter fahrt's de i ds Verdärbe.
D Lüt, wo uf der Ärde wohne, wird's tschudere, alli, wo ire Name nid sit der Erschaffig vo der Wält im Buech vom Läbe ufgschriebe isch, we si das Tier gseh: Es isch da gsi, jitz isch es nid da und chunt de wider. ⁹ Hie bruucht's Verstand, meh, Wysheit! Di sibe Chöpf sy sibe Höger; uf dene wohnt das Wybervolch. Und es git sibe Chünige; ¹⁰ füf vo ne sy abgsetzt, aber eine isch no da, und en andere isch no nid cho, und wen er de chunt, darf er es Wyli dablybe. ¹¹ Und ds Tier, wo isch da gsi, aber jitz nid da isch, das isch sälber der acht (Chünig), und es ghört zu de sibe, und es fahrt i ds Verdärbe.
¹² Di zäche Hörner, wo de hesch gseh, sy zäche Chünige. Die hei ires Regimänt no nid aaträtte; aber si überchöme iri Macht als Chünige mit em Tier zäme im glyche Momänt. ¹³ Die sy zäme eis Härz und ei Seel und iri ganzi Macht und Gwalt übergä si em Tier. ¹⁴ Die wärde mit em Lamm Chrieg füere, aber ds Lamm wird se bodige, wil äs der Herr isch vo de Here und der Chünig vo de Chünige, und die, wo bi ihm sy, sy di Beruefene und di Usgläsene und di Tröie.»
¹⁵ Du het er zue mer gseit: «Di Wasserbech, wo du hesch gseh, wo di Huer wohnt, sy Natione und Schare und Völker und Sprache. ¹⁶ Und di zäche Hörner, wo du hesch gseh, und ds Tier, die hasse di Huer, und si bringe's zstand, dass si aleini isch und blutt. De frässe si ires Fleisch und verbrönne se mit Füür. ¹⁷ Gott het ne drum sy Plan i ds Härz ggä, dass si nen usfüere, und dass si alli eis Härz und ei Seel sy und iri Chünigsmacht em Tier übertrage, bis d Wort vo Gott sech erfüllt hei. ¹⁸ Und ds Wybervolch, wo du gseh hesch, das isch di grossi Stadt, wo regiert über d Chünige vo der Ärde.»

Babylon geit zgrund

18 Drufabe han ig vom Himel abe en anderen Ängel gseh cho, wo ne grossi Macht het gha; d Ärde isch heiter worde vo syr Herrlechkeit. ²Mit nere chreftige Stimm het er grüeft:
«Zämebbroche, zämebbroche isch di grossi Stadt Babylon!
Si isch e Bhusig worde für di böse Geischter
und e Schluuf für alli usubere Geischter,
e Schluuf für alli gruusige Vögel,
e Schluuf für alle gruusige und verhasste Tier.
³Alli Völker hei der bös Wy vo irer Unzucht trunke,
und d Chünige vo der Ärde hei mit nere Unzucht tribe,
und d Händler uf der Ärde sy rych worde ab irem unerhörte Luxus.»
⁴En anderi Stimm us em Himel han i ghöre säge:
«Mys Volk, ganget use us der Stadt,
für dass der nech nid aastecket mit irne Sünde,
und dass der nid o troffe wärdet vo irne Plage.
⁵Iri Sünde mache ne Bärg bis zum Himel ufe,
und Gott het a ires Unrächt ddänkt.
⁶Gät neren ume, so wi si nech umeggä het.
Gät nere's dopplet, so wi si's o gmacht het.
Im Bächer, wo si der Wy gmischlet het,
mischlet ds Dopplete dry!
⁷So vil Herrlechkeit und Luxus, wi si für sich beansprucht het,
so vil Schmärz und Leid gät nere.
Si seit ja i irem Härz:
‹I sitze da als Chünigin, i bi ke Witfrou,
und schlächt geit's mer sicher nie.›
⁸Drum chöme iri Plage uf eis Mal über se,
Tod, Leid und Hunger.
Mit Füür wird me se verbrönne,
wil Gott, der Herr, starch isch!
Är isch ire Richter.»
⁹Jammere und chlage über se wärden alli Chünige uf der Ärde, wo mit ire ghueret und Luxus tribe hei, we si gseh, wi si brönnt und rouchnet. ¹⁰Wyt wäg stande si de us Angscht vor irer Qual und säge:

OFFEBARIG 18

«O je, o je, du grossi Stadt Babylon,
du gwaltigi Stadt,
i eir Stund isch ds Gricht über di cho!»
[11] Und d Händler uf der Ärde jammere de und truure wäg nere,
wil ne niemer meh iri War abchouft, [12] Ware vo Guld, Silber,
Edelsteine und Perle, fyns Lynigs, Purpur, Syde und Scharlachstoff, wohlschmöckigs Holz, Husrat us Elfebei und us Edelhölzer,
us Bronze, Yse und Marmor, [13] Zimet und Haarmitteli und
Röucherstäbli und Salbi und Weihrouch, Wy und Öl und Simel
und Weize, Veh und Schaf und Ross und Wäge und Mönschekörper und Mönscheseele.

[14] Und ds Obscht, wo du für ds Läbe gärn hesch gha, isch furt,
und der ganz Glanz und di ganzi Pracht het di verla,
nie meh wirsch du sen umefinde.
[15] Die, wo mit settigem Züüg händele und dermit sy rych worde,
wärde wyt vonere wägg sta, us Angscht vor irer Qual, si jammere
und truure [16] und säge:
«O je, o je, du grossi Stadt,
du hesch Chleider annegha us Lynigem und Purpur und
Scharlachstoff
und hesch di ufddonneret mit Guld, Edelsteinen und Perle.
[17] I neren einzige Stund isch dä ganz Rychtum znüüte ggange.»
Und d Stüüryzieher und alli Küschtefahrer und Seelüt, und alli,
wo mit em Meer z tüe hei, die stande de wyt wägg. [18] Wo si hei
gseh, wi si brönnt und rouchnet, hei si bbrüelet: «Git's öppis, wo
där grosse Stadt glychet?» [19] Si hei Stoub uf iri Chöpf gströit und
hei bbrüelet, gjammeret und truuret:
«O je, o je, di grossi Stadt!
Alli, wo Schiff uf em Meer hei gha, sy rych worde a nere,
wil si so ufwändig gläbt het.
I neren einzige Stund isch si jitz verwüeschtet worde.»

[20] Fröi di über se, Himel,
und dihr, Heiligi und Aposchtel und Prophete!
Wägen öich het Gott jitz ds Grichtsurteil über sen usgfüert.
[21] Da het e starchen Ängel e Stei ufglüpft, gross wi ne Mülistei,
und het ne i ds Meer pängglet und gseit:
«So söll mit eim Schwung Babylon, di grossi Stadt,
furtpängglet wärde,
und niemer söll se meh finde.

²² D Musig vo de Harfespiler und Sänger,
vo de Flötespiler und vo de Posuuner,
niemer meh söll se i dyne Muure ghöre,
und ke Handwärcher vo kem einzige Handwärch söll me
meh i dyne Muure finde.
Und o ke Müli ghörsch meh male,
²³ ke Lampeschyn söll hie meh lüüchte,
und Brütigam und Brut ghörsch hie nie meh rede.
Dyni Händler sy di grosse Here gsi uf der Ärde.
Dür dyni Zoubereie hei sech alli Völker la verfüere.
²⁴ Aber o ds Bluet vo de Heilige und vo de Prophete
het me i där Stadt gfunde,
und ds Bluet vo allne,
wo uf der Ärde sy z todgschlage worde.»

Gottlob!

19 Drufabe han ig öppis wi ne lute Ton ghört vo nere grosse Schar im Himel, wo grüeft het:
«Halleluja!
D Rettig und d Macht ghören üsem Gott!
² Syni Grichtsurteil sy wahr und grächt.
Er het di grossi Huer verurteilt,
wo mit irer Unzucht d Ärde zgrundgrichtet het.
Är het ds Bluet vo syne Chnächte
us irer Hand zrügg ghöische!»
³ Als zwöits hei si gseit:
«Halleluja!
Der Rouch vo irem Füür stygt uuf
bis i d Ewigkeite vo den Ewigkeite.»
⁴ Da sy di vierezwänzg Ratshere und di vier Wäse uf d Chnöi gfalle, hei Gott uf sym Thron aabbättet und hei gseit:
«Amen, Halleluja!»
⁵ Da isch e Stimm vom Thron här cho, wo gseit het:
«Lobet üse Gott,
alli syni Chnächte,
und alli, wo Reschpäkt vor ihm hei,
Chlyni und Grossi!»

⁶I ha öppis wi d Stimme vo nere grosse Schar ghört und wi ds Tose vo vilne Wasserbech und wi ds Chrache vo starche Donnerchläpf, die hei grüeft:
«Halleluja!
Jitz isch der Herr, üse Gott, Chünig worde, der Allmächtig!
⁷Mir wein is fröie und jubiliere und ihm d Ehr gä!
Jitz git's d Hochzyt vom Lamm.
Sy Brut steit parat.
⁸Si het dörfe glänzigi, suberi, fyni lynigi Chleider aalege.
Ds fyne Lynige, das isch alls Grächte, wo d Chrischte gmacht hei.»
⁹Und er seit zue mer: «Schryb uuf: Glücklech für geng sy die, wo yglade sy zum Hochzytsässe vom Lamm!» Und er seit zue mer: «Das sy wahri Gotteswort!» ¹⁰Da bin ig ihm vor d Füess gfalle für nen aazbätte. Aber er seit zu mir: «Nid öppe! I bi ne Chnächt wi du und dyni Gschwüschterti, wo Jesus für sen ysteit. Gott muesch aabätte!» Dass Jesus für is ysteit, das bewyst der Geischt, won is macht prophetisch z predige.

Chrischtus füert Chrieg gäge ds Tier

¹¹Du han i der Himel offe gseh, und gseh es wysses Ross, und sy Ryter heisst «tröi und wahr». Dä urteilt und chrieget mit Grächtigkeit. ¹²Syni Ouge sy wi ne füürigi Flamme, und uf sym Chopf het er e Zylete Diadem. Er het e Name uf ne gschribe, wo niemer gchennt weder är sälber. ¹³Er treit es Chleid, wo i Bluet tünklet isch, und sy Name isch «ds Wort vo Gott».
¹⁴Hinder ihm ryte d Heerschare uf wysse Ross im Himel. Si hei wyssi, suberi Chleider anne us fynem Lyne. ¹⁵Us sym Muul fahrt es scharfs Schwärt, won er dermit d Völker bodiget, und «er wird se hirte mit emnen ysige Stäcke». Und är presst der Trüel uus mit em böse Wy vo der Töubi vom allmächtige Gott. ¹⁶Uf sym Chleid, a der Huft, isch e Name gschribe: «Chünig vo de Chünige und Herr vo de Here.»
¹⁷Du han ig en Ängel i der Sunne gseh sta, dä het lut grüeft und allne Vögel am Himel gseit: «Hiehäre! Chömet zum grossen Ässe vo Gott, ¹⁸de chöit dihr Fleisch vo Chünige und Generäl und vo starche Manne frässe, Fleisch vo Ross und Ryter, Fleisch vo allne Freie und Sklave, vo Chlyne und Grosse!»

¹⁹ Du han i gseh, wi ds Tier und d Chünige vo der Ärde und iri Armee sech zämeta hei, für gäge dä los-z-zie, wo uf em Ross sitzt, und gäge sy Armee. ²⁰ Aber ds Tier isch packt worde und zäme mit ihm der faltsch Prophet, dä, wo Wunderzeiche für ihns gmacht het und dermit die verfüert het, wo ds Zeiche vom Tier hei aagno und sys Bild hei aabbättet. Di beide sy läbig i Füürsee gschosse worde, wo Schwäfel drinn brönnt. ²¹ Und di übrige sy tödet worde mit em Schwärt, wo zum Muul vom Ryter usefahrt, und alli Vögel hei sech a irem Fleisch chönne satt frässe.

Ds tuusigjärige Rych...

20 Da han ig en Ängel gseh vom Himel abecho. Dä het der Schlüssel zum Abgrund und e grossi Chetti i der Hand gha. ²Er het der Drach packt, di uralti Schlange, wo der Tüüfel isch und der Satan, und het ne für tuusig Jahr gfesslet. ³Er het nen i Abgrund gschosse und nen ybschlosse und ds Schloss versiglet. So chan er d Völker nümme verfüere, bis di tuusig Jahr z Änd sy. Nach dene mues er de wider für nes churzes Zytli frei gla wärde.
⁴Du han i Thronsässle gseh, und si sy uf nen abgsässe und hei dörfe Gricht halte. I ha d Seele vo dene gseh, wo sy gchöpft worde, wil si für Jesus und für d Botschaft vo Gott ygstande sy, und o die, wo ds Tier nid aabbättet hei und sech sys Zeiche nid uf d Stirne und uf d Hand zeichnet hei. Die sy läbig worde und hei zäme mit Chrischtus tuusig Jahr lang als Chünige regiert. ⁵Di andere Tote sy no nid läbig worde, bis zum Änd vo dene tuusig Jahr. Das isch di erschti Uferstehig. ⁶Glücklech für geng und heilig isch dä, wo bir erschten Uferstehig drachunt. Über die het der zwöit Tod ke Gwalt, nei, si wärde d Priester vo Gott und vo Chrischtus sy, und si regiere mit ihm als Chünige für tuusig Jahr.

...und was nachär chunt

⁷We de di tuusig Jahr z Änd sy, lat me der Satan us syr Chefi use. ⁸De ziet er de uus, für d Völker z verfüere, wo i de vier Egge vo der Ärde wohne, der Gog und der Magog, für se z sammle zumene Chrieg. Es sy so vil wi der Sand am Meer.

⁹Da sy si cho z marschiere uf d Äbeni vo der Ärde und hei ds
Lager vo de Heilige umzinglet und Gottes liebi Stadt. «Da isch
Füür vom Himel abegfahre und het se ufgfrässe.» ¹⁰Aber der
Tüüfel, wo se verfüert het, wird i See vo Füür und Schwäfel
gschosse, wo o scho ds Tier und der faltsch Prophet sy. Dert
wärde si Tag und Nacht plaget bis i d Ewigkeite vo den Ewigkeite.
¹¹I ha ne grosse wysse Thron gseh, und dä, wo druff gsässen isch.
Vor däm sym Gsicht hei sech der Himel und d Ärde verschloffe
und 's het ke Platz meh für se ggä. ¹²I ha di Tote gseh, di Grosse
und di Chlyne, wo vor em Thron gstande sy. Me het Büecher
ufta, und no nes anders Buech het men ufta, ds Buech vom Läbe.
Di Tote sy grichtet worde uf Grund vo däm, wo i de Büecher
ufgschriben isch, je nachdäm, was si gmacht hei. ¹³Ds Meer het
syni Toten umeggä, und der Tod und ds Toterych hei di Toten
umeggä, wo i ne sy gsi. Und si sy alli dernaa grichtet worde, was
si gmacht hei. ¹⁴Der Tod und ds Toterych sy i Füürsee gschosse
worde. Der Füürsee, das isch der zwöit Tod. ¹⁵Und we eine nid
im Buech vom Läbe isch ygschribe gsi, dass me ne dert gfunde
het, isch er i Füürsee gschosse worde.

Der nöi Himel und di nöiji Ärde

21 I ha ne nöie Himel und e nöiji Ärde gseh. Der erscht
Himel und di erschti Ärde sy vergange, und o ds Meer
git's nümme. ²Jitz gsehn i, wi di heiligi Stadt, ds nöie Jerusalem,
vom Himel abechunt, vo Gott här. Es isch parat gsi wi ne Brut,
wo sech für ire Maa schön gmacht het. ³I ghören e luti Stimm,
wo seit:
«Das isch d Wonig vo Gott bi de Mönsche.
Er wird by ne wohne, und si sy sys Volk,
und är, Gott mit ihne, isch ire Gott.
⁴Und er wird nen alli Träne vo den Ouge abwüsche,
ke Tod git's meh, o kes Leid,
kes Brüele und ke Schmärz git's meh.
Was zersch isch gsi, isch jitz verby.»
⁵Dä, wo uf em Thron sitzt, seit: «Lue, i machen alls nöi.» Und
er seit: «Schryb's uuf, das sy zueverlässigi und wahri Wort!»
⁶Und er seit: «Jitz isch es sowyt! I bi ds A und ds O, der Aafang
und ds Ändi. Däm, wo Durscht het, giben i Wasser us der Quelle

vom Läbe und höischen ihm nüüt. ⁷ Wär a ds Zil chunt, dä wird hie o Erb sy. Und i bi sy Gott und är isch my Suhn.» ⁸ Aber d Feiglinge und di Unglöubige, die wo sech mit gruusigem Züüg ygla hei, und d Mörder und d Huerer und d Giftmischer und d Götzediener, dene wartet der See, wo mit Füür und Schwäfel brönnt. Das isch der zwöit Tod.

Ds nöie Jerusalem

⁹ Da chunt eine vo dene siben Ängle, wo di sibe Schüssle hei gha, wo mit de sibe letschte Plage sy gfüllt gsi. Er seit mer: «Chumm, i will der d Brut zeige, d Frou vom Lamm.» ¹⁰ Im Geischt het er mi furttreit uf ne grosse, höche Bärg. Da het er mer di heiligi Stadt Jerusalem zeigt, wo vo Gott här us em Himel abecho isch; ¹¹ si strahlet i der Herrlechkeit vo Gott. Ire Glanz isch wi der wärtvollscht Edelstei, wi ne Jaspis, wo funklet wi ne Krischtall. ¹² Si het grossi, höchi Muure, mit zwölf Tor, und uf de Tor zwölf Ängel, und druff sy Näme gschribe, die vo de zwölf israelitische Stämm. ¹³ Im Oschte drü Tor und im Norde drü Tor, im Süde drü Tor und im Weschte drü Tor. ¹⁴ D Muure vo der Stadt hei zwölf Fundamäntsteine und uf dene stande d Näme vo de zwölf Aposchtle.
¹⁵ Dä, wo mit mer gredt het, het e Massstab i der Hand gha, es guldigs Rohr, für d Stadt z mässe mit irne Tor und irne Muure. ¹⁶ D Stadt isch als Vieregg bbouet, und glych breit wi läng. Er het d Stadt mit sym Rohr gmässe: zwölftuusig Stadie (das sy öppe sächstuusig km) i der Lengi und der Breiti und der Höchi. ¹⁷ O iri Muure het er gmässe: hundertvierevierzg Elle (ungefähr sibezg m) nach mönschlichem Määs, das isch wi ds Ängelmääs. ¹⁸ Ds Boumaterial vo irne Muure isch Jaspis gsi, und das vo der Stadt isch purluters Guld, aber dürsichtig wi Glas. ¹⁹ D Grundsteine vo de Stadtmuure sy mit allnen Edelsteinen usgschmückt; der erscht Grundstei isch e Jaspis, der zwöit e Saphir, der dritt e Chalzedon, der viert e Smaragd, ²⁰ der füft e Sardonyx, der sächst e Sardis, der sibet e Chrysolith, der acht e Beryll, der nüünt e Topas, der zächet e Chrysopras, der elft e Hyazinth und der zwölft en Amethyst. ²¹ Di zwölf Tor sy zwölf Perle, jedes Tor isch us eir einzige Perle. Und d Strass vo der Stadt isch us purluterem Guld, dürsichtig wi Glas. ²² Tämpel han i kene dinn gseh; der Herr, der allmächtig Gott, isch ire Tämpel, und ds

Lamm. ²³ Di Stadt het ke Sunne nötig, o der Mond nid, für dass si nere täte zünte. D Herrlechkeit vo Gott erlüüchtet se, und ire Lüüchter isch ds Lamm. ²⁴ D Völker läbe i irem Liecht, und d Chünige vo der Ärde bringe nere iri Herrlechkeit häre. ²⁵ Iri Tor wärde der ganz Tag nie bschlosse, es git dert o ke Nacht. ²⁶ Me treit nere d Herrlechkeit und d Ehr vo de Völker yne. ²⁷ Nüüt Gruusigs cha ynega, und niemer, wo im Dräck und i der Lugi läbt; nume die, wo ufgschribe sy im Läbesbuech vom Lamm.

22 Jitz zeigt er mer e Strom vo Läbeswasser. Dä isch so klar wi Krischtall und entspringt am Thron vo Gott und vom Lamm. ² Er fliesst zmitts dür iri Strass. Hienache und dertnache vom Strom steit e Läbesboum. Er treit zwölf Frücht. Jede Monet treit er früschi Frücht, und d Bletter vom Boum mache d Völker gsund. ³ Nüüt meh git's, wo em Fluech verfalle isch. Der Thron vo Gott und vom Lamm isch dert inne, und syni Chnächte dienen ihm dert. ⁴ Si gseh sys Gsicht, und sy Name steit uf irne Stirne. ⁵ Es git eke Nacht meh, und si bruuche kes Liecht meh vo nere Lampe oder vo nere Sunne, wil der Herr, Gott, sälber ds Liecht isch, wo über ne schynt, und si regiere als Chünige bis i d Ewigkeite vo den Ewigkeite.

«Lue, i chume gly!»

⁶ Du seit er zue mer: «Das sy zueverlässigi und wahri Wort; und der Herr, der Gott vom Prophetegeischt, het sy Ängel gschickt, für syne Chnächte z zeige, was bald wird gscheh. ⁷ Lue, i chume gly. Glücklech für geng isch dä, wo di Prophetewort i däm Buech bhaltet.»
⁸ Ig, der Johannes, ha das ghört und gseh! Und won i's ghört und gseh ha, bin ig uf d Chnöi gfalle und ha dä Ängel wellen aabätte, wil er mir das alls zeigt het. ⁹ Aber er seit zue mer: «Nid öppe! I bi ne Chnächt wi du und dyni Brüeder, d Prophete, und die, wo d Wort vo däm Buech bhalte. Gott muesch aabätte!»
¹⁰ Du seit er zue mer: «Tue di Prophetewort i däm Buech nid abbschliesse. D Zyt isch ja gly nache. ¹¹ Wär Unrächt tuet, söll nume fürfahre, und wär dräckig läbt, söll nume fürfahre! Aber wär grächt isch, söll o fürfahre und wyter grächt handle, und wär heilig isch, söll sech wyter heilig bhalte.

¹²Lue, i chume gly, und i bringe der Lohn mit, für jedem us-z-zale, was er verdienet het. ¹³I bi ds A und ds O, der Erscht und der Letscht, der Aafang und ds Ändi. ¹⁴Glücklech für geng sy die, wo iri Chleider wäsche, für dass si es Aarächt überchöme am Boum vom Läbe, und dass si dür d Tor dörfe i d Stadt ynega. ¹⁵Dusse blybe d Hünd und d Giftmischer, d Huerer und d Mörder, d Götzediener und alli, wo d Lugi gärn hei und dernaa läbe.
¹⁶I, Jesus, ha my Ängel gschickt, für öich das vor de Gmeinde z bezüge: I bi ds Schoss vom David und sy Nachfahr, i bi der Morgestärn, wo heiter züntet.»
¹⁷Der Geischt und d Brut säge: «Chumm!» Und wär's ghört, söll säge: «Chumm!» Wär Durscht het, söll cho; wär wott, söll Wasser vom Läben übercho, me höischt ihm nüüt derfür.
¹⁸I sta als Züge y für d Prophetewort i däm Buech. We eine se ghört und öppis derzue tuet, de wird ihm Gott di Plagen uflade, wo i däm Buech beschribe sy. ¹⁹Und we eine us däm Buech Prophetewort usestrycht, de wird Gott sy Aateil am Läbesboum und a der heilige Stadt, wo i däm Buech dervo d Red isch, o usestryche!
²⁰Dä, wo Züge derfür isch, seit: «Ja, i chume gly!» Amen, chumm, Herr Jesus!
²¹D Gnad vo Jesus, em Herr, söll mit allne sy!

Ds Warum und ds Wie vo deren Übersetzig

Im Jahr 1936 isch em Seminarlehrer *Johann Howald* sys *Evangelium Lukas bärndütsch* usecho. Es isch so guet verchouft worde, dass es es paar Uflagen erläbt het, und dass der Howald drufabe o ds Matthäus- und ds Markus-Evangelium und d Aposchtelgschicht übersetzt und useggä het. Trotzdäm isch denn i Bärnerkreise starch drüber diskutiert worde, öb e Bibelübersetzig i ds Bärndütsch überhoupt erloubt syg. Di einte hei gfunde, si syg unnötig; jede Bärner chönni ja sy Bibel uf Hochdütsch läse. Anderi hei gseit, es Nöis Teschtamänt uf Bärndütsch, das syg e Profanation. Me chönn sy Dialäkt no so gärn ha, für d Bibel sygi numen e Hochsprach guet gnue. Bsunders glunge isch gsi, dass das o grad d Meinig vo vilne «guete, alte» Bärner isch gsi, wo doch ire Tavel und ire Gfeller gchennt und gschetzt hei. – Aber widerumen anderi Lüt hei ddänkt, gottlob gäbi's jitz di Übersetzig, und hei se chreftig bbruucht, i der Familie, zum Vorläse, i der Sunndigschuel und i de Bibelstunde.

Sit langem isch em Howald sy Arbeit vergriffe. Nume d Wienachtsgschicht isch no ume nöi ufgleit worde. Drum hei mir zwöi is mit Fröiden a d Arbeit gmacht, wo der Berchtold Haller Verlag is drum aaggangen isch, wider en Übersetzig vom Nöie Teschtamänt i ds Bärndütsche z wage. Füfevierzg Jahr nach em Howald redt o ke Mönsch meh dervo, öb's erloubt syg, so öppis z mache. Underdesse sy ja e ganzi Zylete Dialäktübersetzige vom Nöie Teschtamänt usecho. Näben üüs uf em Schrybtisch lige:

Paul Maurer, Marlise Sieber, Ds Matthäus-Evangelium bärndütsch, Schangnau/Trubschachen 1979.

Paul Maurer, Marlise Sieber, Der Brief vom Apostel Poulus a d Christe z Rom, ib. 1980.

Der guet Bricht us der Biblen uf Baselbieterdütsch, usegee vo der Bibelgsellschaft Baselland, Liestal 1981.

Georg Staffelbach, Johannes-Evangelium und erster Korintherbrief of Luzärner Mundart, Raeber Verlag Luzern 1977.

Karl Imfeld, Markus Evangeeli Obwaldnerdytsch, Sarnen 1979.

Rudolf Muuss, Dat Niee Testament plattdüütsch, Breklumer Verlag 1975.

Johannes Jessen, Dat Ole und dat Nie Testament in unse Moderspraak, Göttingen, Neuaufl. 1976.

Hütt fragt me nümme: «Söll men überhoupt i ne Dialäkt übersetze?», aber derfür: «Wie söll men übersetze?» 1936 het trotz nere ganze Zylete dütschen Übersetzige d Lutherbibel o bi üüs en Art Monopol gha. Uf em Nachttischli, i der Schuel, i der Underwysig und als Troubibel het me nume seien aatroffe. O der Howald het d Lutherbibel i ds Bärndütschen übersetzt (er het ja sälber nid Griechisch chönne) und het de ds Ganze no vo mene Griechisch-Kenner la dürelüege.

Hütt hei emel i der Schwyz di nöiere dütschen Übersetzige d Lutherbibel wytume überrundet, allne voraa, näbe der Zürcherbibel, sicher di nöiji ökumenischi Übersetzig; 1976 isch under em Titel *Die Gute Nachricht* ds Nöie Teschtamänt und 1982 di ganzi *Bibel in heutigem Deutsch* usecho. *Die Gute Nachricht* isch e freiji, modärni Übersetzig. Der Bibelläser söll vom erschte Momänt aa, won er list, o versta, was er vor sech het. Si seit graduse, übersetze bedüti «entfalten», und das heissi, ohni öppis derzue oder ewägg z tue, em modärne Mönsch begryfflech z mache, was er list. Ds gnaue Gägespil derzue isch d *Zürcherbibel*. Si tuet müglechscht Wort für Wort ganz gnau und exakt übersetze. Vilecht begryfft der Läser de nid geng, was im Tägscht eigetlech gmeint isch, er mues zwöi, drü Mal derhinder, aber derfür chönnt er der Urtägscht druus rekonstruiere.

I dere Spannig zwüsche de Pole «ganz wörtlech» und «liechtverständlech» inne steit jede Übersetzer, und o für üüs isch das sozsäge ds Chärnproblem vo üser Arbeit worde. Vo üser theologische und philologischen Usbildig här isch üüs d Tröiji zum Wort es inners Müesse. Derby hei mir diräkt us em Griechischen übersetzt nach em Tägscht vom *Nestle-Aland, Novum Testamentum Graece*, Stuttgart 1981. Mir übersetze im allgemeine nid so frei wi *Die Gute Nachricht*. Der Läser söll und darf, o uf bärndütsch, no gspüre, wi gstabelig und brouillonhaft gwüssi Bitze vo den Evangelie o im Griechische tönt hei; schliesslech sy si ja o nid i irer Mueterschsprach ufgschribe worde, aber i der internationale Umgangssprach vo dennzumal, äbe im Griechische. Und er darf sech o no frage, öb ächt d Römer und d Korinther o so gchnorzet hei bim Läse vo den abstrakte Houptwörtersätz vom Paulus, win är jitz uf bärndütsch.

Umgchehrt dänke mir vilecht doch echly meh a ds sogenannte Zilpublikum als der Übersetzer vom *Zürcher Nöie Teschtamänt*. Der hüttig Läser wott würklech sofort versta, was er list, und zwar gleitig und ohni grossi Dänkarbeit, süsch git er eifach uuf! Und we das scho im Hochdütschen eso isch, wi vil meh de no im Bärndütsche, wo ja für üüs alli fasch numen e mündlechi und e Wärchtigssprach isch! Läse, schrybe und wytumen o abstrakt dänke het jede Bärner füraa numen uf hochdütsch glehrt, nid uf bärndütsch, und drum isch der Wärchzüügchaschte für alls Abstrakte, Geischtige i üser erschte Muetersprach uf ds Allernötigschte beschränkt bblibe. Jede Schriftsteller und jede Pfarrer chönnti da nes Liedli dervo singe, und nid zletscht dadrum tönt der Ruef na mene bärndütsche Nöie Teschtamänt so lut und so dringlech.

So blybt also emene Bärndütschübersetzer gar nüüt anders übrig, als mängisch z vereifache und z verdütleche, Näbesätz zu Houptsätz z mache, di abstrakte Houptwörter we müglech i Verbe z verwandle und hie und da öppis Schwärverständlechs halt z umschrybe oder z verbildleche. Däwäg hei mir probiert, öppen e Mittelwäg yzschla zwüsche den eltere und de ganz nöie hochdütsche Bibelübersetzige.

Vilecht chöi mer das no amene chlyne Byschpil dartue: Für d Beziehig vo de Mönschen underenand und mit Gott hei mer gwagt z modernisiere. D Pharisäer rede uf bärndütsch nid vo de *Sünder,* aber vom *Pack;* der *Nächste* isch zum *Mitmönsch* worde (da hei mer's mit der *Guten Nachricht* zämepreicht, ohni's z welle!), und di *Heilige* zu *(guete) Chrischte.* Aber zum Byschpil ds Wort *Herr* hei mer gla und nüüt dranne gänderet. Im Bärndütsche steit's zwar hütt nume no höflech vor em Familiename. Früecher isch der Heer z Bärn der Landvogt, speter der Pfarrer und schliesslech der Fründ vom Dienschtmeitschi gsi – ds Herretum isch für e Bärner sit zwöine Jahrhundert erlediget. Aber i der Bibel bezeichnet halt ds Wort *Herr* würklech es Herrschaftsverhältnis, ds einzige, wo o mir Bärner müesse anerchenne – syg's für Gott oder für Chrischtus z bezeichne! Ägschpräss hei mer o d Schrybwys *Herr* eso gla, für däm Wort sys ganze Gwicht z la. Aber für dass es nid, grad umgchehrt, «stündelig» tönt, hei mer d Bywörter geng zwüsche Komma gsetzt: der Herr, Jesus (Chrischtus); Gott, der Herr. Gnau so hei mer o ds Wort für ds Rych, wo dä Herr regiert und üüs dry wott nä, *Gottes Rych,* bhalte, im Underschid zur *Guten Nachricht,* wo derfür drei verschideni Usdrück bruucht. Nume bim Matthäus ersetze mer «das Reich der Himmel» dür *Gottes Rych,* ds andere wär bärndütsch nid ggange. Und o d *Herr-lechkeit,* d Ehr, wo Gott als Herr beansprucht, und d *Ver-herr-lechung* hei mer eso la sy, trotzdäm das alls em Bärner oberfrömd mues vorcho – es isch und blybt, wi mängs anders, e wichtige Teil vom Nöie Teschtamänt u vo syr Zyt. Vilecht begryffet dihr is o, we mer bim Name *Jesus* der Artikel wäglö; bim *Paulus, Johannes* usw. bruuche mer ne geng. Üüs dunkt, der Name *Jesus* mög echly öppis bsunders verlyde. Wär lieber «der Jesus» seit oder list, cha's ja für sich i Tägscht yneflicke.

Mir hein is Müe ggä, es guets, sorgfältigs, hüttigs Bärndütsch z schrybe: Nid es «Norm-Bärndütsch», wo alli Gägete und Sprachschichte vo üsem Kanton chönnt abdecke, aber eis, wo überall cha verstande wärde. Beidi sy mer i der Stadt ufgwachse und wohne sit dryssg Jahr uf em Land. Mir rede also beidi Stadtbärndütsch, vilecht mit mene Obertönli vo südlechem Landbärndütsch. Das heisst, dass mer *Wald* und nid *Waud, Hand* und nid *Hang* säge, dass mer *mir gange* und *stande,* aber *lö,* und, je nach Sprachrythmus, *chöi* oder *chönne* säge. I der Übersetzig hei mer ganz bewusst uf altertümlechi oder buebesprachlechi Usdrück verzichtet. Mir sy also ke Fundgruebe weder für ds bbluemete Trögli no für Slang-Liebhaber, o we üses Bärndütsch dermit weniger malerisch wird! Mir verzichte also zum Byschpil uf ds Wort *zwuri,* gnau glych wi uf ds Wort *Ufsteller.* Nume wen is en alte oder ganz e nöien Usdruck eifach als der bescht erschunen isch, hei mer ne bbruucht und di gmässigeteri Variante als Aamerkig gsetzt (öppe Lk 2: *gfääschet* und *gwicklet*).

Unde a der Syte oder o im Tägscht zwüsche Chlammere stande üsi sältene, churze Erklärige zum Tägscht. Aafüerigszeiche mache di diräkti Red, aber o altteschtamäntlechi Zitat gchennbar (d Verwyse derzue findet me i allne dütsche Bibelübersetzige).

Für d Schrybwys isch is d Läsbarkeit o wichtig, nid nume d Usssprach. Mir schrybe zum Byschpil geng *dihr* für «ihr», und mir blybe bim *sp-* und *st-* am Wortaafang. Wichtig isch is: O ds Bärndütsch isch für d Bibel numen es Vehikel. Es darf nie der Inhalt zuedecke. D Muetersprache syge wi Müetere, het voletscht öpper gschribe: Si heigen e Hang zu «liebevoller Vergewaltigung». Das hei mer welle vermyde, und mir hoffe, es syg is glunge, ohni dass umgchehrt ds Bärndütsch heig müesse lyde.

Zum Schluss möchte mir üsne Mitarbeiter, em Herr und der Frou Pfarrer Schär z Oberbottige, vo Härze danke. Si hei üsi Arbeit scho begleitet und düregluegt, wo si no im Brouillon isch gsi, und hei mit irne Vorschleg, wo so ganz us der pfarramtleche Praxis usechöme, mängs ghulfen entscheiden und verbessere. Äbeso danke mir em Herr Pfr. Hostettler, wo als Verlagslektor üsi Übersetzig mitgläse het, und de Herre vom Berchtold Haller Verlag für ires Vertroue und iri fründlechi Begleitig dür di ganzi Arbeit düre. Es isch schön gsi für üüs, däwäg dörfe z schaffe.

Danke möchte mer o em Synodalrat vom Kanton Bärn, wo d Wienachtskollekte 1983 derfür bestimmt het, d Druckchöschte vom *Nöie Teschtamänt bärndütsch* z verringere und's dermit erschwinglech macht o für ds chlyne Portemonnaie. E grossmächtige Dank geit schliesslech a Schwyzerisch Nationalfonds, wo mit nere theologische Forschigsprofessur üsi freiji wüsseschaftlechi Arbeit ganz wäsetlech förderet.

Ds gröschte Gschänk für üüs isch natürlech gsi, dass mir als Ehepaar e settigi Arbeit hei zämethaft dörfen überort bringe. Daderfür bringe mir üse Dank obefür aa! Und dermit möchte mir das Buech üsne zuekünftige Läser i d Hand lege. Läset's und fröiet nech drab und setzet uus, was nech nid dranne passt! Mir sy dankbar für jedes Echo, jedi Kritik, alli Aaregige und alli Verbesserigsvorschleg.

Stäffisburg, im Oktober 1983   *Hans und Ruth Bietenhard*

Hinweise zu den Bildern

Matthäus 2,11 5

Matthäus 25,13 59

Markus 1,10 71

Markus 14,22–25 107

Lukas 6,43,44 131

Lukas 22,60–62 175

Johannes 1,1–14: Die griechischen Wörter Phos=Licht und Zoe=Leben kreuzweise zusammengefügt: Ein Christus-Symbol. 185

Johannes 12,13 215

Johannes 20,1 ff 227

Apostelgeschichte 14,26 und 27 und 3,15: Griechisches grosses CH=X R=P: Christusmonogramm: Anführer zum Leben. 271

Römer 3,21–26 303

Römer 8,14: Mantel: Symbol der Geborgenheit und des Getriebenwerdens durch den Geist. 317

1. Korinther 12 333

Epheser 4,1–6 385

Philipper 1,13 und 14 und 20 395

1. Thessalonicher 5,4–8 und 4,16 415

1. Thimotheus 4,12–16 421

Hebräerbrief 10,19–24 443

Offenbarung 1,18 und 3,7 495

Offenbarung 21 und 22,1–2 529

Titelbild: Apostelgeschichte 2,36: Der erste und der letzte Buchstabe des griechischen Alphabets (Alpha und Omega [Offenb. 1,8]) über dem Kreuz: Zeichen für das Herrschen Gottes durch den Gekreuzigten.